Ritus Orientalium, Coptorum, Syrorum Et Armenorum In Administrandis Sacramentis... Edidit Henricus Denzinger...

Heinrich Denzinger

RITUS

ORIENTALIUM,

COPTORUM,

SYRORUM ET ARMENORUM,

IN ADMINISTRANDIS SACRAMENTIS.

EX

ASSEMANIS, RENAUDOTIO, TROMBELLIO

ALIISQUE FONTIBUS AUTHENTICIS COLLECTOS,

PROLEGOMENIS NOTISQUE CRITICIS ET EXEGETICIS INSTRUCTOS,
CONCURRENTIBUS NONNULLIS THEOLOGIS AC LINGUARUM ORIENTALIUM PERITIS

EDIDIT

HENRICUS DENZINGER,

PHIL. ET SS. THEOL. DOCTOR ET IN UNIVERSITATE WIRCEBURGENSI THEOLOGIAE DOGMATICAE
PROFESSOR PUBL. ORD.

TOMUS PRIMUS.

WIRCEBURGI,

TYPIS ET SUMPTIBUS STAHELIANIS.
MDCCCLXIII.

REVERENDISSIMO ET ILLUSTRISSIMO

IN CHRISTO PATRI AC DOMINO
DOMINO

GEORGIO ANTONIO DE STAHL

EPISCOPO HERBIPOLENSI

PHILOSOPHIAE ET SS. THEOLOGIAE DOCTORI, SOLIO PONTIFICIO ASSISTENTI ET SUAE
SANCTITATIS PRAELATO DOMESTICO, ORDINIS MERITORUM S. MICHAELIS COMMENDA-
TORI, ORDINIS MERITORUM CORONAE BAVARICAE EQUITI, COMITI ET PATRICIO
ROMANO,

SUO QUONDAM IN THEOLOGIA MAGISTRO,

NUNC VERO PRAESULI BENE MERENTISSIMO,

STUDIORUM THEOLOGICORUM FAUTORI,

IN PERPETUUM GRATITUDINIS MONUMENTUM
D. D. D.

EDITOR.

PRAEFATIO.

Quanti momenti sint Orientalium ritus, earum nimirum ecclesiarum, quae, inde a saeculo V. in haeresim lapsae, ab Ecclesia Romana defecerunt, et ex illo tempore nil amplius a nobis susceperunt, non solum ad detegendos antiquos Ecclesiae ritus, sed et in re theologica ad demonstrandam ecclesiasticae traditionis perpetuitatem, superfluum erit hic iteratis vicibus exponere atque demonstrare. Postquam autem Sanctissimus Dominus noster Pius papa IX., pro suo domus Dei zelo, ad Orientalium unionem animum specialiter applicuit et congregationem peculiarem ad hunc effectum instituit: nova theologis ratio emersit, ob quam his studiis novam solertiam impendant, ut scilicet, quantum ipsis competit, ad tam praeclarum finem suam operam conferant. Dolendum autem erat, quod ritus Orientalium in administrandis sacramentis hucusque integre editi non essent, et in quantum editi erant, sparsi in immensis, raris magnique pretii operibus, multis vix non impervii remanerent, qui magnam studiis suis, imo et rei antiquariae et theologicae utilitatem inde deducere potuissent. Quo factum est, ut sparsos colligere, deficientes supplere, integros ita, ut facilis omnibus pateat accessus, edere moliremur. Opus majoris sane laboris, majorisque difficultatis, quam prima fronte videtur, quod absque benignis divinae providentiae dispositionibus aliorumque concursu perfici nequaquam potuisset. Licet enim plurima jam adessent, quae colligere et recudere sufficiebat, multa tamen plane deerant, quoad matrimonium fere omnia, quoad ordinationes et poenitentiam plura, quae ex originalibus nonnisi magna cum difficultate comparari poterant.

Ad supplendos plurimos Armenorum ritus opus erat rituali ab Armenis Monophysitis impresso. Quod multo labore conquisitum tandem humanissime accersendum suscepit et Constantinopoli nobis comparavit R. P. Gregorius Gelal, Mechitarista et Venetiis typographiae S. Lazari Armeniacae director. Ex Armeno autem idiomate in latinum transtulit R. D. Franciscus Xaverius Richter, ecclesiae collegiatae ad S. Cajetanum Monachii praebendatus, vir linguarum orientalium peritia insignis. Copticos autem ritus, hucusque ut plurimum ex arabicis versionibus latine redditos, ex ipsa originali lingua Coptica magna solertia, collata etiam versione arabica, vertit R. D. Antonius Scholz, Ss. Theologiae Doctor, Reverendissimo et Illustrissimo Domino episcopo Wirceburgensi quondam a secretis, nunc vero parochus Eisingensis. In reliquis indefessa charitate opportunam nobis opem praebuit R. D. Joannes Renninger, Ss. Theologiae Doctor et in Seminario Wirceburgensi Subregens. Publicae denique agendae sunt gratiae R. D. Antonio Ruland, Ss. Theologiae Doctori et universitatis hujatis summo bibliothecario, cujus in detegenda suppellectili literaria sagacitatem, in procuranda humanitatem satis commendare non possumus nos et plurimi alii, quibus toties ejus opera desideratissimum in laboribus auxilium praebuit. Verumtamen quo magis tam egregios collaboratores acquisivisse laetabamur, cum quibus quaecunque rituum Orientalium monumenta edere valebamus, eo magis deficientia adhuc monumenta indefessis etiam conatibus comparare non posse dolebamus, cum felicissimo eventu contigit, ut inter relicta a celeberrimo Renaudotio manu scripta opera, in imperiali Parisiorum bibliotheca, librum ab ipso inchoatum, cui titulum dederat: Officia varia sacramentalia Coptitarum et Syrorum latine versa cum commentariis, porro operum de poenitentia et de sacris ordinationibus, quae idem ipse moliebatur et absolvere non potuit, codices detegere datum fuerit. Ex quo ditissimo thesauro, ut, quae opportuna instituto nostro erant, haurirentur, affuit de re theologica et Ecclesia Dei bene meritissimus, nobisque amicissimus R. D. Jacobus Paulus Migne, nostrae facultatis doctor honorarius, qui id etiam praeclarissimis suis meritis addidit, ut officia sacramentalia ex Renaudotii schedis nobis transscribi curaret. Denique, cum iterati conatus in irritum cessissent, aegra valetudine iter Romanum nobis praecludente, faustissima contigit occasio, qua codicum Vaticanorum, quae desiderabantur, apographa comparare datum fuit, cum Reverendissimus et Illustrissimus episcopus Herbipolensis Urbem peteret, solemni Japonensium martyrum canonizationi interfuturus. Qui ea, qua est benignitate et ad promovenda bona quaeque propensione, rem nostram patrocinio suo juvit. Transscribendos autem codices humanissime suscepit vir linguarum Orientalium peritia nominatissimus, P. Pius Zingerle, Ordinis S. Benedicti, linguae arabicae in universitate Sapientiae Romana modo professor et bibliothecae Vaticanae scriptor, cujus opem hoc pacto acquisivisse nobis gratulamur, una cum R. P. Petro Hamp, ejusdem ordinis professo, ex Monacensi S. Bonifacii Abbatia, tunc Romae commorante, modo Tunisium in sui monasterii coloniam profecto. Ita demum opus perfici potuit tanti laboris, quod de ritibus Orientalium quae hucusque deerant, si non tam plene quam volebamus, sufficienter tamen publicae utilitati suppeditabit.

Id autem praeprimis notandum, nos hoc in opere demonstrationem suscepti ab Orientalibus septenarii sacramentorum numeri minime aggredi. Id enim jam ab Assemano in Bibliotheca Orientali et a Renaudotio in suo opere „Perpétuité de la foi de l'église sur les sacrements" egregie praestitum est, et nos, eorum vestigia prementes, in operis nostri Kritik der Vorlesungen von Thiersch über Katholicismus und Protestantismus Parte III. p. 67. sqq. tractare tentavimus. Neque nostri instituti esse censuimus, quaestiones dogmaticas vel morales de iis, quae apud Orientales usu veniunt, occurrentes ad plenum solvere, cum id unum nobis proposuerimus, ipsa officia sacramentalia edere et quascunque de ritibus Orientalium in administrandis sacramentis notitias colligere, ut haec theologorum usibus inserviant, eruendis nempe ex istis monumentis antiquis Ecclesiae traditionibus, opportunisque conclusionibus theologicis inde deducendis. Eadem de causa de rebus disciplinaribus ad sacramenta spectantibus nonnisi in quantum ipsam sacramentorum administrationem immediate attingunt, disseruimus, caetera quae ad jus canonicum Orientalium potius pertinent, aliis remittentes, ne in immensum labor excresceret. Ideo et a collatione antiquiorum monumentorum ritualium ecclesiarum Orientis, cum iis, quae separationis epocham sequuntur et istorum inter se abstinuimus, cum id unum integro operi materiam suppeditaret. Erunt qui conquerantur, quod latinas tantum versiones ediderimus, textus autem originales collectioni nostrae non addiderimus. Verum si quis animo reputet, tum, quam pauci sint, qui quatuor illas linguas calleant, ut ex textibus illis fructum aliquem carpere possint, tum quod opus ita institutum nimiae molis et immodici pretii evasisset, forsan et nunquam absolvi potuisset, ita ut in idem incommodum recidere oportuisset, cui afferenda erat medela: haec, inquam, si quis mente aequa et sobria expendat, non erit in nos iniquus, quod in id tantum curam omnem impenderimus, ut fidas translationes evulgaremus additis variantibus lectionibus versionumque differentiis, et collatis omnibus fontibus. Si enim etiam philologis prodesse non possumus, non sunt sua utilitate frustrandi theologi. Quibus ut fida monumenta traderentur, praestitum fuisse, quod fieri poterat, confidimus. Celeberrimus ipse Renaudotius, licet motu proprio et Bossueti consilio originales textus edere moliretur, Colberti ope fretus, qui typos parari jusserat, defuncto tamen Colberto spe frustratus, suadente eodem Bossueto, ne labor Ecclesiae periret, versionum opus edidit, quod maximae utilitatis esse nemo negabit, neque perfectiore hucusque suppletum est. Neque textus Orientales plane excludimus, sed eorum editionem procurare postmodum parati sumus, saltem in quantum editi non sunt, dummodo facultas nobis fiat. Sed, instabunt, saltem in omnibus versiones et collationes immediatae ex ipsis originalibus erant comparandae. Quod et nos fieri non posse dolebamus, viris egregiis stipati, qui id optime praestassent. Verumtamen neque quoad hoc erunt in nos iniqui, quos non fugit, quantae difficultates, quantique sumptus in accedendis originalibus sint, quidque praestari oportuit, ut opus hucusque perficeretur, in quo per tercentos annos laboratum fuit, quin integrum absolveretur.

Denique animadvertenda sunt quaedam in genere quoad delectum fontium, ex quibus monumenta nostra hausimus. Praeferri solent in hac re nostra ordines sacramentales et aliae de ritibus notitiae, quae ab illis Orientalibus originem habent, qui ab Ecclesia Romana separati sunt per haeresim Nestorianam et Monophysiticam, inde a saeculo V., non quod in omnibus intactos suarum ecclesiarum antiquos ritus retinuerint, sed quod opportunius argumenti genus suppeditent, utpote quos, si in quibusdam Armenos excipias, tanto tempore a Romana et universali Ecclesia nil admisisse constet. Verumtamen inde non sequitur, rejiciendas omnino esse editiones illas rituum, quae in usum Orientalium in unitate Ecclesiae militantium scriptae vel impressae fuerunt. Constat enim, Romanam Ecclesiam, omnium ecclesiarum matrem, pro inviolabili jugiter regula habuisse, et anxia, severiori etiam, cura invigilasse, ut sui cuicunque ecclesiae ritus sarti intactique manerent, ne pars nondum conversa ceremoniarum mutatione, quae maxime offendere solet, a communione nostra absterreatur. Si quae igitur correctiones factae sunt, eae vel manifestas haereticorum mutationes attingunt, quae sane ad ritus antiquos non pertinent, uti sunt anathematismi in concilium Ephesinum et Chalcedonense, eorumque adhaerentes lati, honor etiam haeresiarchis tributus. Vel ejusmodi sunt res, quae licet per se innocuae essent et antiquitatis genimina, propter annexos iis errores rectae fidei nocere poterant, uti sunt notissima illa epiclesis Sancti Spiritus, ad quam pro consecrationis forma habendam Orientales passim inclinant, omissio additamenti illius Filioque, quod expresse ubique fieri Graecorum pertinacia cogit. Occurrit etiam, ut ritus latini in Orientales linguas versi adhiberentur, cum vel sacramentum aliquod plane negligeretur, uti extrema unctio apud Chaldaeos, qui ritum ejus nullum retinuerant, vel ordines eorum ob nimiam prolixitatem jam fidelium aedificationi minus proficerent, uti est matrimonii apud eosdem. Verumtamen cum ejusmodi correctionum genus satis notum sit, facileque detegi possit, non vidimus, cur aliquando editiones Romanas vel Venetas ex optimis codicibus extractas adoperare vel potius aliis superaddere non liceret. Quod nominatim de pontificali et euchologio Coptico a Raphaele Tukio edito dictum volumus, quod, uti ex collatione cum caeteris documentis facta nobis innotuit, ritus Aegyptios intactos optimasque lectiones exhibet. Quo usi sumus potissimum, ut versiones ex ipso Coptico originali factas, servatis etiam Graecis vocibus, quae in illo occurrunt, exhiberemus. Probe etiam erraret, qui omnes diversitates, quae inter ritus unitorum et haereticorum Orientalium intercedunt, ex correctionibus tantum deduceret. Tanta enim apud Orientales est, etiam in singulis codicibus, varietas, ut ex ea sola ad immutatos ritus conclusio minime valeat. Unde Maronitarum ritus integros tradere non dubitavimus, cum nobis constet, eos etiam antiquiores quasdam rituum Syrorum formas retinuisse, quod seriores patriarcharum Jacobitarum ordinationes ad eos non pervenerint. Denique sunt versiones officiorum sacramentalium a Protestantibus, praesertim hac nostra aetate Anglis, factae, notitiaeque de ritibus Orientalium ab iis collectae. Quo in genere jam de Ludolfo, historiae Aethiopicae quondam scriptore, idemque de posterioribus plurimis valet, jure conquestum est, quod in antiquis Ecclesiae ritibus non satis versati, ab iisque moribus suis alieni, et praejudiciis suis dogmaticis imbuti, nonnunquam recte non intellexerint, verterint, exposuerint. Neque hos tamen excludendos omnino putabamus, quod nonnunquam ad fontes aliis non satis pervios aditum haberent, dummodo cum opportuna crisi adhiberentur. Dictum sit istud in specie de opere Georgii Percy Badger quoad Nestorianorum ritus. In eo enim magni valoris est, quod auctori, partes illas peragranti cumque sectae illius sacerdotibus summis conversanti, optimos eorum codices consulere licuerit. Rarissimi autem sunt Chaldaeorum codices, qui non ab iis scripti sunt, qui jam a Nestorianorum partibus recessissent. Antiphonas etiam aliasque officiorum partes, quae in codicibus nonnisi quoad initia indicari solent, illorum ope integras tradere potuit. Fideliter etiam, quantum ejus versiones cum Assemanianis conferre licuit, traduxit, uti ex accurata inspectione, quoad terminos praesertim dogmaticos, nobis comparuit. Quantum igitur datum fuit, in priori genere fontes nostros conquisivimus, alteros duos solos omnino nunquam adhibuimus, ut, quantum fieri poterat, amplissima et commodissima antiquos Orientalium ecclesiarum ritus detegendi, et ex iis arguendi via pateret. Haereticorum errores et abusus nota affecimus, aliorumque labores crisi illi subjecimus, quam a nobis susceptum officium exigebat.

Faxit Deus, ut Ecclesiae et rei theologicae utilitatem aliquam labores isti nostri conferant, saltem ad haec studia multos excitent, solertes et capaces.

INDEX.

ERRATA.

PROLEGOMENA.

~~~~~~~

Orientalium nomine modo omnes veniunt, qui ad Latinum ritum non pertinent, quo sensu haec denominatio etiam Graecos complectitur et, qui eorum ritum sequuntur, Ruthenos, Georgianos, et Melchitas, hoc est Syros, qui regum sive imperatorum fidem retinuerunt, quique Syris, Monophysitis et Nestorianis opponuntur. Modo etiam Orientales a Graecis distinguuntur, ut exempli gratia Summi Pontifices, Gregorius XIII. fidei professionem pro Graecis, alteram Urbanus VIII. et Benedictus XIV. pro Orientalibus praescripserunt. Quod etiam in eo fundamentum habet, quod Graecum ritum plurimi sequuntur, qui Orientis gentibus annumerari nequeunt. Quo strictiori sensu etiam nos nomen assumimus, cum ritus earum Orientis ecclesiarum, quae Graecorum modum non sequuntur, edenda suscipimus, cum Graecorum ritus a Goario et Haberto egregie jam fuerint typis mandata et commentariis aucta. Quo sensu si nobiscum nomen intelligas, ad Orientales hi pertinent:

1) Ecclesia Alexandrina, cujus ritus nationes duae amplectantur:

a) Copti s. Coptitae, qui lingua Coptica sive Aegyptiorum patria liturgiam celebrant et sacramenta administrant. Olim enim Alexandriae lingua graeca, in qua ritus primitus compositi fuerant, in pagis vero et in superiori parte provinciae lingua vulgari sive Coptica, cui tamen multa vocabula et formulae graece corruptae et non declinatae retinebantur, in sacris uti solebant. Post vero cum Coptitae ad Monophysitismum defecissent, et orthodoxi Alexandriae et in inferiori Aegypto, ubi graece sacra celebrabantur, nec patriarcham, nec episcopos, nec ecclesias, vix paucos sacerdotes habuissent per integrum ferme saeculum, Coptitae vero, hoc est nativi Aegyptii, prope omnes odio Chalcedonensis fidei, proindeque Graecorum tenerentur, invaluit in ritibus Alexandrinis lingua Coptica, agente potissimum Benjamino, patriarcha Jacobitarum, qui, saeculo septimo mediante, Califarum auctoritate omnes Alexandriae ecclesias obtinuit. Quia vero uno aut altero post Arabum tyrannidem saeculo vernaculus Aegyptiacae linguae usus prorsus interiit, in ritualibus libris addere oportuit versionem arabicam, allocutiones etiam arabicas, retenta tamen in sacris faciendis lingua coptica[1]. Coptitarum Jacobitarum rituale ordinavit et correxit Gabriel, filius Tarik, patriarcha Alexandrinus LXXX., et anno Christi 1141 promulgavit. In linguam autem arabicam transtulisse in Kircheri rituali dicitur Cleonas episcopus. Pars Coptitarum ad unitatem Ecclesiae catholicae rediit, ritu proprio retento. Quorum missale 1736, pontificale et euchologium 1761 ad optimos codices Romae edidit, ad hoc opus a S. Congregatione de Propaganda fide ex Aegypto vocatus, Raphael Tuki, Digergensis Coptita, alumnus Collegii Urbani de Propaganda Fide, tum in eodem linguae Copticae lector, demum episcopus Acatensis.

b) Aethiopes s. Abyssini, qui cum a patriarcha Alexandrino inde a sua ad christianam religionem conversione penderent, ritus Alexandrinae ecclesiae susceperunt, iisque in propriam linguam, quae ad Semiticas pertinet, versis utuntur, ita ut eosdem fere de verbo ad verbum ac Coptitae ordines usurpent.

2) Ecclesiae Antiochena et Hierosolymitana, quae iisdem ab initio ritibus usae sunt, quos, cum jamdudum Syriaca tantum lingua celebrentur, Syrorum vocare solent. Huc pertinent:

a) Syri Jacobitae, quorum rituale demum Michael Magnus patriarcha, qui circa annum Christi 1190 floruit, ordinavit. Ordines baptismi statuerunt Severus Antiochenus saeculo VI., Xenajas sive Philoxenus, episcopus Mabugensis saeculo item VI., Jacobus Sarugensis saeculo VI. ineunte, Jacobus Edessenus saeculo VII. exeunte, quem Assemanus[2] orthodoxum, Renaudotius[3] Monophysitam censuit, Cl. Lamy probavit[4], qui et matrimonii ordinem composuit. Ordinem poenitentiae statuit Dionysius Barsalibi, metropolita Amidensis saeculo XII. Notandum porro est aliquam communionem rituum intercedere ob dogmatum unitatem inter Jacobitas Syros et Alexandrinos, uti notavit Assemanus[5]. Inter Aethiopicas anaphoras recensetur a Ludolfo in Lexico etiam Anaphora Jacobi Sarugensis. Habebant enim Aethiopes duo monasteria in monte Libano, tertiumque est Jerosolymis. Forsan et in Scetensi Syrorum monasterio Aethiopes cum Syris vitam monasticam duxerunt, ut ex nonnullis libris Aethiopicis ibidem relictis conjicit Assemanus. Occurrit etiam apud Assemanum[6] codex Syriacus scriptus a Syro Monophysita, in quo est Ordo lampadis seu unctionis olei, qui in titulo dicitur juxta ritum Syrorum et Aegyptiorum. Nos etiam infra ordinem poenitentiae edituri sumus, qui manifestissime Alexandrinorum Jacobitarum est, scriptus tamen fuit versione arabica, quae Copticum textum comitari solet, in Tripoli, utique Syriae.

b) Syri Maronitae, cum Romana ecclesia uniti, quorum ritus quoad summam iidem sunt ac Syrorum Jacobitarum. Falsus est autem Renaudotius, cum Morino pluries vitio vertit, quod ritus Maronitarum et Jacobitarum in edendis ordinationibus discreverit. Quae causa potius multorum errorum fuit Renaudotio, cum baptismi et ordinationum ritus Maroniticos cum Jacobiticis solenniter confuderit. Licet enim tenendum

---

[1] Cf. Renaudot Liturg. Orient. T. I. Diss. de Coptitarum liturgiis n. 4.
[2] Bibl. Orient. T. I. p. 470. cf. tamen T. II. p. 336. [3] Lit. Orient. T. II. p. 313.
— [4] Diss. de Syrorum fide et disciplina in re Eucharistica, Lovan. 1859 p. 212.
— [5] Bibl. Orient. T. I. p. 391. [6] Ibid. p. 424, T. II. p. 505.

sit, utriusque ritus fundum et summam unum idemque esse, in multisque partibus ad verbum utrumque consonare, id tamen ex accuratiori inquisitione emergit, multas etiam esse diversitates. Quod tamen non inde tantum deducendum est, quod Maronitae a Latinis aliqua susceperint, sed etiam quod antiquiores quaedam rituum formae apud ipsos remanserint, cum seriores patriarcharum Jacobitarum rituum ordinationes ad eos non pervenerint, uti in praefatione jam diximus.

Errasse etiam videtur Renaudotius cum Melchitas quosdam Syros inter eos enumerat, qui ritibus Syris utantur. Nullibi enim hujus rei vestigium detegere licuit, sed et negatum est nobis a quodam illarum partium episcopo. Quod verum hac in re est, id est, quod Melchitae olim ritus Antiochenos sequebantur, post vero Constantinopolitanos ritus in sermonem ut plurimum arabicum versos adoptarunt. Cujus accomodationis testis est Theodorus Balsamon, cujus hac in re effata collegit Assemanus junior[1].

3) Ecclesiae Syriae Orientalis vel Mesopotamiae, subjectae Seleuciae et Ctesiphonti[2], quas Chaldaicas non immerito dicas, cum dialecto Aramaica Orientali utantur, ad quam Chaldaeorum lingua pertinebat, easque partes potissimum occupent, quae quondam Chaldaeorum sedes erant. Quibus annumerandi sunt:

a) Nestoriani, in Chaldaea ex Perside commorantes.

b) Malabares sive Christiani S. Thomae in India, et ipsi Nestoriani Nestorianorumque libris utentes, sed a Lusitanis ad fidem catholicam sunt conversi et ab Alexio Menesez, Augustiniani ordinis episcopo, in synodo Diamperitana a. 1599 reformati eorumque libri emendati.

c) Chaldaei, quos vocant, sunt Syri orientales olim Nestorianismo addicti, modo ad unitatem Ecclesiae reversi.

Ritus istarum gentium cur proprius sit et a ritibus Antiochenae ecclesiae, a qua primitus dependebant adeo divergens, variae indicantur rationes. Ipsi Chaldaei ritum suum omniaque ecclesiastica instituta a Sanctis Adaeo et Mari, Christi discipulis et illarum regionum apostolis deducunt. Ad quam sententiam licet dubitanter inclinat Renaudotius. Suspicatur enim[3] ecclesias Mesopotamiae ab Adaeo institutas proprios habuisse ritus, ut etiam leges quasdam ecclesiasticas habent, Nestoriana haeresi vetustiores. Id porro plane certum facere ait „syntagma canonum secundum doctrinam Adaei et Agis," quod se reperisse testatur in vetustissimo codice Syriaco Mediceo collectionis canonum ecclesiae Jacobiticae, quas sane illud a Nestorianis non suscepisset, cum tanta sit

---

[1] Cod. Liturg. T. 4. l. 4. praef. — [2] Cum Babylon destructa esset a Seleuco Nicatore, vetusta Cocha instaurata, Seleucia 40 passuum millibus a Babylone distans est, fundata. Nestorianis ex Romanorum regno expulsis, eorum metropolita Seleuciae, quae tunc in Persarum ditione erat, sedem fixit et exinde metropolitae Seleuciae et Ctesiphontis (quae quasi una urbs erat cum Seleucia), post vero catholici Orientis et patriarchae titulum sibi arrogavit. Qua urbe a Saracenis destructa, Nestorianorum patriarcha sedem suam in Mosul fixit, quae ad Tigrim ex adverso antiquae Ninives jacet, titulum tamen Seleuciae et Ctesiphontis retinuit. Quum autem Seleucia Babyloni, Bagdadum Ctesiphonti successerit, recentioresque Bagdadum pro Babylone accipere consueverint, hinc factum est, ut Nestorianorum patriarchae titulum etiam in Babylonicum et Bagdadensem mutaverint. — [3] Liturg. Orient. T. II. p. III.

1*

illius sectae apud Jacobitas detestatio. Alibi [1] tamen, Nestorianos esse Syros, dicens, qui post Ephesinum concilium legibus Romanorum pulsi, in Mesopotamiam se receperunt, quae sub Persarum ditione erat, ad Adaeum et Marin suam liturgiam Sanctorum Apostolorum reducere ait, quae sane magnae antiquitatis indicia prae se ferat, utrum vero veterem ecclesiarum Mesopotamiae disciplinam contineat, difficile esse judicare. Contrarium plane judicium indubitanter tulit Josephus Simon Assemanus [2] omnemque Nestorianorum a caeteris Orientalibus diversitatem ab eorum in mutandis ritibus licentia deducit. In euchologiis, horologiis aliisque divinis officiis ait, ab antiquo Ecclesiae ritu magis recedunt Nestoriani quam Jacobitae, aut Maronitae, vel Melchitae. Nam isti in septem sacramentorum administrationis ritu paucis exceptis plane conveniant. Liturgias Jacobi, Marci, Basilii, Chrysostomi communes habent, etsi ad earum formam accomodatas a doctoribus suis alias adjungant, quae tamen verbis non sensu ab antiquis differunt. Benedictiones consecrationesque tum presbyterales, tum pontificias fere easdem usurpant. Uno verbo Maronitae et Jacobitae, qui unum inter se ritum Syriacum constituunt et ad Melchitas Graecis consentientes proxime accedunt, antiquiores schismate ritus baptismi inquam, poenitentiae, liturgiae, ordinis, matrimonii, extremae unctionis aliasque consecrationes retinent. At vero Nestoriani neque cum Graecis, neque cum Jacobitis aut Maronitis quidquam fere commune habentes, nihil in euchologiis vel horologiis conservant, quod non sit a recentioribus ipsorum Doctoribus compositum praeter unam, quam vocant, Apostolorum liturgiam, quae tamen ab antiquis caeterorum Orientalium liturgiis plurimum differt. Jesujabo Adjabeno et Cypriano Nisibeno tribuunt suas ordinationes; ritum quoque baptismi, poenitentiae, matrimonii, psalmodiae; item consecrationes ecclesiae, altaris et vasorum sacrorum: denique alias ecclesiasticas functiones aliis, atque ita ex antiquioribus Nestoriana haeresi ritibus retinent fere nihil.

Ita Assemanus, qui nobis iniquior in Nestorianos videtur. Quod ad praesentem quaestionem attinet, unde rituum Chaldaicorum a caeterorum Orientalium discrepantia deducenda sit, utramque rationem assumendam esse censemus, tum antiquam quandam rituum proprietatem tum etiam patriarcharum in innovandis ritibus licentiam, a qua tamen neque ipsi Jacobitae plane sunt absolvendi. Neque ritus cum ordinarent, substantiales praecipuasque partes seriemque caeremoniarum antiquorum ordinum patriarchae illi Monophysitarum et Nestorianorum tollebant.

Quidquid hac de re habendum sit, certum est ex omnium testimonio, inter se Nestorianos summam rituum uniformitatem observare, cum ecclesiae patriarchalis Cochensis, quae est in Seleucia et aedificata dicitur a S. Mari, ritus norma sit omnium. Uti enim refert Assemanus [3], ritum ecclesiae Cochensis normam fuisse apud Nestorianos patet ex synodo Sabarjesu a. 596, in qua jubentur sacerdotes et monachi non omittere canones hoc est cantus quosdam continentes doctrinam de dualitate substantiarum, uti dicunt, in Christo, secundum ritum ecclesiae Cochensis usitatos. Jamque in synodo Seleuciensi, a. Christi circiter 410 sub

---

[1] Ibid. Diss. de Nestorianorum liturgiis T. II. p. 561. sqq. — [2] Bibl. Orientalis T. III. P. 2. p. 380. — [3] Bibl. Or. T. III. P. I. p. 449.

Isaaco primate et S. Marutha celebrata, sancitum fuerat (can. 13) ut preces fierent in caeteris Chaldaeorum ecclesiis, quomodo in Seleuciensi mos erat ecclesia, et diaconi proclamationes intonarent, quomodo ibi intonantur, lectionesque Scripturae legerentur et Eucharistia demum super altari conficeretur una eademque in omnibus ecclesiis ratione. Sabarjesus vero in Synodo: „Monachos vero et sacerdotes omittentes in ecclesia sive in propria cella ecclesiastici officii canones juxta ritum ecclesiae Cochensis recitari solitos jussit synodus admoneri.“ Testaturque Assemanus [1] rituum ecclesiasticorum formam a patriarcha praescriptam ab omnibus Nestorianis observari.

Idem ex Assemano de ritibus monasterii Izlensis Sanctorum Abrahae et Gabrielis, qui ab omnibus Nestorianis retinentur [2]. Recentior etiam auctor [3], cui inter ipsos Nestorianos versari eorumque codices scrutari contigit, testatur, in iis summam esse conformitatem, suspicaturque hujus rei causam eam esse, quod singulis sexenniis episcopi coram patriarcha se sistere ex canone teneantur, de fide et erga patriarcham subjectione rationem reddituri. Praesumit enim hac occasione rituales libros conferri et cum his eos, qui in dieccesibus sunt. Quam conformitatem etiam ad Chaldaeos unitos extendit, nisi quod hic quaedam omiserint vel mutaverint post peractam cum Romana ecclesia unionem. Ordinationum ritum Nestorianis recensuit Marabus I. patriarcha, saeculo VI., ordines baptismi, poenitentiae et ordinationem Jesujabus Adjabenus, patriarcha (650—660) [4]. Post ipsum ordinationes recensuerunt Cyprianus, episcopus Nisibis saeculo VIII., et Gabriel metropolita Bassorae, saeculo IX.

4) Ecclesiae Armeniacae. Ritum istae habent proprium ad Graecum tamen inter Orientales maxime accedentem, qui videtur ex ritu ecclesiarum Ponti et Cappadociae ortus. Sanctus enim Gregorius Illuminator, qui Majoris Armeniae fuit apostolus, Caesareae in Cappadocia edoctus est et in episcopum ordinatus. Sanctus etiam Basilius ecclesiarum Armeniae curam diligentem gessit. Ipsi Armeni liturgiam suam missae sanctis Basilio et Athanasio tribuunt. Non potuit autem nisi saeculo IV. exeunte vel V. ineunte conscribi, quo tempore characteres Armeniaci demum inventi sunt. Rituale Armenorum recensuit Maschdoz patriarcha eorum XLVIII., qui saeculo IX. exeunte floruit, unde euchologium apud Armenos nomen libri Maschdoz vel Maschdoz simpliciter accepit [5]. Certum etiam videtur medii aevi epocha, quae difficulter determinari potest, Armenos etiam haereticos, ad tempus ad unitatem Ecclesiae reversos, a Latinis quaedam suscepisse et in proprios ritus admisisse, quae primitus sibi propria non erant. In ordinationibus enim habent etiam ipsi quatuor ordines minores et traditionem instrumentorum, quae ab Orientalium omnium usibus aliena sunt: imo ipsissima verba pontificalium latinorum usurpant. Absolutionis etiam formula magis ad latinam quam

[1] Ibid. Tom. III. P. II. p. 643. — [2] Bibl. Or. T. III. P. I. p. 284. et Tom. II. p. 466. — [3] G. Percy Badger, The Nestorians and their rituals London 1852. p. 25. — [4] Bibl. Orient. Tom. III. P. I. p. 139, 140. — [5] Cf. Giovanni de Serpos, Compendio storico di memorie cronologiche concernenti la religione e la morale della nazione Armena suddita dell' impero Ottomano. Venezia 1786. Tom. III. p. 516 et Montfaucon Bibliotheca bibliothecarum p. 1017

ad orientales accedit. Armenos suarum ordinationum ritum a S. Gregorio papa deducere ostendit Galanus[1] ex epistola, quam Gregorius, episcopus Caesariensis Monophysita, ad Mosen III. Chotanensem patriarcham, scripsit: „Armeniorum ecclesiae ritum conferendi ordines a Gregorio papa suscipiunt, ut in nostro rituali manuum impositionis compertum habetur, quoniam eo ritu suscipimus eorundem ordinum potestatem." Id autem verum esse non potest, si de S. Gregorio Magno intelligatur, cum ejus tempore traditio instrumentorum neque apud ipsos Latinos in usu fuerit et saeculo demum X. introducta fuisse videatur. Quo fit, ut vero similius videatur id a S. Gregorio VII. praestitum fuisse, ad quem Vecajaser patriarcha 1080 sacerdotem mandavit, qui cum summo Pontifice de ritibus sacramentorum tractavit[2]. Rituale Armenorum saepius ab ipsis est impressum. Nos usi sumus eorum Miez Maschdoz sive rituali magno, jussu patriarchae Constantinopolitani 1807 impresso in Kürkdschi chanin typis Joannis Pauli.

Armeni cum Romana Ecclesia uniti vetus suae nationis rituale retinuerunt paucis immutatis, uti sunt additamentum Filioque, nomina haeresiarcharum expuncta, quod nobis testatus est R. P. Gregorius Gelal, typographiae Mechitaristarum Venetiis director. Novissime impressum est hoc rituale Venetiis 1839, quo nos usi sumus. Pars etiam horum Armenorum ritualia Latinorum in Armenicam linguam versa adhibet.

Sequitur, ut de fontibus, ex quibus ritus istarum ecclesiarum desumendi sunt, quae necessaria sunt, collectioni praemittamus, ne in operis decursu eadem centies repetere oporteat. De quorum delectu quae observanda a nobis erant jam in praefatione exposuimus, quorumdam etiam crisin in specie instituimus.

Sunt autem fontes isti vel loci, ex quibus Orientalium ritus nobis desumendi sunt, sequentes.

1) Ipsi ordines vel manuscripti, vel impressi, vel a praedecessoribus nostris collecti.

Inter quos eminet Josephus Aloysius Assemanus, qui in codice liturgico Ecclesiae universae omnes Latinorum et Orientalium liturgias, sacramentorum ritus et praecipuas benedictiones XV partibus colligendas suscepit. Qui utinam opus ad finem perduxisset, summae Ecclesiae et sacrae scientiae utilitati. Prodierunt tamen tomi XIII. (non XII., ut ait Zaccaria in Bibliotheca rituali et post eum Brunet).

Tomus I. 1749 complectitur ordines catechumenatus.

Tomus II. 1749 baptismi.

Tomus III. 1750 confirmationis.

Libri IV. de Eucharistia pars I. sive Tomus IV. 1751 exhibet sacramentarium Gelasianum.

---

[1] Clem. Galanus, Conciliatio ecclesiae Armenae cum Romana. Part. II. Tom. 2. p. 651. — [2] In codice quodam Parisiensi Regio (ap. Montfaucon in Bibliotheca bibliothecarum p. 1019. Al 44) ritus ordinationum tribuitur archiepiscopo Sionniensium s. Syuniensium, Arraquel. Dolendum est, editum non esse ritualis Armeniaci indicem historicum, auctore Mose Chorenensi, saec. V, quo ii, qui ordinarunt vel transtulerunt singulos ritus enumerantur. Cujus mentionem fecit in codicum Vaticanorum catalogo Card. Mai Scriptorum veterum nova collectio T. V. P. II. p. 244 ad codicem Armeniacum Vaticanum 3, in quo p. 301 habetur.

Pars II. sive Tomus V. 1752 liturgiam S. Jacobi, sive Hierosolymitanam et in eam commentarium Johannis Maronis.

Pars III. sive Tomus VI. 1754 Sacramentarium Leoninum.

Pars IV. sive Tomus VII. 1754 Liturgiam Alexandrinam S. Marci.

Libri VIII. de sacris ordinibus Pars I. sive Tomus VIII. 1755 ordinationes Latinorum.

Pars II. sive Tomus IX. 1756 et Pars III. sive Tomus X. 1758 ordinationes Maronitarum.

Pars IV. sive Tomus XI. 1763 et Pars V. sive Tomus XII. 1763 Graecorum et Melchitarum.

Pars VI. sive Tomus XIII. 1766 Nestorianorum.

Ante Assemanum celeberrimus liturgiarum orientalium editor Eusebius Renaudot "Officia varia sacramentalia Coptitarum et Syrorum latine versa cum commentariis" edere molitus fuerat. Codicem Renaudotii manu scriptum in Bibliotheca imperiali Parisiis detegere contigit. Constat autem tribus voluminibus in quarto, quorum primum multa de sacramentis excerpta lingua syriaca et arabica absque versione continet, alterum Grammaticam Syriacam et Samaritanam, tertium denique dissertationes de sacramentis baptismi, confirmationis, matrimonii et extremae unctionis, una cum ordinibus baptismi et matrimonii Syriacis et Copticis. Inchoata ejus opera de poenitentia et sacris ordinationibus manuscripta item in eadem bibliotheca asservantur, quae uberrimam nobis messem suppeditarunt. Ejusdem notissimum opus, Liturgiarum Orientalium collectio (Parisiis 1716) plura etiam de sacramentis, praesertim de Eucharistia continet, quod ex editione Francofurtana 1847 allegare solemus.

Eadem ex ratione hic inserendus est Lebrun, Explication littérale historique et dogmatique des prières et des cérémonies de la messe. 1777—1778.

Ordinationes Orientalium edidit Johannes Morinus in suo Commentario de sacris Ecclesiae ordinationibus secundum antiquos et recentiores Latinos, Graecos, Syros et Babylonios. Parisiis 1655, Antverpiae 1695, et Syrorum quidem Nestorianorumque ordinationes syriace et latine edidit. Versionem latinam Edmundus Martene suo de antiquis Ecclesiae ritibus operi inseruit.

Qui diligentissimus fuit in colligendis etiam Latinorum ritibus, neque Orientalium sacramentales ordines neglexit in egregio suo de Sacramentis opere Johannes Chrysostomus Trombelli, quoad Confirmationem quidem Codicem liturgicum Assemanianum tantummodo recudens, quoad extremam unctionem autem ineditos ordines a praesule Stephano Borgia, S. Congregationi de Propaganda Fide tunc a secretis, sibi exhibitos publici juris faciens.

Ritus etiam Orientalium sacramentales anglice edendos curavit Johannes Mason Neale, tum in suo opere A history of the holy Eastern church Part. I., General introduction, London 1850, tum in Tetralogia liturgica, London 1849. Verum optima quaecunque ex Assemano et Renaudotio extraxit, quem nihilominus caute adhibendum ait; baptismum tantum, confirmationem et liturgias tractavit, ordinationes in historia ecclesiae Antiochenae se editurum promisit, quod utrum factum sit compertum nobis non est; quoad caeteros ritus poenitentiae, matrimonii et

8

extremae unctionis breviter se expedit, dicens eos in statu non alterato quasi inaccessibiles esse eruditis [1].

Hermanus Adalbertus D a n i e l, qui Codicem liturgicum Ecclesiae universae in epitomen redactum quatuor tomis Lipsiae 1847—1854 edidit, Orientales vix non omnino neglexit.

Quarundam nationum ritus separatim ediderunt, et Coptitarum quidem primus Athanasius K i r c h e r S. J., in sua versione partium quarundam ritualis Coptici, cui titulus, „Rituale ecclesiae Aegyptiacae, sive Coptitarum, quod jussu Cardinalium S. Congregationis de Propaganda fide ex lingua Copta et Arabica in latinam transtulit — 1647.“: Habetur autem in Leonis Allatii Σύμμικτα Coloniae Agrippinae 1653. Continuit autem exemplar mutilum, quo usus est Kircher nonnisi ordinationes et benedictiones quasdam, et est ut in fine dicitur ex recensione Gabrielis patriarchae, qui falso dicitur 95. cum sit 88. Carpitur saepius a Renaudotio, qui hac in re durior fuit in praedecessorem, imo negat vertisse Kircherum, sed id praestasse Abrahamum Ecchellensem vel alium ex arabica translatione. Censemus autem Kirchero contraria expresse asseveranti fidem tam praefracte denegari non posse.

Recensendus porro hic est J. M. V a n s l e b, quondam protestans et Ludolfi discipulus, tunc vero Ordinis Praedicatorum sodalis in sua Histoire de l'église d'Alexandrie fondée par S. Marc, que nous appelons celle des Jacobites-Coptes d'Egypte, Paris 1677, in qua plurimos sacramentorum et benedictionum ritus quoad rubricas descripsit et quoad praecipuas quasdam orationes integros gallice reddidit, usus rituali Gabrielis, filii Tarik, patriarchae Coptitarum, libro scientiae ecclesiasticae, declaratione officiorum ecclesiasticorum Abulbircati aliisque codicibus, quos ipse in Regiam bibliothecam advexerat.

Descriptiones etiam quasdam rituum sacramentalium apud Coptos exhibet Johannes Baptista S o l l e r i u s S. J., ex literis P. Bernat, tunc in Aegypto missionarii, sumptas, in Tractatus praeliminarii de patriarchis Alexandrinis Appendice de Coptis Jacobitis, sectione 3 de sacramentis, in Actis Sanctorum Bollandianis tomo V. Junii.

Baptismum et confirmationem Aethiopum latine edidit P e t r u s T e s f a Sion, Aethiops, Romae 1548 sub hoc titulo: Modus baptizandi, preces et benedictiones, quibus utitur ecclesia Aethiopum ex lingua Chaldaea sive aethiopica in latinam conversae a Petro abbate Aethiope, qui et Bruxellis 1550 prodiit, in Bibliotheca Patrum Tomo VI. et in Patrologia Migne latina T. 138 col. 929 sqq, recusus est.

De Monophysitarum Syrorum ritibus pauca in Dissertatione de Monophysitis Bibliothecae Orientalis Tomo II. Romae 1721, aliqua etiam T. III. P. II. inseruit Josephus Simonius A s s e m a n u s. Ordinem baptismi Severi Antiocheni, quem ex errore Alexandrinum vocavit, edidit Guido Fabricius Boderianus (Le Fèvre de la Boderie) syriace et latine Antverpiae apud Plantinum 1572, mendose tamen quoad textum syriacum et versionem latinam, usus etiam codice, in quo nonnulla transposita sunt.

Plura de Nestorianorum ritibus Josephus Simonius A s s e m a n u s

[1] General introduction T. I. p. XXI.

in Bibliothecae Orientalis Tomo III. Parte II. Romae 1728, hoc est baptismum, confirmationem et ordinationes cum ritibus monachatus, solas tamen rubricas cum praecipuis orationibus integras tradens edidit.

Nestorianorum ritus integros anglice tradidit Georgius Percy Badger, in suo opere The Nestorians and their rituals, London 1852, de quo vide quae in praefatione diximus.

Armenorum ritus sacramentales quoad ceremonias descripsit praecipuasque orationes inseruit Johannes de Serpos suo Compendio storico di memorie cronologiche concernenti la religione, e la morale della nazione Armena suddita dell' impero Ottomano Venezia 1786, T. III.

2) Proxime sequuntur auctores Orientales qui suarum nationum ritus sunt commentati.

Coptitarum patriarcha 88. Gabriel, filius Tarik, rituale arabice edidit anno Christi 1141, quo ritus descripsit, ut plurimum absque orationibus, et quo Renaudotius et Vanslebius usi sunt.

Abulbircatus, filius Cabari, presbyter Coptita, saeculo XIV. scripsit opus, cui titulus: Lampas tenebrarum et declaratio officiorum ecclesiasticorum.

Johannes filius Abu Zechariae, cognomine Abu Seba auctor est libri Monile pretiosum in scientia Ecclesiae [1], quo Vanslebius, qui auctorem nesciebat, sed saeculi XIV. esse suspicabatur, et Renaudotius, qui sub nomine Scientiae ecclesiasticae allegare solet, usi sunt.

Ebnassalo sive Abulfedail Ebn-el-Assal, saeculi XIII. mediantis auctori a Renaudotio tribuitur Epitome principiorum sive de fundamentis fidei. Liber etiam discursus intellectuum de scientia fundamentorum tribuitur in codicibus Vaticanis [2] Abulbircato, qui supra.

Quaedam etiam ex operibus Severi, episcopi Aschmonin, saeculi IX. auctoris, attulit Renaudotius, ad rem nostram facientia.

Haec de Coptis. Inter Nestorianos eminent Georgius, Arbelae et Mosul metropolita, saeculo X., auctor declarationis omnium ecclesiasticorum officiorum, et Timotheus II. patriarcha, saeculo XIV. ineunte, in libro de septem causis sacramentorum Ecclesiae, ex quibus plura tradidit Assemanus in Bibliotheca Orientali.

3) Magnae etiam est utilitatis canones illarum ecclesiarum perquirere, qui multa continent ad ritus pertinentia, de quorum collectionibus amplissime disseruit Renaudotius in opere suo Perpetuité de la foi de l'église catholique sur les sacraments libro IX. Quoad Syros Jacobitas et Nestorianos in specie consulendus est Assemanus in Bibliotheca Orientali, pro Coptis P. Vanslebius in suae Historiae patriarcharum Alexandrinorum de qua supra parte quinta, et Renaudot in historia patriarcharum Alexandrinorum Jacobitarum Parisiis 1713 passim, qui et integrum collectionis canonum Copticae conspectum in opere Perpetuité de la foi [a] tradit.

Canones in ecclesia Alexandrina statuerant Timotheus patriarcha †385, cujus responsa canonica ex Balsamone Gallandius et Cl. Migne [4],

ex cod. 80. Vaticb. Iltec p. 484. — [a] scriptorum vestam tva roliirim [?].
Part II p. 6 sqq. — [4] Patrol. graec. T. 77. col. 1478 sqq. — [2] L. 9. c. 9. Scripit. — [1] Bibl. Or. T. II. p. 517. Cod. 68. — [?] Mai Nova Collectio T. IV. P. II. p. 214. cod. 104; p. 241. cod. 118; p. 242. cod. 119. — [3] L. 9. c. 3. — [4] Patrologiae Graecae Tom. 33.
p. 270 sqq. — [?] p. 270 sqq. et 272 sqq.

evulgárunt, Sancto etiam A t h a n a s i o canonés 107 tribuuntur in collectionibus Coptitarum, qui in Vanslebii história patriarcharum habentur.
Constitutiones C h r i s t o d u l i patriarchae anno 1058, C y r i l l i, ejus
successoris a. 1078, G a b r i e l i s filii Tarik 1129, C y r i l l i, filii Laklak,
a. 1240 et aliorum sunt in Renaudotii historia patriarcharum Alexandrinorum et apud Vanslebium.

Canonum Collectiones Copticas per locos dispositas composuerunt
E b n a s s a l sive Etmumen Abu Isaac Ebn-el-Assal, suprá memorati fra-
tér, saec. XIII. Epitomen nempe canonum, urgentibus episcopis factam,
anno Christi 1239 sub nomine Cyrilli filii Laklaki, patriarchae LXXV.
edidit. Ferge Allah E c h m i m i, hoc est natus in Echmim vel Ikmim,
urbe Thebaidis, saeculo XII., quos Renaudotius passim allegavit. Responsiones etiam canonicae exstant M i c h a e l i s, Athribae et Meligae
episcopi, qui et auctor est synaxarii Coptici [1], quam sub nomine Michaelis episcopi Melichae, allegare solet Renaudotius, sicut et Petrum ejusdem urbis episcopum [2].

Quoad Syros materiam praebent canones R a b b u l a e, episcopi
Edesseni, saec. V., quos ex Gregorii [3] Abulpharagii nomocanone edidit
Eminentissimus Mai et post eum Cl. Migne in Patrologia [4]; resolutiones
canonicae J o a n n i s, episcopi T e l a e, saeculi VI. ineuntis, quas syriace
et latine edidit Th. Lamy in magni meriti dissertatione de Syrorum fide
et disciplina in re Eucharistica; accedunt Johannis Telensis et Jacobi
Edesseni resolutiones canonicae, Lovanii 1859, et J a c o b i E d e s s e n i,
saeculi VII. exeuntis, quas syriace tantum ediderat Lagardius in Reliquiis
juris ecclesiastici antiquissimi Lipsiae 1856 [5], syriace et latine Lamy in
opere eodem. Collectionem canonum Syrorum Jacobitarum composuit
G r e g o r i u s A b u l p h a r a g i u s B a r - H e b r a e u s saec. XIII., quam
syriace et latine versam a Josepho Aloysio Assemano edidit Card.
Majus [6].

Ex Nestorianorum numero recensemus J o h a n n i s filii Isae, dicti
B a r A b g a r i, patriarchae, electi anno Christi 900, canones de altari et
Eucharistia [7] et collectionem canonum Ebedjesu, metropolitae Sobae et
Armeniae saeculo XIII. exeunte syriace et latine ex versione Josephi
Aloysii Assemani editam a Card. Majo [8].

Armenorum canones edidit Card. Majus [9] ex lingua armena versos
ab Arsenio Angiarakian, modo archiepiscopo Neocaesareae. Sunt autem:

Canones S. Gregorio Illuminatori, Armenorum apostolo saeculo IV.
tributi.

Macarii Hierosolymitani saec. IV., quos petente Vartano Armeniorum episcopo, S. Gregorii Illuminatoris filio, scripsisse ab iis creditur [10].

Canones Nersetis catholici et Nersciabuhi, episcopi Mamiconensis,
quos saeculo VI., coacta synodo in urbe Tevino ediderunt, aliique eorundem canones, qui in multis eadem referunt, sed ampliori forma [11].

[1] Bibl. Or. T. III. P. I. p. 642. cod. 31. T. I. p. 624. cod. 18. — [2] Ibid. T. I.
p. 626. cod 30. Vansleb. Hist. p. 333. — [3] Scriptorum veterum nova colléctio T. X.
Part II. p. 6 sqq. — [4] Patrol. graec. T. 77. col. 1473 sqq. — [5] p. 117. — [6] Scriptt.
vett. nova collectio T. X. P. II. — [7] Bibl. Orient. Tom. III. P. I. p. 288 sqq. not. —
[8] Scriptt. vett. nova coll. T. X. P. I. — [9] Ibid. T. X. P. II. p. 269 sqq. — [10] l. c.
p. 270 sqq. — [11] p. 270 sqq. et 272 sqq.

Canones Isaaci- Armeniorum catholici, cognomento Magni saeculo
IV., quorum tituli primum habentur [1], tum integri canones, hoc titulo:
Isaaci Archiepiscopi capitula LV.[2].

Canones Synodi Armeniorum septimo ab obitu Isaaci Magni decimo
sexto Isdegerdae Persarum regis anno Christi 481 habitae, in monte Sci-
habivano[3].

Canones Johannis Mantocunensis Armeniorum catholici saeculo V.[4]

Canones Johannis Stylitae, in nonnullis codicibus Moysi Chorenensi
saec. V. tributi, quibus apponuntur responsiones Isaaci Armeniorum catholici, qui usque ad annum 703 sedit, eas ejus coepiscoporum pluri-
morum[5].

Canones Johannis Philosophi vel Oxniensis dicti, Armeniorum patriarchae saeculo VIII.[6]

Canones Sionis Armeniorum catholici saeculo VIII. quos cum tribus
episcopis, praesente etiam Albaniae catholico, condidit.[7]

Canones concilii Teximensis, quod cum 18 episcopis habitum est a
Nersete Sciragh, Armeniorum catholico, anno 4. Constantini Graecorum
imperatoris[8]

Elisei, Isaaci Parthi et celeberrimi Armeniorum doctoris Mesrobi
discipuli, saeculo V. capitula[9].

Canones Nerseti Magno, Armeniorum catholico saec. IV. sed uti
verisimillimum videtur falso tributi[10].

Constitutiones Vaciacani, Albaniae regis in synodo Albana a. 488[11].

Canonum poenitentialium quatuor syllogas a Renaudotio ex codicibus syriacis et arabicis versas in opere suo manu scripto de poenitentia
deteximus. Quae multa etiam alia ad diversas disciplinae quibusdam sacramenta observandae partes pertinentia continent, saepius proinde a nobis
sub collectionis canonum I—IV. titulo sunt allegandae.

4) Sequuntur, qui obiter magis de dogmatibus et disciplina Orientalium vel de eorum historia tractantes, obiter opportunas de eorum ritibus notitias, vel ordinum sacramentalium partes inseruerunt.

Commendandus praeprimis hic etiam est Eusebius Renaudot, qui
operi illo celeberrimo Perpétuité de la foi de l'église sur l'Eucharistie a
Nicolio, Arnaldo et ipse Renaudotio exorato, partem addidit, cui titulus
Perpétuité de la foi de l'église catholique sur les sacramenta etc. Quo
in opere partes officiorum sacramentalium Orientis plurimae habentur
gallice redditae. Usi sumus editione Clarissimi Migne, Parisiis 1841.

Sparsas in Josephi Simonii Assemani Bibliotheca Orientali de ritibus observationes colligere officii nostri quam privis fuit.

Utilia praesertim ad disciplinae a S. Sede quoad Orientales observatae cognitionem sunt additamenta ad Gabrielis Antoine Theologiae
Moralis Tomum II. facta a Philippo de Carbonanno Ord. Min. Observ.
in edd. Romae 1757, Augustae Vind. et Graecyiae 1760 ...

Ex antiquioribus majoris momenti est Thomae a Jesu ordine
Carmelitarum, qui libro de conversione omnium gentium procuranda
(Operum Coloniae 1684. Tom. I. ... haeresiologorum redundanti
Tomo V. ... de sacramentorum ritibus apud Coptitas disserit. ...
Carolus Jacobus Poncet, medicus Gallus de itinere suo Aethiopico 1701 ...
relatoque edidit.[] ... raecentioribus quaedam ... Parisiisque iter
in Abyssinium ...

omnia complexus est. Verumtamen in his auctoribus notandum est, quod in antiquitatis moribus non satis versati, multa pro abusibus habent, quae ipsissimus antiquarum ecclesiarum usus erant.

Quoad Coptitas utilis est Renaudotii historia patriarcharum Alexandrinorum Jacobitarum a D. Marco usque ad finem saeculi XIII. Parisiis 1713.

Historia Jacobitarum seu Coptorum opera Josephi Abudacni, nati Memphis, Oxonii 1675 prodiit, post vero cum notis Joannis Nicolai, professoris Tubingensis edita est a Sigeberto Havercamp Lugduni Batavorum 1740. Sed opus est exigui valoris, cum homo fuerit rudis, optimisque documentis nonnunquam contradicat.

In Aethiopibus cum aliqua crisi adhiberi poterit Jobi Ludolfi historia Aethiopica Francofurti 1681, qui tamen quoad ritus sacramentorum meliora quaeque ex missionariorum Societatis Jesu relationibus excerpsit, aliqua etiam a Gregorio quodam Aethiope didicit, qui, quondam Jesuitarum alumnus, post varia fata in Saxoniam venit. Damianus etiam Goëz de moribus Aethiopum Lugduni 1582 et Fratris Theclae Mariae, presbyteri Abyssini, Declaratio Romae 1574 coram Cardinalibus facta apud Thomam a Jesu de conversione omnium gentium l. 7, c. 13. ubi supra p. 165 opportuna aliqua tradunt.

Pro Syris iteratis vicibus memorandus est Th. S. Lamy in dissertatione de Syrorum fide et disciplina in re eucharistica. Lovanii 1859.

In Nestorianorum ritibus investigandis multa praebent acta synodi Diamperitanae habitae 1599 ab Alexio Menesez, archiepiscopo, apud Facundum Raulin Historia ecclesiae Malabaricae, Romae 1745, qui et in notis et dissertationibus adjunctis quaedam superaddidit.

Armenorum dogmata et historiam Clemens Galanus in Conciliatione ecclesiae Armenae cum Romana, Romae 1661 tractavit, in cujus Parte II. Tomo II. de sacramentis disserens eorum ritus et preces quasdam exhibuit, in parte etiam historica sive Tomo I. p. 110 sqq. ordinationes Armenorum quoad ritus et orationes praecipuas.

5) Qui itinera per illas regiones peregerunt descripseruntque gentium mores, praesertim missionarii, in tantum utiles sunt, quod solennitates in conferendis sacramentis usitatas enarrantes aliqua suppleant, quae in rubricis non habentur, nonnunquamque notitias expiscarint, quae ex codicibus hauriri nequeunt.

Fuerunt ejusmodi qui de ritibus Abyssinorum tractaverunt primi missionarii Societatis Jesu: Alphonsus Mendez, patriarcha Aethiopiae et PP. Tellez, Alvarez et Lobo, cujus iter Aethiopicum ex idiomate Lusitano in Gallicum versum edidit Le Grand Voyage historique d'Abissinie du P. Jerome Lobo, traduit du portugais, continué et augmenté de plusieurs dissertations, Paris et La Haye 1728. Idem praestitit quoad Coptitas P. Bernat S. J., in Aegypto missionarius, in suis ad P. Fleuriau, illarum missionum procuratorem literis, anno 1711 scriptis, quarum partes concernentes verbatim exhibet Le Grand in opere allegato Dissertationibus 11 — 13. Ex quibus etiam P. Sollerius in Actis Sanctorum, Tomo V. Junii de sacramentorum ritibus apud Coptitas disseruit. Porro Carolus Jacobus Poncet, medicus Gallus de itinere suo Aethiopico 1704 relationem edidit. Ex recentioribus quaedam praebuit Harris cujus iter in Abyssiniam germanice versum Stuttgarti 1846 comparuit sub titulo:

„Gesandtschaftsreise nach Schoa und Aufenthalt in Südabyssinien 1841
—1843. Aus dem Englischen." Vanslebius de duplici itinere suo
Aegyptiaco, annis 1672 et 1673 peracto, narrationem gallice edidit 1677.
Porro descriptionem Aegypti edidit, quae gallice et italice comparuit.
Originale germanicum anni 1664 habetur apud Paulus Sammlung der
merkwürdigsten Reisen, III. Theil, Jena 1794, qua editione usi sumus.

De Maronitarum ritibus multa retulit P. Hieronymus Dandini S. J.,
ad Maronitas 1596 Summi Pontificis nuncius, in libello suo: Missione
apostolica al patriarca e Maroniti del monte Libano Cesena 1655, quem
gallice reddidit Ricardus Simon in Voyage du mont Liban traduit de
l'italien du P. Jerôme Dandini, Paris 1685, secundum quam versionem
hoc opus allegamus.

Pro Nestorianis habes itinerum descriptiones Josephi Indi, qui
1501 Lissabonam venit et tunc Romam, sedente Alexandro VI., in sua
Navigatione novi orbis; Antonii de Gouvea, qui iter Menessianum ad
Malabarenses Coimbrae 1606 edidit, et A. Grant, Angli, The Nestorians
London 1841.

De Armenis utilia retulerunt P. Monier in sua Relation de l'Arménie, cujus quaedam nobis praesto erant in opere, cui titulus Cérémonies
et coutumes religieuses de tous les peuples du monde, avec figures de
Picard Amsterdam 1733, T. III. Porro Johannes Baptista Tavernier
cujus itinerarium habuimus germanice versum hujus tituli: Beschreibung
der sechs Reisen, welche Johann Baptist Tavernier, Ritter und Freiherr
von Aubonne in Türkei, Persien und Indien verrichtet, übersetzt von
J. H. Wiederhold. Genf 1681. Eadem fere iisdem verbis repetiit Pitton
de Tournefort, Relation d'un voyage du Levant fait par ordre du roi.
Amsterdam 1718. Plura etiam de eorundem ritibus anglice reddiderunt
Smith et Dwight, missionarii Americani, in suis Missionary Researches in Armenia, quorum quaedam folium, quod dicitur Evangelische
Kirchen-Zeitung 1838 p. 481 sq. retulit. Ex hoc autem et Boden-
stedtii opere Tausend und Ein Tag im Orient Daniel in Codice liturgico Ecclesiae universae in epitomen redacto, ea quae de Armenis habet
congessit.

DE BAPTISMO.

§. 1. De materia baptismi remota.

Aquam naturalem baptismi materiam esse, omnes Orientales indubitanter tenent. Quod Bernardus Luxemburgias, Jacobus de Vitriaco, Gabriel Sionita, Thomas a Jesu referunt, Coptitas scil. suis baptismum in igne conferre post baptismum aquae, cum ferro candente crucis signum in frontem, vel in genas, vel in tempora imprimunt, implendis scilicet verbis Johannis Baptistae de Christo in Spiritu et igne baptizaturo, id Gregorius Aethiops apud Ludolfum [1] negavit, nec ejusmodi abusus mentionem faciunt missionarii Jesuitae in suis epistolis. Porro Thecla Maria Aethiops coram Cardinalibus professus est [2]: „Nullus est in Aethiopia, qui baptizatur igne, sed in quibusdam provinciis tantum signant se in fronte acutula vel ad oculorum et visus sanitatem vel, ut aliqui referunt ex mandato cujusdam regis Aethiopiae, ut differant a Muhametanis." Qua de re Ludolfus [3] tradidit, constare Africae populos tam gentiles, quam Muhammedanos pueris recens natis venas temporum, quas κροταφίδας Graeci vocant, cauterio inurere contra catarrhos. Quod ab Habessinis nonnullis factum ab exteris imperitis pro more religioso habitum fuit. Denique Renaudotius [4] id in signum professionis christianae distinctivum factum fuisse censet, sicut et zona, crux e collo pendens, color vestium, non autem ut partem baptismi usurpatam fuisse.

Benedictionem aquae baptismalis omnes Orientales ex antiqua et universali Ecclesiae disciplina sancte retinent. Imo, quod ex nimia rerum disciplinarum observantia et in similibus pluries apud eos occurrit, sunt inter eos, qui baptismum aqua non consecrata collatum pro valido non habeant. De Coptitis ait Assemanus junior [5], eos baptismum collatum aqua non consecrata pro valido non habere, ideoque in urbe Cairo presbyteros, aquam post baptismum dimittentes, aliquantulam asservare pro baptismo in casu necessitatis, idque referente Tukio. Verumtamen id de iis universim dici non potest, cum ex Michaelis, episcopi Melithae responsionibus canonicis [6] et constitutione synodali Cyrilli, filii Laklak, patriarchae Alexandrini (a. C. 1240), infante periclitante, omittendae sint caeremoniae [7], et solemnis sit apud eos narratio de muliere, quae cum filios, urgente tempestate, aqua marina baptizasset, baptismus iste miraculo coram Petro, episcopo Alexandrino et martyre, confirmatus est, quam historiam Severus, episcopus Aschmonin, saec. X. exeunte, Elmacinus et auctor Chronici Orientalis referunt. Item in Jacobitarum libris refertur, idem illud, quod Rufinus narrat de Athanasio puero baptizante, baptismoque ab episcopo approbato [8]. Quae narratiunculae licet dubiae admodum sint fidei, id tamen evincunt, a Coptitis narrantibus baptismum aqua non benedicta collatum pro valido habitum fuisse. Sed et apud Nestorianos [9] occurrit quidem rubrica: „Et notum sit, quod absque consecratione (aquae) non administrandus est baptismus, nisi in domo ali-

---

[1] L. 3. c. 6. n. 41. 42. — [2] p. 166. — [3] L. c. — [4] Perpetuité l. 2. c. 4. — [5] Cod. liturg. T. II. p. 183 not. — [6] Artt. 35. et 36. — [7] Renaudot Perpetuité col. 741. — [8] Sollerius in Vita patriarcharum Alexandrinorum n. 184; Renaudot Historia patriarcharum p. 56. 57. Perpetuité l. 2. c. 5. col. 748. c. 3. col. 784. — [9] Apud Badger T. II. p. 212.

cujus, in articulo mortis;" sed et ipsi baptismum collatum aqua oleo benedicto non admixta pro invalido habent, uti infra videbimus.

Non est autem moris apud Orientales, uti apud Latinos semel vel bis in anno aquam baptismalem benedicere eamque asservare, sed toties quoties baptizant aquam benedicunt. Quod de Maronitis specialiter testatus est Daudinius[1], sed et apud Coptitas aquam recentem ex fluvio vel puteo hauriri debere, Vanslebius[2], et Nestorianorum rubrica est: „Et si alia quaedam persona veniat, ut baptizetur, eadem aqua adhibenda non est, sed recens afferenda est[3]," et quoad caeteros ordines a nobis collecti comprobabunt. Neque enim in illis partibus caloribus maximis expositis consultum videbatur, aquam, in quam baptizandi immerguntur, diutius asservare, quam torpidam et stagnantem fieri oporteret. Aquam tamen baptismalem, in qua baptizatum fuerit, posse ad tertium usque diem asservari et aliis baptizandis inservire, docent canones anonymi apud Renaudotium[4], qui Jacobitarum esse videntur. Retulit etiam Barhebraeus[5] Jacobi Edesseni quandam decisionem, ex qua „Aqua benedicta baptisterii non profanatur, si in alterum diem servetur, quia postero die baptizandum sit: sed et quidam etiam ex eadem fermentum sumunt asservantque ad mortis necessitatem." Ita et Johannes Telae[6] post baptismum totam aquam dimittere prohibet. Coptitas in urbe Cairo etiam partem aquae consecratae pro casu necessitatis asservare testatur Assemanus junior[7].

Quam sancte autem habeatur ab Orientalibus aqua ad baptizandum consecrata, quantique fiat ipsa consecratio, patet ex sequentibus canonibus responsionibusque. Georgius Arbelensis, Nestorianus, censet, aquam baptismalem pollui, si laicus ingressus fuerit in baptisterium, in quo est crater baptismalis consecratus, et solvi aquam baptismalem, si in eam aqua simplex mittatur, vel oleum non benedictum[8]. De quo habetur districtissimus canon Sionis, Armenorum catholici[9]: „Vidimus sacerdotes indoctos ac omnino mente rudes quibusdam in locis injuria sacrum baptismi fontem afficere et aquam baptismi foras projicere. In posterum nemo audeat hoc facere, sed venerentur sacrum fontem, velo eum tegant, et aquam baptismi intra sacrarium injiciant. Qui autem haec praecepta nostra transgressus fuerit, deponatur." Nimiae autem scrupulositati occurrit Jacobus Edessenus apud Barhebraeum[10], dum ait: „Aqua benedicta baptisterii non profanatur, etiamsi manum suam ea sacerdos abluat propter pinguedinem olei; vel si aliam aquam, dummodo ea modica sit, superaddat." Qui nihilominus[11] prohibuit, ne aqua baptismalis a sacerdotibus post baptismum mulieribus praeberetur ad sanationem aut ad aspersionem „eo quod nequaquam inutilis et profana est (ista aqua), etiam postquam baptizandi baptizati fuerunt." Prohibent etiam statuta Syrorum[12], ne aqua benedicta aequalis habeatur aquae baptismali, neve iisdem orationibus benedicatur. Inter quae notatu dignum est illud Georgii Patriarchae: „Multi enim contempserunt acolythiam primam bene-

[1] Hist. patr. p. 82. — [2] Apud Badger T. II. p. 211 sq. — [3] In nota ad ord. Colbertinum bapt. in Variis off. T. III. P. II. — [4] C. 2. sect. 3. p. 14. — [5] Resol. 31. — [6] Cod. Liturg. T. II. p. 183 not. — [7] In Quaesitis 15. et 45. de baptismo Bibl. Orient. T. III. P. II. p. 267. — [8] Cap. 8 p. 308. — [9] L. c. — [10] Resol. 4. — [11] Jacobus Edessenus et Georgius patriarcha ap. Barhebraeum Cap. 5. sect. 4. p. 33. et prooemium ordinis Syriaci benedictionis aquae ap. Martinum tionum Columnam in Hydragiologia Romae 1586. p. 512 sqq.

dictionis aquarum ob simplicitatem ejus, et aliam ordinarunt canonibus incongruis: neque sciunt, quod, quemadmodum sublimius est mysterium sacrificii divini pane benedictionis, et illud myri illo unctionis, ita illud baptismi hoc benedictionis aquarum." Ita et in prooemio ordinis Syriaci benedictionis aquarum ex pontificali Michaelis patriarchae saec. XII. editi a Marco Antonio Marsilio Columna haec eadem his verbis dicuntur, in rationem, cur episcopis reservata fuerit benedictio aquae in Epiphania a patribus: „Hoc autem fecerunt propterea, quia inventae sunt nationes ex fidelibus sub cura et potestate sedis Antiochenae existentes diversi ritus et habitus, patria distantes ac idiomate differentes, qui aestimarunt et acceperunt hanc aquam sicut aquam baptismi, et legebant super eam orationes, quae aquae baptismali propriae sunt. Quocirca coacti sunt adducere demonstrationes, testimonia, ac rationes: nempe quod haec aqua benedicta differebat ab ipsa baptismatis, sicut differt et distat oleum benedictum ab oleo sancto chrismatis, et sacramenta vivificantia a pane benedicto, sed non consecrato." Ex quibus etiam patet, quam bene Orientales sacramenta a sacramentalibus distinguant.

Ex iisdem ipsis rationibus fit, ut Orientalium statuta ritualia aquam baptismalem post baptismum dimitti jubeant, ne videlicet abusus fiat, vel profanetur: imo ipsam consecrationem solenniter solvi curent. Ita Coptitarum rituale orationem pro dimissione aquarum exhibet, in qua haec verba occurrunt: „rogamus et obsecramus te, bone et hominum amator, ut transmutes aquam hanc ad pristinam ejus naturam, ut vertatur denuo ad terram, sicut alias erat," ad quae verba sacerdos parum aquae simplicis in baptisterium ponere jubetur, denique vero praescribitur, ut „dimittat aquam et caveat, ne quis ea unquam utatur," quae oratio etiam in ordine Aethiopico habetur. Syri Jacobitae aquarum solutionem vel solemniter per orationem vel simpliciter dimittendo, manibus in ea ablutis peragere, patet ex sequenti resolutione [1] Johannis Telensis episcopi: „Discipulus: An fas est aquas baptismi dimitti absque oratione per aquas tantummodo, in quibus sacerdos manus suas abluit? Magister respondet: Quae secundum consuetudinem fiunt, quamvis in canonibus scripta non sint, culpanda non sunt, nec inquisitione indigent. Igitur solutio (aquarum) sive per orationem fiat, sive per aquas quibus sacerdos manus suas abluit, eadem est; attamen non oportet totam omnino aquam dimitti." Dimissionem aquae praescribit ordo baptismi Jacobi Sarugensis Maronitarum a Renaudotio translatus.

Nestorianis Jesujabus patriarcha [2] inculcavit, ut, antequam sacerdos obsignet baptizatos, aqua e sacro fonte dimittatur, quod tamen ex eorum ritualibus modo post consignationem fit, quae locum confirmationis tenet. Solvuntur autem aquae oratione, in qua haec occurrunt: „sanctificatae sunt aquae istae in Amen: eodem quoque Amen solvantur a sanctitate sua et fiant juxta priorem suam naturam." Tunc manu in aquam inserta eam ruptim movet, quasi sanctificationem tolleret, vel aquam dimitteret ab usu sacro. Denique, manibus in ea lotis, dimittitur in locum mundum, in quo pedibus non proteratur.

[1] Resolut. 81 cf. Ordinem baptismalem Stephani Aldoensis ap. Asseman Cod. liturg. T. III. p. 189. — [2] Apud Georgium Arbelen. tract. 5. de bapt. c. 8. Bibl. Or. T. III. P. I. p. 536.

§. 2. De materia baptismi proxima.

Orientales, uti satis notum est, non per aspersionem, sed per immersionem baptismi sacramentum adhuc ministrant. Soli tamen Coptitae et Nestoriani ordinario puram immersionem adhibere videntur: coeteri vero, sicut Graeci, immersionem aspersione mixtam, in qua aspersio vix non praecipuum vel unicum locum obtinet. Coptitae ter baptizandos infantes in aquam mergunt, quos sacerdos ita tenet, ut manu altera pedem sinistrum et manum dexteram sumat et altera pedem dextrum et manum sinistram, ut ita in formam crucis disponantur. Mergit autem, ut Vanslebius ait, bis usque ad collum et tertia vice usque ad fundum vel, uti Bernat distinctius describit, primo usque ad tertiam corporis partem, altera vice usque ad duas tertias partes et tertia vice integros [1]. Apud Nestorianos sacerdos baptizandum usque ad collum in aquam mergit et manu capiti baptizandi imposita ter caput ejus in aquam submergit. Apud Syros, Jacobitas et Maronitas demittitur infans in baptisterium, sacerdos manum dexteram capiti ejus imponit et sinistra aquam attollit et super caput ejus fundit, primo, quae ante ipsum est, tum a tergo, tum a dextris et sinistris, ita ut postremae istae duae infusiones Spiritus Sancti nomini respondeant. Armeni, baptizando in aqua posito, ter manu dextera aquam in caput ejus fundunt, ad unumquodque nomen Ss. Trinitatis aspersiones distribuendo, tunc ad verba sequentia: „Redemptus etc." ter in aquam mergunt. Ita eorum rituale et Serposius [2]. Sed ex auctore quodam anonymo ab Assemano in notis Codicis liturgici allegato, Armeni sacerdotes infantem in aqua ponunt et ter manu dextera aquam in caput ejus fundunt, ter. verba illa „Redemptus Christi Sanguine" etc. repetentes, tum manum sinistram capiti baptizandi imponunt, et ter dextera aquam in caput ejus infundunt, dicentes prima vice: in nomine Patris, altera: in nomine Filii, tertia: in nomine Spiritus Sancti; deinde ter in aquam immergitur. Denique sedere faciunt Armeni baptizatum in aqua totumque corpus ejus lavant, qui mos lavandi caput saltem et pedes post baptismum in ecclesia etiam Mediolanensi et in Hispania obtinebat olim. In antiquo canone Armeno, Macario Hierosolymitano tributo [3] simplicior baptizandi modus per solam immersionem praescribitur. Ad quaestionem enim, quomodo baptizandum sit, respondet: „Tribus immersionibus in aquam sacri fontis triduanam Domini sepulturam repraesentamus."

Caeterum Orientales istos, secus ac Graeci, immersionem ipsam pro validitate baptismi non censere absolute necessariam ex pluribus documentis patet. Refert Renaudotius [4], Ebnassalum Coptitam expresse praecipere, ut, si sufficiens aqua non inveniatur, ut baptizandus immergatur, et tantum habeatur quantum ter manu concava teneri potest, haec ita in caput baptizandi infundatur. Ordo baptismi Copticus a Renaudotio [5] translatus expresse ait: „Si quis infantium fuerit infirmus, constituet illum ad

---

[1] Bernat ap. Legrand Diss. II. p. 315; Vansleb. Beschreibung p. 82, Histor. p. 81. — [2] T. III. p. 263. — [3] Can. 2. p. 271. — [4] Perpétuité l. 2. c. 4. col. 742 sq. et c. 10. col. 776. — [5] MS. Varia officia T. III. P. II.

latus baptisterii, ex quo cava manu aquam accipiet, qua illum ter perfundat, dicens eadem, quae supra."

Allegari etiam iterum hoc loco poterit narratio illa, jam supra attacta, de muliere filios aqua marina in tempestatis discrimine baptizante. Auctor etiam brevioris ordinis baptismalis Coptici, quem ex Codice Thebennensi Assemano juniori communicavit Tukius, quem et infra exhibebimus, hanc rubricam inseruit: „et si puer aliquis ex iis sit infirmus, aquam asperget super totum corpus ejus." Denique Ludolfus[1] testatur, apud Aethiopes infantes in aquam totos non mergi, sed ea conspergi tantum et ablui, idque in limine aedis sacrae. Gregorius etiam Abulfaragius in sua canonum collectione verba tradit Jacobi Edesseni, ex quibus, si infans qui ad baptismum offertur, in periculo mortis versetur neque adsit fluvius, nec pelvis nec concha, sed tantummodo aqua in utre, sacerdos aquam infantis in caput infundat[2]. De Armenis tradiderunt Dwight et Smith[3], eos posteriorem immersionem corporis trinam pro necessaria non habere, cum baptismus aliarum ecclesiarum, etiam earum, quae semel tantum aquam inspergant, validus ab ipsis censeatur. Re etiam vera Georgius Jezencensis, Armenus, in expositione rubricae apud Serposium[4], postquam infantem in fontem demittendum dixerat, ita pergit: „Et mittat ex aqua sancta super verticem ejus tribus vicibus dicens: N. servus Dei, veniens etc. Et in hoc consistit essentia baptismi."

§. 3. Forma baptismi.

Duplex est in Ecclesia Dei formae baptismalis varietas, accidentalis utique, quod nempe in altera actio baptizandi a ministro sibi expresse tribuatur in prima indicativi activi: ego te baptizo, quae sicut et in aliis sacramentis maxime apud Latinos obtinet, altera vero causam instrumentalem baptismi minus expresse indigitat actionem baptismalem passive subjecto tribuens, dicendo nimirum: baptizatur, vel baptizetur talis. Quae differentia et apud Orientales obtinet, licet caeteroquin magis inter se quam cum Latinis conveniant. Ecclesia enim Alexandrina, hoc est Coptitae et Aethiopes, hac forma utuntur: Ego te baptizo, sicuti ex eorum ordinibus omnibusque auctoribus patet[5]. Caeteri Orientales omnes formam ita pronuntiant: baptizatur. Quodsi enim apud Maronitas forma usurpatur: „Ego te baptizo N. agnum in Grege Christi, in nomine Patris, Amen, et Filii, Amen, et Spiritus Sancti in saecula, Amen," videntur a Latinis ejusmodi modum suscepisse, qui secus apud Syros nullatenus occurrit. Ad hos etiam referendus est ordo ille baptismalis S. Basilii Syriacus in baptizandis infantibus moribundis adhibendus, in quo Renaudotius hanc eandem formam reperiit[6], cum hic ordo S. Basilii ab Assemanis[7] expresse Maronitarum esse dicatur.

[1] L. 3. c. 6. n. 36. — [2] c. 2. sect. 2. p. 13. — [3] Missionary Researches apud Daniel Codex liturg. IV. 1. p. 505. not. 1. — [4] T. III. p. 264. — [5] Ita Renaudot, ex rituali Gabrielis, Ebnassalo, Abulbircato Perpétuité l. 2. c. 5. col. 745. 746. c. 10 col. 777. Vansleb. Hist. p. 205. Sollerius Sect. 2. p. 138, n. 176, Thecla Maria p. 166. Ludolf l. 3. c. 6. n. 39. — [6] Perpétuité l. 2. c. 10. col. 777. — [7] Bibl. Orient. T. I. p. 301. Cf. Tom. II. p. 25. Steph. Evod. Assemanus, Bibl. Mediceae codicum Mss. orientalium catalogus. Flor. 1742.

Exortae sunt quoad Chaldaeorum baptizandi formam maximae difficultates, Romae ventilatae sub Urbano VIII. anno 1630. De quibus habitae sunt quinque congregationes hoc eodem anno, quarum historiam latissime exposuit Assemanus in dissertatione de Nestorianis[1]. Nos totius controversiae summam breviter ex eo tradimus. In eo conveniebant omnes relationes Congregationi propositae, in rituali Chaldaeorum non haberi, nisi vocem ܥܡܕ Eemad masculini generis, quae praeteriti temporis et modi indicativi esse potest et praesentis imperativi, ita, ut vel: „baptizatus est talis,“ vel: „baptizare talis,“ significare possit, neque concordes erant Chaldaei sacerdotes, quo sensu apud eos haec vox intelligi soleat. Porro conveniebant omnes, Chaldaeos sacerdotes, dum feminas baptizant, proferre vocem ܥܡܕܬ Eemdat, feminini generis, licet in ordine non reperiatur, quae semper est praeteriti temporis. Refert etiam Assemanus[2], non deesse codices antiquos apud Nestorianos, qui formam repraesentent similem Syriacae vel Graecae, cum vocabulo ܥܡܕ Aamed pro masculis ܥܡܕܐ Aamda pro feminis, quae „baptizatur“ significat, ut ei testatus est Chedrus presbyter Mosulanus, qui religionis causa ex Assyria ad Urbem advenerat. Congregatio decrevit, ut, ad tollendam in hujus tam necessarii sacramenti administratione omnem ambiguitatem vel erroris occasionem, admoneantur in posterum Chaldaei, dum baptizant, uti verbo praesentis indicativi aut saltem imperativi: vel si velint uti verbo indifferenti ad praeteritum et praesens, accipiant illud in significatione praesentis. Et quidem recentiores Chaldaei tutius duxerunt formam antiquam in hanc aliam mutare: „Ego te baptizo, serve Christi talis, in nomine“ etc. ut constat ex ritualibus libris a Josepho I. patriarcha exaratis, qui exstant in bibliotheca Vaticana (Cod. Syr. Amid. 16. et 12.). Alii Syriacam seu Graecam formam imitati sunt, uti supra relata est. Censet Assemanus, hanc ipsam antiquiorem apud Chaldaeos fuisse formam, caeteroquin notas voces tam Eemad quam foemininam Eemdat utrumque significare, nimirum et praeteritum indicativi et praesens imperativi, ac praeterea significare etiam praesens indicativi, quod exemplis probat[3].

Antonius de Gouvea[4] apud Nestorianos Malabarenses in baptismi collatione fere singulas ecclesias diversam formam applicasse tradit. In synodo Diamperensi[5] duplex refertur baptismi forma apud Malabarenses in usu fuisse: Baptizetur servus Christi in nomine Patris, Amen; in nomine Filii, Amen; in nomine Spiritus Sancti, Amen, et altera: Baptizatus est et perfectus est N. in nomine Patris, Amen; in nomine Filii, Amen; in nomine Spiritus Sancti, Amen. Verumtamen ex ipso ordine Nestorianorum infra edendo patet, hanc posteriorem non esse formam baptismi administrandi, sed proclamationem jam peracti baptismi, imo et confirmationis jam, quam olim post baptismum et Nestoriani conferebant.

Incusantur Coptitae et Armeni, quod formam baptismi ter ad unamquamque immersionem vel infusionem repetant. Coptitas vindicat Sollerius ex testimoniis Bernati et Vanslebii[6]. Videtur quoad Coptitas haec

[1] Bibl. Orient. T. III. P. II. p. 248 sqq. — [2] p. 251. — [3] p. 253 sqq. — [4] Apud Raulin p. 391. — [5] Act. 4. decr. 2. ap. Raulin p. 117; cf. Bibl. Orient. T. III. P. II. p. 241. — [6] Sect. 2. p. 138. n. 176.

incusatio inde orta, quod verba: ego te baptizo, ter repetunt in hunc modum: „Ego te baptizo in nomine Patris, Amen. Ego te baptizo in nomine Filii, Amen. Ego te baptizo in nomine Spiritus Sancti, Amen." Verum id non est totam formam repetere, sed verba quaedam, ut ad singulas personas divinas expressius dicatur, quod de singulis communiter valet. Quam formam etiam a Tritheismi suspicione vindicavit Renaudotius[1]. Secus vero dicendum quoad Armenos, quorum multi ab iteratione formae ad unamquamque in caput aquae infusionem excusandi non sunt. Rubrica quam Galanus[2] ex suo ritualis exemplari refert, sic se habet: „Sacerdos demittat infantem in sacrum fontem et aquam in caput ejus infundat, dicens ter sic: N. servus Jesu Christi, sponte veniens ad baptismum, baptizatur nunc per me in nomine Patris et Filii et Spiritus Sancti." Idem etiam refert auctor anonymus Assemanianus supra allegatus, qui et addit, postea manu sinistra capiti baptizandi imposita, ter adhuc aquam dextera capiti infundi, dicendo prima vice: in nomine Patris, altera: in nomine Filii, et tertia: in nomine Spiritus Sancti. Vel sic etiam aliis testibus[3] forma ter dicitur cum appositione aquae ad caput: „N. servus Jesu Christi, qui a sua infantia venit sponte ad baptismum, baptizet nunc manus mea in nomine Patris et Filii et Spiritus Sancti" vel sic: baptizet nunc manus mea in nomine Patris, baptizet nunc manus mea in nomine Filii, baptizet nunc manus mea in nomine Spiritus Sancti." Verumtamen inde non est cum Galano concludendum, Armenos generatim tali modo peccare, cum alia exemplaria Maschdoz ejusmodi rubricae partem non habeant, uti est apud Assemanum in codice liturgico Ecclesiae universae et apud Serposium[4], qui etiam expositionem Georgii Jezencensis in hanc rubricam assert[5], qui post relatum rectum baptizandi modum haec subjungit: „Et in hoc consistit essentia baptismi, cui ideo diligentiam adhibeas, ut scilicet unam volam aquae immittas capiti initiati dicens: in nomine Patris, alteram dicens: et Filii, tertiam autem dicens: et Spiritus Sancti, ita ut trina aquae immissio et nomen SS. Trinitatis simul terminentur. Sunt enim quidam, qui in prima immissione aquae super verticem infantis totam nominant Trinitatem, et duae immissiones aquae remanent absque ulla nominatione. Alii vero ad unamquamque volam aquae iterum replicant: In nomine Patris et Filii et Spiritus Sancti, proinde novem nominantur personae, non tres, et hoc omnino est erroneum. Nam ex canonum jussu in excommunicationem incidunt, qui sic replicant. Christus enim jussit baptizare in nomine Patris et Filii et Spiritus Sancti."

Denique Tournefort[6] id tantummodo ait: multos sacerdotes ad trinam immersionem toties quoties integram formam repetere.

In ordine Jacobi Sarugensis, uti apud Renaudotium est[7], praescribitur etiam trina formae repetitio.

De Abyssinis Jesuitae missionarii retulerunt, adulteratam fuisse ab iis formam baptismi et ejusmodi formas usurpatas fuisse: Baptizo te in nomine Sanctissimae Trinitatis, vel: baptizo te in nomine Christi, vel etiam in nomine Spiritus Sancti tantum; baptizo in aqua Jordanis; Deus

[1] Perpétuité l. 2. c. 5. col. 745 sq. — [2] T. II. p. 507. — [3] Veridellus ap. Philippum à Carboneano T. II. p. 102. — [4] T. III. p. 263. — [5] p. 864. — [6] p. 106. — [7] Varia officia Ms. T. III. P. II. fol. 52.

te baptizet; Deus te lavet; contingat tibi baptismus; benedictus sit Pater, benedictus Filius, benedictus Spiritus Sanctus, et similes alias. Ludolfus[1] contra testatur, se in ritualibus eorum libris aliam formam non deprehendisse praeter istam: Baptizo te in nomine Dei Patris et Filii et Spiritus Sancti. Verum id non impedit, quominus in gente tam inculta sacerdotes laxiores et imperiti formas sibi pro lubitu effinxerint. Notari etiam debet error Joannis, episcopi Armeni apud Galanum[2], qui putabat, invocationem trium divinarum personarum necessariam non esse ad sacramenti valorem, quin et valere, si conferatur in nomine Christi.

§. 4. De ministro baptismi.

Doctrinam catholicam triplicem baptismi ministrum agnoscere notissimum est: ordinarium, qui sacerdos est, extraordinarium, qui diaconus, et ministrum necessitatis, qui laicus, imo quivis rationis usum habens est. Cum autem antiqui canones jus ministri ordinarii districtius tueantur et simplicius minusque particulatim loquentes validitatem a liceitate non distinguant, factum est, ut Orientales quidam baptismum a non sacerdote collatum pro valido non habeant et ab alio quam sacerdote, neque in casu necessitatis, conferri non permittant. Quod de Coptis unanimi voce testantur, quotquot de eorum re sacramentaria scripserunt, auctores: Thomas a Jesu[3], Bernat[4], Sollerius[5] Vansleb in sua Aegypti descriptione, Assemanus junior[6]. Et de Aethiopibus Thecla Maria, illorum presbyter, testatur: „Apud Aethiopes baptizat sacerdos et in absentia sacerdotis diaconus, praeter quos nullum alium vidi baptizare." Recte tamen ad haec animadvertit Renaudotius[7], hujusmodi pro universali sectae doctrina haberi non posse, cum alia momenta suadeant, baptismum a laicis collatum pro valido habitum fuisse, licet non neget, canones etiam Copticos medii aevi baptismum laicorum invalidum declarare. Huc pertinet narratiuncula illa de Athanasio puero baptizante, baptismoque ab episcopo Alexandriae approbato. Porro historia a Severo, episcopo Aschmonin, saec. X. exeuntis, in vita Petri martyris, patriarchae Alexandrini XVII., Elmacino et Chronico Orientali narrata de muliere, quae, urgente naufragii periculo, filios suos sanguine suo consignavit, loco olei catechumenorum, et aqua marina baptizavit. Quae cum postmodum filios Petro baptizandos attulisset, aqua baptismalis miraculo ter congelata est, Petrusque baptismum approbavit[8]. Pro Syria Jacobitis canon est Severi, qui omne dubium removet in collectione Barhebraei[9]. „Severi. Qui baptizati fuerint ab iis, qui presbyteri facti non sunt, baptizentur ac si non fuerint baptizati. Qui a diaconis fuerint baptizati, perficiantur consignatione chrismatis et oratione... Instante morte, si presbyter non sit vicinus, licet etiam diacono baptizare; verum si postea venerit presbyter, chrismate hic ungat et consignet ad perfectionem;" nisi hoc intelligas de baptismo cautelae causa iterando, si a laico forsan rite non fuerit colla-

¹ L. 3. 5. c. n. 59. — ² T. II. P. II. q. 4. N. 1. — ³ De conv. gentium L. 6. c. 5. n. 167. — ⁴ Apud Legrand diss. 11. p. 315. — ⁵ P. 141. n. 194. — ⁶ Cod. lit. t. 2. p. 88 not. — ⁷ Perpetuité l. 2. c. 3. c. 5. — ⁸ L. c. et Historia patriarch. p. 56, 57. Sollerius in vita Petri n. 184. — ⁹ C. 2. sect. 13. p. 16.

24

baptismo suscepturi sint. Quod de Coptis testatus est Vanslebius [1], infantem nimirum baptizandum a lacte matris abstinere debere, donec baptismus et communio peracti fuerint. Allegatur etiam a Renaudotio [2] constitutio Christoduli patriarchae LXVI. anni 1048, in qua jubetur, ut, quando infanti baptismus administratur, jejunus sit, si fieri potest, donec communionem acceperit; quod si maternum aut alterius nutricis lac suxerit, non licere ei communionem dare, neque absque communione licere baptismum administrare. Eadem occurrunt apud Syros, tum Jacobitas, tum Nestorianos. In Gregorii Barhebraei collectione hic est canon [3]: „Si fuerit necessitas mortis, ipse presbyter etiam non jejunus baptizet. Aegrotus itidem, qui baptismum suscepturus venit, etiam post cibum communionem ob necessitatem sumat." Georgius vero Arbelensis in suis de baptismo quaesitis [4] jubet inchoatum a sacerdote baptismi ritum in alterum diem differri et baptismi ceremonias a capite resumi, si sacerdos advertat, matrem pueri vel puerum jejunum non esse. Cavent etiam Orientalium statuta, ne parvulus masculus cum puella eodem baptismate baptizetur, qualis est constitutio Christoduli, patriarchae Alexandrini 66, anni 1048 [5] et rubrica, quae in ordine Syriaco pro pluribus pueris vel puellis habetur apud Assemanum: „Cave, o Pater, ne baptizes puellam cum puero: est enim grande peccatum." Id pudoris causa non tantum fiebat, sed quod censerent, si masculos et femellas simul baptizarent, eos affinitatem inde contrahere, ut ex quibusdam quaestionibus a Maronitarum patriarcha Gregorio XIII. propositis patet [6]. Alia, quae ad munditiem vel reverentiam pertinent, videbis in ipsis ordinibus.

§. 6. De loco baptismi administrandi.

In id summa religione insistunt Orientales, ut baptismus in ecclesia conferatur [7]. Neque negandum est, et in hac parte regiditatem quamdam apud quosdam occurrere, quae rebus disciplinaribus cum animarum discrimine plus aequo adhaereat, imo forsan et ad sacramentorum validitatem pertinere censeat, quae ad majorem decorem a patribus fuerunt statuta. De Coptis non solum refertur [8], apud ipsos cautum esse, ne extra templum baptismus cuiquam conferatur, sed et a Thoma a Jesu [9] incusantur, quod ratum non habeant baptismum, qui extra ecclesiam conferatur, et, si etiam vita infantes periclitentur, non conferre domi baptismum, sed oleo tantum ungere. Quod et Vanslebius in sua Aegypti descriptione confirmat. Unde apud plurimos inter ipsos ejusmodi abusus invaluisse videtur, imo et apud scriptores quosdam sequioris aevi reperiri ejusmodi: non tamen universalem sectae traditionem esse, censendum est [10]. Saniores hac in re se praebent Armenorum canones. In-

[1] Hist. patr. p. 81. — [2] Hist. patr. p. 428. — [3] C. 2. sect. 13. p. 13. — [4] Quaest. 84 et 35. Bibl. Orient. T. III, P. II. p. 270. — [5] Renaudot Hist. p. 421. — [6] (Gibert) Tradition ou histoire de l'Eglise sur le sacrament de mariage, Paris. 1725. T. II. p. 312. — [7] Coll. III. can. 2. — [8] Bernat ap. Legrand diss. 11. p. 315. Sollerius p. 141. n. 194. — [9] De conversione gentium l. 6. q. 5. p. 157. — [10] Cf. Renaudot, Perpétuité l. 2. c. 3. c. 5.

culcant quidem, ne domi baptismus conferatur[1]. Verumtamen opportunum moderamen hac in re observari, ex iisdem[2] et responso Macario Hierosolymitano tributo[3], qui in eorum canonum sylloge habetur, patet. Quo cavetur, ut, si templum proximum non sit cum fonte sacro, ob necessitatis causam citra scelus baptizetur ubique, ne, dum baptismus petenti negatur, salus ministri negantis pessumdetur. Tournefort narrat, in festo Nativitatis, altari in nave tapetibus cooperta erecto, in stagno vel fluvio navigantes baptizare solere[4]. Nihilo minus Anonymus apud Assemanum[5] ait, eos baptismum nonnisi in ecclesia conferre etiam in periculo mortis, quod tamen Serposio[6] contradicit, qui eos partu instante sacerdotem domi retinere ait, ne baptismo fallantur infantes. Videtur interesse casuum diversitas.

Sed et in aedibus sacris locus baptismo peculiariter destinatus est, baptisterium, in quo fons sacer, vel piscina habetur, baptisterium et ipsa dicta, quam Orientales Jordanem vocare solent, quamque magno honore prosequuntur imo et solemnibus ritibus consecrant.

Apud Coptitas baptisterium collocatum esse debet versus Orientem ex parte sinistra Ecclesiae. Imago Johannis Dominum baptizantis in eo depicta esse debet. Consecrationis baptisterii ritum, qui in codicibus tribuitur Petro, episcopo Behensae, urbis superioris Aegypti, seu Tabennesiotarum[7], infra dabimus. Imo habetur in Pontificali Coptico iterata consecratio urnae baptisterii ex uno loco in alium translatae[8].

Apud Syros baptisterium plerumque ad latus australe altaris construitur, ita ut locus sit medius inter alveum et parietem orientalem, neve huic jungatur, ut sacerdos ita stare possit, ut baptizet conversus ad Orientem[9]. Quanto autem honore prosequantur, ex sequenti canone Johannis Telensis[10] sequitur: „Tota magna hebdomade baptisterium aperiatur post officium matutinum: vos autem ad illud accedentes honorate matrem vitae ante ejusdem spiritualem diem psalmis et canticis.“

Apud Nestorianos, ex Lebrun, baptisterium in ecclesiis est in parte meridionali. Laicis ingressum in baptisterium prohiberi, in quo stat crater baptismalis consecratus, ex Georgio Arbelensi videmus[11], secus aquam pollui. Neque sacerdotibus aliter quam jejunis intrare licere, ex eo sequitur, quod idem Georgius statuit, pollui oleum catechumenorum, si sacerdos non jejunus ingressus fuerit in baptisterium, in quo cornu olei unctionis remanserit[12]. Ita ut ea baptisterio applicent, quae apud ipsos de sanctuario et altari valent.

Inter Armenorum canones crebri occurrunt de baptisterio et fonte statuendo, debitoque honore prosequendo, uti sunt sequentes. Macarii Hierosolymitani[13]: „Q. Ubi, quando, et quomodo baptizandum? R. Si templum habuerimus ad gloriam Dei erectum, et ad populum convocandum aptum, ibi baptisterium et baptismi fons ponatur necesse est, et in ipso

---

[1] Nersetis et Nersciabahi I. can. 7. 18. p. 275. II. can. 8. 14. p. 274. — [2] Ibid. II. can. 14. p. 274. — [3] Can. 2. p. 270. — [4] Tournefort p. 165. — [5] Cod. liturg. T. III. p. 182. not. — [6] T. III. p. 256. — [7] Mai nova Collectio T. V. P. II. cod. 46. p. 147. — [8] Ibid. cod. 45. p. 146. — [9] Gregorius Barhebr. et Johannes patriarcha apud ipsum p. 2. sect. 3. p. 13. — [10] Apud Barhebr. p. 2. sect. 4. p. 15. — [11] Bibl. Orient. T. III. P. II. p. 267. Quaestio 15 de baptismo. — [12] Ibid. Quaes. 16. 17. — [13] Resp. 2. p. 270.

baptizentur ii, qui ad veram Dei fidem veniunt. Si autem fontem sacrum
non habuerimus, neque templum proximum, citra scelus baptizetur ubique.
Quare si opus baptismo fuerit in aliquo loco, ubi templum non sit, neque
fons sacer, tunc ob necessitatis causam baptismus etiam sine sacro fonte
administrandus erit, ne dum baptismus petenti negatur, salus ministri negantis pessumdetur. Nam Spiritus S. rationem fontis non habet, sed
juxta petentis animum dat gratiam." De fonte etiam baptismali ejusdem
videtur loqui responsum[1]: „Fons vero in ejusdem templi aedificio retro
altare ad dexteram honorifice sit situs." Isaaci Magni[2]: „Ibidemque (in
ecclesiis) et locum baptisterii deligant per singulos pagos, uti mos est;
ac ibi baptismi lavacrum faciant, quod regenerans nos ex Spiritu Sancto,
iterum efficit filios lucis; quamobrem magno honore ac veneratione illud
prosequi debemus." Johannis Philosophi, Armenorum catholici[3]: „Non
licet sacrum fontem baptismatis conficere indiscriminatim e quacumque
materia vel ubique eum collocare; sed oportet, ut sit de lapide confectus atque in ecclesia vel in baptisterio prope ecclesiam situs." Nersetis catholici, cum Nersciabuho[4]: „Sacramentum baptismi nemo audeat
utcumque conferre, caerimoniis omissis, uti audivimus, sed id conficiant
omni veneratione ac diligentia cum thuribulis, luminibus ac velamentis expansis (tabernaculis expansis), uti decet sacrum lavacrum, quod sit statutum in ecclesia, vel in baptisterio: et hoc lavacrum aut lapideum aut
alia quacunque materia confectum, habeat sufficientem latitudinem et altitudinem, ita ut aqua infantis baptizandi staturam contegat. Laicorum
domi non audeat presbyter hoc sacramentum conferre, excepto mortis
periculo." Sionis catholici[5]: „Vidimus sacerdotes indoctos ac omnino
mente rudes quibusdam in locis injuria sacrum baptismi fontem afficere
et aquam baptismi foras projicere. In posterum nemo audeat hoc facere, sed venerentur sacrum fontem, velo eum tegant, et aquam baptismi
intra sacrarium injiciant. Qui autem praecepta haec nostra transgressus
fuerit, deponatur." Habetur etiam in Rituali Armenorum benedictio baptisterii[6], (...) Laicis ingressum in baptisterium prohiberi, in
cancer baptismalis consecratus, ex Georgio Arbelensi videmus[7]
(...) Neque sacerdotibus aliter quam jejunis intrare li-
(...) quod ih (...) calici (...)
(...) si (...) in baptismum, in
ni (...)

§. 7. De tempore baptismi conferendi.

Orientis disciplina, Veteris Testamenti (Levit. 12.) regulas imitans,
voluit, ut ipsa puerpera infantem ad templum differret, in baptismo Dom-
mino offerendum, post partum tamen per quadraginta dies se contineret,
si proles mascula esset, octoginta si femella. Unde ea regula orta est,
quae apud Coptitas[8], Aethiopes[8], Syros Jacobitas[9], Nestorianos[10] valuit,
ut infantes masculini sexus nonnisi post quadraginta dies, puellae post
octoginta baptizentur: Quod et Armeni sequebantur, ut ex eorum ordine

[1] Resp. 4. p. 279. — [2] Can. 2. p. 277. — [3] Can. 18. p. 304. — [4] Can. 14. p.
274. — [5] Cod. 5. p. 308. — [6] Maschdoz ed. Constant. 1711. Bibl. Or. T. VII.
p. 654. — [7] Bernat. ap. Legrand diss. 11. p. 315. Sollerius Sect. 3. p. 141. n. 196.
Thomas a Jesu l. 6. c. 5. Renaudot Perpétuité l. 2. c. 2. col. 729. Vansleb. Hist.
p. 86. Abudacnus c. 10. p. 161. — [8] Theela Maria p. 166. Ludolfus l. 3. c. 6. n. 56.
— [9] Renaudot, Perpétuité l. 2. c. 9. col. 729. 731. — [10] Antonius de Gouvea ap.
Raulin. p. 398. Josephus Indus de navigatione novi orbis c. 184.

praesentandae matris sequitur, modo vero octavo a nativitate die baptismum conferre Dwight et Smith[1] aiunt; alius testis anonymus apud Assemanum[2] paucis a nativitate diebus. Octavo die baptizare modernos Nestorianos Badger[3] contendit. Sed et refert Assemanus[4], Joannem, Coptitarum patriarcham hujus nominis XVII., qui paucis ante saeculum XVIII.
medium annis decessit, lege lata sub anathematis poena prohibuisse, ne
baptismus ultra octavum diem differretur. Quam tamen legem in Cairo
tantummodo vigere Assemano testatus est Raphael Tukius Coptita. Ita
et de Aethiopibus modernus quidam auctor[5] retulit, baptismum circumcisionem sequi, quae tertium inter et octavum a nativitate diem fieri
solet, neque id semper observari, ita tamen, ut diem decimum baptismum
praetergredi nunquam permittant. Unde videntur Graecis hac in re se
conformasse Orientales, tempusque circumcisionis observare, moti crebris
de longioris dilationis periculo querelis. Ex cujus disciplinae nimis ri-
gida observantia, tum etiam ex sacerdotum parentumque socordia factum
est et hic, ut baptizandorum salus in discrimen veniret multoties. Porro
ex variis rationibus baptismus etiam ulterius differtur, ita ut infantes
saepius absque baptismo decedant. Incusat Coptitas Thomas a Jesu[6],
quod extra Cairum, maxime in Scythia (Scete) tam stricte regulam illam
non baptizandi ante quadragesimum diem observent, ut ne quidem imminente praesentissima morte ante hunc aetatis diem baptismus conferatur, imo quod baptismum prius collatum pro invalido habeant. Verumtamen id ex ipsius testimonio generatim non obtinet, et Vanslebius[7], in
iis partibus versatus, extrema necessitate excepta illum terminum observari ait. Denique Renaudotius[8] in contrarium allegat Echmimensem,
qui in collectione canonum ait: „Mos est, ut quadragesimus dies ex-
pectetur, donec baptizentur infantes masculi, et octoginta quoad alterum
sexum. Sed si superveniat morbus vel ejus habeatur minimum indicium,
prompte baptizandi sunt infantes, ne quid pejus accidat. Canon eccle-
siasticus jubet, ut differatur baptismus, donec mater purgata sit a sanguine puerperii. Sed si infans periclitatur, deferri debet ab altera quam
matre in ecclesiam et baptizari, antequam moriatur." Verumtamen id
negandum non est, Coptitas plus aequo variis ex ratiunculis baptismum
differre, usque ad quinque vel sex, imo septem menses[9]. Imo testatur
Vanslebius[10], se in quodam baptismo, cui interfuit, nullum infantem septem mensibus minorem vidisse, sacerdotes etiam sibi affirmasse, multos
nonnisi post septennium baptizari, multosque infantes ait absque baptismo
decedere. Cum enim baptizandi toti mergi debeant, ne nimis teneri ad
baptismum afferantur, verentur. De Aethiopibus, qui ritus et disciplinam
ecclesiae Alexandrinae sequuntur, refert Ludolfus[11], infantes olim non
ante quadragesimum vel octogesimum diem baptizasse, nunc autem baptismum, praesertim poscente infantium aegritudine maturari. Thecla
Maria etiam, presbyter Aethiops[12], in mortis periculo terminum illum

[1] Apud Daniel Cod. liturg. IV. p. 505. not. 1. — [2] Cod. liturg. T. III. p. 132.
— [3] T. II. p. 166. — [4] Cod. liturg. T. II. p. 150. nota. — [5] W. Hoffmann, Abessinische Kirche in Herzog Theologische Encyclopädie p. 46; ap. Daniel Cod. liturg.
IV. p. 515. not. 17 — [6] L. 6. c. 5. p. 157. — [7] Hist. p. 80. — [8] Perpétuité l. 2.
c. 2. col. 729. — [9] Bernat ap. Legrand diss. 11. p. 315. Sollerius Sect. 3. p. 144.
n. 193. Vansl. Hist. p. 81. — [10] Beschreib. p. 85. — [11] L. 3. c. 6. n. 66. — [12] p. 166.

non observari professus est, quod forsan Jesuitis missionariis debetur.
Syri et ipsi quadragesimum diem observant et orationem propriam quadragesimae diei habent, cum consignatione pueri, quas Maronitae plerumque omittunt, quod nimirum ut plurimum ante eum diem baptizent pueros
et idcirco illos ritus conjunctos habeant cum ordine baptismi [1]. De his
tamen quondam conquestus est Dandinius [2], eos baptismum usque ad
quinquagesimum vel sexagesimum diem differre, ut aliquoties infantes
absque baptismo morerentur. Verumtamen uti apud Maronitas Sedis
Apostolicae sollicitudine de his provisum est, ita neu ecclesiarum illarum
genuinae disciplinae concors fuit ille abusus, quem neque Jacobitarum
canones tolerant, ut ea probant, quae retulit Renaudot [3] ex canonibus
dictis Imperialibus, quae Melchitis, Jacobitis et Nestorianis etiam communes, apud eos subjici solent ad calcem collectionum canonum vel post
canones Nicaenos Arabicos. Est autem locus ejusmodi [3], quem totum
inserimus ut disciplinae Orientalis insigne monumentum: „Mulieribus fidelibus prohibetur ingressus in ecclesias et Eucharistiae perceptio per quadraginta dies a partu, quamdiu sunt in sanguine suo, si masculum pe-
pererint, per octoginta si feminam. Ita enim praeceptum est in lege
Moysis, quia masculus intra quadragesimum diem integre formatus est,
femina intra octogesimum, atque interea immunditiem trahunt ex sanguine menstruo. Postea mulier lavabit vestimenta sua diligenter totumque corpus suum balneo abluet, tum infantem, quem cum marito suo
ejus patre adducet ad ecclesiam, et pronuntiabit super eum sacerdotis
orationis mundationis ἱλάσμου, benedicetque infanti ejus secundum legem
Ecclesiae Dei universalis et apostolicae. Circumferetur circum altare,
suscipietque eum sacerdos et patrinus. Haec autem fient, antequam conjuges post partum corpora inter se misceant. Oportet quoque viros et
mulieres continere se a maritali copula ea nocte, quae baptismum infantis antecedit et toto die, ad honorem deferendum Spiritui Sancto, quia
ille super aquas illabitur, quibus recens natus baptizatur, et super sacerdotem, qui eas consecrat, super patrinum et circumstantes." Tum sequenti titulo: „Non inducent in ecclesiam infantem recens natum, neque
benedicetur, nisi secundum disciplinam Ecclesiae, scilicet post quadraginta dies, quibus elapsis mora nulla erit, sed baptizabitur et Christianus fiet, cum parentes ejus voluerint, neque diu different, ut percipiat
gratiam Eucharistiae comedatque panem ejus et bibat vinum ejus, corpus nempe et sanguinem Domini et Dei nostri Jesu Christi, quae dedit
omnibus, nobilibus et infirmis, liberis, dominis et servis, ad remissionem
peccatorum suorum, per sanctum illud, quod ipse sanctificavit, et promissionem ad illos suam. Si infanti timeant incidatque in mortis periculum, antequam expleti fuerint quadraginta dies, introducatur in ecclesiam per aliam mulierem, quae non sit mater ejus, et baptizetur ante
mortem, etiam una hora vel minus. Neque enim infans recens natus
prohibetur omnino ab ingressu in ecclesiam ratione sanguinis matris
suae, quae lac illi et alimentum praebuit, adeo ut baptismus non sit illi,

[1] Apud Daniel. Cod. liturg. IV. p. 20. not. 1. — [2] Cod. liturg. T. III. p. 142.
— T. II. p. 160. — [4] Cod. liturg. I. p. 194. not. — [7] W. Hoffmann, Abe.
... Cod. liturg. Eccl. universae Adsemanianae T. ... liturg. perfecti Ade ...
... in baptismo ordinem baptismi Coptarum in Ms. opere Varia officia sacramentalis. T. II. P. II. ... p. ... compendiatim etiam in Perpetuité T. 2. ... p. 420.
n. 195. Vansl. Hist. p. 81. — [9] Beschreib. p. 83. — [11] ... Lit. ... p. 147.
731 ... lib. 68 ... .

statim administrandus, Ita enim dicit evangelium : Nisi quis renatus fuerit ex aqua et Spiritu Sancto, non intrabit in regnum coelorum." Huc etiam pertinet, quod Malabarensibus succenset synodus Diamperitana[1], quod baptismum per plures menses, vel etiam annos differant. Antonius etiam de Gouvea[2] puerperas veterem ritum quoad accessum ad templum servare et baptismum post mensem, annum imo et decennium, conferri a Malabarensibus refert. Sed et saeculo adhuc praecedente Malabarensibus catholicis oportuit Sedem Apostolicam inculcare, ne baptismum nimium differrent[3]. Verumtamen id Nestorianorum etiam statutis non convenit, quae, ex Georgio Arbelae metropolita[4], si puerulus absque baptismo decedat, in poenam hujusmodi negligentiae quinquaginta dierum continentiam parentibus imponunt. Josephus etiam Indus[5] legem quadragesimae diei observari ait, morte non ingruente.

Certos etiam dies certaque tempora baptismo assignare solent Orientales. Coptitae, teste Vanslebio[6], extrema necessitate excepta, non baptizant durante Quadragesima, neque hebdomade sancta, neque tempore Paschatis, in illis temporibus, quia publica laetitia prohibetur, in hac, quod aliam laetitiam illi, quae de resurrectione Domini habetur, immisceri nolint. Refert etiam Renaudotius[7] constitutionem Christoduli patriarchae anni 1048, qua prohibet, ne feria 6. majoris hebdomadae et per dies Pentecostes, baptismus celebretur. Syri Jacobitae Sabbato Sancto baptizant, ut ex sequenti Johannis Telae[8] canone patet: „Tota magna hebdomada baptisterium aperiatur post officium matutinum: vos autem ad illud accedentes honorate matrem vitae ante ejusdem spiritualem diem psalmis et canticis." Idem tamen apud ipsos etiam non valet de Quadragesima, uti ex hoc Syrorum canone sequitur: „Non licet jejunii tempore baptismum celebrare nisi ex necessitate[9]." Ex Nestorianorum numero Georgius, metropolita Arbelensis[10], refert, Jesujabum patriarcham praecepisse, ut feria 2. hebdomadae mediae jejunii quadragesimalis baptizandi accedant et nomina sua describant; dimidia autem Quadragesimae die procedens presbyter cum duobus diaconis precetur pro illis vespere et mane usque ad baptismum. Georgius autem ad haec addit: „Si ob infirmitatem in jejunio baptizari quis postulet? Solutio. Baptizent libere absque impedimento." Josephus II. patriarcha Chaldaeorum catholicus († 1714), in libro suo, cui titulus, Speculum tersum, Nestorianis suae gentis exprobrat, quod nonnisi certis diebus, ut puta in festo Epiphaniae, S. Georgii, S. Crucis etc., pueris baptismum conferre soleant, ex quo fieri, ut complures sine baptismo decedant[11]. Armeni die Dominica, nisi sit mortis periculum, baptismum conferre solent, solemnissime autem die Nativitatis et ad hunc remittere solent infantium baptismos. Fit autem haec solennitas maxime in locis, quibus stagnum aliquod vel flumen vicinum est. Erigitur altare parvum in nave tapetibus cooperta. Clerus

[1] Act. 4. decr. 5. ap. Raulin p. 120. — [2] Ap. Raulin p. 391. 392. — [3] Vide Philippum a Carboneano in additamentis ad Theologiam Moralem Gabr. Antoine T. II. p. 65. ed Augustanae. — [4] Lib. de Sacram. quaes. 31. Bibl. Or. T. III. P. II. p. 265 sq. — [5] Navigat. novi orbis c. 134. — [6] Hist. p. 81. — [7] Hist. p. 422. — [8] Ap. Greg. Barhebr. c. 2. sect. 4. de tempore baptismi p. 15. — [9] Coll. II. can. 90. — [10] Tract 5. de baptist. c. 1, 2. tract. 6. c. 1. Bibl. Or. T. III. P. I. p. 586 sq. — [11] Bibl. Or. T. III. P. I. p. 608. P. II. p. 266.

in ortu solis adest, comitantibus propinquis, amicis et vicinis, quibus similes naves parantur. Quantumvis infausta sit tempestas, post preces solitas immergitur aquae infans, fiuntque unctiones. Neque his a sumtibus absolvuntur patres, sed epulae sunt parandae et munera tribuenda, praesertim cum provinciarum gubernatores, imo nonnunquam Julfae, quae ex adverso est Ispahan, ipse rex, intersint. Quamobrem patres nonnunquam filios moribundos esse fingunt, ne ad Nativitatem usque expectare oporteat [1]: „Notanda hac in re est Macarii Hierosolymitani responsio canonica [2], quae habetur in collectione canonum armeniaca, nimiae in observandis temporibus scrupulositati occurrens. Ad quaestionem nimirum, quando sit baptizandum, respondet: „Cupientes semper digni fiunt gratia Spiritus Sancti, et non solum in festis principalibus baptizandum, sed aliis quoque diebus, juxta morem Apostolorum, qui non Dominicis festis tantum baptizabant, sed quacunque die, prout necessitas postulabat, et ex aquae regenerantis lavacro filios Ecclesiae procreabant.“

§. 8. De praecipuis quibusdam baptismi ritibus.

Antiquos ritus, quibus Ecclesia jam ab apostolicis inde temporibus magnum baptismi sacramentum majori solennitate decorare consuevit, sanctissime Orientales observant. Quod suis inculcavit Nerses Armenorum catholicus cum Nersesbuho episcopo in synodo Tevinensi [3]: „Sacramentum baptismi nemo audeat utcunque conferre cerimoniis omissis, uti audivimus, sed id conficiant omni veneratione ac diligentia cum thuribulis, luminibus ac velamentis (tabernaculis) expansis, uti decet sacrum lavacrum.“ Vidimus potius Orientales nimis rigidos in retinendis etiam in casu necessitatis quibusdam cerimoniis accidentalibus et in iis ad validitatem sacramenti requirendis: verum et opportunum moderamen hac in re adhiberi multis in monumentis reperimus, ita ut totarum universim sectarum abusus illi et opiniones minime esse appareant.

Ex ritibus, qui baptismum apud nos comitantur, salis immissio et unctio salivae nullibi apud Orientales occurrunt [4].

Crucis signum in fronte catechumenorum solemniter faciendum jubent ordines Orientalium omnes, Armeniacis exceptis. Ita Jacobitici Severi Antiocheni et Jacobi Edesseni, Nestorianus ordo Jesujabi patriarchae, Copticus Gabrielis patriarchae, porro Ebnassal et auctor Scientiae ecclesiasticae [5]. Quo de crucis signo notandum est, Nestorianos in hac consignatione, quae simul unctione olei catechumenorum apud ipsos peragitur, baptizandos modo indice signare, qui olim pollice signabantur. Hujus mutationis rationem Georgius Arbelensis affert. „Olim, inquit, viri ac mulieres baptizabantur, et quoniam peccatis impliciti erant et a

---

[1] Tavernier p. 195. Tournefort p. 165. — [2] Can. 2. p. 271. — [3] Can. 14. p. 274. — [4] Renaudot Perpetuité l. 2. c. 10. col. 773. — [5] Ibid. Miror tamen, quod in ordinibus Alexandrinis non occurrat haec caerimonia, et quod ipse Renaudotius in notis Ms. operis: Officia Varia T. III. P. II. fol. 14. dicat, eam in suo codice non occurrere, neque apud auctores rituum alios. Neque in ordine Aethiopico, quem allegat, ejusmodi invenio. Adde quoad Nestorianos Timotheum II. c. 3. de bapt. sect. 17. (Bibl. Or. T. II. P. I. p. 576. P. II. p. 258.)

gratia ad fidem vocati, ideo sacerdos illos pollice signabat: nunc vero
Christianorum Nestorianorum baptizantur infantes scilicet puri, nec peccatis inquinati, adeoque eos indice signari oportet¹." En Pelagianismum,
quem ex eodem ac Nestorianismum fonte ortum esse et a Nestorianismi
patriarchis, Theodoro praesertim Mopsuesteno, prolatum fuisse constat.
Quo etiam pertinet, quod in ordine baptismi Nestorianorum desint exorcismi et Satanae abrenuntiatio, quae in antiquo ordine praescribebantur,
cum apud Timotheum II. patriarcham in ejus libro de causis sacramentorum Ecclesiae ² occurrant exorcistae, qui baptizandos exorcizent. Patet
etiam ex ejusdem expositione caeremoniarum baptismi: „Ita et hic, inquit fidejussor cum baptizandis: pro iis enim sacerdoti fidem suam obli-
gat, fore, ut illibate ministerio suo fungantur, totamque vitam suam ad
normam puritatis ducant. Idque fit post exorcismum. Nam primum
accedit baptizandus ad sacerdotem, a quo abrenunciare jubetur diabolo
et virtutibus ejus et angelis ejus et ministerio ejus, et errori ejus, et
haeresibus ejus, quas in Ecclesiam invexere discipuli ejus, juratque, se
deinceps servitutis ejus jugo collum minime submissurum, nec fraudibus
ejus obtemperaturum, sed animum suum Domino inscripturum, cujus legatione sacerdos fungitur, ut isthaec perficiat." Sed cum Nestoriani
ordinem suum ad baptismum puerorum accomodassent, exorcismos, abrenunciationem, aliaque id genus abstulere, rati ea adultis, non pueris,
convenire. In oratione tamen quadam occurrunt haec, quae antiquum
morem ipsis invitis produnt: „qui suscepturi sunt signaculum vitae, abnegantes Satanam et omnia opera ejus³." Desunt etiam apud Armenos
exorcismi, remansit tamen vestigium in rubrica, quae habetur in ordine
primo apud Assemanum⁴: „Deinde jubet catechumenum verti ad Occidentem, ut exorcizet, post quam sequitur abrenuntiatio." Fit etiam
mentio exorcismi adhibiti in oratione: Domine Deus terribilis, quae in
benedictione aquae in secundo ordine nostro est.

Unctionem olei benedicti, quod catechumenorum vocant, ex antiquissima disciplina omnes Orientales retinent, si solos Armenos excipias,
quos hac in re propriae antiquitatis usum deseruisse facile est probare.
Oleum istud catechumenorum apud Coptitas et Syros Galilaeon vocatur,
quod ex verbis Ἔλαιον ἀγαλλιάσεως contractum et corruptum est⁵. Coptitarum autem Galileion Bernatus ait esse oleum, quod purificandis vasibus, in quibus Meiron (μύρον, chrisma) fuerat, inserviens, sanctificatum
remanet ex immixtis guttulis, quae illius remanserunt. Quodsi haec olei
species desit, presbyteros aliud benedicere⁶. Notandum autem est ex
iis, quae Assemanus in notis Codicis liturgici, testante Tukio, animadvertit, Coptitas tria olea in baptismo adhibere; oleum simplex, quod
benedicunt sacerdotes baptizantes, tum oleum catechumenorum, quod et
sanctum vocant, et oleum chrismatis, quorum benedictiones sunt in Pontificali. Catechumenos prima vice primo oleo ungunt, tum vero oleo

¹ Quaes. 3. de bapt. apud Asseman. Cod. liturg. praef. lib. I. Cap. I. sect.
3. — ² C. 5. de baptismo sect. 17. Bibl. Or. T. III. P. II. p. 258. et Cod. liturg.
Eccl. Univers. praef. lib. II. — ⁴ Cod. liturg. T. I. p. 172. — ⁵ Bernat ap. Legrand.
Diss. II. p. 314. Renaudot Perpétuité l. 2. c. 16. col. 775. In notis Ms. operis Officia
varia f. 14. T. III. P. II. verso deducit a κάλλέλαιος, oliva frugifera, in quam spiritualiter inseruntur baptizandi. Minus bene. — ⁶ Bernat l. c.

catechumenorum. Quamvis tamen ignorantes Coptitae confundant primum cum altero, vocentque catecheseos seu catechumenorum, quod nonnisi improprie valet, in quantum eo prima vice unguntur catechumeni. Tria autem olea infunduntur in aquam baptismalem. Ita etiam in eorum pontificalibus[1] occurrit ordo conficiendi Galilion sive oleum catechumenorum. Imo hanc olei catechumenorum unctionem tanti facere videbimus, ut morte urgente aquae baptismum omittentes et solam olei unctionem adhibentes in ea salvari putent pueros, ad quendam suum canonem provocantes[2].

Apud Syros habetur solemnis confectio olei catechumenorum in Pontificalibus[3]. Si non adsit oleum benedictum, benedicitur a sacerdote precibus, insufflatione, triplici crucis signo et chrismatis admixtione, uti dicitur in ordine quodam Iacobitico apud Renaudotium[4]. Totam seriem ordinis consecrationis hujus olei infra dabimus ex Barhebraeo: brevior oratio super oleum in ordine baptismi occurrit.

Nestoriani non solum unctionem olei catechumenorum retinuerunt, sed tanti faciunt etiam, ut baptismum absque ea collatum pro invalido habeant. Ita Timotheus enim patriarcha II. saeculo XIV.[5] in libro de Sacramentis fidei, et Georgius Arbelensis[6] qui rebaptizari jubet eos, qui aqua alio oleo praeter oleum unctionis, videlicet oleo gratiae sancti, hoc est infirmorum, benedicta baptizati fuerint[7]. Imo si infantem morti proximum deprehendant, solam olei unctionem in eo peragere religioni non habent, ut ex iisdem Timotheo II. et Georgio patet. Timotheus II. partes essentiales baptismi definit esse aquam, oleum, sacerdotem et orationem sacerdotis[8]. Denique et inter sacramenta Ecclesiae post baptismum recenset Ebedjesu Sobensis in libro Margaritae fidei[9]. Quod inde deducendum est, quod Nestoriani hanc unctionem et sacramentum confirmationis plane confuderint, et insuper quaedam veterum effata, quae confirmationem baptismi complementum dicunt et de ejus necessitate aliqua ad perfectum christianum constituendum loquuntur, male intelligentes, unctiones, quae baptismum comitantur, pro parte hujus sacramenti essentiali habuerint.

Materiam olei unctionis purum oleum, olivae esse, recte statuunt Ebedjesu Sobensis et Timotheus II.[10] Malabarenses tamen Nestoriani per abusum oleum nucis Indicae, quae vulgo Coca dicitur, vel sesami adhibebant, uti tradunt Concilium Diamperitanum[11] et Antonius de Gouvea[12].

Qui etiam conqueruntur olei benedictionem ab iis neglectam fuisse. Quam tamen sancte caeteri observant. Ex quorum numero Ebedjesu Sobensis[13] formam olei unctionis quasi materiae benedictionem esse apostolicam ait. Consecratur vero ab ipsis toties quoties baptismus con-

---

[1] Perpetuité l. 2. c. 10. col. 775. Mai nova collectio T. V. p. 144. cod. 44. — [2] Bernat ap. Legrand diss. 11. p. 315. et ex eo Sollerius p. 141. n. 194. Renaudot Perpétuité l. 2. c. 3. col. 736. — [3] Bibl. Or. T. I. p. 573. col. 1. in cod. 4. Ecchellen. Pontificale Michaelis patr. continente T. III. P. I. cod. 10. p. 638. col. 1. — [4] Perpétuité l. 2. c. 10. col. 775. — [5] Libro de sacramentis ecclesiae c. 3. sect. 6. (Bibl. Orient. T. III. P. II. p. 575. et P. II, p. 260 sq.) — [6] Ibid, p. 263 sq. Quaes. 20. 43. de baptismo. — [7] Quaes. 42. p. 267. — [8] L. c. — [9] Tract. 4. c. 1. apud Mai Nova coll. T. X. — [10] L. c. c. 4. Bibl. Or. T. III. P. I. p. 575. — [11] Act. 4. ap. Raulin. — [12] Apud Raulin p. 391. — [13] L. c.

fertur, uti Timotheus II.[1] patriarcha, qui jubet ante aquae baptismalis benedictionem toties quoties consecrari, licet aliud consecratum in ecclesia asservetur. Non permittit Arbelensis [2], si oleum consecratum deficiat, de oleo, quod in cornu est, in lagenam effundere, sed jubet, ut aliud oleum consecretur. Item Jaballaha patriarcha [3] de eodem oleo prohibet adjicere oleo baptismi, quod a sacerdotibus in patina consecratur. Quodsi oleum defecerit, jubet aliud consecrari integro ritu consecrationis olei, aut reliquorum baptismum ad tempus matutinum differri. Ad quas decisiones intelligendas notandum est, ad consecrationem recentis olei catechumenorum, quod in patena sive lagena est, immisceri apud Nestorianos vetus oleum in vase argenteo vel stanneo [4], quod cornu unctionis apud ipsos audit. Quod ex Nestorianorum theoria de fermento, uti dicunt, sacramentorum provenit. De quo accipe, quae eorum scriptores fabulantur. Johannes Bar Zugbi, presbyter et monachus ineunte saec. XIII.[5], in carmine metrico de baptismo et Eucharistia, in quo opinionem suorum de fermento Eucharistiae et baptismi ex apocrypho quodam libro Simonis Petri nomine inscripto confirmare nititur: Baptizato, inquit, in Jordane Christo, Joannes Baptista ex aquis de sacro ipsius corpore defluentibus vasculum implevit conservatumque usque ad diem decollationis suae discipulo suo Johanni evangelistae custodiendum tradidit. Eidem Johanni evangelistae, quum Christus in coena Eucharistiam instituisset, partemque unam singulis apostolis distribuisset, duplicem praebuit, quarum alteram non secus atque vasculum aquae repositam custodivit. Et in ipsum quidem vasculum aquam postea, quae de latere Christi in cruce pendentis effluxit, immisit, sanguinem vero eucharistico pani commiscuit. Hoc ait Eucharistiae, illud baptismi fermentum fuisse. Nam apostolos, cum post acceptum Spiritum S. in eam, quae sibi obtigerat, orbis terrarum partem ad praedicandum evangelium proficiscerentur, aquam illam et panem eucharisticum inter se divisisse, quibus tanquam fermento in utroque illo sacramento administrando usi fuerint. Simeon presbyter et monachus [6], Joannis Zugbi aequalis, fabulam de fermento in suis Quaesitis de divinis sacramentis et baptismo, undenam originem ducant, protulit, ad Johannem evangelistam provocans, ad librum Sancti Simonis Cephae, S. Ephraem, S. Johannem Chrysostomum et ad libros arcanos, Joannem evangelistam aquam, quae ex latere Christi effluxit, in fermentum baptismi servasse, particulam a Christo Domino in coena sibi tributam non sumsisse, sed in fermentum Eucharistiae adhibuisse.

Salomon, episcopus Bassorae, saeculo XIII. ineunte, in libro Apis [7] Part. II. c. 47. fabellas de fermento aliter aliquantulum quam coeteri refert. Ait enim Adaeum et Marim id fermentum ad Orientem detulisse, reliquos vero apostolos eo nequaquam usos fuisse. Circa fermentum olei, qua baptizandi unguntur, ab aliis suae sectae auctoribus discrepat. Caeteri enim recentiores oleum illud ajunt ex oliva expressum et aqua ex corpore Christi, quum in Jordane baptizatus est, et ex latere ejusdem, quum lancea apertum fuit, defluente permistum fuisse. Salomon

---

[1] Lib. de sacramentis Ecclesiae c. 3. (Bibl. Orient. T. III. P. II. p. 575 sq.) — [2] Quaes. 9. de bapt. (Bibl. Or. T. III. P. II. p. 281.) — [3] Quaes. 1. (Ibid.) — [4] Cf. Joh. Telen. resolut. 45. de cornu unctionis Persarum. — [5] Bibl. Or. T. III. P. I. p 309. — [6] Ibid. p. 563. — [7] Part. 2. c. 47. (Ibid. p. 318.)

vero hanc originem tradit: „oleum baptismi sunt qui dicant, ex oleo, quo reges ungebantur, deduci [1], alii ex mixtura aromatica, qua Domini nostri corpus conditum fuit: quam quidem sententiam plerique tenent: alii denique ajunt, acceptam in manum a Joanne Eucharistiae in paschate consecratae particulam ita incaluisse, ut adversa palmae manus pars sudore manarit: sudorem autem illum ab eodem Joanne in signaculum baptismi repositum. Id nobis a quodam eremita et periodeuta ex ore in aures traditum est." De hoc fermento, quod inter sacramenta Ecclesiae refert, Ebedjesus Sobensis gloriatur, suos solos hoc fermentum ab apostolis traditum retinuisse, accepisse autem vult ab apostolis Thoma et Bartholomaeo et discipulis Domini Adaeo et Mari [2]. De chrismate autem unctionis ait [3]: „Chrisma unctionis apostolica traditio est et ex illo, quod ab apostolis consecratum fuit, usque in praesentem diem in Ecclesia Dei traducitur." In ritualibus etiam Nestorianorum occurrit ordo renovationis sacri fermenti, quod vocatur Malka (hoc est rex) [4], quod est fermentum Eucharistiae. Quae fabula quantumvis ridicula sit, id tamen utilitatis habet, quod probe demonstret, quam alte mentibus illarum gentium impressa sit doctrina de efficacia sacramentorum ex opere operato, h. e. virtute ipsis vi institutionis indita. Ex modo relatis autem sequitur, fermentum baptismi in oleo unctionis ex Nestorianorum opinione esse, cum aquam baptismalem non servent, unde nova ratio detegitur, cur unctionem olei catechumenorum ejusque cum aqua baptismali permixtionem ad validitatem baptismi necessarias esse autument.

Eandem autem religionem, imo scrupulositatem circa olei benedicti sanctitatem conservandam, ac circa aquae baptismalis, apud Nestorianos haberi, ex sequentibus decisionibus sequitur. Georgius Arbelensis censet, oleum unctionis pollui, si quis laicus cornu chrismatis tetigerit, imo si tantum in baptisterium intraverit, vel si sacerdos non jejunus ingressus fuerit baptisterium, in quo cornu olei unctionis remansit. Imo, si admisceatur oleo unctionis oleum non consecratum vel oleum gratiae Sancti, id est infirmorum, absolute respondet solvi consecrationem [5].

Unctionem olei catechumenorum ab Armenis jamdudum omitti eamque in eorum libris ritualibus plane desiderari, omnes tradunt, qui de eorum ritibus scripserunt, uti Galanus [6] et Serpos [7], qui fatetur, Ecclesiam Armeniacam oleo catechumenorum non uti, sed omnes unctiones in baptismo et confirmatione chrismate peragere, neque olei catechumenorum benedictionem habere. In libris enim ritualibus etiam antiquissimis non reperiri ejusmodi unctionem, nominatim in antiquissimo codice saeculi forsan XIII., quem prae manibus habebat, non adesse. Porro Gregorium Narecensem saeculo X. mediante, insignem Armenorum doctorem, in sua oratione 94. chrismati omnes ecclesiasticas unctiones tribuere, omnesque

---

[1] Id impugnat Timotheus II. cap. 3. sect. 10. — [2] Margarita fidei Part. 4. c. 1. 6. (Bibl. Or. T. III. P. I. p. 356. 358. et in textu apud Majum.) Porro haec collecta sunt Bibl. Or. T. III. P. II. p. 295—299. — [3] Ibid. c. 4. (Bibl. Or. T. III. P. I. p. 357.) — [4] Martene lib. 1. de antiquis Ecclesiae ritibus p. 321. Bibl. Or. T. III. P. II. p. 277. 278. Morinus in notis operis: Fides ecclesiae Orientalis seu Gabrielis metropolitae Philadelphiensis opuscula, Paris. 1671. p. 87 sq. Badger T. II. p. 161. — [5] Quaesitis 14—17. 44. 48—50. de baptismo. (Bibl. Or. T. III. P. II. p. 267.) — [6] p. 497. — [7] T. III. p. 232 sq.

earum mysticas significationes; Sergium, doctorem Armenum, qui saeculo XII. floruit, licet in homilia 11. in epistolam S. Jacobi dicat, multa
olea donata esse Ecclesiae per apostolos, neque olei catechumenorum,
neque nationis suae hac in re mentionem expressam et specialem facere.
Vartanus denique Armenorum magister, libro de Monitis c. 1. id ipsum
suis exprobrat. In sola Cilicia oleum catechumenorum in usu haberi,
in qua tempore Cruciatorum a Latinis ad Armenios transivit. Non tamen
inde concludendum est, hanc unctionem, quae ab omnibus ecclesiis usurpatur et absque dubio apostolicae est originis, apud ipsos nunquam
fuisse, cum antiqui canones ejus et benedictionis et unctionis expres-
sissimam faciant mentionem, uti sunt sequentes. Johannis Stylitae [1], quo
prohibet, oleum baptismatis admiscere oleo confirmationis et eo homines
confirmare; Macarii Hierosolymitani [2], quo chrismatis consecrationem
archiepiscopo reservat, oleum infirmorum et catechumenorum benedicere
episcopis et presbyteris concedit; Johannis philosophi, catholici Armenorum [3]: „Oportet ac decet sacerdotem oleum catechumenorum benedicere
pro singulis baptizandis, quantum satis fuerit ad usum praesentem, eoque
baptizatis adhibito, illico consumere. Neque audeat semel benedictum
iterum benedicere et ex eo ad baptismum venientes ungere, neque in
aliis mysteriis conficiendis eodem uti.“ Item Isaaci Magni [4]: „Singulis
annis ex omnibus locis nostrae jurisdictionis presbyteri post sanctum
pascha omnino ad nos deferant oleum catechumenorum, ut a nobis accipiant oleum benedictum. Nequaquam autem quis domi suae per se benedicat, uti aliqui ignoranter consueverunt; jus enim olei benedicendi
non est presbyteris, sed est id episcoporum munus.“ Johannes philosophus unctionem ad januam baptisterii peragi jubet [5]. Allegat etiam
Nealius [6] eam, quae initio ordinis baptismalis habetur, orationem: „Mitte
gratias Spiritus Sancti tui in hoc oleum, ut ille, qui eo ungendus est,
mundetur.“ Quae modo dicitur super chrisma, quod a patriarcha jam
benedictum est. Videtur autem repugnare, quod id, quod ab episcopo jam
benedictum est, a sacerdote iterum benedicatur. Non dubitat proinde,
quin haec oratio primitus ad oleum catechumenorum spectaverit et postmodum, unctione ipsa in desuetudinem vergente, ad aliud applicata fuerit. Eadem in nostris ordinibus ita occurrunt, quod unus ex clericis
deferat chrisma a patriarcha benedictum et super ipsum orent: „Ut descendat in hoc oleum gratia hominum amatoris Dei, Dominum deprecemur“ vel ita „ut descendat Spiritus Sanctus in oleum hoc, Dominum
deprecemur.“ Contrarius plane est abusus iste ab illo, qui Nestorianorum est. Cum enim Armeni solam chrismatis unctionem habeant, illi
praeter olei catechumenorum nullam adhibent, uti infra videbimus.

Impositio nominis, quae apud nos cum spirituali nativitate conjungi
solet, non apud omnes, quorum ritus recensemus, Orientales baptismi
ritibus inseritur, neque apud omnes eum, quem apud nos, sensum habere
videtur. Apud Coptitas nomen infanti imponitur, non cum baptizatur,
sed octavo a nativitate die, cum inter ritus quosdam praescriptos, lectiones, orationesque et lotionem purificatur. Tunc si parentes nomen

[1] Cap. 14. p. 302. — [2] Can. 4. p. 271. — [3] Cap. 10 p. 304. — [4] Can. 19. p.
279. — [5] Cap. 14. p. 304. — [6] Introd. T. II. p. 967.

ei imponere velint, presbyteri ad hoc peculiarem orationem recitant. In praeviis baptismo ritibus sacerdos nomina baptizandorum petit, ut ex antiquo more ad catechumenatum accedentes dent nomina sua. Apud Syros item sacerdos ad domum accedens, super puerum octiduum orans, ei nomen imponit, quam orationem in ordine Syriaco infra dabimus. Apud Nestorianos haec occurrit rubrica in ordine a Badgero vulgato ante introductionem infantium in baptisterium et unctionem olei catechumenorum et immersionem, ut diaconi, qui infantes in baptisterium introducunt, „inquirant nomina imponenda infantibus et ea sacerdoti nota faciant." Sub quo nomine tunc ungitur et baptizatur. Eadem fere praxis est apud Armenos. Immediate ante immersionem in altero ordine Assemaniano occurrit haec rubrica: „et deinde quaerit nomen infantis," quo nomine eum baptizat. Adde, quae de his retulit in suo itinerario Tavernier [1]. Neque pater neque patrinus infanti nomen imponunt, sed minister baptismi, nomenque ei imponit Sancti, cujus festum in ipsam baptismi diem incidit. Sin autem nullius Sancti festum celebretur, nomen imponit illius Sancti, cujus festum proxime assignatur, ita ut nullus apud Armenos nomen libere assumptum habeat.

Patrinorum sive fidejussorum usum ex apostolica disciplina retinent Orientales, qui et in baptismo loco infantium Satanae abrenuntient, fidemque profiteantur. De Coptitis haec Vanslebius [2]. Infantes in baptismo tenentur a patrinis et matrinis, quos Asciebin sive custodes vocant. Qui tenentur filiolos et filiolas spirituales in doctrina christiana instituere et, cum ad decimum quartum aetatis annum pervenerint, eos ad Heikel sive sanctuarium sistere solent, qui locus est, in quo eorum curam susceperunt, eosque tunc emancipant exhortationem addentes et demum benedictionem ipsis impertientes. Ut unusquisque baptizandus suum susceptorem et unum quidem sui sexus habeat, Syris Monophysitis inculcavit Johannes patriarcha apud Barhebraeum [3], prohibuitque, ne quis propriam prolem super sancta concha pro susceptore componat. Canon item est Syrorum [4]: „Non licet e fonte baptismali suscipere, nisi masculo masculum, foeminae foeminam." Prohibetur in aliis [5], ne Muhamedani in patrinos vel matrinas assumantur. Denique notandus iste disciplinae nostrae conformis [6]: „Monacho non licet patrinum esse, neque in confirmatione, neque in matrimonio. Si contra faxit, excommunicetur." Apud Maronitas patrinum infantem non levare super piscinam, sed sacerdotem linteo colligere, postquam ex aqua extraxerit, notavit Dandinius [7]. Verum id apud omnes Orientales usu venit, cum a sacerdote immergendum sit baptismi subjectum, post quam immersionem a patrino suscipitur. Imo vidimus supra Nestorianos districtissime prohibentes, ne quis praeter diaconum sacerdoti baptizanti intersit vel infantem teneat. Nestorianos Malabarenses patrinos in baptismo non adhibere, conquesta est synodus Diamperitana. Verumtamen, cum contrarium ex ordine baptismi Nestoriano constet, qualis etiam in codicibus habetur in Malabaria scriptis, uti est ille, quem Assemani tradiderunt ex codice Vaticano 16, quem

---

[1] p. 195. of Tournefort p. 165. — [2] Hist. p. 82. — [3] C. 2. sect. 2. p. 13. — [4] Coll. II. can. 49. Haec regula est etiam inter canones Nicaenos arabicos, qui apud Coptitas sunt, canon 24. (Vansleb. Hist. p. 269. — [5] Coll. I. can. 57. Coll. III. can. 1. — [6] Coll. II. can. 116. — [7] p. 107.

Josephus Indus metropolita scripsit, antequam Menezius eo appulisset. Hinc ita intelligenda videtur synodus, quod patrinum ipsi immersioni non interesse et infantem inter baptizandum non levare, censoria nota affligat. Partem patrinorum in abrenuntiatione Satanae in ordine Nestoriano cum ipsa desideramus; id tamen quondam a fidejussoribus praestitum fuisse ex Timothei II. patriarchae loco supra allato sequitur, quo abrenuntiationem memorat. Jesujabus item patriarcha apud Georgium Arbelensem [1] mandat, ut antequam infantes in baptisterium ingrediantur et obsignentur, fidejussores eos novo linteo contegant. Deferuntur autem, ex ordine Assemaniano, ad baptisterii portam manibus „propinquorum suorum, non aliorum" hoc est, patrinorum, ut postea exponitur. In baptisterium ipsum portantur a diaconis, uti in ordine Badgeriano habetur. Post baptismum autem effertur a sacerdote vel diaconis traditurque patrino. Ita enim habetur in ordine Assemaniano: „Et elevat eum de aquis, educitque eum per portam cancellorum, traditque eum propinquo suo, non alteri. Quoniam qui accipit puerum de manibus sacerdotis, ipse est propinquus ejus et patrinus," quae tamen posteriora verba expositoria desiderantur in codice 16. Vaticano, ut ex Assemano seniore [2] patet. Apud Badgerum haec rubrica ita sonat: „Tunc sacerdos extrahat eum ex fonte et tradat diacono, qui eum involvat linteo albo et committat eum patrino suo." Denique apud Armenos [3] obstetrix infantem ad ecclesiam defert retinetque, donec aquae immersus fuerit. Baptismo peracto patrinus infantem ex ecclesia domum defert utraque manu cereum accensum tenens pro patris facultatibus. In domum cum pervenerit, matri infantem tradit, quae, ante patrinum prostrata, ejus pedes osculatur, ipse vere ejus verticem.

Usus erat apud antiquos, baptizatis, utpote qui in terram melle et lacte fluentem spiritualem pervenerant, vel quasi modo genitis infantibus lac et mel praebere, vel etiam vinum et mel. Hic mos in ecclesia Alexandrina remansit, in qua post communionem infantis recenter baptizati presbyter ei mel porrigit [4] vel, ut in ordine Aethiopico baptismi [5] est, lac et mel.

Lumen baptizato porrigebatur non solum in Latina sed et in Orientali ecclesia. Qui mos apud Orientales, Maronitis exceptis, evanuit nisi huc referas, quod apud Armenos patrinus infantem domum defert, utraque manu cereum accensum tenens.

Vestibus exui ante abrenunciationem catechumenos, ex antiqua Ecclesiae disciplina jubent ordines Alexandrini et Syri, imo ut ornamenta omnia, uti annuli, inaures, armillae detrahantur, praescribunt ordo Aethiopicus, brevior ordo Copticus, ordo Jacobi Edesseni, quod posterius ordo Basilii statim initio, ordo Nestorianorum apud Badgerum immediate ante immersionem ponunt. Quae cerimonia exui veterem hominem significat et abjici pompas hujus mundi. Ita etiam, ut indutum esse novum hominem significetur, veste alba induitur baptizatus post confirmationem apud Coptitas, vel, ut in ordine Aethiopum est, veste alba et altera rubea

---

[1] Tract. 5. de bapt. c. 6. — [2] Bibl. Orient. T. III. P. II. p. 241. — [3] Tavernier p. 195. Tournefort p. 165. — — [4] Vansleb. Hist. p. 206. Unde falsum esse patet, quod ait Neale Introd. T. II. p. 971. apud solos Aethiopes extare hunc ritum. — [5] Cf. Ludolfum l. 3. c. 6. n. 34.

undulata et acu picta. Praecinguntur etiam apud Coptitas zona, quae signum est Christianae religionis in illis partibus, postquam Mutewakelus Califa anno 849, ut Christiani et Judaei vestes coloris furvi induerent et zonis praecingerentur, statuit, quod severissime exegerunt crudelissimus tyrannus Hakem, Califa Aegypti Fatimida, saeculo XI. ineunte, et Salaheddin Jubidarum primus[1]. Absque his zonis ad orationem faciendam accedere, Coptitarum lex prohibet. Zona octavo die cum ritibus propriis orationibusque solvitur[2], quae quodammodo solennitatis baptismalis absolutio est. Imponitur denique in Alexandrina ecclesia capiti baptizati corona post confirmationem baptismo conjunctam, quae corona in ordine Aethiopum dicitur ex myrto et palma confecta. Apud Syros Jacobitas et Maronitas vestes albae et coronae etiam in usu sunt, ut ex ordinibus patet. Zonis etiam baptizatos praecingunt, quae et apud ipsos solemniter octavo die solvuntur inter orationes. Vestem albam post consignationem, quae confirmatio erat, induendam memorant Nestoriani Elias Anbarensis[3] et Georgius Arbelensis[4], quae ex Nestorianorum ritibus evanuit, nisi huc referas linteum album, quo baptizati involvuntur, et quod jubeantur mundae vestes eorum indui ipsis, neque coronarum mentio quaevis nobis occurrit. Armeni post confirmationem vestem albam induunt, imo et pileum album vel velum album, et coronam imponunt, quae tollitur octavo die, vel ex aliis ordinibus crucem parvam ex cera facit sacerdos, quae ad collum baptizati suspenditur funiculo albi et rubicundi coloris. Affertur enim cum baptizando in ecclesiam aliquantulum gossypii albi et serici rubei, quae sacerdos nectit in funiculum, ut duplici colore aquam et sanguinem, quae ex Christi latere effluxerunt, significet, cujus benedictio habetur in rituali, qui et octavo die tollitur[5].

Duplex est adhuc memorandus Orientalium usus, qui baptismi solennitates octavo die concludere solet, ipsis et Graecis communis. Retinentur a baptizatis eaedem vestes, quas a baptismo acceperunt, per septem dies. Tunc vero abluuntur infantes eorumque vestes a sacerdote, quod cum solutione cinguli et coronae orationibusque ad hanc recitandis solet esse conjunctum. Ita post ordinem solutionis cinguli Copticum haec rubrica subjungitur: „Postea lavat pueros et omnes illorum vestes abluit, et laeta modulatione ita canunt: Testatus est Joannes etc." Sed et in codicibus Copticis[6] occurrit oratio super baptizatum dicenda post ablutionem ejus, quae octavo die a baptismo fieri solet. Sed et apud Maronitas in ordine solutionis cinguli et in calce ordinis baptismalis Colbertini praescriptum reperitur, vestes et tegumenta capitis non exui per septem dies et tunc lavari. In ordine denique Basilii syriaco Melchitico, qui et Syris aliquibus inservit, ab Assemano edito, haec lotio occurrit in manibus et pedibus peragenda. Nullum dubium esse poterit, etiamsi in ordine solutionis cinguli Maronitico non expresse diceretur, id ex veneratione fieri, qua sacrum chrisma, quod per totum corpus delibutum est et vestes imbiberunt, prosequuntur. Ideo et hanc

---

[1] Renaudot Hist. p. 293. Liturg. Or. T. I. p. 161 sq. — [2] Vansleb. Hist. p. 206. et ordo baptismi Copticus infra. — [3] Centuria 4. carm. 3. (Bibl. Orient. T. III. P. I. p. 247.) — [4] Quaes. 2. de baptismo loco saepius cit. — [5] Tavernier p. 195. Tournefort p. 165. Anonymus Ms. ap. Asseman. Cod. liturg. T. III. p. 126 not. — [6] Mai Nova Collectio T. V. p. 146. cod. 46.

cerimoniam in loco mundo ordo Basilii, in ecclesia, lotionemque in baptisterio peragi, ordo Maroniticus praescribunt. Alter ritus est prima capillorum tonsio, quae in crucis formam fit a sacerdote, cujus ordinem apud Maronitas infra ex Assemano dabimus. Cujus ritus, qui etiam apud Graecos est, finis idem forsan est, qui prioris, ut chrisma, quo caput fuit unctum, non profanetur, videturque id insinuare Simeon Thessalonicensis ab Assemano [1] allegatus. Ipse vero [2] Assemanus censet, tonsuram istam analogam esse illi, qua Nazaraei apud Judaeos subjiciebantur et Deo devovebantur. Graecos solitos fuisse, teste Athanasio, puerorum vertices abradere et cincinnos relinquere, illosque sequenti tempore diis consecrare. Hunc cultum a Graecis christianis in verum Deum fuisse translatum, quo videantur pueros perpetuo Dei obsequio mancipare, cum servitutis signum sit capillorum abrasio.

§. 9. De sacramentorum confirmationis et Eucharistiae constanti cum baptismo conjunctione.

Antiquum Ecclesiae usum et in hoc strictissime retinuerunt Orientales, quod post baptismi collationem confirmationis et Eucharistiae administrationem constanter subjungant, imo tam stricte id observant, ut infantem non jejunum a lacte matris ob suscipiendam Eucharistiam non baptizent. Propter hanc etiam factum est, ut liturgia collationi baptismi conjungeretur. Unde exorti sunt et passim apud ipsos errores, ut confirmationem vel pro parte baptismi necessaria haberent, uti apud Coptos in constitutione mox afferenda videbimus et esse apud Nestorianos jam diximus, vel pro ceremonia baptismo adjuncta haberent, ut Armenis plerisque exprobrat Galanus et omnibus anonymus quidem apud Assemanum [3], et cum ipso Assemanus, qui notat, totam functionem simul ab Armenis Gnunch, sigillum, vocari, quasi unum esset. Guido Perpinianus apud Thomam a Jesu [4] ait, eos chrisma adeo necessarium ad baptismum habere, ut absque eo invalidum censeant. Vartanus sane scriptor Armenus apud Galanum benedictionem tantum chrismatis a baptismo distinguit. Verumtamen ipse Galanus non omnium esse hunc errorem ait, et Serpos [5] paucissimorum ignarorum. Porro ex illa conjunctionis strictissima observantia ortus est error, ut chrismationem confirmatoriam baptismo substituerent, vel omnem distinctionis confirmatoriae unctionis a baptismo et unctionibus ad baptismum pertinentibus memoriam perdiderint, uti apud Nestorianos evenit, vel etiam ut Eucharistiam infantibus ad salutem prorsus necessariam crederent, ut de Gregorio Datteviensi in tractatu ejus de Eucharistia refert Galanus [6].

Quam constantem confirmationis et Eucharistiae cum baptismo conjunctionem testantur eorum ordines omnesque, qui eorum ritus descripserunt. Praeterea Coptitarum patriarcha Christodulos [7] in suis constitutionibus anni 1048 statuit, non licere baptismum absque communione

---

[1] Cod. liturg. T. III. p. 79 not. — [2] Ibid. p. 76 not. — [3] Cod. liturg. T. III. p. 124 not. — [4] p. 173. — [5] T. III. p. 272. — [6] T. II. P. II. p. 589. — [7] Ap. Renaudot Hist. p. 123.

administrare, item Ebnessalus Abulbircat et auctor libri scientia ecclesiastica dicti[1]. Refert etiam Bernatus[2], haec tam arcte servari a Coptitis,
ut, si urgente infirmitate, puer vespere vel alia hora, qua missam cantare non liceat, baptizatus fuerit, sacerdos, mater et infans usque ad
sequentem diem in ecclesia persistere debeant, ut infans communionem
suscipiat. De confirmatione autem habetur memoratu digna quaedam
constitutio Coptica recentior apud Renaudotium[3]: „Si accidat, ut sacerdos infantem baptizans in piscinam labi sinat, ita ut infans suffocetur,
non unget eum sancto chrismate in formam crucis, neque ipsi communionem sacri corporis et pretiosi sanguinis praebebit, sed ipsum veste involvet, quae infantibus datur, cum a fonte baptismali levantur. Non
lavabit ipsum, sed orabit pro eo, sicut pro aliis fidelibus preces fun-
duntur; parentes infantis pro eo per quindecim dies stricte jejunabunt;
quin carnem manducent, vel vinum bibant: sed quotidie communionem
sacri corporis Domini nostri suscipient, eleemosynasque dabunt secundum
proprias facultates, ut quod infanti suo deest, qui perfectionem baptismi
non obtinuit, suppleant. Deus enim per ipsorum fidem perfectionem baptismi infantis complebit, induet eum Spiritu Sancto et supplebit, quod
deerat, eo quod unctionem sacri chrismatis non suscepit. Sacerdos, cui
ejusmodi accidit, quindecim dies jejunabit, a carne et vino abstinendo,
et plorabit peccatum suum, ut Deus ipsi alia condonet, quorum reus est,
neque eum amplius in ejusmodi infortunium incidere permittat.“

Jacobus Edessenus apud Abulfaragium in collectione canonum jubet,
ut „statim ac ille, qui baptismum suscipit, ter mersus fuerit in nomine
Patris et Filii et Spiritus Sancti, unctionem chrismatis suscipiat.“ Eadem
canonum sylloge jubet ut „qui baptizati fuerint a diaconis perfectionem
suscipiant per consignationem chrismate factam propriamque orationem.“
Idem in constitutione Severo patriarchae adscripta ordinatur quoad eos,
qui a sacerdotibus baptizati fuerint[4]. De liturgia ob communionem baptismo jungenda habes canonem hunc in eadem Gregorii Abulfaragii
sylloge[5]: „Jacobi Edessae. Si ante baptismum particula (Xata) seu
oblatio sacrificio destinata allata fuerit, offeratur; deinde presbyter baptizet: quodsi baptismus antea praeparatus sit, licet baptizare, deinde
offerre.“ Nestorianus autem Georgius Arbelensis saepius memoratus[6]
de liturgia et communione baptismo jungenda haec ait apud Assemanum:
„Postquam baptizati essent, incipiebant liturgiam et sanctis sacramentis
baptizatos communicabant.“ Ad quae testatur Assemanus, post unctionem frontis, quae baptismum sequitur, et post indutum vestibus albis
baptizatum a sacerdote ei porrigi Eucharistiam, quod in ordinibus expresse non habetur.

Habetur etiam responsio Johannis Bar Abgari[7] patriarchae, in qua
statuit, ut post baptismum adulti et parvuli communicentur, modumque
communionis praescribit.

---

[1] Apud Renaudot Perpétuité l. 2. c. 8. col. 761. — [2] Ap. Legrand Diss. 11.
p. 315. — [3] Perpétuité l. 2. c. 3. col. 736. — [4] Ibid. c. 11. col. 786. — [5] C. 2.
sect. 2. p. 13. — [6] Q. 2. de baptismo Bibl. Or. T. III. P. II. p. 247. — [7] Quaest.
ecclesiasticae q. 3. Bibl. Or. T. III. P. I. p. 250.

§. 10. De baptismi in casu necessitatis collatione.

Pluries jam vidimus Orientales plus aequo rigidos in observandis ritibus, qui ad baptismi essentiam non pertinent, vel statutis quibusdam disciplinaribus exequendis, quae sane religiose tueri oportet, cum necessitas extrema non urget, quae tamen intercedente mortis periculo ex ipsis Orientalium canonibus pluries a nobis allegatis recte transmittuntur. Id inde deducendum non est, quod baptismi necessitatem non agnoscant[1], sed potius, quod baptismum aliter conferri non posse quam cum illis ritibus, quidam suae menti infixerint. Negandum tamen non est, Nestorianos, cum peccatum originale non admittant, inde de baptismi necessitate male sentientes se exhibere potuisse; porro quaedam alia media baptismo surrogata stulte fuisse.

Negari nequit, hac in re gravissime peccare Coptitas, licet eorum canonum collector Ferge-Allah Echmimensis[2] infantes aegrotos non habita ratione termini legalis quadraginta vel octoginta dierum statim baptizandos et parentes, quorum liberi absque baptismo moriantur, poenitentia mulctandos statuat, et ut infante periclitante ceremoniae omittantur, inculcaverint Michael, episcopus Melichae, in suis responsionibus canonicis, et Cyrillus, filius Laklak, patriarcha Alexandrinus, in constitutione synodali anni 1240[3]. Nihilominus testis prudentissimus Bernatus[4], postquam de illo baptismi termino locutus fuerat, haec retulit: „Quodsi infra hoc tempus morbus misello infanti superveniat et periclitetur, defertur ad ecclesiam et super pannum extensus ponitur prope fontem baptismalem; sacerdos manus ter intingit et toties madidis manibus corpus infantis tingit, incipiens a vertice capitis usque ad plantam pedum, dividens, ut ita dicam, corpusculum hoc in tres partes, quas ex ordine tingit ad unamquamque verba formae baptismalis pronuncians, uti supra. Si hoc vespere fiat, vel alia hora, qua missam cantare non liceat, sacerdos, mater et infans usque ad sequentem diem in ecclesia persistere debent, ut infans communionem suscipiat. Haec praxis in eo fundatur, quod apud Coptitas baptismus nunquam nisi in ecclesia conferatur et per ministerium episcopi vel presbyteri, quod sane abusus est periculosus et erroribus quoad validitatem hujus sacramenti, quod in quocunque loco et a quacunque persona conferri potest, immixtus. En tristissimam ejus sequelam: si infans in ecclesiam deferri nequeat, sacerdos ad domum accedit, et post recitatas super matrem orationes et sex unctiones exorcismi super infantem factas, ter interrogat, utrum credat in unum Deum in tribus personis: patrino ac matrina affirmantibus, aliquas orationes recitare pergit, benedictionem suam impertit et recedit. Quodsi a nobis exprobrentur, quod tali modo animam perdi sinant, producunt quemdam canonem suum his verbis conceptum: Si infans post unctionem postremam, imo post primam decedat, ne sitis anxii, sed estote securi, unctionem ei loco baptismi esse, et eum baptismo salvari." Ita et Renaudotius[5] ex quadam recentiori Coptica constitutione vel canonica respon-

---

[1] Qua de re vide disserentem Renaudotium Perpétuité l. 2. c. 2. — [2] C. 5. ap. Renaudet, Perpétuité l. 2. c. 2. col. 728 sq. — [3] Ibid. col. 731. — [4] Apud Legrand. Diss. :1. p. 315 sq. cf. Sollerium p. 141. n. 194. — [5] Perpétuité l. 2. c. 3. col. 786.

sione haec refert. „Si infans moriatur, dum ei baptismus administratur,
sacerdos unctionem olei ipsi conferet, non tamen in fontem baptismalem
merget; non lavabit, veste solita tantummodo involvet: psalmos pro ipso
recitabit; sepelietur et fiet pro ipso officium tertia die et sacrificium
pro ipso offeretur in fide parentum." Denique testis accedit Vanslebius [1], baptismum necessitatis affirmans non habere, sed ejusmodi in casibus pueros chrismate ungi. Zagazabus etiam, presbyter Aethiops,
Damiano Goez [2] referente, dicebat, filios Christianorum in utero matrum
per baptismum olim a parentibus susceptum et Eucharistiam, cujus mater
particeps fiat, sanctificari, ut semichristiani fiant, qui error cum Genera-
tianismo connexus est, qui apud Aethiopes occurrit [3]. Fuit etiam, teste
Harrisio [4], Aroe, eunuchus quidam ex Gondar, qui errorem disseminavit,
animam pueri in utero jam cognitione boni et mali frui, jejunare et
orare. Quae doctrina in Schoa late sparsa est. Quod quantopere antiquiori istius ecclesiae doctrinae et disciplinae obsit, jam pluries videre
licuit. Id tamen denique addendum, in urbe Cairo, referente Assemano [5],
presbyteros aquam post baptismum dimittentes aliquantulum asservare
pro casu necessitatis, et infantes tunc in eorum domibus baptizare, ut
saltem postmodum mutata videatur eorum disciplina.

Rectam apud Syros Jacobitas praxin, sed et quorundam sacerdotum
superstitionem exhibet sequens canon a Barhebraeo [6] relatus: „Jacobi
Edessae. Infans morti proximus, si ad sacerdotem afferatur, ubi non
est nec fluvius, nec pelvis, nec concha, si in utre aquam repererit, illam
super caput infantis fundat, dicens, baptizatur talis in nomine Patris, et
Filii, et Spiritus Sancti, etiamsi portetur a matre. Sacerdos, qui in verbo
Dei angelum ligare tentaverit, ne animam pueri morituri accipiat ante
baptismum, deponatur." Alius etiam canon ejusdem ecclesiae arabicus
apud Renaudotium [7]: „Si infans recens natus periclitetur, baptizandus
est ipsa hora, omittendo ceremonias omnes, quae observari solent, et
liturgiam: imo non est necessarium, ut sacerdos sit jejunus." Referuntur etiam a Renaudotio [8] poenitentiae a Jacobitarum canonibus impositae
sacerdoti et parentibus, quorum negligentia absque baptismo perierint
infantes, estque inter orationes pro variis peccatis in ritu poenitentiae
Jacobitarum recitandis specialis oratio pro parentibus, quorum liberi absque baptismo perierunt.

Coptitis simillimos hac in re se ostendunt Nestoriani, licet, ut ex
Georgio Arbelensi [9] retulit Assemanus, apud ipsos constitutum sit, ut
parentes, quorum pueri absque baptismo morerentur, quinquaginta dierum
continentia mulctarentur. In casu enim necessitatis oleum unctionis loco
aquae baptismalis sufficere censuerunt Timotheus II., Nestorianorum patriarcha [10], et Georgius Arbelensis, cujus responsiones hae sunt. „Si
puer infirmus fuerit, timueritque sacerdos eum quidem baptizare, ne
forte in manibus suis moriatur, eundem vero dimittere, ne absque bap-

---

[1] Beschreibung p. 83. — [2] De moribus Aethiopum Lugd. 1582. p. 65. — [3] Ibid.
p. 49. 85. et ap. Thom. a Jesu l. 7. c. 8. p. 171. — [4] P. II. p. 206. — [5] Cod. lit.
T. II. p. 183 not. ex testimonio Tukii. — [6] C. 2. sect. 2. p. 13. — [7] Perpétuité l. 2.
c. 2. col. 731. — [8] Ibid. et Coll. 1. can. 10. Coll. II. can. 80. — [9] Quaes. 21. 31.
32. de baptismo Bibl. Or. T. III. P. II. p. 265 sq. — [10] De septem ecclesiae sacramentis c. 3. sect. 6. Bibl. Or. T. III. P. II. p. 261. et P. I. p. 575.

tismo · moriatur coganturque parentes ejus continentiam quinquaginta
dierum observare: quid tum faciant? Solutio. Si morti proximus sit,
necessario debent super eo ministrare psalmum: Quam dilecta; tum dicit
sacerdos super eodem: Impletum est, Domine, promissum, et signet eum
sacro oleo. Quodsi postea convaluerit, baptizent eum perfecte, omittentes primam consignationem et orationem Impletumest, Domine. Si vero
moriatur, liberi erunt parentes ejus a continentia quinquagenaria." —
„Si puerum morti proximum presbyter baptizare nequit, ne sub manibus
ejus moriatur, neque illum attingere potest sacerdos: propter ejus parentes, ne offendantur, neve continentia qninquagenaria iis praescribatur,
quid faciat sacerdos? Responsio. Si potest eum sacerdos baptizare vide-
ritque in eo spiraculum vitae adesse, sibi ipse vim inferat eumque baptizet. Si vero spiraculum in eo non fuerit, admoveat ipsum coram altari,
et incipiat super eo: Pater noster, qui es in coelis, et, Quam dilecta, et
dicat: Impletum est, Domine, et signet eum sacro baptismi oleo, eumque
sic abire sinat. Quodsi revaluerit, illum iterum adducat eumque baptizent. Sin autem mortuus fuerit, liberi sunt parentes ejus a continentia."
— „Si vero post hanc consignationem puer revaluerit, eumque parentes
ad sacerdotem adduxerint, a quo consignatus est, omittitne sacerdos
primam baptismi consignationem et incipit ordinem, qui eam consequitur?
Responsio. Non debet incipere, sed primum dicat: Pater noster, qui es
in coelis, deinde totum baptismi ordinem perficiat [1]." Refertur etiam a
Badgero [2] rubrica ex Annidha, hoc est rituali in funeribus laicorum ad-
hibendo, de sepeliendis infantibus absque baptismo defunctis: „Infantes
non baptizati, unum usque ad septem vel decem dies nati, sepeliantur a
mulieribus, sed si infans vixerit, ut sex menses natus fuerit, quin baptismum susceperit, et mater ejus interea particeps fuerit corporis et sanguinis propitiatorii, quod mixtum fuerit lacti, quod ipse suxit, unum
Moutwa (s. Kathisma) dicatur super ipsum et respectu habito parentum
ejus unus sacerdos funus ejus comitetur."

Armenos Galanus [3] incusavit, quod, si infans in mortis periculo
nequeat solemniter baptizari, eum mori sinant absque baptismo, neque
baptismum admittant ab alio quam sacerdote valide administrari posse,
refert etiam ex Armachano [4] verba Johannis, episcopi Armeni, baptismum ad salutem necessarium non esse; excusari infantes, qui absque
baptismo moriuntur, ob naturalem eorum impoteutiam; salvari eosdem
per fidem parentum; baptismum non conferre gratiam pueris sed tantum
adultis, qui credunt. Qua in re Armenos defendit Serposius [5], testans,
Armenos etiam incultos, si absque baptismo moriantur infantes, incon-
solabiles se praebere. Id sane certum est, antiquos hujus nationis canones poenitentiae illos subjicere, quorum culpa absque baptismi gratia
decedunt infantes, uti est sequens S. Gregorii Illuminatoris [6]: „Parochi
aut sacerdotes vel parentes puerorum, qui ob suam socordiam siverint
mori pueros sine lavacro baptismatis, per septem annos extra, et per
annum in communione ecclesiae poenitentiam agant" et alter Nerseti

---

[1] Quaesitis de baptismo 20. 29. 30. (Bibl. Or. T. III. P. II. p. 263 sq.) — [2] T.
II. p. 321. — [3] p. 497. 165. — [4] Lib. 8. c. 84. 26. 37. 11. — [5] T. III. p. 256 sq.
— [6] Can. 14. p. 269.

falso tributus [1], antiquus tamen: „Is, ob cujus negligentiam puer sine baptismo moritur, triennali poenitentia mulctetur." Ad rem vero nostram immediate facit hic Sionis patriarchae [2]: „Si contigerit, catechumenum in adversam incidere valetudinem, et sacerdos absit, domestici autem ejus ad sacerdotem vocandum pergant: in illo loco, quo ei obvii fuerint domestici catechumeni, incipiat sacerdos ordinem ritus baptismi conficiendi. Quodsi interim contigerit catechumenum mori, priusquam sacerdos ad eum venerit, hic ubi in conspectu fuerit, signet signo sanctae crucis caput defuncti et tumulet eum inter baptizatos Christi. Hic canon ad involuntarium casum spectat." Sed et refellitur Joannes ille Armenus ex ordine Armeniaco, quem infra ut secundum dabimus, in quo sacerdos patrinum interrogat ante immersionem: „Quid quaerit infans iste?" patrinus vero respondet; „Fidem, spem, charitatem, baptismum, baptizari et justificari, liberari a daemoniis et servire Deo" et ter repetit.

§. 11. De baptismo sub conditione conferendo.

Conditionis in sacramentis administrandis quibusdam in casibus addendae expressam mentionem non fecerunt antiqui, quoniam de re agebatur, quae per se intelligitur, et quia tunc is sane usus non erat, ut expressis verbis formae haec conditio praemitteretur. Quantopere vero errent illi, qui sacramenta sub conditione conferri prohibent, vel de expressa conditionis mentione ex antiqua, uti aiunt, disciplina omittenda deliberarunt [3], patet ex sequenti Jacobitarum Syrorum canone [4], quos nemo dicet ejusmodi a Scholasticis hausisse: „Severi. Qui ignorat an fuerit baptizatus necne, illum sacerdos baptizet dicens: baptizo talem, si non est baptizatus, in nomine Patris et Filii et Spiritus Sancti. Sanctus namque Cyrillus geminos unius feminae filios, quorum ignorabatur uter fuisset baptizatus, in baptisterium immersit, dicens: baptizatur, qui non fuit baptizatus, in nomine Patris et Filii et Spiritus S."

§. 12. De abusu iterati baptismi.

Unum baptisma Orientales ut plurimum constanti fide tenuerunt, neque illos, qui baptisma suum renegaverunt, denuo baptizandos admiserunt. Quo refertur canon Jacobitarum apud Barhebraeum [5]: „Jacobi Edessae. Christianum, qui Agarenorum aut ethnicorum religionem professus fuerit, deinde resipuerit, haudquaquam baptizamus, sed oratio duntaxat poenitentium a pontifice super eo fiat, imponaturque ei tempus poenitentiae, quam cum expleverit, communicet." Eundem esse Coptitarum et Nestorianorum sensum, eorum ordines poenitentiae pro iis, qui a fide defecerunt, a nobis infra referendi, clarissime evincunt. Ita videtur etiam de ritu poenitentiali intelligendus canon Athanasio a Coptitis

---

[1] Can. 19. p. 313. — [2] Can. 20. p. 309. — [3] Synodus Pistorien. prop. 27. — [4] Apud Gregor. Barhebraeum c. 2. sect. 2; p. 15. et ap. Renaudot Perpétuité l. 2. c. 2. col. 732. — [5] C. 2. sect. 1. p. 12.

tributus apud Vanslebium[1], ex illis, quos Justiniano misisse dicitur, non esse recipiendos Melchitas et Nestorianos, nisi prius rebaptizatos.

Secus autem dicendum est de Aethiopibus, quos baptismum quotannis in die Epiphaniae et eum quidem in finem, ut peccata, praesertim apostasiam a fide, luerent, quondam saltem reiterasse, res est, uti nobis videtur, supra dubium posita, quam gravissimi testes oculati, primi nempe Societatis Jesu missionarii, nobis tradiderunt. Ex quibus P. Alvarez, qui anno 1521 interfuit, baptismum in Epiphania reiteratum ita describit[2]: „Sacerdotes Aethiopes, magno numero inde a vigilia adunati, tota nocte ob benedicendum lacum (quem rex fodi curaverat), cantarunt. . . . Rex versus mediam noctem accessit et primus cum regina et Abuna Marco baptizatus est. . . . Stagnum quadratum erat, ligno vestitum et telis bombycis cera tincti tectum; sex gradibus in id descendebatur: aqua per fistulam immittebatur, cui annexus erat saccus, qui eam susciperet et puriorem redderet. Mane turba magna erat, bonus quidam senex, qui regis praeceptor fuerat, in aqua usque ad humeros stabat et caput eorum, qui accedebant, mergebat dicens: Ego te baptizo in nomine Patris et Filii, et Spiritus Sancti. Omnes nudi erant." Rex Alvario testatus est, avum suum baptismum istum ordinasse. Porro simili modo rebaptizatos fuisse omnes, qui Romanam fidem susceperant, post Jesuitarum discessum narrat Alfonsus Mendez, S. J., patriarcha[3]. Quibus nihilominus se opposuit, qui historiam Aethiopicam scripsit, Ludolfus[4], qui de anniversario baptismo, qui Aethiopibus communiter exprobratur, haec habet. Habessinos XI. Januarii, qui nobis VI. ejusdem et Epiphaniorum solenne est, in memoriam baptismi Salvatoris laetissimum festum celebrare. Illucescente die clerici laeto cantu solennitatem ordiuntur. Rex cum aulae suae primoribus, metropolita cum clericis, nobiles et plebeji, senes et juvenes in flumina vel stagna, nudi, paucissimis inter praecipuos exceptis, ante ortum solis descendunt ibique se mersitant. Intersunt presbyteri, a quibus obviam venientes, ut alias semper moris, benedictionem petere solent, quam illi reddunt his fere verbis: benedicat te Deus, vel: benedicat te Deus Pater et Filius et Spiritus Sanctus. Hinc creditum fuisse plerisque, Aethiopas quotannis baptismum iterare, cum non omnes hanc ceremoniam peragant, nec alios veri baptismi ritus usurpent, nec mulieres utpote solae et remotae ulla benedictione fruantur. Ita Ludolfus a Gregorio suo accepit. Qui et relationem P. Alvarezii de suo tempore in dubium revocat. Si enim baptismi reiteratio unquam in usu fuisset, Basilidem regem non tam acerbe Patribus Societatis reiteratum ob corruptam formam sub conditione baptismum exprobraturum fuisse. Quodsi tamen uspiam factum sit, magis crassae quorundam sacerdotum ignorantiae quam universali consuetudini id adscribendum esse. Notat etiam Assemanus[5], aquam sive lacum, in quem merguntur, minime consecrari, sine qua consecratione aquae baptismum conferre nec intendunt, neque credunt. Negat etiam ex testimonio ali-

---

[1] Vansleb. Hist. p. 285. can. 36. — [2] Apud P. Tellez in sua Aethiopum historia l. 1. c. 37. l. 5. c. 85. et apud Legrand diss. 11. p. 318. Ita et P. Nicolaus Godignus S. J., ap. Ludolfum l. 3. c. 5. ex suorum relationibus et P. Lobo p. 78. — [3] L. 2. c. 33. n. 4. ap. Legrand diss. 11. p. 319. et ipse Ludolfus l. 3. c. 12. n. 49. — [4] L. 3. c. 6. p. 48 sqq. — [5] Cod. liturg. T. II. p. 188 not.

cujus sacerdotis Aethiopis, Christoduli nomine, proferri verba: Ego te
baptizo etc. Posset id rationibus istis addi, duo haberi Aethiopum testimonia, quae illum baptismi in Epiphania usitati sensum plane negent,
nempe Davidis regis apud Damianum Goëz [1] dicentis in suorum tutelam:
„Item in memoriam Christi baptismi singulis annis omnes in Epiphaniis
Domini baptizamur. Id quidem facimus, non quod ad salutem spectare
credimus, sed propter Salvatoris nostri laudem et gloriam." Porro
Theclae Mariae, sacerdotis Abyssini, coram Cardinalibus respondentis [2]:
„Aethiopes singulis annis propter solemnitatem Epiphaniae exeunt ad
flumen, et ibi multae dicuntur orationes a presbyteris, et omnes lavantur in flumine, et multi ibi pernoctant maxima cum festivitate, ob devotionem baptismi Domini nostri Jesu Christi, sed nemo se baptizat, prout
dicunt." Verumtamen haec omnia minime nos movent, ut gravissimorum
testium auctoritatem rejiciamus. Neque enim illa Davidis regis, Theclae
Mariae et Gregorii testimonia ejusdem sunt temporis, neque nos ejusmodi abusum quovis tempore apud Aethiopes obtinuisse dicimus. Porro
illi sane in eo toti erant, ut suam gentem ab incusatis erroribus immunem exhiberent, proindeque ad verum antiquioremque sensum illum
ritum reducebant. Rex ille Aethiops reiterati absque sufficiente ratione
baptismi Jesuitas incusare potuit, quin omnem baptismi reiterationem ille-
gitimam censeret. Neque enim in gente illa rudi et ignara tanta in
theologicis consequentia admittenda est. Testatur adhuc recentissimus
Harris Anglus [3], Abessinos putare, eos, qui baptismum in Epiphania non
receperunt, duodecim mensium peccatis onustos manere, secus vero re-
genitos se esse. Id vero quod rem certam reddit pro aliquibus saltem
temporibus, ritus est recipiendi apostatae Copticus, qui apud Vanslebium
est [4], in quo aqua benedicitur ritibus benedictioni aquae baptismalis
similibus, oleum infunditur in crucis formam, vestibus exuitur poenitens,
ter aqua super ipsum funditur, dicendo: „Ego te lavo in nomine Patris
etc. additis orationibus ad poenitentiae administrationem pertinentibus.
Quae baptismo reiterato cum simillima sint, Aethiopes inducere potuerunt, ut baptismum caerimonialem Epiphaniae cum hoc ritu conjunctum
pro altero baptismo sacramentali haberent. Id sane inde emergit, minime
veri similitudine carere, eos formam baptismi vel similem isto in actu
adhibuisse. Caeterum benedictionem aquae in Epiphania ex antiqua sua
institutione reiteratum non esse baptismum, ex omnibus de eo notitiis
ejusque ritibus apparet, in quantum eos in sua Hydragiologia (Romae
1586) edidit Marcus Antonius Marsilius Columna, qui etiam praecipuam
Aethiopum in Epiphania orationem exhibet. Imo Syrorum statuta vidimus expresse caventia, ne aqua in Epiphania benedicta in unum cum
baptismali gradum poneretur.

§. 13. De retenta cum baptismo circumcisione.

Abusus alter, qui apud quasdam Orientis gentes deprehenditur, est
retenta cum baptismo circumcisio, in quo sane peccant, etiamsi Judaico
sensu non retineant.

---

[1] p. 58. — [2] p. 166. — [3] II. p. 204. — [4] Hist. Part. 4. sect. 2. c. 12. p. 189.

Abyssini hac in re maxime incusandi sunt, qui circumcisionem ab antiquissimis temporibus ad hunc usque diem retinent[1], uti aiunt, ex traditione regis sui Menelech, filii Salomonis, regis Judaeorum[2], et revera fieri potuit, ut gens ista Semitici idiomatis inde ab incunabulis suis circumcisionem usurpaverit et eam etiam post christianae religionis susceptionem retinuerit, uti morem nationis antiquissimum. Circumcisio apud ipsos baptismum praecedere solet, fitque tertium inter et octavum a nativitate diem[3]. Circumcidunt autem non solum in maribus praeputium sed et in femellis nympham[4]. De cujus observationis obligatione et sensu variae apud ipsos valere videntur opiniones. Rex Abyssiniae Claudius, in sua fidei professione anni 1555 de his ita: „Circumcisio est apud nos secundum consuetudinem regionis, sicut incisio faciei in Aethiopia et Nubia, et sicut perforatio auris apud Indos. Id autem quod facimus, non ad observandas leges Mosaicas, sed tantum propter morem humanum." Thecla vero Maria[5]: „Aethiopes ab antiquissimo tempore usque ad hodiernum diem in tota Aethiopia filios circumcidunt in propriis domibus absque ulla caeremonia, sed propter quandam antiquam consuetudinem. . . . Interrogatur, an credant, circumcisionem esse adhuc necessariam ad salutem? Respondit: sciunt, jam ipsam cessare et non esse amplius necessariam." Alvarez[6] refert, suo tempore liberam fuisse circumcisionem et sine ullo ritu factam fuisse, Aethiopes tamen pro Dei mandato habere. Ex altera parte non desunt, qui referant, infames haberi ab iis illos, qui non sunt circumcisi; cum istius modi non manducare; vasa, quae iis inservierunt, rumpere vel aliquibus orationibus, quae in earum rituali sunt, purificare[7]. Jesuitis expulsis omnes adolescentes, in quibus praetermissa fuerat circumcisio, ad eam adegerunt[8]. Saeculo IX. Jacobus, patriarcha Alexandrinus L., ut Legrand refert, vel Josephus, patriarcha LII., ut Renaudotius mavult, Joannem Aethiopiae metropolitam constituit. Quem Aethiopes quidam et ipsa regina ea ratione rejecerunt, quod circumcisus non esset. Quamvis senex, circumcidi jussus est: verum cum nudaretur, inventus est, quasi octavo die a nativitate sua circumcisionem suscepisset. Quod miraculo adscriptum est, ab ipso et a suis[9]. Quibus simul expensis, videtur rudis ista gens plus aequo huic usui adhaerentem eumque pro divino mandato habentem se pluries exhibuisse alias vero hunc ipsum minus rigide observantem vel etiam ad saniorem sensum reducentem.

Coptitas Vanslebius testatur[10] circumcisione uti, ut re tamen indifferenti, quam quisque pro lubitu assumit, neque omnes circumcisos esse, neque id ex praecepto religionis deducere, cum non ut Judaei octavo die circumcidantur, sed ab Ismaelitis morem hunc antiquum susceperunt, uti aiunt, quem non abrogarunt, quod S. Marcus non prohibuerit, et S. Paulus Timotheum discipulum circumciderit. Imo ipsas puellas circumcidunt. Circumcisio autem per mulieres Turcas fit in balneo publico, vel domo privata, absque ullo ritu sacro. Nunquam peragitur, nisi ante

[1] Thecla Maria p. 166. — [2] Legrand Diss. 8. p. 276. — [3] W. Hoffmann, Abessinische Kirche in Herzogs theologische Encyclopädie p. 46. apud Daniel. Cod. lit. IV. 1. not. 1. — [4] Legrand. l. c. p. 279. Thecla Maria et Hoffmann ll. cc. — [5] p. 166. — [6] Ap. Legrand diss. 8. p. 278. — [7] Ibid. p. 279. — [8] Ibid. p. 280. — [9] Ibid. p. 277. Renaudot Hist. p. 283. 287. — [10] Hist. p. 78. 81. Beschreibung p. 83.

baptismum. Sollerius, qui eundem Coptorum usum refert [1], et ipse ex legis Mosaicae observantia non fieri censet, quod octavus dies non observetur, in quo solo legalis est; attamen non adeo innocuum censet, sed receptam metu Saracenorum. Alii putant, ex vana quadam imitatione gentis illius, quae superiorem locum obtinet, non ut ritum religiosum, sed ut rem pro nobiliori et ornatiori habitam, usurpasse. Quidquid de hujus abusus primaria ratione atque origine habendum est, praetereunda non sunt, quae ad haec Renaudotius in Alexandrina historia [2] notat. Coptitas circumcisos non fuisse saeculo IX., ex eo constat, quod eo tempore ordinatum Johannem Aethiopum metropolitam et ab Alexandrino patriarcha in Nubiam missum non receperint Aethiopes, quod circumcisus non esset. Qua de re inter Aethiopes et Coptitas saepe controversia agitata est, eo tamen plerumque successu, ut inter adiaphora ritus ille haberetur, nemo ad circumcisionem cogeretur, imo post baptismum susceptum criminis loco esset, ut ex variis constitutionibus [3] intelligitur, Gabrielis filii Tarik patriarchae LXX. saec. XII., Macarii patr. LXIX. saec. XII. ineunte, synodi anni 1239 et Cyrilli filii Laklaki patr. LXXV. Quibus adde canones duos [4] Athanasio tributos. Coptitas suasu legati Pontificii in synodo Cairensi 1583 circumcisionem abrogasse, narrat Thomas a Jesu [5]. Sed Abudacni [6] tempore saeculo XVII., diligenter observabant.

Quod vero minus notum est, et apud Nestorianos aliquando invaluit iste abusus usurpati Judaici et Muhamedani ritus. In libro anonymo demonstrationis de vera fide, quem Assemanus [7] Jesujabo, episcopo Nisibis (saec. XII. exeunte XIII. ineunte) tribuendum censet, haec habentur: „Nos Dominum nostrum sanctosque ejus discipulos in usu circumcisionis sequimur, non ita tamen, ut eos imitemur, quibus illa idcirco permissa fuit, ut facilius libentiusque ab idolorum cultu ad Dei fideique agnitionem adducerentur." Unde Assemanus concludit, non modo Aegyptios Aethiopasque Monophysitas, sed etiam Nestorianos Chaldaeos circumcisionem aliquando exercuisse. Circumcisionem illis gentibus omnino probibuit Decretum S. Inquisitionis anni 1637 [8].

---

[1] p. 148. — [2] p. 283. 286. — [3] Gabrielis const. 19. Ibid. p. 512. Macarii p. 497. Cyrilli p. 583. — [4] Vansleb. Hist. p. 254. c. 17. 18. — [5] L. 1. p. 1. c. 6. — [6] c. 10. p. 162. — [7] Bibl. Orient. T. III. P. I. p. 303. — [8] Apud Philippum a Carboneano II. p. 57.

DE CONFIRMATIONE.

§. 1. De iis, quae confirmationis locum tenent apud Nestorianos.

Evanuisse apud Nestorianos confirmationis usum et distinctam memoriam, res est, quae negari nequit. In eorum ritualibus nullum consecrationis chrismatis vel unctionis eo peragendae vestigium exstat, sed et forma ad confirmationis sacramentum pertinens evanuit. Hujus igitur loci erit, antequam de partibus confirmationis singulis praeludamus, reliquias hujus sacramenti quantulascunque in eorum ritibus indigitare et antiquiora eorum monumenta, quae confirmationis memoriam adhuc contineant eamque describant, colligere, ut inde, quantum fieri poterit, antiquos istius nationis ritus confirmatorios detegere valeamus.

Non occurrunt post baptismum in ritibus Nestorianorum nisi haec [1], quae ad confirmationem esse referenda satis apparebit. Baptizati processionaliter ad portam sanctuarii, in quo est altare, deducuntur, quod sane supponit, actionem quamdam novam et a baptismo distinctam peragendam esse; praesertim, cum post hos ritus peractos ad baptisterium redeant omnes. Sacerdos egreditur ex sanctuario habens secum crucem, evangelium, thuribulum, lampades et cornu olei. Post quaedam praevia manus unicuique imponit, recitans orationem prolixam: „Magna sunt, Domine, etc." Tunc sequitur rubrica; „Et signat unumquemque eorum in fronte pollice suo dextero ab imo sursum et a dextera ad sinistrum, dicens: Baptizatus est et perfectus est N. in nomine Patris etc." Quae perfectio antiquum nomen est Confirmationis, quae baptismum quidem non perficit quoad esse sacramenti, sed quoad effectum, quem quidem non ex imperfecto et manco integrum facit, cum baptismus per se, quod suum est, praestet, sed ad majorem plenitudinem perducit, christianum ad vitam spiritualem vere renatum, sed adhuc uti dicam puerulum, in virum perfectum evehendo. Orationes etiam, quae hac occasione recitantur, de Spiritus Sancti susceptione loquuntur, quam tamen ut jam peractam et ipsae tractant.

Sed et unctionem hoc loco olim peractam fuisse, quae perfectionis nomine decoraretur, cuique effectus confirmationis sacramento proprii adscriberentur, ex certissimis monumentis Nestorianae sectae constat [2]. Georgius Arbelensis [3] quaternam ex eodem olei cornu unctionem fieri refert, pro tertia illam habens, quae fit per immixtum aquae baptismi oleum; quartam autem post baptismum ponit, perfectionem vocat, eique

[1] Bibl. Or. T. III. P. II. p. 282.; Badger T. II. p. 212. — [2] Cf. Bibl. Or. T. III. P. II. p. 274. et nostram: Kritik der Vorlesungen des Hrn. Prof. Thiersch, Part. II. fasc. 2. p. 92. sq. — [3] Tract. 2. de baptismo c. 5. Bibl. Or. T. III. P. I. p. 536.

confirmationis effectus adscribit: „Quare cum ex eodem cornu signamus,
ungimus, baptizamus et perficimus, id non semel facimus, sed quater?
et, si oleum, quod in cornu est, sanctum est, quid opus, ut aliud oleum
sacerdos consecret et aquas baptismi? quumque Spiritus Sanctus super
aquas descendat, cur indigent, ut oleo, quod in cornu est, obsignentur?
Sed vide, in consignatione et unctione etsi verbo dicit: Signatur et ungitur talis in nomine P. etc., non vero simul atque id dicit etiam perficit, quemadmodum etsi Deus typum Trinitatis personarum suarum in
Vetere (Testamento) ostendit, non tamen id perfecte et opere implevit.
Hic vero in baptismo simul atque in nomine Trinitatis baptizatur, terque
baptizat, et verbum ostendit et rem opere perficit. In perfectione autem
designat, Spiritum descendere tanquam linguas ignis et sedere super
unumquemque eorum . . . . Propter haec igitur ex uno eodemque
cornu signat, ungit, baptizat et perficit. Non autem haec omnia uno
loco facit, quia non una simul omnia perfecta sunt, sed unoquoque tempore aliquid Spiritus peragebat, aliquando promissionem, quandoque mandata carnis, aliquando baptismum in aqua et alicubi baptismum in Spiritu."
Timotheus vero II. patriarcha in suo de causis septem sacramentorum
libro [1], oleum aquae immixtum omittens, sicut proprie eo non fit unctio
tresque proinde tantum unctiones numerans, quarum prima fit in fronte
indice, altera in pectore, tertia in fronte pollice, haec ait: „Tertia eademque postrema consignatio perfectio est in Spiritu Sancto, quae in baptismo Domini nostri contigit, atque haec est consummata perfectio".
Elias denique Anbarensis [2] expresse testatur, post baptismum et proces-
sionem, qua ad Sanctuarium baptizati deducuntur, sequi unctionem in
fronte peragendam: „Oleum, quo sacerdos in fronte baptizatos ungit,
mystice significat fiduciam, quam ibi sancti accipient". Quaeri etiam hic
poterit, cur secundum rubricam ex sanctuario cum cornu olei egrediatur
sacerdos? Quid porro sibi velit rubrica apud Badgerum, ut post immersionem vestes baptizatis induantur, caput vero nudum relinquatur, usquedum sacerdos tegumentum capitis ejus nectat post ultimam consignationem?
Nonne haec reliquiae sunt illorum, quae apud caeteros Orientales occurrunt ad servandum chrisma, ne post confirmatoriam unctionem profanetur. Porro in ordine poenitentiae Jesujabi patriarchae, qui potissimum
apostatis et in haeresim lapsis reconciliandis inservit, quaedam videntur
esse confirmationis ex ritu Chaldaico reliquiae. Cum enim ex decreto
concilii Constantinopolitani I. haeretici plures ad fidem revertentes chrismate sint ungendi sub hac forma: σφραγὶς δωρεᾶς πνεύματος ἁγίου, quae
ipsa est confirmationis forma apud Graecos: vero simile est ejusmodi in
ordinem reconciliandorum haereticorum universim a Nestorianis fuisse inductum. Praescribitur autem, ut si voluntarie in haeresim lapsus fuerit
vel fidem denegaverit, sacro oleo in fronte sacerdotis pollice ungatur
cum his verbis: „N. signatur, sanctificatur et renovatur in nomine Patris
et Filii et Spiritus Sancti" uti sunt apud Renaudotium [3], vel uti apud
Badgerum in hoc ordine poenitentiae: „N. signetur, innovetur, sigilletur
et sanctificetur in nomine etc.", vel denique uti apud Assemanum [4]:

---

[1] C. 3. sect. 15—19. Bibl. Orient. T. III. P. L p. 576. — [2] Centuria IV. carm.
III. (Bibl. Or. l. c.) — [3] Perpétuité l. 4. c. 3. Col. 871. — [4] Bibl. Or. T. III. P. II.
p. 287.

„Consignatur talis, et sanctificatur atque perficitur talis in orthodoxa fide nostra Orientali, in nomine Patris" etc.

Ista sunt, quae de ritibus confirmationis apud Nestorianos occurrunt, ex quibus integram antiquitatis Chaldaicae ritum componere licet.

§. 2. De materia unctionis confirmatoriae.

A controversiis, quae de materia confirmationis agitantur, hic abstrahentes supponimus, a temporibus apostolicis ab omnibus ecclesiis in confirmatione adhiberi unctionem sanctam, de cujus materia uti dicunt remota ex Orientalium ritibus hic agendum erit.

In quo a caeteris discedentes iterum deprehendimus Nestorianos, qui puro olivae oleo pro materia unctionis utuntur, cum caeteri: Coptitae, Aethiopes, Syri, Armeni oleum admixtum balsamo aliisque rebus odoriferis, quod nos chrisma dicimus, ipsi graeco vocabulo μύρον ad suum idioma inflexo vocant, adhibeant. Nestoriani enim unctionem in fronte post baptismum, quam olim confirmatoriam fuisse vidimus, oleo eodem, quo unctiones apud baptismum, et ex eodem cornu peragebant, ut ex testimoniis Timothei II. et Geogii Arbelensis patet, qui tunc scripserunt, cum unctio ista postrema adhuc vigeret. Oleum autem istud, ut ex Timotheo II.[1] patet, est simplex atque immixtum, et Ebedjesu Sobensis de chrismate unctionis ait[2]: „Ejus materia oleum purae olivae est: forma vero benedictio apostolica." Eorum etiam scriptores contra chrismatis ex oleo et balsamo confecti usum expresse pugnant, ut est illud Johannis Bar Zugbi, presbyteri et monachi, saeculo XIII. ineunte, in carmine de baptismo et sacramento: „In oleo olivae tradiderunt nobis Apostoli cornu baptismi, non in myro optimo, ut in ecclesia Occidentis ... Quod si dicant haeretici: in myro, hoc est, oleo pretioso oportet baptizare in Ecclesia, non in oleo olivae: noverint, non in rebus optimis et pretiosis Deum solere virtutem suam hominibus ostendere[3]". In quo eos ab antiquo Ecclesiae usu abire et chrisma omnino cum oleo catechumenorum confundere, non est praepropere et praefracte dicendum. Neque enim ante saeculum IV. chrismatis sive μύρου nomen in testimoniis antiquorum occurrit, sed et in controversiis Augustinum inter et Donatistas materia unctionis confirmatoriae olei nomine constanter usu venit. Per abusum a Malabaricis oleum nucis Indicae vel sesami adhibitum fuisse jam supra notavimus.

Coptitae ad chrisma conficiendum oleum olivarum adhibent, quod nunquam in pellibus fuerit asservatum, ad quod accedit cinnamomum, casia, storax, spicae aromatum, caryophyllon, opobalsamum, lignum indicum et crocum, uti enumerantur in Pontificali quodam Coptico Vaticano[4]; vel ut habet Renaudot[5], qui ad Gabrielis patriarchae rituale, Abulbircatum et auctorem libri Scientiae ecclesiasticae provocat: oleum,

---

[1] Bibl. Or. T. III. P. I. p. 575. — [2] Lib. margaritae de veritate christianae religionis Part. 4. c. 4. (Bibl. Or. T. III. P. I. p. 357. et ap. Maium. Nova Coll.) — [3] Bibl. Or. T. III. P. I. p. 309.; P. II. p. 281 sq.; Badger T. II. p. 213. — [4] Mai Nova Coll. T. V. P. II. p. 144. Cod. 44. — [5] Perpétuité l. 2. c. 12. col. 792.

balsamum, cinnamomum, electrum, lignum aloes, spicam nardi, nuces
moschatas, caryophyllum, rosas rubras ex Irak aliosque flores nobis in-
cognitos, aliaque. De cujus praeparatione haec ait Bernatus [1]: „Consecratio Meiron magnos exigit sumptus [2], neque fit nisi multis ceremoniis a patriarcha, assistentibus episcopis; ita per annos viginti quatuor [3]
non innovaverant, cum anno 1703 ante festum Paschae episcopi, plures
presbyteri et diaconi huc ex toto Aegypto convenerant ad conficiendum
Meiron. Componitur non solum oleo olivarum et balsamo, sed etiam
multis aliis pretiosis et odoriferis pharmacis: patriarchae et episcoporum
est ea parare et ad invicem miscere. Quae praeparatio in ecclesia fieri
debet et inter psalmodiam, dum nempe presbyteri psallunt, nihil attingen-
tes; mihique affirmarunt, eos praeter proprias ritui preces in psalmodia
sua omnes libros Veteris et Novi Testamenti recitare; quod intelligi non
potest nisi de quibusdam uniuscujusque libri partibus, vel quod sacerdotes in plures choros divisi diversos libros assumant [4]“. Sane ex Vanslebio [5], qui haec particulatim descripsit, quinquies infinita pharmaca coquun-
tur cum oleo, donec immisceatur balsamum, et ad primam coctionem integrum psalterium recitatur. Ad quem remittimus, quem minutiarum non taedet.
Narrat autem auctor quidam Copticus Abd-Olla il Esciab in libro arabice scripto de Miron sive chrismate, quem Vanslebius ex Aegypto in
bibliothecam regiam Parisiensem misit, chrisma fuisse institutum ab Apostolis et compositum ex aromatibus, quae in sepulchro Domini reperta
sunt, oleo Palaestinensi immixtis. Consecratum in coenaculo aequaliter
inter se divisisse, et, cum viderent ad finem usque mundi durare non
posse, ut sacerdotes id conficere valerent, statuisse, dummodo iisdem
pharmacis uterentur. Nihilominus defecisse tempore S. Athanasii chrisma,
eumque ad papam Romanum scripsisse, ut modum novi conficiendi edo-
ceretur. Angelum etiam Theophilum patriarcham XXIII. pharmaca adhibenda et modum decoquendi cum loco et tempore consecrationis edo-
cuisse [6]. Balsamum desumunt ex arboribus, quae in horto Matareae,
pagi prope antiquam Heliopolim siti, crescunt et aqua ex puteo ejusdem
horti desumta rigantur, in quo lavatum fuisse Dominum vel ejus pannos
a B. Virgine tradunt, cum in Aegypto degeret. Contendunt etiam balsamum nonnisi in Jericho et Matareae effluere, et hoc quidem in loco,
nisi aqua ex puteo eodem hausta rigentur arbores, non produci balsamum vel saltem nullibi tam eximium, de quo etiam miraculosa narrant.
Quae narratiunculae etiam ad Muhamedanos auctores transierunt [7], in eo
tamen non spernendae sunt, quod quam alte illis nationibus infixa sit
ea de sacramentis aestimatio, qua gratiam non tantum significare, sed et
continere, et vi institutionis suae producere, catholice creduntur.

Syros Jacobitas contra Nestorianorum usum quoad materiam unctionis pugnantes deprehendimus, non secus ac hos contra illos. Johannes
Telensis in quadam resolutione [8] hac de re tractantes inducit discipulum

---

[1] Ap. Legrand. Diss. 11. p. 313, et ex eo et Bichoto Sollerius p. 142. n. 197. sq.
— [2] Anno illo 1703 impensa sunt ab illo, qui sumptus fecit, ex Sollerio, plus quam
octingenta, ex Bernato ad mille scutata Romana. — [3] Sollerius ait, per ducentos. —
[4] Habentur lectiones in consecratione chrismatis in codice Coptico-Arabico Vaticano
26. (Bibl. Or. T. III. P. I. p. 641.) — [5] Vansleb. Hist. p. 90. sq. — [6] Ibid. p.
86. sqq. — [7] Ibid. et Renaudot Hist. p. 521. — [8] Resol. 90.

et magistrum: „Discipulus: an potest perfici baptismus absque sancto chrismate per oleum orationis tantum? Magister: absque oleo sancto, id est chrismate, baptismus nullatenus perficitur". De modo componendi chrismatis haec sunt apud Barhebraeum[1]: „De condimento et confectione unguenti suave olentis. Directio. Cinnamomi L drachmae, spicae LX drachmae, cariophylli, nucis myriacae, croci, zingiberis, piperis, ex uno-quoque XX drachmae conterantur et purificentur et commisceantur CCCC drachmis unguenti puri olivae. Et mittatur id in ollam magnam vitri, ac igni superponatur olla magna aenea, quae plena sit aqua, et collo ollae alligetur rutabulum ferri, et appendatur intra aquam, quin perlingat ad fundum ollae, et succendatur ignis, ac ebulliant aquae tri-bus horis: tunc demittantur in ollam stactis humidi LX drachmae, et coquatur una hora. Deinde totum ignem removeant desub olla, et cum frigent aquae, tollant ollam, et relinquant unguentum, donec eliquetur, ipsumque fundant in amphoram sanctificationis."

Armenos quoad materiam unctionis confirmatoriae quondam graviter errasse, negari nequit. Si monumenta hujus ecclesiae percurras a Ga-lano in suae Conciliationis Ecclesiae Armenicae cum Romana Parte I. collecta, invenies in epistola Gregorii VII. ad Vecajaser patriarcham, qui 1080 Johannem presbyterum legatum Romam mandaverat, Armenis ex-probrari, quod butyro loco chrismatis uterentur, quod tamen legatus ille negabat[2]. Certissimum vero est, Armenos olim oleum sesami loco olei olivae pro chrismate adhibuisse. Quod in disputatione Niersetem inter et Theorianum, Manuelis Comneni legatum, anno 1173 habita Graecus Armeno exprobrat[3], neque a Niersete negatur[4], sed usum in orientali Armenia ortum respondet, in qua frigidioris plagae causa oleum olivae rarum sit[5]. Sed et in concilio Tarsensi 1177 a Graecis et Armenis habito eadem accusatio et excusatio occurrit, respondentibus Armenis: „Ex paupertate quidem huic derogamus traditioni, cum in plaga septen-trionali difficillime ea reperiatur materia, quae continet figuram gratiae Spiritus Sancti. Si tamen deinceps inventu facilis fuerit, haudquaquam traditionem istam fraudabimus". Modo vero oleum olivae adhibere te-stantur Serpos[6] et ipse Galanus[7]. Chrisma vero, iisdem testibus, quod Surp Meron vocant, eodem plane modo ac Graeci componunt: vinum oleo miscent, in quo varia prius odoriferorum genera decoxerunt, inter quae praecipuum illud esse, quod Balassan Jague, hoc est florem

---

[1] C. 3. sect. 3. p. 16. — [2] Quodsi verum fuit, saltem quoad sacerdotes quos-dam, quod Pontifici relatum fuit, hujus abusus ratio forsan in aequivocatione qua-dam nominum deprehendere est. In canone quodam Johannis Mantacunensis de jejunio (can. 3. p. 297): „Nunc de oleo dicemus. Scripturae butyrum et oleum idem esse dicunt: Nam Isaias ait: Lignum iugh butyri; David autem: senectus mea in oleo pingui. Item evangelii liber, cum de quinque fatuis virginibus sermonem facit, ait: oleum secum non sumpserunt. Date nobis ex iugh vestro. Ergo late patet, quod oleum ac butyrum idem sint". Ad haec translator Arsenius Angiarakian oleum apud Armenos proprio nomine zeth, butyrum garak dici ait, sed iugh pro utroque indiscriminatim adhiberi. — [3] Cf. etiam textum apud Mai Nova Collectio T. VI. p. 379. — [4] Cf. ejusdem Nersetis epistolam ad Michaelem Syrorum patriarcham ap. Barhebraeum (Bibl. Or. T. II. p. 364). — [5] Cf. ejusdem epistolam ad Manuelem imper. ap. Mai l. c. p. 423. In epistola 2. ad Alexium imp. (Ibid. p. 421.) respon-det, oleum non virtute sua, sed vi sacerdotalis benedictionis prodesse. — [6] T. II. p. 269 sq. — [7] T. II. Q. 4. § 2. p. 519 sq. p. 535.

paradisi vocant, refert Tavernier[1], ac deinde balsamum adjungunt.
Quanto autem delectu oleum ad conficiendum chrisma assumserint priscis
temporibus, ex sequenti Johannis Stylitae capitulo[2] deduci potest: „Q.
Utrum liceat, sine offensione conscientiae uti oleo, quod Assyrii ferant
in utribus confectis ex corio animalium immundorum nec ne? R. Licet:
nam multae res immundae saepe pluris aestimantur apud homines, quam
mundae, uti ebur, sericum, pellis pardi et alia." Quod de materia chris-
mationis dictum esse ex sequenti capitulo liquet. In quo tamen Armeni
a Coptis discedunt, qui oleum pellibus asservatum minime ad hunc
usum admittunt.

Chrisma benedictum esse oportere, Orientales sancte observant.
Est autem haec benedictio in toto Oriente patriarchis reservata[3], licet,
ut ex antiquioribus exemplis patet, episcoporum esse admittatur: neque
occurrit, presbyteris fuisse commissum, nisi forsan apud Nestorianos,
quos tamen oleum catechumenorum et oleum unctionis confirmatoriae
proindeque eorum benedictiones confundere vidimus. In ecclesia Alexandrina patriarcha ex immemorabili tempore chrisma consecrat, ut inter
ejus manera in Systatica ordinationis etiam recensetur, et, ut Vanslebius
ait, feria tertia Paschatis post missam episcopis distribuit, quantum pro anno
iis opus est, vel, ut Bernatus, in ipso Paschatis festo et duobus diebus
sequentibus, quod de vetere chrismate superest, in lagenas recentis infundit et episcopis, quantum singulis opus est, distribuit[4]. Neque Aethiopum metropolitae, licet tam dissito a sede patriarchali, haec benedictio
permittitur, de quo audi Theclam Mariam, sacerdotem Aethiopem[5]:
„Chrisma mittitur eis a patriarcha Alexandrino, a quo solo conficitur et
non ab episcopo, et mittitur septimo quoque anno et rarius cum pereg-
rinis, qui redeunt a peregrinatione terrae Sanctae, et in omnibus ecclesiis
antiquum chrisma conservatur." Ex Bernato autem, modo allegato, nonnisi cum patriarcha Alexandrinus metropolitam Aethiopiae consecrat, Meiron ipsi tribuit, neque alia occasione in illas partes mittit. Apud Syros
etiam Monophysitas[6] modo sacrum chrisma solus Antiochenus patriarcha
conficit, confectumque subditis episcopis distribuit. Olim quidem episcopi
Syri illud in suis ecclesiis consecrare consueverunt, ut Patres Edessae
episcopis apud Josue Stylitam[7] et Joannes Mardae, qui tredecim vicibus
id confecisse dicitur[8], et Nicon Abbas[9] in Typico epist. 37 ad Gerasimum
conficiendi ubique locorum chrismatis potestatem a patribus concilii Chalcedonensis factam scribit: „Reperimus autem in actis synodi Chalcedonensis conficiendi ubique locorum chrismatis potestatem factam. Nam
olim quidem uni patriarchae Antiocheno fas erat illud consecrare. Quum
vero percrebuisset, sacrum chrisma venditioni emptionique subjici coeptum esse, tunc omnibus permissum fuit, chrisma conficere." Jacobus
etiam Edessae apud Barhebraeum[10] episcopum quemdam chrisma consecrasse narrat, neque ullatenus reprobat, sed et approbat quoad tempus

---

[1] p. 195. — [2] Cap. 13. p. 302. — [3] Renaudot Perpétuité l. 2. c. 11. col. 781;
Asseman Bibl. Or. T. II. Diss. de Monophysitis n. VIII. — [4] Vansleb Hist. p. 86
sqq. 231 sqq. Bernat. ap. Legrand Diss. 11. p. 313; Sollerius p. 142. n. 197. —
[5] p. 166. — [6] Bibl. Or. T. II. Diss. de Monophysitis n. VIII. — [7] Bibl. Or. T. I.
p. 269. — [8] Ibid. Tom. II. p. 225. — [9] Tom. I. p. 269. — [10] C. 8. sect. 1
p. 16.

in necessitate non observatum. Dionysius quoque patriarcha [1] decrevit, ut, quum Maphrianus Orientis feria quinta majoris hebdomadae chrisma consecraret, nomen metropolitae coenobii S. Matthaei in ea functione commemoraretur. Certum tamen est, recentiores Jacobitarum patriarchas novo id sibi jure reservasse, de quo habes canonem apud Barhebraeum [2]: „Johannis patriarchae. Nemo ex episcopis potestatem habet a Deo consecrandi myron in pagis; quia non est consuetudo, ut in iis consecretur, sed in civitatibus ac iis in locis, quae antiquitus ad hoc deputata fuere. Quod si persecutio fuerit, consecretur, ubi oportuerit; verumtamen occulte. Directio. Ex his innotescit, quod patriarchae tantummodo et catholico ac metropolitae potestas sit consecrandi myron." Iidem sunt apud Armenos canones, uti est sequens Sionis, Armenorum patriarchae saeculo VIII. [3]: „Episcopi non audeant chrisma benedicere, vel benedicto aliud oleum non benedictum addere et presbyteris dispensare; verum singulis annis a Catholico illud accipiant, juxta canonica praecepta sanctorum patrum." Porro hic, qui Macario Hierosolymitano saeculo IV. tribuitur [4], in quo tamen pro necessitatis casu episcopis, Catholico concedente, permittitur: „Dico, quod impositio manuum, quae in baptismo fit, ab episcopis et presbyteris tantum fieri debet, uti supra diximus, quod sanctum chrisma ab archiepiscopo benedicendum sit, in aliquo vero necessitatis articulo, archiepiscopo permittente, duo vel tres episcopi simul convocati, diaconis inservientibus, benedicant: oleum vero mortuorum, infirmorum et catechumenorum presbyteri et episcopi seorsum benedicant." Johannes Stylites [5] inculcat, oportere singulis annis chrisma a Catholico accipere, juxta, uti ait, canonica praecepta sancti patris nostri Isaaci, qui nempe usque ad annum 703 sedit. Sed et omnes, qui de Armenis scripserunt, testantur [6], inter quos Tournefort, quadraginta antequam relationem sui itineris conscripsit (1718) annis Jacobum Armenorum episcopum in Jerusalem se in patriarcham erexisse et jus conficiendi chrismatis sibi arrogasse, cumque oleum in Palaestina exigui sit pretii, pro omnibus Armenis sufficienter consecrasse: unde magnum schisma exortum fuisse, ambobus patriarchis se invicem excommunicantibus. Sed et alia praxis olim erat, uti ex sequenti canone [7] elucet, quem Johannes, Philosophus dictus, saeculo VIII. patriarcha emisit: „Oportet ac decet sanctum chrisma, oleum videlicet suaviter olens, Catholicum benedicere, et singulos episcopos semel iu feria quinta Paschatis: sacerdotes vero, uti praeceptum est, debent ab ipsis accipere oleum hoc, et eo ungere altaria, templa et cruces: quoad vero baptizatos eo utantur ad unctionem duntaxat filiorum adoptionis, quae fit post baptismum confectum; ad aliud autem non adhibeant oleum hoc, neque per se benedicere audeant." Ex quibus, cum uberiora non adsint, id tantum concludere licet, variasse temporum decursu praxin apud Armenos, et forsan saeculo demum VIII. reservationem consecrationis stabilem atque constantem effectam esse.

---

[1] Bibl. Or. T. II. p. 347. — [2] L. c. — [3] Cap. 5. p. 507. — [4] Can. 4. p. 271. — [5] Cap. 14. p. 302. — [6] Galanus p. 519, 535; Serpos T. III. p. 269; Tournefort p. 163; Tavernier p. 195. — [7] Cap. 9. p. 304.

Consecrationis ritus historiam ex libro Miron, arabice conscripto ab Abd-olla il Esciab, Vanslebius [1] ita descriptam refert. Institutum fuisse chrisma ab Apostolis et confectum ex aromatibus, quae in sepulchro Domini reperta sunt, et oleo Palaestinensi, et consecratum, cum essent in coenaculo Sion. Deficiente postmodum hoc chrismate, S. Athanasium a Papa Romano modum componendi requisivisse, S. vero Basilium orationes, quibus in consecratione utuntur, composuisse. Antiquitus ejusmodi ritum feria VI. hebdomadis sextae in Quadragesima, quae est in Parasceve, peractam fuisse, quod angelus Theophilum, patriarcham XXIII., loco et tempore supradictis chrisma consecrare jusserit, pharmaca adhibenda et modum decoquendi simul docens. Morem istum consecrandi chrisma feria VI. in Parasceve retentum usque ad Macarium, patriarcham LIX., qui feria V. in Coena Domini id fieri jussit. Post vero Theophanium, patriarcham LX., antiquum morem restituisse, ut feria VI. hebdomadis majoris consecratio fieret. Mine, patriarcham LXI., tum feria VI., tum V. peregisse. Ephraem denique, patriarcham LXII., feriam V. retineri jussisse. Sed in codice Coptico Vaticano [2] occurrit, Theodosium patriarcham LXXIX. a. 1299 in ecclesia S. Mercurii et Joannem patriarcham LXXX. a. 1305 feria II. majoris hebdomadis consecrationem chrismatis peregisse: idem tamen codex feriam V. in Coena Domini praescribit. Hic usus adhuc viget, ut ex Bernato [3] constat, consecratione vero peracta ex Sollerio [4] multis praeterea diebus sacra celebrantur in altari, in quo vas chrismatis repositum est. Undecim dies, inquit, qui coram aderat, Bicholus apud Sollerium, tenuit ceremonia. Tribus primis confectum est chrisma, et octo sequentibus per preces publicas aliosque ritus actae Deo gratiae, donec singulis potestas facta est ad propria remeandi. Quod ad locum attinet, Vanslebius [5] et Renaudotius [6] in monasterio S. Macarii, quod est in valle Habib, consecrationem fieri solere tradunt. Renaudotius hujus consuetudinis originem eam esse censet, quod, cum sub postremis imperatoribus Alexandria praecipuisque urbibus patriarchae exularent, se in Thebaidem receperint, praesertimque in S. Macarii monasterio laterent et ibi annuas solemnitates celebrarent. Exinde ibi Quadragesimam transigere solebant patriarchae, ut liberius etiam sacris officiis vacarent illis in locis, ubi Muhamedani nulli, qui Alexandriae et Misrae nimium frequenter ea conturbare religioni non ducebant. Consecrationis descriptionem ex Vanslebio et ordinem infra dabimus.

Jacobitae Syri et ipsi feriam V. in Coena Domini consecrando chrismati destinarunt, quin tamen, si necessitas exigeret, alio etiam tempore id fieri prohiberent, ut ex sequenti apud Barhebraeum [7] canone patet: „Jacobi Edessae. Nullus canon prohibet consecrari myron, quotiescunque causa postulet. Ego enim scio, episcopum quendam hominem diaconum nactum esse in quadam ethnica civitate, et nocte una consecrasse myron, ac unxisse altare, missamque celebrasse et ordinavisse illum presbyterum. Feria autem quinta mysteriorum consecratur, ut sit proximum passioni Domini nostri. In sepulturam etenim meam fecit hoc: et ut sit

---

[1] Hist. p. 86. sq. — [2] Ap. Mai Coll. nova T. V. p. 144. cod. 44. — [3] Apud Legrand Diss. 11. p. 313. — [4] n. 198. — [5] Hist. p. 231. — [6] Hist. p. 855. — [7] Cap. 3. sect. 1. p. 16.

paratum iis, qui baptizantur in festo." Idem Jacobus Edessenus in suo
de antiqua Syrorum liturgia tractatu[1] in consecratione chrismatis tres
tantum orationes olim dici solitas testatur, quarum numerus quantum
auctus fuerit, ex ordinis serie, infra ex Barhebraeo tradenda, patebit.
Petrus Fullo, Antiochenus ab anno 471 patriarcha, a Theodoro Lectore
vel Nicephoro Callisto instituisse refertur, ut sacrum chrisma in ecclesia
coram omni populo consecraretur. Quod et Petrum, Edessenum episcopum (498—510) egisse, refert Josue Stylites in Chronico his verbis:
„Chrisma denique universo populo spectante feria V. mysteriorum consecravit", nisi dicas et hic, Edessenum cum Fullone fuisse confusum.

Armenis ex capitulo Joannis Philosophi modo relato[2] semel in feria
V. Paschatis chrisma consecrandum. Quod, Tavernerio[3] referente,
modo singulis septeniis fit in vigilia festi Beatae Virginis mense Sep-
tembri.

Quaestio autem huc referenda non exigui momenti haec est, utrum
materiae ad unctionem confirmatoriam adhibendae benedictio ad validitatem absolute sit necessaria, utrum benedictio chrismatis propria requi-
ratur, an oleum ad alium ritum, puta catechumenorum inservire possit
chrismationi, utrum denique saltem oleum aliud qualecunque affundere
liceat. De quibus, quae apud Orientales deteximus, subjungere juvat.
Apud Barhebraeum[4] occurrit canon iste: „Jacobi Edessae. Soli episcopo
potestas est, myron imminutum augendi oleo orationis, non autem sacerdotibus." Inde sequitur, Syris rectum visum fuisse, chrismati oleum
catechumenorum affundere, sane in minori quantitate, ita tamen, ut id
soli episcopo liceret. Admirationem vero movet sequens canon, qui et
ipse apud Barhebraeum[5] habetur: „Cyriaci. Chrismate oportet consignari eum, qui baptizatur; si autem istud minime reperiatur, et in cornu
olei unctionis gutta aliqua manaverit, ex ea perficiatur per orationem
impositionis manus." Nisi velis dicere, in casu posito remissam fuisse
ad aliud tempus confirmationem sacramentalem et in ejus locum positam
fuisse unctionem ceremonialem, qualis apud Latinos post baptismum ad-
operatur, dicendus est iste canon opinionem singularem unius episcopi
continere, quae satis approbari nequeat et cum reliqua Orientalium praxi
minime conveniat. Cum Isaacus Magnus[6], Armenorum catholicus, oleo
catechumenorum in aliis mysteriis conficiendis uti prohibet, ejus usum in
unctione confirmatoria maxime inhibere videtur. Johannis Stylitae Armeni[7] sequens est capitulum, in quo licet indirecte admisceri oleum prohibet, et chrisma post annum benedictionem amittere, sane ex lege
ecclesiae suae, decernit: „Q. Utrum liceat, hoc oleum admiscere oleo
baptismatis et eo homines confirmare: vel utrum liceat omnino uti oleo
antiquo, quod superest? R. Minime licet uti oleo antiquo, nam amittit
virtutem (benedictionis), sed oportet singulis annis accipere a Catholico,
juxta canonica praecepta sancti patris nostri Isaaci." Nihilominus con-

---

[1] Bibl. Or. T. I. p. 479 sqq. — [2] Cap. 9. p. 304. — [3] p. 155. — [4] Ap.
Barhebr. cap. 3. sect. 2. p. 16. — [5] C. 2. sect 3. p. 14. — [6] II. can. 12. p. 279.
— [7] Cap. 14. p. 302.

queritur Galanus [1], Armenorum parochos vetus chrisma saepius simplici oleo innovare, quod ob inopiam et difficultatem habendi aliud tam frequenter facere solent, ut verum chrisma penitus evanescat. Quod tamen Serposius ad aliquos restringit [2].

Quanta autem veneratione Orientales sacrum chrisma ejusque consecrationem prosequantur, ex ritu ablutionis baptizatorum eorumque vestium supra memorato et ex sequentibus elucescit. Summam hanc esse apud Coptitas usque adeo, ut et diacono periculum sit, lagenam aut vasculum tangere, quo continetur, testatus est Solerius [3]. Jacobus autem Edessenus apud Barhebraeum [4]: „Soli episcopo potestas est, myron imminutum augendi oleo orationis, non autem sacerdotibus, quibus ipsum neque licet, de vase in vas transfundere, neque sibi invicem tradere, sed ab episcopo accipiat ille, qui eget, et cum prope non adest, in vase suo mittatur de ecclesia ad aliam ecclesiam, et non effundatur". Jacobus idem [5] quaerenti, utrum fas sit sacerdoti concedere fidelibus eum rogantibus sanctum myron, ut illud immittant in aures illius, qui vexatur a malo, aut ut eo ungant eum, respondet, nefas esse tale quidpiam fieri, sacerdotem autem, qui hoc ausus fuerit, poena ecclesiastica afficiendum. Alii canones, sacerdotes chrisma medicinae causa laicis etiam infidelibus bibendum dedisse, vel ut eo ungerentur, conqueruntur, poenamque utrisque imponunt [6]. Ejusdem generis est illud apud Barhebraeum [7]: „Georgii. Sacerdotes, qui dant myron infirmis, excommunicentur." Jacobi etiam haec est resolutio [8]: „Adaeus: De amphoris aut lagenis vitreis, in quibus reponitur chrisma, et ex quibus alia fracta, alia foedata, aut rancida sunt vel male olentia, quid oportet fieri? Jacobus: Vasa sancti chrismatis, de quibus locutus es, si frangantur et vitrea sint, in terra abscondantur, nemine praesumente ex eorum vitro aliquid vendere iis, qui vitrum conficiunt; si autem ex stanno sint aut argento, dentur artificibus christianis, qui ea transmutent, restitutaque aptent usui ipsius sancti chrismatis et non alteri. Si vero fracta non sint sed foedata et rancidus malusque sit eorum odor, accurate laventur in concha baptismi eidemque ac prius usui inserviant". Barhebraeus [9], qui haec suae collectioni inseruit, in reficiendis vasis argenteis et aureis, si opus sit, aliquid materiae addi permittit. Sed in sequenti resolutione ex vasis benedictionis sanctorum, hoc est eulogiarum vel Eucharistiae, si fracta vel foedata sint, cum accurate lota fuerint, vasa sancti chrismatis efficere, concedit idem Edessenus. Ob rei saltem cognationem hic superaddimus resolutionem Johannis Telensis [10]: „Discipulus: Similiter et de eorum (Persarumhaereticorum hoc est Nestorianorum) cornu unctionis quid faciendum est? Magister respondet: Eorum cornu unctionis sive ex argento, sive ex stanno sit, reformetur, ut fiat apta oleo orationis". Vartanus, pseudodoctor Armenus [11], eo progressus est in hac veneratione, ut Spiritus Sancti personam in chrismate esse putaret sicut Christi corpus et sanguinem in Eucharistia. Sed et Moses Barcepha et Daniel monachus [12]

[1] T. II. q. 4. §. 2. — [2] T. III. p. 272. — [3] p. 142. n. 197. — [4] C. 3. sect. 2. p. 16. — [5] Resol. 19. — [6] Coll. 1. can. 66; Coll. II. can. 37. 38. — [7] Cap. 3. sect. 2. p. 16. — [8] Resol. 28. ap. Lamy. — [9] C. 3. sect. 2. p. 16. — [10] Res. 45. apud Lamy. — [11] Lib. de monitis c. 4. apud Galanum. — [12] Bibl. Or. T. II. p. 505.

in tractatu, cui titulus: qua in re chrisma differt ab Eucharistia, sacramentum confirmationis plus justo extollentes Eucharistiam deprimunt, dicentes, in hac quidem figuram corporis Christi esse, in chrismate vero ipsum Spiritum Sanctum.

§. 3. De materia proxima unctionis confirmatoriae.

Unctionem confirmatoriam omnes Orientales primum in fronte peragunt, et omnes tunc, solis Nestorianis exceptis, organa sensuum et praecipuas partes corporis ungunt, de quo particularia in ipsis ordinibus videas. Nestoriani non solum in hodiernis ordinibus frontis consignationem tantum memorant, sed et antiquiores illorum scriptores, qui hanc consignationem per unctionem fieri adhuc testantur, pollice in fronte fieri decernunt, uti sunt Elias Anbarensis [1], qui in fronte unctionem hanc peragi dicit, et Timotheus II. [2], qui pollice in fronte, alterius partis ungendae mentionem non \ facientes. In unctione etiam, quae super haereticos conversos fit, quamque a confirmatoria · derivatam diximus, frons tantum ungitur.

Unctio apud omnes fit in formam crucis, ut expresse ordines praescribunt, saltem in unctione frontis, uti est apud Jacobitas, qui caetera uno quasi tractu chrismate liniunt.

§. 4. De manus impositione confirmatoria.

Notum esse supponimus lectoribus, controverti inter Theologos, utrum manuum impositio, quam Actus Apostolorum ab ipsis in confirmatione adhibitam fuisse tradunt, ad confirmationis essentiam pertinuerit necne, utrum ipsa unctione contineatur, an illa sit, quae apud Latinos unctionem praecedit, an vero, ut dici etiam potest, ipsa unctio manuum impositio latiori sensu ab auctore sacro vocata fuerit, sicut et benedictio dicitur apud antiquos. Nostrae provinciae id unum modo est, ea, quae hac in re apud Orientales occurrunt, describere, ut ex iis opportunae de vera confirmationis materia conclusiones deduci queant. Apud Syros Jacobitas igitur et Armenos nulla occurrit manus impositio a chrismatione distincta. Est quidem in Armenorum sylloge responsum istud, Macario Hierosolymitano tributum [3]: „Hac recta professione per manuum impositionem Spiritus Sanctus datur ad nostram salutem, illuminans eos, qui ad adoptionem filiorum vocati sunt. Fide quoque ungimur oleo sanctitatis per unaquaeque membra secundum Ecclesiae dispositionem". In ordinibus confirmationis autem nihil ejusmodi occurrit. Coptitae autem post chrismationem manum imponunt, haec verba dicentes: „Benedicaris benedictione coelestium, angelorumque benedictione. Dominus Jesus Christus tibi in suo nomine benedicat. „Post haec inseritur rubrica: „Hic in gloriosa crucis figura insuffla in faciem ejus". Tunc se-

---

[1] Cent. 4. carm. 3. Bibl. Or. T. III. P. I. p. 576. — [2] De causis septem sacramentorum c. 3. Bibl. Or. I. p. — [3] Resp. 2. p. 271.

quuntur verba: „Accipe Spiritum Sanctam" et vas purum esto per Jesum
Christum Dominum nostrum" etc. Quae iisdem fere verbis occurrunt in
ordine Aethiopico, ex quo etiam patet, verba illa: „Accipe Spiritum S."
unam esse cum prioribus orationem. Sed et ordo Aethiopicus illum titulum prae se fert: „Orationes, quas dicit sacerdos, cum imponit manus
super eos, qui confirmandi sunt." Apud Nestorianos manus impositio
distincta etiam occurrit, sed ante consignationem, quae olim unctio confirmatoria erat. Rubrica haec est apud Assemanos: „Sacerdos recitat
hanc manus impositionem, imponens manum suam unicuique eorum et
dicens: Magna sunt, Domine etc. vel uti apud Badgerum distinctius habetur: „Tunc sacerdos dicat hanc confirmationem voce alta, movens
interea manum suam ab uno ad alterum: Magna sunt, etc." Oratio,
quae interea dicitur, de Spiritus Sancti effectibus quidem loquitur, sed
ut jam per baptismum susceptis.

§. 5. De forma confirmationis.

De forma confirmationis sententiae cum omnino pendeant ab iis,
quae de materia vigent, illa verba vel illae orationes pro tali habendae
erunt, quae materiam comitantur proximam, in quo ad ordines remittimus. Id sane ex eorum collatione sequitur, tantam et apud Orientales
formarum diversitatem hic haberi, atque apud Latinos ante universalem
ritualis Romani introductionem. Unde concludi non immerito poterit, ejusmodi formam a Christo Domino in specie infima determinatam non fuisse.

Quoad Nestorianos peculiaris de forma inquisitio instituenda est,
cum confirmationis ritus nonnisi obfuscati et in sparsis quibusdam ex-
iguisque reliquiis apud eos reperiantur. Renaudotius [1] haec de forma
chrismatis apud Nestorianos habet: „Ut apud Graecos confertur chrisma
dicendo: Signaculum doni Spiritus Sancti, ita Nestoriano ritu per haec
verba: Pignus Spiritus Sancti, ut discimus ex ordine baptismatis Syriaco
Mar Jesujab Catholici, quem habemus descriptum ex codice Eliae sacerdotis". Assemanus [2] autem hanc orationem notat potius ad jam peractam confirmationem referri, ut ex verborum tenore patet. Formam, si
quae sit, censet illis verbis repraesentari, quae inter consignandum
enunciantur: „Baptizatus est et perfectus est talis in nomine" etc., sed
et illa potius proclamationem peracti baptismi et confirmationis esse ju-
dicat. Quod postremum et nobis verius videtur; censemus autem, antiquam et genuinam formam melius ex illa haereticorum poenitentium
unctione desumi, quam supra §. 1. ex confirmatoria derivatam ostendimus, ita ut in hunc modum aptissime forsan restitui possit: „Signatur
N. et sanctificatur atque perficitur in nomine Patris" etc. vel: „Signetur
N., sigilletur et sanctificetur in nomine" etc., quae sane melius confirmationis formam exhibent.

---

[1] Liturg. Orient. Tom. II. p. 638. — [2] Bibl. Or. T. III. P. II. p. 282.

§. 6. De ministro confirmationis.

Jamdudum in Oriente presbyteris, qui nonnisi ex facultate sibi collata extraordinarii confirmationis ministri esse possunt, universim confirmandi munus esse tributum, res est notissima. Verum id in primis Ecclesiae saeculis non fuisse, ex certissimis rationibus colligi potest, cum Orientales Aegyptii etiam illorum temporum et saeculi adhuc IV. scriptores, et Hieronymus, qui tanto tempore in Oriente versatus est, confirmationem ab episcopis conferri dicant, et Ambrosiaster [1] ut rem propriam Aegypto recenseat, quod presbyteri confirment, idque tantum absente episcopo: „Apud Aegyptum presbyteri consignant, si praesens non sit episcopus“. Occurrit quidem in Armenorum sylloge responsum, quod Macario Hierosolymitano [2], saeculi IV. episcopo, tribuitur: „Dico, quod impositio manuum, quae in baptismo fit, ab episcopis et presbyteris tantum fieri debet“. Verum responderi potest non distinctius hic dici, utrum a presbyteris tanquam ministris extraordinariis in necessitatis casibus conferri possit, an vero universim, uti fert hodierna Orientalium praxis, tunc collatum fuerit. Aliquo enim sensu verissime dicitur, hoc sacramentum ab episcopis et presbyteris conferri. Addi etiam poterit, istorum canonum authentiam supra omne dubium non esse positam. Teste Renaudotio [3] nomocanon Gregorii Barhebraei capite de baptismo non solum jubet eos, qui a diaconis baptizati fuerint, perfectionem suscipere per consignationem chrismate factam propriamque orationem, sed idem etiam in constitutione Severo patriarchae adscripta ordinatur quoad eos, qui a sacerdotibus fuerint baptizati. Non occurrit nobis aliud indicium temporis, quo ad sacerdotes generatim facultas confirmationis administrandae apud Orientales extensa fuit. Id unum certum videtur, post Nestorianorum et Monophysitarum ab Ecclesia separationem ejusmodi mutationem contigisse.

Unctionem corporis post unctionem praecipuam adhibendam in confirmatione mulierum adultarum quondam peragebant diaconissae, uti ex Barhebraeo supra allegato [4] constat,

---

[1] In Eph. 4. 12, quae Auctor Quaestionum in Vetus et Novum Testamentum q. 101. repetiit. — [2] Resp. 4. p. 271. — [3] Perpétuité l. 2. c. 11. col. 786. — [4] §. 4. de ministro baptismi.

DE EUCHARISTIA.

§. 1. De ministro Eucharistiae administrandae.

Cum de Eucharistia ut sacramento modo nobis tractandum sit, omnia, quae ad ejus confectionem pertinent, quae fit in sacrificio, uti quaestiones de materia et forma, hic transmittimus, ad eos remittentes, qui egregie de liturgiis Orientalium disseruerunt, Renaudotium, Assemanos, Lebrum aliosque. Neque hic igitur de ministro confectionis Eucharistiae loquimur, sed de ministro, qui confectam administrat atque distribuit. Quem, si de ministro administrationis proprio et ordinario loquaris, sacerdotem esse, ita ut primarius sit sacerdos conficiens, secundarii et auxiliantes alii sacerdotes, per modum autem ministrantis vel ministri etiam extraordinarii diaconum, omnes norunt et omni tempore observavit Orientalium usus.

Verumtamen quoad partes sacerdotis celebrantis in administranda Eucharistia duplex emergit difficultas ex Orientalium ritibus quibusdam a nostris discedentibus. Prima quidem est, quod apud Jacobitas, tum Aegyptios, tum Syros, cum episcopus missae assistit a sacerdote celebratae, ipse ad altare ascendens sibi communionem sumat et impertiatur, Quod de Coptitis refert Vanslebius[1], patriarcham nempe, si in ejusmodi missa velit ad communionem accedere, post fractionem altare ascendere et recitata oratione absolutionis et fidei professione seipsum communicare et quos voluerit, et tunc ex sanctuario egredi sacerdoti Eucharistiam populo ministrandam relinquentem. Idem unumquemque episcopum in sua dioecesi agere. Apud Syros haec eadem usuveniunt ex directione quadam Barhebraei in sua canonum sylloge[2]: „Et quando presbyter offert, et vult communionem accipere episcopus, hic per seipsum ascendat ad gradum, cum descenderit presbyter, et communionem accipiat, non autem presbyter communicet illum." Simile est, quod in consecratione episcopi Armeni consecratus altare ascendit et seipsum communicat, tum caeteros episcopos et plebem: nec minus presbyter in ordinatione communicat utramque speciem sibi sumendo. Quod satis contrarium prima fronte videtur esse institutioni Christi Domini: verum, si accuratius perpendatur, non est. Nam cum ex omnium Christianorum praxi ni obstet, quin sacerdos alter consecratam a celebrante Eucharistiam administret: neque repugnare dicendum est, ut sibi ipsi hic alter conferat. Primarius enim tunc etiam minister administrationis ille erit, qui confectionis fuit, a quo scilicet demum ille accipit, qui quocunque modo administrat, licet forsan ritus id minus distincte exprimat. Altera diffi-

---

[1] Hist. Part. 4. sect. 3. c. 1. N. 5. p. 202. — [2] Cap. 4. sect. 5. p. 24. et ap. Renaudot Lit. Or. T. II. p. 121.

cultus ea est, quod apud Nestorianos alter sacerdos assistens ipsi celebranti communionem tribuat, uti est apud Georgium Arbelensem in Declaratione officiorum ecclesiasticorum [1]: „Accedit sacerdos alius et tradit
ei, qui sacrum fecit: mediator enim est et figura Domini, non ipse
Dominus.“ De quo vide et Joannem Bar-Abgari in quaestionibus suis
ecclesiasticis apud Assemanum in Bibliotheca Orientali [2]. Hic quoque
dici posset, sacerdotem celebrantem sibi ipsi per alium ministrare: verum
melius erit, id ad abusus referre, qui satis numerosi et graves in hac
gente occurrunt.

Diaconi partes in eo apud Orientales omnes sunt praecipue, ut in
liturgia calicem vel particulas etiam sanguini intinctas cochleari, ubi usus
ejus est, non sacerdotibus distribuat, quo per modum ministrantis, non
sacerdotis, eum agere declaratur. Sed et alia plura ejusmodi sunt in
Orientalium disciplina, quae hunc diaconorum in administranda Eucharistia locum indicent. Apud Coptitas, ait Vanslebius [3], diaconus communionem sacri sanguinis praebet, cum sacerdos permittit, et re quidem
vera ex Gabriele patriarcha apud Renaudotium [4], eum diaconus junior
est, non permittitur ad hoc ministerium accedere, ne videlicet ob experientiae in sacris ritibus defectum aliquid Eucharistiae labi sinat in terram.
In collectione canonum, quae secunda Apostolorum praecepta dicitur,
teste Renaudotio [5], constitutio exstat, quae jubet, coram episcopo diaconum distribuere communionem populo non ut sacerdos et episcopus faciunt, sed tanquam ministrum cochleari. Diaconum ex sacerdotis mandato agere, indicat ritus ille, qui est apud Nestorianos in liturgia Nestorii,
ut sonat rubrica apud Badgerum [6]: „Tum sacerdos sumat manum diaconi
et ponat super calicem.“ Corpus Domini in liturgia administrare prohibentur a canone Syriaco apud Barhebraeum [7]: „Cyriaci. Diaconus cum
presbytero non ministret corpus, neque frangat.“ Presbyteris communionem impertiri diaconis prohibuit Concilium Nicaenum [8], quod et apud
Orientales etiamnunc observatur, exceptis Nestorianis, quos hac in re
peccare negari non potest, cum diacono calicem sacerdotibus etiam pro-
pinandum committunt. Concluserat hoc Renaudotius [9] ex liturgia Beato-
rum Apostolorum Nestoriana et reprehenditur hac de re ab Assemano [10],
qui Nestorianos ait non ignorare, id a Nicaena synodo esse prohibitum,
et ad Joannem Isae filium, Nestorianorum patriarcham, provocat dicentem [11], presbytero presbyterum, non diaconum Eucharistiam tradere.
Verum in liturgiae Nestorii rubricis, quales ampliores sunt apud Badgerum [12], habentur haec: „Cum sacerdos corpus sacerdotibus impertitur,
dicat. . . . Cum diacono“ etc. . . . . „Cum diaconus calicem bibendum
porrigit, dicat: Pretiosus sanguis casto presbytero vel ministro Dei“ etc.
Videtur igitur abusus iste post Joannis Isae tempora invaluisse. Sed et
apud Coptitas diaconum primi ordinis ecclesiasticis et sacerdotibus praeter celebrantem communionem sanguinis administrare gutta per cochlear
ex calice sumpta, contendit Renaudotius et ex Gabrielis patriarchae ritu

---

[1] Tract. 4. sect. 25. Bibl. Or. T. III. P. II. p. 311. — [2] T. III. P. I. p. 251.
q. 13. — [3] Hist. p. 37. — [4] Liturg. T. I. p. 263. — [5] Ibid. p. 262. — [6] T. II.
p. 237. — [7] C. 4. sect. 4. p. 24. — [8] Can. 18. — [9] Liturg. T. II. p. 608. —
[10] Bibl. Or. T. III. P. II. p. 311. — [11] Ibid. P. I. p. 251. — [12] T. II. p. 237 sqq.

64

ali sequi ait[1]. Verum in verbis Gabrielis, uti quod ipsum habentur, id
non dicitur de sacerdotibus sed de ministris majoribus seu primi
ordinis. Invenio etiam Vanslebium[2] tradentem, archipresbyteros ipsos
sibi cochlear sumere, neque hac in re differentiam inter ipsos et caeteros sacerdotes statuentem. Sed et inferius Renaudotius[3] idem quoad
Syros repetiit, non majori ratione.

Subdiacono a Jacobitis absente presbytero et diacono permittitur
Eucharistiam distribuere populo, uti est in canone apud Barhebraeum[4]:
„Cyriaci Amidae. Potest subdiaconus in sanctuario versari et sumere ex
eo mysteria, quando non adest presbyter aut diaconus." Ejusmodi,
sicut et inferiores, sane non sunt tam ministri, quam potius ministrorum
instrumenta vel intermedia, et ille hoc in casu proprie est minister, qui
sacrosancta mysteria confecit et per eos dispensat.

Idem dicendum quoad diaconissas, quibus Orientis consuetudo quibusdam in casibus sanctissimum Sacramentum administrare permittebat,
sanctimonialibus potissimum, quarum abbatissa in diaconissam ordinabatur.
Quod apud Barhebraeum[5] sequenti canone complexum invenimus: „Severi. Mos in Oriente seu ditione Antiochena obtinet, ut abbatissae monialium diaconissae sint ac subjectis monialibus sacramenta distribuant,
idque presbytero casto aut diacono absentibus duntaxat, minime vero
iis praesentibus. . . . Quum ipsa aegrotat, vices suas cuidam sorori in
monasterio monialium committere potest, ut scilicet sanctuarii curam
gerat, non ut sacra mysteria contingat." Est autem de eadem diaconissarum facultate resolutio Jacobi Edesseni[6]: „Potestas ejus haec tantum est . . . . ut, si sit in monasteriis sororum, sacramenta, ubi deest
presbyter vel diaconus, ex theca accipiat detque tantum modo mulieribus
sociis suis, aut pueris parvulis occurrentibus. Illicitum autem est ei,
sacramenta sumere ex mensa sancta altaris, aut super hanc ea reponere,
vel ullatenus eam tangere." Et Johannis Telensis[7]: „Discipulus interrogat: an licitum est diaconissae, dare sanctum (corpus) infirmo a tertio
aetatis anno et supra? Magister: dare oblationem puerulo ab anno quinto
et supra diaconissae licitum non est." Cavetur autem ab eodem Johanne[8], ne cum muliebria patiatur, sanctuarium ingrediatur et sanctum
corpus attingat aut calicem ministret. Non tamen id diaconissis concedunt Nestoriani, ut infra videbimus, cum de earum muneribus sumus tra-
ctaturi.

Occurrunt etiam apud Syros reliquiae antiquioris illius disciplinae,
qua Eucharistia laicis etiam ad aegrotos deferenda committebatur vel
per seipsos sumere concedebatur. Ita Johannes Telae[9] ad quaestionem,
an fas sit, ut per saecularem et, deficiente saeculari, per mulierem margarita sancta, hoc est corpus Christi, ad infirmum mittatur: „Magister
respondet. . . . Per saecularem aut per mulierem mitti possunt consecrata, et praesertim ubi adest necessitas." Porro Jacobi Edesseni triplex
est hac de re constitutio: „Adaeus: An fas est saeculari aut mulieri
manibus suis sumere oblationem ex capsula ob vasis gravitatem et pro-

---

[1] Liturg. T. I. p. 261 sq. — [2] Hist. p. 202. — [3] T. II. p. 118. — [4] C. 7. sect.
3. p. 53. — [5] C. 7. sect. 17. p. 51. et Bibl. Orient. T. III. P. II. p. 850. — [6] Resol.
29. — [7] Resol. 33. — [8] Resol. 37. — [9] Resol. 8.

funditatem, quando non adest sacerdos, qui porrigat eis? Jacobus: Fas est illis, sumere margaritam mysterii ex capsula et ponere in ore suo, nullo modo, qui hoc faciunt, aliquid muneris sacerdotalis faciunt [1]." Altera autem: „Adaeus: An cuivis exposcenti, domum asportare aliquam ex particulis consecratis, ea ipsa absque perscrutatione concedenda est, etiam ubi notus non est ille, cui mittenda sunt ista consecrata? An decet quoque, ut per saeculares mittantur aut etiam per mulierem, propterea scilicet, quod reperti sunt quidam, qui acceptis particulis consecratis, sese peccatis inquinantes quaedam veluti amuleta fecerunt, etc. ... Jacobus: Quia tantum scelus ausum est, oportet cum perscrutatione, si fieri possit, dari consecrata, etiam ubi cognitus est ille, cui mittuntur; si autem hoc nefas non auditum fuisset, nulla illius accuratae totius rei perscrutationis necessitas fuisset, et omnino impossibile est, ut hoc faciant clerici in coetibus densis populi civitatum, aut unumquemque adeo scrutentur et examinent, aut ipsi eant et ferant consecrata sive ad aegros sive ad alios, qui illis indigent. Propterea nec vetitum est, ea per saeculares timoratos aut mulierem pudicam mittere. Si enim possibile foret, secundum consuetudinem antiquam clericos ferre oporteret consecrata cum honore debito [2]." Tertia est, qua per mulierem ad infirmum Eucharistiam mittere permittit [3]. Quarta denique quoad passum concernentem haec est [4]: „et aegrotus, qui communicat, si velit, ore suo illam (sanctificationem) recipiat; et si malit, manu sua illam sumat et ponat in ore suo; et si is non possit, ille qui defert, manu sua illam apprehendat eumque participem faciat, etiamsi ipse saecularis sit: non enim idcirco ea, quae sunt sacerdotii, praesumit peragere." Apud Maronitas, teste Gabriele Sionita in epistola ad Nihusium [5], ad bellum perrecturis et longum seu periculosum iter ingressuris sacrum pignus conceditur secum asportandum, ut illud imminente vitae discrimine praesumant.

Ex hac Syrorum praxi concludendum est, Rabbulam [6] Edessenum, cum statuit: „Nemo presbyteratu aut diaconatu destitutus audeat oblationem homini dare" id de ordinaria Eucharistiae administratione dicere, non de casibus illis peculiaribus, de quibus enumerati canones loquuntur. Idem valet de ejusdem canone: „Monachus, qui presbyter non sit, aut diaconus, non audeat Eucharistiam porrigere." Vel si tituli illius canonis velis rationem habere: „De transmissione mysteriorum et contrectatione ipsorum," qui sane Rabbulae non est, dicendum erit, diversitatem locorum vel temporum hic haberi. Multo strictiores hac in re se exhibent Nestoriani, cum Jesujabus episcopus Nisibenus sive alius auctor tractatus adversus Mahometanos, Judaeos, Jacobitas et Melchitas Jacobitis exprobret, quod Eucharistiam mulieribus puerisque per vicos et domos deferendam tradant, mulieribus quoque et iis, qui nullo ordine initiati sunt, permittant, ut communionem aliis praebeant.

Haereticum ministrum quantopere abominentur Syri, ex resolutione Johannis Telensis [7] emergit: „Discipulus: et si inveniatur oblatio eorum (Persarum haereticorum, hoc est Nestorianorum), quid ex ea faciendum

[1] Resolut. 8. — [2] Resolut. 9. — [3] Resolut. 10. — [4] Apud Barhebraeum C. 4. sect. 4. p. 28. — [5] Ap. Leonem Allatium in Symmictis Colon. Agripp. 1653. l. 2. n. XIII. p. 295. — [6] Migne Patrol. Gr. T. 77. col. 1475. — [7] Resol. 44.

est? Magister: ab oblatione eorum tanquam a veneno mortifero aportat
nos fugere." Est etiam apud Barhebraeum [1] integra series canonum
Joannis Telae, Athanasii Magni, Jacobi Edessae, quibus prohibetur, ne
Eucharistia ab haereticis administrata suscipiatur.

§. 2. De subjecto Eucharistiae.

Pueros ad sacram communionem ab Orientalibus admitti, eamque
baptismo semper esse conjunctam, jam vidimus. Quod cum ab antiqua
Ecclesiae disciplina non abhorreat, reprobandum absolute non est. Id
unum dolendum, a rudiori gente Aethiopica pueris annumerari, qui decimum sextum et septimum aetatis annum transgressi fuerint, adeoque ut
innocentes absque confessione ad sacram synaxim admitti, imo ante vigesimum quintum annum neminem ad confessionem adigi [2]. Quod ab Armenis usque ad decimum quintum vel sextum aetatis annum fieri retulit
Tournefort [3].

Quod ad dispositiones subjecti attinet, ut de corporis primo loquamur, jejunium ante communionem strictissime observant, ita ut et ab
infantibus requirant, uti supra de baptismo disserentes exposuimus. In
canonum collectionibus Coptitarum est canon ex Apostolicis, qui jejunium
ante communionem praecipit, nominatim, teste Renaudotio [4], apud Ebnassalum et Echmimensem, qui praeterea epistolam Petri ad Clementem et
canonem 79 Hippolyti Romani, uti dicunt, allegat. Est etiam apud illos
adhuc canon Timothei [5] Alexandrini, non Aelari, uti putat Renaudotius [6],
sed antiquioris, in quo ad quaestionem, utrum ille, qui nolens etiam os
lavando vel in balneo aquam bibit, communicare possit, satis clare innuit,
non licere, cum respondeat, ut is, quia Satanas occasionem prohibendi
eum communione invenit, frequentius hoc faciat, hoc est eo majori fre-
quentia communionis damnum ex frustratione suppleat. Strictissime etiam
Coptitae et Aethiopes observant inde a vespere diei communionem praecedentis [7]. Michael, Melischae episcopus, in quaestionibus et responsionibus canonicis apud Renaudotium [8]: „Qui nocte siti fatigatus bibit,
licetne, ut mane sequenti communionem accipiat? R. Si id ante mediam
noctem contigerit, licet, si deinde, non licet." Imo in iisdem est: „Si
matutino tempore communio celebrabitur, cavebit unusquisque, ne post
occasum solem edat aut bibat: quando vero edit aut bibit, non licet ipsi
eodem die Eucharistiam accipere." Eorum scriptores Severum, episcopum
Aschmonin, et auctorem commentarii Arabici in harmoniam evangelicam
vide apud Renaudotium [9]. Chail etiam patriarcha XLVI., saeculo VIII.
mediante, quemdam, qui post cibum communionem sumserat, coëgit, ut
publice id confiteretur, ne alii id amplius committere auderent [10]. Syrorum etiam canones [11] jejunium ante communionem inculcant, casum in-
stantis mortis excipientes, ita tamen, ut quidam [12] sacerdoti tunc poeni-

[1] Cap. 4. sect. 3. — [2] PP. Mendez et Tellez apud Legrand diss. 12 p. 332.
333. et ex iis Ludolfus l. 3. c. 6. — [3] p. 166. — [4] Liturg. T. I. p. 266. — [5] Can.
16. col. 1308. — [6] L. c. p. 267. — [7] Vansleb. Hist. p. 97. Ludolf l. 3. c. 6. n. 85.
— [8] L. c. p. 267. — [9] Ibid. p. 266 sqq. — [10] Renaudot Hist. p. 224. — [11] Coll. II.
can. 9. 30. 84. 36. 43. — [12] Coll. III. can. 11.

tentiam imponat, quam aegrotus, si convaluerit, ipse praestet. Poenitentia etiam imponitur involuntarie hanc legem infringenti [1]. In quibusdam
tamen etiam laxiores se praebent, uti in Syrorum nomocanone a Gregorio Barhebraeo [2] collecto Jacobus Edessae jejunium ante communionem,
excepto morbi gravis casu, inculcat, permittit tamen eum, qui in majori
festo ex errore biberit, sacerdotis arbitrio communicare, accepto prius
canone. Gregorius autem Barhebraeus hoc loco in directionibus eum,
qui aquam biberit, antequam sol oriatur, si post potum dormierit, adhuc
ad communionem admittit, illum vero arcet, cui balneo utenti aqua in
gulam intraverit. Quos canones Renaudotius [3] Timotheo Alexandrino
tribuit, cum in ejus canonibus, uti graece sunt apud Balsamonem, praeter
postremum non occurrant. Joannis vero Telensis sunt sequentes resolutiones apud Lamy: „Discipulus interrogat: An licet alicui, qui ante
diluculum aquam biberit, sumere oblationem eo die? Magister respondet:
Si ante diluculum homo aquam biberit, jejunus tamen sit, existimo quod
possit accedere et accipere consecrata, modo conscientia ejus non sit
dubia [4]." Quae decisio consona sane non est communi Latinorum et
Orientalium sententiae, potuitque fieri propter hanc et similia, ut Jesujabus Nisibenus Nestorianus Jacobitis exprobraret, quod jejunium ante
communionem non observent. Reperitur etiam alibi et apud Jacobitas
cum additamentis, quae ejus sensum immutent, uti est apud Barhebraeum,
qui in directionem suam transfudit illud: si post potum dormierit, et
apud Renaudot [5], qui Timothei Alexandrini et hoc esse ait: „Post potum
ante solem exortum, ob infirmitatis causam, ei qui gravi morbo tenetur,
dabitur sanctum, neque eo privabitur." Altera ejusdem Joannis [6] decisio haec est: „Discipulus: An alicui fas est, consecrata sumere in die
Annuntiationis aut in die nobili Mysteriorum, quando aqua in ejus guttur
descenderit absque voluntate, dum os suum lavaret, aut quando propter
oris dolorem ex radice suxerit, vel aliquid gargarisaverit, dummodo in
ejus guttur nihil descenderit? Magister: Si in diebus Mysterii et Annuntiationis, dum quis os suum lavaret, aqua in ejus guttur descenderit absque ejus voluntate, propterea non prohibetur a dono vitae, quod si dolore afficiatur os ejus, confidat in Deum, qui absque radice et absque
gargarisatione eum sanabit, si a gargarisatione abstineat propter honorem
consecratorum." Denique [7]: „Discipulus: si cuipiam in ejus guttur, dum
dormiret, sanguis ex naribus descenderit, an licet ei sumere oblationem?
Magister: Si animadvertit, sanguinem, dum dormiret, ex naribus in guttur defluxisse, et raro hoc accidit, bene facit observando hunc diem.
Sin autem continuo hoc ei accidat, non prohibeatur a sumptione mysteriorum." Nescio, utrum ex eadem jejunii ratione vel munditiae causa
statuatur in canone quodam Syrorum [8], ei, qui ex ore sanguinem emise-
rit, eo die non licere communionem accipere. De jejunio ante communionem vide etiam disserentem Dionysium Barsalibaeum, Metropolitam
Amidenum [9], et Joannem Maronem in expositione oblationis S. Jacobi [10]

---

[1] Coll. II. can. 86. — [2] C. 4. sect. 2. p. 21. Cf. c. 2. sect. 18. p. 13. supra
§. 5. de baptismo allegatam. — [3] Lit. p. 267. — [4] Resol. 9. — [5] L. c. — [6] Resolut. 18. — [7] Resol. 21. — [8] Coll. II. can. 94. — [9] Expositio liturgiae c. 7. Bibl.
Or. T. II. p. 184. — [10] C. 48.

5*

apud Assemanum in Bibliotheca Orientali. Ex Nestorianorum numero vidimus Jesujabum Nisibenum vel auctorem tractatus adversus Melchitas Jacobitas et alios Jacobitis exprobantem, quod minus accurate jejuni legem ante communionem observent. Occurrit etiam eandem inculcans Joannes Bar-Abgari patriarcha, qui etiam presbyteris et diaconis prohibet, ne altare attingant post cibum, praesertim cum sancta sacramenta jam posita sint, id tantum permittens, ut, si necessitas exigat et mysteria in altari non sint, usque ad exteriorem lampadem accedere fas sit[1]. Inter Armenorum canones hac de lege generalius tractant Isaaci Magni duo[2], Nersetis et Nersciabuhi unus[3].

Castimoniam etiam corporalem et in involuntariis strictissime ante Eucharistiae susceptionem requirunt Orientales, eamque disciplinam confirmant multis canonibus ἀσκητικοῖς, et etiam sententiis SS. Athanasii, Basilii, Gregorii Theologi, Chrysostomi, quae in variis quaestionum et responsionum collectaneis extant, et in canonibus poenitentialibus tam Arabicis, quam Syriacis, eos, qui contra eam peccaverunt, poenitentia mulctant[4]. Valent adhuc apud Coptitas et in eorum collectionibus sunt canones Timothei Alexandrini, quibus prohibet conjugatos, qui matrimonio usi fuerint, ad sacram synaxim accedere, nec minus mulierem menstruatam: illum vero, qui somniaverit de venereis, si subsit mulieris desiderium, arcet, sin autem Satanas eum tentaverit, ut a divinorum mysteriorum communione alienetur, ad communionem admittit[5]. Refertur a Renaudotio[6] locus Severi episcopi Aschmonin ex ejus tractatu de jejunii praestantia: „Si quis Eucharistiam percipere animo designat aliquo die, jejunare debet ab uxore sua a vespera diei praecedentis: ut cum Eucharistiam percipere cogitat die 3. hebdomadis, abstineat ab uxore sua a vespera feriae 2., quae initium est feriae 3."

In Syrorum nomocanonem[7] admissae sunt decisiones Timothei Alexandrini de copula matrimoniali, pollutione nocturna et muliere menstruata, quas modo allegavimus. Plura etiam ejusmodi a Joanne Telae decisa sunt, uti est: „Discipulus interrogat: an est culpandus vir, qui mysteriorum sanctorum particeps fit, quando per somnum ei accidit phantasia corporis? Magister. De phantasia corporis, quae in somno accidit alicui, an hic tunc mysteriorum particeps esse debeat, in quaestionibus Basilii et in canonibus invenies. Misericordiae Dei magnae sunt[8]." Quam responsionem Cl. Lamy[9] ita interpretatur, quod Joannes nihil statuat, sed ad alios remittat, Basilius autem in regulis brevioribus communionem post pollutionem peccaminosam prohibeat, de illusione involuntaria loqui non videatur. Quam non impedire illa nobis verba indicare videntur: „Misericordiae Dei magnae sunt." Canon Dionysii Barsalibaei poenitentialis[10] poenitentiam ei imponit, qui nocte communionem praecedente vel subsequente rem cum uxore habuerit. Alter[11] eum, qui in somnio semen effuderit, ad communionem accedere prohibet. Quodsi ob festum communicare oporteat, conceditur ea conditione, ut septuaginta metano-

---

[1] Bibl. Orient. T. III. P. I. p. 248. cf. p. 305. — [2] II. can. 28. 29. p. 280. — [3] I. can. 20. III. can. 22. p. 275. cf. II. can. 29. p. 275. — [4] Renaudot. liturg. P. I. p. 267 sq. — [5] Cann. 5. 7. 12. 13. col. 1300. 1304. 1305. — [6] Liturg. T. 1. p. 267. — [7] Apud Barhebraeum C. 4. sect. 2. p. 20. — [8] Resol. 22. — [9] p. 193. — [10] Coll. IV. can. 21. — [11] Coll. IV. can. 26.

eas faciat et poenitentiam duarum hebdomadarum suscipiat. Porro Joannis Telae resolutio[1], qua prohibet mulierem, quando accidunt ei, quae
mulierum sunt, ad mysteria accedere „non propter contaminationem, sed
propter honorem mysteriorum.“ Cui consonans habetur haec Jacobi
Edesseni[2]: „Adaeus: An adstante feria quinta hebdomadis Mysterii fas
est dare oblationem mulieri, quae a duobus vel tribus diebus peperit,
aut illi, quae muliebria patitur? Jacobus: Illi, quae a duobus vel tribus
diebus peperit, modo a sanguine suo purificari possit, mundaque sit
anima, fas est communionem accipere, non tantum in feria quinta hebdomadis Mysterii, sed in quocunque die; non enim contaminata est propterea quod peperit; illa autem, quae muliebria patitur, non accipiat communionem, donec steterit fluxus sanguinis et purificata sit, si non adsit
necessitas, non propter contaminationem, sed propter reverentiam sacramentorum.“ Item Severi apud Barhebraeum[3]: „Mulier menstruata ne
communicet mysteriis, donec omnino sistatur sanguis ejus. Et similiter
illa, quae cum viro recubuit, non accedat usque ad reditum diei.“ In
alio tamen canone Syrorum[4] enuntiatur, non prohibitam esse mulieribus
communionem ob fluxum sanguinis post partum vel ob menstruum, cum
dominus etiam ejusmodi non a se repulerit, vult tamen, ut ob mysteriorum reverentiam, nonnisi in festis praecipuis sacram synaxin suscipiant.
Ex Nestorianorum numero occurrit Johannes Bar-Abgari patriarcha, qui
canones scripsit de altari et Eucharistia[5], cujus est illud, quod ab Ebedjesu Sobensi in suum nomocanonem[6] admissum est, mitius sane quam
antecedentium decisiones: „Placuit Spiritui Sancto et praecepit, ut nemo
ex Christianis, sive vir fuerit, sive foemina, ... animam suam ab
oratione removeat, seque ipsum contineat a sumptione sanctorum mysteriorum, et quidem penitus et absolute propter pollutionem et menstruum
immundum, quae non ex voluntate et immundis cogitationibus et medi-
tatione voluntaria generantur, sed sponte ob repletionem corpoream
saepe accidunt naturaliter. . . . , Consilium vero damus, ut homines a
peccatis voluntariis caveant. . . . , Ad ista voluntaria referimus verbum
Pauli coelestis apostoli: quicunque sumit de corpore Domini nostri etc.
Et si aliquid horum persenserit fuisse causam pollutionis et menstrui, post purificationem per aquas factam, ceu ad emundationem, quae
pro conscientia sit, accedat ad orationem et pertractet divina sacramenta.“

Eo usque haec Orientalium de munditie corporali cura progressa
est, ut apud Armenos dubium exortum fuerit de leprosis et porriginosis,
utrum iis Eucharistia conferri possit, quod affirmative solvunt Isaac III.[7]
et Johannes Stylita[8]. Juridica quaedam responsa a Renaudotio allegata
homini pituitae molestia laboranti communionem concedunt, si perpetua
sit invaletudo. Eum qui continuo vomitu laborat, arcet a communione
Michael Melischae episcopus, Coptita, nisi experientia per quadraginta
dies facta fuerit, num imminuto cibo levius se habeat[9]. Qui evomuit,

[1] Resol. 32. — [2] Resol. 5. ap. Lamy et ap. Barhebraeum Cap. 4. sect. 2. p. 21.
— [3] C. 4. sect. 2. p. 20. — [4] Coll. III. can. 28. — [5] Bibl. Orient. T. III. P. I. p.
238 sqq. in notis. — [6] Tract. 5. c. 16. — [7] Can. 5. p. 300. — [8] Can. 6. p. 301. —
[9] Apud Renaudot l. c. p. 269.

a 'Syris¹ poenitentiae subjicitur. De mundiitia etiam vestium tanta, Sollerio² teste, apud Coptitas est cura, ut de vestibus pauperibus in templo tunicis albis, quas induant, provisum sit. Sacerdotibus etiam inculcant Cyrillus filius Laklaki patriarcha Alexandrinus constitutione 34. et epitome ex sententiis Patrum³, ut nonnisi stichario vestiti ad communionem accedant, secus vero extra altare communicent.

Quoad animi dispositiones non minor est numerus canonum et instructionum apud Orientales. Magnam curam habendam inculcant canones, qui vocantur Apostolorum praecepta secunda, apud Renaudotium⁴, ne quis · infidelis ad communionem admittatur. Ne haereticis sacrum pignus unitatisque tessera praebeatur, prohibent canones Eustathii et Georgii a Barhebraeo in nomocanone suo collecti⁵.

Ut non detur communio nisi notis personis statuunt multi canones ex Didascalia seu Apostolicis constitutionibus, quos refert Echmimensis collectionis suae c. 2., Ebnessalus et alii, reumque officii sui neglecti sacerdotem qui secus agat, statuit Petrus Melischae episcopus responsione 5. Magnam curam a sacerdotibus quoad mulieres hac in re adhibendam, utpote quae velatae accedant, inculcat Gabriel, filius Tarich, patriarcha in suo rituali. Ejusmodi etiam est, quod in canone Dionysii Barsalibaei⁶ cavetur, ut cum viri, mulieres, pueri ad monasterium veniant, presbyter non communionem tradat, priusquam eos examinaverit, professionemque fidei emiserint. Si digni sint et praeceptum habeant a sacerdotibus suis, tunc admitti posse ad sacram synaxin.

Praeceptum confessionis in casu peccati mortalis ante communionem adhibendae negatum vel neglectum quidem fuisse a quibusdam, caeteris reluctantibus, generatim autem ab Orientalibus agnosci, infra ostendemus, cum de poenitentiae sacramento disseremus. Imo videbimus, quod a nostris sane moribus abhorret, non admitti ad sacram Eucharistiam poenitentes, nisi peracta poenitentia a confessario imposita. Non tamen ad errorem illum referenda est haec praxis Orientalium, quem Alexander VIII.⁷ proscripsit: „Sacrilegi sunt judicandi, qui jus ad communionem percipiendam praetendunt, antequam condignam de delictis suis poenitentiam egerint." Sed reliquiae sunt antiquioris apud ipsos disciplinae, quae admissionem ad sacra mysteria usque ad peractam poenitentiam differebat, non quod solutionem a poenis temporalibus necessariam ad communionem dispositionem esse supponeret, sed quod in bonum poenitentis, praesertim gravioris delicti rei, per regulam disciplinarem differretur absolutio et communio.

Quoad energumenos valet adhuc apud Coptitas et Syros canon Timothei Alexandrini⁸, quo eis ad sacra mysteria accedere permittit, si mysterium non enuntient nec ullo alio modo blasphement, sed non singulis diebus, sed statis solum temporibus. A quo discedunt Rabbulae Edesseni⁹ canon, qui in nomocanone Syrorum adhuc habetur: „Sacerdotes ne dent oblationes tentatis, ut res sanctae non afficiantur irreve-

¹ Coll. II. can. 40. — ² p. 146. n. 217. — ³ Ap. Renaudot liturg. T. I. p. 160. — ⁴ Liturg. T. I. p. 264 sq. 269. — ⁵ Cap. 4. sect. 3. — ⁶ Coll. IV. can. 58. — ⁷ Decr. 7. Dec. 1690. prop. 22. — ⁸ Can. 3. col. 1297. — ⁹ Ap. Migne Patrol. Graeca T. 77. col. 1475. et ap. Barhebr. cap. 4. sect. 2.

rantia, ut canon Johannis Mantacunensis, Armenorum catholici[1], ejusdem tenoris. Elisens tamen, insignis Armenorum doctor[2], permittit, postquam omnia media adhibita fuerint et si probi sint. Johannes Telensis[3] in resolutione quadam nonnisi absque advertentia energumenis communionem dari posse supponit, prohibitum igitur esse.

Praeter haec, quae ante communionem sunt observanda, multa adhuc sunt, quae post peractam praescribuntur et usuveniunt apud Orientales, quae non minus magnam erga tantum Sacramentum reverentiam veramque de reali praesentia doctrinam exhibent. Quae quanta sint apud Coptitas, singillatim exposuit Vanslebius[4]. Est etiam Jacobi Edesseni resolutio apud Barhebraeum[5]; „Non licet, ut post sumptionem mysteriorum homo in balneum eat ac lavet et detergat caput suum, non quod peccatum haec res importet, sed propter scandalum fidelium et honorem mysteriorum.“ Addit Barhebraeus in directione, id ante communionem licere. Idem est in canone quodam Syriaco[6], quo ei, qui corpus Christi accepit, prohibetur eo die spuere, balneo foveri, crines aut pilos radere, nisi ad vesperam. Affert etiam Renaudotius[7] resolutionem Quaestionum quarundam ex doctrina Patrum: „Licetne illi, cui vena secta est, aut qui rasit caput suum, eodem die communicare? Licet ei communicare, modo haec ante Eucharistiam sumptam fecerit; postea non licet.“

§. 3. De objecto communionis.

Sacram Eucharistiam ordinario ab Orientalibus sub utraque specie sumi, res est adeo nota, ut de singulis nationibus et ecclesiis testimoniis comprobare superfluum videatur.

Non desunt tamen apud Orientales luculentissima communionis sub unica specie testimonia, ex quibus sole clarius elucet, eos utramque speciem non de necessitate sacramenti vel legis divinae esse credere.

1°. Occurrit in publica et communi omnium synaxi et in liturgia solam panis speciem, vel quod ad idem reducatur, tribui. Apud Nestorianos sacerdotes solum consecratum panem sumere, ait Georgius Arbelae, metropolita saeculo X. in sua officiorum ecclesiasticorum declaratione[8], quaestionem ita proponens: „Sed forte quis quaerit, cur nemo presbyterorum ex calice sumit, si vinum sunt corpus et sanguis.“ Locus sane insigniter pro praesentia per concomitantiam militans, uti ad haec animadvertit Assemanus. Verumtamen duo sunt, quae hic praeprimis sunt elucidanda. Quaeritur primo, quomodo haec iis consona sint, quae supra exposuimus: calicem nempe presbyteris a diaconis praeberi. Respondendum est, nos jam eodem loco concedendo statuisse, abusum istum non omni tempore apud Nestorianos fuisse. Fuit igitur tempus, cum diaconi calicem non porrigerent et sacerdotes ex calice non biberent, sed diverso plane modo communicarent. Non tamen cum Assemano haec etiam de sacerdote celebrante valuisse credimus, sed tantum de assistentibus:

---

[1] Can. 9. p. 298. — [2] Ap. Mai. p. 312. — [3] Resol. 7. — [4] Hist. p. 97. — [5] Cap. 4. sect. 2. p. 21. — [6] Coll. II. can. 106. — [7] Liturg. T. I. p. 268. — [8] Tract. 4. c. 25. Bibl. Orient. T. III. P. I. p. 535; P. II. p. 313.

Alterum, quod accuratius revolvendum est, illud est, quod hostiam sanguine signare soleant ante fractionem, et hanc communionem proinde per particulas intinctas factam videri. Ad haec Assemanus: Etsi hostiam sanguine signare soleant, cum tamen pluribus sacerdotibus eandem sumendam distribuant, contingit, ut aliquae particulae signatae seu tinctae non sint, ut advertit Josephus II. patriarcha in responsione ad Nestorianos communionem sub unica specie reprehendentes: „Dicimus idem a vobis fieri, cum particulam alicui porrigitis, eamque tinctam dicitis." Et re quidem vera modus signandi hostiam, qualis est in rubricis [1], non est ejusmodi, ut hostia ita frangi possit, ut pro pluribus particulae intinctae efficiantur. Sed et aliud testimonium addimus omni exceptione superius, et quod ab adversariis recusari nequit. Est autem Georgii Percy Badger [2], missionarii Anglicani, qui quidem clericis non solum, sed et laicis sacerdotem corpus, diaconum sanguinem distribuere, sed nonnumquam se advertisse testatur, nonnullos, maxime foeminas, post susceptum corpus non accedere ad communionem calicis; clericos autem, quos ipse inter coeteros magis inscios vocat, id approbare dicendo, Christum sub unica specie integrum recipi, quod ipse putat a missionariis Latinis didicisse. Alios hanc rationem adducere, esse supra sexus muliebris conditionem de calice participare. Utrum vero Georgius Arbelae ejusmodi loquendi modum a Latinis missionariis didicerit, judicet ipse lector. Sed et apud alios in Oriente ejusmodi occurrunt. Testatur Vanslebius [3], apud Coptitas mulieres calicem non suscipere, sed eo sensu tantum sanguinem Christi suscipere dici posse, quod sacerdos post consecrationem digito in calicem intincto oblationem in parte superiore et in circumferentia sanguine humectaverit, id pro ratione addens, quod Coptitarum canones mulieribus non permittant, ut ad sanctuarium accedant, nec presbyteris, ut venerabilem Domini nostri sanguinem extra sanctuarium deferant. Quod testimonium iis confirmatur, quae ex Gabrielis patriarchae rituali a Renaudotio [4] de communionis ordine afferuntur. Ait enim, sacerdotem, cum ad populum Eucharistiam administraturus egreditur, corpus Christi disco deferre, comitantibus duobus diaconis, quorum junior calicem cum Christi sanguine gerit, senior coram eo cum cereo precedit. Describitur autem sacerdos, virorum communione absoluta, ad mulieres communicandas precedens, uno stipatus diacono cereum praeferente, et adduntur haec: „Oportet autem omnes e populo, quando sacerdotes transeunt cum corpore Christi procedentes ad locum mulierum, simulque cum redit sacerdos, capita detegere" etc. Quodsi postea additur: „Magnam circa illas curam adhibere vos oportet, o sacerdotes, ne detis corpus Christi et sanguinem ejus indigne;" id unum inde emergit, Coptitas sub unica specie corpus et sanguinem esse, sicut nos, credere. Est etiam locus insignis ex eodem Gabrielis rituali apud Renaudotium [5], quo praescribitur forma in tradenda communione pronuncianda. Est autem ejusmodi: „Sacerdos, cum ministris altaris et aliis praebebit corpus intinctum, dicet coptice: Corpus et sanguis Emmanuelis Dei nostri, hoc est in rei veritate. Cum corpus sanctum impertiet absque sanguine, dicet: Corpus

[1] Renaudot. Liturg. T. II. p. 588. — [2] T. II. p. 174. — [3] Hist. Part. 3 qq.) & p. 129. et ex eo Sollerius. — [4] Liturg. T. I. p. 264 sq. — [5] L. c. p. 265.

Emmanuelis Dei nostri, hoc est in rei veritate. Amen." Maximi etiam momenti est, quod Humbertus Cardinalis Silvae Candidae episcopus de provinciae Hierosolymitanae antiquo usu refert Graecisque opponit in suo opere contra Graecorum, hoc est Michaelis Caerularii et Leonis Acridani, calumnias, Constantinopoli anno 1054 conscripto. Quod huc referendum fuit, eo quod ex antiquis istius ecclesiae ritibus, quos Humbertus singillatim enumerat, a Graecis plane discrepantes, Syrorum Jacobitarum exortos esse, sicut ex Antiochenis, nulli dubium erit. Ait igitur Humbertus[1]: „Cochlear vero, cum quo communicent, sicut in ecclesia Graeca minime habent, quia non commiscent ipsam sanctam communionem in calice, sed sola [panis] communione communicant populum. . . . . Ad haec, si quid ex sancta et venerabili Eucharistia in Hierosolymitanis ecclesiis superfuerit, nec incendunt, nec in foveam mittunt, sed in pyxidem mundam recondunt, et sequenti die communicant ex ea populum, quia quotidie communicant ibi, eo quod conveniunt illuc ex diversis provinciis Christiani, qui propter fidem et maximum amorem Filii Dei communicare ibi desiderant." Neque objici poterit canon Armenus Nersetis et Nersciabuhi in sua synodo[2]: „Insuper et calicem sanctae Eucharistiae non audeant denegare praetextu paupertatis, uti multis in locis id fieri experti fuimus." Id enim recte prohibitum fuit pro illis regionibus ratione legis disciplinaris ibi vigentis, forsan et adversus haereticos, qui occulte colore quaesito calicem rejiciebant. Ex necessitate sacramenti vel praecepti divini calicem omittendum non esse, illi non dixerunt, et ex aliis momentis Armenorum doctrinae consonum non esse, mox videbimus.

2° Communio sub unica specie sanguinis occurrit etiam apud Orientales in illa synaxi, quae infantulis praesertim recenter baptizatis solet praeberi. Ait quidem Thomas a Jesu[3], post baptismum apud Coptitas, celebrata more solito missa, noviter baptizatis Eucharistiam sub utraque specie tribui. Verumtamen auctor iste pro sui temporis conditione sufficientem de ritibus Orientalium notitiam non habere, ex plus quam uno exemplo apparet. Gabriel patriarcha Alexandrinus in suo rituali[4] haec praescribit: „Dabitur tantum communio ei, qui jam edere potest: at vero flenti et moleste se habenti sacerdos summum digitum indicem tinget sanguine pretioso, mox imponet corpori, deinde digitum immittet in os infantis, cui statim aqua bibenda praebebitur." Quod a Coptis fieri, digitum nempe sanguini sanctissimo intinctum pro communione ori infantium inseri, ii testantur, qui Aegyptum perlustrarunt, uti sunt Bernatus[5] et Vanslebius[6], qui in sua Aegypti descriptione haec notatu digna addit: „Panem consecratum non confert, quod infans digerere non valeat, et addunt: ubi sanguis Domini ibi et ejus corpus est." De Aethiopibus haec refert Thecla Maria[7] ex eorum coetu sacerdos: „Infantes in die baptismi communicant in hunc modum: sacerdos ponit indicem in calice et sanguine perfusum imponit in ore infantis. Et post baptismum in ore puerorum, qui carent usu rationis, usque ad decennium imponitur digitus

[1] Migne Patrol. lat. T. 143. col. 951 sq. — [2] II. can. 6. p. 273. — [3] p. 157. — [4] Ap. Renaudot Liturg. T. I. p. 270. — [5] Ap. Legrand. p. 315. et ex eo Sollerius p. 141. n. 191. — [6] Hist. p. 80. 206. Beschreibung p. 82 sq. — [7] p. 166.

74

auricularis sacerdotis sine sanguine devotionis causa." Ludolfus[1] ex Gregorii Aethiopis sui testimonio tradit, post baptismum infantulis e sacro calice in os guttam instillare extremitate digiti in sacrum sanguinem intincti. In Appendice quidem allegat Alvaresium, qui infantibus panem sanctum porrigi vidit, quem aqua per fauces defluere faciebant. Sed id in grandiusculis fieri, forsan etiam statim a baptismo, cum per tantum tempus differatur nonnunquam, minime negamus, neque obest iis, quae supra sunt allata. Syrorum Jacobitarum est ordo brevissimus Philoxeni vel Xenajae Mabugensis, pro infantibus aegrotis, in quo expresse praescribitur, ut sanguine in os eorum stillato communio praebeatur, ut infra videbimus. De Syris Maronitis haec ad Nihusium scripsit Gabriel Sionita[2]: „Dico infantibus sacro fonte nuper ablutis et pueris cochlear solo sanguine delibutum sugendum exhiberi." In ordine Maronitarum Colbertino anonymo, quem infra edimus, jubetur sacerdos digitum in calicem immittere et ita communicare infantulos, ea sub formula: „Corpus et sanguis Christi sit vobis ad vitam aeternam." Nestorianos speciem vini infantibus recens baptizatis tantum porrigere, ex Joanne, filio Isae sive Bar-Abgari, comprobavit Assemanus[3]. Neque obstat rubrica, quae in liturgia Nestorii apud Badgerum[4] est: „Hic sacerdos dividat corpus et tingat unam ex placentis aliquot guttis pro infantibus." Quae conformis est canoni Joannis Bar-Abgari[5], quo jubet, praeter majores hostias pro adultis dispescendas minores parari pro pueris, quas ii frangere non debeant. Id enim non de infantulis modo baptizatis, sed de grandiusculis, qui ad liturgiam accedunt vel afferuntur et corpus intinctum mandere possunt, valere, evidens est. Sane apud Syros idem occurrit, cum Dionysius Barsalibi apud Renaudotium[6] mentionem faciat particularum, quae franguntur ad communionem infantibus tribuendam. Quod, ut recte monuit Renaudotius, de illis infantibus intelligendum est, qui glutire possunt et mandere, non de aliis. Denique Armenos digitum calici intinctum sugendum praebere neobaptizatis, refert Lebrun[7]. Ex anonymo tamen quodam scriptore apud Assemanum[8], digito madefacto accipiunt fragmentulum hostiae consecratae et simul in ore parvuli ponunt. Quod quorundam praxis esse potest, recentius forsan introducta.

3º Insignis porro communionis sub unica panis specie casus est communio infirmorum. Quam tali modo in Alexandrina ecclesia jam antiquissimis temporibus fuisse peractam, ex notissimo illo exemplo a Dionysio Alexandrino in epistola ad Fabium Antiochenum[9] relato emergit. Narrat nempe Dionysius, senem quemdam, Serapionem nomine, cum morti esset proximus, puerum ad sacerdotem misisse. Qui cum et ipse aegrotaret, aliquid Eucharistiae puero dedit, jubens ut aquae intinctam seni in os instillaret. Redit igitur puer ferens buccellam, intinxit et in os infudit. Modo cum Eucharistiam non asservent Coptitae, cum ad aegrotum deferenda est, missa quantocius celebratur etiam media nocte

[1] l. 3. c. 6. n. 37. et App. p. 873. — [2] De ritibus nonnullis Maronitarum epistola ad Nihusium ap. Leonem Allatium in Symmictis Colon. Agripp. 1653. p. 295. — [3] Bibl. Or. T. III. P. II. p. 318. P. I. p. 250. — [4] T. II. p. 287. — [5] Can. 8. Bibl. Or. T. III. P. II p. 240. — [6] Liturg. T. II. p. 112. — [7] Tom. V. diss. 10. art. 21. p. 347. — [8] Cod. liturg. T. III. p. 130 not. — [9] Ep. 5. Migne Patrol. Graecae Tom. 10. col. 1310 sq.

statimque Korbanum ad aegrum affertur. Ita Bernatius et Sollerius[1], qui
ait, certum esse, aegros calice non communicare, sed eo ad summum
modo, quo narrat Vanslebius, feminis Korbanum porrigi, aliquatenus Dominico sanguine tinctum, quod sane ut plurimum omnino exsiccari oportet, donec peragatur liturgia et ad aegrum deferatur. Neque enim ii
sumus, qui Graecis concedamus, hostiam grandiorem, quam feria V. in
Coena Domini calici intingunt et supra patenam positam carbonibus suppositis exsiccant, utramque speciem repraesentare. Probe etiam hac in
quaestione distinguenda est hostia signata tantum ab intincta, quam ad
communionem sub utraque specie exhibendam aptiorem esse, non negamus. Refert etiam Lucas Holstenius in epistola ad Bertholdum Nihusium[2],
se Romae a sacerdote Abyssino, cui nomen Georgius, ejusque socio,
sacerdote et ipso, audivisse, apud Aethiopes moribundis sub unica panis
specie communionem exhiberi, et hunc antiquum et perpetuum Aethiopicae ecclesiae ritum fuisse, etiam antequam Latinorum nomen iis in
regionibus audiretur. Quod testimonium Protestantibus incommodum im-
pugnavit Ludolfus[3], mentitos fuisse monachos illos, ne pro haereticis ha-
berentur et in sua paupertate stipem perderent. Quae si quis de suo
Gregorio dixisset, quem ne quidem hac in re testem contrarium afferre
potuit, de catholicorum iniquitate acerbe conquestus fuisset. Probare
autem conatus est, morem illum apud Aethiopas incognitum esse, ex Ba-
silidis regis epistola adversus Societatis Jesu missionarios, quâ causam
discessionis plebis ab illis non fuisse duas in Christo naturas ait, sed
quod illis negaretur sanguis Christi in Eucharistia. Verum poterant
Aethiopes et ad aegrotos sub unica specie Eucharistiam deferre, et
nihilo secius aegre ferre calicis subtractionem, quae in ordinaria communione fieret. Et re quidem vera usum unicae speciei ad infirmos viatico muniendos antiquitati Alexandrinae consonum esse, ex Dionysii nar-
ratione elucet. Objici etiam potest, quod inferius videbimus, Aethiopes
Eucharistiam non asservare, neminique, etiam aegroto, communionem
extra ecclesiam tribuere, proindeque aegrotos nonnisi in ecclesia et
liturgia celebrata viatico muniri. Verumtamen res est, cujus alia etiam
exempla occurrunt apud gentes illas, ut supra vidimus, in quibus etiam
in liturgia communio sub unica specie tribuatur, quod in aegris usus
esse potest. Variis ex rationibus etiam cum praemissa liturgia communicantur.

Syros panis tantum specie viaticum ad infirmos afferre, res est,
quae ex ipsis eorum canonibus[4] certissime sequitur. Johannes Telae[5],
de modo Eucharistiam ad aegrotos mittendi tractans, quaestionem ita
proponit: „An licet, ut in canistro mittat quis margaritam sanctam ad
infirmum?" respondetque, comminui posse canistam, consultius ergo esse,
ut vel in linteolo mittatur, vel in charta, et comburatur igne illa charta,
vel, ut addit Barhebraeus hunc canonem referens, in lagena, quae statim
ad altare referatur. Porro quaestionem movens, utrum Eucharistia per
modum viatici iterum dari possit illi, qui jam suscepit, ita exprimit: „An

[1] l. 205. p. 143. — [2] Apud Leon. Allatium in Σύμμικτ. Col. Agr. 1653. p.
436 sq. — [3] App. p. 378. — [4] Vide praeter Luhy locis coabernantibus collectos
apud Renaudot Perpetuité l. 8. c. 2. col. 1100 sqq. et Liturg. T. I. p. 270. Barhebraeum C. 4. sect. 4. — [5] Resol. 8.

necesse habet aliquis sumere!sanctum; ubi jam manducavit illud, propter adjutorii necessitatem?" iisdem in responsione affirmativa terminis utens. Jacobus Edessae quaestionem, utrum cuivis Eucharistia committi possit deferenda in domos ad aegros vel alios, non movet nisi de particulis consecratis, et quae appendi collo possint per modum amuloti, vel in lectis reponi, conceditque ejusmodi particulam in folio vineae vel charta aut panniculo postea comburendis ad infimum mitti[2], vel, uti refert Barhebraeus, in folio vineae, vel pane puro postea comedendis, vel lagena, hoc est patena. Non permittit, ut sacerdos equitando Eucharistiam deferens, eam ponat in mantica super asinum, sed ut ferat illam super humerum suum[3], quae sane de calice intelligi nequeunt. Denique apud Gregorium Barhebraeum[4]: „Aegrotus, qui communicat, si velit, ore suo illam (sanctificationem) recipiat, et, si malit, manu sua illam apprehendat eumque participem faciat." Quibus in textibus nulla omnino fit calicis mentio, licet cautelae in afferenda Eucharistia observandae et modus communionis ab aegrotis usurpandus accuratius exponantur: quinimo potius aperte excluditur usus calicis. Concedere oportet, calicem aegrotis nonnunquam exhibitum fuisse, ut ex hac Edesseni decisione sequitur[5]: „Nequaquam licet remanere calicem in crastinum, ne forte mutetur et reus fiat, qui ipsum reliquit. Relinquitur autem calix aut propter aliquos infirmos angustia pressos, quos viaticum sumere oportet, antequam devedant: aut propter jejunantes, qui ad profundam usque vesperam jejunant: praeter hos autem casus calicem servari in crastinum nefas est." Verumtamen ad haec animadvertendum est, aliud esse dicere, calicem aegrotis oportere tribui, aliud posse. Non igitur hoc testimonium illorum vim elidit, quae supra attulimus, eo minus, quia eum tantum casum attingit, quo eadem die, in qua celebrata est liturgia, viaticum ministrandum et quo absque periculo effusionis et profanationis calix ad aegrotum deferri potest, quem potius in ecclesiam vectum vel portatum fuisse praesumere possumus, uti usu venit apud Coptitas. Decretorius est locus ex libro Constitutionum Ecclesiae Orientalis, ab eodem Lamy[6] allatus: „Non licet sacerdoti, praebere corpus sine sanguine, exceptis aegrotis, deferre autem ad hos calicem periculosum est valde: ideoque corpus sine sanguine detur illis."

Ex Nestorianorum numero Eucharistiam sub sola panis specie ad aegros afferri permittere Joannem Isae filium patriarcham et Jesujabum Arzunitam, refert Assemanus[7]. Quoad Jesujabum tamen notandum est, eum, ut ex ejus textu[8] patet, praecipere, ut particula in calicem mergatur et ita in abstersorio calicis ad aegrum deferatur. Alterius autem verba haec sunt: „Placuit Spiritui Sancto et praecepit, ne liceat cuiquam ministrantium mysteria altaris, consecratum panem extra ecclesiam deferre, nisi ad vinctum aut aegrotos gravi morbo laborantes[9]." Josue Barnun patriarcha ait, aliquos doctores permittere, ut, si necessitas postulaverit, sane pro aegrotis, „sacrum Christi corpus" ad tertium usque diem servetur[10]. Quod ex ipsis hominis terminis et rei natura patet, a

---

[1] Resol. 17. — [2] Resol. 9, 10. — [3] Resol. 17. — [4] L. c. p. 22. — [5] Ap. Barhebr. c. 5. sect. 8. Bibl. Or. T. III. P. I. p. 246. — [6] p. 161. — [7] Bibl. Or. T. III. P. II. p. 313. — [8] Ibid. P. I. p. 244. — [9] Can. 19. Bibl. Or. T. III. P. I. p. 244. — [10] Ibid.

nemine ex Nestorianorum coetu ad calicem consecratum extensum unquam fuisse. Neque credimus, Nestorianos a Communione infirmorum sub unica specie abhorrere, quos et in sanis saepissime eodem modo agere videmus.

Armenos solum panem consecratum adhibere canone Isaaci Magni[1] apertis verbis exprimitur: „Presbyteri extra ecclesiam non audeant Eucharistiam ad laicorum domos deferre, ibique illis sacrum panem impertiri, excepto infirmitatis casu." Testantur etiam Galanus[2] et Serposius[3], a sacerdotibus Armenis domum asportari, eumque ab ipsis diutius etiam asservari, ut aegrotis inserviat, quem, licet intinctus fuerit, exsiccari oportet.

4⁰. Sunt et alii praeter infirmorum communionem casus, in quibus Eucharistia sub unica specie extra liturgiam sumitur. Refert Gabriel Sionita in epistola ad Nihusium[4], apud Maronitas in bellum perrecturis et longam seu periculosam iter ingressuris sacrum pignus sub una specie panis secum asportandum concedi, ut illud imminente vitae discrimine praesumant. Quod certe a Latinis illi non didicerunt, apud quos ejusmodi usus a tot saeculis jam evanuit. Testatur etiam Abraham Ecchelensis in epistola ad Nihusium[5], Maronitas et Jacobitas etiam pastoribus, rusticis ac pluribus hujusmodi communionem sub unica specie praebere, quoties eam exigit personarum necessitas. Neque hoc ex recenti fit disciplina, a Latinis forsan accepta, cum Constitutiones Ecclesiae Orientalis modo allegatae aegris addant eos, „qui longe distant ab ecclesia, et qui impedientibus sunt distracti negotiis, ut sunt pastores in montibus degentes et agricolae, qui incolunt villas nec habent ecclesias, nec ecclesiam remotam adire possunt; similiter quoque mulieres, praesertim cum timetur, ne hinc accidat iis ignominia aliqua propter itineris distantiam."

5⁰ Huc quidem referenda est etiam communio cum calice confirmato. Sed cum Orientalium de hac opinionem sufficienter ex monumentis eruere non liceat, alio loco de ea acturi sumus, licet revera usum istum ad sensum antiquitatis, ex qua promanavit, communionem sub unica specie esse constet.

His generatim praejactis de utraque vel unica specie sumenda, sequitur, ut singillatim de pane et de vino consecrato agamus, qualia et qualiter praeberi soleant apud Orientales. Et ut a panis specie incipiamus, notandum praeprimis est, apud omnes Orientales non solum sacerdotes assistentes, sed etiam reliquos clericos et plebem ex eadem cum celebrante hostia communicare posse, non autem apud Nestorianos, quibus nefas est, destinatam sacerdoti, vel celebranti, vel etiam assistenti, hostiam distribuere aliis, uti ex sequenti responso Joannis Bar-Ahgari[6] patriarchae sequitur: „Accidit, duos sacerdotes nullo alio praesente ad altare adesse: quare alter alteri porrigit communionem. Contingit, post advenire fidelium quempiam et communionem expetere. Quaeritur, liceat necne sacerdoti, communionem petenti porrigere ex ea, quam manu tenet hostia!

---

1. Can. 24. p. 280. — ² T. II. p. 603. — ³ T. III. p. 286. — ⁴ Apud Allatium in Συμμίκτοις p. 295. — ⁵ Apud Lamy p. 181. — ⁶ L. 13. Bibl. Or. T. III. P. I. p. 251.

Respondetur, hóc minime licere: nam quod pro sacerdote affertur, ejus oblatio est, nec ei fas est, quidpiam ex eo altari cedere." Ita et Georgius Arbelensis, si communicantes adsint, minus quam tres hostiae ne offerantur, prohibet, quarum duae sacrificio inserviant ut signum et signatum, tertia sit pro communicantibus; plures quam tres, si opus sit, admittit, minus nequaquam, sequens hac in re canonem alterum Joannis Bar-Abgari patriarchae[1]. In quo igitur emendandus est Renaudotius[2], qui putabat, alteram fractionem, quae in liturgia Nestorianorum fit ad particulas pro plebe parandas, ejusdem hostiae esse, quae ad signandum sanguinem inservit. Hostias integras apud Nestorianos ex quatuor carbonibus sive particulis constare, quae fractione in crucis formam separentur[3], sequitur ex canone Joannis Bar-Abgari[4]: „Nec fas esto ordinanti (consecranti), sumere plus quam carbones quatuor, qui integras primitias faciunt. Quum urgens causa, quae profecto illegitima est ac temeritatem audaciamque sapit, id postulaverit, quinque particulas sumere licebit. Plures autem sumere neutiquam fas est." Debent autem ex decreto Joannis Bar-Abgari[5] tali esse mensurae, ut hostia integra duodecim drachmas non excedat: singuli vero carbones tribus drachmis constent, et praeterea pro pueris parvae parentur placentae, quas eos frangere non oporteat. Similis igitur videtur forma oblatae Nestorianorum, quam tradente presbytero Babyloniensi descripsit Richardus Simon in notis ad Gabrielis Philadelphiensis apologiam pro ecclesia Orientali[6], formae, quae apud Syros usuvenit, quam infra delineatam dabimus, ut nimirum pluribus crucibus et laterculis insigniantur, quae plures sunt in hostiis pro patriarcha et episcopis paratis, quam pro presbyteris. Denique quod ad nomen carbonum attinet, cohaeret nomen istud cum illo, quod cochleari imponitur ab Orientalibus, qui eo utuntur ad particulas in sanguinem intinctas distribuendas, forcipis (λαβίς) nempe. Desumtae enim sunt istae denominationes ex visione illa Isaiae prophetae, in qua angelus forcipe ardentem carbonem de altari sumens ejus labia tetigit et mundavit.

Quod ad alteram speciem vini attinet, notandum, non apud omnes Orientales omnibus ex ipso calice praeberi pretiosissimum Christi sanguinem, sed, si Nestorianos excipias, reliqui omnes laicis et inferioris ordinis clericis particulas sanguini intinctas praebent, easque, solis Armenis exceptis, cochleari porrigunt, quod retenta voce Graeca λαβίς vocatur, hoc est forceps. Communionem scilicet corporis Christi, uti modo vidimus, comparant illis, quae in visione Isaiae prophetae contigerunt, cujus labia angelus carbone forcipe ex altari desumpto mundavit, unde nomen carbonum particulis eucharisticis, forcipis vero cochleari tribuitur. Et Arabice quidem „Labidan" vel „Mulaaket" audit, a Coptitis dicitur κοχλιάριον vel μυστηρ, μιστουρι, a Graeca voce μύστρον nomine deducto[7].

Apud Coptitas ex calice bibunt celebrans, alter sacerdos, qui vocatur ministrans vel socius, quem rituales nostri assistentem vocant, diaco-

[1] Can. 17. Bibl. Or. T. III. P. I. p. 243. — [2] Liturg. T. II. p. 588 sqq. 605. — [3] Bibl. Or. T. III. P. I. p. 240. ad can. 8. Joannis Bar-Abgari. — [4] Can. 21. ibid. p. 245. — [5] Can. 8. ibid. p. 240. — [6] p. 105. — [7] Renaudot Liturg. Orient. T. I. p. 262. 309.

nusque ministerio fungens, et episcopus, si adsit nec liturgiam celebret: ministris praebetur sanguis a diacono, ex calice cochleari guttam sanguinis sumente, uti Gabriel patriarcha Alexandrinus in rituali statuit. Secundi vero ordinis clericis et laicis praebetur a diacono communio intincta, ita scilicet, ut ex fractis majoribus partibus hostiae plures particulae in calicem immittantur, quas cochleari praebet diaconus [1]. Apud Aethiopes refert Ludolfus [2] diaconum vinum consecratum cochleari, quod „cochlear crucis" appellant, quia manubrium parva crux terminat, omnibus tam clericis quam laicis tribuere. Item Thecla Maria [3] dicebat, apud suos sacerdotem corpus ministrare, diaconum vero sanguinem cochleari. Distinctius vero et enucleatius id descripsit Lebrun [4] ex relatione Caroli Jacobi Poncet, medici Galli, de suo itinere Aethiopico 1704 impressa [5]. Qui presbyteros communicantes ait sanguinem Christi ex calice bibere, diaconos cochleari parvo uti, laicos, rege excepto, nonnisi particulas sanguini intinctas accipere. Est autem in ecclesia Alexandrina benedictio cochlearis, sicut et aliorum instrumentorum ad confectionem et administrationem Eucharistiae pertinentium, quam ex Coptico versam infra dabimus.

Quae apud Syros hac in re valeant, habemus expressum in nomocanone Barhebraei, cujus verba tum apud Maium [6], tum apud Renaudotium in opere de liturgiis Orientalium [7] ejusmodi sunt. Relato canone Nicaeno, quo diaconi prohibentur sacerdotibus Eucharistiam administrare, sequitur directio: „Calicem ipsi bibant et bibendum porrigant invicem ac saecularibus. Sacerdos autem non potest sine calice corpore solum communicare (Ren. corpus sanctum tribuere); sed, si fieri potest, cum ipse corpus dat, diaconus calicem bibendum tradat. Hoc justum est et canonicum: nam dixit Dominus: comedite de corpore meo et bibite de sanguine meo. Et si fieri non possit, sacerdos intingat corpus in calice, quem ad ipsius dexteram gestat diaconus, et communicet, quemadmodum facimus in Occidente (Ren. ut in Occidente facere solent). Et si neque hoc fieri possit propter multitudinem populi, sigilla, antequam secernat margaritas, sacerdos intingat (Ren. ob nimiam populi multitudinem, antequam separet, margaritam intingat) in calice tempore fractionis et postea communicet, quemadmodum faciunt Orientales (Ren. sicut in Oriente facere solemus). Presbyteros autem et diaconos cum patena (Ren. cochleari) communicet episcopus et similiter sacerdos." De quo canone id primo notandum est, rectam non esse Renaudotii lectionem, in quantum Orientalium et Occidentalium partes immutavit. Neque enim Syri se ipsos Orientales vocant, neque Graecos et Aegyptios Occidentales, sed Orientis partes solenniter vocant Mesopotamiam et Persidem et Orientales Nestorianos. Videtur etiam melior lectio, qua patena dicuntur communicari sacerdotes, cum modus communicandi sacerdotes particulis intinctis opponatur, quamvis in ordine communi Syrorum videantur et ipsi sacerdotes particulas intinctas accipere. Apud Maronitas vero Dan-

[1] Renaudot l. c. p. 261 sq. de quo Renaudotii loco vide quae dicta sunt supra § 1. — [2] L. 3. c. 6. n. 81. — [3] p. 166. — [4] T. IV. diss. 8. art. 2. p. 559. — [5] p. 316, 370. cf. Renaudot Liturg. I. p. 518. — [6] Cap. 4. sect. 5. p. 24. — [7] T. I. p. 263. T. II. p. 119. 121.

dititus [1] sacerdotibus particulas in calice sanguini immixtas cochleari cupreo a celebrante distribui vidit, non secus ac laicis, eo tantum discrimine, quod laicis communicaturis ad altare accedere non liceat. Unde uterque modus apud Syros usuvenire videtur et inde utramque lectionem exortam. Caeteroquin ex testimonio Humberti Cardinalis supra [2] allato saeculo adhuc XI. mediante in ecclesia Hierosolymitana non viguisse cochlearis et particularum intinctarum usum, liquet.

Armeni sacerdotes laicis particulas hostiae sanguini intinctas et ipsi pro communione praebent [3]. Fallitur tamen Renaudot [4], cum Armenis usum cochlearis tribuit, et ex universali, uti autumat, in Oriente usu ejus antiquitatem deducit. Nam Galanus et Serposius, testes omni exceptione superiores, nec non Lebrun [5] partis illius hostiae, quae in calicem immissa est, particulas a sacerdote duobus digitis in linguam porrigi affirmant. Sacerdotes ex Serposio propria manu particulam ex calice sibi sumunt et ita etiam ex calice sacrum sanguinem bibunt. Diaconis particula in palmam datur.

Magis adhuc quoad Nestorianos erravit Renaudotius, dum Nestorianis usum particularum intinctarum et cochlearis accensuit [6]. Neminem hac in re consentientem deprendimus nisi quoad partem Thomam a Jesu [7], qui haec narravit: „Clerici omnes apud Chaldaeos et etiam illi laici, qui alios devotione excedunt, sacram Dominici corporis communionem e manibus propriis recipientes, sub utraque specie communicant, caeteri vero laici corpus Domini sanguine intinctum ore assumunt" quae tamen et aliter forsan intelligi possunt, de hostiae ante fractionem consignatione. Testes vero optimi contrarii sunt. Nam contra Renaudotium Assemanus [8], cochlear apud Nestorianis inauditum, contendit, communemque ritum esse porrigendi in manus Eucharistiam et calicem ori admovendi. Badger [9] vero, qui illas partes perlustratus familiariterque cum Nestorianorum clero conversatus est, Nestorianos tradit, sacerdotes et laicos, hostiam et calicem separatim sumere, sacerdote corpus, diacono sanguinem distribuente, cum Chaldei conversi hostiam sanguine intinctam porrigant. Sed et ordo liturgiae Nestorii, qualem ipse edidit, qui rubricas ad communionem pertinentes amplissime exhibet, contrarium plane evincit eorum, quae Renaudotius vel contendit vel suspicatus est de Nestorianis. Quinimo damnant Nestoriani ritum Graecorum praebendi communionem sanguine tinctam, quodque communionem conferant absque calice. Ita Jesujabus Nisibenus vel quisquis est auctor libri Demonstrationis [10], in quo multa congeruntur adversus Melchitas et Jacobitas. Id unum videtur concedendum, quod in rubrica liturgiae Nestorii habetur apud Badger [11]: „Hic sacerdos dividat corpus et tingat unam ex placentis aliquot guttis (sanguinis) pro infantibus," quod de grandioribus intelligendum esse notavimus. Porro unum adhuc notandum est, ad id, quod dixit Thomas a Jesu, clericos apud Chaldaeos et laicos majoris devotionis communio-

---

[1] p. 114. Gallicae edit. p. 108 sq. — [2] p. 73. — [3] Tavernier T. I. p. 194. Tournefort p. 165. Galanus p. 588. Serpos T. III. p. 32. — [4] Perpétuité l. 8. c. 1. Liturg. T. I. p. 262. 308. — [5] Explication de la messe T. V. Diss. 10. art. 21. p. 389. — [6] Perpétuité l. c. Liturg. T. II. p. 608. — [7] L. 6. c. 2. p. 154. — [8] Bibl. Or. T. III. P. II. p. 311. — [9] T. II. p. 242. 174. — [10] Part. 4. c. 1. Bibl. Or. T. III. P. I. p. 305. P. II. p. 313. — [11] T. II. p. 237.

nem propriis manibus recipere. Id modo jam non amplius usu venit, sed, teste Badgero [1], panis consecratus a sacerdote ori communicantis inseritur. Ex quadam autem praefatione, quae festis solemnioribus cantatur a diaconis, dum populus ad communionem accedit, probat, olim panem consecratum manibus impositum fuisse. Id etiam notavit Assemanus [2] ad canonem quemdam Joannis Bar-Abgari, qua sacerdoti praecipit, ut palmis manuum particulas sumat, neve corporis particulam manu ori inferat, sed ore capiat, quia coelestis est cibus. Eodem modo, ait Assemanus, olim sumptam fuisse Eucharistiam hoc est, hostiam manibus impositam ori admovendo.

Quoad coeteros autem Orientales, qui de hostia majore clerum etiam et plebem communicant, sequentia quoad modum distribuendae speciei panis, quae multo major est quam apud nos, valent. Et quoad Coptitas quidem imprimis attendenda est forma hostiarum, quas adhibent, quamque Sollerius [3] quoad partem anteriorem et quoad alteram Sirmondus in disquisitione de Azymo [4] tradiderunt, estque hujusmodi:

Fig. 1.   Fig. 2.

Notandum porro, ejusmodi hostiae partem mediam quadratam majori cruce signatam vocari apud Coptitas Isbodicon, Isbadicon vel Σπουδιχόν, hoc est, Δεσποτιχόν, scilicet σῶμα; licet hoc nomen ad alias etiam partes extendatur, imo quoad omnes plurali etiam numero usurpetur. Quibus suppositis, sciendum est, ter frangi a sacerdotibus Coptitis hostiam: primo quidem ad illa verba consecrationis: „et fregit eum" in tres partes [5], tum vero recitando orationem, quae dicitur fractionis, post signatum sanguine corpus et corpore sanguinem eas iterum frangit, ita ut hostia in singulas particulas suas dividatur, quas margaritas vocant, Isbodicon vero servetur [6]; denique tertia fractio fit post alteram consignationem et commixtionem corporis et sanguinis ad confessionem fidei de praesentia reali, quam emittere solent Coptitae ante communionem, et est illius partis, quam Isbodicon vocant, in tres partes vel in plures, si hostia magna fuerit [7]. Communioni sacerdotis reservatur particula illa major Isbodicon dicta, seu media illius pars, ex qua consignatus fuit calix, cum aliae sacerdotibus, clero aliisque dignioribus distribuantur, vel etiam con-

---

[1] T. II. p. 242. — [2] Bibl. Orient. T. III. P. I. p. 246 sq. — [3] p. 143. n. 201. — [4] p. 122. — [5] Liturg. Orient. T. I. p. 14. — [6] Ibid. p. 19. 239. — [7] Ibid. p. 23. 251.

signandis aliis calicibus inserviant. Reliquae vero ex hostia fractae margaritae plebi ministrantur.[1] Ita Renaudotius: cum quibus componi possunt, quae Vanslebius[2] tradit, presbyteris et archidiacono communicantibus dari magnam oblatam, quam Corban tax vocant, si dicas, hoc nomine intelligendas esse Isbodici partes. Monet autem Echmimensis apud Renaudotium[3] sacerdotes, ut particulas communicantibus ita frangant, ut neque minimae sint, neque tam magnae, ut una vice absumi nequeant, et ut super unamquamque particulam impressum sit crucis signum, proportione habita, ut facile accipi a communicante queant.

Non admodum ab ejusmodi usu differt modus, qui apud Syros habetur. Eorum hostia ex Sirmondo haec est:

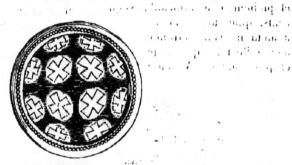

Fig. 3.

Ex Renaudotio[4] plures hostiae sunt partes, crucibus signatae, quarum una media major caeteris est, et inter eas striae profundiores, ut singulae facilius frangi queant. Quod sane figurae apud Sirmondum non satis consonum videtur, quae similem potius Nestorianorum hostiis oblatam exhibet, in quatuor partes dividendam per fractionem in crucis forma. Pars igitur illa major media, de qua Renaudotius, ex quatuor particulis mediis consistere dicenda forsan erit. Tota oblata ex Renaudotio dicitur Kurbono, hoc est oblatio, vel etiam Tabho, sigillum, sicut apud Graecos σφραγίς, quatenus sigillata sive figuris impressa est. Pars major nonnunquam κατ᾽ ἐξοχήν sigillum dicitur, sed et minores Tabahe, sigilla, appellantur. Margaritae etiam appellatione pars major, quando consecrata est, designatur, vel etiam pars desumta ex illa majori, qua calix consignatur, ut duarum specierum unio fiat, uti ait Renaudotius, qui tamen haec nomina anxie nimis ad particulas praecipuas restrinxit.

Ephraemio Syro solenne esse, Christum margaritae comparare, quae partu virginali oritur, omnes norunt, qui ejus opera vel aliquantulum evolverunt. Carbonis (Gamuro) etiam nomen pro particulis occurrit. Nam nimis subtilem esse sigillorum et carbonum distinctionem a Renaudotio statutam, judicamus, cum Joannes Maro in expositione liturgiae S. Jacobi[5] carbones vocet particulas, quae cruce sunt signatae, et sigillum crucis per fractionem deleri prohibeat.

Fractiones hostiae apud Syros tres etiam sunt. Prima fit, cum oblata

---

[1] Ibid. p. 261. — [2] Hist. p. 37. — [3] Ibid. p. 265. — [4] Liturg. T. II. p. 59. 62 sq. 121 sq. — [5] Apud Asseman. Cod. liturg. T. V. p. 379.

altari, imponitur, ut ex ordine communi patet [1]. Altera fit post consecrationem, qua sacerdos hostiam, majorem scilicet ejus partem, in duas partes dividit, quarum alteram intingit in sanguinem, eaque particulas caeteras, quae in disco sunt, signat. Tum partes illas duas iterum conjungit. Deinde particulam ex majori illa parte accipit et in calicem immittit. Tertia sequitur fractio, qua particulae majores in minores dividuntur, quae tum ad confirmandos calices inserviant, tum sanguini immittantur, inde cochleari assumendae et distribuendae, reservatis tamen majoribus quibusdem, quae ad communionem praebentur dignioribus. Ita Renaudotius [2], qui Dionysium Bar-Salibi sequitur. Simili modo Dandinius [3] Maronitarum ritum describit. Post fractionem hostiae celebrantem mediam partem in patena reponere, alteram in tot particulas dividere, quot assistentes sunt, et in calicem immittere, quod reliquum est, sibi reservare. Ex illis in sanguinem intinctis unam sumere, eaque ambas partes, quae in patena sunt, tribus in locis tingere, alteramque statim sumere.

Armeni primo quidem integram hostiam in sanguinem intingunt, tum eam super calicem in tres partes dividunt, quarum unam in sanguinem immittunt. Hanc deinde comminuunt in minutas particulas, quibus plebs et clerus communicantur [4].

Praeter communionis modum, quae fit per calicem consecratum, memorandus hoc loco etiam est alter, qui et apud Occidentales [5] occurrit, per calicem confirmatum, sive consignatum. Cum enim ingentis multitudinis communio per vinum consecratum, majoris quantitatis, quam altare capere poterat, consecrationem exigeret, variisque incommodis esset subjecta, immittebatur antiquitus in vinum non consecratum aliquid vini consecrati, vel etiam particula hostiae consecratae, vinumque ejusmodi pro communione plebi distribuebatur. Non defuerunt, etiam apud Occidentales, qui vinum per admixtionem istam consecrationem strictiori sensu intellectam subire, hoc est transsubstantiari crederent. Verumtamen verus istius ritus sensus erat, ut sanctificaretur quodammodo vel benediceretur vinum, quae sensu latiori consecratio dicebatur ab antiquis. Re igitur vera haec communio cum calicis confirmati sumptione communioni sub unica specie annumeranda est. Verumtamen, cum ex monumentis, quae nobis prosunt, dilucide satis, quaenam Orientalium de ea sit opinio, deduci nequeat, huc istum communionis modum retulimus, licet nobis persuasum sit, verissimum communionis sub unica specie exemplum ex antiquitate promanans, firmissimamque pro ea demonstrationem in ea haberi. Neque ea, quae a Renaudotio [6] hac de re arguuntur, nobis plene sufficiunt, cum nullo documento, calicem confirmatum sub sanguinis Christi nomine praeberi, probaverit. In ecclesiae Copticae

---

[1] Liturg. Orient. T. II. p. 3. — [2] Ibid. p. 109. 111 sq. — [3] p. 103. — [4] Lebrun Explication de la messe T. V. Diss. 10. art. 21. p. 329. 339. Avedichian, Liturgia Armena ed. 2. Venezia 1832. p. 107. Daniel codex liturgicus T. IV. p. 475. ex versione Russica Archiepiscopi Armenorum Argoutinsky 1799 a Nealio anglice edita, ubi tamen dicitur, quatuor fieri partes easque simul in sanguinem immitti. Ita et Smith et Dwigth (ap. Daniel IV. 2 p. 481. in quatuor partes hostiam frangi dicunt. — [5] Vide Mabillonium in praefatione ad Ordinem Romanum ab ipso editum p. 45. 47. et Martenium de antiquis Ecclesiae ritibus lib. 1. c. 4. art. 8. n. 11. 12. — [6] Liturg. Orient. T. I. p. 272.

liturgiis Graecis [1] occurrunt quidem calices plures, qui consecrari videntur, quosque calicibus ministerialibus Latinorum aequiparare liceat.
Verumtamen censet Renaudotius [2], in ecclesia, in qua laicis calix non
praebebatur, sed tantum particulae intinctae, opus non fuisse pluribus
calicibus consecratis, sed istos potius consignatos vel confirmatos fuisse.
Refert [3] etiam ex Abulbircato ritum confirmandi calicis, qui post celebrantis, assistentis et aliorum sacerdotum communionem descriptam ita
pergit. „Si sint super altare alter aut plures calices, eos consecrat,
accipiendo scilicet ex calice majori in liturgia consecrato et fundendo in
alium non consecratum tria cochlearia, dicendo simul orationem, quae
incipit: Benedictus etc. Respondet populus: Unus Pater Sanctus etc.
Prosequiturque illam consecrationem fundendo ter ex uno calice in alium.
Postea particulas consecratas ex Isbodico immittit in calicem majorem,
eas scilicet, quae superfuerant et eas extrahit, partiturque in reliquos
calices." Recte etiam hanc calicum confirmationem apud Syros Jacobitas
usu venire statuit Renaudotius [4], cum in eorum canonibus ejus mentio
fiat. Est apud Barhebraeum [5] Jacobi Edesseni decisio, qua calicem asservari concedit ad aegros viatico muniendos et illos communicandos, qui
ad profundam usque vesperam jejunant, post vero addit: „Praeter hos
duos casus calicem servari in crastinum nefas est. Quum enim sacrum
corpus aderit, pronum est ei (sacerdoti) calicem consignare." Ad idem
argumentum referuntur canones sequentes apud Barhebraeum [6], ex quibus simul sequitur, quoad panem non factum fuisse, quod in vino fiebat,
ut nempe admixta specie jam consecrata confirmaretur vel sanctificaretur.
„Theodosii patriarchae. Si xata venit ad ecclesiam et vinum, et non
egeant oblatione, calicem solum consignent ex vino illo, et sufficit ad
communionem illorum, qui obtulerunt. Sacerdos ille, qui xatam simplicem frangit et addit oblationi, quae sanctificata est, corripiatur et tribus
mensibus suspendatur, et postea ministret. Si venerit xata ad ecclesiam
et non adsit presbyter, potest ipse diaconus accipere ex illo vino et
calicem consignare. Cyriaci patriarchae. Si xata manet, et non offertur
eodem die, ex vino ejus offeratur diebus sequentibus, et si mutetur,
unam tantum guttam sumant ex eo propter participationem." Johannis
Telensis sunt sequentes resolutiones: „Si in calice justa humoris mensura deficiat, potest ipse sacerdos superaddere ei ex illo, quod non est
sanctificatum [7]." Altera vero: „Discipulus: Si quis oblationem sumpserit
calicemque ministraverit, an, urgente necessitate, calicem postea consignare potest? Magister: Si calicem tantum ministraverit, et postea necessarium sit calicem consignare, fidelis est Deus, ut absque culpa sit;
sed hoc ad consuetudinem non fiat [8]." Absque altari consecrato, si adsit
necessitas urgens, calicem consignare permittit [9]. Denique: „Discipulus
interrogat: An fas est, ut margaritam, qua calix consignatus est, sumat
alius, praeter eum, qui calicem consignavit? Magister: Margaritam, qua
calix consignatur, quoties minister calicem ministrat, toties sumat: nec

---

[1] Ibid. p. 180. 301. 338. — [2] L. c. p. 301. — [3] Ibid. p. 272. — [4] Ibid. T. II.
p. 109. — [5] Cap. 5. sect. 8. et Bibl. Orient. T. III. P. I. p. 246. — [6] Cap. 4. sect.
1. p. 20. — [7] Ap. Barhebraeum c. 4. sect. 1. p. 19. In canone tamen 99. Collectionis II. prohibetur sacerdos in calicem infundere. — [8] Resol. 20. — [9] Resol. 14.

de illa mandatum aliquod invenimus[1]." Nestorianos etiam consignationem adhibere, ex sequenti responso Georgii Arbelensis[2] peregrino satis liquet: „Quaestio. Mulieres, quum calicem iis porrigunt, tegunt se., ne videantur, et ambabus manibus calicem tenent, sumuntque. Indica mihi, pollutusne est calix, eumque fas est a sacerdote ad altare referri? Responsio. Quum calix communibus manibus contrectatur, haud dubium quin polluatur. Id vero cum contigerit, oportet, ut sacerdos, antequam illum ad altare referat, particulam ex mensa accipiat, eaque ipsum juxta diaconum consignet inquiens; consignatur calix iste sacro corpore in nomine Patris etc. Si autem sacerdos absit, diaconus solus propter necessitatem illum consignet" Georgius Arbelae, ut ex ejus Declaratione officiorum ecclesiasticorum[3] sequitur, realem praesentiam admittebat cum quadam Impanatione, doctrinae, quae de Incarnatione Verbi apud Nestorianos viget, analoga. Forsan igitur unionem panis et vini cum Christi corpore et sanguine tolli putabat attactu profano. Vel agitur de calice non consecrato, sed consignato. Sed quidquid sit de calice, quem profanatum censet, certum est, ad sanctificationem profanati consignationem ab eo praescribi. Apud Armenos occurrit canon Nersetis et Nersciabuhi[4], quo vinum profanum calici consecrato admiscere prohibent, et sacerdotes jubent ex sancto calice cum timore populo dare, et ea, quae oblata non sunt, non admiscere, ne condemnentur. Quae sane cum usu calicis consignati vix videntur conciliari posse.

§. 4. De asservatione Eucharistiae.

Orientales Eucharistiam pro sacramento permanente habere, ex eorum de transsubstantiatione fide, saepius jam demonstrata[5], evidenter satis sequitur, et modo directis documentis de asservatione Eucharistiae ad communionem extra liturgiam praebendam erit comprobandum. Id tamen negari nequit, in asservanda Eucharistia parciores et meticulosiores se exhibere Orientales. Neque tamen hujus rei ratio inde deducenda est, quod Eucharistiam extra usum Christi corpus et sanguinem non esse autument, sed quod a profanatione et corruptione religiosissime, imo scrupulose, praeservare velint. Cum enim in calidioribus illis regionibus panis, praesertim fermentatus et male coctus, qualem ipsi ad Sacrum faciendum adhibent, facile vel nimis durus vel mucidus fiat et corrumpatur, magis etiam insectorum insultibus exponatur, Eucharistiam diutius asservare verentur. Profanationem etiam timent, quam Muhamedani in Christianorum templa irruentes, eaque depraedantes crebro Eucharistiae asservatae inferre possent. Multa nihilominus asservationis exempla apud eos occurrunt.

Coptitas Eucharistiam post missam non asservare, commune est testi-

---

[1] Resol. 10. — [2] Bibl. Orient. T. III. P. I. p. 248. — [3] Tr. 4. c. 24. Bibl. Orient. T. III. P. I. p. 534. — [4] I. can. 6. II. can. 7. p. 274. — [5] Vide Renaudotium in opere de liturgiis Orientalium et in parte ultima operis Perpétuité de la foi de l'église sur l'Eucharistie, Th. Lamy in diss. de Syrorum fide et disciplina in re Eucharistica, et nostri operis Kritik der Vorlesungen des Hrn. Prof. Thiersch über Katholicismus und Protestantismus. Part. 3. p. 127 sqq.

monium Bernati [1], Sollerii [2], Vanslebii [3], qui rationem hanc ab ipsis afferri
ait, quod de agno paschali aliquid residuum esse prohibitum fuerit: Est
etiam in eorum collectionibus canon S. Athanasio tributus [4], qui prohibet,
ne quid de corpore Domini relinquatur a vespere ad crastinum diem.
Quam aegroto de viatico est providendum, tunc, teste Bernato apud
Sollerium [5], ritualia praescribunt, ut missa quantocius celebretur, etiam
media nocte, statimque Korbanum ad aegrotum deferatur. Quod ex antiqua Ecclesiae disciplina non fieri, ex illo a Dionysio Alexandrino memorato casu liquet, quo presbyter aegrotus paratam nocte intempesta
speciem panis habebat, quam seni moribundo per puerum mitteret. Cyrillus etiam Alexandrinus in epistola ad Calosyrium libro contra Anthro-
pomorphitas praevia [6] errare dicit eos, qui putant, Eucharistiam nihil ad
sanctificationem valere, si quid ex ea reliqui fiat in alium diem. Ipsi
Coptitae, teste Sollerio [7], dicunt, se olim in arca asservasse Eucharistiam,
verum cum quondam a serpente vorata fuisset, id a patriarcha fuisse
prohibitum. Maximi vero hac in re momenti sunt, quae a Renaudotio
in Historia patriarcharum Alexandrinorum [8] referuntur.

Christodulus patriarcha LXVI. saeculo XI. mediante, profectus ad
vallem Habib, ut solebant patriarchae in quadragesima, observavit in
monasterio S. Macarii sacerdotes, quod etiam Alexandrini facere solebant,
Dominica Palmarum Eucharistiae partem reservare usque ad feriam quartam majoris hebdomadae. Id Christodulo non placuit, unde illos admo-
nuit, observanda esse, quae circa Eucharistiae reverentiam constituta
erant, cavendumque ne mucesceret aut corrumperetur, jussit tandem, ne
quid tale postmodum fieret, proposita excommunicationis poena adversus
inobedientes, quam sanctionem publicavit adstantibus episcopis. Verum
obsistentibus monachis insolenterque clamantibus, an decessoribus suis
meliorem se existimaret, recepit se in monasterii bibliothecam, ubi sermonem
composuit ad vindicandam disciplinam, quam observari jusserat. Lectus
est in publico consessu atque ita probatus, ut omissa ulteriori controversia, omnes in ejus sententiam concesserint et consuetudo illa servan-
dae Eucharistiae sublata sit. Notat Renaudotius, hanc prohibitionem non
valere de Eucharistia ad infirmorum communionem servanda, cujus consuetudinis apud Orientales dudum observatae exempla et praecepta passim occurrant in libris ecclesiasticis. Qui in eundem sensum loquitur in
suo de Liturgiis opere [9], Jacobitarum Syrorum constitutiones ab Alexandrinis susceptas esse arguens. Verumtamen supra aliorum testimonia
attulimus, ex quibus etiam pro aegris non asservari apud Coptitas Eucharistiam sequebatur. Sufficiat nobis ipsos concedere, olim ejusmodi usum
apud se non fuisse. Majoris ponderis est, quod de modo asservandi
Eucharistiam, quae praeter voluntatem remansit, attulit Renaudotius [10] ex
responsis quibusdam canonicis, quae licet ab ipso expresse non tribuantur Coptis, tamen ex anonymis illis quaestionum et responsionum collectionibus esse videntur, quas apud ipsos haberi testatus est [11]. Nam

[1] Ap. Legrand. diss. 11. p. 315. — [2] p. 204. — [3] Hist. Part. 3. c. 5. p. 150.
— [4] Can. 77. ap. Vansleb. Hist. p. 291. — [5] n. 205. p. 143. — [6] T. IX. operum
ed. Migne col. 1076. — [7] p. 204. — [8] p. 429. — [9] I. p. 270. — [10] Liturg. T. I.
p. 273. — [11] Perpétuité l. 9. c. 5. col. 1178.

Syrorum Jacobitarum esse non possunt, cum ab eorum disciplina abhor-
reant, qui facilius Eucharistiam asservant, in capsulis etiam, propriumque
Persarum in suo nomocanone dicant morem, quem commendant, tamen
per noctem apponere altari, in quo remansit Eucharistia, ut infra videbimus. Quaeritur igitur illo loco: „An particula reperta, postquam sacerdos aquam biberit, ab eo possit absumi.“ Negatur et statuitur: „ut alicui
sacerdoti vel diacono, qui communionem perceperit, nec aquam postea
biberit, praebeatur, aut laico, si nullus alius jejunus reperiatur. Si nullus
omnino, sacerdos ponet particulam a se repertam in disco, quem velis
suis operiet, accendetque circa illum cereos duos et lampadem ad Orientem, ipseque sacerdos custodiam illius corporis assumet usque in sequentem diem, quo cum celebrabitur liturgia, ipse illud percipiet jejunus,
nullo fungens ad altare ministerio. Quodsi nequeat vacare ipse solus
custodiae corporis sancti ob praecedentem vigiliam noctis, quae liturgiam
antecessit, adjungere sibi permittitur sacerdotem aliquem vel diaconum.“
Simillimam apud Nestorianos disciplinam videbimus, quos etiam parcissimos in asservanda Eucharistia deprehendemus. De asservatione Eucharistiae apud Coptitas ait alibi [1] Renaudotius, non extitisse, qui usum illius
reservandae impugnaverit, praeter Michaelem Damiatensem, inficetum
illum confessionis peccatorum eversorem. Nam duo esse, quae sacramenti apud illos reservationem demonstrent: missam praesanctificatorum
et communionem infirmorum. Utramque apud Coptitas viguisse certissimum esse. Nam in codice graeco-arabico bibliothecae regiae, ex quo
liturgias Basilii et Gregorii Theologi Alexandrinas edidit, allegari liturgiam Praesanctificatorum. Canones autem varios de communione infirmorum in collectionibus extare. Quae de Michaele Damiatensi notitia
inservire poterit rationi reddendae de adeo restricta apud Coptitas Eucharistiae asservatione, quam ille forsan ideo impugnabat, ut cum communione extra liturgiam confessionem everteret. Idem, quod de Coptis
valet de Aethiopibus, de quibus Zagazabus apud Damianum Goez [2]: „Sacramentum Eucharistiae non servatur apud nos in templis, ut fit hic
apud Europaeos, nec aegroti corpus Dominicum accipiunt, nisi dum con-
valuerint . . . . . . Et omnes idem volentes facere templum accedunt,
quippe nemini datur nisi in ipso templo.“ Ludolfus quoque Aethiopes
ait quotidie panem ad Eucharistiam recentem pinsere et mirari, Latinos
panem sacrum in crastinum asservare. Quae sane quomodo conveniant
cum iis, quae Lucas Holstenius de communione aegrotorum a sacerdote
Aethiope audivit, difficile est perspicere. Non tamen plane sibi contra-
dicere dicendum est, cum in illis gentibus saepius occurrat, in partibus
aliis alios esse usus, majoremque vel minorem in disciplina observanda
severitatem vel laxitatem, uti supra jam animadvertimus.

Non adeo stricta est Syrorum disciplina, licet et ipsi longius asservari Eucharistiam non audent, in eo praesertim largiores caeteris, quod
et calicem asservari non omnino prohibeant, unde falli dicendi sunt Pel-
liciam [3] et Selvaggium [4], cum dixerunt, nunquam et nuspiam asservatam

[1] In opere Ms. de ordinationibus p. 57. — [2] p. 68. — [3] De Ecclesiae politia
T. III. diss. 1. p. 78 sq. Apud Perrone Prael. theol. tr. de Eucharistia c. 3. prop. 4.
t. 193. not. 5. — [4] Antiquitatum christianarum Institutiones lib. 3. c. 10. n. 6 sqq.
contra Baronium Tom. 5. ad a. 404. et Bellarminum Controv. T. 3. l. 4. c. 4.

fuisse calicem. Jacobus Edessenus [1] morem rejecit, qui est Graecorum, servandi toto anno ex consecratis feria 5. hebdomadis mysterii, sed ea ex ratione, quod ejusdem sit insaniae ac ponere differentias in sanctis sacramentis. Idem apud Barhebraeum [2] de calicis asservatione haec habet: „Nequaquam licet remanere calicem in crastinum, ne forte mutetur, et reus fiat, qui ipsum reliquit. Relinquitur autem calix aut propter infirmos in mortis articulo constitutos, quos viaticum sumere oportet, antequam decedant, aut propter jejunos, qui ad profundam usque vesperam jejunant. Praeter hos duos casus calicem servari in crastinum nefas est. Quum enim sacrum corpus aderit, pronum est ei (sacerdoti) calicem consignare.“ Sane corpus sanctum asservari in capsula supposuit in resolutione [3], qua saeculari aut mulieri concedit, ut oblationem manibus suis ex capsula sumat, ob vasis difficultatem et profunditatem, quando non adest sacerdos, qui porrigat eis. Nam, ut rectissime ad hanc animadvertit Cl. Lamy [4], sermo hic esse non potest de communione, quae intra liturgiam fiat, in qua sacerdos nunquam deest. Idem eruendum erit ex communione, quam per diaconissas sanctimonialibus, cum deesset sacerdos vel diaconus, et puerulis etiam tribui vidimus. Quibus Jacobus Edessae [5] iis in casibus praecipit, ut ex theca sacramenta accipiant, non autem ex mensa sancta altaris sumere concedit, aut super hanc ea reponere. Johannes Telae apud Barhebraeum [6] ita loquitur: „De manna, quod figura fuit hujus panis coelestis, dixit Deus: singulis diebus colligite et ne residuum ex eo servetis in matutinum.“ Ideoque oportere, ut plus non offeratur, quam pro communione necessarium sit, et ut margaritae minutae fiant. Addit tamen: „Et si superest ex margaritis, custodiantur caute et aliis diebus dentur.“ De Maronitis conquestus est Dandinius [7], quod sacramentum altaris in scatula lignea, sine lumine in aliquo muri foramine vel alibi asservent, ex timore, uti videtur, maxime Turcarum, ne ipsum profanationi submittant. In quo non tantum abusus, sed et reliquiae quaedam antiquioris disciplinae, qua in arca vel capsula asservatam Eucharistiam apud Jacobitas Aegyptios et Syros vidimus, admittendae sunt.

Parcissimos hac in re eum Coptitis se exhibent Nestoriani. Exprobrat Jesujabus, episcopus Nisibenus, saeculo XII. exeunte et XIII. ineunte, sive alius ejusdem aevi Nestorianus auctor tractatus adversus Mahometanos, Judaeos, Jacobitas, Melchitas [8], his duabus sectis, quod Eucharistiam tamdiu repositam conservant, ut corruptioni et muribus ipsis obnoxia sit; quod in jejunio liturgiam celebrant feria prima pro tota hebdomada et ex Eucharistia illa singulis diebus proferunt, quod sumant contra sacros canones, quibus praecipitur, ne Eucharistia vel una nocte maneat; quod quandoque plures hostias sumunt, ex oblatione scilicet illius diei, et ea, quae reposita fuerat. Huc referuntur canones sequentes Johannis Bar-Abgari, patriarchae saeculo X. ineunte: „Placuit Spiritui Sancto et praecepit, ne panis (sacrificio distinatus) ad duos dies coquatur, neve ex pane eodem quidpiam servetur in crastinum diem et

<hr/>

[1] Resol. 7. — [2] Cap. 5. sect. 8. et Bibl. Or. T. III. P. I. p. 246. — [3] Resol. 8. — p. 217. — [5] Resol. 24. — [6] Cap. 4. sect. 1. p. 19. — [7] p. 111. — [8] Parte 4. c. 1. (Bibl. Or. T. III. P. I. p. 305.)

consecretur, pro hoc et pro altero die sequenti, neve consecratio agatur
ad biduum. Qui bis temere contravenerit, a gradu suo arceatur in
verbo Domini [1]." „Placuit Spiritui Sancto et praecepit, ne thesaurus
(sacramentum) super altari ad biduum relinquatur. Corpus enim super
altari ad diem sequentem relinquere, nec vetus nec nova lex permittit.
Scriptum est enim in lege Moysis (Exod. c. 12.): nec remanebit quidquam ex eo usque mane. Qui secus attentaverit et hoc mandatum transgressus fuerit, anathema esto a Spiritu Sancto per manus patrum nostrorum. Et haec in verbo Domini [2]." „Placuit Spiritui Sancto et praecepit, ut qui venerabile corpus ordinat, satagat particulas suscipere una
cum sumptione particularum phialae (patenae) aut abstersione calicis [3]."
Nota tamen sequentem: „Placuit Spiritui Sancto et praecepit, ut si necessaria et minime voluntaria causa exigat, ut sacra mysteria super altari
in diem crastinum serventur, eo quod non adsit, qui una cum eo, qui
mysteria celebravit, eadem sumere valeat, alterum ex duobus fiat: et
siquidem Christianus vel Christiana inveniatur, qui simul sanguinem amboque mysteria consumat, id faciat, sciens ea, quae supersunt, ad communionem mysteriorum pertinere. Si autem sanguinem duntaxat sumat,
corpus autem propter suam quantitatem consumi nequeat, servetur in
diem crastinum super altari, curaque eidem adhibeatur, ut lampades
ceram eo ardeant et nocturnum officium peragatur. Quod si contigerit,
ambo mysteria remanere, eo quod non adsint, qui ea sumant, noverit
quicunque eorum minister erit, oportere ipsum pedibus suis insistere
usque ad horam ordinationis (communionis) sive de nocte, sive de die,
nec ipsi licere, illorum ministerium, quin alius ejus vices suppleat, de-
serere. Et haec in verbo Domini decrevimus [4]." In idem recidit canon,
quem Barhebraeus [5] Persis hoc est Nestorianis tribuit, forsan ad hunc
Johannis respiciens: „Persae. Altare, in quo mansit oblatio, sine lumine
non relinquatur per totam noctem." Ex quibus statutis liquet, permanentem Christi praesentiam a Nestorianis admitti, et nonnisi ex rationibus
disciplinaribus asservationem prohiberi, maxime, cum Joannes expresse
etiam dicat: „ea, quae supersunt, ad communionem mysteriorum pertinere." Neque unanimis haec in disciplina erat inter ipsos Nestorianos
opinio, ut ex decisione Josue Barnun, patriarchae [6], anno 824 defuncti,
sequitur: „Interrogatio: „Fas est, remanere in crastinum sacrum Christi
corpus necne? Solutio. Plerique doctores id nullatenus probant. Aliqui
tamen permittunt, ut quum necessitas postulat, ad tres usque dies servetur." Veruntamen omnes diutius asservari sacram Eucharistiam non
permittebant et ab asservatione plus minus abhorrebant propter periculum corruptionis. Hinc liturgiae Nestorianorum sacerdotem jubent omnia,
quae de sacra mensa reliqua sunt, consumere [7]. Hujus etiam generis
sunt, quae de communionis modo Georgius Arbelensis metropolita Nestorianus saec. X., exponens canonem 21. Johannis Bar-Abgari patriarchae, habet: „Quaestio: Scriptum est in admonitionibus, non licere presbytero ordinare (h. e. consecrare) plus quam quinque particulas et

---

[1] Can. 16; Bibl. Or. T. III. P. I. p. 243. — [2] Can. 20. p. 244. — [3] Can. 24.
p. 246. — [4] Can. 25. p. 246. — [5] C. 4. sect. 2. p. 82. — [6] Bibl. Or. T. III. P. I.
p. 244. — [7] Badger T. II. p. 242.

ministrare tres. Nunc vero videmus, aedituos tradere populo duas et
tres particulas, et diacono plus quam tres, et presbytero plus quam quinque. Responsio. Hic canon in coenobio observatur, ubi aedituus numerum accedentium praeter propter novit. At in ecclesiis civitatum inde-
finitus numerus est: quandoque enim communicant centum et quandoque
bis centum. Quoniam vero nequeunt sacerdotes custodire thesaurum,
qui ipsis remanet, populo eum distribuunt." Eandem causam reddit, cur
in Paschate h. e. feria quinta majori plures hostias diaconus et clerici
sumant: „Propter eam, inquit, quae corpori Christi debetur reverentiam;
ne scilicet quidquam ex eo remaneat in sequentem passionis diem."

Armenos Eucharistiam asservare, ex sequenti canone sequitur, qui
id tantum prohibet, ne per nimium temporis spatium id fiat. Est autem
Johannis Stylitae, ab aliis Moysi Chorenensi tribuius [2]. „Q. Utrum liceat
panem oblatum, consecratum ac in corpus Dei conversum, anno integro
in tabernaculo conservare, uti aliqui solent, vel etiam ultra annum,
necne? R. Minime licet, nisi a die Dominica ad Dominicam, vel a sacrificio ad sacrificium, non autem diutius." In viaticum aegrotorum domi
etiam a sacerdotibus Eucharistiam asservari, ut paratam etiam tempore
intempestivo habeant, testantur Galanus [3] et Serpos [4]. Galanus etiam ait
in templo asservari, conqueriturque tantum, id absque luminaribus vel
alio venerationis indicio fieri, servari etiam in domibus privatis, ex quo
multae irreverentiae erga tantum Sacramentum emergunt. Quod Serpos
non de Eucharistia, sed de eulogiis valere contendit.

§. 5. De Eucharistia extra ecclesiam deferenda et ritu communio- nis extra liturgiam.

Sicut in asservando sanctissimo Sacramento, ita etiam in eo extra
ecclesiam deferendo parciores nobis se exhibent Orientales, ita tamen,
ut et hic exempla ritibus nostris consona occurrant, solennis nempe
delationis per modum processionis, quae in eo maximi momenti sunt,
quod dogmata de permanentia Sacramenti et adoratione Eucharistiae
validissimo fulciant argumento. Quae cum in communione ad infirmos
deferenda, vel in aliis quibusdam casibus, quibus communio extra liturgiam confertur, occurrant, qui et ipsi rariores sunt apud Orientales,
utramque materiam conjungendam censuimus, ne eadem repetere oporteat.

Coptitas Eucharistiam de loco in locum non deferre, neque in processione, neque ad communionem aegris praebendam, tradidit Vanslebius [5]. Quod, quantum ad aegros attinet, contradicit testimonio Bernati
apud Sollerium [6], qui Korbanum ad aegros deferri ait. Est etiam inter
canones Athanasio tributos 35, qui jubet aegroto soli domi suae tribuendam communionem [7]. In ordine extremae unctionis ex codice Vaticano 78 a nobis edendo praecipitur, ut aegrotus, si nullum obstet impedimentum, sancta sacramenta accipiat, quae ex contextu de aegroto domi

[1] Bibl. Or. T. III. P. I. p. 245. — [2] Cap. 9. p. 361. cf. Isaaci III. (defuncti
703) can. 9. p. 360. — [3] p. 558. 608. — [4] T. III. p. 280. + [5] Hist. Part. 3. c. 5.
p. 130. — [6] n. 205. p. 143. — [7] Vansleb. Hist. p. 285.

manente valere videntur. Quidquid hac in re de usu vel abusu hodierno
habendum sit, certissimum est, ex canonibus in ecclesia Alexandrina adhuc valentibus deferendam esse ad aegros et alios legitime impeditos,
et cum certis quidem solennitatibus, Eucharistiam, ut extra liturgiam
communionem suscipiant. Haec statuta ritumque praescriptum retulit
Renaudotius[1]. In omnibus Orientalium collectionibus, ait ipse, canones
sunt, qui S. Athanasio tribuuntur, eo quod regulas olim in Alexandrina
ecclesia vigentes repraesentent. In canone 36. haec verba sunt: „Nullus
sacerdos mysteria extra ecclesiam per plateas deferat, nisi pro aliquo
infirmo, qui in urgente periculo versetur; et tunc infirmo soli communionem tribuit." Inter alios canones, qui peculiarem titulum non deferunt nisi „Sanctorum Patrum fundatorum antiquorumque patriarcharum
ecclesiae Alexandrinae, secundum traditionem a S. Marco acceptam,"
iste reperitur: „Patres dixerunt et mandaverunt, non licere Eucharistiam
extra sanctuarium deferre, nisi ad infirmum, vel ad alium, qui ex urgente necessitate et ex causa legitima ad ecclesiam venire non posset.
Deferetur igitur ad ipsum in vasis consuetis, quae velo suo cooperientur,
simulque deferentur luminaria et thuribula. Fiet quoque lectio precum
consuetarum coram aegro, donec communicaverit. Nullus ex iis, qui
Eucharistiam deferunt, sedebit, sed omnes coram ipsa prosternentur,
donec ad altare reportata fuerit." Abyssinos, gentem rudem et ignaram,
gnaviter hac in re peccare, non solum ex Ludolfo[2] sequitur, qui eos ait
nonnisi inter sacros parietes communicare, nam extra aedem sacram in
privatas domos mysteria ferre, summum nefas putare, atque id neque
regem, neque metropolitam sibi arrogare. Sed etiam Zagazabus[3]
Aethiops ipse, testatur aegrotos non communicare, nisi cum convalu-
erint, et omnes idem volentes facere templum accedere, cum nemini
detur, nisi in ipso templo. Corruptelae sunt istae ab antiquo Alexandrinae
ecclesiae more nimium quantum distantes, cum presbyter ille apud Dionysium, Eucharistiam etiam puero ad moribundum deferendam tradere,
religioni non duxerit. De quibus tamen repete, quae paragrapho prae-
cedenti sunt dicta. Ratio autem, cur aegrotis persaepe viaticum non
tribuatur apud Aethiopes, ex Mendesio patriarcha Latino[4] haec est, quod
ad communionem nonnisi peracta poenitentia admittere soleant, quae
nonnunquam prolixa satis est et gravis, putantes, nil profuturam moribundis confessionem, si desit tempus ad satisfactionem peragendam.

Largissimos hac etiam in parte se praebent Jacobitae Syri, ita ut
laico etiam, et simplicissimo modo deferendam et ministrandam tradant
Eucharistiam, imo laicos sibi ipsis Eucharistiam sumere permittant. Et
primo quidem extra sanctuarium deferre Eucharistiam sacerdoti permittit
Johannes Telensis[5]. „Discipulus interrogat: An fas est, ut ex mensa
sancta mysteriorum efferat sacerdos margaritam in manu sua, et det illam
homini extra sanctuarium? Magister respondet: Convenit, ut propter
honorem consecratorum efferat in capsula margaritam illamque praebeat:
si autem festinanter agere coactus afferat cum calice margaritam in

[1] Perpétuité. T. 8. c. 2. col. 1101. — [2] L. 3. c. 6. n. 88. — [3] Apud Damianum
Goes p. 98. — [4] L. 1. c. 4. n. 6. ap. Legrand. T. 4. c. 9. col. 850. c. 2. col. 868.
— [5] Resol. 11.

manu sua eamque det alicui, propter angustiam temporis et quia solus est, non est culpa." Sub Johannis Telae etiam nomine haec retulit Barhebraeus [1], responsionem istam forsan commentans: „Sine capsula non proferat sacerdos carbonem manu sua, ut alicui det. Si magna sit phiala hoc est patena et multa xata, ex quatuor angulis ordina cruciformiter, et si parva, unum super altero pone sigilla." Asservare calicem extra ecclesiam etiam deferendum et extra liturgiam ministrandum admittit Jacobus Edessae apud Barhebraeum [2]: „Relinquitur calix propter infirmos in mortis articulo constitutos, quos viaticum sumere oportet, antequam decedant, aut propter jejunos, qui ad profundam usque vesperam jejunant." Qui et pro similibus casibus calicem non consecratum extra liturgiam confirmare permittit, ita pergens: „Praeter hos duos casus calicem servari in crastinum nefas est. Quum enim sacrum corpus aderit, pronum est ei (sacerdoti) calicem consignare." Ita et Telensis urgente necessitate post oblationem sumptam et calicem ministratum calicem consignare concedit, dummodo id ad consuetudinem non fiat [3], etiam absque tabula consecrata [4]. De diaconissis tum sororibus, tum puerulis sacram synaxin, sane extra liturgiam, ministrantibus, item de Eucharistia a laicis, absente sacerdote, per se ipsos sumenda, supra disseruimus, ubi de ministro Eucharistiae. De stylitarum communione haec Jacobus Edessenus apud Barhebraeum [5]: „Neque rursus fas est, ut ponatur corpus sumtum apud stylitas supra columnam, si adest, qui iis communionem porrigat." De modo deferendi Eucharistiam ad aegrotos responsio est Jacobi Edesseni [6]: „Adaeus: An fas est sacerdoti, ponere oblationem in mantica super asinum superque eam equitare? Jacobus: Non licet sacerdoti, ponere corpus Dei in mantica superque eam equitare. Sed ferat illam super humerum suum. Et si equitare necesse sit, sic corpus Dei portans equitet." De Eucharistia ad aegrotos per laicos mittenda, et a laico moribundo ministranda vel ab ipso sumenda, plurima supra retulimus, ubi de ministro Eucharistiae disserebamus. Mittebatur vero Eucharistia ad aegrotos per quosdam in canistro, quod tamen Johannes Telensis rejicit, eo quod accidere possit, ut canista comminuatur et cum eo margarita sancta. Praefert ipse, ut in linteolo mittatur vel in charta et deinde comburantur [7], aut quod Barhebraeus [8] ejus decisionem referens addit, in lagenis hoc est patenis, ita ut subito redeant ad altare. Jacobus etiam Edessenus [9] in panniculo lineo vel charta postea comburendis vel in folio vitis postea comedendo vel comburendo, vel, ut addit Barhebraeus canonem referens [10], in pane puro, qui postea comedatur. Quoad communionem infirmorum expenditur etiam a Johanne Telensi [11] quaestio, quae et apud nostros casuistas occurrit: „Discipulus: An necesse habet aliquis sumere sanctum, ubi jam manducavit illud, propter adjutorii necessitatem? Magister: Propter necessitatem adjutorii aegro sanctum praebendum est, etiamsi illud jam manducaverit aeger; neque propterea repellendus est a sacris sacramen-

---

[1] Cap. 4. sect. 4. p. 24. — [2] Cap. 5. sect. 8. et Bibl. Or. T. III. P. I. p. 246. — [3] Resol. 20. — [4] Resol. 14. — [5] Cap. 7. sect. 10. Lamy. p. 188 not. — [6] Resol. 17. — [7] Resol. 8. — [9] C. 4. sect. 4. p. 24. — [8] Resol. 10. — [10] C. 4. sect. 4. — [11] Resol. 17.

tis. Idem occurrit apud Jacobum Edessae[1]: „Nequaquam prohibetur particulam ex sacramentis dare, ut illam sumant aegroti ad adjuvamen et sanationem animarum et corporum, etiamsi aegroti sacramentum jam manducaverint." Ex Constitutionibus ecclesiae Orientalis[2] vidimus, sacerdotes corpus absque calice delatum ad aegrotos et ad alios, qui longe distant ab ecclesiis et facile accedere nequeunt, ut sunt pastores in montibus degentes, agricolae in villis, mulieres, quae ignominiae alicui in itinere exponerentur. Quod adhuc apud Jacobitas et Maronitas fieri Abraham Ecchellensis in epistola ad Nihusium testatur. Porro Gabriel Sionita in epistola ad eundem Nihusium de ritibus aliquibus Maronitarum[3] testatur, ab ipsis sacrum corpus ad bellum perrecturis et longum seu periculosum iter agressuris secum asportandum concedere, ut illud imminente discrimine sumant.

Sicut in asservanda ita et in deferenda et ministranda extra liturgiam Eucharistia strictissimos se ostendunt Nestoriani, in hoc Coptitis consentientes. Moderanda tamen sunt, quae ait Assemanus[4], ex Nestorianis Jesujabum Nisibenum et Georgium Arbelensem Eucharistiam extra ecclesiam deferri etiam ad infirmos vetare. Nam quod ad Nisibenum spectat, id tantum Jacobitis exprobrat, quod mulieribus etiam et pueris per vicos et domos deferendam tradat[5]. Georgii vero textus hic est[6]: „Quaestio: An licet, Sanctum ad infirmos extra ecclesiam deferri aut ad fidelium aedes deportari. Responsio. Nefas est, Sanctum extra ecclesiam deferri et per loca immunda transire, excepta necessitate, sed usque ad exteriorem portam ecclesiae; idque cum luminibus et thuribulis. Extra vero portam exteriorem ecclesiae omnino nefas est." Quae verba delationem non absolute excludunt, et id unum exigere videntur, ut aegroti ad ecclesiam afferantur. Mitiores sane se praebent plures ex eadem Nestorianorum secta, uti est praeprimis Jesujabus Arzanita, patriarcha saec. VII.[7]: „Si quis autem infirmus est, aut aliqua necessitas id cogat, sumunt particulam, eamque in calicem mergunt, et ponit eam sacerdos in abstersorio calicis et pergit diluculo, cum adhuc tenebrae sunt, ad infirmum, psalmos secreto canens, quamdiu particulam gestat et porrigit: interim non sedet. Mox psalmos eadem ratione canens ad ecclesiam regreditur." Neque abludit ab eo antiquior adhuc scriptor Moses, episcopus Carchae circa annum 540., in libro suo de bonis operibus[8]: „Nefas est Eucharistiam ex ecclesia extrahere, nisi propter infirmum, aut necessitate aliqua impeditum, qui ad ecclesiam accedere nequeat. Quum vero id necessitas postulaverit, deferatur oportet ad eum Eucharistia cum instrumentis suis et cooperiatur vestimentis suis, comitantibus diaconis cum cereis et thuribulis, atque ita infirmo porrigatur. Ne quis autem eorum, qui ipsam deferunt, humi sedeat, donec ad locum sdum super altari reducatur." Denique Joannes Bar-Abgari patriarcha[9]: „Placuit Spiritui Sancto et praecepit, ne liceat cuiquam ministrantium mysteria altaris, Sanctum extra atria ecclesiae deferre, nisi ad vinetum, aut aegrotos gravi morbo laborantes die festo Resurrectionis nocturno

[1] Resol. 12. — [2] Ap. Lamy. p. 191. — [3] Apud Allatium in Symmictis p. 295. — [4] Bibl. Or. T. III. P. II. p. 314. — [5] Bibl. Or. T. III. P. I. p. 805. — [6] Ibid. p. 244. — [7] Ibid. — [8] Ibid. p. 276. — [9] Can. 19. ibid. p. 244.

tempore ex mandato praestitis et rectoris. Qui illis exceptis, quasi hominibus placere volens, temere divina mysteria ludibrio habere praesumpserit, eadem e sanctuario efferendo, nefas esto illi istud attentare in verbo Domini.

Armeni moderamen rectius quam Coptitae et Nestoriani observant. Est autem hac de re canon Isaaci Magni, Armenorum catholici, iste: „Presbyteri extra ecclesiam non audeant Eucharistiam ad laicorum domos deferre, ibique illis sacrum panem impertiri, excepto infirmitatis casu, imo vidimus, sacerdotes etiam panem sanctum in domum propriam deferre, ibique in usum infirmorum longius asservare, quod sane vituperandum est. De modo conferendae aegrotis communionis per modum viatici vel aliis extra liturgiam hae sunt Johannis Stylitae responsiones: „Q. Utrum oporteat presbyterum, extra ecclesiam, urgente necessitate, in carcere detentis vel infirmis sacramentum Eucharistiae administrantem recitare orationes, quae fiunt ante consummationem, vel eas, quae post, in gratiarum actione; nec ne? R. Oportet illum recitare orationes, quae sunt ante consummationem[2]." Et altera: „Q. Stylita, vel anachoreta, qui sacramentum Eucharistiae percipere vult, debetne in suo eremio, vel super columna sua preces consummationis et gratiarum actionis per se recitare, an hae preces pertinent ad eum, qui missam celebrat? R. Oportet illum recitare preces consummationis, quibus satisfactum arbitrantur orationi gratiarum actionis[3]." Teste P. Monier, in Armeniam missionario[4], sacerdos viaticum ad aegrotum defert, praecedente cruce et thuribulo, recitantur psalmi, epistolae, evangelia et symbolum fidei cum trisagio. Non datur autem communio etiam aegrotis, nisi post quadraginta a praecedente communione dies. Integrum ritum communionis infirmorum apud Armenos ex eorum Maschdoz infra dabimus. Casum alium communionis extra liturgiam exhibet canon Nersetis et Nersciabuhi[5]. Cum enim in Vigilia Nativitatis et Paschatis nonnisi sub vesperam rem sacram faciant Armeni, prohibent illi, ne illis diebus mane Eucharistia administretur, ita tamen, ut exceptionem statuant: „Die vero magni sabbati horis antemeridianis nemo Eucharistiam sumat, sive operarius ipse sit, sive puer, sive etiam grandaevus. Si quis autem ob corporis debilitatem eam sumpserit, non audeat jusculum neque vinum degustare usque ad illam horam, qua sancta missa conficietur."

§. 6. De cautelis in tractanda Eucharistia adhibendis.

Magna est et non satis commendanda Orientalium in tractanda Eucharistia cura, ne quid tam pretiosi doni perdatur vel profanetur. Ex qua magni ponderis argumentum emergit, quo eorum de transsubstantiatione fidem comprobemus, ostenditur etiam ex eorum doctrina, Christum separatione facta sub quavis parte specierum praesentem esse. Coptitarum patriarcha Gabriel in suo rituali apud Renaudotium[6]

---

[1] II. Can. 24. p. 280. — [2] Cap. 10. p. 301. — [3] Ibid. Cap. 11. — [4] Relation de l'Arménie, allegatus in libro Cérémonies et coutumes religieuses de tous les peuples du monde] Amsterdam 1733. T. III. p. 277. — [5] I. can. 26. p. 272. II. can. 29. p. 275. — [6] Liturg. T. I. p. 264.

haec praecipit: „Cum diaconus junior erit, ne praesumat ad quidquam eorum, quae diximus, faciendum accedere (id est calicem communicantibus porrigere, aut ex cochleari sanguinem vel particulas intinctas praebere), ne scilicet ob experientiae in ritibus sacris defectum aliquid ex calice effundi aut particulam cadere in terram sinat. . . . Deus prohibeat, ne quid ex margarita seu ex particulis consecratis adhaereat, aut in terram decidat. Caveat etiam diligenter diaconus, ne cochlear ex ipsius manu in calicem labatur: id si acciderit, aliud manu sua innuendo petat: Deusque avertat, ne illud manicae aut togae suae affricet, aut aliquis alius, ita ut quidquam in terram decidat, aut illud ipsum ex se excidat et in terram labatur: ea enim de causa Dei hominumque indignationem experiretur, ob suam circa ea negligentiam et curae defectum." De communicantibus autem in collectione Echmimensis[1] haec habentur: „Eucharisticus panis non dividetur ita, ut particulae minimae sint, vel talis magnitudinis, ut una vice absumi non possint, sed earum quantitas talis, ut possit ore contineri. Qui autem communionem accipiet, os clausum teneat, cavens ne quid ex Eucharistia decidat, aut ex intersepto dentium elabatur." In collectione canonum Ebnassali statuitur: „Ne calix usque ad labra impleatur, ita ut effluat aliquid et in terram effundatur." In canonibus, qui vocantur Praecepta apostolorum secunda: „Unusquisque summam curam adhibebit, ... ne mus, aut aliud animal ad ea accedat, aut aliquid decidat, et peccet, cum sit corpus Christi et sanguis ejus. Omnis igitur fidelis, qui sacramentis communicat, non debet circa illud negligens esse, neque enim oportet aliquid effundi ex calice, postquam in Dei nomine benedictus est, et illum percepit, quia sanguis est Christi. Cave igitur, quicunque sis, sedulo, ne quid ex eo effundatur, ne eum immundi spiritus polluant, neque is esto, qui asperneris sanguinem Christi reusque sis tamquam contemtor illius sanguinis, quo redemptus es." In Quaesitis et responsis de jure statuitur, sacerdotem, cujus negligentia aliquid ex corpore aut sanguine Christi cecidit super altare aut extra, vel in sacra vestimenta, „abstineri per quadraginta dies ab altaris ministerio et communione, jejunareque per illud tempus abstinendo ab esu rerum pinguium, et quavis nocte quinquaginta metanoeas facere." Porro in iisdem juridicis responsis: „Qui eam (Eucharistiam) vomuerit casu et absque culpa sua, nihil aliud facere tenetur praeter prostrationes centum: et post triduum communicabit; post biduum vero, si sacerdos sit et nullus alius in ipso loco reperiatur, sed post expletas prostrationes. De eo quoque, quod vomitu egestum est, cura habebitur et in profluentem projicietur, aut in loco mundo sepelietur cum honore propter Eucharistiam. Si per ebrietatem et intemperantiam vomitus contigit, sive sponte, sive alio cogente vinum meracius hauserit, poenitentia ejus ad quadraginta dies producetur," atque idem praecipit in responsionibus suis circa poenam Michael, episcopus Melischae. „Homini perpetua pituitae molestia laboranti licere communionem, volunt Juridica responsa, modo sit invalitudo perpetua. Cum vero accidit, ut post communionem pituitam egerat, caveat, ne in terram projiciat, sed **asservet, donec in mare projecerit, aut in loco mundo sepelierit."** Eum,

1 C. 14. ibid. p. 265.

qui continuo vomitu laborat, arcet a communione Michael Melischae episcopus, nisi „experientia per quadraginta dies facta fuerit, num imminuto cibo levius se habeat [1].“ Eadem inculcat Abulbircat [2] sacerdotibus post communionem ministratam: „Cumque haec compleverit circa communionis distributionem, sacerdos curam habebit, ut si forte aliqua particula quamvis minima corporis superest, eam colligat et ministrantibus ad altare distribuat. Diaconus quoque auferet calicem, in quo communicavit sacerdos cum Isbodico atque ita sanguinem, si ex eo aliquid superest.“ Echmimensis [3]: „Caveant diligenter sacerdotes et diaconi, ne quidquam ex Eucharistia residuum sit, et ita judicium gravissimum incurrant, exemplo filiorum Aaron et Heli, quos disperdidit Spiritus Sanctus, quia negligentius administrabant sacrificia Deo oblata. Quanto vero magis metuendum est illis, qui negligenter se habent erga corpus et sanguinem Christi.“ Nempe ut clare docet Echmimensis, „nulla differentia est inter majores aut minores Eucharistiae partes, etiam minutissimas, adeo ut oculorum acie animadverti non possint, quae eandem venerationem merentur eandemque prorsus dignitatem habent ac totum ipsum, et quibus unitur Christus, non minus quam reliquis.“ Locus sane admodum notatu dignus, qui doctrinam nostrae plane consonam exhibet, ex qua praxis illa Orientalium effluxit. Christodulus etiam patriarcha LXVI. in suis constitutionibus anni 1048 [4] haec habet: „Ut fideles curam gerant diligentem aquae, cujus tres guttae infunduntur super Eucharistiam, dum iis praebetur: sunt enim unionis instar pretiosae.“ Denique Coptitas testatur Vanslebius [5] tota die, qua communionem susceperunt, non exspuere, nihilque quod in os immiserunt, extrahere, ne quid hostiae, quod remanere potuit in dentibus, profanetur. Similiter Aethiopes post communionem tota die non exspuere, tradidit Ludolfus [6].

Apud Syros occurrit primo canon Rabbulae Edesseni [7] a Barhebraeo servatus, cui titulus: De negligentiis occurrentibus: „Fragmentum, quod cadit de corpore sancto super terram, accurate quaeratur, et si inveniatur, eradatur locus ejus, si terrens sit, et ipsa illa terra aqua confundatur et hanana (gratia) detur fidelibus: et si non inveniatur, similiter scalpatur locus, ut diximus. Eodem modo, et si e sanguine effunditur, si lapideus sit locus, carbones superimponantur ei.“ Ad quem Barhebraeus [8] de sanguine in terram effuso addit: „Directio. Aliis non placet ignem ponere, sed aquam projicere et scalpere: hoc quoque mihi videtur.“ Aliae ejusmodi apud Barhebraeum sunt: „Theodosii patriarchae. Si contingat dejici sanctificationem supra vestes saecularium, accurate laventur, et denuo abscondantur a dominis suis [9].“ „Theodosii patriarchae. Oblatio, quae aliqua ex causa maneat tamdiu, donec corrumpatur, ita ut non possit homo sumere eam, in ignem projiciatur [10].“ „Severi: Illi, qui dant pueris istis, qui oblationem ruminatam expuunt, prohibeantur [11].“ „Jacobi Edesseni. Corpus illud, quod ob negligentiam presbyteri corruptum est, vino mixto attrectetur, et clerici, remotis sae-

[1] Haec ex Renaudotio Liturg. T. I. p. 269. — [2] Ibid. p. 272. — [3] Coll. cap. 4. §. 6. ibid. p. 273. — [4] Ap. Renaudot. Hist. p. 421. — [5] Hist. p. 96. — [6] L. 3. c. 6. n. 83. — [7] Migne Patrol. Gr. T. 77. col. 1475. — [8] C. 4. sect. 6. p. 25. — [9] Ibid. — [10] Ibid. — [11] Cap. 4. sect. 2. p. 20.

...laribus, ministrent ipsum; neque fas est, ipsum tale projici in lacum aquae. Si absque voluntate hominis effundatur sanguis sanctus, cultro abradatur ille locus, si terreus est aut ligneus, et ramentum in ignem projiciatur; et si lapideus est, carbones super illum ponantur [1]." Jacobi Edesseni aliae in eundem finem sunt plures inter editas a Cl. Lamy resolutiones. Ita ad quaestionem, an aegrotis possit dari ex pulvere sanctuarii et praesertim ex eo, qui ante mensam sanctam, aut sub ea jacet, respondet: "Ex pulvere quidem sanctuarii, si quid sibi dari cum fide expetant aegroti, ut illud cibo suo vel potui immisceant adjutorii sanationisque causa, fas est iis dare; si autem pulverem postulant, ut cum invocent sibique affigant, aut spargant super lectulos suos, vel in domibus suis, vel in praesepi pecoris, vel in aquario, aut collo pecoris suspendant, non oportet illis dare, etsi cum fide exposcant: saepius enim accidit, ut micae a corpore sancto deciduae cadant in eum [2]." Ita et prohibet, ne pulvis sanctuarii et sordes in eo purgando collectae a clericis projiciantur in fontem aquae, ex quo bibunt, vel in quo lavantur animalia, sed statuit, effodiendum esse in agro et praesertim in loco mundo [3]. Simili modo Adaeo petenti: "Quid pater oportet eos sacerdotes, qui projiciunt corpus, quod oblatum et consecratum est, in fontem aquae, et quid faciendum est ex illa aqua?" respondet Jacobus: "Sacerdotes, qui hanc improbitatem fecerunt, ut in fontem aquae projicerent corpus Dei, deponendi sunt: aquam autem fontis servari oportet et potum duntaxat fidelium fieri; lutum vero fontis postea sumatur et in loco mundo effodiatur [4]." Inter Johannis Telensis resolutiones a Cl. Lamy editas hae occurrunt, quae ad nostram rem faciunt: "Discipulus interrogat: Si cadat mica ex margarita corporis sancti super terram per inadvertentiam, nec inveniri possit, scire volo, an in hoc sit culpa? Magister respondet: Mica, quae ex margarita cecidit, exquiratur diligenter; si autem non reperiatur, relinquamus illam scientiae illi omnium praestantissimae. Culpa igitur est illi, qui contemptibiliter se gerit in ministerio mysteriorum sanctorum; non autem illi, qui cum timore et tremore ministrat illa, si quando accidat, ut fiat res talis absque scientia et voluntate [5]." — "Discipulus interrogat: Si cadat aliquid ex sanguine sancto super terram, quid faciendum est in illo loco? Magister respondet: Si ex negligentia illius, qui dedit calicem, ceciderit sanguis, suscipiat poenam ille, qui hoc fecit. In loco autem, in quo ceciderit sanguis sanctus, collocentur carbones ignii [6]." Margaritam, quae ejecta fuerit ab energumeno, cui absque advertentia data fuerit, vel ab homine pituitam emittenti, vult Telensis vel ab ipso sacerdote sumi, vel ad alterum diem servari illi, qui emisit pituitam [7]. Praecipit etiam, ut aqua, qua res sacrae lotae fuerint, in locum decentem, in fossam profundam projiciatur [8], et ut spongia, qua calix ministratur, si usu teratur, aut custodita servetur, aut comburatur, non autem abjiciatur [9]. Non approbat usum deferendi margaritam sanctam ad infirmum in canistro, ne comminuatur casu canistrum et cum ipso margarita [10], sicut Jacobus Edessae [11] prohi-

---

[1] Cap. 4. sect. 6. p. 26. — [2] Resol. 13. — [3] Resol. 15. — [4] Resol. 15. — [5] Resol. 4. — [6] Resol. 6. — [7] Resol. 7. — [8] Resol. 8. — [9] Resol. 15. — [10] Resol. 8. — [11] Resol. 17.

bet, ne oblatio in mantica ponatur super jumentum, sed in humeri suis portari a sacerdote equitante. Jubent etiam Telensis[1], Edessenus[2] et Barhebraeus[3], ut linteolum, vel charta, vel folium vineae, in quo ad aegros transmissum fuerit Sanctissimum, comburatur, vel ut panis vel folium vineae, eidem usui inservientia, comburantur. In admonitione ad sacerdotes recens ordinatos a Renaudotio ex codice Florentino traducta, quam infra inter ordinationum ritus edituri sumus, haec sit episcopus: „Cum etiam oblatum infers, aut purificationem, aut abstergis res sacra, ne committas, ut per negligentiam tuam decidat quidquam ex membris corporis sancti." Quantam vero religionem ostendit ordo communis liturgiae Syrorum[4], dum sacerdoti discum Eucharisticum abstergenti haec praescribit oranda: „Si membrum aliquod (sive particula) superest, remaneat (commendatum) scientiae tuae, quae mundum creavit. Si membrum aliquod superest, sit illi Dominus custos et nobis propitius." Spuere etiam Syri canone[5] prohibentur tota die post susceptam communionem usque ad vesperam.

Ex Nestorianorum ritualibus libris Badgerus[6] rubricam affert, ex qua, si hostia ex manu sacerdotis deciderit in bema, vel insectum quoddam ceciderit in calicem, altare, absque oleo tamen, iterum consecrandum est. Idem praescribitur, si calix inversus fuerit, vel mus mortuus in calice inveniatur, et insectum vel mus hostiam consecratam corroserit, vel calix in bemate confractus fuerit, vel hostia furata fuerit. Huc etiam referuntur duo canones Joannis Bar-Abgari, patriarchen, qui ita sonant: „Placuit Spiritui Sancto et praecepit, ut mysteriorum corporis et sanguinis Domini appetitio immoderata tollatur, ne quis cum istiusmodi impudentia temere ad sanctum Domini corpus accedat, sed particulae primitiarum et oblatae sint in parva mensura ordinatae, ita, ut hostia duodecim drachmas non excedat: singuli vero carbones (unius hostiae, quum in crucis formam frangitur, particulae quatuor vocantur carbones, symbolo ex Isaiae visione desumpto) tribus drachmis constent, ut in nomine Trinitatis pars illa benedicatur, quae in Trinitate consignatur. Pro pueris autem aetate parvulis parvulae praeparentur placentae, quas ii non cogantur in particulas frangere, unde contingit frequenter, fragmenta excuti in phialam (patenam) et ex incuria decidere et pedibus proculcari et hoc modo sanctum corpus cum negligentia tractari. Et haec in verbo Domini[7]." Porro: „Satagant itidem, ne calix irreverenter sumatur, neve in ipsa sumtione effundatur. Ferunt quippe Salvatorem nostrum modicis haustibus calicem bibisse atque discipulis obtulisse[8]."

§. 7. De variis usibus singularibus et abusibus ad Eucharistiam spectantibus.

Multo liberior erat usus Eucharistiae, quem antiqua disciplina fidelibus concedebat, illo, quem postmodum, ratione temporum habita, Ecclesia permisit. Etenim antiqui sanctissimum Domini corpus secum, cum

[1] Resol. 8. — [2] Resol. 10. — [3] C. 4. sect. 4. — [4] Liturg. Orient. T. II. p. 26. — [5] Coll. II. can. 106. — [6] T. II. p. 342 sq. — [7] Can. & Bibl. Or. T. III. P. I. p. 240. — [8] Can. 21. ibid. p. 245.

iter agerent, in praesidium sumebant, id ipsum in medicinam propriis
membris applicabant, cum defunctis sepeliebant, imo occurrit, sacratissimo
Christi sanguini intincta penna subscriptam fuisse haereticorum damna-
tionem. Nonnulli ejusmodi usus apud Orientales remanserunt, nonnulli
etiam abusus ex iisdem pullularunt, non tam apud Coptitas et Nestorianos, qui se in asservanda Eucharistia parcissimos exhibent et in tractanda aliis adhuc severiores, sed apud Syros et Armenos non pauca
occurrunt, quae etiam ab eorum praesulibus reprimenda erant.

Uberem hac in re materiam praebent Jacobi Edesseni resolutiones
canonicae. Uti est ea[1], qua prohibentur illi, „qui acceptis particulis
consecratis, sese peccatis inquinantes, quaedam veluti amuleta fecerunt,
quae (collo suo) ligamine appenderunt velut phylacteria, aut posuerunt
in lectis suis et in parietibus domorum suarum, qui „eo impudentiae
devenerunt contra consecrata adoranda corporis et sanguinis Christi Dei,
ut illa velut res quasvis alias communes et Christianis venerabiles tantummodo reputarent, atque ut illa cervicibus suis appenderent cum
cruce, vel cum ossibus Sanctorum et donis benedictis, aut ea colloca-
rent sive in lectis, sive in parietibus domorum suarum ad custodiam,
vel in vineis, vel in hortis, vel in viridariis, vel tandem ad conservationem alicujus corporei... Si ex clericis sint, omnino oportet eos de-
ponere et annis tribus a participatione sacramentorum arcere, usque ad
quod tempus erunt in poenitentia; si autem saeculares sint, a participatione consecratorum prohibeantur annis quatuor et poenitentiam agant.“
Idem abusus ponendi corpus Domini in arboribus aut terminis prohibetur
etiam a Theodosio patriarcha apud Barhebraeum[2]. Occurrit etiam apud
Jacobum sacerdos, „qui ponit oblationem juxta ossa sancta martyrum in
urnis eorum, ne efficiant et ne miracula ostendant in peccatore, ubi
(peccator) se confert ad illa et per ea jurat[3].“

De Maronitis Gabriel Sionita in epistola ad Nihusium[4] testatur, apud
ipsos ad bellum perrecturis et longum seu periculosum iter ingressuris
sacrum pignus secum asportandum concedi, ut illud imminente vitae discrimine praesumant.

Armenos Galanus[5] incusat, quod sacram Eucharistiam secum domum
asportent ibique asservent absque venerationis indicio et in cursibus
expositum quibuscunque, ut passim accidat, sacra fragmenta in terram
usque propelli, ubi vel pedum conculcationibus vel usui bestiarum obnoxia fiunt. Vidisse se in itineribus, quae Caravanae dicuntur, merca-
tores Eucharistiam secum ferre, immixtam irreverenter aliis mercibus,
huc illuc inhonoram disjectare, aliaque hujusmodi vel cogitatu horribilia.
Id autem negat Serpos[6] aitque, Galanum panes benedictos sive eulogias
cum Eucharistia confudisse. Solos ait sacerdotes Eucharistiam domum
deferre, ut, si hora intempestiva, morbo urgente et ecclesia distante
ad aegros vocentur, paratam jam habeant. Nos hanc litem dirimere
non valemus. Est autem canon Nersetis et Nersciabuhi in sua synodo[7],
quo jubent „particulas agapae non auferre,“ cujus interpretatio ab illius
litis compositione pendet, qui sane de eulogiis tantum valere non videtur, cum eas secum sumere nunquam fuerit prohibitum.

.9u .loo 22 ..l .h Rebol. 9.cf. 12.. 3 Ol. 2l. sect. 4. pl 21. B. Rev.P. 20. Apud Leonem
Allatium in Symmict. p. 295. T. II. p. 603. T. III. p. 286. L. can. 19.

DE POENITENTIA.

§. 1. De ministro absolutionis.

Alium praeter sacerdotem ministrum poenitentiae admisisse Orientales, ne minimum quidem vestigium apparet, qui diaconis ne baptismum quidem facile permittunt, imo a non sacerdote collatum multoties pro invalido habent. Neque ipsi sacerdoti vi suae ordinationis explicitam absolvendi facultatem tribuunt, sed probe agnoscunt, jurisdictionem conferri oportere ad actum ejusmodi judicialem fori conscientiae, ut potestas in ordinatione per modum potentiae collata explicita fiat et ad certos subjectos certaque objecta determinata. Rectissime enim docent Orientales, ut ex multis a Renaudotio [1] collectis locis apparet, sacerdotem in absolvendis poenitentibus vere potestatem judicialem exercere, ligare et solvere a peccatis, non tantum solutos declarare. De sacerdote ad confessiones excipiendas constituto, quem Mohallem, magistrum, arabice Aegyptii vocant, allegantur a Renaudotio [2] quaedam Quaestiones et Responsiones secundum doctrinam Patrum, quae Coptitarum nobis visae sunt esse, in quibus quaestio proponitur: „Cuinam fieri debet confessio: sacerdoti, an cuivis alii, etiam saeculari?“ Responsio haec est: „Confessio fieri non potest nisi sacerdoti, religioso vel saeculari, cujus fides et vita notae sint, et qui hanc auctoritatem accepisse oportet a patriarcha, vel a suo episcopo, consentiente clero et primoribus plebis.“ Auctor scientiae ecclesiasticae [3], Abu Seba, Coptita ita loquitur: „Patriarchae officium est, constituere poenitentiarium pro plebe sua.“ Sacerdotis poenitentiarii constitutionem, qui ab episcopo facultatem confessiones excipiendi accipit, inter ordines recenset Abudacnus Coptita in sua Jacobitarum historia [4]. Unde inter alia accusationis capita, quibus lacerata est fama Marci, filii Alkonbari, qui confessionem peccatorum contra patriarcham Alexandrinum Marcum, filium Zaraae, eam abrogare tentantem, propugnavit, illud non postremum fuit, quod absque illius auctoritate, imo illo prohibente sectatorum suorum confessiones audiret illisque canonicam poenitentiam imponeret [5], quod sane non sibi constantes adversarii exprobrabant.

Restrictae tamen jurisdictionis, quam reservationem casuum vocamus, exempla non occurrunt apud Orientales, non quod illam rejiciant, cum principium, ex quo sequitur ejus possibilitas, ab iis agnosci viderimus, sed quod apud illas gentes, quae confessionem multoties neglexerunt vel imo sustulerunt, subtiliora his in rebus requiri nequeant.

---

[1] Perpétuité l. 3. c. 5. et 6. — [2] Perpétuité l. 3. c. 6. col. 832. — [3] C. 96. Ibid. col. 833. Similem locum de novo patriarcha ex eodem auctore allegat Vanslebius, Hist. p. 185. — [4] Oxonii 1675. Lugd. Bat. 1740. c. 14. — [5] Renaudot not. 1. ad officium poenitentiae Dionysii Barsalibi in opere Ms. de poenitentia.

Unde Eusebii loco mox citato: „Patriarchae officium est, constituere poenitentiarium pro plebe sua . . . . cujus auctoritas par est illi patriarchae, qui eum constituit." Zagazabus etiam Aethiops apud Damianum Goes [1] expresse testatur, apud suos non esse casus reservatos. Dandinius [2] vero, apud Maronitas omnes sacerdotes quoad poenitentiam aequalem habuisse jurisdictionem, episcopum et patriarcham casus sibi reservatos non habere, deprehendit. Nihilominus in antiquo canone Syriaco [3] statutum deprehendimus specialiter, ut de eo, qui cum filia soceri vel socrus peccaverit, judicet episcopus et poenam condignam illi imponat.

b. Obligationem sigilli sacramentalis a confessario observandi religiosissime et strictissime tuentur Orientalium canones. Ita Dionysius Barsalibi in sua poenitentiae ordinis initio monet sacerdotem, ut exactam diligentiam adhibeat, ne confessionem ullatenus revelet. Canon etiam poenitentialis est Syrorum collectionis inferius edendae [4]: „Sacerdos, qui confessionem alicujus divulgaverit, sacerdotio excidat." Testatur etiam Bernatus [?], sacerdotes Copticos sedulo cavere, ne jejunia extraordinaria imponant, sed ea tantum, ad quae aliunde poenitentes obligantur, dicere solitos, eorum peccata aliis innotescere posse, unde ejusmodi nonnisi pro peccatis enormibus et plane scandalosis injungere. Inter Armenorum canones est Gregorii Illuminatoris [?] iste: „Si quis sacerdos sigillum confessionis fregerit, privetur officio atque gradu ministrorum, et peccata non confitentium ei attribuantur," et Nersetis cum Nersciabaho [?]: „Si quis sacerdos peccata confitentium patefecerit, excommunicatus deponatur et omnino deleatur ex ordine sacerdotali."

§. 2. De forma absolutionis.

Forma absolutionis apud Orientales, si solos Armenos excipias, deprecativa est. Armenorum tamen forma, cujus pars praecipua haec est: „Absolvo te ab omni vinculo peccatorum tuorum, a cogitationibus, a verbis et ab operibus, in nomine Patris et Filii et Spiritus Sancti," nobis a Latinis videtur suscepta, tempore aliquo, quod ipsorum haereticorum memoriam fugit. Nam et caetera, quae praecedunt et sequuntur, ita similia sunt, quae apud Latinos in absolvendis poenitentibus dici solent, desunt autem longiores orationes et caetera, quae Orientalibus communia sunt, si orationes pro unoquoque peccato excipias, quae in eorum libris Maschdoz occurrunt. Neque hoc unicum est exemplum rituum Latinorum ab illis susceptorum, cum ordinationes a pontificali nostro desumtas esse ab Armenis, res sit supra omne dubium posita. Neque tamen tempore omnium Armenorum fuit illa absolvendi forma. Vartanus enim eorum doctor [8] hanc commendat absolutionis formam, qua utebantur plerique sui temporis Armeni: „Deus remittit peccata tua," quae etsi ipsa indicativa est. Addit tamen: „Porro sunt aliqui, qui sic

---

[1] p. 68. — [2] l. 1. p. 197. — [3] Coll. I. can. 81. — [4] Coll. II. can. 51. — [?] Apud Solerium n. 213. p. 145. — [6] Can. 23. p. 270. — [7] II. can. 18. p. 275. cf. can. 16. p. 273. — [8] Lib. de monitis c. 7. ap. Galanum T. II. P. II. p. 494. 606. 617.

absolvunt: Remitto tibi peccata in nomine Patris et Filii et Spiritus
Sancti: et haec quidem absolutio bona est. Quam et Gregorius Datteviensis approbat. Indirecte tamen Vartanus formam indicativam impugnat, dum ait, eum esse diabolo similem, qui non priori forma absolvit,
dum sibi Dei auctoritatem arrogat.

   Quod ad caeteros Orientales spectat, res est intricatissima et quae
ad plenum solvi vix posse videatur. Ut a Coptitis exordiamur, Berna-
tis? de eorum absolvendi ritu haec habet, quae integra inferimus ex
gallico originali versa, quod et in aliis de poenitentia apud Coptitas
quaestionibus magnae nobis erunt utilitatis. „Confessione peracta saten-
dos super poenitentem recitat orationem, quae initio missae dicitur ad
petendam a Deo veniam et remissionem peccatorum, sed dum in missa
dicitur generaliter pro sacerdote celebrante et pro populo, hic quibusdam verbis immutatis in poenitentem restringitur. Confessarius alteram
addit orationem, quam benedictionem vocant, et quae in eum recidit,
quam post absolutionem pronunciamus. Differentiam ritus voco hanc
formam deprecatoriam, qua Coptitae utuntur, prout et Graeci ad dandam
absolutionem. Volui certior fieri et a presbyteris Coptitis inquirere,
num in hujus sacramenti administratione aliquid verbis absoluti exprim-
mant; quod comperui ab ipsis id erat, poenitentem antequam abeat
diceres Peccavi, Pater, da mihi absolutionem, et sacerdotem respondere:
Sis absolutus ab omnibus peccatis tuis. Alphonsus Mendez, Sac. Sede
Sancta Sede Apostolica Abyssiniae patriarcha constitutus, et ipse illa
poenitentia verba memorat: Peccavi, me absolve, de absolutionis autem
forma haec habet: „Plerosque vero hujus sacramenti formam habebat
duae communiores precationem, una tantum aliquam judicialis sententiae
formam exhibebat. Illae erant: N. serve Dei, mittat te peccatum, illudque tibi Jesus Christus Petri et Pauli ore dimittat, teque ab illius vinculo liberum reddat. N. serve Dei, Paraclitus, veniae largitor, omnia
tua peccata deleat. Ista: Solvatur tibi peccatum tuum ore Domini nostri
Jesu Christi, sanctorum Petri et Pauli et tercentum decem et octo patrum, qui rectae fidei fuerunt. P. Tellez vero ait, poenitentem primo
generatim illis verbis se accusare: „Peccavi, peto ut mihi absolutionem
impertiaris. Tum addit generatim, errare Aethiopes etiam circa formam, neque eodem modo ac in ecclesia Latina absolutionem conferre:
sacerdotem aliqua tantum verba proferre. Verumtamen haec testimonia
forsan male intellectis sacerdotum Coptitarum et Aethiopum verbis niti
videntur, cum ordines poenitentiae a nobis edendi nil ejusmodi contineant, videanturque verba, quae ab illis asseruntur, partes esse orationum, quae a confessario pro absolutione recitantur. Vel si in illa testimonia insistas, eaque urgeas, quae a P. Tellez dicuntur, sacerdotem
aliqua tantum verba proferre, tunc formas illas breviores ex orationibus
desumtas esse dicendum erit, quod de illis, quae a P. Mendez afferantur,
certum esse nobis videtur. Unde dicendum est, formam absolutionis
Coptitarum deprecativam tantum esse, et consistere maxime in illa orat

A Tract. de poenitentiae sacr. n. 82. — I Ap. Legrand Diss. 12. p. 234. cf.
Sollerium p. 126. n. 218. — I L. 1. c. n. 6. ap. Legrand diss. 12. p.
p. 275. — Lib. de moribus c. ap. Balsamon T. II. P. II. p.   Ibid

tione, quae absolutionis ad Filium dicitur, quae etiam a Coptis cum Romana Ecclesia unitis pro absolutionis forma retenta est. Ad summum dici potest, illa, quae a Bernato memorantur, denuntiationem quandam peragendae absolutionis esse, quae a sacerdote dicatur, cum secundum ordinem a nobis evulgandum poenitens coram sacerdote prostratus rogat, ut oret pro eo, et tum discedit poenitentiam peracturus. Illam orationem formam poenitentiae esse, sequitur etiam ex eo, quod in Historia patriarcharum Alexandrinorum narratur [1], quosdam, qui cum Chaile patriarcha XLVI. saeculo VIII. mediante a Muhamedanis ad tormenta adducebantur, patriarcham rogasse, ut recitaret super eos orationem absolutionis secundum canonem Ecclesiae, quod et ipse fecit. Neque enim haec alia esse potest, quae prae caeteris ita vocari solet. Notandum denique, ex ordine a nobis edendo hanc absolutionem post peractam poenitentiam conferri.

Difficilior adhuc est res, si ad Jacobitas Syros convertamur, qui ordine poenitentiae utuntur a Dionysio Barsalibi, episcopo Amidensi saeculo XII. ordinato, cujus haec est series. Post confessionem peccatorum sacerdos haec verba ad poenitentem dirigit: „Vide ne illud crimen iterum committas, et ego hic remitto illud tibi et Deus in coelo: crimen quoque, quod hic mihi revelasti, non revelabitur in die judicii, neque propter illud poenam incurres." Tunc sacerdos varias orationes, lectiones, responsoria super poenitentem recitat, considerat speciem peccatorum et ei imponit poenitentiam secundum canones. Qua expleta poenitens ad sacerdotem redit, qui manum ei imponens, spiransque ter in faciem ejus ait: „Ejiciatur peccatum istud ab anima tua et a corpore tuo in nomine Patris, Amen. Expietur et dimittatur tibi in nomine Filii, Amen. Sanctificeris et munderis ab illo in nomine Spiritus Sancti, Amen." Post quae iterum illi imponit orationes, jejunia et prostrationes, tandemque ad communionem admittit. Prima verba, quae de absolutione facit sacerdos, in quibus haec occurrunt: et ego hic illud tibi remitto, non tam videntur esse absolutionis forma, quam quaedam ejus concedendae annuntiatio. Quibus verbis simillima videntur illa, quae apud Graecos occurrunt, et quae formam eamque indicativam censuit esse Arcudius: ἔχω σε συγκεχωρημένον, vel uti sunt ex Gabrielis Philadelphiensis testimonio: „Gratia sanctissimi Spiritus per meam humilitatem habet te venia donatum et absolutum." Praefracte nimis haec omnia explodit Morinus [2], quasi hoc a Graecis non usurparetur, licet non omnes Arcudii rationes aequalis esse valoris fateamur, neque illis verbis ipsam sacramentalem absolutionem contineri. Sunt autem praevia quaedam absolutionis concedendae declaratio, verbis in ordine Syriaco, de quibus agimus, prorsus analoga. Inter sequentes orationes et formulas quaestio versari non potest nisi circa illam majorem, quae in fine ordinis dicitur, imposita manu super caput poenitentis: Domine Deus, misericors et clemens, et formam illam, quae expleto canone poenitentiae insufflando dicitur: Ejiciatur peccatum istud etc. Haec quidem esse posset canonicae poenitentiae solutio, qualem a poenis canonicis absolutionem post sacramentalem jam

[1] Renaudot Hist. p. 227. — [2] De poenitentia l. 8. c. 12. apud quem specialia de his requiras.

impertitam emensumque poenitentiae cursum apud Graecos admittit Morinus [1], et indigitari posset duplex reconciliatio, quae olim vigebat, prior minor ad communionem sine oblatione, quae fiebat per manus impositionem, et posterior altera ad perfectionem communionis, quae reconciliatio absolutissima vocabatur [2]. Renaudotius [3] vero ad absolutionis sacramentalis formam in haec verba: Ejiciatur peccatum hoc etc. reponendam inclinatur, remque totam demum indecisam relinquit. Pro hac opinione haec ratio afferri posset ex Abrahamo Ecchellensi [4], apud Maronitas, si peccata ejusmodi sint, ut longior poenitentia imponatur sacramentorumque usus interdicatur, absolutionem post exactam poenitentiam dari. Magnum pondus huic sententiae addunt loci plurimi theologorum Orientalium a Renaudotio [5], in quibus dicunt, sacerdotes ligare poenitentiam imponendo et canone expleto solvere a peccatis. Denique certissime id in nostra quaestione resultat, absolutionis formam apud Syros esse deprecativam.

Idem plane dicimus valere apud Nestorianos, sive dicas formam in ordine Jesujabi orationem postremam esse, manu capiti poenitentis imposita dicendam, verba autem, quae demum cum signo crucis, vel olei unctione dicuntur: Signetur, innovetur etc. esse absolutionem a poenis canonicis, absolutionis quandam amplificationem, quam ex confirmatione Novatianis post poenitentiam ex decreto Concilii Constantinopolitani I. conferenda illi efformarunt, sive haec ipsa formam sacramentalem dicas.

§. 3. De materia remota sacramenti poenitentiae.

Qui ordines poenitentiales Orientalium ad peccata graviora poenitentiaeque canonicae subjecta absolvenda praecipue adaptatos perlustrat, facile sibi in mentem opinionem eam inducere potest, Orientales peccatorum venialium confessionem ignorare. Neque negamus, multos in illis partibus, cum se quoad sacramentum poenitentiae universim ignaros et negligentes ostendant, ejus usum forsan ad materiam necessariam restrinxisse. Verumtamen erraret ille, qui putaret, venialium confessionem Orientalibus in quovis loco et tempore ignotam esse. Recte enim animadvertit Renaudotius [6], Coptitas confessionem sacerdotibus celebraturis vix non praescribere, legem quidem nullam se legisse, sed consuetudinem ita ferre, ut etiam de venialibus delictis sacerdotes confiterentur, cum ad liturgiam accedant. Refert etiam, frequentem, imo fere quotidianam confessionem suadere Michaelem Antiochenum in tractatu de praeparatione ad communionem et auctores homiliarum aliquot, illarum praesertim de circulo anni ad usum ecclesiae Alexandrinae. Ante communionem confessionem generatim praescribere easdem et Ebnassalum

---

[1] De poenitentia l. 6. c. 25. — [2] Vide Selvaggium Antiquitatum christ. institutiones l. 3. c. 12. §. 5. — [3] Tract. de poenitentia Ms. in notis ad ordinem Bensalibaei nott. 5. 8. fol. 11. et fol. 12. verso. Perpétuité l. 4. c. 1. col. 858. sq. — [4] Epistola ad Morinum in l. Antiquitates ecclesiae Orientalis clarissimorum virorum dissertationibus epistolicis enucleatae Londini 1682. ep. 66. p. 331. — [5] Perpétuité l. 3. c. 5. col. 826. 828. 830. c. 6. col. 834. — [6] Nota 4. ad ord. Dionysii Barsalibi in opere Ms. de poenitentia Lit. T. I. p. 160. T. II. p. 50.

poenaemisque antiquam ad poenitentiam Chrysostomi nomine. Recte etiam concludit, Orientales, cum confessionem cuivis bis vel ter in anno peragendam praescribant, stricte praecipiendo, nemini illis diebus ad sacram synaxin accedere licere, nisi confesso[1], non ignorare multos fore, qui absque gravioribus peccatis ad confessionem accedant. Unde sequitur, eos intendisse, ut etiam quotidiani defectus clavibus subjicerentur.

§. 4. De confessione peccatorum.

Necessitatem confessionis singulorum peccatorum ad impetrandam absolutionem Renaudotius[2] ab Orientalibus agnosci demonstravit, et nos alio loco[3] ex professo evincere conati sumus. Id unum re accurate disquisita emergit, negligentes se multimode exhibere in usu confessionis et in modo confitendi, imo actum fuisse, ut Coptitae quidam, suis acriter resistentibus abusumque reprimentibus, confessionem abrogaverint, Nestorianos etiam quosdam media quaedam expiandorum peccatorum praeter confessionem admisisse, certissimum tamen esse, sectas illas confessionem peccatorum ut mandatum divinum a sui initio retinuisse et ad haec usque tempora retinere. De his igitur uberius tractare hoc loco, cum de ritibus et administratione sacramentorum disserimus, supersedemus. Abusus autem confessioni surrogatos, cum ad ritus, licet abusivos, pertineant, sicut et in aliis sacramentis agimus, hic describendos esse censuimus.

Coptitarum patriarcha LXXII. Joannes Abulfetah, qui sedit ab anno 1167, confessionem sacramentalem abrogavit, et in ejus vestigia concesserunt ejus successores, Marcus, filius Zaraae, Johannes, filius Abujaleb, Cyrillus, filius Laklak. Marco sedente Michael, metropolita Damiatae, librum contra confessionem scripsit, cujus pars in collectiones canonum Coptitarum inserta est. In ejus partes etiam cessit Abulbircatus. Contra Marcum autem patriarcham Michaelemque insurrexit Marcus, filius Alconbar, presbyter, qui cum eloquentia praestaret, multos commovit, ut ad se confessuri accederent. Fuerunt, ut Barhebraeus, qui Marcum Alconbari incusarent, quod ad Massalianorum sensum confessionem commendaret, quod cum Anthropomorphitis admitteret, in corpore incorporeos futuros et impassibilitatem assecuturos, qui peccata confiterentur, ideoque abrogatam fuisse confessionem. Alii, ut Abuselah, Armenus, eum haereseos Tritheitarum incusant. Quae columniae adversariorum ejus sunt, vera autem ratio illius abrogationis ex Ebnassalo ea erat, quod conditiones deesse viderentur, sine quibus prodesse non potest confessio, doctrina nempe et probitas confessarii et exacta praeceptorum ejus observatio. Renaudotius autem censet, timorem Muhamedanorum id egisse, ne peccatores obdurati, cum poenitentiae subjicerentur, sacerdotes apud ipsos accusarent, vel a fide deficerent. Pars utraque rem detulit ad Michaelem, patriarcham Jacobitarum Syrorum, qui utramque inculpans hac de materia circa annum 1190 opus suum de

[1] Perpetuité ... Hist. ... ... Perpetuité ...
[1] Coll. II. can. 50. 98. — [2] Perpetuité t. 3. c. 5. — [3] Kritik der Vorlesungen von Thiersch, Heft 8. p. 79. sqq.

praeparatione ad confessionem scripsit. Non solum vero Michael iste ejusque collega Dionysius Barsalibi pro confessione scripserunt, sed et inter
Coptitas Marcus Alconbari, cum moreretur, innumeros discipulos reliquit, ita ut plus quam sex millia religiosorum ejus doctrinam tenerent et
ad confessionem hortarentur. Sed et Echmimi et uterque Ebnassalus
pro lege confessionis scripserunt. Longiori nihilominus tempore per
ducentos ferme annos pars Coptitarum confessionem neglexit, uti patet
ex Echmimensi, Ebnassalis, auctore Scientiae ecclesiasticae, porro ex
Jacobo Vitriacensi, cujus historia Orientalis ad annum 1218 usque per-
tingit, et Joanne de Mandeville, qui 1322 orbem peragravit, qui omnium
Coptitarum haeresim illam esse putaverunt, quosque sequentes auctores
exscripserunt[1]. En vero abusum, quem illi, qui confessionem abrogarunt, ipsi substituerunt. Initio liturgiae Copticae post praeparatum altare,
oblatumque panem et calicem sacerdos de altari descendit et ipse, vel
si alius sacerdos adsit, is pro se ipso et super adstantes recitat orationem, quam dicunt absolutionis ad Filium. Quae oratio eadem est, quae
forma absolutionis sacramentalis est, videturque hoc loco posita in eum
modum, quo initio missae et ante communionem apud nos Confiteor recitatur cum oratiunculis pro remissione peccatorum, quae per modum
sacramentalis ad peccatorum venialium remissionem inserviunt. Post
illam absolutionis orationem imponitur incensum, dicitur oratio thuris,
sacerdosque incensat altare, clerum et plebem, circuitum faciendo per
ecclesiam. Inter hanc incensationem plebs inclamat Kyrie eleison, graece
et arabice, et haec: „Suscipe Domine hoc incensum, quod offertur tibi
a sacerdote tuo pro peccatis nostris." Sacerdos vero reversus ascendit
ad altare, et conversus ad Orientem dicit: „Deus, qui suscepisti confessionem latronis super crucem gloriosam, suscipe ad te confessionem populi
tui et parce illis omnia peccata eorum, propter nomen tuum sanctum,
quod invocatum est super eos." Renaudotius[2], qui haec latius exposuit,
testatur, istam benedictionem in antiquioribus codicibus non legi, neque
meminisse ejus rituales vetustis aliquot exemplaribus adjunctos; antiquam
tamen esse oportere, cum ejus mentionem faciat Michael Damiatensis.
Neque tamen adeo certo nobis inde sequi videtur, ex superstitione
post abrogatam confessionem orta originem suam illas plebis exclama-
tiones sacerdotisque benedictionem deducere, sed formulae salutatoriae
esse poterant, qualis in patriarchae sacerdotumque incensatione eadem
occasione pronuntiantur, quaeque potius ad superstitionem illam de ex-
piatoria vi incensationis commendandam inservierunt. Est enim ritus ille
imitatio quaedam Aaronis, qui, cum ira Dei plebi Israeliticae immineret,
jubente Domino, thuribulum sumsit et imposito incenso per multitudinem
pertransivit, rogansque pro iis Dominum placavit. Unde jam ante inno-
vationes illas ritui illi quaedam vis propitiatoria tribui innocue potuit,
qualem nempe oratio et bonum opus, oblatio nempe thuris, habere potest. Quidquid hac de re habendum, ea absolutionis oratione et incensatione abusi sunt illi, qui confessionem abrogarunt, vimque remitten-

_____

[1] De his vide Renaudot. Hist. Alex. p. 550. Liturg. T. I. p. 184. Perpétuité
la Sense, 3. IV 4, e. dui Sollerius p. 144 sq. Ibid. Orient. T. II. p. 166. p. 368. p. 171.
— [2] Liturg. T. I. p. 185.

dorum absque speciali confessione peccatorum ipsi tribuerunt; quod eo facilius fieri poterat, cum absolutionis oratio ad Filium ipsi sacramentali absolutioni apud ipsos inserviat. Tradunt igitur Sollerius[1] et Vanslebius[2], pro confessione inductum fuisse, ut dum singulos sacerdos incensaret, thuribulum faciei admoverent, dicentes: „Domine Deus, peccator maximus sum: poenitet me, quod te offenderim, veniam humillime deprecor." Quam expiationem per incensum a Michaele Damiatensi et Abulbircato commendari Sollerius et Renaudotius[3], qui etiam Marci locum affert, tradunt. Mox abusus iste eo extensus est, ut etiam domi thure in ignem injecto putarent peccata deleri. Sed et ad Aethiopes pertransivit, quos etiam in thuribulum confiteri, domi etiam, referunt Manhub, filius Constantini et Abuselah, Armenus, apud Renaudotium[4]. Quod tamen tempore illo, quo Jesuitae ad eos penetrarunt fidem praedicaturi, non amplius usuveniebat, cum ejusmodi abusus, quem censurae subjicere minime praetermisissent, mentionem nullam faciant, sed confiteri apud sacerdotes, licet minus exacte, referant. Imo quod mirum valde est, sed verum, ad Nestorianos a Coptitis transiit error. Ipsi etiam quondam confessionem abrogarunt, unde Johannes Sulaka, a Chaldaeis unitis 1552 in patriarcham electus, qui Romam profectus ibi fidei professionem emisit ab Andrea Masio 1569 Romae editam, conqueritur: „Erat quidem olim apud nos consuetudo, ut revelaremus peccata nostra inter nos, sed surrexit violentus tyrannus et abolevit eam; orta est caedes ac contentio et cessare fecit eam."[5] Ex Assemano videtur iste Simeon Barmama, tunc Nestorianorum patriarcha, fuisse. Galanus[6] autem refert, huic decreto occasionem dedisse sigilli violationem, quae a sacerdote in Ispahan commissa fuerat multasque rixas et caedes adduxerat. Inde ad Malabarenses transiit iste abusus. Antonius de Gouvea[7], qui iter Menessianum descriptum Coimbrae 1606 edidit, ait Malabarenses poenitentiae sacramentum extremo prosecutos fuisse odio, cujus loco, diebus Dominicis in ecclesia media ignem accendentes atque multo thure injecto illius suffumigationem haurientes, peccata fugari credebant, quamquam id, uti addit, jam fere in desuetudinem abierat. Sane Josephus Indus in sua Navigatione novi orbis[8] de iis ait: „Confitentur, ut nos." Modo confitentur, cum Badger[9], qui Nestorianorum sedes novissime peragravit, modum confitendi describat. Id tamen negligenter fieri, sequitur ex eo, quod Josephus II., Chaldaeorum patriarcha[10] iis exprobrat, apud ipsos sacramentum confessionis fere abrogatum esse, eos ad communionem accedere, quin confessi fuerint, et dicere, se Deo et Christo confiteri. Mirandum diximus esse, quod a Coptitis, qui Monophysitae sunt, ad Nestorianos ritus transire potuerit, verumtamen a se invicem suscepisse quaedam dubitari non potest, cum in Coptitarum collectionibus Nestorianorum canones non semel allegentur[11].

Similem abusum inter Armenos vigere, asseruit Galanus[12]: nimirum eos de more singulis diebus Dominicis una simul clara voce in ecclesia

[1] p. 145. n. 211. — [2] Hist. p. 137. — [3] Perpétuité l. 3. c. 8. col. 848. — [4] Perpétuité l. 3. al. E. col. 849. Liturg. T. L. p. 185. — [5] Bibl. Orient. T. III. P. I. p. 582. — [6] T. II. R. II. p. 605. — [7] Apud Raulin p. 391. — [8] c. 134. — [9] T. II. p. 155. — [10] Bibl. Orient. T. III. P. I. p. 406. — [11] Perpétuité l. 3. c. 8. p. 1172. c. 4. p. 1175. c. 5. p. 1176. — [12] T. II. P. II. p. 615.

pronunciare generalem quandam confessionem, in qua exprimentes distincte
fere omnes ac singulas peccatorum species, quantumvis turpes et ne-
fandas, fatentur se omnibus illis modis contra Deum peccasse. Imo
Smith et Dwight[1], hanc confessionem antiqua Armenorum lingua, cujus
versionem exhibent, quotidie mane ante preces in ecclesia dici, referunt.
Post vero, tradit Galanus, a sacerdote una simul solita verborum formula
clara voce sacramentaliter absolvi. Quem abusum imperitis multis ansam
praebere, ut specialem confessionem omittant, putantes, illam communiter
peractam sibi sufficere. Verumtamen Serposius[2] contra Galanum illam
generalem confessionem et absolutionem nonnisi sacramentale ex ipsorum Armenorum intentione esse contendit, quos neque Galanus praeterea particulatim confiteri negat.

§. 5. De satisfactione et de poenitentia canonica.

Satisfactionem ut partem integralem sacramenti poenitentiae sancte
retinuerunt Orientales, imo disciplinam nostra severiorem, et quae ab
antiqua poenitentia canonica minus recesserit, adhuc hac in parte observant. Verumtamen erravit Vanslebius, cum de Coptitis[3] absolute dixit,
eos poenitentiam ad rigorem antiquorum canonum adhuc imponere, ita
ut minima nonnisi diebus duodecim peragi possit. Cui consonare videtur Josephus Abudacnus[4], aiens poenitentiam plerumque tam gravem
esse, ut per sex mensium vel anni spatium protrahatur, in qua bis
vel ter in hebdomade in pane et aqua jejunent, prostrationesque
quinquaginta vel centum singulis noctibus peragant. Neque distingui ait vir sane rudis apud suos inter peccata. Non tantopere a nobis recedere, et praeter illas poenitentias, quae poenis canonicis annumerandae sunt, alias leviores in communioribus delictis imponi,
contra Vanslebium ex Bernati testimonio asseruit Sollerius[5], puta prostrationes quas Mehatnot (μετάνοιαι) dicunt, quibus addantur psalmi aliqui, si legere noverint poenitentes, item jejunia, sed ea tantum ad quae
observanda aliunde obligantur, cum id sedulo caveant, ne extraordinaria
jejunia imponant, dicere soliti, eo pacto peccata poenitentium aliis innotescere, et si quando itaque ad peculiaria jejunia poenitentes obstringunt,
id non faciunt, nisi ob peccata enormia et plane scandalosa. Apud Syros
Jacobitas imponi pro gravitate peccatorum poenitentiam, ex ordine Barsalibaei apparet, imo post emensum cursum poenitentiae, poenitenteque
ab ea solenniter solutum, imponuntur adhuc orationes notae, genuflexiones et jejunia, antequam accedat ad communionem mysteriorum. Quae,
si absolutionem illam Ejiciatur peccatum istud etc. ipsam sacramentalem
esse censeas, sane satisfactionem sacramentalem repraesentant; sed si
illam dicas tantum esse solutionem a poenis canonicis, tunc potius prae-
parationi ad sacram synaxin inserviunt. Apud Maronitas, teste Abrahamo Ecchellensi[6], peccatis secretis secreta injungitur poenitentia, quae

[1] p. 143. n. 211. — [2] Hist. p. 157. — [3] Perpetuité d. c. c. ...
[4] Ap. Daniel Cod. Liturg. IV. 2. p. 598. not. 12. 819. T. III. §. 129. —
[5] Hist. p. 971 — [6] C. 12. p. 186. — [6] p. 145. n. 515. — [6] Epistola ad Morinum
(Antiquitates ecclesiae Orientalis clarissimorum virorum dissertationibus epistolicis
enucleatae, Londini 1682. epist. 64. § 331.) II. — [7] II. — ... p. 1176. c. b. p. 1175.

ut plurimum sunt jejunia, genuflexiones, peregrinationes, orationes, eleemosynae; peccatis vero publicis publica. Quoad absolutionem hic ordo
servatur, ut, si peccata ejus sint qualitatis, ut longam requirant poenitentiam eorumque causa sacramentorum usus interdicatur, tum absolutio
post exactam poenitentiam detur: si vero peccata levia sint, statim detur
absolutio. Poenitentiam, quae a sacerdotibus Nestorianis imponitur, Badgerus [1] ait consistere in ferventiori exercitio devotionis, orationibus, jejunio, eleemosyna, reconciliatione cum inimicis et frequenti usu Eucharistiae. Sacerdotes potestatem ligandi et solvendi ita exercere, ut imposita poenitentia ligent, ea impleta solvant, Orientales dicere solent, ut
ex multis eorum locis, a Renaudotio [2] collectis, videre est.

Poenitentiae canonicae disciplinam, qualis primis Ecclesiae saeculis
vigebat, jamdudum abrogatam supponunt monumenta sectarum, quarum
mores describimus, uti speciatim ex Dionysii Barsalibaei commentario
in haec verba liturgiae S. Jacobi: Abite, auditores, in pace, dimissionem
poenitentium non amplius usuvenire testante, quod a Jacobo Edesseno
et Gregorio Barhebraeo in suo nomocanone confirmatur [3]. In synodo
Armena anni 484 [4] occurrunt adhuc gradus, nempe auditionis et priva-
tionis (ecclesiae), post vero ejusmodi non deprehenditur in canonibus
Armenorum poenitentialibus. Apud Aethiopes, teste Poncet [5], ante osculum pacis iis, qui non communicant, ut exeant, denunciatur. Qui et ante
communionem ex ecclesia discedunt, ita, ut non remaneant nisi celebrans
cum communicantibus. Verum istud reliquiae sunt, quae absque sensu
remanserunt, a caeteris disciplinae poenitentialis partibus discerptae. Echmimensis in sua collectione [6] canones poenitentiales antiquorum concilio-
rum et S. Basilii admisit, non ut vigentem adhuc disciplinam, sed ut
ostenderet, quanta sit disproportio inter mitiorem ecclesiae usum et antiquam severitatem, ut eo libentius fideles injunctas sibi poenitentias exse-
querentur. Ait etiam Renaudotius [7] eos, qui antiquiores canones in linguas Orientales verterunt, se exhibere ut tales, qui antiquos terminos
lacrymationis, auditionis, prostrationis et consistentiae nonnisi sensu quodam largiori intelligerent, neque distinctiorem illorum ordinum expositionem dare valerent. Jamdudum abrogata erat confessio publica et
canonica, cum nullum ejus vestigium sive apud historiographos Orientalium, sive in eorum canonibus occurrat [8], nisi quod in quodam Syrorum
canone poenitentiali [9] formaliter prohibeatur: „Non licet confitentem aliter, quam secreto confiteri." Chail tamen, patriarcha Alexandrinus XLVI,
saeculo VIII. mediante adhuc quemdam, qui post cibum communionem
sumserat, coegit, ut peccatum istud publice confiteretur, ne alii amplius
idem committerent [10]. Est etiam inter decisiones canonicas Jacobi Edesseni [11] duplex responsio de sacerdote vel diacono, qui ex canonibus scit,
se abscissionem mereri, sed rem episcopo manifestare detrectat, poenitentiam secreto agens, item de laico, qui a peccatis resipuerit, ea dete-

[1] T. II. p. 159. — [2] Perpétuité l. 3. c. 5. col. 826. seq. — [3] Renaudot Perpétuité l. 11. c. 2. col 841. Liturg. Orient. T. I. p. 202. 243. T. II. p. 71. Similiter
in baptismo Maroniterum dimittuntur audientes. — [4] Can. 5. 8. 12. p. 293. — [5] Ap.
Lebrun T. 4. diss. 8. art. 2. p. 559. — [6] P. II. c. 38. (Perpétuité l. 3. c. 6. col. 831.)
— [7] Perpétuité l. 3. c. 7. col. 840. — [8] Ibid. l. l. c. l. col. 858. — [9] Coll. II.
can. 51. — [10] Renaudot Hist. p. 224. — [11] Resp. 66. 67.

statur ex corde, jejunat et orat, sed ea medico ostendere, ad publicam poenitentiam suscipiendam scilicet, erubescit. In utroque casu respondet Jacobus, praecipuam et sufficientem poenitentiam esse cessationem a peccato cum deprecatione, quae fit propter peccatum, et operibus satisfactoriis, alteram innuens absolute non esse necessariam, ejusmodi tamen similes illis esse, qui curant vulnera sua, nec ad medicum accedunt, sanationis promptae et perfectae operatorem. Tunc praesertim, cum Muhamedani partes illas occupaverunt, tepefactis etiam sensim Christianorum animis, antiquum rigorem mitigari oportuit, ne ad illorum partes ex poenitentiae timore vel taedio deficerent. Sed et postmodum multum remittere oportuit, ut ex Dionysii Barsalibi canonibus poenitentialibus ex communi episcoporum consilio saeculo XII. exeunte ordinatis apparet, si cum antiquioribus comparentur[1].

Ex antiqua tamen poenitentiae disciplina multi apud Orientales remanserunt canones poenitentiales, et etiam in iis, qui mitigatam exhibent antiquae Ecclesiae severitatem, magnus in poenis canonicis rigor, reliquaeque aliquot antiquae disciplinae et publicae poenitentiae. Ita in canonibus praesertim poenitentialibus, qui disciplinam repraesentant Barsalibaeo antiquiorem, poenitentibus imponitur saepius, (ne in ecclesiam ingrediantur, sed ad fores maneant stantes, humi etiam prostrati[2], et se introeuntium et egredientium orationibus commendantes, cereum etiam durantibus officiis manu tenentes[3], imo ut etiam reconciliati non ingrediantur in ecclesiam nisi per portam posteriorem[4]. Jejunia etiam et prostrationes imponuntur per totum vitae decursum. Longiori etiam tempore a sacramentorum usu abstinentur, vel in eo restringuntur. Reliquum etiam ex disciplina poenitentiali est, ut, sicuti vidimus, nonnisi peracta poenitentia, saltem apud quosdam ex Orientalium coetu, absolutio tribuatur. Apud Maronitas, teste Abrahamo Ecchellensi[5], quoad absolutionem hic ordo servatur, ut si peccata ejus qualitatis sint, ut longam requirant poenitentiam eorumque causa sacramentorum usus interdicatur, tum absolutio post exactam poenitentiam detur: secus vero si peccata levia sint. Ex eodem fonte procedit, quod apud Orientales remansit, non admitti poenitentes ad Eucharistiae susceptionem nisi peracta poenitentia[6]. De Coptitis id retulit Vanslebius[7] et Josephus Abudacnus[8] testis accedit, dicens, poenitentias nonnunquam sex mensium, aliquando unius anni spatium excedere, atque interim Eucharistiae sacramentum non participare poenitentes. Quod de altera ejusdem ecclesiae Alexandrinae parte, Aethiopica nimirum, testatus est, qui eorum patriarcha Latinus quondam fuit, Alphonsus Mendez S. J.[9]: neminem apud illos, antequam poenitentiam penitus persolverit, sacro Eucharistiae epulo accumbere, cum nonnunquam unum vel duos annos jejunare et singulis diebus quinquaginta, vel centum, vel omnes Davidis psalmos recitare jubeantur: unde factum, ut etiam moribundis synaxis non praebeatur, cum putent,

[1] Renaudot not. 7. ad qd. poenitentias Dionysii Barsal. in opere Mai ded poenit. fol. 12. Perpétuité l. 3. c. 7. sed 839. li 4. c. 11 et c. 2. Lit. Orient. T. II. p. 60. — [3] Coll. L. can. l. — [4] Canones Barsalibaei infra can. 44. — [5] Coll. L. can. l. — [5] Epist. ad Morinum p. 322. — [6] Renaudot. Perpétuité l. 4. c. 11. col. 359. al 3. col. 360. — [7] Hist. p. 97. — [8] G. 1311 p. 186. — [9] L. l. c. 6. h. 6. ap. Legrand. diss. 12. p. 333.

nihil ipsis profuturam confessionem, si desit tempus ad satisfactionis cumulum addendum. Sed et ordo poenitentiae ecclesiae Alexandrinae a nobis infra evulgandus id aperte continet. Quoad Syros valet canon, qui in quadam collectione habetur, a Renaudotio [1] relatus, non licere christiano alicujus peccati reo, ebrietatis, luxuriae, vel furti, qui offendit proximum suum, vel qui odium contra ipsum fovet, suscipere corpus Christi, quin confessus fuerit et canonem poenitentiae expleverit. Idem sequitur ex ordine poenitentiae Dionysii Barsalibaei, in quo post expletas orationes sacerdos perpendens peccatorum speciem et gravitatem poenitentiam imponit, qua expleta poenitens ad sacerdotem revertitur, qui super eum verba illa dicit: Ejiciatur peccatum istud etc. Postea iterum ei imponit orationes quasdam et genuflexiones, indicans, quamdiu haec ei observanda sint. Denique ad participationem sacramentorum admittit, cum opportunum judicaverit. Michael, Antiochenus patriarcha, in libro de praeparatione ad communionem [2], patriarcharum Alexandrinorum innovationibus opposito, non minus ante communionem poenitentiam emensam requirit. Varia testimonia ex Jacobitarum, Coptitarum et Syrorum operibus anonymis collegit Renaudotius, quae opportunas nobis probationes suppeditant. In quodam quaestionum et responsionum libro [3] quaerenti discipulo, quisnam sit sensus verborum Christi, non esse opus valentibus medico etc., quisnam sit medicus et quaenam remedia, respondet magister, medicum esse Deum et ejus loco sacerdotem, remedium esse corpus et sanguinem Christi. Oportere autem medicum morbum cognoscere, priusquam remedium applicet, ita et sacerdotem Eucharistiam praebere non posse, nisi confessio praecesserit: „Nam sicut, si medicus remedium vel nutrimentum det, quin morbum cognoscat, eum auget potius quam medeatur, ita ut saepius aegrotus moriatur: ita peccatori, si corpus Jesu Christi susceperit, quin confessus fuerit et se canonicae poenitentiae submiserit, nihil prodest, sed contra ei nocet et peccatum ejus auget." In homilia Coptitarum in haec verba: Parate viam Domini [4], dicitur, viam esse os, quo Christi corpus sumitur, eam autem parari per confessionem et poenitentiam factam inter manus sacerdotis. Sed et apud Nestorianos eadem disciplina occurrit. Testis est Ebedjesu Sobensis [5], qui in libro Margaritae de poenitentia Eucharistiae praemittenda eodem plane modo loquitur: „Fideles igitur, quotiescunque fragilis naturae humanae vitiis quatiuntur, quae semper incolumis esse non potest, ad medelae locum se oportet conferant, suasque medicis spiritualibus infirmitates ostendant; nempe, ut per expiationem et canones poenitentiales sanitatem spiritus recipiant, ac deinde ad Dominicam coenam accedant, prout magnus magister faciendum dictavit."

Severissimos primitus se ostendebant erga illos, qui a fide christiana ad Muhamedanismum defecissent, et in eos canonicam S. Basilii decisionem applicabant, qua apostatae adigebantur, falsam religionem ejurare in eo ipso loco, in quo veram abnegaverant, quod sane inter Muhamedanos certissimam sibi mortem adsciscere erat. Verumtamen mox ab illo

[1] Renaudot Perpétuité l. 3. c. 7. col. 814 sqq. — [2] Coll. I. can. 31. — [3] Renaudot Liturg. Orient. T. II. p. 502. — [4] Perpétuité l. 3. c. 5. col. 880. — [5] Apud Mai T. X. p. 334.

rigore recesserunt. Chail, patriarcham Alexandrinum XLVI., ordinatum
circa annum 743., multos suorum, qui a fide defecerant in persecutione,
quam Hafez, Aegypti gubernator tunc moverat, recepisse, itemque Zacha-
riam, patriarcham LXIV., multos anno 1020, qui persequente christianos
Hakem Califa apostataverant, historici Coptitae tradunt, quin exactae
illius conditionis mentionem faciant. Libere eam subiit Nekam, filius
Bakara, dissuadentibus etiam monachis, sub Christodulo patriarcha LXVI.,
qui ordinatus fuit anno 1047. Quod Petrum diaconum, post magnas
turbas excitatas apostatam, circa annum 774 sub Menna, patriarcha XLVII.,
rejecerint episcopi et pro eo etiam orare detrectaverint: id vel in ejus
statu clericali, qui majorem exigebat rigorem, vel in notorio hominis
ingenio rationem habere potuit[1]. In canonibus quibusdam vetustioribus
saeculi forsan VIII. vel IX.[2] allegato Basilii judicio additur, ut id faciat,
si tamen velit, secus observet canonem ibi propositum propter naturae
infirmitatem summamque rei difficultatem. Mitius adhuc sonat canon
Barsalibaei[3] hac de re, solennior tamen quam caeteris apostatis imponitur poenitentia.

In his generatim canonibus celebratio missarum procuranda et mulcta
pecuniaria multoties antiquis poenis substituitur. Ex qua stipendiorum
et mulctarum solutione graves orti sunt abusus, ut etiam non solventi-
bus absolutio denegaretur, vel largientibus faciliores se praeberent sacerdotes, pressi ipsi a Muhamedanis, qui pecunias ab iis exigebant[4]. Quae
cum ita se habuerint, mirum non est, plebem illarum partium demum a
confessione abhorruisse, quod et nimiam poenarum canonicarum severitatem nostrorum temporum debilitati minus accomodam efficere opor-
tebat.

Quoad poenas canonicas clericis imponendas eadem animadvertenda.
In canonibus Barsalibaeo antiquioribus pluries apparet depositionis poena
clericis imposita. Barsalibaeus autem in tractatu de recipiendis poenitentibus incertum haerentemque hac de re se praebet, censet tamen, duplicandam iis esse poenitentiam, quae laicis imponi solet[5]. Verumtamen
cum inde sequeretur, poenitentiae tempore clericum a sacro ministerio,
imo et a communione abstinere debere, etiam ista statuta decursu temporis in desuetudinem abierunt[6].

Singularia quoad disciplinam poenitentialem requirenda sunt in canonum collectionibus Ebedjesu et Barhebraei, necnon Armenorum, in
quibus multa sparsa occurrunt, tum in canonum poenitentialium collectionibus, quas ex Renaudoti schedis ad calcem praesentis voluminis edituri sumus.

§. 6. De remissione poenarum temporalium per indulgentias.

Indulgentias Orientalibus ignotas esse, praefracte nimis dixit Renaudotius[7]. Cum apud Graecos usuvenire ex eorum Euchologio et ex do-

---

[1] Renaudot Perpétuité l. 3. c. 7. col. 844. sqq. — [2] Coll. I. can. 51. — [3] Can.
44. — [4] Perpétuité l. 3. c. 9. col. 855. sq. l. 4. c. 2. col. 868. sq. — [5] Cf. can. 28.
31. — [6] Renaudot Perpétuité l. 4. c. 3. col. 899. sqq. l. 3. c. 9. col. 857. Liturg. T. II
p. 159. — [7] Perpétuité l. 3. c. 9. col. 856.

cumentis a Morino[1] allatis certissimum sit, vix credi potest, apud Orientales, qui simillimam in omnibus disciplinam habent, ejusmodi non fuisse. Ipse Renaudotius[2] remissionem poenarum canonicarum apud Orientales fieri refert et optime probat ex canone quodam poenitentiali[3], in quo imposita super homicidam Christiani poenitentia additur: „Quam poenitentiam minuere vetamus sacerdoti: Scriptum est enim, homicidam septuplum puniendum.“ Moribundis remissam fuisse poenitentiam et concessam absolutionem, ipse testatur, et Barsalibaeum decidere, orandum esse et sacrificandum pro illo, qui poenitentia cum fervore incoepta morte praeventus fuerit nec perficere potuerit[4]. Atqui rectissime a theologis nostris conclusum est, poenarum canonicarum remissiones non fuisse tantum ecclesiasticarum poenarum relaxationes in foro externo, sed cum remissione poenarum temporalium coram Deo conjunctas, sicut et satisfactiones illae etiam ad luendas poenitentia temporales poenas imponebantur: secus enim non recte egisset Ecclesia, quae filios peccatores, respectu non tantum debilitatis sed et fervoris in poenitentiae opere exhibiti, ab iis operibus demisisset, quibus suas poenas solvissent. Probe enim sciebant antiqui illi patres, id quod in terris ab ipsis ligabatur vel solvebatur, ligari etiam et solvi in coelis. Id enucleatius probare ex defectu monumentorum non valemus, concedimus etiam, Orientales, qui in tot aliis ad poenitentiam spectantibus rudes et ignaros vel negligentes se praebent, de his forsan parum cogitare. Verumtamen nihil obest, quin eum sensum in ipsorum disciplina detegamus, quem antiquitatis fuisse, Sanctae Romanae Ecclesiae praxis et traditio demonstrant. Quid tandem erit Ordo ille indulgentiae ac veniae, quae fit Sabbato annunciationis, id est Sabbato Sancto, apud Syros Jacobitas[5], nisi ritus magnae illius indulgentiae, quae etiam in Latina ecclesia in fine Quadragesimae, feria V. in Coena Domini, poenitentibus concedi solebat[6]. Thecla Maria[7], presbyter Aethiops coram Cardinalibus interrogatus, quid sentiant Aethiopes de indulgentiis, respondit: „Credo acceptas esse apud omnes, ipsasque vocant benedictiones, usum vero earum cupio intelligere.“

§. 7. De tempore et obligatione peragendae confessionis.

Christianos, cum ad annos discretionis pervenerint, ad confessionem teneri Orientales non negarunt, in definiendo tamen discretionis adeptae termino a nobis nonnulli non parum discedunt. Apud Coptos, conqueritur Thomas a Jesu[8], moris esse, ut non ante vigesimum aetatis annum poenitentiae sacramentum suscipiant, licet etiam ministri altaris sint, qui toties ad communionem accedunt, quoties ad altare ministrant. Sed et Sollerius[9] testatur, pueros et puellas apud ipsos non adigi ad frequentandum sacramentum poenitentiae, nisi tunc primum, cum matrimonio

[1] De poenitentia l. 6. c. 25. — [2] Perpétuité l. 3. c. 9. col. 855. l. 4. c. 1. col. 860. 862. c. 2. col. 866. — [3] Coll. 1. can. 1. — [4] Perpétuité l. 4. c. 2. col. 863. — [5] Bibl. Orient. T. I. p. 573. cod. Ecchellen. 4. et Cod. 35. Florentinus ap. Assemanum in Bibl. Mediceae codicum Mss. Orientalium catalogo Florent. 1742. p. 75. — [6] Morinus de poenitentia l. 7. c. 18. n. 7—8. — [7] Apud Thomam a Jesu p. 167. — [8] p. 157. — [9] p. 146. n. 217.

copelantur, ut ad annum decimum septimum vel decimum octivum aetatis pertingant, quin id praestitum fuerit. Abyssini, teste P. Alphonso Mendez S. J., patriarcha eorum a Romano Pontifice constituto [1], non ante vicesimum quintum aetatis annum, qui apud ipsos terminus innocentiae creidebatur, confessione culpas eluebant; quod et a P. Tellez [2] confirmatur et a Ludolfo [3] ex ipsis repetitur. Armenos vero Tournefort [4] adolescentibus quindecim vel sexdecim annorum adhuc absque confessione praevia sacram synaxin praebere tradit.

Ante Eucharistiae susceptionem ad peccatorum gravium emendationem ex lege divina ordinario requiri usum medii ordinarii a Christo in sacramento poenitentiae instituti, agnoscunt Orientales, cum confessionem ante communionem peragendam tantopere urgeant. Ita inter Coptitas Severus, episcopus Aschmonin, in tractatu de agno paschali, et post repressum abusum a Joanne Abulfetah et Marco Zaraae filio introductum Ebnassalus et praesertim homiliae in evangelia et epistolas de circulo anni in ecclesia Coptica legi solitae [5]. Contra eosdem illos Coptitarum patriarchas necessitatem confessionis ursit Michael, Antiochenus patriarcha, in libro de praeparatione ad communionem [6]. Sed est et canon Syrorum [7]: „Nemini licet accipere corpus Christi nisi purus sit, nocte orbverit et confessus fuerit" et alter [8]: „Non licet Christiano reo alicujus peccati ebrietatis, luxuriae vel furti, qui offendit proximum suum vel qui odium contra ipsum fovet, suscipere corpus Christi, quin confessus fuerit et canonem poenitentiae expleverit." Porro canones eorum statuunt, nemini licere, feria quinta hebdomadis sanctae aut in Nativitate aut Pentecoste corpus Christi accipere, nisi prius peccata sua fuerit confessus [9]. Multos in hanc rem collegit ex Jacobitarum Coptitarum et Syrorum tractatibus et homiliis locos Renaudotius, in quibus ad suadendam confessionem dicitur, eum sacerdotem, qui non confesso praebeat Eucharistiam, Christi mandatum infringere, ne sanctum detur canibus, et Judae traditori esse similem, uti est in homilia [10]: „Sancti Patres hos docuerunt et praeceperunt in regulis disciplinae ecclesiasticae, neminem facultatem habere suscipiendi corpus Christi, Domini et Dei nostri, priusquam peccata sua sacerdoti, ministro Christi confessus fuerit. Nam evangelium dicit sacerdotibus: Non date sanctum canibus." In alia homilia in haec verba: Parate viam Domini [11], dicitur, hanc viam esse os, quo corpus Christi sumitur, id autem parari per confessionem et poenitentiam factam inter manus sacerdotis. Illum vero, qui non confessus Eucharistiam sibi arrogat, ait tractatus quidam [12], similem esse illi qui remedium sibi sumit, antequam medico morbum exposuerit, eoque adeo ad propriam perniciem utitur. In instructione in forma dialogi inter magistrum et discipulum [13], quaerenti discipulo, quaenam sit probatio ante Eucharistiam a Paulo praescripta, respondetur, ut se examinet et per confessionem praeparet.

---

[1] L. 1. c. 6. n. 6. ap. Legrand diss. 12. p. 333. — [2] p. 92. ibid. p. 332. — [3] L. 3. c. 6. n. 52. — [4] p. 166. — [5] Liturg. Orient. T. I. p. 160. 266. — [6] Ibid. et T. II. p. 50. — [7] Coll. II. can. 87. — [8] Ap. Renaudot Perpetuité I. 3. c. 6. col. 833. — [9] Coll. II. can. 50. 98. — [10] Perpetuité I. 3. c. 5. col. 829. cf. c. 6. col. 835. — [11] Ibid. c. 5. col. 830. — [12] Ibid. col. 828. cf. c. 6. col. 833. sq. — [13] Ibid. c. 6. col. 833.

Certa etiam tempora sacramentis poenitentiae et Eucharistiae suscipiendis observant Orientales, bis vel ter in anno ex antiquiori Ecclesiae disciplina, praesertim vero tempore paschali accedentes. Ita Aethiopes Alexandrinae ecclesiae regulas sequentes bis confiteri in magno jejunio et feria VI. in Parasceve, refert minus forsan accurate quoad tempora Harris[1], qui novissimo tempore eorum regionem peragravit. Dionysius Barsalibi in tractatu de suscipiendis poenitentibus omnes obligari dicit, ut ter in anno peccata confiteantur, referente Renaudotio[2]. Verumtamen in ejus canonibus poenitentialibus[3] praeceptum ita sonat: „Qui non confitetur peccata sua bis in anno, prohibebitur a sacramentis, donec confiteatur juxta ordinem christianis observatum. Si vero aut itineris necessitate aut negotiationis causa profectus, aut legitima causa impeditus proximum sacerdotem non habet, semel confiteri sufficit.“ In canone Syrorum poenitentiali[4] antiquiori Barsalibaeo ternam confessionem praeceptam esse, supponitur: „Nemini licet, corpus Christi accipere feria V. magna aut in Nativitate aut Pentecoste, nisi prius peccata sua confessus fuerit.“ In alio quodam canone Syriaco[5] antiquiori et ipso canonibus Barsalibaei, mitigata jam reperitur haec regula: „Fiat etiam bis in anno confessio, semel quidem ante Natalem Domini, et Feria V. ante magnam Parasceven Crucifixionis.“ Armeni, testibus Smith et Dwight, in Natali Domini et in Paschate ad sacramenta accedunt.

In mortis articulo suscipiendorum sacramentorum poenitentiae et Eucharistiae obligationem agnoscunt et canonibus suis inculcant Orientales. Aethiopes confessionem in mortis articulo magni facere et pro ipsa ideo sacerdoti pecuniam erogare, testatur Harris[6], et illum, qui eam non peregerit, in coemeterio non sepeliri. Canon est Syrorum[7]: „Oportet christianum, cum ad mortis tempus venerit, confiteri peccata sua et communionem accipere, sive jejunus sit, sive non.“ Et in alio[8]: „Oportet, ut unusquisque episcopus, sacerdos, diaconus, vel saecularis, vir et mulier, quando sentiunt, se in mortis proximo periculo constitutos et mox ex hoc mundo migraturos, canoni se subjiciant, scribant testamentum ad misericordiam et eleemosynas faciendas, confiteanturque peccata sua coram magistro poenitentiae, et ipse communicet illis corpus et sanguinem Domini nostri.“

_____

[4] p. 179. — [2] Liturg. T. II. p. 50. — [3] Canon. 68. — [4] Coll. II. can. 98. cf. can. 50. — [5] Coll. III. can. 14. — [6] T. c. — [7] Coll. II. can. 43. — [8] Coll. III. can. 4. cf. can. 11.

DE SACRIS ORDINATIONIBUS.

§. 1. De distinctione et numero ordinum.

Praeter tres hierarchicos ordines supremumque in primatu juris dictionis verticem, a Christo Domino institutos, sancta Dei Ecclesia varios jurisdictionis gradus ordinesque ministrorum instituit. Qui, sicut in Orientis ecclesiis ut plurimum multum ab institutis Occidentalium discedunt, ita et apud ipsos Orientales quoad numerum et functiones in multis differunt.

Coptitae praeter episcopos, presbyteros, diaconos, subdiaconos, lectores, quos omnes retinent, patriarchamque Alexandrinum, hos gradus dignitatum et ministeriorum proprios habent. Archiepiscopi sive Metropolitae apud ipsos quidem occurrunt, atque eorum in ordinationum ritu mentio. Verumtamen, si fides Renaudotio[2] habenda, in tota historia Alexandrina non fit mentio, nisi metropolitarum duorum, Aethiopiae scilicet et Damiatensis, hujusque nonnisi sub fine saeculi XII., cum mentio fit Michaelis, infelicissimae memoriae illius loci praesulis, qui Marco, Zaruae filio, in abroganda confessione adjutor fuit. Occurrit quidem etiam in aliquibus synaxariis et calendariis nomen Cyriaci, metropolitae Benhae, cujus nomine extat liturgia apud Aethiopes. Verumtamen nullibi praeterea metropoleos titulus civitati isti inditus deprehenditur, sed ejus episcopus Petrus, qui ordinem benedictionis baptisterii ordinavit, et Petrus, qui synodo Cyrilli patriarchae anno 1086 interfuit, episcopi nomine designantur. Fuisse quidem in Aegypto metropoles probat Theodosii junioris epistola ad Dioscorum, in qua ei scribit, ut, assumtis decem metropolitis, qui ex ejus dioecesi essent, aliisque decem episcopis Ephesum proficiscatur. Sunt etiamnum in Aegypto metropoles et in provincias divisio, sed istae sunt Melchitarum, non Jacobitarum, qui ex Renaudotio alias praeter illas non retinuerunt. Sed et Vanslebius testatur, sibi metropolitas non occurrisse, nisi in quodam libro manuscripto tres memoratos: Aethiopiae, Jerosolymorum et Damiettae. Ante Arabum tempora fuisse plures suspicatur[3].

Inter presbyteros fimiliter quidam archipresbyterorum locum tenent, quos Igumenos vel Komos vocant. Vox komos vel komis a graeca κώμη ejusque genitivo κώμης derivata est, presbyterumque indicat, cui cura ecclesiae alicujus rusticanae commissa sit, qui proinde non sicut

---

[1] De vestigiis nunquam extinctae apud Orientales primatus memoriae tractatum edidimus in Tübinger theologische Quartalschrift 1850. 3. Heft. Nr. I., ad quem plurima adhuc addi possent luculentissima. — [2] Liturg. T. I. p. 414. 423. Not. l. bened. baptisterii in Ms. opere Varia officia, T. III. P. II. fol. 17., et in opere Ms. de ordinationibus p. 77. in notis ad ord. Copt. — [3] Hist. p. 82.

ros sederent, praeterquam cum patriarchae, vel metropolitae, auti episcopi vices gererent in aliquo consessu, quod a Syris religiose observatur usque in hodiernum diem [1]. Est igitur archidiaconus species quaedam vicarii generalis.

Presbyterorum, qui caeteris dignitate praestent, duae sunt species
apud Syros: chorepiscopi et visitatores, quos Peridute, hoc est περιο-
δευτα, vocant. Negat quidem Renaudotius [2], distingui apud ipsos utrain-
que dignitatem, et Syros Jacobitas chorepiscopos nunquam nisi presbyteros visitatores novisse ait. Allegat in hujus theseos confirmationem
codicem Florentinum bibliothecae Magni Ducis, cujus titulus 22. est de
chorepiscopis sive periodeutis. In ordine Maronitarum a Morino vulgato,
quem Renaudotius falso ipsorum Jacobitarum esse putabat, distingui quidem utrumque titulum, sed ordinationis ritum essentialiter non differre,
eundem proinde esse ritum diverso nomine exhibitum. Denique in ipso
ordine Morini eos, qui initio chorepiscopi audiunt, in fine „Churi" vocari,
nomine a Graeco χώρα deducto, sicut komos Coptitarum a κώμη, ut
utrumque sacerdotem ruralem significare pateat, vel etiam ab ipsa chorepiscopi denominatione abbreviato. Sed Assemanus, his in rebus melius
informatus et uberiori monumentorum suppellectili instructus testatur [3],
apud Syros Jacobitas et Maronitas distingui adhuc periodeutas et chorepiscopos. Imo Maronitae non modo periodeutas a chorepiscopis distinguunt, sed bina etiam chorepiscoporum genera agnoscunt: primum, quod
in civitatibus instituitur, ubi residet episcopus; alterum, quod in oppidis
et majoribus vicis. Primi absolute dicuntur „Churaje" vel „Churajepis-
cupe," respondentque Latinorum archipresbyteris, Graecorum protopapis.
Alteri sunt absolute chorepiscopi, hoc est vicorum seu pagulorum episcopi, et hi prioribus praeferuntur, eo quod episcopis absentibus vicos
pagosque regunt, et pro veris tantum episcopis non habentur. Hinc
ipsorum et episcoporum, paucis exceptis, idem est ordinationis ritus.
Quod discrimen a Maronitis, teste Assemano, statutum eo recidere videtur, ut posteriores veri sint chorepiscopi, jurisdictione praediti, priores
honoris causa titulum acceperint, sintque potius quaedam dignitas, quam
munus. Unde dicendum erit, in codice Florentino non eundem declarari
utrumque ordinem, sed tantum utrumque ordinationis ritum, qui revera
ex Assemano [4] idem est pro periodeutis et chorepiscopis. Discrimen
autem utriusque muneris in eo est, quod chorepiscopi in loco quodam
resideant, potestate ordinaria induti; periodeutae circueant inspiciendo,
potestatis potius delegatae. Caeteroquin falleretur, qui putaret, chorepiscopos istos pro episcopis sensu proprio haberi. Nam quod ad insignia
seu vestem spectat, nihil in ritu Jacobitarum praescribitur, quod chorepiscopo vel periodeutae proprium sit et ab ornatu presbyterorum differat [5]. Deest etiam impositio manus in codice Florentino Jacobitico in
eorum ordinatione. Praeter eam, quae chorepiscopo et periodeutae conceditur, potestatem, ut subjectas sibi ecclesias et monasteria visitet deque
moribus et fide uniuscujusque inquirat, nulla alia prae caeteris presby-

teris iis facultas conceditur [1]. Olim quidem valebat, quod Barhebraeus [2] refert: „Antiochiae 14. Subdiaconi et lectores et exorcistae a periodeutis promoventur,“ quod tamen episcopalem ordinem minime arguit.

Post patriarcham Antiochenum, summum Syriacae Jacobitarum hierarchiae verticem, sequitur Maphrianus, sive catholicus Orientis [3]. Ab antiquis nempe temporibus episcopis in regionibus Chaldaeorum et Persarum, quae a Syris Oriens dicuntur, praepositus erat metropolita, qui in regiis urbibus Seleucia et Ctesiphonte residebat, patriarchae Antiocheno subjectus. Sed postquam partes illae ad Nestorianismum defecerant, missi sunt a Jacobitis episcopi in illas partes, ex quibus denique Maruthas anno 629 sedem in urbe Tagrit sive Martyropoli in coenobio S. Matthaei figens primus factus est Orientis metropolita, vel ut titulo sub Justiniani tempora orto dictus est, catholicus, Maphrianus etiam Orientis (hoc est foecunditatem tribuens sive pater). Maphrianus regit easdem fere regiones ac Nestorianorum patriarcha. Olim eadem jura in suos subditos exercebat ac patriarcha: nam episcopales sedes erigebat, episcopos ordinabat et deponebat, chrisma consecrabat. Quibus fere omnibus hodie exciderunt Maphriani, et praeter speciosum titulum nihil ipsis remansit. Saeculo enim VII. mediante jam Theodorus patriarcha Maphriani ordinationem sibi arrogavit, ejusque successor Severus Bar-Maske, omnium episcoporum ordinationes sibi soli reservare voluit. De quibus cum certatum fuisset acriter, denique Maphriani ordinationem omniumque episcoporum sibi reservari expugnaverunt patriarchae, ea conditione, ut Maphriano inconsulto patriarcha non crearetur, isque electum consecraret, haberetque primum inter omnes episcopos post patriarcham locum. Quae omnia in Synodo Caphartutae 869 sub Joanne patriarcha sunt statuta.

Nestorianorum hierarchiam, ut modo est, describens Ebedjesus Sobensis in Nomocanone [4] tres hierarchias novemque ordines statuit: diaconatum scilicet, sub quo lectores, hypodiaconi et diaconi; presbyteratum, sub quo archidiaconi, periodeutae et presbyteri; et episcopatum, sub quo episcopus, metropolitanus et catholicus patriarcha. Tres item hierarchias novemque ordines ecclesiasticos enumerant Georgius, Arbelensis metropolita, et Timotheus II. patriarcha, sed a Sobensi nonnihil discrepant. Nam Georgius [5] quidem, omisso archidiaconatu, chorepiscopum a periodeuta distinguit et catholicum a patriarcha, sed mox subjungit, catholicum et patriarcham olim quidem in Oriente diversos fuisse gradus, postea tamen apud Nestorianos coaluisse, cum ab Antiocheni patriarchae obedientia post concilium Ephesinum sese subduxere. Timotheus vero [6], periodeuta et chorepiscopo rejectis eorumque loco cantore et exorcista positis, hierarchiam hisce ordinibus constitui a nonnullis auctoribus scribit, nimirum: exorcista, cantore, lectore, hypodiacono, diacono, presbytero, episcopo, metropolitano et patriarcha. In epistolis Jesujabi Adjabeni et in synodis patriarcharum Isaaci, Marabae, Josephi, Ezechielis, Jesujabi Arzunitae, Timothei et Joannis Isaac, necnon in colen

[1] Ibid. p. 832. — [2] Cap. 7. sect. 8. p. 32. — [3] Bibl. Orient. T. II. Diss. de Monophysitis §§. 7 et p. 437. — [4] Part. 6. — [5] Declarat. diversorum offic. tract. 2. c. 6. — [6] De erroribus ecclesiae c. 1. sect. 5.

kři. monumento Sinico anni 781 hi ordines memorantur: lector, hypo-
diaconus, diaconus, archidiaconus, presbyter, archipresbyter, periodeutes,
chorepiscopus, episcopus, metropolita et patriarcha. Caeterum notandum,
etiam hegumenos et diaconissas a Nestorianis non in clericorum, sed in
monachorum numerum referri. Haec Assemanus [1], de quibus enucleatius
erit agendum.

Apud Nestorianos tonsurationis ritus lectoratui praemittitur et pres-
byteratui, sicut apud Graecos [2]. Tonsuram tamen non deferunt clerici
Nestorianorum, nec habitum proprium extra sacras functiones, quod etiam
de patriarcha valet. Apud eosdem nulla est cantorum benedictio, sed
lectoratus ordinum initium est [3]. Fuisse tamen quondam cantores et
exorcistas, ex Timothei II. libro de sacramentis Ecclesiae sequitur, qui
eorum expressam facit mentionem, et exorcistas baptizandis exorcizandis
adhibitos fuisse ait. Lectorum et subdiaconorum officium in ordine
Badgeriano definitur: custodire portas, ministrare coram levitis et legere
libros propheticos. Diaconissae a Nestorianis etiam ex monasteriis mulierum eliguntur, in iisque constituuntur ad normam canonis Nicaeni Arabici 74. juxta Turrianum, 79. juxta Ecchellensem. Procemium ordinationis
a nobis infra edendae praecipit, ut eligatur soror ex monasterio pro-
vectae aetatis et monastica exercitatione commendata. De earum functionibus ad calcem ordinationis diaconissarum, quae habetur in pontificali
Nestorianorum a. C. 1550 descripto haec habentur: „Atque ita perficitur
ordo de filiabus foederis (monialibus), quae ad opus diaconatus segre-
gantur. Ad altare autem non accedit, quoniam mulier est, sed ad oleum
chrismatis duntaxat. Hoc vero illius officium est, ut corde oret in capite monialium tempore ministerii et in fine orationis dicat Amen; utque
ungat mulieres ad baptismum accedentes easque ad sacerdotes admoveat:
non enim fas est sacerdotibus ungere mulieres; etsi nostris temporibus
id faciunt, quum sacerdotes in feminam oculos nequaquam intendant.“
Apud Nestorianos non conceditur ipsis Eucharistiam administrare, ut ex
hac enumeratione apparet, et Assemanus in notis ad earum ordinationem
Nestorianam animadvertit, indeque duplicem caeremoniam ex ritu ordinationis earum expunctam videri: primam scilicet collo stolam diaconicam
imponendi, alteram calicem de manu episcopi accipiendi, quo significatur
potestas Eucharistiam porrigendi. Notatur etiam in ordinatione infra
evulganda, episcopum manum super caput ejus imponere, non per modum
chirotoniae, sed benedictionem ei impertiri.

Archidiaconis apud Nestorianos, teste Assemano [5], ad calcem
ordinationis haec privilegia tribuuntur: „Sciendum est, quod archidiaconus habet facultatem consecrandi altare absque chrismate, atque
praesit in choro et incipiat et absolvat officium divinum absente

[1] Bibl. Orient. T. III. P. II. p. 789. 791. sqq. — [2] Ibid. p. 795. 816. Quoad
presbyteros ait Assemanus (Bibl. Orient. T. III. P. II. p. 816.) eos absque dubio
tonsuram quondam usurpasse, sed ab hoc usu postea recessisse. Josephum, metropolitam Indum, hunc ritum de descripta a se pontificali restituisse videri, cum ibi
ad marginem id scriptum appareat. Sed est etiam apud Badgerum. Aliud est in
ordinatione tonsurari, aliud tonsuram deferre. — [3] Bibl. Orient. T. III. P. II. p. 795.
816. — [4] Cod. bibl. 5. — [5] Cod. Vat. Syr. 19. Bibl. Orient. T. III. P. II. p. 851.
— [6] Bibl. Orient. ibid. p. 841.

episcopo, ut demum pedum pastorale episcopi teneat et post illum dicat absolutionem.[4] In ordinatione autem dicitur segregatus ad opus archidiaconatus, ut sit princeps presbyterorum. Juxta canonem Nicaenum arabicum 62. Ecchellensi, 57. Turriano: „Archidiaconus sedet ad dexteram episcopi tanquam ejus vicarius, praeest omnibus, quae ad orationem et ecclesiam pertinent, lites et controversias diaconorum dirimit.“ Eadem de archidiacono decernuntur in canone 19. Jesujabi patriarchae, quem Ebedjesus Sobensis citat in nomocanone [1], de electione et ordinatione archidiaconi deque ordine ministerii ejus et [2] uno verbo omnia ejus munera complectitur, cum ait, illius officium esse ordinare ministerium, idque non intra ecclesiam tantum, sed etiam extra. „Nemo enim ad clerum promoveri debet ab episcopo vel chorepiscopo sine archidiacono, neque episcopus vel chorepiscopus quemquam a clero removere debet sine archidiacono,“ ut dicitur in canone Nicaeno arabico 60. secundum Turrianum et 65. secundum Ecchellensem. Functiones etiam oeconomi, de quibus Sobensis [3], Nestoriani archidiaconis tribuunt, quos proinde ecclesiarchas vocant[4]. A Nestorianis praeponuntur etiam chorepiscopis, presbyteris et archipresbyteris, ut etiam in canone Nicaeno Arabico juxta Turrianum 57. juxta Ecchellensem 62. habetur, qui ex eorum officina prodiisse videtur: vocatur etiam in ordinatione „princeps presbyterorum“ et in titulo ordinis Badgeriani dicitur esse caput super presbyteros et diaconos et super omnem gregem, ad quem destinabitur, et hac de causa nonnisi presbyter ad archidiaconatum promovetur. Quae omnia a reliquorum Syrorum observantia omnino discedunt [5].

Occurrit etiam inter ordinationes Nestorianas constitutio Sciaharae, quod munus per se non est presbyteri, licet diaconi et presbyteri titulo ornetur. Sciahara, id est vigil et excubitor, Graecis θεωρός, apud Nestorianos vocatur, qui decantando officio praeest, praesertim nocturno, quod Sciahra dicitur. Ejus munera in ordinatione ita definiuntur, ut ubi necessitas postulaverit, deficiente itaque presbytero, proclamationes vespertinas et matutinas peragat, necnon in horis et in exequiis defunctorum, et ut Pacem intonet. In prooemio ordinationi praemisso in codice Malabarico Vaticano mox allegando haec expresse restringuntur ad officia, prohibeturque Sciahara ejusmodi peragere in sacramentorum administratione vel in liturgia, neque conceditur ipsis diaconi munere fungi. Vocatur autem in ordinatione cantor, qui initiatur diaconus et ordinatur presbyter horarum, diciturque signari in opus diaconatus et presbyteratus ministerii ecclesiastici, dicuntur etiam constitui ad opus ministeriorum, in ordine ministri. Ordinatur extra cancellos ad instar lectoris et subdiaconi; priores duo psalmi, qui hic dicuntur, sunt etiam in ordinatione lectoris et subdiaconi, solus tertius: Ad te levavi, proprius est istius benedictionis. Initio dextrum genu tantum flectunt ad instar diaconi, utrumque denique ad orationem: Domine Deus fortis, quae ex ordinatione presbyteri quidem desumpta est, hic autem per additamenta ad officia chori restringitur. Desunt etiam in hac ordinatione verba, quibus apud reliquos Orientales et Nestorianos ipsos diaconatus et presbyteratus conferuntur. Sunt igitur per se ordinatione tantum cantores ex quibus

[1] Part. 6. c. 18. — [2] Ibid. c. 19. — [3] Part. 6. c. 9. — [4] Bibl. Orient. T. III. P. II. p. 845. — [5] Ibid. p. 840.

etiam assumuntur, nomine tenus diaconi et presbyteri, licet casus etiam memorentur, in quibus ordo diaconatus vel etiam presbyteratus illis simul collatus fuerit, qui in Sciaharas evehebantur. In Pontificali enim Syro-Nestoriano ex Malabaria saeculo XVI. in bibliothecam Vaticanam illato ordinationi presbyteri, et diaconi Sciaharae, praemittitur quaestio, an liceat hominem caecum ordinari presbyterum Sciaharam?. cum enim posse ordinari diaconum vel presbyterum perfectum negatur, sed quaeritur, utrum possit urgenti necessitate ordinari presbyterum Sciaharam, qui nimirum nomine tenus presbyter sit, et ad supplendam presbyteri in quibusdam officiis absentiam destinatus. Sed quaestionem ipsam ejusque resolutionem ex rubrica ordini praefixa latine redditas accipe: „Ordinatio Sciahararum presbyterorum, et diaconorum. Inveni in quodam antiquo rituali, quod, ut mihi videtur, sanctus Pater noster Mar Ebedjesus Catholicus ordinavit, cum meminit translationis episcopi de una sede in alteram, et ipse composuit inclinationem illam translationis (hoc est orationem secretam, quam pontifex inclinatus dicit super eum, qui transfertur de uno throno in alium). Ad clariorem autem instructionem non permisit ei gradum diaconatus, aut presbyteratus. Contra vidimus viros celeberrimos, ut Mar Timotheum, et Josue Barnun, et Marabam, et Mar Ananjesu, et Mar Jesujabum Adjabenum Catholicos; metropolitanos etiam, ut Elamitarum, Sobae, et Adjabenae; qui plures Sciaharas ordinarunt sacerdotes in civitatibus, et in coenobiis; et nonnullos quidem intra sanctuarium ordinarunt, alios vero ad limina cancellorum, aliosque usque ad lampadem, quae est in medio sanctuarii: et perfectam integramque ordinationem super iis peregerunt: alii autem aliter fecerunt. Invenimus praeterea in Hadatha beth-Cyri duos insignes doctores in utroque ecclesiae choro stantes, qui a patribus absque necessitate ordinati sunt. Nos vero existimamus, non licere ordinari Sciaharam caecum presbyterum, nisi ubi id necessitas postulaverit, nec adfuerit sacerdos visu praeditus, qui exequias celebret et oret. Quodsi repertus fuerit sacerdos, non licet ordinari caecum presbyterum, et diaconum. Item ubi adfuerit presbyter visu praeditus, ibi non decet caecum, etiamsi doctor sit, orare in choro, aut in liturgia, aut in baptismate. Qui secus fecerit, et praesente presbytero oraverit, canoni subjectus esto. Cum autem juxta compositum hunc a nobis ritum ordinatus fuerit, coram altari perficiat proclamationes vespertinas, et nocturnas, intonet Pacem, et orationes praescriptis horis recitet solus: in baptismate vero, et liturgia Pacem nullatenus intonet: nec ordine diaconatus ullomodo fungatur: res enim inaudita est, Sciaharas diaconos fieri. In exequiis vero defunctorum urgente necessitate orationes cum diacono decantet, ordinemque mortuorum, absente sacerdote, perficiat. At calicum benedictio, et coronarum perfectio (id est, sponsi sponsaeque coronatio) absente sacerdote nequaquam fiant. Caeci enim, etiamsi columnae Ecclesiae sint, propter solam tamen necessitatem permissum est, ut sacerdotes ordinentur, quo nimirum in coenobiis Tertiam, Sextam, et Nonam horas decantent. Quemadmodum autem propter instantem translationis episcoporum necessitatem coacti sumus orationem secretam translationis quantumvis illicitam describere: ita et ordinationem Sciaharae etsi illicitam describimus[1].“ Ex

[1] Haec de Sciaharis ex notis Assemanorum ad eorum ordinationem.

hac satis confusa expositione ex Ebedjesu desumpta sequitur, quosdam, qui in Sciaharas constituerentur a patriarchis Timotheo, Josue Bar-Nun, Jesujabo Adjabeno, Maraba, Ananjesu aliisque, per ordinationem perfectam factos fuisse vel diaconos vel presbyteros, caecos etiam in Sciaharas ordinatos fuisse, imo factum fuisse, ut caeci presbyteratus ordine insignirentur, ut Sciahararum munere fungerentur. Ex his omnibus sequitur, Sciaharas Nestorianorum respondere primis Coptitarum cantoribus, quorum designationis ritum Vanslebius retulit, vel etiam illis, quos inter clericos Aethiopicos Ludolfus Nebrat vocat.

Sequuntur, qui superiorem locum inter presbyteros tenent, periodeutae et chorepiscopi. Qui sicut a prima sua institutione distinguebantur ita et apud Nestorianos olim duplicem ordinem constituebant. In historia enim Nestorianorum occurrunt hi chorepiscopi. Sergius presbyter et chorepiscopus unus ex septuaginta praeconibus fuit, qui anno Christi 636 evangelium in Sinarum regno praedicarunt, cujus rei memoriam in monumento lapideo 781 descripsere praeter alios Adam presbyter et chorepiscopus et papas Sinarum, Jazedbuzid, presbyter et chorepiscopus Chumdanae, et Sergius, presbyter et chorepiscopus. Porro Trisjesus chorepiscopus sub Jesujabo Abdjabenico, ad quem hic epistolam dedit, qua hortatur, ut praescriptam a se monachis regulam diligenter observari curet [1]. Verumtamen in recentiori Nestorianorum jure periodeutae et chorepiscopi pro una eademque re sumuntur. Ita enim Ebedjesus in Nomocanone vocat periodeutam id est chorepiscopum, deque eo haec ait: „Periodeutae est visitare pagos: in locum enim chorepiscopi institutus est, postquam hic ex Orientis ecclesia sublatus est.‟ Et in rituali ordinationis infra edendo titulus est: „Ordo chirotoniae chorepiscopi, qui est visitator pagorum [2].‟ De electione et ordinatione officiisque chorepiscopi, qui et periodeuta tractavit Ebedjesus in Nomocanone [3] allegans sex canones Nicaenae synodi, ex iis scilicet, quos Arabicos appellant, a canone 58. ad 70. juxta versionem Abrahami Ecchellensis, qui ex Nestorianorum officina prodiisse videntur. Qui canones tres dignitates post episcopum enumerant: chorepiscopum, archipresbyterum et archidiaconum, et hic quidem caeteris praefertur. Chorepiscopus autem vicorum est archipresbyter, archipresbyter autem, qui in canone Arabico vocatur Archipapas civitatis, respondetque Graecorum protopapae seu protopresbytero. Chorepiscopi est, sibi commissas ecclesias et monasteria regere, visitare, eorumque necessitatibus spiritualibus et temporalibus intendere. In constitutionibus ecclesiasticis, quae Nicaeni concilii nomen falso praeferunt, sunt autem magnae auctoritatis apud Nestorianos, consecratio ecclesiarum, quae in villis sunt, chorepiscopis tribuitur, quam tamen alii Nestorianorum canones archidiaconis deferunt [4]. Quod ad insignia spectat etiam apud Nestorianos nihil est, quod chorepiscopo vel periodeutae proprium sit et ab ornatu presbyterorum differat [5]. Notandum autem, diversam ab illa, quam hic supponimus et quae in ritu inferius edendo continetur, in constitutione chorepiscoporum et perio-

[1] Bibl. Orient. T. III. P. II. p. 838. Renaudot Perpétuité l. 5. c. 9. col. 957. — [2] Bibl. Orient. T. III. P. II. p. 830. — [3] Part. 6. c. 7. — [4] Haec. ex Bibl. Orient. T. III. P. II. et notis Codicis liturg. T. XIII. ad ord. Chorepiscopi. — — [5] Bibl. Orient. T. III. P. II. p. 83.

deutarum praxin occurrere apud Georgium Arbelensem [1], cum dicat, periodeutam et chorepiscopum solo episcopi jussu absque ulla consecratione perfici, nisi id ita intelligas, non esse ordinationem proprie dictam, sed institutionem tantum solenniorem.

Catholici sive patriarchae dignitatem Nestoriani pro ordine ab episcopatu diverso habere videntur, cum, quando in patriarcham evehendus episcopus est, nihilominus integram ordinationem cum omnibus, quae ad episcopalem ordinationem pertinent, reiterent. A quo magnopere abhorrent Syri Jacobitae, sed in tali casu peculiares patriarchae ritus in enthronismo celebrant. Coptitae, cum disciplinam stricte retinuerint, ut nullus episcopus per translationem ad sedem Alexandrinam promoveatur, in hanc quaestionem non incidunt [2].

Armeni ordinationes a Latinis susceperunt. Quorum doctor et episcopus, Gregorius Caesariensis, in epistola ad Moysen patriarcham [3], a Gregorio papa suscepisse testatur, quem potius Gregorium VII. fuisse suspicamur, sub quo unio illorum cum Romana ecclesia tractata est, quam S. Gregorium Magnum, cujus tempore traditio instrumentorum, cum Latinorum ordinationibus ab Armenis suscepta, nondum usu veniebat. Quo factum est, ut Armeni tonsuram et quatuor minores majoresque ordines ad Latinorum morem jam multis abhinc saeculis retineant, neque ordines vel ordinationes alias habeant. Cantores, quorum mentionem facit Serposius in consecratione episcopi, videntur esse simplices tonsurati, cum eorum ordinatio nulla appareat. Archidiaconi tamen adhuc apud Armenos sunt, sed non ut ordo peculiaris. Archipresbyteri et apud ipsos occurrunt [4]. In antiquioribus temporibus eos alios etiam gradus retinuisse, qui apud coeteros Orientales sunt, ex eorum canonibus apparet. Occurrunt enim in iis et chorepiscopi [5], qui tamen cum periodeutis jam unum evaserant, cum chorepiscopi inspectores, inspectores per provincias atque castella [6] dicantur, eorumque munera aliter non describat Isaac M., Armenorum patriarcha [7]: „Etiam oportet ac decet, chorepiscopos singulis annis, cum synodus solvitur, juxta canonicas constitutiones circumire ecclesias sibi creditas et examinare mores ac ministeria et officia divina, et videre, quomodo negotium fidei morumque se habeat; oportet etiam rationem reposcere a presbyteris et diaconis circa tempora praedicationis et orationis; a baptizantibus autem quomodo se in baptizando gerant, ab oblatoribus tremendi sacrificii, an cunctas cerimonias adhibeant, ut omnia diligenter, sponte, reverenter ac firmiter teneant.“ Jus etiam puniendi et expellendi malos et incapaces clericos ipsi tribuit [8]. Praecipit autem Sion patriarcha [9], ut episcopi chorepiscopis non permittant et presbyteris, ecclesias et altaria consecrare. Peculiaris dignitas apud Armenos est doctorum gradus, quos Vartabietos vocant, quos ut in ecclesiis consti-

[1] Declaratio omnium ecclesiasticorum officiorum l. 2. c. 6. Bibl. Orient. T. III. P. I. p. 526. — [2] Renaudot Diss. de patriarcha Alexandrino n. LXXIII. Liturg. Or. T. I. p. 389. Perpétuité l. 5. c. 10. col. 963. Bibl. Orient. Diss. de Monophysitis n. VIII. T. II. p. 371. T. III. P. II. p. 667. — [3] Ap. Galan. T. I. p. 109. et T. III. P. 651. — [4] Isaac. M. I. can. 14. 17. 18. p. 276. II. can. 14. 17. 18. p. 279. Nerses et Nersesiab. II. can. 13. p. 274. — [5] Isaac. M. I. can. l. 4. 5. 9. 11. II. can. 1. 4. 5. 9. 15. Sion can. 21. p. 309. — [6] Isaac. M. I. can. 4. p. 276. cf. II. can. 5. 9. 15. Ejusdem serm. p. 285. — [7] II. can. 5. p. 277. — [8] II. can. 6. 9. — [9] Cap. p. 307.

128

taent, episcopos jam monuit Sion patriarcha [1], saeculo VIII. Potestatem isti habent docendi et praedicandi, consuluntur in controversiis et dubiis de fide et moribus disciplinaque ecclesiastica, et in synodis vota magnam habent auctoritatem. Est autem duplex classis Vartabietorum, quorum alteri dicuntur majores, alteri minores. Sed et quatuor sunt gradus minorum et decem majorum. Ad hos gradus non initiantur, nisi sacerdotes. . .

Ad quaestionem, quomodo ab Orientalibus dividantur ordines, qui apud nos in majores et minores discerni solent, ex eorum libris theoriae pauca nobis prostant monumenta, ex praxi tamen ritaque, quem in conferendis ordinibus observant, quaedam opportuna afferri possunt. Dividuntur a Simeone Thessalonicensi [2] ordinationes in eas, quae extra sanctuarium conferuntur, et eximias et proprie dictas, quae intra sanctuarium fiunt. Hujus discriminis quaedam nobis occurrunt apud Jacobitas et Maronitas, cum cantor extra sanctuarium, subdiaconus intra cancellos ordinetur, et apud Nestorianos, in quantum lectores et subdiaconos extra sanctuarium ordinant. Diaconissae etiam in ritu Jacobitarum non intra altare, sed in porta ordinantur [3]. Zonaras et Balsamon ad canonem 2. Chalcedonensem [4] triplicem Ecclesiae ministrorum speciem distinguunt: eorum, qui χειροτονοῦνται, quibus episcopos, presbyteros, diaconos et subdiaconos annumerant: eorum, qui σφραγίζονται, ut lectores, cantores et his similes; denique eorum, qui προβάλλονται, ut oeconomi, defensores. Atqui cantores in Maronitarum pontificali dicuntur consignari, quae consignatio signum crucis est, qua significatione vox in officiis baptismi saepius occurrit: fiunt ergo per σφραγῖδα. Lectores et subdiaconi vel manus impositionem non suscipiunt, sed episcopus utraque manu ordinandi tempora attingit, quasi ad officium assumens, vel eum accipiunt, uti est apud Nestorianos, in manuum ista impositione aliud non intenditur, quam aliquo modo subjectum designare et assumere. Nam Timotheus II., Nestorianorum patriarcha, in suo de sacramentis Ecclesiae libro [5] ait, tres illos postremos: lectores scilicet, cantores et exorcistas, non per manus impositionem perfici, sed facultatem tantum iis dari per modum deprecationis, ut ille quidem legat, alius vero canat, et alius baptizandos exorcizet. In canonibus, qui Hippolyto Portuensi tribuuntur [6], quique Orientalibus omnibus noti sunt, de lectore et subdiacono scribitur, illos primitus non habuisse manus impositionem, quod ad Nestorianorum ritum referri videtur. Diaconissae etiam manum imponunt Nestoriani, sed ut rubrica expresse ait, „non per modum chirotoniae, sed benedictionem ei impertitur" episcopus. Isti igitur diacono inferiores non sunt iis annumerandi, qui χειροτονοῦνται, sed qui σφραγίζονται. Archidiaconi et periodeutae apud Jacobitas absque manuum impositione ordinantur. „Archidiaconus, ait Barhebraeus [7], non promovetur per manus impositionem, sed solum per systaticon" neque manus impositio est in ritu Jacobitico, et in Maronitarum, apud quos adhibetur, tota tamen caeri-

---

[1] Cap. 6. p. 807. — [2] Ap. Morinum de sacris ordinationibus Part. III. exercitat. 11. c. 6. n. 11. — [3] Barhebr. Cap. 7. sect. 9. p. 53. — [4] Apud Morinum Ibid. c. 4. — [5] Cap. 1. sect. 5. apud utrumque Assemanum in notis ad ordinationes Nestorianorum. — [6] Can. 7. ap. Renaudotium in notis operis Ms. de ordinationibus p. 15. — [7] Cap. 7. sect. 6. p. 50.

monia consignatio dicitur in proclamatione. Hinc ejusmodi ex eorum numero sunt, qui προβάλλονται. Opportuna etiam momenta ad distinguendas graduum ecclesiasticorum classes praebebunt ea, quae dicentur de singulorum ordinum insignibus, de usu praesertim orarii, tum ea, quae dicentur de quibusdam ordinibus transmissis sive ordinationibus per saltum.

Quinam ordines pro sacramentis habendi sint, quaestio est, de qua expressa Orientalium effata nobis non obvenerunt. Ex iis, quae dicta sunt, aliisque, quae adhuc dicentur, conclusiones deducere nostri instituti cum modo non sit, aliis remittimus vel ad aliud opus reservamus, id unum animadvertentes, duplicem locum utilem fore huic inquisitioni: nimirum consideratio modi peculiaris, quo manus impositio apud Jacobitas peragi solet, de quo inferius; tum etiam, quod quidam ordines periodeutis conferendi committerentur, cum principium fuerit in tota ecclesia omni tempore susceptum, ordinis sacramentum ab alio quam episcopo administrari non posse.

§ 2. De singulorum ordinum insignibus.

Singulorum ordinum insignia enumerare et describere hujus prae ceteris omnibus erit loci, eo magis, quod ejusmodi delineatio ad intelligendos ordinationum ritus plane sit necessaria.

Apud Coptitas [1] vestes sacrae albi coloris sunt et ab episcopo benedictae, sine quibus ne quis ex clero ad ministerium altaris accedat, canones et libri rituales praecipiunt, inculcavit autem Gabriel filius Tarrik patriarcha in constitutione 24. Prima vestis omnibus ordinibus communis est strictior quaedam tunica talaris sericea et albi coloris, quam στιχάριον, Jibat vel Touniat vel Kamis vocant, respondetque albae nostrae. Absque hac sacerdotibus non licet orare aut ad communionem accedere, qui illam non habet, extra altare communicare jubetur. Ita Cyrillus, filius Lakláki, patriarcha, constitutione 34. Subdiaconi ut diaconi ωράριον, sive ζωνάριον ab humero sinistro pendens deferunt, quae est stola nostra. Quod sane disciplinae antiquiori conforme non est, cum canon 22. Laodicenus praecipiat, non oportere subministros ferre orarium: nunc autem apud Orientales omnes usuvenit. Diaconi, presbyteri et episcopi ex Vanslebio Teleisan sive Bilogion deferunt, quae vitta linea alba est, capiti in modum turbani circumvoluta. Ex Renaudotio Tilsan, sive ταπομίς (ἐπωμίς), vel πιλότιον, id est rationale, vestis est aut ornamentum humeris imponi solitum, quam ipse putat vestem talarem absque manicis, similem antiquae casulae Latinorum. Verumtamen dubitandum non est, esse speciem quandam amictus sive humeralis, a capite in humeros defluens. Nam ex Abusebah in Scientiae ecclesiasticae cap. 61. est: „Epomis sive amiculum, instar Aaronis sacerdotis, quem Deus in tabernaculo legali superhumerali amictum esse jussit" et ex Echmimensi adjunctum habet caputium. Ex Gabriele autem patriarcha est ex serico candido.

---

[1] Ex Ordinationibus Copticis, Vansleblo Hist. Part. 4. sect. 2. Renaudot Liturg. Or. T. I. p. 160. sqq.

Sequuntur zona, et manicae, uti sunt ἐπιμανίκια Graecorum, quae manipulis nostris respondent, forma tamen diversa. Sacerdotalis stola est Bitarchil hoc est ἐπιτραχήλιον. Suprema vestis casulae respondens est Albornos sive χαμάσιον, quae caeteris superimponitur, et totum corpus circumdat. In summo limbum habet auro aut alio opere phrygio praetextum τϰοϰλια Coptitis dictum, kaslet Arabice. Abusebah tamen supra allegatus hunc limbum solis episcopis proprium ait. Haec casula ex serico candido esse solet: multi tamen monachi et sacerdotes ex Cahira simplicitatis et modestiae majoris ergo laneam deferebant albi coloris; imo monachi S. Macarii hac veste ultima in ministerio liturgico non utuntur, sed tantum in precibus publicis. Teste Abudacno [1] ministri sacri utuntur panno laneo in capite, atque illud ii non modo gestare debent, qui ecclesiae ministrant, verum etiam omnes, qui ecclesiam ingrediuntur. Utuntur praeterea indusio ad terram usque demisso, cum gemmis aliquibus in modum crucis appositis pectori, dorso, extremis partibus prope terram et manicis prope manum et brachia. Tunc cingulo cinguntur; sacerdotem solum manipulum in manu dextera deferre ait. In solennitatibus autem, cum pontifex nullus missam celebrat, presbyter, diaconus et subdiaconus pallium ferunt cum cucullo in capite super pannum laneum. Haec ille. Mentio fit etiam teste Renaudotio apud Echmimensem Cidaris, cruciculis ornatae, quam sacerdos capiti imponit, de quo tamen varia nobis dubia occurrunt, videturque nihil aliud esse nisi Pilogion. Ex Abusebah autem sacerdos vestes sacras induit, antequam ad altare accedit, episcopus eo tantum tempore, quo oblationem infert, ante absolutionem, in dignitatis distinctionem. Igumeni sive hegumeni pileolo nigro insigniuntur, quem in sua ordinatione accipiunt. Episcopi et patriarcha extra functiones sacras vestes nigras deferunt, Episcoporum vestes sacrae sunt ex textu consecrationis vestis (στολή) sacerdotalis, tunica candida, cuculla (ϰουλλα) candida, et pallium (παλιν) candidum. Vanslebius iis adscribit Teleisan sive Bilogion et Bornus sive cappam, cum pileolo annexo, qui proprius est, episcoporum. Ex textu ordinationis Renaudotii sunt vestes sacerdotales et mantile. Vestes, quibus patriarcha ornatur in ordinatione, sunt: στιχαριον (Arabs: tunica), ωράριον, φιλόνιον hoc est φαινόλιον, quae sunt presbyterorum vestes: praeterea vero ex ordinationis textu Renaudotiano ὠμοφοριον, quod est super caput et pendet ita, ut descendat super pectus ejus, ex textu autem Tukiano μορφοτάϰιον, φελόνιον, hoc est pennula sive casula, φαϰιάλιον [2], quod a capite ejus dependet, scilicet de homophorio, et Epicherion ἐπιχερι super humerum ejus. Phakialion absque dubio erit mitra, quae in orationibus memoratur, ut insignium patriarchae peculiarium pars quaedam. Est autem Omophorium linteum [3] sive species quaedam stolae similis pallio, crucibus insignita, collo et humeris circumvoluta. Balsamon tradit [4], Alexandrinum patriarcham rem divinam facere, capite mitra obvoluto, quod, ut supra de Eucharistia tractantes diximus, forsan ritus monasticus esse potest. Loco pedi pastoralis patriarcha magnam crucem ferream habet capitium.

---

[1] C. 8. p. 143. sq. — [2] Ex Suida: φασϰιάλιον τὸ τῆς ϰεφαλῆς φορέμα ὃ ϰαὶ φαϰιάλιον λέγεται. — [3] Cf. Abudacnum c. 5. p. 99: „linteum quoddam, quod humeris debet imponere". — [4] L. 7. Juris Orientalis apud Philippum a Carboneano in additamentis ad Antoine theologia Moralis ed. Aug. Vind. et Cracov. 1760. T. II. p. 462.

quinque circiter pedum altitudinis usurpat. Episcopi baculos ex ebeno in formam literae T confectos deferunt. Praeterea patriarcha et episcopi cruce aerea unius pedis altitudinis utuntur, quam semper manu deferunt. Archidiaconus et ipse crucem magnam ferream habet, quod sicut patriarcha sui ordinis primus sit. Apud Aethiopes, teste Ludolfo[1], clerici omnes in publicum prodeuntes manu crucem gestant eamque praetereuntibus osculandam praebent. Eam etiam saeculares gestant, qui in sanctuarium admitti volunt, plerique adhuc infantes.

Syrorum canon[2] prohibet, ne sacerdotes ad sacra ministeria vel ad sacramenta accedant absque vestibus liturgiae celebrandae destinatis, neve eae reliquarum in modum laventur. Vestis communis clericis est tunica, quam Kutino ex graeco χιτώνιον dicunt Syri, Arabes Tunia, quae apud Orientales candida esse solet, in codicis tamen manuscripti Florentini picturis rudibus diaconis et sacerdotibus colorata imponitur. Ita Renaudotius; Assemanus autem hanc vestem phaenolium sive tunicam vocat[3]. Quam solam apud Jacobitas lectores deferunt, apud Maronitas autem praeterea etiam oraria sive stolas ex humero dextro pendulas. Apud utrosque subdiaconi orarium collo circumductum, diaconi ex sinistro humero pendens assumunt[4]. Quod ex Severo apud Barhebraeum etiam diaconissis conceditur[5]. Presbyteri praeterea induunt Uroro, orarium hoc est stolam, zonam, manipulos, Zendo dictos, quae respondent ἐπιμανικίοις Graecorum. In pictura codicis Florentini presbyter depingitur cum quibusdam ἐπιμανικίοις, quibus brachia cinguntur supra cubitos. Denique ultima imponitur vestis, quae dicitur Phaino, Philono, estque φαινόλιον sive φελόνιον Graecorum, casula vel planeta, quae in pontificali Syro-Florentino formam habet antiquarum apud nos casularum, quae totum corpus ambiebant. Stola sacerdotalis Syrorum Jacobitarum in eodem codice Florentino cum cruciculis pingitur, aut lineolis intercisa, episcopalis semper cum variis cruciculis; casula seu Phaino aliquando unicolor, purpurea scilicet in tribus locis, viridis in alio, et in uno floribus acu pictis distincta. Haec ex Renaudotio[6]. Assemanus[7] autem presbyterorum apud Syros Jacobitas vestes ita describit, ut orarium deferant ex collo et ante pectus ex utraque parte pendens, pallium seu casulam loco tunicae sive sticharii Graecorum, Phaina h. e. penulam, quae est Phenolium, apertum tamen ex parte anteriori ad instar pluvialis Latinorum. Apud Maronitas ait presbyterum super tunicam indui amictu, tum orario, denique Phaina sive Phenolio. In compendio ordinationum Jacobitarum, quod Morinus edidit, post orarium memorantur istae presbyterorum vestes: Sciadia, casula seu sticharium; Phaina, Phenolium sive Phelonium; Zende, binae manicae et Zunara, zona sive cingulum. Quod ad chorepiscopos vel periodeutas spectat, nihil in ritu Jacobitarum praescribitur, quod ipsis proprium sit et ab ornatu presbyterorum differat[8]. Episcopis adjunguntur ex Renaudotio[9] tria ornamenta pontificalia. Homnico, quod ipse ulterius non interpretatur, ex ejus autem versione ordi-

[1] Bibl. Cod. ... T. ... Ind. de Vestiphoris § 9., ex codice Eschliensi ... [2] H. 8. c. ... 14 — 12. Coll. III. can. 15. cf. Coll. IX. can. 66. — [3] Bibl. Or. T. III. P. II. p. 796. — [4] Ibid. et Renaudot. Liturg. T. I. p. 54. — [5] Cap. 17. sect. 2. ... — [6] Renaudot. Liturg. T. II. p. 54. sqq. — [7] Bibl. Orient. T. III. P. II. p. 819. — [8] Bibl. Orient. T. III. P. II. p. 80... — [9] L. c. p. 55.

nationum codicis Florentini est epomis, Thogo, corona sive mitra et
baculus pastoralis. In compendio ordinationum Moriniano memorantur
tunica, Phaino album, mitra et pedum pastorale. Ex Assemano [1], qui hac
in re pontificale Jacobitarum manuscriptum sequitur, peculiaria episcoporum ornamenta sunt: Cuclano, cuculla nigra; Maznaphtho, amictus
phrygio opere ornatus; Phaino, planeta in modum pluvialis Latinorum;
Ororo, orarium sive stola magna, loco Omophorii Graecorum et pallii
Latinorum. Mitras ex Assemano non deferunt Syri Jacobitae, sed ii tantum, qui ad unitatem catholicam redierunt. Renaudotius in codicis Florentini versione mitram sive cidarim habet; an autem recte verterit, dubitamus. Idem dicendum de Morini compendio, in cujus textu Syriaco id,
quod ipse cidarim vocat, est Maznaphtho, sive amictus. Jacobus de Vitriaco [2] expresse testatur, Syros episcopos praeter Maronitas mitris et
annulis non uti. Apud Syros Maronitas et Jacobitas patriarcha insignitur
Masnaphta seu amictu simili Birunae Nestorianorum, Phaina seu Phaino-
lio, orario seu epitrachelio pontificio ad instar omophorii seu pallii Graecorum, tiara seu mitra, et baculo pastorali [3].

  Nestoriani [4] lectoribus oraria concedunt, sed non ut deferant ex
humero dextro pendula, verum super brachia explicata, idque in sola
eorum ordinatione. Subdiaconus orarium collo circumductum et diaconus
ex humero sinistro pendulum defert, ut apud Syros omnes. Diaconissa
orarium apud eos non defert. Presbyter orarium habet collo impositum
et ante pectus ex utraque parte pendens, supra tunicam albam, quae
stichario respondet, et pallium, quod dicitur Gulta, et super orarium induitur Phelonio sive pluviali, quod casulae locum tenet; brachialia etiam
ferunt. Periodeutae vel chorepiscopi nullo prae caeteris presbyteris
ornamento proprio distinguuntur. Pontificalia episcoporum insignia praeter tunicam, brachialia et orarium interius, quae cum presbyteris communia habent, sunt haec: primum Maaphra, quod et dicitur Phakila et
Kaphila, quod est pallium in modum pluvialis nostri, quo totum corpus
ambitur, estque Graecorum φακιόλιον. Alterum est Biruna, cidaris phrygio opere ornata, qua caput tegitur, instar amictus, quo monachi cucullam tegunt, dum ad missam celebrandam ad altare pergunt. Tertium
est Sciuscefo, velum. Pontifices enim Syri cruce parva argentea vel
aurea utuntur, ex qua velum pendet, eaque populum signant. Sed est
etiam aliud velum, quo perficiendus episcopus caput tegere jubetur in
pontificali, quod edimus. Denique Chutra, seu baculus pastoralis, quem
praesente patriarcha, cum episcopum cum illo ordinant, episcopis gestare
non licet. Mitras non gerunt, nisi Chaldaei Romanae ecclesiae uniti.
Eadem ac episcoporum sunt metropolitarum et patriarchae insignia. Recentiores Nestorianorum patriarchae cuculla carent, quam antiqui gere-
bant. Patriarcha Nestorianorum caput tectum retinet, cum liturgiam celebrat, imo etiam cum communionem distribuit [5].

---

[1] Bibl. Orient. T. II. Diss. de Monophysitis §. 9. ex codice Ecchellensi 4. —
[2] Hist. Hieros. l. 1. c. 77. — [3] Bibl. Orient. T. III. P. II. p. 681. — [4] Haec ex
notis ad ordinationes Nestorianorum, Bibl. Orient. T. III. P. II. T. II. in Diss. de
Monophysitis et Cod. litung. Eccl. univ. T. XIII. quae priores fere tantum repetunt.
— [5] Bibl. Orient. T. III. P. II. p. 309.

Armenorum [1] clerici vestem talarem deferunt similem sticharlo Graecorum. Cantores, hoc est simplices clerici tonsurati, qui chorum efficiunt, vestem clericalem gerunt ex lino vel serico factam, et cingulo praecinguntur. Similis est vestis ostiariorum, sed non sunt praecincti. Lectores cappam gerunt ex serico purpureo, similem pluviali nostro. Exorcistae vestiti sunt serico hyacintino, cum manicis strictis, quae similes sunt manipulis subdiaconorum. Acolythi serico rubro vestiuntur. Subdiaconus vestem sericam cum manicis strictis et in brachiis manipulos gerit, diaconus stolam ab humero sinistro hinc inde pendulam. Presbyter gerit albam, quam Armeni Sciabik vocant, cinctam cingulo ex pretiosa materia confecto et fimbriis aureis et argenteis ornato, quod Codi dicitur; stolam dictam Ourar, hoc est orarium, quae habet utramque partem conjunctam et ante pectus dependentem; duas semimanicas sive manipulos, quos dicunt Pasban; superhumerale, sive Vagas, quod est collarium auro argentoque textum, cui annexus est amictus, qui dicitur Varsciamag, humeros tegens; casulam, quae dicitur Sciurciar, similis pluviali Latinorum, sed absque capucio; denique cidarim dictam Saghavard. Episcopi baculum pastoralem adhibent similem Graecorum, mitras, et annulos, quos a Latinis susceperunt, cum secus in Oriente non occurrant. Catholici sive patriarchae insignia similia sunt illis, quae a Graecorum patriarchis usurpantur; defertur etiam ante eos eadem, quae apud Graecos, fax, quae ab illis dicitur διβαμπλουλον. Vartabieti in suae dignitatis signum baculos deferunt artificiosius elaboratos, pretioso metallo et concha margaritifera ornatos. Baculus Vartabietorum minorum in summitate capite serpentis circumvoluti ornatur, majorum vero dua capita habet sibi invicem opposita. Defertur autem iste baculus in functionibus pontificalibus coram episcopis, qui Vartabieti sunt.

§. 3. De materia sacrarum ordinationum.

Celeberrima quaestio est de materia sacramenti ordinis, utrum in manuum impositione consistat, an in traditione instrumentorum, an in utraque. Nos hic loci controversiam istam dirimere minime intendimus, cum nostri instituti modo id unum sit, materiam colligere atque apparatum, ex quo conclusiones a theologis deduci valeant. Unde id tantum praestabimus, ut singula accurate exponamus, ea, quae accidentalia sunt, ab essentialibus discernentes. In qua tamen inquisitione parum adducendi erunt Armeni, qui cum ordinationes Latinorum susceperint eo tempore, quo apud eos jam introducta fuerat instrumentorum traditio, eam absque dubio usurpant [2], non tamen solvendae quaestioni inservire possunt.

---

[1] Ex Serpos. T. III. p. 372. sqq. et ritu ordinationis. — [2] Traditionem libri epistolarum, quae apud Latinos fit in ordinatione subdiaconi, abesse apud Armenos, dixit Galanus, sed est apud Serposium. In pontificali constantinopolitano 1807 traditur missale absque formula.

Ordines diaconatu minores: subdiaconatus, lectoratus et qui apud Syros adhuc est, cantoratus, non conferuntur per manus impositionem apud Jacobitas, Coptos et Syros; sed episcopus utraque manu ordinandi tempora tangit, quasi eum ad officium assumens. Apud Nestorianos autem lectores per manus impositionem ordinantur, quae in subdiaconis (ex ordine Assemani, non autem Badgeri) plane deest, quod uterque ordo simul cum diaconatu apud ipsos conferri soleat. Apud Maronitas in subdiaconos manus impositio fit in capite, peracta illa, quae fit in temporibus subjecti. Idem valet et apud Armenos, in quantum manuum impositionem in subdiacono retinuerunt, imo vertici imponunt. Illum autem temporum attactum non pro manuum impositione haberi certissime inde sequitur, quod rubricae Copticae in ordinatione lectorum et subdiaconorum, et Abulbircat [1] de subdiaconis loquens, dicant istiusmodi manus non imponi. Neque ipsi Nestoriani aliique in hac impositione manuum aliud intendunt, quam aliquo modo subjectum designare et assumere. Denique in can. 7. Hippolyto Portuensi adscripto, uti supra vidimus, traditur de lectore et subdiacono, eos primitus manus impositionem non suscepisse, quod ad alium, quam Nestorianorum ritum referri nequit.

Est etiam in his ordinationibus quaedam instrumentorum traditio. In ordinatione cantorum Maronitae librum psalmorum tradunt, sed absque formula: Coptitae nequidem libri traditionem peragunt. Lectoribus in fine ordinationis omnes librum tradunt, sed absque forma. Nestoriani hac in re non solum tomis lectionum utuntur, si Badgerum sequaris, sed etiam ad libitum unam ex partibus libri vitae tradunt, qui cum libro mortis catalogus est eorum, quorum commemoratio fit in liturgia, respondetque antiquorum diptychis, uti etiam Renaudolius [2] de diptychis exposuit, allegans locum scriptoris cujusdam Nestoriani, qui non sufficienter probat. Sed Assemanus senior librum vitae dicit esse librum evangeliorum; librum vero lectionum prophetas et apostolos, qui conjuncti Phelghuta, tomus, vel Zauga, par dicuntur. In can. 7. Hippolyto Portuensi adscripto, quem ad Nestorianorum disciplinam pertinere visum est supra, dicitur, anagnostis ab episcopo tradi librum evangeliorum [3]. In subdiaconis ordinandis nullam instrumentorum traditionem Coptitae usurpant; cereum tamen accensum tempore missae, quae sequitur ordinationem, ex Vanslebio [4], qui ritus formam juniorem videtur tradere, tenendum tradunt. Item et Syri Jacobitae ex codice Florentino, cereum accensum quidem tradunt, quod ad subdiaconatus functiones, uti apud eos sunt, refertur, sed hic ritus post proclamationem peractae ordinationis per illa verba: Ordinatus est, etc. celebratur, Maronitae amplissimam habent instrumentorum traditionem, sed absque formis, traditionemque cerei post proclamationem: Ordinatus est. In Nestorianorum ordinationibus non occurrit aliquid, quod ad instrumenta referatur, nisi quod subdiacono ordinato episcopus librum, quem gerit, auferat, tradatque archidiacono. Quod potius quaedam declaratio videtur, eos lectorum gradum jam transgressos. Cum enim apud Nestorianos duo priores gradus simul conferri soleant,

[1] Ex Renaudot T. III. p. 575.

[1] Renaudot Perpétuité l. 5. c. 6. col. 1941. — [2] Liturg. Orient. T. I. p. 206. — [3] Ap. Renaud. in op. MS. de ord. p. 15. — [4] Hist. Patriarch. sect. 2. c. 7.

sunt ii ipsi libri, quos in ordinatione ad lectoratum traditos acceperant, quos ipsi hac solemnitate peracta auferunt.

In ordinatione diaconi apud Coptitas nulla est instrumentorum traditio; orarium quidem in modum diaconi componitur, sed et istud post gratiarum actionem de collata ordinatione peragitur. Vanslebius [1] tamen refert, cochlear calicis sacrum ei tradi tenendum ab initio ad finem usque missae, quae ordinationem sequitur. Quod formae junioris esse videtur, cum in Pontificali Coptico nil ejusmodi occurrat. Syri Jacobitae ex codice Florentino et Barhebraei Nomocanone orarium et thuribulum, ex Morini ordine etiam flabellum tradunt, sed id post proclamationem illam: Ordinatus est, etc. praestant. Maronitae plures ejusmodi cerimonias habent, et ante illa quidem verba: Ordinatus est. Tradunt vestes diaconales certis sub formulis, librum epistolarum, thuribulum, velum majus, et manum imponit episcopus discum cum sacro corpore gerentem, calicemque supra caput ejus. Verum Assemanus [2], ipse Maronita, ait, eos id tanquam puram cerimoniam, non veluti materiam ordinationis habere. Nestoriani librum tradunt, ante proclamationem: Segregatus est etc. sed librum apostoli, non evangelium. Suspicatur Assemanus [3], hanc cerimoniam additam ab episcopis Indis, qui pontificalem librum, quo usus est, transscripserunt, ex imitatione ritus Latini, monentibus missionariis. Sed est et apud Badgerum, qui codice Nestorianorum usus est, qui ejusmodi dubio subjecti esse nequeunt.

Presbyteris Coptitae manus tantum imponunt, et ipsa vestium sacerdotalium traditio post gratiarum actionem locum habet. Syri praeterea thuribulum tradunt, jubentque incensum ponere, sed haec post proclamationem ordinationis peractae fiunt. Maronitae, tribus vicibus per ecclesiam circumducentes, thuribulum tradunt per ecclesiam deferendum, tum librum evangeliorum, tum calicem cum corpore et sanguine Christi, sed in hac ordinatione post illa verba: Ordinatus est, et gratiarum actionem. Nestoriani vestibus sacerdotalibus induunt librumque evangelii tradunt, ante illa quidem verba: segregatus est, sed ritu mirum quantum a nostris diverso.

In episcoporum ordinatione haec occurrunt, quae pro instrumentorum traditione haberi possunt et in variis theologorum opinionibus in sacramenti materiam sunt relata: impositio libri evangeliorum vel ejus traditio, et traditio baculi. Impositio libri non occurrit in ecclesia Alexandrina, nisi in ordinatione patriarchae, cui post principalem manuum impositionem et post proclamatum illud: Promotus est in sancta Ecclesia etc. imponuntur quatuor evangelia, a quo non exprimit rubrica, et super cujus caput, post peractam ordinationem et inthronizationem, senior episcopus evangelium expandit. Statuitur episcopus consecratus evangelium in sinu tenens ad dexteram altaris, sed post gratiarum actionem, peracta omnino consecratione. Patriarchae consecrato traditur evangelium Marci in sinu tenendum, sed post enthronismum. Si tamen auctorem illum, qui Dionysium Areopagitam se vocavit, ritus Alexandrinos repraesentare

[1] Hist. Part. 4. sect. 2. p. 6. — [2] Bibl. Or. T. III. P. II. p. 820. — [3] Cod. Liturg. T. XIII. p. 23.

dicas, uti revera videtur, tunc dicendum erit, olim omnibus in episcopis consecrandis impositum fuisse librum, cum ipse hunc ritum expresse memoret et exponat[1]. Apud Syros Jacobitas et Maronitas liber ab episcopis imponitur, patriarcha manum capiti consecrandi impositam tenente sub libro, idque apud Jacobitas unica est manus impositio. Idem et Nestoriani eodem tempore peragunt ita, ut patriarcha librum dorso imponat, ita ut quis ipsum sustineat, caeteri episcopi manus suas super latera ejus ponant, et ita remaneat liber dum dicitur: Divina gratia, et, Deus noster bone, non autem dum dicitur: Deus magne, qui a saeculo. Olim autem remanebat, donec peractae essent preces istae omnes, uti rubrica ordini Nestoriano annexa testatur. Traditio libri evangeliorum non occurrit apud Syros Jacobitas et Nestorianos, sed apud Maronitas.

Quoad manus impositionem nullum occurrit dubium, nisi in illis ordinationibus, quae iteratam exhibent. Difficultatem vix causant impositiones iteratae, quae in Maronitico subdiacono peraguntur, nam illa, quae in temporibus fit, et quae communis est iis cum Jacobitis, eandem habet formam: Deus, qui a saeculo es, qui reges unxisti, absque dubio principalis est, non autem prior cum illis verbis: Gratia divina etc. neque sequentes, quae ad summum quaedam continuatio et amplificatio illius sunt. Apud Coptitas trina peragitur manus impositio in diacono et presbytero ad finem ordinationis, absque verbis, quae sine dubio accidentalis est. Duplex est manus impositio et oratio in diaconi et presbyteri ordinatione Nestoriana, quae moraliter una dici potest, ita ut prior sit materia sufficiens. Armeni manum quater diacono et quater presbytero ordinando imponunt. Quarum impositionum ea, quae est ad verba illa: Divina gratia, jam non videtur ordinatoria, sed potius benedictio, quae in sacerdote fit etiam cum cruce, juncta proclamationi et exhortationi plebis ad orandum. Multo magis id de sequentibus valet, cum orationes jam ordinatum esse novitium supponant. Videtur ergo essentialis prima, quae in rubrica ordinationis presbyteri distincte satis ut sacramentalis designatur, caeterae cum cruce ut benedictiones. Major est difficultas in consecrationibus episcoporum. Apud Coptitas primo quidem episcopi assistentes manus imponunt humeris et brachiis consecrandi, consecratore orationem super ipsum recitante. In ordine Tukiano et in versione Assemani non dicit rubrica, patriarcham manus imponere, sed versio Renaudotii id habet. Quidquid hac de re sit, certum est, sequentem manus impositionem, quae peragitur a patriarcha in capite a caeteris episcopis in humeris electi, esse principalem et essentialem, cum oratio, quae eam comitatur, in rubrica expresse dicatur oratio χειροτονίας. In consecratione patriarchae Alexandrini ordinator dexteram imponit jam a proclamatione: Divina gratia, tum manus ambas ad illam orationem, quae in rubrica dicitur ἐπίκλησις ordinationis: Dominator Deus omnipotens. Quam manus impositionem principalem et essentialem esse non est dubitandum. Caeteri episcopi manus ad hanc orationem tollunt et aliquis eorum tangit humeros. Postea imponuntur ei evangelia, consecrator manum ei imponit, et caeteri episcopi singillatim, sed haec postquam jam proclamatum fuerit: Ordinatus est. Apud Syros Jacobitas patriarcha primo qui-

---

[1] De ecclesiastica hierarchia c. 5. part. 1. §. 7.; part. 3. §. 7.

dem manum imponit electo, caeteris episcopis librum evangelii apertum super caput ejus tenentibus: alia non est manus impositio. In ordinatione patriarchae tamen singuli episcopi manus imponunt, dicentes: Imponimus manus nostras etc. quae non est nisi expressior quaedam extensio partis illius, quam in prima manus impositione habebant. Apud Nestorianos consecrator evangelium dorso imponit, caeteri episcopi manus imponunt ex utroque latere, easque impositas retinent usquedum preces absolutae sint. Tunc patriarcha bis manus imponit, bisque signat. Denique aufertur liber et tolluntur manus episcoporum. Quae omnia manus impositio moraliter una sunt. Patriarcha Armenorum manus imponit et signat post fidei professionem, ante liturgiam, quae non est nisi praevia quaedam cerimonia. Imponit librum humeris, qui ab episcopo uno tenetur, dum ipse manum capiti impositam tenet. Interea recitantur literae electionis examinis et confirmationis, ita ut appareat, hanc manus impositionem sacramentalem non esse. Deinde sequitur proclamatio: Divina gratia etc. benedictio cum cruce, praeconia ab assistentibus recitata, inter quae patriarcha manum imponens orationem congruam recitat. Tum sequitur iterum proclamatio: Divina gratia, a clero, tum a patriarcha recitata, qui simul plebem jubet orare, ut immaculate custodiat gradum suum. Unde haec pars, sicut et analoga, quae est in ordinatione diaconi et presbyteri, ordinationem peractam supponere videtur. Ita et sequens manus impositio adjunctam habet orationem, quae jam ordinatum supponit subjectum. Unde illa manus impositio principalis et essentialis videtur, quam post prima vice proclamatum illud: Divina gratia, et ante secunda vice dictum fieri modo diximus.

Jam vero de unctione agendum erit, quam Latini in ordinatione presbyterorum episcoporumque adhibent, quamque nonnulli in sacramenti ordinis materiam ut partem intulerunt, tum in episcopatu, tum etiam in presbyteratu. Quam apud Orientales plane deesse, re accurate examinata dicendum erit. Praeter Armenos, quos a Latinis suscepisse plus quam verisimile est, soli Maronitae eam, quae apud ipsos deerat, introduxerunt, vel, uti quidam eorum dicunt, restituerunt saeculo XVI., uti iidem ipsi testantur, Stephanus nempe Aldoensis, Maronitarum patriarcha, qui saeculo XVIII. ineunte obiit, in sua rituum expositione, quae manu scripta Romae asservatur, et Josephus Aloysius Assemanus[1]. Ut autem ritum, de quo agitur, ad antiquos ecclesiae Antiochenae pertinuisse ostendant, nituntur orationibus, quae in ritu Maronitico eum comitantur. Quas tamen nos ad probationem non admittimus, cum in ritu Jacobitico plane desint, nulloque modo evinci possit, eas cum ipsa unctione introductas non fuisse. Afferuntur porro verba ex ordinatione psaltae Maronitica desumpta: „Arma veritatis conflavit ei (Ecclesiae), crucem scilicet vivam et impressionem chrismatis, (muron) cujus signaculo et impressione sacerdotes obsignantur." Tum alter locus ex officio dedicationis ecclesiae, quod recitatur Dominica prima Novembris: „Sigillum chrismatis, (muron) cujus virtute sacerdotes obsignantur et sanctificantur" denique ex ordinatione psaltae: „Stupent et mirantur ignei, cum findit coelos Spiritus, ut dona tribuat episcopis in similitudine chrismatis,"

[1] Cod. liturg. T. X. Praef. §. 7. p. XXIX. seq.

qui locus majoris adhuc ponderis videtur, quod omni suspicione serioris introductionis careat, cum etiam apud Jacobitas reperiatur in ordinatione diaconorum, sacerdotum et episcoporum hae forma: „Stupent ignei, dum findit coelum Spiritus Deus . . . et descendit, ut concedat donum per manus sacerdotum . . . et concedat donum capiti sacerdotum in specie chrismatis (muron).“ Verumtamen haec figurate sunt intelligenda, idque ex eo ipso resultat, quod canuntur etiam haec verba, Spiritum descendere, ut dona tribuat per manus episcopi vel capitis sacerdotum in specie chrismatis in ordinatione eorum, qui nullibi unguntur, uti sunt psaltae et diaconi. Illis igitur contrarii sunt: Abrahamus Ecchellensis in epistola ad Morinum, quae habetur in sylloge, cui titulus: Antiquitates ecclesiae orientalis diversis cl. virorum dissertationibus epistolicis enucleatae, Londini 1682; Morinus ipse in annotationibus ad ordinationes Syrorum[1], et Josephus Simonius Assemanus[2]. Nituntur autem et ipsi documentis aliis. In consecratione chrismatis apud Jacobitas dicitur, eo ecclesiam, altaria et baptisterium ungi: „sacerdotes autem et diaconos, quos hodie pontifices ordinant, nequaquam oleo chrismatis ungunt, quemadmodum Moses Aaronem ejusque filios ungebat, sed imponunt iis manum, et unctionem spiritalem, Sanctique Spiritus gratiam accipiunt.“ Ita apud Assemanum seniorem. Joannes autem, Darensis episcopus, qui saeculo IX. ineunte floruit, in suo commentario in Dionysii librum de ecclesiastica hierarchia[3]: „Ungitur autem (sacerdos noster) non oleo composito, sed ipso Spiritu Sancto personaliter et efficienter.“ Respondet Assemanus junior, effata ista non excludere materialem unctionem, sed innuere tantum, ipsam non esse materialem tantum absque significatione et effectu spirituali. Darensem eodem plane modo dicere, christianum sacerdotem Christum induere, spirituali cingulo accingi, atque pro tiara et corona accipere coronam laudis et amorem sanctum, licet vestes sacerdotales proprie et materialiter iis tribuantur, qui ad sacerdotium christianum promoventur. Haec et ejusmodi non inepte dici possent, nisi obstaret longaevus illarum ecclesiarum usus, qui benigniorem istam interpretationem omnino elidit, quae scilicet adhiberi poterat, si validiores pro unctione starent rationes. In ordinatione Nestoriana presbyterorum et episcoporum occurrunt quidem aliqua, quibus Deus exoratur, ut eos oleo sanctitatis sive oleo sancto ungat, imo in episcoporum consecratione haec a Christo petuntur: „Da servo tuo, o princeps sacerdotum, ut ungat sacerdotes, atque etiam pontifices.“ Verumtamen et hic sensus proprius excluditur aperto Ebedjesu Sobensis testimonio, qui in suo de sacramentis Ecclesiae opere[4] de veteris et novi sacerdotii discrimine haec ait: „Primum quidem ex oleo materiali perficiebatur; hoc autem secundum oleo spiritus immateriali per impositionem manus perficitur.“

Memorandus est etiam peculiaris Syrorum modus, quo manus impositionem peragunt. Pontifex enim, antequam manus imponat, eas sanctissimo Christi corpori et sanguini admovet, quasi virtutem ex iis sumturus[5]; tum iis caput ordinandi metitur vel ungit: utramque enim

[1] Annot. 69. — [2] Bibl. Orient. T. III. P. II. p. 698. — [3] c. 12. ap. Morinum l. c. — [4] Part. 4. c. 2. — [5] Multum desudat Renaudotius (Perpétuité l. 5. c. 10. col. 962. et in opere MS. de ordinationibus p. 24, 36) ut ostendat, non tangi revera

significationem vox syriaca, quae hic adhibetur, admittit. Cujus ceri-
moniae sensus iste est absque dubio, efficaciam impositionis manuum ab
ipso sacramentorum institutore Christo procedere, sive, uti dicere solemus, ea ex opere operato efficaciam suam exercere, quem sensum
etiam Scholion antiquum in ordinatione presbyteri codicis Florentini exponit, infra edendum. Quo praestituto id etiam notandum erit, hunc
ritum non occurrere in illis ordinationibus, in quibus manus non imponuntur sed temporibus tantum admoventur. Apud Jacobitas id non videtur fieri, nisi a diaconatu incipiendo, si textum ordinationis subdiaconi
Assemanianum sequaris, in quo haec ceremonia deest. In codice quidem Florentino apud Renaudotium hic ritus est etiam in subdiacono
ordinando, licet rubrica ordinationis diaconi ritum ejusque sensum multo
expressius tradat. Maronitae vero etiam ad subdiaconatum extendunt, in
quo etiam manus impositionem addiderunt. Ex quibus conclusiones de-
ducendas theologis commendamus.

Denique memoranda est, quae refertur, Aethiopum in conferendo
tanti momenti sacramento ignorantia et negligentia. In dubiis propositis Sacrae Congregationi a P. Josepho de Jerusalem, ordinis Minorum
strictioris Observantiae, praefecto missionum in Aethiopia[1], referebatur,
metropolitam illius nationis ordines non conferre, nisi cum octo aut decem mille ordinandi sint, ex diversis partibus congregati; eos vero ita
ordinare solere. Dispositis per ecclesiam ordinandis, archiepiscopus per
eam celeriter discurrendo manus imponit singulis presbyteris, dicens:
Accipe Spiritum Sanctum; diaconis vero non manus, sed crucem super
caput imponit. Ad haec responsum est a Supremae Inquisitionis con-
sultoribus 10. Aprilis 1704 ita, ut ordinatio diaconorum invalida decla-
raretur, de sacerdotibus inquirendum esse in singulis casibus praecipe-
retur. Verum tamen abusus iste non omni tempore apud Aethiopes
fuisse videtur, cum Alvaresius[2] aliter ordinationem ab Abuna peractam
describat. Quo teste in presbyteros ordinandi coram Abuna sive metropolita transeunt, qui singulis manum imponit, pluriesque inter orationes
cruce ferrea eis benedicit. Unde tamen facile abusus ille oriri potuit.
Fuisse igitur poterit abusus iste tam crassus singulorum tantum, et alii
complures, non tamen videtur quoad omnia toti illi nationi impingendus.

et ungere significet, impossibile non est, ut verborum sensus primitus fuerit, aliquam unctionem hic faciendam esse. Modo hanc praxin non esse, testanti Renaudotio concedimus. — [1] In additamentis Philippi de Carboneano ad theologiam moralem P. Cl. Antoine S. J. p. ed. Tug. Tirod. lic. Georonae 1760. p. 276. — [2] Ap.
Legrand. diss. 12. p. 342.

150

§. 4. De forma sacrarum ordinationum.

Absoluta quaestione de materia ordinationum, ea, quae de forma moveri potest, per se solvetur et facillime. Instrumentorum traditiones, quae apud Orientales occurrunt, si Maronitas et Armenos excipias, semper fere absque formulis sunt. Dicendum itaque erit, illam orationem, quae manuum impositionem principalem et essentialem comitatur, vel ubi illa abest, capitis in temporibus attactum, esse formam. Sententia illa ab Arcudio pro Graecis statuta, et a Renaudotio [1] ad Orientales translata, formam ordinationum esse verba illa: Divina gratia, quae semper infirma sanat et, quae desunt, supplet, creat seu promovet N. subdiaconum in diaconum, diaconum in presbyterum, presbyterum in episcopum: haec, inquam, sententia sustineri non potest, etiamsi cum Renaudotio tantum dicas, in verbis illis non minimam vim ordinationis consistere. Nam verba illa, ut Morinus [2] recte exposuit, non sunt, nisi proclamatio electionis vel designationis ad talem ordinem et ordinationis peragendae, apud quem vide argumenta ex ordinationibus Graecorum desumpta. Ex Orientalium ordinationibus addendum est, verba haec apud Jacobitas, Syros et Coptitas ab archidiacono pronuntiari, si consecrationem episcoporum Syrorum excipias, in qua ab uno episcoporum, non tamen a consecrante dicitur. Quod enim ait Renaudotius, id ita intelligendum, quod archidiaconus haec verba intonet, prosequente episcopo, id omni fundamento caret, cum pontificalia absolute haec archidiacono tribuant. Porro apud eosdem haec verba nullam manus impositionem conjunctam habent, excepta consecratione patriarchae Alexandrini et ordinatione episcopi coptica, in qua episcopi, non tamen patriarcha consecrans, manus imponunt. Apud Nestorianos non dicitur proclamatio ista in ordinatione subdiaconorum et diaconorum, et in ordinatione presbyterorum in formam orationis immutata apparet absque gradus tribuendi designatione, neque apud lectores ordo indicatur, ita, ut iis non respondeat, quae ab alterius sententiae fautoribus in ea quaeruntur. Denique haec formula clauditur ut plurimum his verbis: Oremus pro illo, ut veniat super eum gratia Spiritus Sancti, quae distincte satis innuunt, ordinationem ipsam adhuc futuram esse quoad partem essentialem. Apud Armenos verba ista post principalem manus impositionem sequi videntur, et clauduntur exhortatione ad plebem directa ad preces fundendas, ut immaculatum conservet ordinem, utique jam susceptum. Unde dicimus, formam essentialem ordinationum apud Orientales deprecativam esse et illa oratione contineri, quae temporum attactui vel impositioni manuum est conjuncta. Quam facile in ipsis ordinibus a nobis evulgandis invenies, nisi forsan in consecratione episcoporum, in qua cum impositio manus repetatur, major de impositione essentiali ejusque forma quaestio orietur. Apud Coptitas est oratio illa: Qui es, Dominator, Deus omnipotens, quae in ipso rituali eorum dicitur oratio χειροτονίας, sive ἐπίκλησις ordinationis, quae immu-

[1] Perpetuité l. 5. c. 7. col. 947. Lit. Orient. T. I. p. 396. — [2] De sacris ordinationibus Exercit. 2. c. 3. et 4.

lata est in ordinatione metropolitae et patriarchae, idem tamen initium
retinens. Apud Syros, Maronitas et Jacobitas, forma episcopatus ex
Assemano [1] est in illis duabus orationibus vel in eorum altera: Deus,
qui universam Ecclesiam tuam per istos pontifices in manus impositione
exornas, etc. Deus deorum et Dominus dominantium, quae apud utrosque sequuntur, postquam episcopus manum impositam tenens dixerit:
Etiam, Domine Deus etc. In ordine autem nostro ex codice Florentino
desumpto non occurrit nisi haec una: Deus, qui omnia per potentiam
tuam. Pro qua vel quibus in ordinatione patriarchae ponitur illa, quae
est in constitutionibus Pseudoclementinis. Apud Nestorianos ex Morino [2]
et Assemanis in notis ad ordinationes eorum, forma episcopatus est illa
oratio: Deus magne, qui a saeculo, vel sequens, vel utraque. Apud Armenos ex consequentia eorum, quae de manus impositione principali
vero similius nobis visa sunt, solvenda erit quaestio de forma consecrationis episcopalis.

§ 5. De ministro ordinationis.

Ministrum sacramenti ordinis esse solum episcopum, ut in tota Dei
Ecclesia, ita et apud Orientales pro irrefragabili fundamento semper
habitum est. Difficultates, quae ex iis oriuntur, quae ab Hieronymo et
Eutychie dicta sunt de patriarcharum Alexandrinorum ordinationibus,
solvere non est hujus loci. Sufficiat breviter id innuere, sensum geuti-
num illorum eum esse, Alexandriae olim patriarcham non ab episcopis,
ut alibi, electum et institutum, sed a presbyteris urbis, et ab iis constitutum aliquo forsan manus impositionis rita jura honoris et regimen
ecclesiae, uno verbo dignitatem, statim assumpsisse, quod alibi inauditum
erat, cum institutio in ipsa ordinatione fieri soleret, quin tamen auctores
illi negent, eum postea ab episcopis ordinatum fuisse, sed id ut rem
solitam et quae per se intelligatur supponunt. Neque enim S. Athanasius accusatus, quod Ischyrae presbyteri calicem confregisset, probare
potuisset, eum presbyterum non esse, quod a Colluho presbytero Alexandrino ordinatus fuerit, si presbyteri Alexandrini paulo ante sua tempora id etiam in patriarcha peregissent. Ad summum dicendum foret,
presbyteros illos Alexandrinos primitus ordinatione fuisse episcopos, qui
ex antiquiore dicendi modo presbyteri dicerentur. Simili modo expo-
nendum est, quod a Liberato, saeculi VI. mediantis auctore, in Breviario
causae Nestorianorum narratur [3]: „Consuetudo quidem est Alexandriae,
illum, qui defuncto succedit, excubias super defuncti corpus agere ma-
numque dexteram ejus capiti suo imponere, et, sepulto manibus suis, accipere collo suo beati Marci pallium, et tunc legitime sedere". Quae
cum scripta sint illo tempore, quo absque dubio Alexandrini patriarchae
ab episcopis ordinabantur, superioribus illis locis exponendis optime inserviunt, eaque omnia de electione et institutione canonica in jura jurisdictionis esse intelligenda, evincunt.

[1] Bibl. Or. T. III. P. II. p. 695. — [2] Exercit. 2. c. 3. et 4. — [3] c. 20.

Id sane accidit, ut moribus illis antiquioribus nixi quidam haereticorum coetus ordinationes illegitimas a presbyteris peragendas attenta-
rent. Quod tamen cum ab omnibus Orientalibus rejectum fuerit, nobis
potius ad traditionem monumentis defendendam inservit. Quod de Julia-
nistis, saeculi VI. mediantis secta ex Monophysitarum stirpe, narratur[1]:
Joannes enim, Asiae episcopus Monophysita in Chronico suo[2] Proco-
pium tradit, Ephesi episcopum, in Julianistarum partes transiisse, cumque defunctus esset, nullusque alius illius sectae episcopus esset, septem
Julianistarum presbyteros Eutropium quemdam episcopum fecisse, manum
demortui Procopii in caput ejus imponentes precesque chirotoniae reci-
tantes. Qui tunc decem episcopos ordinavit, eosque Constantinopolim,
Alexandriam, Antiochiam, in Arabiam, Persidem et usque ad Homeritas
mandavit. Aliud exemplum narratur ab illo Joanne[3], qui utrumque valde
improbat. Cum nempe apud Aethiopes, Homeritas et Indos episcopi
deficerent, legatum ad Justinianum imperatorem miserunt, ut episcopum
impetrarent, qui Chalcedonense concilium rejiceret. Quod cum denega-
tum esset, presbyteri unum ex suo ordine assumserunt, eique evangelium imponentes episcopum fecerunt. Alii autem id rejecerunt, magnae-
que hac de causa discordiae inter ipsos exortae sunt. Renaudotius[4]
etiam tradit, errorem istum a patriarchis Alexandrinis crimini versum
fuisse obscurae cuidam Monophysiticae Barsanufianorum sectae, quae
postquam annos plures in Aegypto constitisset, in Jacobitarum communionem rediit. Cum enim episcopatus apud eos defecisset, laici episcopos ordinaverunt, quos ad communionem suam reversos Alexandrinus
patriarcha ordinavit, dicens: non enim super vos advenit Spiritus Sanctus,
invocatus ab episcopis cum impositione manuum. Apud Aethiopes etiam,
cum longo tempore absque metropolita fuissent, Alexandrino patriarcha
ordinationem renuente, regem presbyterum quemdam adegisse, ut muneribus episcopalibus fungeretur. Sed patriarchas Alexandrinos id pro
sacrilegio atque pro re prorsus nulla et invalida habuisse. Unde ortum
alterum abusum, ut apud Aethiopes absque delectu ingens sacerdotum
multitudo ordinetur, ne in illa discrimina relabantur, in quibus vacante
sede metropolitica versati fuerant.

Quod de hierarchicis ordinibus diximus, id tamen ad ordines diaconatu inferiores extendendum non est, cum Barhebraeus[5] canonem 14.
Antiochiae in nomocanonem suum receperit his verbis: „Subdiaconi, et
lectores, et exorcistae etiam a periodeutis promoventur".

In ordinationibus episcoporum regula illa apostolica observatur adhuc ab Orientalibus, ut consecratio a tribus saltem episcopis peragatur.
Unde in consecrationis episcopalis Copticae rubricis episcopi praesentes
dicuntur „socii ordinationis cum ipso" scilicet patriarcha. Inculcatur etiam
duorum episcoporum assistentia in epistola patriarcharum Occidentalium
ad Orientales missa, qua Seleuciensi metropolitae patriarchatus auctoritas
tribuitur, a Nestorianis supposita, in qua de metropolitarum ordinatione

[1] Jos. Sim. Asseman. Bibliotheca juris orientalis canonici et civilis T. I. p.
455. — [2] Bibl. Or. T. II. p. 87. — [3] Bibl. Or. T. I. p. 385. — [4] Perpetuité
l. 5. c. 10. col. 964. et in opere MS. de ordinationibus p. 19. — [5] C. 7. sect. 8.
p. 52.

haec habentur: „Eos vero institui oportebit secundum ecclesiasticum morem per suffragium consensumque duorum episcoporum cum ipso praesentium, ita ut non minuatur numerus ternarius [1]". Id unum notandum est, in consecratione patriarchae Alexandrini ad manus impositionem, quae praecipua et essentialis est, episcopos assistentes manus in altum tantum tollere, et ex textu Renaudotii aliquem eorum humeros tangere, vel ex Ebnassalo ordinatione secundum cum antiquiore solum manus imponere; post proclamatam jam et peractam ordinationem singulos demum episcopos orantes manus imponere. Porro in ordinatione Jacobitica assistentes in tantum manus imponere, quod librum evangelii super caput consecrandi apertum teneant. Apud Armenos solius patriarchae manus impositio memoratur a Serposio.

Assistentium autem coöperationem Nestorianis ad essentiam necessariam non videri, sequitur ex monumento hoc ab Assemano [2] allato, Timotheus patriarcha, saec. VIII. exeunte, IX. ineunte, in epistola ad Jaballaham, Dailanqtis episcopum, haec petenti rescripsit: „Quandoquidem episcopi ordinatio trium episcoporum praesentiam omnino exigit; vos autem in iis terris estis, in quibus habere hunc episcoporum numerum non potestis: haec facultas vobis a verbo Domini nostri conceditur: episcopum nempe quemcunque elegeritis, tibi simul et episcopo Cardago fas sit consecrare, et pro tertio episcopo codex evangeliorum super sella ad dexterum latus collocetur: et hoc ritu per virtutem Dei primi episcopi consecrationem perficitote. Alius autem nonnisi a tribus episcopis consecretur".

Episcoporum Aegyptiorum ordinationes ab immemorabili patriarchae sunt reservatae [3]. Antiocheni patriarchae inde a saeculo VII. Maphriani et episcoporum omnium ordinationes sibi arrogarunt, cum exempla priorum temporum non desint episcoporum, qui a Maphrianis vel ab aliis episcopis ordinati sunt [4]. Apud Nestorianos ordinantur quidem episcopi ab aliis, id est uniuscujusque provinciae metropolitanae episcopi a metropolita, sed ipsi metropolitae et episcopi provinciae magnae, illius nempe, quae patriarchae ut metropolitae subjecta est, a patriarcha, debentque episcopi omnes confirmari vel, uti Nestoriani dicunt, perfici a patriarcha, ritu, qui vix reordinatio dicendus non est. Secus ab exercendis pontificalibus muniis arcentur. Apud Armenos etiam a catholico sive patriarcha episcoporum ordinationes peraguntur.

§. 6. De tempore ordinationum.

Certa ordinationum tempora et Orientales observant, non tamen tam stricte quam nos. Episcoporum, proindeque et patriarcharum consecrationibus omnes Dominicum diem assignant. Rubrica tamen in ordinationibus Nestorianis, qualis est apud Badgerum, capitibus sacerdotum

---

[1] Apud Ebedjesu tract. 9. c. 5. p. 162. et Bibl. Or. T. III. p. 52. — [2] Bibl. Or. T. III. P. I. p. 163. — [3] Renaudot, Lit. Or. T. I. p. 436. et in opere MS. de ordinationibus p. 76. sq. in not. ad ord. episc. Copt. — [4] Bibl. Or. T. II. Diss. de Monophysitis n. VIII.

ordinandis dies etiam festos vel commemorationis tribuit. Quoad caeteros ordines diem certam statutum non invenimus, nisi quod, teste Serposio, apud Armenos mensis 1. 4. 7. 10. et dies Dominicus ordinationibus assignari soleat, speciatimque hoc de presbyteris ab eodem memoretur. Unde conquestus est Dandinius [1], quod Maronitae Syri suo tempore ordines absque discrimine omnibus diebus festis conferrent. Nestorianorum rubrica, ut est apud Badgerum, et admonitio de ordinationum temporibus, quae est in codice Syriaco Vaticano 18, scripto 1556 a Josepho Indorum episcopo [2], quovis die ordinationes peragi posse expresse statuunt.

Interstitia non observantur ut apud nos; unde idem Dandinius aiebat, Maronitas plures ordines simul conferre et vidisse se, eidem subjecto duarum vel trium horarum spatio omnes ordines a lectoratu ad episcopatum usque conferri. Apud Nestorianos, uti ex eorum pontificali apparet, pro regula habetur, ut lectoratus et subdiaconatus et diaconatus simul conferantur. Unde subdiaconis manus non imponitur, aliaque ad ordinationes pertinentia omittuntur; aufert etiam eis in fine librum, quem in ordinatione ad lectoratum acceperunt. Coptitae tamen, cum in patriarcham simplicem monachum eligunt, omnesque ei ordines conferendi sunt, unius diei interstitia inter singulos observare, testatur Renaudotius [3], idque in Michaele, patriarcha LXXI. factum tradit. Cum etiam post ordinationes Coptitae certum jejunii tempus, quo sua etiam ministeria ordinati discant; Armeni certum dierum spatium, quo in sanctuario maneant, suisque muneribus fungantur, observent: interstitia quaedam ordinario observanda esse patet.

Ordinationes cum liturgiae celebratione conjungi apud omnes ex eorum ordinationibus evulgandis apparet, maxime cum communio ordinatis post ordinationem absolutam praeberi soleat. Excipiendi sunt soli Nestoriani, qui, licet conjungere ordinationes liturgiae possint, certasque ad singulas missae partes assignatas habeant, liberum id tamen relinquunt, rubricamque habent propriam pro ordinationibus, quae extra missam fiant. Id generatim quoad ordines omnes enunciatur in codice Syriaco Vaticano 18 [4]. In rubricis idem videre est, excepta ordinatione episcoporum, in qua diserte injungitur liturgiae celebratio [5]. Apud Badgerum rubrica est expressa, ordinationem conferri posse etiam eo die, in quo non est liturgia, sed usque ad presbyteratum tantum.

Apud Coptitas ordines, si episcopatum excipias, qui inter missarum solemnia confertur, ex Vanslebio ante missam conferuntur, quae post ordinationem incipit. Id ita intelligendum est, quod ordinationes ante Anaphoram fiant, quae cum praefatione incipit, cùm ante lectorum ordinationem, in titulo dicatur, hanc fieri post ἀσπασμόν, qui Anaphoram immediate antecedit [6]. Apud Syros, tum Jacobitas, tum Maronitas, intra missam ordinationes omnes peraguntur, post consecrationem, cum corpus Christi et sanguinem, ordinator episcopus ad manus impositiones se attingere repraesentet. Unde ordinandus juxta suum ordinem ad portam

[1] Eusdeb. Mod. s. e. c. p. 162. t. 1893. Col. T. III. p. 2. 1891.
[... p. 108. — [4] Cod. Liturg. T. XIII. p. 47. — [5] Liturg. Orient. T. II. p. 391. 395. — [4] Assemanus Cod. Liturg. T. XIII. p. 47. et Bibl. Or. T. III. P. II. p. 412.
— [5] Bibl. Or. l. c. — [6] Cf. Liturg. Orient. T. I. p. 11 sq.

altaris, sive sub gradu coram altari stat, donec perficiatur oblatio. De presbytero ordinando loquens Barhebraeus[1] ait, id fieri post circumgestationem mysteriorum.

Quo missae loco singuli conferantur ordines, pro Nestorianis indicatum reperimus in syngrapha, quam Joannes Bar Abgari emisit, cum in patriarcham eligeretur[2], his verbis enunciatum: „Presbyterum aut diaconum non ordinabo, nisi juxta canonem: diaconum quidem post lectionem psalmorum eorumque, quae ad psalmos in libro Davidis referuntur: presbyterum vero post lectionem Novi Testamenti". In codice Syriaco Vaticano 48. supra allegato dicitur, ordinationem perfici debere ante vel post jaculatoriam mysteriorum, sive etiam ante sive post Symbolum decantatum, aut demum antequam dicatur responsorium h. e. canticum communionis, aut ante clausulam obsignatoriam seu dimissionem: Qui benedixit nos omni benedictione. In rubricis ordinis Badgeriani scribitur, fieri posse ordinationes sive ante initium liturgiae, sive post, sive ante fidem Nicaenam, sive post, sive ante communionem, sive post conclusionem liturgiae. Ex rubricis sequitur, ordinationes lectoris, subdiaconi et diaconi, quae simul peragi solent, et presbyteri fieri, cum missa celebratur, ante orationem: Coram throno, Domine, etc., et canticum cancellorum, quod est liturgiae initium; consecrationes vero episcoporum post jaculatoriam diei et ante canticum cancellorum. Armeni tonsuram et minores ordines post altaris incensationem et introitum conferunt; diaconatum ante symbolum et donorum ad altare delationem et introitum; presbyteratum missa incoepta, sed ante oblatorum delationem, quoad partem principalem, manuum nempe impositionem, et ita ut missa sensu strictiori nonnisi absoluta ordinatione incipiat, quod etiam in monacho ordinando observandum rubrica inculcat. Confertur episcopatus item; partim post incensationem, introitum et aliquas orationes diei convenientes, partim post evangelium, symbolum et offertorium.

§. 7. De ordinationibus per saltum.

Ordinationes per saltum, licet ex hodierna Ecclesiae disciplina omnes illicitae sint, (et invalida etiam episcopi consecratio, si praetermisso presbyteratu attentetur): multis tamen ex antiquitatis exemplis ostendit Morinus[3] occurrisse, ut minores praesertim ordines vel omnes, vel ex parte, imo et diaconatus praetermissus fuerit. Cujus disciplinae quaedam adhuc apud Orientales reliquiae deprehenduntur, abusus etiam quidam plane non tolerandi, quae cum ad historiae ecclesiasticae materiam plenamque rituum sacramentalium apud Orientales descriptionem pertineant, hic colligere libuit.

De patriarchae Alexandrini consecratione tradit Renaudotius[4], in constitutionibus ecclesiae Alexandrinae et in collectione Ebnassali, cum de eo agitur, qui simplex monachus in patriarcham electus omnes ordi-

---

[1] Cap. 7. sect. 5. p. 48. — [2] Bibl. Orient. T. III. P. I. p. 237. et Cod. Liturg. T. XIII. p. 144 sqq. — [3] De sacris ordinationibus Part. III. exercit. VI. c. 2. [4] In notis operis MS. de ord. p. 6. Liturg. Or. T. I. p. 391. 395.

nes gradatim suscipere debet, non enumerari, nisi diaconatum, presbyteratum et hegumeni dignitatem, nullamque subdiaconatus vel minorum ordinum mentionem fieri; sed et in vita Michaelis patriarchae legi, eum ordines a diaconatu incipiendo, interpositis unius diei interstitiis, suscepisse. In rubricis quidem ordinationis presbyteri, uti etiam in codicibus Vaticanis habentur, praecipitur, ut, si diaconus non sit, fiat primo quidem lector, tum subdiaconus et diaconus. Verumtamen id non impedit, quominus in illo casu extraordinario, majorisque momenti peculiaria quaedam observarentur, praesertim cum, teste Epiphanio,[1] mos esset Alexandriae, non lente agere in patriarchae constitutione. In ordinatione diaconorum Jacobitica, uti est in codice Florentino, de subjecto dicitur: „si sit subdiaconus, fert orarium juxta ordinem suum". Imo, in proclamatione diaconi ibidem dicitur, promoveri ex lectorum ad diaconorum ordinem. Unde concludendum erit, eos etiam ad diaconatum promoveri, qui subdiaconi non sint. Forsan et similiter intelligenda erunt, quae de presbyteri ordinatione habentur in nomocanone Barhebraei[2]: „Diaconus primum ordinetur ille, qui offertur, et deinde presbyter." Verba enim tam generaliter sonant, ut presse sumpta, aliter intelligi nequeant, nisi quod omnes, quicunque ad presbyteratum vocantur, diaconatus tantum ordinem suscipere debeant.

Intolerabile autem et prorsus rejiciendum, cum sacramenti validitatem attingat, est, quod apud Nestorianos occurrit. In rubrica, quae initio consecrationis episcopalis apud Assemanum est, haec habentur: „Qui ad chirotoniam accedit, stat in medio altaris juxta ordinem, quem habet, sive diaconus sit, sive presbyter". Unde concluditur jure, Nestorianos saltem quosdam diaconos in episcopos, transmisso presbyteratu, ordinasse.

§. 8. De ordinationibus iteratis.

Mos erat in antiquitate, ut ii, quibus ordinum usus ablatus fuerat, ritu quodam restituerentur, qui reiteratae ordinationis aliquam similitudinem prae se ferret. Ita synodus Toletana IV. anni 633.[3] praecepit, ut qui, a gradu suo injuste dejecti, postea innocentes reperirentur, „non possint esse quod fuerant, uti synodus loquitur, nisi gradus amissos recipiant coram altario de manu episcopi," sui nimirum ordinis insignia restituta accipiendo, quae singillatim a canone enumerantur. Fulbertus etiam Carnotensis[4] de episcopo quodam de gradu suo in poenam dejecto scribit, eum post digne peractam poenitentiam restitui posse, non quidem per iteratam ordinationem, sed „benedictione aliqua et vestium atque instrumentorum sacerdotalium restitutione". Similem ritum ad reconciliandos presbyteros et diaconos, post haeresim poenitentes, qui apud Jacobitas Syros usuvenit, infra edemus inter eorum ritus poenitentiales. Isti tamen ritus, qui ad usum ordinis tantum referebantur et absque manuum impositione ordinatoria celebrabantur, ansam dedisse viden-

[1] Haer. 69. — [2] Cap. 7. sect. 5. Directio 9. — [3] Can. 28. [4] Epist. 25. ad Leutericum Senonensem.

tur Nestorianis, ut clericos in sui ordinis functiones restituendos iterata
ordinatione redintegrarent[1]. Non quidem eo certo referri potest syno-
dica Mar Abae, patriarchae saeculo VI., in qua post statutas de electione
patriarchae regulas addit: „quicunque ordinatus fuerit contra hanc constitutionem, anathema sit, et ejus ordinatio inanis censeatur"[2]. Nam
ejusmodi et alibi occurrunt, et interpretanda sunt de ordinatione inani
quoad usum. Sed excusari vix potest canon Joannis patriarchae, qui ab
Edjesu[3] in sua collectione refertur, hujus tenoris: „Si quis presbyter
aut diaconus Jesum Christum abnegaverit, deinde poenitentia ductus
resipuerit, longo tempore in poenitentia maneat. Peracta autem poenitentia, suscipiatur. Non tamen in ordine suo ministret, sed laicorum
gradum teneat. Quodsi ex tota virtute sua poenitentiam exhibuerit, manus impositionem ab episcopo iterum accipiat"[4]. In synodo etiam Josue
Bar Nun anni 820 statuitur, diaconis et presbyteris, qui Christum abne-
gaverint, iterum ab episcopo manus imponendas, si ex toto corde poenitentiam exhibuerint. Apud Badgerum[4] ordo est restitutionis sacerdotis,
qui offendit et suspensus fuerit ab ordine suo, in quo nihil ejusmodi
occurrit: unde concludendum est, reiterationem illam ordinationis locum
non habere, nisi in apostatis. Apud Syros Jacobitas occurrit etiam casus
Athanasii VII. patriarchae ab anno 1125, qui Abugalebum, Edessenum
episcopum, quem deposuerat quique sententiam nihili fecerat, ut invalide
ordinatum reordinavit[5]. Mos etiam videtur fuisse apud Orientales passim, ut cum quidam in sua dignitate instituerentur, confirmarentur, trans-
ferrentur, promoverentur, id solemnitate quadam ordinationi simili per-
ageretur. Tradit ejusmodi de Coptitis Vanslebius[6], sed ut morem, qui
jam amplius non vigeat, ut nempe eum, qui manus in altera ecclesia
assumeret, patriarcha ad hoc ritu proprio institueret, orationem absolutionis super ipsum recitando, manum capiti imponendo, post aliam orationem ter in vultum ejus insufflando, quae omnia similitudinem quandam
ordinationum exhibebant. Sed est etiam canon Gabrielis, filii Tarik patriarchae, apud Vanslebium[7], quo prohibetur, ne clerico idem ordo bis
conferatur. Cum regula apud Nestorianos sit, ut episcopi omnes ab aliis
ordinati a patriarcha confirmentur sive uti dicunt illi, perficiantur[8], quae
in epistola patriarcharum Occidentis de evectione metropolitae Seleucien-
sis in patriarcham, apud Ebedjesu Sobensem[9] in nomocanone, et in canonibus ab Assemano collectis[10], enunciatur, isti regulae obsecuti sunt
ita, ut ritu proprio ordinationi episcoporum vix non in omnibus con-
formi cum manus impositione, proclamationibus et orationibus praecipuis
consecrationi propriis, quem ex Assemano infra edituri sumus, episcopos
confirmarent. Quod innocue fieri dici vix potest, cum huic caerimoniae
falsum sensum aperte supponant. Vocatur enim in toto ritu ille, qui perficitur, presbyter, non episcopus, et Vestitus ordine presbyteri initio se praesentat. Neque obest, quod rubrica monetur, ne archidiaconus proclamet:
pro tali presbytero, qui perficitur episcopus, quod imperitorum sit, sed:

[1] Cod. liturg. T. XIII. p. 91. - [2] Cod. liturg. T. XIII. Praef. p. XLVII. —
[3] Cap. 7. sect. 3. p. 44. in directione. — [4] Renaudot Liturg. Orient. T. I. Diss. de
patriarcha Alexandrino. q. XII n. P. ... [5] ... T. II. p. ... [6] Hist. Part. ...
... T. II. p. ... [7] Hist. Part. ... ... Bibl. Or. T. II. P. II. p. 55, 490, 200?
345. — [9] Part. VIII. c. 9. — [10] Bibl. Or. T. III. P. II. p. 636 sqq.

pro tali, qui perficitur episcopus. Nam ad hoc notatum est [1], illam proclamationem post peractam jam manus impositionem principalemque orationem occurrere, parumque referre, quod archidiaconus illum peracta
jam functione episcopum vocet, quem consecrator presbyterum semper
appellavit. Si igitur plenam reordinationem in hoc abusu videre non
libeat, saltem dicendum erit, eo insinuari, ad integritatem perfectionem-
que ordinationis aliquid deesse, et ansam dari, ut pro reiterata ordinatione hic ritus habeatur. Simile huic est, quod in codice Syriaco Vaticano 19. a Josepho Indorum metropolita scripto [2] praescribitur, ut in
metropolitam constituendus, sive presbyter sit, sive episcopus, in habitu
et ordine presbyterorum stare debeat, cum a catholico in metropolitam
promovetur. A quo Jacobitae Syri abhorrent, cum Barhebraeus [3] statuat,
ut si episcopus sit ille, qui ad honorem metropolitae offertur, per scripta
Systatica synodi perficiatur duntaxat, et non per secundam impositionem
manus. Denique de promotione eorum, qui jam episcopi sunt, ad patriarchatum, in qua ejusmodi labes etiam deprehenditur, loquendum est,
non quidem quoad ecclesiam Alexandrinam, quae antiquiorem disciplinam
ad hunc usque diem strictissime observavit, ut nullus in patriarcham
eligeretur, qui jam episcopus esset, ita ut, cum Agathon patriarcha XXXIX.
se divinitus agnovisse persuasum haberet, Joannem Semnudaeum suum
successorem fore, eum nullatenus episcopum ordinare voluerit, licet a
pluribus ecclesiis postularetur. Quod et primitus Antiochena Jacobitarum
ecclesia retinuit arctissime, ita ut cum Abdalla Califa Abbasida Isaacum,
Harrunae episcopum, in patriarcham intrusisset, episcopi et metropolitae
restiterint, duoque potius mortem subierint, quam ab avita disciplina
discederent. Quem etiam Chail XLVI. patriarcha Alexandrinus nunquam
agnovit [4]. Sed postmodum minus strictos se ostenderunt, et cum episcoporum translationes et ad patriarchatum promotiones admitterent, non
tamen apud eos occurrit abusus ille, ut in promovendis in patriarchas
episcopis totus ordinationis ritus reiteraretur. Sed ex Barhebraeo in
nomocanone [5] et in vita Ignatii Davidis patriarchae [6] in eo casu recitatur super eum invocatio Sancti Spiritus, quae S. Clementi tribuitur et
patriarchis propria est, traditur baculus, fit enthronismus et processio per
ecclesiam. Secus vero est apud Nestorianos, apud quos creberrimae
fuerunt episcoporum in patriarchas electiones ita, ut usque ad saeculi
XIV. initium patriarchae quadraginta novem occurrant, qui antea episcopi
fuere [7]. Ejusmodi enim ita tractant, quasi presbyteri essent, presbyteri
ornatu sistunt ordinandum et in decreto ordinationis et proclamatione
archidiaconi presbyterum vocant, omninoque eundem ordinationis ritum
observant, sive sit presbyter sive episcopus. Unde reiteratae ordinationis non immerito incusantur ab Assemanis in notis ad hunc ritum et a
Renaudotio [8]. Qui et insigne reiterationis ordinationum apud Nestorianos

---

1 Cod. Liturg. T. XIII. p. 91. — 2 Cod. liturg. T. XIII. Praef. p. XLVII. —
3 Cap. 7. sect. 3. p. 44. in directione. — 4 Renaudot Liturg. Orient. T. I. Diss. de
patriarcha Alexandrino n. LXII. p. 331. et LXXIII. p. 389. et in notis Macloperis
de ordinat. p. 541. — 5 Loco cit. II. T. Bibl. Or. T. II. Diss. de Monophysitis n.
VIII. et p. 371. — 6 Renaudot Perpetuité l. 5. c. 40. col. 943. — 7 Perpetuité
l. c. — 8 Part. VIII. c. 9. — 9 Bibl. Or. T. III. P. II. p. 636 sqq.

exemplum ex eorum historia refert [1]. Cum Timothei patriarchae, qui saeculo IX. ineunte floruit, electio impugnaretur, Ephrem, metropolita Gondisapor, cui, ex suae metropoleos privilegio, jus ordinandi patriarchae competebat, cum tredecim episcopis suffraganeis suis, electionem nullam esse pronunciavit, Timotheum deposuit et excommunicavit, in quo et ipse vices reddidit. Denique pro bono pacis convenerunt, ut Timothei ordinatio reiteraretur. Ephrem, ut ei insultaret, loco orationis, quae dici solet ad manuum impositionem consecratoriam, eam recitavit, quae super poenitentes dici solet: decretum tamen reiterandae ordinationis et pactum aderat.

[1] Perpétuité l. 6. c. 3. et 4.

DE MATRIMONIO.

Omnis de matrimonii sacramento tractatio a celeberrima illa quaestione ordiri oportet, quae jamdudum de essentia, vel, uti vulgo deno-
minari solet, de ministro hujus sacramenti ventilatur: utrum nempe illa
sit in ipso matrimoniali contractu, an vero in benedictione sacerdotali;
utrum proinde pro ministro sacramenti ipsi contrahentes, an vero sacerdos benedicens habendus sit. Ex hujus enim quaestionis solutione pendet,
quaenam ulteriores disquisitiones de partibus sacramenti institui debeant.
Quam licet ad plenum solvere nostri modo officii non sit, ea tamen prae
caeteris exponenda erunt, quae ex Orientalium monumentis ad ejus só-
lutionem inservire possunt. Subtilior sane de his inquisitio apud ipsos
requirenda non est; quaedam tamen ex eorum legibus usibusque allegari
possunt, quae in alterutram partem afferri queant.

Expendenda sunt ex una parte creberrima illa Orientalium effata,
quibus matrimonia absque sacerdote et sacris ritibus contracta irrita
plane declarantur. Ex quibus sacerdotis benedictionem ipsum esse sacramentum aperte supposuit Renaudotius[1], cum similia documenta collegit,
ut matrimonium pro sacramento habendum argueret. Multa etiam ad
illam thesin comprobandam ex Latinis Graecisque auctoribus collegit
Gibert in operis sui: Tradition ou histoire de l'Eglise sur le sacrement
de mariage (Paris 1725) Tomo I. En, quae Renaudotius ex Coptitis
collegit, quibus alia ex aliis superaddemus.

Ebnassal, Coptita, canonum collector, haec habet: „Celebrari nequit
matrimonium et perfectum non est, nisi per praesentiam sacerdotis, per
orationem, quam super contrahentes pronunciat, et per oblationem sacrae
Eucharistiae, quae pro ipsis fit eodem tempore, quo coronantur: et per
hunc ritum duo in unum corpus uniuntur, vel in unam carnem, ut ait
Dominus. Quodsi conditiones istae non concurrant, conjunctio ista pro
matrimonio non reputatur: nam oratio licitum reddit viris usum mulierum
et mulieribus virorum." Abuselah in tractatu de scientia ecclesiastica
idem brevius ait: „Oportet, ut mulier cum viro, qui est caput ejus, se
sistat coram altari Dei altissimi, ut memoriae imprimant instructionem
sibi a sacerdote factam, et ut communicent corpori et sanguini Domini,
ut fiant unum corpus". Echmini, celeberrimus canonista tali modo loquitur: „Omnia, quae ad matrimonium spectant, exponuntur in primo
canone S. Epiphanii. Ille, qui mulierem assumit, quin oratio praecesserit,
eidem poenitentiae ac fornicatores submittetur, eamque ipse et mulier
suscipient, postquam oratio super ipsos fuerit facta, eritque convenien-

[1] Perpétuité l. 6. c. 3. et 4.

tius, ut ad tempus separentur. Non debet enim fornicatio pro matrimonio reputari, neque unquam talis debet censeri. Melius igitur est, ut separentur, modo usu matrimonii privari sustinere valeant, quo in casu separentur et submittantur poenitentiae fornicatorum, quae tamen mitigabitur, ut majora incommoda vitentur. Hanc poenitentiam quatuor annorum esse debere ait, concluditque rationem illam addendo, quae et apud Ebnassalum habetur, „commercium cum muliere non fieri licitum, nisi oratione et liturgiae celebratione.“ Abulbircat ait: „matrimonium annunciari et proclamari debere antequam celebretur, quia sancti canones prohibent, aliquem coronari clandestine; sed id praesentibus testibus fieri debet. Non potest contrahi matrimonium, et nullum est, si in praesentia sacerdotis non celebretur, qui preces super sponsos pronuntiet, iisque communionem sanctae Eucharistiae impertiatur, tempore coronationis, qua copulantur fiuntque unum corpus. Si aliter egerint, id eorum respectu pro matrimonio non reputabitur: nam oratio licitum reddit viris usum mulierum et virorum mulieribus.“ Notandum est, S. Epiphanium, quem allegat Echmimi, non esse episcopum Salaminae, sed patriarcham Constantinopolitanum sub Justiniano imperatore, cujus constitiones numero CXXXVI. sunt in collectione, quae pro summe authentica apud Orientales habetur. Quo factum fuerit, ut Jacobitae hunc, qui orthodoxus erat, susceperint, non satis liquet [1]. In synodo habita Misrae 1239 sub Cyrillo, Laklaki filio, prohibitum fuit, ne natus ex muliere non coronata, hoc est, quae benedictionem conjugalem non sucepisset, ad gradum ullum ecclesiasticum promoveretur [2], quod sane arguit, ejusmodi quasi defectu cuidam nataliium obnoxios habitos fuisse. Vanslebius [3] etiam, qui suam ad exponendos Coptitarum ritus materiam ex autoribus Coptitis traxit, testatur, matrimonium firmum non haberi, cum coram Sacerdote et per ejus preces contractum et cum communio hanc solemnitatem subsecuta non fuerit. Communione enim sponsos unam carnem fieri et oratione virum mulieri permitti et mulierem viro. Est apud ipsum [4] canon Athanasio tributus, ex illis quos Justiniano misisse dicitur, qui seperandos statuit eos, qui matrimonium contraxerunt, quin preces Ecclesiae a sacerdote super eos fuerint factae. In ordinibus Jacobitarum Syrorum protestatur sacerdos, se innoxium esse coram Deo, si male nempe res cedat; ergo pars maxima ejus videtur esse in concludendis nuptiis. Barhebraeus autem in nomocanone [5] desponsationem absque sacerdote fieri non posse, statuit. Idem [6], post descriptum desponsationis ritum, quae contractus matrimonialis est celebratio, haec addit: „Et non communiciit, usque ad complementum dierum foederis, quod initur inter eos.“ Post coronationis ritum vero concludit ita: „et ita perficitur convivium ac justificatur conjugium legitimum.“ Similiter et Ebedjesu Sobensis [7] desponsationem, quae extra praescriptum modum et absente sacerdote fit, nullam reputari tradit. Timotheus autem II., Nestorianorum patriarcha, in libro de septem causis sacramentorum [8], quaestionem instituens „de

[1] Perpétuité l. c. c. 3. col. 982. — [2] Renaudot Lit. Or. T. I. p. 376. Hist. p. 583. — [3] Hist. Part. 2. c. 32. — [4] Ibid. can. 35. p. 285. — [5] C. 8. sect. 2. p. 64. — [6] C. 8. sect. 2. p. 68. — [7] Tract. 2. §. II. p. 44. — [8] C. 7. sept. 4. (Bibl. Or. T. III., P. I. p. 579).

iis, sine quibus desponsatio non perficitur", haec enumerat, quae eo referenda sint, sacerdos et calix ex vino et aqua mistus, et crux, et annulus et pulvis. Joannes Philosophus, Armenorum patriarcha [1], de iis, qui ad secundas nuptias accedunt, haec habet, quae ejusdem generis esse videntur: „Oportet juxta priorem modum per mediatores desponsatoresque adhortari, ut mutuum consensum dent, et per Ecclesiae ac sacerdotum benedictionem accipiant conjugii signaculum." Verumtamen haec et omnia ejusmodi, quae afferri possunt, quaestionem minime decernunt. Nam ista facile conciliari possunt cum altera sententia, si dicantur intelligenda de invaliditate matrimonii ob impedimentum clandestinitatis, quod inter christianos semper plus minusve valuit, uti etiam Tridentinum concilium ait (Sess. XXIV, de reformatione matrimonii cap. 1.): S. Dei Ecclesiam ex justissimis causis clandestina matrimonia semper detestatam esse atque prohibuisse. Deinde qui his nituntur, incidunt in illum defectum, qui nimis probat, nihil probat. Nam cum ipsi inter contractum et sacramentum distinguant, cum sacramentum irritum redditur ex defectu ministri ex eorum sententia, contractus nondum irritus erit. Atqui documenta illa Orientalia, quae in probationem afferunt, matrimonium illud plane irritum declarant; ex defectu igitur sacerdotis deducunt, et ipsum contractum irritum esse, quod ex illorum sententia plane non sequitur. Vel oportet et ipsos quoad contractum recurrere ad impedimentum clandestinitatis, ut et iste pro invalido haberi potuerit ab Orientalibus. Neque plus ex aliis cujuscunque generis documentis evinci potest, quae sacerdoti tribuunt, quod sponsos matrimonio conjungat. Quaeritur enim ad haec, utrum id praestet ut sacramenti minister, an ut testis autorizabilis. Porro cum a Deo instituta sint matrimonia ejusque auctoritate contrahantur, legibusque subjaceant; cum porro Ecclesiae auctoritati submissa sint, ab eaque concilientur confirmenturque, et absque ejus ratihabitione nulla sint atque irrita; haec Dei et Ecclesiae ratihabitio generico magis, vel magis specifico, minus vel magis solemni modo fieri potest. Vel enim legibus generalibus tantum et licentia generatim concessa continetur, quae etiam in matrimoniis clandestinis et privatim contractis erat, cum adhuc valerent: vel specialiter et solemniter enunciatur a sacerdote, Dei et Ecclesiae ministro, matrimonio assistente et benedicente. Hoc sensu dici potest sacerdos matrimonio conjungere sponsos, qui sane non is esset, quod sacerdos sacramentum administret, sed quod contractui invigilando, eum regendo eique Dei et Ecclesiae nomine conciliando et ratihabendo eximias quasdam partes in contractu peragendo habeat. Etenim, si parentes dicuntur liberos suos matrimonio conjungere, quod alteram partem exquirant, matrimonium concilient et celebrari curent, quidni sacerdos majori adhuc jure dici poterit conjungere, quod auctoritate Ecclesiae interveniat et ex ejus legibus, quae ex parte sua requiruntur, praestet?

Pro altera autem sententia valde militant, quae apud Ebedjesu Sobensem in nomocanone [2] sunt, de modo contrahendi matrimonium cum sacerdos non adest, his verbis: „Ille, qui existat in regione, in qua sacerdotes non reperiantur, ex fidelibus convocet quatuor aut quinque,

[1] Perpetuité I. c. 3. col. 982. — ² Renaudot Lit. Or. T. I. p. 316. Hist. p. 388. — ⁴ C. 8. sect. 2. p. 82. — ⁵ Ibid. can. 36. p. 285. — ⁶ p. 4. sect. 2. p. 84. — ⁷ Hist. Patr. 2. c. 83. — ⁸ Tract. 2. §. 4. p. 41. q. III. § III. p. 44. Can. 16. p. 804. (Bibl. Or. T. III. P. I. p. 579.)

qui testimonium perhibeant, et accipiant crucem et annulum ac Hananam, et alia voce recitent orationem: Pater noster, qui es in coelis, et Sanctus Deus, et hoc pacto perficiatur desponsatio, donec ac sacerdotes accedant (veniant) aut sacerdos ad eos veniat et suppleat id, quod defuit desponsationi, quam inierunt. At si non pervenerit ad eos sacerdos ante tempus thalami, simili etiam modo perficiant thalamum." Quod in praxin deductum fuisse, sequitur ex Antonio de Gouvea in itinere Menessiano[1] tradente, Malabarenses in sylvis degentes, ducto tantum filo e collo sponsi ad sponsae collum, matrimonium contrahere, quo etiam tempore ipsorum plures intra circulum superstitiose delineatum stabant, quo obligationem totam matrimonii contraxisse censebant. Non insistimus in id, quod a quodam auctore[2] narratur, Aethiopes matrimonia absque sacerdotali benedictione contrahere solere. Non enim ut apud Nestorianos probare possumus, id legitime fieri, et negligentissimos et licentiosos maxime in re matrimoniali ii se exhibent. Ad illam vero Nestorianorum praxin applicabitur forsan responsio, quae ad argumentum ex matrimoniis clandestinis ante Tridentinum contractis, a concilio pro veris et ratis declaratis facta est: ea nempe pro veris ac legitimis contractibus atque matrimoniis, non autem pro Sacramenti dignitate praeditis habenda esse. Huic exceptioni praeter alia, quae enumerare hujus loci non est, ex ipso documento respondere potest, matrimonia illa absque sacerdote contracta a Nestorianis minime ut meros contractus considerari videri, cum ritus sacros, et eosdem quidem quoad summam, qui in sacramenti matrimonii solemniori administratione a sacerdote praesente adhibentur, addant, eoque satis declarent, se etiam hic idem sacramentum agnoscere. Addi potest etiam, quod, si sacramentum hoc modo perceptum non fuisset, tunc praesules insistere debuissent, ut saltem data occasione posterius susciperetur, de quo canones illi nil plane exhibent. Memoratu denique dignum est, quod Gregorius Datteviensis in libro Interrogationum apud Galanum[3] de matrimonio dixit: „Incipit matrimonium per sponsalia, sed conficitur per consensum verbis expressum: duarum enim voluntatum consensus conficit matrimonium; perficitur autem et consummatur per benedictionem sacerdotis et copulam corporalem." In quibus verbis satis clare essentiam matrimonii in contractum reponit, benedictioni sacerdotali nonnisi perfectionem quamdam tribuit, eam hac in re consummationi aequiparans, quae sane ad sacramentum nil confert.

§. 2. De contractu matrimoniali.

[1] Apud Raulin p. 862. — [2] W. Hoffmann, Abyssinische Kirche, theologische Encyclopädie .... — [4] Tract. II. c. 2. p. 43. c. 6. 8. — [5] In sui itineris Part. 2. ch. 18. p. 212. sqq.

occurrat, procuratorem, vel curatorem, in omnibus desponsationibus ab ipsis adhiberi. Sequitur hoc ex antiquissimis eorum moribus, qui cum mulieres gynaeceo egredi vix permittant, virgines vero absconditas remanere jubeant, alia via ad conciliandas nuptias non est, nisi, ut per parentes aliosve aptos ea, quae ad id requiruntur, peragantur. Imo in ipso consensu praestando mos Orientalium vix concedit, ut sponsa per se agat et loquatur. Unde Barhebraeus in nomocanone hanc regulam statuit: „Desponsatio sine sacerdote et duobus testibus justis et curatore sponsae fieri non potest, et si diaconus adfuerit melius est." Et sacerdos, qui despondet virginem sine curatore, deponatur. Curatoris officium est, inquirere a muliere, atrum congruat ei sponsus ejus, et convivium ejus absolvere: alias irritum facere. Curatio competit primo patri, deinde presbytero, deinde fratri, deinde filio fratris, deinde patruo, deinde filio ejus, deinde avo ex matre, deinde avunculo, deinde filio avunculi, deinde episcopo loci. In specie consanguineis deficientibus vel dissentientibus episcopus virginem, quae aetatem habet, matrimonium petentem, etiam patre negante, in matrimonium tradere potest. Sacerdos, qui propriam filiam suam benedicit, curatoris officium ipse pro ea gerit [2]. Matri, sorori, minori viginti quinque annis, energumeno, eunucho, infideli, vitio infanti, servo non congruit curatio. Ancillam, quae careat proximis genere, ille despondet, qui libertate eam donavit. In ipso actu desponsationis procurator sponsae, sive pater sit, sive alius, qui sponsae consensum accepit et illum notum fecit sponso ejus, sponsae vices gerit dicens: „Despondi talem tibi tali in uxorem secundum canonem apostolicum et legem christianam." Tunc sponsus respondet: „Recepi coram Deo" etc. In hoc actu sponsa nequidem adest, sed post desponsationem ejus domum petunt, annulus ei traditur et benedicitur ipsa a sacerdote [3]. Multo magis haec apud Nestorianos observantur, uti ex Ebedjesu nomocanone sequitur [4], ex quo pater filiam despondet, vel, eo deficiente, frater, tunc avus, sive patruus, tunc mater, tunc avunculus, his deficientibus presbyter ut pater, et episcopus ut pater patris. Nullatenus autem puellae permittitur, etiam si consanguineos non habeat, velum de vulto suo tollere et desponsari coram communitate, quod hoc sit damnabile et abominabile. Testatur etiam, qui eas partes novissimo tempore peragravit, Grant Anglus [5], morem istum modo adhuc vigere juvenemque nullum de matrimonio per se ipsum conciliando et contrahendo cogitare, sed patrem ei uxorem exquirere, vel, si quam praeferat, eam a patre suo sibi expetere et, ut ab ejus patre eam sibi obtineat, postulare. Quodsi pater mortuus sit, fratrem natu majorem ejus vices gerere. Re statuta accedunt ex Ebedjesu ad virginem sacerdotes. Annulum a sponso oblatum mittunt per quatuor mulieres castas ex notis ejus vel per sanctimoniales, quae annulum ejus digito inserant. Quem si mulier retineat et sileat, valet pro signo consensus, secus vero si abjiciat. Eadem adhuc fieri, testatur Grant, qui ait, festum institui in domos patris puellae, benedici annulum ab episcopo vel presbytero, offerri a juvene sponsae per discretam quamdam matronam, quae utriusque partis con-

[1] Apud Raulin p. 352. — [2] W. Hoffmann, Abyssinische Kirche, theologische Encyclopädie ... Ibid. ... Octateuch ... [3] Ibid. ... P. II.
[4] Tract. II. c. 2. p. 48. c. 5. 6. — [5] In sui itineris Part. 2. ch. 18. p. 212. sqq.

fidentia fruitur. Virginem vero, si nuptias acceptet, annulum digito in-
serere, tuncque uxorem illius evadere cum omnibus juribus et obliga-
tionibus. Ex ritu matrimonii, qualem Badgerus evulgavit, desponsatio ita
peragitur, ut omnes congregentur in domo patris puellae, vel si patrem
non habeat, in fratris domo, vel avunculi, vel alicujus, quem ipsa elegit;
ibique, convivio instituto et statuta dote, sacerdos sponsorem sive procuratorem (vox est ipsa graeca ἐπίτροπος) sponsi et tunc sponsae interroget, utrum eos, quorum curatione funguntur, sibi obligent, post vero
sponsos, utrum iis consentiant, quae promissa sunt. Apud Armenos ex
Serposio [1], Tavernier [2] et Tournefort [3] parentes matrimoniorum sunt mediatores, imo potius matrimonia fiunt ex matrum voluntate, quae postquam de
negotio convenerint, quin patres vel fratres intersint, tunc demum ad
maritos referunt, qui peracta comprobare solent. sponsos autem ea sequi
oportet, quae a parentibus fuerunt determinata. Tunc mater sponsi cum
duabus matronis vetulis et sacerdote domum sponsae accedit et ei sponsi
nomine annulum tradit. Deinde supervenit sponsus, graviori quo potest
vultu, sponsa autem velata est, ut neque oculos ejus videre sit. Sacerdos
benedicit legitque quaedam ex evangelio, tuncque sponsus dona sponsae
mittit, et si matrimonii solemnizationem differre oporteat, quotannis in
die Paschae vestem cum omni ornatu statui sponsae convenientem ei
mittit. In ipsa tamen matrimonii benedictione de consensu ipsi sponsi
interrogantur.

Mos iste Orientalium, tam antiquus, tam patriarchalis, multa quidem
incommoda elidit, quae ex nimia juniorum in conquirendis nuptiis et
contrahenda familiaritate libertate oriri possunt, verum et ipse non mi-
nora secum fert nocumenta, nisi legibus contra paternae potestatis abusum provideatur. Quod sufficienter factum non fuisse, imo legibus
sancita fuisse, quae uti a sanctissima catholicae Ecclesiae disciplina abhorrent, ita et bono familiarum et animarum saluti parum sunt proficua,
fatendum est et dolendum. Huc pertinet, quod apud Barhebraeum [4] occurrit: „Pater potest despondere filiam suam virginem, etiamsi illa nolit“
licet concedendum sit, haec addi, quae magis libertati favent: „Conjuga-
tam (h. e. viduam, quae nempe conjugata fuit) autem non potest pater
cogere, quamvis minor sit: et virgo, cujus tempus venit, cum petit virum, pater illam non potest impedire: et si neget, episcopus eam de-
spondeat. Et fratres, patrui et filii patruorum non possunt despondere, nisi illam, quae perfecta est statura, et quidem consensu, verbo
oris sui expresso, si conjugata fuit, et silentio suo, cum interrogetur,
si virgo est.“ Curatoris esse ait, convivium ejus absolvere, alias irritum
facere. Ita etiam apud Ebedjesu [5] validum declaratur matrimonium, absque parentum licentia contractum, si sui juris sint contrahentes. Si
autem sponsus sui juris non sit, rem ab ejus parentum voluntate pendere.
Sed et apud Malabarenses catholicos saeculo elapso adhuc occurrebat,
quod Sancta Sedes Apostolica repressit, ut pueri sex vel septem annorum ex consensu genitorum indissolubile matrimonium contraherent, per
impositionem Taly, seu aureae tesserae nuptialis, ex uxoris collo pen-

ed. Augustanae. — [2] Tract. 2. c. 4. — [3] Cap. 16. p. 204. — [4] II. 22. p. 211; I.
can. 21. — [5] I. can. 26. p. 217; II. can. 29. 37. p. 280. — [6] C. 8. sect. 3. p. 48.
— [7] p. 112. — [8] Ap. Renaudot. Perpétuité l. c. 3. col. 982. — [9] C. 8. sect. 3.
[1] T. III. p. 165. sqq. — [2] p. 196. — [3] p. 167. — [4] C. 8. sect. 3. p. 633.
[5] Tract. 2. c. 9.

dentis[1]. Quem abusum jam reprimebat Ebedjesus[2], statuens, ne puella tradatur viro, antequam quatuordecim vel saltem duodecim annorum sit: „Minor autem aetate dicta omnino non tradatur viro, neque a parentibus ipsius, neque ab aliis sine ejusdem voluntate et jussione. Quod porro contra fit, sententia est exterorum, et quidem multum aliena et remota ab Ecclesia.“ Apud Armenos desponsatorum et mediatorum, qui consensum enuntiari curent, meminit Joannes Philosophus[3]. Simile autem abusui Malabarensium est, quod hic etiam occurrit, ut nempe matres liberos etiam duorum vel trium annorum despondeant; imo matres in amicitiae signum proles adhuc utero inclusas despondent, ea conditione, si sexus sint diversi. Fatendum tamen est, canonibus contra hanc corruptelam provisum fuisse, uti est ille Nersetis et Nersciabuhi[4]: „Presbyteri non audeant infantium nuptiis benedicere, neque adultorum, nisi prius uterque inter se videant et assensum praebeant. Nam ex ejusmodi nuptiis mortifera mala orta sunt. Ideo et laici hujusmodi nuptias non audeant contrahere: nam ipsis detrimento sunt.“ Eandem prohibitionem emanavit Isaac Magnus, ne nuptiae inter infantes et adultos, qui se invicem non viderint et consenserint, benedicantur a sacerdotibus, sed ut eos examinent, ne forte vi parentum inviti in id consenserint[5]. Dici quidem poterit non sine ratione, contractus istos matrimoniales non tam sponsalia de praesenti, quam de futuro esse. Verumtamen id generatim verum non est, et quod nos vituperandum censemus id est, quod etiam hac via nimius parentibus in liberorum conjunctiones influxus tributus, et quod utrumque a quibusdam confusum etiam fuerit. Alterum etiam, quod validitati quidem absolute non obstat, multis tamen incommodis est subjectum, est, quod ex parte virginis silentium pro consensu valere permittatur et de more et lege etiam usurpetur. Ita Barhebraeus[6] ait: fratres, patruos et patruorum filios despondere posse illam, quae perfecta est statura, „et quidem consensu verbo oris sui expresso, si conjugata fuit, et silentio suo, cum interrogatur, si virgo est: nam silentium indicium est consensus.“ Conqueritur etiam Dandinius[7], puellas in matrimonio contrahendo speciale signum consensus non praebere. Parum differt modus, quo Armeni sponsalia prima celebrare solent. Ad contractum matrimonii apud Orientales testes requiruntur, ut apud nos. Abulbircat Coptita[8] eos expresse praeter sacerdotem exigit, Barhebraeus[9] duos Fideles testes, Ebedjesu[10] praeter propinquos ad minimum quinque fideles. Sed et apud Syros sacerdotes praesentes, et apud Nestorianos clerus praesens et omnes, qui intersunt, testes invocantur. Denique et apud Armenos Serposius testium memoratur. Sacerdotem, qui propriam filiam nubentem benedicit, curatorem quidem esse posse, sed non testem, docet Barhebraeus[11].

In antiquissimo Orientis more praeter testes intersunt species quaedam patrinorum, paranymphus ex parte sponsi et paranympha ex parte

[1] Philippus a Carboneano in add. ad Theol. Moralem P. Antoine T. II. p. 65. ed. Augustanae. — [2] Tract. 2. c. 4. — [3] Cap. 16. p. 304. — [4] II. 23. p. 275; I. can 21. — [5] I. can. 26. p. 277; II. can. 26., 27. p. 280. — [6] C. 8. sect. 3. p. 65. — [7] p. 113. — [8] Ap. Renaudot. Perpétuité l. 6. c. 3. col. 982. — [9] C. 8. sect. 2. p. 68; de eorum qualitatibus p. 64. — [10] Tract. 2. §. 2. p. 43. — [11] C. 8. sect. 2. p. 64.

sponsae. Quorum jam mentio fit in concilio Carthaginensi IV. 398. can. 13. „Sponsus et sponsa cum benedicendi sunt a sacerdote, a parentibus vel a paranymphis offerantur." Eos autem spiritualem cognationem cum sponsis contrahere, jam enunciatur in constitutionibus, quae extractae praetenduntur ex quadraginta libris, quos concilium Nicaenum dicitur ad Constantinum imperatorem direxisse[1]: „Illicitum quoque est tam viris quam mulieribus, conjugia contrahere cum paranymphis nuptiarum, quibuscum benedictionem accipiunt coronarum." Observatur etiam hoc a Syris Jacobitis[2], non autem a Nestorianis, qui spiritualem cognationem non noverunt. Apud Syros etiam prohibetur monacho patrinum esse in matrimonio, ut et in confirmatione, et si secus fecerit, excommunicatur[3].

§. 3. De impedimentis matrimonii.

Contractus matrimonii, cum ab Ecclesiae auctoritate dependeat, validitatem certis conditionibus alligari posse, christiana gens omni tempore tenuit. Unde et apud Orientales impedimenta matrimonii observantur: sicuti autem in omnibus, quae ad eorum errores non referuntur, ea retinuerunt in dogmate et in disciplina, quae eo tempore, quo ab Ecclesia discesserunt, valebant: diversam oportuit evadere in impedimentis disciplinam et antiquiori consonam simplicioremque apud Nestorianos, qui prius ab Ecclesia discesserunt, quam apud Monophysitas. Quoad modum autem computandi gradus notandum est, Orientales, Armenis exceptis, sicuti et Graecos, eam computationem retinere, quae ex jure civili est, cum ea antiquior esse videatur in Ecclesia, nostra vero forsan nonnisi apud Gregorium M. prima vice occurrat[4].

Nestorianos[5] in matrimoniis non observare gradus consanguinitatis aut affinitatis, iis exprobrat Josephus II. patriarcha, in speculo, patriarchasque pecunia accepta permittere; imo Thomas a Jesu[6], absque superioris licentia etiam in secundo gradu contrahere. Verum notat Assemanus, id in tantum verum esse, quod patriarchae pecunia accepta praeter vetitos in Levitico gradus facillime dispensent, modumque dispensandi ex Muhametanorum lege metiri soleant, hoc est in iis gradibus matrimonium Christianis permittant, in quibus Muhametanis licitum est, idque ex antiqua lege, quam Joannes, Isae filius in Synodo tulit, Muselmanorum legibus matrimonii haereditatumque canones accomodandi. Caeterum gradus in matrimonio observandos esse, eorum canones praecipiunt. Ita Jesujabus Arzunita canone[7] prohibet, non solum polygamiam, sed et nubere uxori patrui, aut amitae, aut materterae, nurui, aut filiae, aut uxori fratris, quod Judaici moris esse addit. Timotheus patriarcha[8] ut illicita conjugia enumerat: nuptias cum filia uxoris patris sui; prohibet matrimonia inter filium mariti et filiam uxoris; porro ne pater et filius geminas sorores ducant, neque gemini fratres geminas sorores, ne vir duas

[1] Tom. II. Concil. Rabb. c. 2. p. 367. — [2] Barhebr. cap. 8. sect. 3. p. 67. — [3] Coll. II. can. 116. — [4] (Gibert) Tradition ou histoire de l'Eglise sur le sacrement de mariage. Paris 1725. T. II. 81. sqq. 156. sqq. — [5] Bibl. Orient. T. III. P. II. p. 319 sqq.; cf. Badger T. II. p. 277. — [6] L. 7. c. 2. — [7] Can. 13. — [8] Can. 18.

sorores ducat, neque duo fratres sororem unam. Non licere ait viro ducere filiam fratris sui aut sororis suae, neque istorum filias. Non licere patrui filio aut filiae amitae aut filio avunculi, aut filiae materterae, aut istorum filiis nuptias contrahere cum uxore patrui, aut marito amitae, aut uxore avunculi, aut marito materterae. Non licere viro ducere filiam patrui sui, aut amitae, aut materterae, aut avunculi, neque cum filia fratris sui, aut sororis suae, neque mulieri defuncto marito licere nuptias cum filio fratris, aut sororis ejus. Neque patruo, aut avunculo ducere uxorem filii fratris sui, aut uxorem filii sororis suae. Contrarias consuetudines Magorum et Ethnicorum dicit. Ebedjesu Sobensis in nomocanone [1] haec matrimonia interdicta esse ait praeter primos consanguinitatis et affinitatis gradus et lineam ascendentem, nempe cum

uxoris patris sui matre, filia, sorore et matris filia;
mariti matris suae matre, filia;
patris patris sui uxore et uxoris matre, filia, sorore;
fratris patris sui uxore et uxoris matre et sorore;
avunculi uxore et uxoris avunculi sui matre et sorore;
matertera et mariti materterae suae matre, sorore;
sorore filia patris sui et sorore filia patris;
fratris vel sororis filia;
fratris uxore et hujus matre, sorore, filia, fratrisque et sororis filia;
mariti sororis suae matre, sorore, filia;
nuru sua ejusque filia, fratrisque et sororis filia;
socru sua ejusque filia, fratrisque et sororis filia;
filii sui nuru, hujusque matre, sorore, filia fratrisque filia;
filiae suae nuru, hujusque filia fratrisque et sororis filia;
filii sui socru et filiae suae socru.

Idem ex analogia sequitur pro mulieribus.

Nestoriani legem imperialem admittunt, in qua Part. 2. de matrimonio can. 1. Collectionis canonum arabicae auctore Abulpharagio Benattibo [2] edicitur: „De foeminis, cum quibus matrimonium contrahere non licet. Sunt autem filia et noverca, et mater, et soror, et patris filia et fratris filia, et patris soror, et matris soror, et uxor fratris, et uxor patrui, et socrus, et nurus, et filia uxoris, et filia filii et filia filiae, earumque filiae. Quorum vero mentio facta non est, praedictorum mensura metiendi erunt, cum enim quis fratrem commemorat, filiam quoque fratris connotat." Unde Nestoriani praeter lineam ascendentem impedimentum dirimens observant in linea collaterali recta in primo gradu tantum, sive inter fratrem, sive inter sororem, sive soror ex patre sit, sive ex matre. In linea collaterali obliqua in secundo gradu respectu ascendentium, ita ut matrimonia esse non possint inter nepotes et amitas vel

[1] Tract. 2. c. 1. — [2] (Bibl. Orient. T. III. P. II. p. 324.) Distinguendus est iste ab Abulpharagio sive Gregorio Barhebraeo Monophysita. Erat hic, Abdulla Abulpharagius Benattibus, monachus, presbyter et philosophus, secta Nestorianus, Eliae patriarchae saeculo X a secretis, qui canonum collectionem arabicam scripsit (Bibl. Or. T. III. P. II. p. 544; 265.) Cujus mentionem etiam fecit Renaudotius, eum Abulferge Ebnethaib vocans, ejusque syllogen etiam a Coptis consultatam fuisse et adoperatam ait. (Perpetuité l. 9. c. 4. col. 1174; c. 13. col. 1232.)

materteras, et inter avunculos, patruosque et neptes. Sequuntur igitur
hac in parte tantum legem, quae est in Levitici capite 18. matrimonia
consobrinorum, quae Theodosius imperator prohibuerat, permittunt secundum concessionem Arcadii et Honorii, qui sui patris legem sustulerunt. Olim quidem conjugium filiarum patruorum et avunculorum apud
ipsos prohibitum erat, uti notat Barhebraeus [1] ex canone 23. Timothei
patriarchae, sed eam determinationem sustulisse tradit ejus successorem
Bar Nun canone suo 26. In affinitate autem largiores sunt quam nos,
in quantum regulam non habent, affinitatem non parere affinitatem.
Quod hac in parte normam Levitici excedunt, inde ortum videtur, quod
leges imperiales admiserint in suos nomocanones, etiam postquam ab
orthodoxa Ecclesia et republica sejuncti essent.

Cognationem spiritualem non noverunt, quam impedimentum fuisse
per tria priora Ecclesiae saecula nullis monumentis probari potest. Impedimentum ligaminis cum iis, qui non sunt legitime dimissi, admittunt.
Aetatem requirunt quatuordecim vel saltem duodecim annorum in sponsa.
Quoad impedimentum voti solemnis sive professionis religiosae monachis
et sanctimonialibus matrimonium concedunt, sed absque benedictione,
neque publice, dummodo pactum initum non fuerit tempore monachatus
et ita ut monachatu cedant. Sacerdotibus et diaconis nuptias etiam post
ordinationem, publicas et cum benedictione, imo cum propriis orationibus
concedunt, in hoc a caeterorum Orientalium disciplina abeuntes. Idque
toties quoties uxor decesserit usque ad septimam vicem, octavam etiam
permittentes, quae vidua sit. Unde caeterae sectae eos deridentes dicunt, sacerdotibus uxores concedere septem cum dimidio. Primus hanc
corruptelam induxit Barsumas Nisibenus, qui in conciliabulis Seleuciae,
Lapethae et Adri legem tulit, ut episcopis et presbyteris monachisque
liceret uxores ducere et pluries. Babaeus post Barsumae interitum impuram legem in conciliabulo renovavit ita, ut monachis, diaconis, presbyteris, episcopis et catholico liceat. Quod exemplo suo confirmaverunt
ejus successores Elias et Elisaeus. Marabas demum licentiam constrinxit
abtulitque patriarchae et episcopis, et haec est praxis hodierna [2]. Barsumae autem decretum, quod in matrimonium ducta sanctimoniali Ma-
muia vel Babuia fecit, tantopere offendit primo Nestorianos, ut anathemate percelleretur ipse et omnes, qui eum imitati fuerant, et cum in
viis suis persisteret, spreta ecclesiae suae auctoritate, statutum est, ut
ejus memoria in perpetuum infamia notaretur, ut nullus metropolita Nisibenus in patriarcham eligeretur, quod per saecula plura est observatum [3].
Viris concedit Sobensis [4], ut mulieres infideles in matrimonium ducant
sub spe catechumenatus; idem tamen mulieribus christianis non permittit.
Notandum est, eamdem omnino disciplinam occurrere in canonibus arabicis, qui Nicaeni dicuntur (52, 67, 68 Turiano, 57 Ecchellensi),
quorum quosdam Nestorianorum disciplinam repraesentare constat. Sed
Abulpheragius Benattibus modo allegatus ait, apostolum prohibere matrimonium cum ethnica et infideli, mulieremque infidelem ducere canone 13.

[1] Cap. 8. sect. 3 p. 67. — [2] Bibl. Orient. T. III. P. II. p. 327. 335. —
[3] Renaudot. Perpetuité I. c. [4] Tract. c. 14,
45. p. 48. Ibid. p. 100. 108.

prohibuit Jesujadus. Atque ita patriarcha... Servi nuptias cum servo vel
libera absque storum dominorum licentia legitimae contrahere nequeant.
Quoad raptum haec notantur apud Ebedjesum mulierem, si ...
sponso reddendam. Sin autem sponsa non sit, parentesque concedant,
raptori dandam. Si sponsa sit, aut uxor, eamque sponsus vel maritus
nolit post raptum suscipere, raptori tamen nequaquam concedendam
esse ...

... Coptitas et Aethiopes quod attinet, qui disciplinam Alexandrinae
ecclesiae retinent, jam in canonibus Timothei Alexandrini [1], qui adhuc
vigent apud eos, decurrit, prohibitum fuisse conjugium cum amita (θεία
γαμία); et cum sorore uxoris defunctae. Ex canone 26. Nicaeno [2] et
canone 8. Athanasii ex 106 [3] prohibetur duas uxores habere. Canon
Nicaenus 25 [4] inhibet patri, ne filium cum filia spirituali neque filiam
cum filio spirituali matrimonio jungat. Canon 24. Athanasii ex 35 [5] quos
Justiniano misisse dicunt, concedit nuptias ei, qui ordinationis in duorum
num tempore se nubere velle declaraverit, secus vero prohibent. De impedimentis matrimonii apud Coptitas haec notat Vanslebius [6]. Orientales
ait quoad matrimonia consanguineorum duplicem sequi sententiam.
Altera excludit tertiam generationem et non admittit matrimonium nisi
eorum, qui in generatione quarta cognati sunt. Coptitae Nestoriani et
Syrorum aliqui, uti ipse ait, hunc usum exercent, eo quod istud prohibitum non sit, neque a canonibus Apostolorum, neque a concilio Nicaeno
neque a majori parte canonum, quos Imperatorum vocant, adeoque dicant episcopis licere, cum iis visum fuerit, in his dispensare. Quo fit,
ut apud ipsos aliquis consobrinam germanam in matrimonium ducere
possit, quod lex ipsis ista quarta sit generatio. Nam gradus ita com-
putant. Pater meus me genuit, et avus patrem, istae sunt duae generationes. Porro avus meus amitam meam genuit, et haec est tertia generatio: amita vero mea filiam suam genuit, et haec est quarta; adeoque
hanc in matrimonium ducere possum. Coptitae matrimonium concedunt
inter consobrinos germanos, dicentes, ejusmodi conjugia longo ante
sancti Marci praedicationem tempore usu venisse apud se, neque ab eo
prohibita fuisse. Ipse Patriarcha 12. eorum, Demetrius, matrimonio
junctus fuisse traditur ab ipsis dum propria consobrina, cum ipsa tamen
absque matrimonii usu vivens. Altera sententia matrimonia prohibet
usque ad sextam generationem et ea non concedit nisi in septima generatione. Quam Vanslebius minus accurate Melchitarum tantum esse ait,
qui hac in re titulum septimum capitis quarti canonum, quos Imperatorum dicunt, et concilia sua particularia sequuntur. Nihilominus postquam
eorum quidam a Turcis captivi sunt abducti, eorum praesul nuptias iis
concesserunt in generatione sexta, et hi modo eorum limites sunt.

... Cognationem etiam spiritualem observant Coptitae, ita ut matri-
nium inter baptizatum et levantem ejusque patrem, matrem, fratres
sorores, filios et filias, et nepotes prohibeatur; neque solum conjugium
cum baptizato, sed etiam cum iis, qui ab eo proveniunt, non liceat.
Cognationem etiam lactis inter eos admittunt, qui ejusdem nutricis lacte

[1] ... B. sect. 2 p. 87. [2] Bibl. Orient. T. III. P. II. p. 77. 385.
[3] ... Canon 11. col. 1304. ... [3] Vansleb. Hist. p. 269. ...
[4] L. c. — [5] Ibid. p. 284. — [6] Ibid. p. 100, 106.

fuerint educati. Tunc nutrix pro matre; ii, quos lacte aluit, pro fratribus vel sororibus habentur, et eadem cognatio inter eos eorumque consanguineos, et nutricem ejusque consanguineos intercedit, ac si vera esset consanguinitas.

Affinitatem inter consanguineos ex parte utriusque conjugis in linea ascendente, descendente et collaterali admittunt. Illegitimum etiam est connubium tutoris ejusque liberorum cum pupilla, antequam aetatis annum vigesimum quintum attigerit et de tutela peracta rationem ipse reddiderit. Item viduae cum servo, quem maritus ejus, dum viveret, emancipaverit. Porro fidelium cum infidelibus. Tum etiam conjunctio cum hermaphroditis, eunuchis, leprosis, epilepticis, perpetuo insanientibus, ita tamen, ut parti sanae cum ipsis, si velit, degere liceat. Deinde conjugium cum muliere a viro proprio separata, vel cum ea, quae in perpetua fornicatione vixerit. Matrimonium cum sanctimoniali prohibetur, sed sacerdotibus (diaconis) conceditur feminam virginem in matrimonium ducere, post uxoris tamen mortem ad alteras nuptias transire iis minime licitum habetur. Mulieribus post sexagesimum annum nubere non licet. Haec ex Vanslebio. Ex Solerio[1], quod in Coptitis quoad matrimoniorum impedimenta male observata, vituperandum est, ad hoc reducitur. Matrimonia in secundo cognationis gradu (intellige collaterali) licere contrahi, non tam docent Copti, quam usu ipso et consuetudine in praxim reducunt. Ultro admittunt, inquit Bernatus, id antiquitus sibi non fuisse concessum, sed dura necessitate eo compulsos majores suos, ut ne filiae a turcis raperentur. Casum praetexunt, quo olim contigisse aiunt, ut cum Mohametani puellas Coptorum innuptas plurimas viderent, audirentque Christianis non licere sibi consanguineas copulare, eas sibi assumere voluisse. Tunc patriarcham sacerdotes quaquaversum misisse, qui puellas viris quantocius, non habita proximitatis ratione, usque ad secundum gradum conjungerent. Quam rationem in summa verisimiliorem censet Sollerius, quam illam, quae a Vanslebio refertur, hujusmodi connubia S. Marci temporibus in Aegypto recepta fuisse.

Contrarium omnino est, quod de Aethiopibus refert ex Gregorii sui testimonio Ludolfus[2], patruelium et sobrinorum sobrinarumque conjugia in multos gradus non admittere, quod ejusmodi, deficientibus pro accuratiori cognationum designatione terminis, fratres sororesque appellare solent. Fratrem fratris defuncti viduam in Habassia more Judaico ducere licere, Alvarez auctor est; cujus rei insigne affert exemplum addens, Habessinos id defendere legibus Veteris Testamenti[3]. Protestatus est tamen Ludolfo Gregorius, Aethiopes ejusmodi ex jure tantum civili non prohiberi, sed jure sacro illicitum esse et conjuges a sacra communione arceri, quod de leviratu illo Alvaresius quoque tradidit; nulla etiam nisi sacro jure legitima matrimonia benedictione sacerdotali sanciri. Thecla Maria, sacerdos Aethiops, coram cardinalibus interrogatus, respondit: „In gradibus prohibitis Aethiopes non contrahunt. Cophti vero in secundo et sequentibus gradibus contrahunt passim cum licentia et sine licentia eorum episcopi vel patriarchae,“ quod ex parte verum est.

[1] pag. 138. n. 175. — [2] L. 3. c. 6. n. 99. — [3] C. 21. ap. Ludolfum l. 3. c. 1. n. 63.

Impedimentum etiam ligaminis parum curant Aethiopes, cum leges civiles polygamiam tolerent, imo reges ex inveterata consuetudine praeter uxorum multitudinem pellices etiam multas alant. Testatur tamen Alvarez, Aethiopum ecclesiam id reprobare et polygamos a communione arcere, uti etiam Ludolfo suus Gregorius Aethiops protestatus est[1]. In reformandis hac in re Aethiopibus epistolis insudarunt saeculo XI. Sanutus et Cyrillus patriarchae Alexandrini, Severusque, qui sub Cyrillo metropolita fuit Aethiopum, qui regi persuasit, ut pellices ejiceret, impetrare tamen non potuit, ut illam, ex qua prolem habebat, cum legitima uxore non retineret, sed potius legitima dimissa hanc sibi, ut genuinam uxorem retinuit. Unica uxore tunc tantum utebantur, cum ad communionem accedere volebant, quae polygamis negabatur[2]. Quoad impedimentum ordinis ex Sollerio[3] notandum, diaconos, si ad secundas nuptias transierint, adepto gradu excidere, et ad sacerdotium non promoveri; monentur etiam in exhortatione post ordinationem[4], ut praeter unam non sumant.

Ex Barhebraeo[5] Jacobitis Syris quatuor sunt causae generales, quae legitimum conjugium impediunt: consanguinitas illius, quae despondetur, consanguinitas consanguineorum, servitus, infidelitas. Consanguinitas et ipsa quadruplex est: generis, lactis, susceptionis ex baptismo aut ex coronis desponsationis, hoc est, quae contrahitur cum patrinis sive paranymphis in matrimonio. Consanguinitas generis quoad liberos fratris vel sororis extenditur in generationem generationum; quoad descendentes autem amitae, sororis patris, avunculae, sororis matris, filiae patrui, quae ex fratre patris tui aut ex matre et omnibus patruis masculis et foeminis, filiae avunculi ex patre aut matre et omnibus, quos genuit avunculus tuus masculis et foeminis: quoad hos omnes extenditur usque ad complementum septem facierum, hoc est graduum. Affinitatem, quae ex matrimonio sequitur, omnino cum affinitate generis sive consanguinitate quoad gradus eorumque numerum statuit Barhebraeus. Affinitas collactaneitatis locum habet, quando ab ipsomet marito obtinuit mulier, ut duas proles duobus annis lactaret. Tunc ut mater consideratur, lactati eorumque fratres et sorores evadunt quasi fratres et sorores, et generatim eadem ratio oritur, quae ex naturali maternitate, ad septem gradus vel in indefinitum. Affinitas baptismi patrinum patrem reddit, ejus uxorem matrem; matrinam matrem reddit ejusque virum patrem; eorum liberos fratres et sorores, et quoad caeteros sicut in naturali paternitate et maternitate. Ex sponsione coronarum sponsor fit quasi frater sponsi, paranympha soror sponsae, filii eorum eorumque fratrum et sororum cognati fiunt usque ad complementum quinque facierum, si quidem viri fuerit sponsio, et usque ad tres, si foeminarum. Servi absque dominorum licentia conjungi in matrimonium nequeunt[6]. Non sumi debet sponsa alienae religionis, neque conceditur apud ipsos ejusmodi maritus, nisi baptizentur[7]. Denique sponsa minor esse non debet duodecim annis[8]. Alia sunt, quae in Syrorum canonibus occurrunt sparsa. Ut est in secundo et sequentibus gradibus passim contrahunt cum licentia et sine licentia eorum episcopi vel patriarchae, quod ex parte verum est.

[1] Ludolf l. 3. c. 6. n. 99.; App. p. 439. n. 70. et ap. eum Alvarez c. 20. — [2] Renaudot Hist. p. 453. — [3] p. 147. cf. Ludolfum l. 3. c. 6. n. 99. — [4] Ap. Kircherum p. 263. — [5] Cap. 8. sect. 2. p. 65. sqq. — [6] Ibid. sect. 1. p. 68.; p. 68.; sect. 5. p. 77. — [7] Ibid. sect. 1. p. 68, 69. — [8] Ibid. sect. 1. p. 63.

illud de cognatione spirituali, quod apud Jacobum Edessenum habetur notatu dignum quoad ea, quae de impedimenti ortu dicuntur [1]: „Adaeus: An fas est alicui aut illius filio in uxorem accipere sororem illius, quem e fonte baptismali suscepit; aut sororem suam vel filiam suam uxorem praebere illi, qui susceptus fuit, aut fratri ejus, aut ejus cognato? An a temporibus Apostolorum viget haec consuetudo, an vero recentior est; an licet vel non licet masculo suscipere feminam aut feminae masculum? An tandem verum est, quod quidam zelantes dicunt, sicut fermentum totam massam, sic susceptionem baptizati totam inficere cognationem? Jacobus: In canonibus quidem Apostolorum aut patrum nihil scriptum est de hac re, nec quod permissum sit, nec quod prohibitum; quod autem nec permittitur nec prohibetur, in medio relinquitur. Ex consuetudine tamen, praesertim in omni regione Syriae, multi ex christianis zelantibus peccatum grave et insanabile reputant, si in uxorem ducat vir mulierem, postquam cum ea contraxit affinitatem, quae ex baptismo oritur, et scandalizantur scandalo non parvo, si audiatur aliquid hujuscemodi. Scandalum autem fieri vetitum est et ab Apostolis sanctis et a patribus, et nominatim ab ipso Domino, quamvis in canonibus scriptum non sit de scandalo, quod in populo Dei fit. Non enim omnia ad memoriam venerunt, aut in canonibus scripta sunt; si autem scandalum expresse vetitum est, nefasque est scandalum ponere, igitur hoc etiam expresse prohibitum est, tum propter scandalum, tum propter vigentem consuetudinem, quae, ut ita dicam, aeque ac canones vim habet ad stabiliendam pietatem. Igitur aliquid hujuscemodi fieri, omnino non licet. Quando autem coeperit ista observantia, quum non scriptum sit" . . . . (Caetera desunt). In antiqua canonum collectione Syrorum epistola S. Basilii 197 ad Diodorum recepta est, ut ostendatur, virum post uxoris obitum ejus sororem ducere non posse [2]. In Dionysii Barsalibaei canonibus poenitentialibus iste occurrit [3]: „Qui per scelus consanguineam ducit uxorem vel filiam patruelis, aut amitae, aut avunculi, vel materterae filium, dissolvatur et nullum sit hujusmodi conjugium." Notatu dignum est, in antiquiori Syrorum canone [4] poenitentiali aliam imponi poenitentiam cum consanguineis infra et aliam cum consanguineis infra sextum gradum peccantibus. In canonibus quibusdam [5] poenitentia imponitur peccantibus cum matrina, sane filiae; unde concludendum est, cognationem spiritualem hic admissam fuisse, quae incestum induceret. Singularem quamdam ejusmodi spiritualem cognationem olim admittebant Maronitae: masculum nempe et foeminam, si simul baptizentur, affinitatem contrahere. De quo patriarcha Maronitarum Gregorium XIII. interrogans, melius est edoctus [6]. Matrimonia cum haereticis prohibet canon Syriacus [7], per modum sane impedientis causae. Denique canon quidam Syriacus anonymus [8] sacerdotibus et diaconis unam habere uxorem permittit. Quodsi autem post ordinationem nupserint, a ministerio sacro prohibendos esse statuit.

---

[1] Can. 16. p. 505. — [2] Can. 22. p. 513. — [3] Can. 24. p. 515. — [4] Can.
[?] [?] Resol. 171. — [?] Renaudot Perpétuité 1. 9. c. 4. col. 1184. — [?] Can. 12.
[?] Coll. II. can. 62. — [5] Barsalib. can. 13.; Coll. I. can. 40. — [6] Thomas a Jesu
l. 7. p. 483, 498.; Gilbert Tradition ou histoire de l'eglise sur le sacrement du mariage T. II. p. 312. — [7] Coll. II. can. 71. — [8] Coll. III. can. 13.

11*

In Armenorum canonibus haec nobis impedimenta occurrerunt. In canone Sionis [1] prohibentur matrimonia usque ad quartum gradum: additis querelis, quod a nobilibus praesertim haec regula infringatur. In canone Nerseti Magno tributo [2]: „Nemo consanguineam in tertio gradu ducere uxorem ausit; si in quarto duxerit, poenitentiam agat". Ex eodem [3], si quis fratris uxorem ducit, abominabilis sit uterque in Ecclesia Dei, nisi segregentur et quasi mortis rei poenitentiam sinceram agant.[4] Si quis autem cum duabus sororibus fornicatur, alteramque ex iis in matrimonium ducit, is poenitentiae subjicitur [4]. Synodus Armenorum habita septimo ab obitu Isaaci Magni anno, Christi 481, prohibet et solvi jubet matrimonia cum consanguineis usque ad quartum gradum, item poenitentia afficit nubentes cum uxore fratris [5]. Vaciacanus [6], Albaniae rex, in synodo Albana a. 488 statuit: „Nemo foeminae in tertio propinquitatis gradu nuptias appetat neque fratris uxorem sibi copulet." Quoddam publicae honestatis impedimentum in canonibus Nerseti Magno tributis [7] deprehenditur, cum poenitentia illis imponitur, qui desponsae sibi mulieris sororem uxorem sibi assumit. Impedimentum cultus disparitatis occurrit inter eosdem canones [8], in quibus peccare dicuntur et poenitentiae subjiciendos, qui infidelem ducunt, sive vir sive mulier, praesertim si non convertatur infidelis. Sion vero, Armenorum catholicus [9], expresse matrimonium cum infideli, sive viri sive mulieris non esse matrimonium declarat. Monachis et sanctimonialibus matrimonia prohibet canon Gregorii Illuminatoris [10]. Presbyter emortua uxore aliam ducere prohibetur a synodo anni 481 Armeniaca [11]. Aetatis impedimentum observant Nerses et Nersciabuhus [12] et Isaac Magnus [13], pueros matrimonio conjungere prohibentes, quorum textus supra §. 1. jam allegavimus, ubi et vidimus, quam male id observetur passim. Clandestina matrimonia prohibentur vel irrita declarantur, cujusmodi illud est Gregorii Illuminatoris [14]: „Si quis clandestinum matrimonium contraxerit, id quidem irritum esto." Videntur autem hoc nomine clandestinarum nuptiarum non tam eae intelligi, quas nos ita vocamus sensu strictiori, sed sensu latiori ea, quae nos matrimonia secreta dicimus, ut ex canone sequente Johannis Philosophi [15] emergit, qui sacerdotem iis interesse supponit. „Qui sunt matrimonio conjungendi, oportet ac decet a presbytero deduci ad ecclesiam, et ibi in loco sacro perfici super eos ritum matrimonii juxta morem christianorum. Qui vero, negligens haec, pertinaci animo, non ita sed aliter fecerit, ac injuria leges et matrimonii sacramentum affecerit, sacerdos quidem honore suo privetur, sponsi autem denuo matrimonio jungantur juxta leges christianorum, uti et Apostolus praecepit: Omnia vestra honeste et secundum ordinem fiant." Pellicatum jus Romanum permittebat, et ad Armenos ejusmodi transiisse videtur, vel originario apud eos fuisse. Nam Gregorius Illuminator [16] de his decernit: „Si quis concubinam veluti uxorem sibi duxerit, matrimonium id

[1] Can. 16. p. 308. — [2] Can. 22. p. 313. — [3] Can. 24. p. 313. — [4] Can. 9. p. 313. — [5] Can. 12. et 13. p. 294. — [6] p. 315. — [7] Can. 4. p. 313. — [8] Can. 14. p. 313. — [9] Can. 11. p. 308. — [10] Can. 30. p. 270. — [11] Can. 2. p. 292. — [12] II. can. 23. p. 275. cf. I. can. 21. p. 273. — [13] II. can. 26. 27. — [14] Can. 8. p. 269. — [15] Can. 16. p. 304. — [16] Can. 9. p. 269.

invalidum esto, et mulier nubat cui ipsa voluerit." Synodus Armenica
septimo ab obitu Isaaci M. anno celebrata haec decernit[1]: „Qui concubinam sibi duxerit veluti uxorem, comprehendant mulierem et tradant
parentibus ejus, vir autem propter illatam injuriam mulctetur mille du-
centis denariis, si nobilis est, secus ut supra . . . . Presbyter autem,
qui inscientibus parentibus puellae clam matrimonio benedixit, non audeat
amplius munere suo sacerdotali fungi et centum denariis in egenos dis-
tribuendis mulctetur, et matrimonium, cui benedixit, irritum sit." Serposius[2] ait, impedimentum consanguinitatis juxta antiquos canones usque
ad septimum, affinitatis et cognationis spiritualis usque ad quartum gradum pertingere. In ordinationum textu a Serposio vulgato et nostro post
ordinationem acolythi apponitur rubrica: „Hucusque potest nubere is, qui
ordines recepit, sed dehinc non potest" quod ad Latinorum disciplinam
accedit. Ordo a nobis vulgandus matrimonii conjunctiones concedit
puerorum duodecim et puellarum decem annorum. Galanus[3] autem hac
in materia ait, Armenos cum Occidentalibus in eo convenire, quod nec
apud ipsos ratum contrahitur matrimonium cum infideli non baptizato,
vel cum habente ordinem sacrum, aut votum monasticum, aut ligamen
cum altero conjuge et praeterea, quod consanguinitas et affinitas perfecta, hoc est, primi generis, matrimonium apud eos dirimunt ad quartum usque gradum inclusive, quemadmodum apud Latinos, dum Graeci
etiam in octavo gradu consanguinitatis et septimo affinitatis, juxta suam
supputationem, qui duo gradus quarto nostro respondent, matrimonia
concedunt. In his autem a nobis discedunt quoad impedimenta. Prohibent inter consanguineos viri et consanguineos uxoris matrimonium
contrahi, irritantque contractum usque ad gradum tertium: similiter inter
affines in secundo genere conjugium interdicunt. Legalem quoque cognationem, matrimonium dirimentem inter adoptantem et adoptatum, re-
stringunt ad secundum duntaxat gradum, protenduntque spiritualem usque
ad tertium. De reliquis vero ecclesiasticis impedimentis, quae sumuntur
ex crimine, nihil ipsi aut habere aut scire deprehenduntur. Dispensa-
tiones apud ipsos teste Galano[4] a patriarcha conceduntur.

§. 4. De indissolubili matrimonii vinculo.

Indissolubile matrimonii consummati vinculum a plurimis Orientalibus sicut a Graecis non observari, hic praeteriri non potuit, licet
proxime ad sacramenti administrationem non pertineat, eo quod in eam
magnopere influat. Sunt quidem teste Renaudotio[5] in Orientalium nomo-
canonibus, specialiter in Coptitarum canonum collectione, in Nestoriana
Abulfaragii Ebneltaib canones Africani, qui post separationem conjugum
novum matrimonium prohibent. Habent etiam canonem 48. Apostolorum
ejusdem tenoris. Est adhuc apud Coptitas canon Timothei Alexandrini
15, quo illum, qui muliere a daemonio correpta, ut etiam compedes

[1] Can. 7. p. 293. — [2] T. III. p. 164. cf. p. 200. sqq. — [3] T. III. p. 735. —
[4] T. III. p. 766. — [5] Perpétuité l. 6. c. 7. col. 1012; l. 9. c. 8. col. 1171; c. 4.
col. 1174.

gestet, aliam ducere petit, quod se continere non possit, adulterium commissurum ait, canonumque istorum auctoritas adhuc apud alios ex Orientalibus valet. Aliud etiam responsum Timothei, a Nairono allegatum, quod apud Syros valet, alteras post separationem ob adulterium nuptias expresse prohibens, quod de ejus authentia dubium moveri possit, infra allegabimus. Sed retinent etiam canonem Pseudonicaenum arabicum 55. quidam eorum, uti est apud Ecchellensem, ex quo, si mulier virum reliquerit et monitis episcopi ad reditum hortantis obtemperare nolit, excommunicetur; tuncque vir aliam ducere valeat, nisi eam male tractaverit, quia tunc ejus querelae nihili habendae sint. Desunt quidem in altera Turriani editione verba illa: „Si enim aliam ducere libuerit, ducat" in canone 51, qui illi respondet. Sed fallitur Abraham Ecchellensis, cum dicit, additamentum illud in sola Melchitarum editione adesse [1]. Nam canonem Arabicum cum additione Renaudotius apud Echmimensem Coptitam invenit [2]. In antiqua Syrorum collectione sane desunt plane canones illi Arabici, uti ex codice Florentino testatur Renaudotius [3]; concedere etiam oportet Ecchellensi, in syriaca canonum illorum arabicorum editione non esse additamentum, de quo agitur. Nestoriani etiam ampliorem illam et numerosiorem recensionem non habebant, quam Ecchellensis edidit, cum Ebedjesu [4] dicat, apud suos praeter viginti antiquos 73 esse, quos transtulit Maruthas, unde neque additamentum illud habebant. Sunt etiam apud Orientales canones, quos dicunt imperiales, ex Theodosii et Justiniani legibus collecti [5]. Quorum statuta de solvendo pluribus ex causis matrimonii vinculo a Coptitis admissa fuisse supponit Renaudotius [6]. Unde videbimus, non eamdem esse hac in re Orientalium disciplinam, neque singulas sectas omnes sibi ipsis constare, occurretque nobis non unum documentum, quod occidentalem disciplinam antiquiori Ecclesiae consonam esse evincat.

Quod ad Coptitas attinet, eorum moderna praxis ex Vanslebio in sua Aegypti descriptione [7] haec est, ut rarum sit divortium, et in casu tantum adulterii, qui tamen in Historia Alexandrina rem enucleatius tractans plures divortiorum causas, legibus imperialibus consonas, a Coptitis usurpatas enumerat. Divortia facere tradit: 1. Si uterque conjux monachatum suscipiat. 2. Si alteruter morbo laboret, qui cohabitationem impediat, ut si hermaphroditus sit, si eunuchus, leprosus, epilepticus etc. 3. Si uxor fuerit adultera; non item si maritus eo crimine laboret. 4. Si alter alterius sanitati grave afferret detrimentum. 5. Si uxor ante conjunctionem epilepsiae obnoxia, id reticuerit. 6. Si alteruter, in captivitatem abductus, toto quinquennio superstiti non innotescat. Consultus a Sollerio [8] Bernatus ait, Coptos interpellatos ultro fateri, tam clara esse evangelii effata, ut de indissolubilitate matrimonii dubium reliquum non sit. Sed in praxi laxiores se exhibent, in casu adulterii vel morbi contagiosi. Conjuges ad Turcarum tribunal occurrunt, sibique ex eorum legibus, libellum repudii comparant, contra quae judicia sacerdotes, ex-

[1] Abr. Ecchellen. in notis ap. Mansi T. II. col. 1078. — [2] Perp. l. 6. c. 7. col. 1012. — [3] Ibid. l. 2. c. 11. p. 1149; col 6. col. 1186. — [4] Tract. I. c. 3. p. 33. — [5] Perpetuit. l. 9. c. 2. col. 1168 c. 4. col 1174. — [6] Ibid. l. 6. c. 7. col. 1014. — [7] Beschreibung von Aegypten ed. Paulus p. 84. — [8] P. 136. n. 164.

surgere non valent. Vel importunis precibus, minis etiam, a patriarcha aut episcopis separationem impetrant; post vero, incontinentiae periculum clamitantes, iisdem mediis, muneribus etiam nonnunquam adhibitis, alteras nuptias extorquent, vel, cum a sacramentis excluduntur, praelati, evanescente insolito rigore, eos iterum admittunt, quin superductam uxorem rejiciant. Major adhuc, imo maxima est apud Aethiopes laxitas, siquidem, teste Ludolfo [1], qui PP. Alvarez et Tellez, Aethiopemque suum Gregorium advocat, saeculares quacunque ex causa nuptias dissolvunt, judiciis regiis id concedentibus. Solos excipi clericos, qui, si dimittere uxorem velint, munus suum dimittere tenentur, et rusticos, quibus separatio damnum temporale affert. Ait praeterea recentior quidam auctor [2], divortium, licet leviter concedatur, unicuique viro nonnisi semel permitti a sacerdotibus, eumque, qui quatuor uxores habuit, easque dimisit, excommunicari, si post quartam superstes monachus non fiat. Quod ad Coptitarum canones attinet, vidimus modo, eos canones imperiales divortio faventes retinere. Est etiam inter canones 106 Athanasio falso tributos quadragesimus quartus [3], qui ait, non licere ab uxore separari, nisi causa fornicationis, quod collatis aliis de vinculi solutione intelligendum videtur. Allegat etiam Renaudotius [4] Echmimensem, qui in canonum sylloge canonem arabicum 55, cum additamento et quem Apostolorum dicunt 74. affert, qui divortium ob adulterium aliamve gravem causam cum solutione vinculi concedere videtur. Verba Christi: Qui dimittit uxorem suam, excepta fornicationis causa, facit eam moechari, ita exponit: „Nam cum vir uxorem expellit, quaerit, cum eam resumere oporteat, quo eam adulterii incuset,‟ quo satis innuit, se in adulterii casu solubile matrimonium habuisse. Abulbircat inter causas divortii etiam illam ex canonibus imperialibus affert, si mulier insidias contra vitam mariti molita fuerit. Athanasius, episcopus Kus in Thebaide, in responsis canonicis divortii causas esse ait, si vir mulierem, quam in matrimonium duxit, virginem non esse deprehendit, dummodo exinde nullum cum ea commercium habuerit; si simul in vitae consortio manere non possint, quod male se invicem tractaverint; si alteruter in morbum insanabilem, uti lepram, incidat. In casu adulterii, virum, qui uxorem ream non dimittat, excommunicari jubet. Uterque Ebnassalus, canonista ejusque frater theologus, in eundem sensum de adulterio loquuntur. Quodsi expresse non addunt, maritum ad alteras nuptias post divortium transire posse, id inde factum censet Renaudotius, quod ad normam canonum imperialium id enunciarent, quos hanc licentiam concedere constaret, et ipsi supponerent.

Ex Barhebraeo [5] separationis causae sunt vel naturales, ut mors, vel legales, quarum septem enumerat: „Fornicatio mulieris proprie; magia; affinitas impediens; monachatus; servitus; vitia corporis impedientia communicationem, vel foeda,‟ quae tum abominabilia, tum communicationem impedientia post singillatim enumerantur. Tunc quaedam ex imperatorum graecorum legibus refert, quae ab ipso non recipiuntur, cum illis numerus septenarius sit expletus. Post vero, discedens

[1] L. acc. 6. n. 99. App. p. 440. sq. 72. — [2] W. Hoffmann, theologische Encyclopädie: Abessinische Kirche p. 49. sq. Daniel IV. 2, p. 546. — [3] Vansleb. Hist. p. 289. — [4] Perpetuité L. 6. s. 7. cf. 1012 sqq. — [5] C. 8. sect. 5. p. 73 sqq.

item a legibus imperialibus, separationem in casu adulterii viro tantum competere, non autem mulieri statuit, Basilium allegans et rationes discriminis afferens. Virum post separationem ob adulterium aliam ducere posse, non ait; sed in casu monachatus haec enunciat: Cum vir aut mulier schema monachatus vult induere, si consenserit alter, ut induat, socius ejus conjungatur legitime, si voluerit, sive vir fuerit, sive mulier." Quoad responsum Timothei Alexandrini, de quo supra, haec notat: „Timotheus autem Alexandrinus illum, cujus mulier daemone tenebatur, et sustinebat ac petebat suam mulierem, neque prohibuit, neque indulsit, nisi forte adulterium intervenisset: et idcirco responsum non dabat neque dedit." In quo vix non insinuare videtur, ex Timothei sententia, aliam mulierem in casu adulterii assumere vel concedendum vel tolerandum esse. De muliere, cujus vir in longinquam regionem abiit incertumque sit, utrum adhuc vivat necne, statuitur[1] tempus, per quod expectet, post quod alteri ut nubat conceditur. Alibi[2] inter ea, quae in sponsa requiruntur, haec absolute habet: „Non sit relicta: quicunque enim tollit dimissam, moechatur." Quae nobis sufficienter non indicunt, quaenam fuerit Barhebraei sententia, utrum nimirum solutionem vinculi quoad cohabitationem tantum, an etiam quoad vinculum in casibus illis generatim concedat. Nam quod ad solutionem ob professionem monachalem attinet, casus iste specialis est omnino, specialemque in Graecorum et Orientalium oculis, licet falsam, habebat rationem. Putabant enim, hanc mortem spiritualem aequiparandam naturali: unde casum mortis hic admittebant. Unde ab hac causa ad alias concludere ad statuendam Syrorum Monophysitarum sententiam non licet. Alter casus de muliere, cujus vir longo tempore non rediit, potius est mortis praesumtio, quam matrimonii vivente conjuge solutio. Multa namque sunt, quae suadeant, Syros alteras nuptias non concedere separatis quibuscunque, nisi mors, vel naturalis, vel spiritualis illa, intercedat. Quorum quaedam collegit Naironus in sua Evoplia fidei catholicae Romanae historico dogmatica[3], qui etiam, consentiente Assemano[4], testatur, hanc esse Syrorum praxim, ex diuturno cum ipsis commercio sibi compertam, alteras nuptias non concedere separatis, nisi post alterius partis mortem. Deest apud Syros canon 55. Arabicus Nicaenus, ut vidimus, et contra occurrit nobis inter canones poenitentiales antiquissimos hic[5], qui indiscriminatim prohibet, dimissa uxore aliam ducere: „Quicunque dimissa uxore sua aliam assumit, excommunicabitur ab ecclesiae rectore, donec eam ejiciat et priorem reducat." Quod autem rem omnino evincit, textus iste est, ab Abrahamo Ecchellensi allegatus[6], Dionysii Barsalibi, ad c. 5. Matthaei ita scribentis: „Si autem mulier fornicatur, ipsa legem solvit, et justum est, ut dimittatur. Etenim non viris tantum reprehensio statuta est, sed et mulieribus, et quemadmodum quidem per matrimonium facti sunt unum, necessitas facit, ut separentur. Si vero separantur, maneant innupti, ut ait Paulus." Affertur etiam a Naironο responsum 14. Timothei Alexandrini: „Postquam per matrimonium vinculum

---

[1] Sect. 6. p. 75. — [2] Ibid. sect. 1. p. 63. — [3] Part. 2. c. 8. p. 252—254. — [4] Bibl. Or. T. II. Diss. de Monophysitis §. V. — [5] Collect. I. can. 94. — [6] Notae in canones Arabicos Nicaenos ap. Mansi T. II. col. 1078.

et, non est causa omnino solutionis praeter fornicationem et magiam.
Quicumque enim dimittit uxorem praeter causam fornicationis, moechatur,
et similiter quaecumque mulier dimiserit virum suum extra fornicationem. Neque viro, neque mulieri, relinquentibus se mutuo, ob causam aut sine causa fornicationis et magiae, permissum est matrimonium secundum, nisi eorum aliquis moriatur." Quod licet inter responsa
Timothei, uti apud Balsamonem sunt, non reperiatur, tamen genuinam
non esse, praefracte dici nequit, cum Graeculus iste abusui suorum re-
pugnans dictum omittere potuerit, sed et si Timothei non sit, Syrorum
sententiam nobis exhibet.

Nestoriani in casu adulterii separationem matrimonii quoad thorum,
non quoad vinculum permittunt, uno excepto, quod sciam, ait Assemanus [1], Josue Bar Nun, qui canone 101. viro dat potestatem dimittendi
uxorem adulteram aliamque ejus loco ducendi, et viceversa uxori concedit, ut adultero viro dimisso, alteri nubat. Secus vero Timotheus
patriarcha in synodo habita a. 786 et confirmata a. 804 can. 42: „Nemo
propriam uxorem dimittat, nisi fornicationis aut religionis causa, dummodo tamen ad saeculum non regrediatur." Idem can. 44: „Si mulier
fornicata fuerit, sive vir; mulier quidem domo ejiciatur nuda et absque
dote: similiter et vir: non autem nubat; qui enim dimissam duxerit,
moechatur. Similiter vir uxorem non ducat." Ebedjesus Sobensis tam
dimissam a matrimonio ineundo repellit, quam dimissum, et de viro quidem haec scribit; „Neque eam in uxorem ducat, quae legitime dimissa
fuit" de muliere autem: „Neque viro nubat, qui legitime dimissus fuit [2]".
Causae vero legitimi repudii ex Ebedjesu, patriarchas Josue Bar Nun et
Timotheum sequente istae sunt [3]: 1. Continentiae conservandae causa,
ita tamen, ut neque vir ad alteram mulierem, neque mulier ad alterum
virum convertatur. 2. Fornicatio corporalis et adulterium. 3. Fornicatio
spiritualis, id est magia et apostasia a Christi fide. 4. Homicidium. Addit
ex Timotheo patriarcha causam infirmitatis vel defectus corporalis, qui
ante copulam in alterutro extiterit, nec ab altero animadversus fuerit:
in hoc enim casu, ait Timotheus, licere thori separationem, etiam post
copulam, modo ille defectus talis non sit, qui curari possit. Denique,
leges imperiales etiam hanc habere causam, refert: si mulier invito viro
in aliena domo dormierit, aut ad theatrum, ubi res obscoenae fiant, accesserit, vel iter de oppido in oppidum sola sine patre, vel fratre, aut
viro, aut filio susceperit. Ita Assemanus. Verumtamen multa hic ad-
denda sunt, quae integre solvendae quaestioni inserviant. Idem ipse
Ebedjesu [4] de viro vel muliere contumeliosis et contentiosis addit, eos
per decem annos monendos, tunc vero „judex eis separari permittat; et
ille, qui cum alio conjugari voluerit, non prohibeatur," dummodo prolem
non habeant. Tunc de viro et muliere, quorum alter captivus abduci-
tur, statuit, ut spem mutuam non illico praescindant, sed triennio ex-
pectent; „at si nequeant vel solo tempore triennii definito a nobis sic
permanere, tunc ille, qui voluerit conjugium inire, ineat [5]". Si vir ab-

[1] Bibl. Orient. T. III. P. II. p. 826. — [2] Part. 2. c. 1. v. 63. 64. — [3] Ibid.
c. 17. p. 48. cf. Badger. T. II. p. 278, et Ebedjesu in l. Margaritae tr. 4. c. 8. p.
360. ed. Mai. — [4] Ibid. c. 18. p. 49. — [5] Ibid. c. 21. p. 50.

ierit in longinquani regionem, et mulier casta remanere nolit, expectare debet per decem annos, si expensis sui viri vivat, per septem, si secus. Si post ejusmodi temporis spatium vir, etiam censuris percussus, non redeat, „mulieri permittatur, ut quem voluerit accipiat“, dummodo proles non adsit[1]. Quoad servos definit Sobensis[2], eos si cum dominorum licentia matrimonium contraxerint, separari non posse, neque a dominis istis, neque ab emptore, si prope et in una civitate maneant. Verum si in regionem longinquam abit unus ex his, qui empti sunt, etiam similiter conjugium ineant cum permissione dominorum suorum, et ille, qui secessit, et ille, qui mansit.“ At Abulfaragius Benattibus in sua collectione canonum Arabica[3] haec habet, quae ab ipso Assemano citantur: „Rursus in sacrosancto evangelio prohibentur nuptiae cum muliere dimissa ob causam fornicationis.“ Unde dicendum erit, variam fuisse Nestorianorum hac in re sententiam et praxin, influentibus legibus imperialibus et Graecorum usu mutatam fuisse antiquiorem ipsorum disciplinam.

Inter Armenorum errores Vincentius Bellovacensis (circa a. 1230) jam retulerat: „Si uxor alicujus adulteraverit, statim episcopus dat ei licentiam accipiendi aliam et accipit“[4]. Item in enumeratione errorum, quae in epistola praefixa regulae Fratrum Unitorum ab institutore ordinis facta est circa a. 1333, etiam hic est: „Faciunt inter virum et uxorem divortium sine causa propter pecuniam, contra evangelii praeceptum et sacros canones[5]“. Joannes Armenus episcopus apud Armachanum[6]: „sentiunt, inquit, Armeni matrimonium posse solvi.“ Ad quae Galanus: „quamvis non legerim hanc eorum sententiam in Armenorum libris, imo oppositum doceant praesules ipsorum prudentiores: tamen experientia ipsa ostendit, dirimi passim apud Armenos rata matrimonia etiam consummata et conjuges ad novas admitti nuptias, idque non solum ob causam fornicationis, sed cujuscunque etiam gravis incommodi.“ Mitior justo fuit Galanus, cum dicebat, solutionem vinculi matrimonialis non occurrere in libris Armenorum, cum vir in perscrutandis libris gentis illius theologicis et historicis solertissimus, canonum syllogen Armeniacam prae oculis non haberet. Minime vero iis perlectis capi potest, quomodo Serposius[7] dicere potuerit, indissolubilitatem matrimonii veri et consummati dogma esse ab omnibus Armenis admissum. In canonibus Gregorio Illuminatori tributis est quidem canon iste: „Si quis dimiserit uxorem suam et aliam duxerit, secunda relicta ad primam revertatur ac per septem annos extra ecclesiam poenitentiam agat, insuperque per annum iu communione ecclesiae[8]“, et alter: „Vir, qui praetextu religionis uxorem dimiserit, anathema sit[9]“. Sed est etiam iste, qui mitiorem interpretationem vix admittit: „Liceat viro uxorem suam adulterii causa dimittere, sed is per annum a toro separetur[10]“. Sane canonum istorum authentia jure merito in dubium vocatur. Synodus Armenorum a. 481 habita haec statuit[11]: „Si quis dimittit uxorem suam, filiorum ma-

[1] Ibid. c. 26. p. 52. — [2] Ibid. c. 25. p. 51. — [3] Part. 2. c. 1. ap. Assemanum Bibl. Or. T. III. P. II. p. 325 sqq. — [4] Galanus T. I. c. 18. n. 22. — [5] Art. 17. ap. Galan. T. I. c. 20. — [6] L. 101 c. 26. ap. Galanum T. I. T. p. 751. — [7] Tdi. Or. III. P. 173. — [8] Canon p. 1269. — [9] Cath 24. — [10] Cap. 23. — [11] Can. 4. p. 293.

trem, sine causa adulterii vel morbi maligni, sed tantum ob animi sui perversitatem, vel quia oculum in aliam mulierem conjecit, hujusmodi viri hoc sit judicium. Omnia bona, filii, domus, rura, aqua et caeterae res in commune dividantur, dimidiaque pars mulieri tribuatur, quae etiam, si vult virum in domum suam ducere, libere quidem ducat." Synodus Tevinensis sub Nersete Scinogh, Armeniorum catholico[1], haec statuit de conjugibus, quorum alter in captivitatem fuerit abductus: "Nos ergo constituimus, ut qui nondum septennio exacto post conjugum suorum captivitatem ad alias nuptias transierint, hae quidem fornicariae habeantur. Quod si septem exactis annis conjuges captivitate liberati in patriam redierint, jubemus singulos ad proprium reverti conjugem; secus, quem novum assumpserunt retineant. Captivi quoque, si paria fecerint, poenitentiam agant. Qui autem per septennium se continuerint, ac deinde nuptiis copulati, hi sint immunes."

Duplex adhuc quaestio tractanda est hic ad vinculum matrimonii pertinens. Prima haec est, quid habendum de conjugiis, quae contracta sunt ab infidelibus, cum altera pars ad fidem christianam conversa fuerit. De qua Barhebraeus[2], objiciens sibi contra impedimentum dirimens cultus disparitatis, quod Paulus de casu illo statuit: "In exordio evangelicae praedicationis, quando vir et mulier infideles pariter erant, et unus ex eis fidelis fiebat, Apostoli eos ab invicem non separabant propter spem institutionis, neque fideli praecipiebat Apostolus, ut denuo desponderet infidelem, aut vice versa." Modo autem mutatis circumstantiis separari fideles conjuges, cum alter eorum in infidelitatem deciderit. Deinde ad aliam cognatam quaestionem transiens: "Alieni a confessione, qui credunt et baptizantur, si conjugiis illegitimis impliciti sunt, scilicet, quod duas uxores aut plures simul habeant . . . . ., et siquidem plus quam unam habuisset quispiam, illam quam velit, sumat. . . . . Alii dicunt, quod non: sed primam illam, quam possidebat, sumat, si legitima fuerit, et eas, quae post illam, dimittat. At sententia prima rata est, scilicet, ut illam, quam ipse voluerit, possideat." Haec solutio Barhebraei absque dubio falsa est et contraria decisioni Innocentii III. c. 8. de divortiis. Id tamen videtur ex dictis omnibus sequi, ejusmodi matrimonia Barhebraeo absolute insolubilia visa non fuisse.

Altera quaestio matrimonium attingit ratum, sed non consummatum, In qua attendenda est theoria, quae statuitur a Gregorio Dattievensi Armeno in libro Interrogationum de matrimonio apud Galanum[3]: "Incipit matrimonium per sponsalia, sed conficitur per consensum verbis expressum: duarum enim voluntatum consensus conficit matrimonium; perficitur autem et consummatur per benedictionem sacerdotis et copulam corporalem." Ex qua concludendum erit, cum matrimonium non consummatum aliqua ex parte non perfectum et absolutum habuisse, nempe quoad indissolubilitatem vinculi. Ebedjesus Sobensis[4] ex professo quaestionem movet, utrum liceat sponsis post rite celebrata sponsalia, quae nimirum sunt de praesenti, sive matrimonium ratum non con-

[1] Testatur etiam Grant p. 213. sponsos post desponsationem apud Nestorianos haberi et dici maritus et uxor: invitatur ad profectionem praestandam sponsae . . . . . . [2] Cap. . . . [3] Hist. §. 704. . . . . post benedictionem, et infidelitatem sponsae eodem rigore puniri. — [3] Hist. §. 704.

summatum, quod ita vocare solent Orientales, separari ab invicem. Respondet autem: „Hoc certe fieri haud permittimus, nisi forte causae concurrant, propter quas christiani separantur a communicatione (hoc est conjugio), et nuptiis, quas descripturi sumus; et sane absque iis causis neque ante thalamum, neque post thalamum solutio fieri debet.“ Quibus hodierna praxis Nestorianorum consonat [1]. Tunc pergit Ebedjesu: „At vero Jesuboctus dicit, quod si post decennium res difficultatem patiatur, neque ad effectum adduci queat, praecipimus eis, ut separentur ab invicem ante communicationem; ubi tamen eosdem pluries pro opportunitate correxerimus et increpaverimus.“ Addit insuper Ebedjesus, quod si parentes de conjungendis liberis collocuti tantum fuerint, sponsalia autem non ea, qua solent, forma celebrata fuerint, separatio vituperio careat. Tunc statuit, quot annos expectare debeat sponsa, cujus sponsus in longinquam regionem abiit. Denique quaerit, quid sit agendum, si ad vitam monasticam amplexandam separandi sint sponsi. Quodsi hoc idem uterque velit, licere eis suam voluntatem peragere. Si unus ex iis velit, alter non ille, ut rata sit vitae institutio, quam sibi eligit, debet juxta facultates suas parti alteri aliquid solvere. Si sponsus vel sponsa, ut partem alteram dimittat, mentiatur, se velle professionem religiosam emittere, alteri vero postea conjungatur matrimonio, arcetur longo tempore ab ecclesia, donec per poenitentiam geminati mendacii remissionem obtineat: separandum vero a superinducta uxore non statuitur. Ex quibus sequitur, a Nestorianis matrimonia non consummata firma quidem haberi, ita tamen, ut ob professionem religiosam, aliasve causas solvi queant. Jacobitae Syri et Aegyptiaci cum matrimonium ipsum consummatum solvant quoad vinculum ob professionem religiosam, uti supra vidimus, a fortiori concludendum erit, eos hanc ob causam non consummata discindere. Neque abusus ille aliud est, quam genuinae traditionis immoderata quaedam extensio, verum tamen vestigium. Quoad Coptitas huc videtur pertinere, quod Vanslebius [2] inter impedimenta matrimonii enumerat; matrimonium nempe eorum, qui matrimonium promiserunt, et dotem jam dederunt vel acceperunt, cum alteruter professionem religiosam velit emittere: tunc reddendam esse dotem, quod de sponsalibus de praesenti sive matrimonio rato videtur intelligendum, cum ex Orientalium more in sponsalibus de praesenti eos soleat concedi. Quod ex monumentis accuratius est perpendendum.

§. 5. De benedictionis nuptialis ministro.

Benedictionem nuptialem a sacerdote peragendam, omnes libri Orientalium rituales exprimunt. Ne presbyteri Sciaharae, qui nomine tenus presbyteri sunt, matrimoniis benedicant, coronationem perficiendo, quae benedictionis pars est praecipua, monet prooemium ad Sciabarae

---

[1] Testatur etiam Grant p. 213. sponsos post desponsationem apud Nestorianos haberi et dici maritus et uxor; maritum ad protectionem praestandam sponsae teneri, et uxorem dimitti non posse, nisi iisdem ex causis et cum libello repudii, sicut post benedictionem, et infidelitatem sponsae eodem rigore puniri. — [2] Hist. p. 105.

ordinationem, in codice Vaticano 19, quod infra recudemus, his verbis:
„Calicum benedictio et coronarum perfectio absente sacerdote nequaquam fiunt."

Inter sacerdotes parochi jus benedicendi possident, etiam illis in
locis, in quibus impedimentum clandestinitatis ad normam Tridentini non
est introductum, cum pastori competat suas oves pascere quibuscunque
mediis ad salutem. In Historia Malabarica incusentur Nestoriani, quod
pro matrimonio unumquemque presbyterum, quem obvium habent, adhibeant. Id ex eorum disciplina absolute reprobandum non erat; Verum
Assemanus, ad haec etiam animadvertit, id fortasse in Malabaria aliquando
contigisse, quum parochum non haberent. In Assyria et Mesopotamia
solis parochis id muneris committi[1]. Inter canones S. Gregorio Illuminatori tributos[2] occurrit etiam iste: „Canones vetant, quominus anacho-
retae baptizent, populo sacram Eucharistiam ministrent, matrimoniis as-
sistant. Haec enim praepositorum officia sunt." Serposius etiam ministrum apud Armenos esse ait parochum, vel alium sacerdotem ab ipso
vel ab episcopo delegatum. Apud Coptitas, ex Gabriele patriarcha, cum
praesens est patriarcha, ipse officium benedictionis celebrare solet. Constitutio est[3] Gabrielis, filii Tarik, ut sponsalia et coronatio non celebrentur, nisi praesente episcopo vel qui ab eo delegatus esset.

§. 6. De ritibus quibusdam solennizationis matrimonii.

Matrimonii solemnizatio apud Orientales ex partibus duabus praecipuis
consistit, quae sunt desponsatio, h. e. contractus matrimonialis celebratio,
et solemnis matrimonii benedictio vel coronatio, quae a Syris Jacobitis convivium dicitur. Quibus passim benedictiones quaedam et solemnitates inseruntur ut partes, quae tamen non omnes ubique occurrunt. Ad desponsationem pertinet benedictio annulorum; ad benedictionem solemnem
benedictio vestium, coronarum earumque impositio et benedictio thalami.

Ut nuptiae in ecclesia concluderentur, saltem coronatio fieret, praecipiunt Orientalium canones et libri rituales. Synodus habita Misrae a.
1239 sub Cyrillo, Laklaki filio, patriarcha[4] prohibuit, ne coronatio sive
nuptialis benedictio extra ecclesiam secreto atque in privatis domibus
celebraretur. Quod tamen ab Aethiopibus non observatur integre, cum
Gregorio Aethiope testante tradat Ludolfus[5], clericorum tantum matrimonia in ecclesia benedici, quibus Alleluja etiam concinitur; laicorum
vero domi suae vel ante fores templi; et ita Alvarez[6] nuptias celebrari
vidit in vestibulo domus et ante portam templi principalem. Statuta
Barhebraei[7] et Ebedjesu[8] desponsationem et coronationem in templo
fieri praecipiunt. Recentiores tamen, Grant[9] et ordo a Badgero editus,
apud Nestorianos desponsationem in domo patris puellae, vel si patrem
non habeat, fratris, vel patrui, uno verbo curatoris ejus fieri volunt,

[1] Bibl. Or. T. III. P. II. p. 318. — [2] Can. 20. p. 269. — [3] Const. 21. ap.
Renaud. Hist. p. 512. — [4] Renaudot Hist. p. 583. — [5] L. 3. c. 6. n. 99. et App.
p. 449. n. 71. — [6] C. 20, 21 sui itineris Aethiopici ap. Ludolf l. 4. c. 4. n. 5. —
[7] Cap. 8. sect. 2. p. 63. — [8] Tract. 2. c. 2. — [9] p. 213.

Apud Armenos secundum omnes testes sponsalia in domo sponsae, ipse matrimonii contractus et coronatio in ecclesia fiunt, sed uti officium est apud Bodenstedt benedictio vestium et annuli et coronatio in ecclesia peraguntur; inter eas autem intercedit junctio manuum, quae in domo sponsae celebratur; Serposius autem omnia haec praeter coronationem in domo sponsae fieri statuit. Ex ordine nostro vestium benedictio fit in ecclesia; tunc ad sponsae domum accedunt; deinde sponsus et sponsa ad fores ecclesiae accedunt, ubi confessio fit, funiculi nectuntur, consensus praebetur; denique in ecclesiam ad missam et coronationem ingrediuntur. Est autem inter Armenorum canones hic de nuptiis in ecclesia solemnizandis. Johannis Philosophi[1]: „Qui sunt matrimonio conjungendi, oportet ac decet a presbytero deduci ad ecclesiam, et ibi in loco sacro perfici super eos ritum matrimonii juxta morem Christianorum. Qui vero negligens haec pertinaci animo, non ita sed aliter fecerit, ac injuria leges et matrimonii sacramentum affecerit, sacerdos quidem honore suo privetur, sponsi autem denuo matrimonio jungantur juxta leges christianorum, uti et Apostolus praecepit: omnia vestra honeste et secundum ordinem fiant."

Apud omnes Orientales desponsationi jungitur ritus annulorum benedicendorum et tradendorum in signum mutuae obligationis et fidelitatis perpetuae, more antiquissimo et apud Christianos omnes usitato. Ordo noster Armeniacus monile etiam tradi jubet, in manibus sponsae ferendum in signum, quod manibus ligata est ad obediendum viro.

Post desponsationem mulier pro vera uxore matrimoniumque ratum habetur. Coronatio autem nonnunquam longissimo tempore differtur. Ita testatur Grant[2], matrimonium apud Nestorianos non benedici solenniter nisi post intervallum decem mensium vel unius, imo aliquot annorum. In isto autem tempore, qui intercedit inter desponsationem et coronationem, non licet sponsis, licet veri conjuges sint, matrimonio uti ad invicem, de quo Barhebraeus[3]: „Non communicant usque ad complementum dierum foederis, quod initur inter eos." Tum allegans Cyriacum et Joannem patriarcham: „Ille, qui desponsat mulierem per benedictionem annuli, non potest eidem communicare ante convivium: alias anathematizetur."

Exordium coronationis sive convivii est benedictio vestium nuptialium, quae etiam solenniter induuntur a sponsis. In rituali Gabrielis patriarchae enumerantur vestes sponsi, quae sunt vestis talaris serica, zona, vestis exterior alba et tegmen capitis album, quae etiam a Vanslebio memorantur[4]. Zona praesertim sponsus praecingitur, quae signum christianae religionis est apud Coptos, uti in ceremoniarum baptismalium descriptione vidimus. Cui respondere videtur crux aurea a sponso oblata, quae sponsae traditur ejusque collo appenditur, cujus mentio fit apud Gabrielem et in officio benedictionis Coptico. Apud Syros non deesse hanc benedictionem, ex orationibus officiorum sequitur, quae ad eos referuntur. Crucem etiam, quae cum annulo ex domo sponsi in

[1] Bibl. Or. T. III. P. II. p. 315. — [2] (tom 50. p. 26). — [3] Comt 31.
Renaud. Hist. p. 345. — [4] Renaudot Hist. p. 345.
Cat. p. 364. p. Cap. 5. sect. 2. p. 63 p. Hist.
p. 208; Reise p. 340 sqq. Tract. 2. c. 2.

ecclesiam, et post desponsationem in domum sponsae affertur, in ejusque collo suspenditur, cum annulus ei traditur, memoratam deprehendimus apud Barhebraeum[1]. In Nestorianorum officio solemnissima est
vestium benedictio, seperatimque benedicuntur, quos dicunt colores,
hoc est vestis exterior principalior sponsae, quae ex velluto vel panno
ditissime acu picto confecta esse solet; solemniter etiam induuntur
sponsis. Loco crucis, quae apud Monophysitas Aegyptios et Syros
sponsae appenditur, apud Nestorianos Malabarenses usuveniebat Taly,
sive aurea tessera nuptialis ab uxoris collo pensilis, quae saepe imaginem informem praeferebat Putleyaris, sive Pyllearis, idoli nuptialibus
cerimoniis praepositi. Plerique Taly appendebant funiculo, centum et
octo filis composito et croceo succo delinito, qui superstitiosum sensum
habebat. Per impositionem Taly matrimonia indissolubilia de praesenti
ab infantibus sex vel septem annorum contrahebantur, ex genitorum consensu. Mulieres etiam maritatae Taly deferebant in collo. In quae Romanorum Pontificum provida solersque sollicitudo pro Malabarensibus
unitis animadvertit, crucemque vel aliud signum superstitione vacans et
sacrum ab uxoribus deferri jussit[2]. In Armenorum ritu non deest vestium benedictio, quibus etiam induuntur, ita tamen, ut si in ecclesia
cerimonia peragatur, sponsa non coram altari, sed in loco quodam pe-
culiari occulte, vestimentum coronae, uti vocant, induat. Praetermitten-
dum non est, sponsam Armenam ad ecclesiam accedere velo coloris ignei
tectam, quod eam totam veluti tentorium operit[3], quod flammeum illud
Romanorum est, a christianis Romanis retentum, uti testatur „flammeum
nuptiale" apud Ambrosium[4]. Alii, ex aliarum partium forsan more,
sponsam velo albo tectam, sponsum vero rubeum velum deferentem de-
scribunt. Vel etiam flammei loco, velum in sponsa aliud, ex filo aureo
vel argenteo ad instar retis contextum, adhiberi traditur[5].

Conjunctionem nuptialem apud omnes populos signa quaedam af-
fectionis in ritibus matrimonialibus usurpata exprimunt, quae neque apud
Orientales desunt. Inter quae manuum junctio communissime occurrit
et ab Orientalibus omnibus adhibetur, vel a sponsis immediate uti esse
videtur apud Coptitas[6] vel manu sacerdotis uti est apud Syros Jacobitas,
Nestorianos et Armenos. Aliud signum ejusmodi est velum candidum,
quo sponsi et sponsae capita apud Coptitas simul teguntur, teste Gabriele
patriarcha, qui hujus ritus significationem ita exponit, ut sacerdos hoc
signo adstantibus testetur, convenire eos et conjungi invicem conjunctione
casta, pura et sancta[7]. Eo etiam referendum, quod Armeni usurpant ut
plurimum, cum sponsi solemniter ad ecclesiam deducuntur equitantes.
Sponsus manu tenet alterum finem zonae trium vel quatuor ulnarum
longitudinis, vel, uti Julfae est, strophioli, alterumque sponsa: sicque
juncti in ecclesiam ingrediuntur usque ad gradus sanctuarii, zonam retinentes. Imo additur, Julfae post interrogationem sacerdotis et ante
benedictionem paranymphum puerum manus et capita strophiolo juncta

Moguntiae 1788 T. V. p. 316 sqq. Gibert, Tradition ou histoire du sacrement
mariage T. III. p. 296. — 3 Venat. Reise p. 341. — 4 In ordine coronationis
Graec. &c. — 1 Philippus a Carbonanio in Additamentis ad An-
tina Theolog. Moral. T. II. lib. II. sed. Ang. Vindel. et Gracovia p. 64. — 3 Serpa T. 101.
— Ordo nostrorum rubrini et velum sponsae memorat. — 4 De virginitate
c. 15. — 5 Tavernier p. 196. Tournefort p. 1671. — 6 Vansleb Reise p. 344.
7 Cf. Vansleb Hist. Patr. sect. 50 & 8. §. 20 et Reise p. 341.

tenere [1]. Denique apud Occidentales osculum in desponsatione adhibebatur, et apud Graecos, et indissolubiles habebantur, cum osculum et arrha
intervenerant [2]. Id quidem severior mos Orientalium publice fieri non
permittebat. Verumtamen aliquid ejusmodi fit apud Coptos [3] et Armenos [4],
cum capita sponsorum a sacerdote appropinquantur, quantum fieri potest, quod tamen in ordine nostro Armeno non memoratur nisi in coronarum depositione. Quo etiam referri potest cerimonia, quae Aethiopum est, vel ut Ludolfo Gregorius Aethiops testatus est, quarundam
tantum partium ut Tigrae, ut nimirum capilli sponso et sponsae abscin-
dantur et in vinum melle mixtum intincti permutentur, ita ut sponsae
capilli imponantur sponso in locum, ex quo ei abscissi fuerant, et vice
versa, aqua benedicta etiam inspersa [5]. Alia etiam signa mutui officii
usurpantur, uti est apud Nestorianos, cum vespere nuptiarum maritus
pede uxorem calcat, eamque calceos sibi detrahere jubet, in submissio-
nis signum [6], vel cum apud Armenos, teste Bodenstedtio, sponsus gladium ad portam stans tenet, sponsaque subter ipsum transit, ut indice-
tur, eam sub ejus maritali protectione ex omnibus periculis evasuram.
Ex ordine nostro et ex Serpasio sacerdos, cum coronas tollit, capita
sponsorum jungit et gladium super ea ponit.

Benedictio, quae sponsis impertitur, solemniori modo ita peragitur,
ut iis crux imponatur, uti apud Coptitas usuvenit. Quae crux apud
Nestorianos magnam etiam partem in solennizatione matrimonii habet,
et a Timotheo II. [7] et Ebedjesu Sobensi [8] inter ea refertur, quae ad
matrimonii integritatem pertinent; celebratur etiam in orationibus benedictionis. Apud Armenos super capita sponsorum juncta crux a sacerdote tenetur, quae etiam orationibus celebratur. Ex aliquibus testibus [9],
dum consensus exquiritur, imponitur capitibus sacra scriptura, quod tamen in ordine apud Serposium et Bodenstedtium et in nostro non est.
Ordo a nobis evulgandus in coronarum depositione tantum capitibus
sponsorum junctis gladium a sacerdote per modum crucis imponi, memorat. Peculiaris autem ritus Julfae, urbe, quae ex adverso Ispahan
est, in qua multi sunt Armeni, observatur. Cum benedicendae sunt vestes, puellae, quae easdem aliaque dona afferunt, crucem quandam viridem
ex serico ad pectus sponsi figunt, et cum ad sponsam accesserit eamque salutaverit, alteram crucem rubram super priorem affigunt. Post
interrogationem sacerdotis, et ante benedictionem, cum manus et capita
eorum strophiolo juncta sunt, a puero paranympho cruce teguntur et
tecti remanent usque ad finem orationum [10].

Pars etiam quaedam benedictionis est unctio olei, quae apud Coptitas et Maronitas occurrit. Ex Gabriele nempe patriarcha in rituali

1 Tavernier p. 196; Tournefort p. 167; Cérémonies religieuses p. 230. —
2 Selvaggius, Antiquitatum christianarum institutiones I. 3. c. 15. §. 2. n. 7—9. ed.
Moguntinae 1788 T. V. p. 316 sqq. Gibert, Tradition ou histoire du sacrement de
mariage T. III. p. 280. — 3 Vansleb Reise p. 341. — 4 In ordine coronationis et
apud Tavernier et Tournefort l. c. — 5 Ludolfus l. 4. c. 4. n. 6., ex Alvarezio c.
201 et App. p. 439; Gaia, cérémonies nuptiales de toutes les nations, Paris 1681,
p. 22. — 6 Cérémonies religieuses p. 170. — 7 Lib. de septem causis sacramentorum c. 7. sect. 4. (Bibl. Or. T. III. P. I. p. 579). — 8 Tract. 2. c. 2. 3. —
9 Tavernier p. 196; Tournefort p. 167. — 10 Cérémonies religieuses p. 230.

sacerdos ampullam olei benedicit eoque sponsam et sponsam ungit; oratio ad benedicendum et formulae ad inungendos sponsos in officio infra vulgando habentur. Hujus benedictionis et unctionis memoriam Vanslebius [1] etiam fecit, unctionemque in fronte et palmis peragi tradit. Item in Maronitarum libris quibusdam formulas legi ad unctionem in matrimoniis solemnizandis adhibendas refert Dandinius [2]. Sponsos non solum, sed et adstantes inungi. Id tamen modo non amplius in usu esse videri. Versus super oleum dicendus revera est in officio nostro Syriaco secundo, qui Maroniticus videtur. Inter Maronitas et Coptitas autem id discriminis hac in re est, quod hi ad coronationem, illi ad desponsationem ritum istum usurpent, et ex orationibus concomitantibus apud hos gratiam sacramentalem ad explenda officia matrimonialis status significare, apud illos vero ritus poenitentialis esse videatur, qualis et alibi apud Orientales occurrit.

Praecipuus inter omnes benedictionis nuptialis ritus est coronatio, in qua parum est discriminis inter Orientis ecclesias, nisi quod apud Coptitas ex Gabriele corona annulo alligata a sponso jam in desponsatione sponsae offeratur; porro quod in Armenorum officio nuptiali torqueantur inter psalmorum recitationem ex tribus filis in honorem SS. Trinitatis funiculi ad alligandas coronas, quorum analogon in baptismo vidimus; denique quod apud Syros Jacobitas et Maronitas patrinus et matrina et ipsi coronentur, uti ex Barhebraei statuto saepius allegato et officio secundo Syriaco videre est.

Missam benedictionem nuptialem comitari, ut nuptias confirmet oblatio, sponsosque Eucharistiae sumptione ad officia sua explenda roborari, ut disciplina est antiquissima, ita et ab Orientalibus observata, nisi forsan excipiendi sint Nestoriani, cum nullibi missae et communionis apud eos mentionem invenerimus et etiam in ordinationibus haec omittant. In synodo habita Misrae 1239 sub Cyrillo Laklaki filio prohibitum fuit inter alia ad matrimonii benedictionem spectantia, ne nuptiae extra ecclesiam secreto atque in privatis domibus celebrarentur, absque Eucharistia [3]. Liturgiae mentionem in rituali fecit Gabriel patriarcha, et si communionis sponsorum expresse non meminit, id suppletur ex Abuselah in scientia ecclesiastica et Abulbircato; et inde concludendum, quod in secundis nuptiis non dari praecipiatur [4]. Apud Armenos coronatio etiam inter liturgiam peragitur, praecipiturque in officio sponsorum communio.

Exhortationes ad sponsos dirigendae dicuntur vel praeleguntur apud Coptitas, ex Gabrielis rituali, officio Coptico et Vanslebio [5], apud Syros ex ordine Jacobi Edesseni, et Armenos ex eorum officio.

Ex conviviis vel compotationibus, quae nuptias ubicunque terrarum solent comitari, ortus est ritus vini benedicendi bibendique in nuptiis in signum laetitiae et charitatis mutuae proprius solis Nestorianis et Armenis, cum caeteri ejusmodi inter sacras solemnitates non reponant. Meminit hujus ritus Barhebraeus [6] ut a suis alieni: „In Oriente, ait, etiam

---

[1] Hist. Part. 4. sect. 3. c. 3. §. 2.; Reise p. 341. — [2] p. 108. — [3] Renaudot Hist. p. 583. — [4] Renaudot Perpétuité l. 6. c. 3. col. 984, 981. — [5] Reise p. 341. — [6] C. 8. sect. 9. p. 63.

super calicem orat sacerdos et sponso sponsaeque jejunis potandum porrigit, et ita sibi invicem sponsus ac sponsa." Ex ordine coronationis Nestoriano benedicitur vinum aqua mistum intincta cruce et immissa Hanana, hoc est gratia Sancti sive pulvere de ejus sepulchro. Sacerdos sponso porrigit, qui duas partes tertias ebibit, et signat eo paranymphum inter oculos. Tunc diaconus scyphum defert ad sponsam, quae quod reliquum est, bibit, et signat paranympham inter oculos. Apud Armenos, post reditum in domum sponsi, maritus et uxor in lecticula ad id praeparata collocantur; impletur scyphus vino, quod a sacerdote oratione benedicitur, in qua memoria miraculi facti in Cana occurrit. Tunc sacerdos benedictum vinum conjugibus porrigit, simulque praeberi solent amygdala et cibus quidam ex butyro, saccharo et melle confectus. Haec ex Serposio. Bodenstedtius aquam dulcem bibendam sponsis dari ait, in memoriam miraculi in Cana, vel secundum alios in symbolum gaudiorum purorum vitae matrimonialis. Ex ordine nostro jam in sponsalibus celebrandis vinum benedictum sponsis porrigitur, in tollendis coronis vinum sacerdos, et, si vult, vas cum melle praebet. Simile est, quod apud Aethiopes capilli sponsorum in vinum melle mixtum intinguntur, uti supra vidimus.

Coronationem subsequitur, vel ejus pars est benedictio thalami nuptialis. Quae in ecclesia Alexandrina ita peragitur, ut ante coronationem dum in choro interiori preces et benedictiones super sponsum recitantur, sacrista scamnum extra portam chori exterioris ponat, in quo sponsa cum cognatis suis sedet. Sponsus, postquam vestibus nuptialibus indutus est, a sacerdote ad sponsam deducitur, et ad ejus latus sedens, capitibus junctis, linteo albo cum ea tegitur, sedentesque coronantur[1]. Id ipsum peragi vidit in nuptiis Aethiopum Alvaresius[2], sive cum in vestibulo aedium, sive ante portam ecclesiae celebrarentur, ut nempe lectulus poneretur, in quo sponsus et sponsa sedebant, quos sacerdotes magna voce cantantes circuibant. Apud Nestorianos thalami benedictio pars est peculiaris solemnitatum nuptialium, quae vespere peragi solet, antequam sponsi ad quietem nocturnam recedant. Vocatur autem syriace ad verbum „Nodatio thalami". Cum enim in Oriente familiae in uno eodemque cubiculo dormire soleant, procuratur ad tempus aliquid, quod recenter conjunctos a reliqua familia dividat. Haec ex Badgero. Denique apud Armenos, teste Serposio, sponsi, domum reversi, collocantur in lecticulo vel conopeo, ita ut uxor ad dexteram sedeat, iisque ita sedentibus uti modo vidimus vinum benedictum et dulcia porriguntur inter orationes et cantus sacros. Ad hunc ritum referuntur canones quidam ad reprimendos abusus irrepentes statuti a Nersete et Nersciabuho[3]: „Velamen ecclesiae nemo audeat in posterum mittere ad domos sponsorum vel sponsarum ob conopeum instruendum; quodsi aliquem id fecisse deprehensum fuerit: si sacerdos, ordine deponatur, si clericus excommunicetur"; et alter Isaaci Magni: „Audivimus insuper, presbyteros ecclesiae supellectilem, praesertim velum, nuptiis ad thalamum sponsorum tegendum et calicem ad vinum sumendum laicis commodare. Ob

[1] Vansleb, Reise p. 341; Hist. Part. 4. sect. 2. c. 5. §. 2. — [2] C. 20, 21. ap. Ludolf l. 4. c. 4. n. 5. — [3] II. can. 7. p. 274. — [4] II. can. 20. p. 279.

hujusmodi execrandum ac nefandum facinus talem presbyterum oportet a gradu suo penitus extrudere, ut nihil hujusmodi quisquam posthac audeat facere. Si quis igitur hoc fecisse inventus fuerit, de sacerdotio sine ulla quacunque venia deponatur."

Sicut in baptismo coronae non absque solemnitate deponuntur, ita et in matrimonio idem observant Orientales. Ex Renaudotio officium depositionis coronarum, quod quadragesimo die celebrari solet, est in rituali Gabrielis patriarchae Alexandrini. Vanslebius [1] autem, qui ritum per partes etiam describit, octavo a nuptiis die coronas tolli ait a sacerdote, et in quadragesimum diem absolutionem quandam uxoris reponit, quod ritibus baptismi magis est analogon. Est etiam in codice Vaticano Coptico [2] depositio coronae a capite sponsi die 7. post initum matrimonium. Unde illa apud Renaudotium ad absolutionem referenda sunt. Coronas apud Aethiopes per octo dies deferri testatum etiam deprehendimus [3]. Apud Armenos, teste Serposio, per octo vel ad minimum tres dies coronae a sponsis deferuntur in capite, tum a sacerdote cum diacono inter certos ritus deponuntur solemniter, quos infra edituri sumus.

Antiquissima est disciplina, ut ex reverentia benedictionis nuptialis conjuges per aliquod adhuc tempus ab usu matrimonii abstineant, ut est illud concilii Carthaginensis IV. [4]: „Sponsus et sponsa . . . . cum benedictionem acceperint, eadem nocte pro reverentia benedictionis in virginitate permaneant." Regula etiam fuit, ut pudoris causa per aliquod tempus in publicum non prodirent, uti statuit Theodorus Canterberiensis in capitulari [5]: „Postea abstineant se ab ecclesia triginta diebus, quibus peractis poeniteant quadraginta diebus et vacent orationi, et postea communicent cum oratione." In quo id etiam quaerebat Ecclesia, ut moderationem in usu voluptatum carnalium, etiam licitarum, et intentionis puritatem filii ejus discerent. Quae apud Orientales etiamnum occurrunt. Eo enim refertur absolutio uxoris, quae quadragesimo die peragitur apud Coptitas, teste Vanslebio [6], et apud Nestorianos, quorum orationem illa die dicendam Badgerus [7] vulgavit. Apud Aethiopes matrimonio juncti per mensem domo non exeunt, et uxor tunc nonnisi velo nigro tecta egreditur, quod post sextum mensem, cum gravida facta fuerit, deponit [8]. Ludolfo [9] Gregorius suus tradidit, sponsos decem dies domo non egredi, cum propinquis suis laetantes; Alvarezius vero ait, uxorem, si honoratior fuerit, quinque vel sex menses domo non egredi, nisi gravidam se factam senserit. Sponsi apud Armenos, teste Serposio, per octo vel tres dies, donec coronae depositae fuerint, separati et casti omnino remanent. Ita et ordo noster, ne per octo dies sibi appropinquent, jubet in rubrica. Alter testis [10] solemnitatem nuptiarum tradidit vespere Dominicae initium sumere et per tres vel quatuor dies magna cum laetitia continuari. Sponsam toto isto tempore indesinenter fere in sella sedere, neque ipsam abdormire sinere alios. Matrimonium nonnisi feria quarta vel quinta mane consummari.

[1] Hist. Part. 4. sect. 3. c. 3. §. 3, 4. — [2] Mai Nova Collectio T. V. p. 142. Cod. 52. — [3] Gaïa Cérémonies nuptiales de toutes les nations, Paris 1681 c. 6. p. 29. — [4] Can. 13. — [5] Cap. 16. ap. Dacherium T. IX. — [6] Hist. Part. 4. sect. 3. c. 3. §. 4. — [7] T. II. p. 280. — [8] Gaïa l. c. p. 29. — [9] L. 4. c. 4. n. 5. App. p. 489 sqq. — [10] Rituus, qui saeculo XVII. iter peregit, in Cérémonies religieuses p. 230.

180

§. 7. De tempore vetito.

Temporibus poenitentiae destinatis vel majoris festivitatis matrimonia fieri cum Ecclesia catholica prohibent Orientales. Ut matrimonia in Quadragesima non celebrentur omnino, cautum est in constitutionibus Christoduli, patriarchae Alexandrini LXVI, anni 1048[1]. Gabriel autem, filius Tarik, saeculo XII, constitutione[2] prohibet, ne matrimonia tempore Quadragesimali, aut etiam Paschali celebrentur. Canon Syrorum[3] est, non licere in Quadragesima nubere. Ex directione Barhebraei[4] dies, in quibus nuptiae prohibentur, sunt jejunium Quadragesimale, secundum canones synodi Laodicenae, et dies Pentecostes. Aliqui, uti ait, a vespere diluculi secundi jejunii cessare faciunt benedictionem annulorum et coronarum, alii a matutino feriae secundae. Magis autem comprobatum est ex ejus sententia, post dimidium noctis benedicendum non esse. Apud Nestorianos nil ejusmodi nobis oocurrit, neque apud Ebedjesum, neque alibi. Apud Armenos nuptias solemnes testatur Serposius non celebrari in diebus jejunii et abstinentiae, neque in Dominicis, neque in festis Domini, nec tempore Paschali. Et hoc ex canonum dispositione: nam Joannes Ozniensis, dictus Philosophus, Armenorum patriarcha haec statuit: „Die Sabbati, quod est pervigilium Paschatis, non licet matrimoniis benedicere. Nam sanctae resurrectionis dies nobis imminent, in quibus oportet orare, vigilare, atque spiritali ordine animabus consolationem adhibere, non vero corporali luxuria mysteria sanctorum dierum profanare atque injuria afficere. Si quis autem hoc fecisse inventus fuerit, matrimonium irritum sit, et ipsi poena maneat usque dum poeniteat, Episcopus autem re perpensa humanitatem prout voluerit in eundem expromat[5]." Porro: „Non licet in sancta Quadragesima, neque postea usque ad sanctam Pentecosten nuptias facere[6]." Feriam secundam celebrandis nuptiis plerumque ab Armenis assumi, tradit Serposius et alius testis modo allegatus.

§. 8. De secundis et ulterioribus nuptiis.

Nuptias secundas et ulteriores, quas in remedium concupiscentiae vel ob alias necessitates Ecclesia permittit, nunquam tamen commendavit, Orientales etiam, rigorem antiquioris disciplinae retinentes, nota aliqua afficiunt, nuptias secundas ulteriores vero rigidius ut plurimum plane illicitas, vel etiam irritas esse volunt, quod Romana Ecclesia non admittit. Jacobitae Aegyptii in suis canonum collectionibus canonem 4. Basilii ad Amphilochium retinent, quo nuptiae tertiae et quartae poenitentiae satis prolixae subjiciuntur. Ebnassal secundas in earum numerum refert, quibus Ecclesia non benedicit. Admissum quidem fuit, ut in secundis nuptiis preces quaedam a sacerdote pronuntientur. Verumtamen Echmimi de hoc usu

---

[1] Renaudot. Hist. p. 412. — [2] Const. 12. ap. Renaud. Hist. p. 512. — [3] Coll. II. can. 129. — [4] Cap. 8. sect. 1. p. 68. — [5] Can. 3. p. 303. — [6] Can. 5.

loquens ait: „Preces, quas sacerdos super ipsos fundit, unice ad hec sunt, ut peccatorum venia ipsis impetretur. Si alter ex iis in matrimonio constitutus non erat, solus benedicitur." Bigamis etiam in nuptiis communio non tradebatur. Vir ex secundis nuptiis natus in patriarcham Alexandrinum eligi nequit, si ex matris parte defectus iste existat[1]. Quo sensu etiam, teste Renaudotio intelligenda est conditio, ut natus sit ex matre coronata. Imo ex Vanslebio[2] neque in lectorem ordinari potest, qui non est ex matre, quae virgo nupserit. Quae confirmantur collatis ritualibus Coptitarum. Nam in Gabrielis patriarchae rituali, si alter conjux nuptias secundas ineat, alter virgo sit, hic solus coronatur et consuetis precibus benedicitur; sin autem uterque altera vice matrimonium ineat, tunc neuter coronatur, sed et diversae orationes adhibentur, quae ex officio infra edendo indulgentiam revera petunt. Eadem plane testatur Vanslebius, qui et quartum apud ipsos matrimonium prohiberi testatur, id inter dirimentia impedimenta referens[3]. Quae plane congruunt disciplinae, quae in canone Arabico Pseudonicaeno 7. de secundis nuptiis continetur: „Coronarum benedictio eis adhibenda non est: haec enim semel tantum datur in primis nuptiis . . . . Loco illius igitur propitiatorias fundat pro illis sacerdos preces. Si vero alter eorum viduus non fuerit, ipse solus coronae accipiat benedictionem, una cum paranymphis, quoscunque vult. Haec autem constitutio aeque communis est viris et mulieribus." Inhibetur etiam ut species quaedam polygamiae successivae matrimonium mulieri, quae in perpetua fornicatione vixerit[4]. Mulier post mortem mariti ante alteras nuptias per annum, vel saltem per menses decem luctum agere debet[5]. Majore licentia hac etiam in parte uti videntur Aethiopes, cum uxores facile dimittant; eum tamen, qui quatuor uxores habuit easque dimisit, vel post quartam uxorem superstes est, excommunicant, nisi monachus fiat[6].

A Barhebraeo[7] istae sunt collectae regulae canonicae quoad secundas ulterioresque nuptias. „Directio. Cum annulli benedictione desponsantur virgines fidelibus, quemadmodum etiam Rebecca Isaaco et Thamar Judae. Bigamis autem mulieribus ac viris nec annuli benedicuntur, neque coronae, sed solum oratio fiat super eos. Trigamorum autem non est canonica desponsatio: cum itaque urgentur, canon jejunii et eleemosynae imponitur eis et deinde oratione digni habentur. Laodiceae. Illis, qui libere et legitime conjugium secundum ineunt, cum frequenter fuerint in oratione et jejunio, detur oblatio. Neocaesareae. Qui conjugiis multis implicantur, modus conversationis eorum et fides ipsorum minuit tempus censurae ipsis definitae. Basilii Magni. Trigamiam conjugium non habemus, sed fornicationem foedam, quemadmodum etiam Dominus de quinto viro Samaritanae dixit, quod non est vir tuus. Theologi homilia 47. Conjugium primum est legitimum; illud quod secunda vice celebratur, veniale: tertium transgressio legis est; quod autem superexcedit, suinus est mos." Ex directione Barhebraei errasse apparet Renaudo-

[1] Renaudot Perpétuité l. 6. c. 6. col. 1003; c. 3. col. 984; Liturg. T. I. p. 376. — [2] Hist. Part. 4. sect. 2. c. 7. — [3] Hist. part. 2. cap. 32. p. 104. et part. 4. sect. 3. c. 3. §. 5. — [4] Vansleb. ibid. p. 105. — [5] Ibid. — [6] W. Hoffmann, Theologische Encyclopädie p. 49. Abessinische Kirche ap. Daniel Cod. Liturg. IV. 2. p. 546. — [7] Cap. 8. sect. 2. p. 64.

tium [1] cum dixit, in ritu Jacobitarum nullum officium secundarum nuptiarum esse, cum ille orationem super bigamos fieri dicat. In codice etiam
Vaticano [2] est ordo benedictionis viduarum. Praefigitur etiam ex Barhebraeo [3] tempus viduatis, quod observare oporteat, antequam ad alteras
nuptias accedant. Est autem decem mensium pro foemina: viris lex non
statuitur, spatium autem quinque mensium conveniens esse pronuntiatur.

Armeni eamdem quoad iteratas nuptias disciplinam retinent. Serposius [4] secundas nuptias non absque episcopi dispensatione, sine pub-
licitate et plerumque domi fieri tradit. Galanus autem tradit [5], tertias et
ulteriores nuptias omnino prohibitas esse et fornicationes existimari, al-
legatque Vartanum, qui in epistola ad Haytonem regem adversus Romani
Pontificis ad eundem litteras, hunc impugnat, quod tertias, quartas et
ulteriores nuptias licitas dixerit et legitimas; Gregorium etiam Datteviens-
sem, qui in libro Interrogationum, tractatu de matrimonio, interrog. 4.
ait: „Ad tertias vero nuptias transeuntibus canones SS. Patrum fornicationem adjudicant." Quod reapse ex eorum canonibus modo editis
resultat. Nam secundas nuptias prohibent, poenitentiae etiam subjiciunt
canones S. Gregorio Illuminatori [6] tributi, Nersetis et Nersciabuhi [7] canones Nerseti falso tributi [8]. Imo inter hos postremos occurrit hic [9], qui
majoris adhuc severitatis est: „Si virgo bigamo nubat, separentur: quodsi noluerint et alteruter moriatur, qui superest quindecim annis poenitentiam agat." Quod autem nuptiae secundae absque coronatione celebrarentur vel omnino prohiberentur, ansam dedisse quibusdam, qui eas
appeterent, ut absque omni sacerdotali benedictione, imo absque contractu desponsationis ejusmodi conjunctiones inirent, ex canone Joannis
Philosophi [10] concludere est. „Ad secundas nuptias accedentes item oportet, juxta priorem modum, per mediatores desponsatoresque adhortari,
ut mutuum consensum dent; et per ecclesiae ac sacerdotum benedictionem accipiant legitimi conjugii signaculum. Si qui vero ita non fecerint, sed concupiscentia prius mutua exarserint fuerintque polluti, hi dividantur et subjiciantur canonibus statutisque contra moechantes disci-
plinis. Sin autem separari noluerint, post decem poenitentiae annos, per
eleemosynas et lacrymas fiant digni, qui in ecclesiam Dei recipiantur."
Tertiae nuptiae invalidae declarantur a Sione, Armenorum catholico [11],
his verbis: „Qui tertias nuptias contrahunt, nefandum committunt adulterium et inexpiabile crimen. Isti si postulent poenitentiam ob peccata
sua delenda, prius segregentur; deinde vero poenitentia digni habeantur.
Sacerdos autem, qui nuptiis eorum interfuerit, deponatur et esto excommunicatus." Eadem atrox severitas in canone Nerseti Magno falso tributo [12] deprehenditur: „Qui tertias celebrarunt nuptias, si uxorem dimittant, quindecim annis extra (ecclesiam), quinque autem sub lege
poenitentes sint." Videntur etiam Armeni nuptias cum iis, qui fornicationem egerint, ut aliquam bigamiae successivae speciem spectasse. Synodus Armeniaca anni 481 haec in ejusmodi casu statuit [13]: „Si quis

---

1 Perpétuité l. 6. c. 6. col. 1003 sq. — 2 Cod. 2. de Propag. Vide Bibl. Orient.
T. III. P. I. p. 626. — 3 C. 8. sect. 1. p. 63; sect. 6. p. 79. — 4 T. III. p. 193.
— 5 T. III. p. 743 sqq. — 6 Can. 5. p. 269. — 7 II. can. 24. p. 275. — 8 Can.
5, 22. p. 313. — 9 Can. 87. p. 314. — 10 Cap. 16. p. 304. — 11 Can. 15. p. 308.
— 12 Can. 6. p. 313. — 13 Can. 3. p. 299.

ante matrimonium in fornicatione deprehensus fuerit, sive cum desponsata sua, sive cum alia, juxta illatam injuriam mulctetur . . . Sin vult eamdem puellam habere uxorem, prius per annum poenitentia se abluat; cum autem ad matrimonium ineundum venerit, ipsius nuptiae non benedicantur juxta ritum benedictionis matrimonii virginum, sed tantum juxta bigamorum . . . Si vero unus sponsorum violatus est, altera autem pars virginitatem non amisit, haec cum virginis benedictione matrimonium ineat, et pars violata, bigamorum ritu, ramum benedictum propter triumphum de inimico actum ferens, cauta deinde erit." In canone Nerseti Magno tributo[1] statuitur, ut ii, qui fornicantem foeminam dimittunt, legitimam ducere valeant, absque poenitentia; fornicatrix autem nemini audeat nubere. In canone tamen S. Gregorio Illuminatori adscripto[2] contrarium videtur expressum: "Si quis concubinam veluti uxorem sibi duxerit, matrimonium id invalidum est, et mulier nubat cui ipsa voluerit."

Soli Nestoriani, quantum videre potuimus, faciliores hac in re se praebent. Nullibi enim statutum deteximus, quo vel secundae vel ulteriores nuptiae prohibeantur. Ebedjesus, qui eorum canones collegit, nil ejusmodi tradit, sed quaestionem tantum movet[3]: quanto tempore mulier servare debeat honorem viri sui defuncti, antequam ab alio ducatur, et idem de viro respectu mulieris. Ad quam respondet secundum S. Ambrosium et canones imperatorum Graecorum utrumque, virum et mulierem, per decem menses expectare debere. Sed ipse addit: "Et haec quidem juxta eorum judicia: verum in ecclesia nostra non exstat definitio et canon." Contra vero, uti supra vidimus, sacerdotibus etiam concedunt uxores septem cum dimidio. Nullibi etiam, neque in codicibus Vaticanis ab Assemano descriptis, neque apud Badgerum ritus secundarum nuptiarum occurrit, neque ejusmodi deprehendit Renaudotius[4] in ordine matrimonii Nestoriano, Mar Benham tributo, a se quondam inspecto. Unde nuptias alteras et ulteriores vix non eodem ritu ac primas solemnizare videntur.

§. 9. Benedictionis modus humilior in poenam statutus.

Non solum nuptiae secundae in quandam minoris approbationis demonstrationem solemniori benedictionis ritu Orientales destituebant, sed et in aliis casibus in poenam delicti humiliorem benedictionis modum usurpabant. Uti est illud, quod modo apud Armenos deprehendimus, synodi Armeniacae anni 481, ut sponsi, qui lapsi essent, ritu bigamorum benedicerentur, et si alteruter lapsus esset, iste bigamorum ritu et ramum benedictum propter triumphum de inimico autem ferens matrimonio jungeretur[5]. Sed et apud Ebedjesu[6] illud occurrit: "Monachus aut sanctimonialis, si a proprio instituto exciderint et ad conjugium ob fragilitatem venerint, absque episcopi jussu nullatenus desponsentur, et in ecclesia ac in medio coetus minime benedicantur: sed si episcopus jusserit, privatim domi."

[1] Can. 7. p. 343. — [2] Can. 9. p. 269. — [3] Tract. 2, c. 16, p. 43. — [4] Perpétuité l. 6, c. 6. col. 1004. — [5] Can. 3. p. 293. — [6] Tract. 2, c. 11. p. 47.

DE EXTREMA UNCTIONE.

§. 1. De neglecta a Nestorianis et Armenis extrema infirmorum
unctione.

Nestorianos extremam unctionem plane negligere ejusque oblitos
penitus esse, jam conqueritur Josephus Indus [1] quoad Nestorianos Mala-
bariae: „Extremam unctionem non habent, sed loco ejus corpora benedicunt.“ Neque ejus mentio fit in eorum ritualibus, neque ab Ebedjesu
Sobensi (saec. XIII.) in libro Margaritae, in quo Ecclesiae sacramenta
describit. Id unum apud eos remansit, ut aegrotos oleo ungant, quod
immixta Hanana, sive gratia Sancti, hoc est pulvere ex alicujus Sancti,
praesertim ex S. Thomae sepulchro desumpto benedixerunt, eodem ritu,
quo ablutionem, hoc est aquam benedictam conficiunt. Unde Georgius
Arbelensis ab oleo unctionis distinguit cornu gratiae Sancti sive cornu
olei gratiae, quod oleum infirmis ministrari ait [2]. Extremam tamen unctionem quondam extitisse inter eorum ritus, verbis illis ordinationis
presbyterorum satis clare innuitur, quibus inter eorum munera etiam
hoc recensetur, „ut ponant manus suas super infirmos et sanentur.“
Ratio autem, cur adeo in desuetudinem apud eos devenerit ritus, quem
apud omnes Orientales deprehendimus, in eo requirenda est, quod extrema unctio in Oriente a septem sacerdotibus ministrari soleat, ritu
prolixo satis. Unde, cum haec forsan rigidius tenerent, tanta difficultas
in administratione illius sacramenti orta est, ut sensim plane omiserint.
Abhorrent quoque plus minusve a ritibus sacris in domibus privatis
celebrandis, ut in Eucharistia vidimus.

Armenos quod attinet, occurrit in eorum libris ritualibus, licet non
in omnibus, ordo extremae unctionis, quem nos etiam ex codice Armeno
antiquiori post Trombellium edituri sumus. Multa etiam de ea praeci-
piuntur in canonibus Armenorum, quibus infra usuri sumus in hoc prae-
vio tractatu. Verum non administrari modo amplius, testantur omnes,
uti sunt Galanus [3], Serposius [4], qui ordinem extremae unctionis in euchologiis esse et ipse tradit. Quibus consonant Smith et Dwigth [5], missionarii Americani, qui peragratis illis partibus aiunt, extremam unctionem
apud Armenos generaliter usitatam non videri. Imo episcopum quemdam sibi testatum fuisse, modo nunquam administrari: alterum vero, se
irrito conatu extremae unctionis ordinem in libris ecclesiasticis quaesi-
visse; sacerdotes autem in Echmiadzin eandem cum baptismo regulariter
conferri dixisse, eo quod Armenis sparsis et oppressis, saepiusque in

---

[1] In navigatione novi orbis c. 134. — [2] Quaesita 42. 44. 48—50. de baptismo
(Bibl. Orient. T. III. P. II. p. 267. sqq.) — [3] T. III. p. 682. sq. — [4] T. III. p. 305. sq.
— [5] Missionary researches in Armenia ap. Daniel Cod. liturg. IV. 2. p. 508. not. 1.

locis, ubi sacerdotis copia non est, commorantibus, statim in ipso ortu, quae ad salutem necessaria sint, conferre oporteat. Extrema tamen unctio adhuc in usu erat saeculo XIV., uti ex epistola anno 1318 a Joanne papa XXII. ad Osinium I. regem scripta sequitur, in qua conqueritur, quod apud Armenos sacerdotes simplices oleum infirmorum benedicant. Maschdoz etiam, ex quo ritum hujus sacramenti edemus, conscriptus est anno 1415. Verumtamen jam tempore concilii Florentini non amplius adhibebatur ordo ille, remanseruntque tantum ritus quidam, qui per modum sacramentalium appendices extremae unctionis erant, uti benedictio et unctio butyri in Feria V. Domini, et unctio olei in sacerdotibus defunctis peragenda. Rationes autem neglectae infirmorum unctionis eaedem fuisse videntur, uti apud Nestorianos: praeterea vero peculiaris ista, quod in majori Armenia oleum olivae rarum magnique pretii erat, unde ejus loco oleum sesami sive butyrum pro chrismate adhibitum vidimus, et in benedictione et unctione Feria V. majore peragenda, de qua modo locuti sumus, assumitur. Galanus[1] praeterea Armenos tradit quosdam, praesertim Vartanum, sacramentum poenitentiae cum extrema unctione confudisse, docentes per hanc unctionem confici poenitentiam, ac proinde ungendos esse poenitentes, non solum infirmos, sed et sanos. Unde Armeniorum complures ab auriculari confessione desuefieri incepisse. Quam ob causam factum esse, ut decerneret Armena ecclesia, ne ulli unquam ministraretur deinceps haec unctio, ne ipsis quidem infirmis, quantumvis extreme laborantibus, ut sic vana spes illa remissionis peccatorum neglecta confessione obtinendae omnino praecideretur. Porro id ipsum a Gregorio Datteviensi pro ratione neglectae unctionis infirmorum tradi refert. Armeni et Chaldaei uniti ritu Latino in eorum linguam verso utuntur. Sed et alii inter Orientales negligentiores in administranda unctione extrema se exhibuisse videntur, cum etiam de Maronitis conquestus fuerit Dandinius[2], quod oleum extremae unctionis ad morientes non deferant, sed tantum crucem iis afferant eosque incensent. Coptitae etiam, Abudacno[3] Coptita teste, extrema unctione fere nunquam utuntur. Conquerendum generatim est, quod de hoc sacramento parum agant Orientales, parumque eorum hac in re mores observarint, qui de eorum ritibus scripserunt.

§. 2. De materia extremae unctionis.

Oleum olivae, idque benedictum, ad unctionem extremam adhibendum esse, retinent Orientales, nisi Armenos forsan excipias, qui aliquando butyrum loco olei usurpasse videntur.

Benedictio olei infirmorum apud Orientales non solum ab episcopo, hoc est a patriarcha peragitur, cui reservata est, sicut chrismatis consecratio, sed et a presbyteris, cum eo utuntur: unde et singuli Orientalium extremae unctionis ordines ritum benedicendi olei continent. Unde duplicem benedicendi ritum distinguunt Syri: alterum, quem „lampadem

[1] T. III. p. 632. sq. 633. — [2] P. 114. — [3] Hist. Jacobitarum ed. Sigeb. Havercamp. Lugd. Bat. 1740. c. 16.

majorem" dicunt, qui feria quinta mysteriorum seu hebdomadis majoris
quolibet septennio fit a patriarcha Antiocheno Jacobitarum; alterum,
quem „minorem lampadem" vocant, qui, quoties opus fuerit, celebratur
a presbyteris sacramenti ministris [1]. Nomen autem lampadis benedictioni
tribuitur, quod oleum infirmorum in lampade consecrari soleat. Armenorum quondam disciplina ea fuit, quae in canone [2] Macario Hierosolymitano adscripto occurrit. Postquam nempe chrismatis consecrationem
archiepiscopo reservavit, haec addit: „Oleum vero mortuorum, infirmorum et catechumenorum presbyteri et episcopi seorsum benedicant." Joannes vero Philosophus [3] eorum patriarcha: „Oportet sacerdotem benedicere oleum infirmorum orationibus propriis adhibitis, quantum sufficit
illius horae usui." Id autem feria quinta majoris hebdomadis ab episcopis et apud ipsos factum fuisse, ex iis sequitur, quae a Galano [4] referuntur, eo die butyrum benedici iisdem fere verbis, quibus infirmorum
oleum ab episcopo benedicendum est, eoque post lotionem pedum ab
episcopo factam plebem a sacerdotibus in pedibus inungi. Exprobrat
Dandinius [5] Maronitis, quod oleum extremae unctionis in parvis lagenis
vitreis exigua cum devotione asservent, quod in quantum lagenas attigit,
durius erat, cum ejusmodi apud Orientales et in ipsa antiquitate occurrat.
Id tamen, quod de asservato oleo narrat Dandinius, de eo valet, quod
non a sacerdotibus benedictum fuit. Nam istius si quid supersit, ex
Orientalis ecclesiae disciplina comburi debere, nec pro altero infirmo
asservari tradit synodus Libanensis anni 1736 [6].

Benedictionem olei infirmorum a patriarcha Coptorum peragendam
indicatam non invenimus in codicibus Vaticanis ab Assemano et Eminen-
tissimo Maio descriptis, neque apud Tukium est, neque a Vanslebio
enarratur, sicuti chrismatis et olei catechumenorum consecratio. Nescio,
utrum concludere inde oporteat, benedictionem istam apud Coptitas cum
administratione sacramenti semper conjunctam esse, neque aliam haberi,
nisi eam quae fit, cum aegroti unguntur a presbyteris, vel episcopis, qui
unctionis sacramentum saepius quam apud nos conferunt, eamque jamdudum sacerdotibus committi apud Coptitas. De benedictione olei infirmorum praecepit Echmimensis, ne chrisma immisceretur, neque oleo, quo
utuntur in poenitentibus quibusdam, qui cum unctione reconciliantur [7]."

Quaenam sint partes corporis, quae apud Orientales unguntur, nullibi indicatum invenimus, nisi quod Bernatus [8] de Coptis tradit: unicam
unctionem memorat, quae in fronte fiat. Sed et Vanslebius [9] de unica
unctione loquitur, quae a sacerdote seniore peragatur. Ex rituali autem
Gabrielis patriarchae apud Renaudotium [10] et euchologio Tukiano et codice Vaticano 78. omnes sacerdotes ungunt, utrum in diversis partibus,
non est expressum, et ideo neque videtur admittendum. Si concludere
liceat ex ritu ungendi sacerdotes defunctos, quem Armeni ex unctione
extrema deduxerunt, ungebant ipsi aegros in fronte, in vertice et in manu
dextra, in formam crucis, ter in unaquaque parte, quod sane ritui Grae-

---

[1] Steph. Evod. Assemanus in Bibliothecae Mediceae codicum Mss. orientalium
catalogo Florent. 1742. p. 87. sq. ad cod. 51. — [2] Can. 4. p. 271. — [3] Cap. 11. p.
304. — [4] T. III. p. 647. — [5] p. 114. — [6] Ap. Trombelli de extr. unct. T. III.
p. 102. sqq. n. 3. — [7] Ren. Perpétuité l. 5. c. 2. col. 922. — [8] Ap. Legrand. Diss.
12. p. 337. — [9] Hist. p. 212. — [10] Perpétuité l. 5. c. 2. col. 922.

corum simillimum foret, ad quem plus minusve accedere Orientales credendum est.

§. 3. De forma extremae unctionis.

Rituales libri ecclesiarum Orientis parciores se exhibuerunt in exprimendis rubricis extremae unctionis. Unde hac de re tum ex iis, quae adsunt, Orientalium indicationibus, tum ex Graecorum rituali concludere oportet. Apud Graecos ab unoquoque sacerdote, postquam officium suum absolvit, ungitur aegrotus orationem pronunciando unam eamdemque, cujus initium est: „Pater sancte, medice animarum et corporum, etc., quae in forma duplici, breviori et ampliori existit. Eadem oratio formae brevioris, aliquibus minoris momenti immutatis, occurrit in ordinis Coptici Tukiani fine et in Vaticano ordine codicis 78., cum peractis septem benedictionis officiis presbyteri infirmum ungunt, ab unoquoque eorum dicenda, his verbis incipiens: „Deus, pater bone, medice corporum et spirituum" etc. Occurrit etiam eodem loco et quoad summam eodem tenore in ordine Syriaco: „O Domine sanctissime, qui sanas animas et corpora" etc. Sane synodus Libanensis [1] modo allegata testatur, in antiquioribus ritualibus omnes formas, etsi non uno modo descriptae sint, sensum reddere orationis illius Graecorum: Pater sancte, eamque ex more Orientalis ecclesiae adhibere presbyteris concedit. Ex analogia concludendum erit, in officio Armenorum unam ex ultimis orationibus formam repraesentare. Inter quas illa praeferenda forsan erit, quae incipit: „Christe Deus noster" etc., in qua sola subjectum in singulari et determinate designatur.

Quoad Coptitas addendum est, Bernatum aliam quidem formam indicare, quae sonat: „Deus te sanet in nomine Patris et Filii et Spiritus Sancti." Verumtamen id de sacerdote enunciat, qui solus extremam unctionem administret: unde concludi poterit, hanc formam forsan in casu minoris solennitatis majorisque ob necessitatis causam brevitatis usurpatam fuisse. Ejusmodi casus in ordine nostro Vaticano indigitatur, cum aegrotus ad ecclesiam deferri nequit. Ipsi Graeci, teste Theodulfo Aurelianensi [2], breviorem etiam, quondam saltem, formam adhibebant: „Ungo te in nomine Patris et Filii et Spiritus Sancti, ut oratio fidei salvet te, et alleviet te Dominus, et si in peccatis sis, remittantur tibi."

§. 4. De ministro extremae unctionis.

Presbyterali ordine insignitum esse debere unctionis infirmorum ministrum, in verbis S. Jacobi tam clare continetur, ut hac de re dubium nullum unquam exortum sit. Quodsi ex canone Jacobi Edesseni de diaconissa dici refertur [3]: „Item visitet et ungat gratia mulieres aegrotantes:" id de unctione per modum sacramentalis est intelligendum. In ipso etiam textu Jacobi [4] id unum dicitur, diaconissam visitare mulieres aegrotantes ipsisque inservire.

Cum S. Jacobus inducendos dicat ad ungendum presbyteros, plurali, qui genus potius hominum, quam numerum significet, et id quod fieri

[1] N. 5. — [2] In Capitulari II. (Migne Patrol. lat. T. 105. col. 221) — [3] In Pontificali Cod. Ecchellen. 4. p. 144. ap. Asseman. Bibl. Orient. T. II. Diss. de Monophysitis n. X. — [4] Can. 23. 24. ap. Lamy.

possit, non quod fieri debeat: antiquitas tamen inde, ad majorem solennitatem majoremque orationum sacramentum comitantium vim, plures sacerdotes adhibendi usum deduxit. Unde et Orientales septem sacerdotes regulariter huic officio impendere solent, vel si non adsint, quinque, vel tres, vel si opus sit, etiam unum. Ex Bernato [1] apud Coptitas vel septem esse possunt presbyteri vel unus. Quodsi episcopus adsit, ipse solus septem ellychnia accendit septemque orationes recitat, presbyteri autem tunc lectiones et evangelia legunt, quod secus diaconi est officium, cum a presbyteris confertur sacramentum. Sed et tunc sacerdotes omnes ungunt, ut ex ordine nostro Vaticano sequitur, unus vero, si aegrotus ad ecclesiam deferri nequeat, post solennitatem super alium in ecclesia peractam. Apud Syros septem, vel iis deficientibus, saltem tres sacerdotes adhibendos esse, praecipitur in codice Florentino a Stephano Evodio Assemano [2] descripto. Denique ut ecclesiae Orientalis morem enunciat synodus Libanensis [3], addens, tunc unum vel omnes ungere formamque enunciare. Ordo autem a nobis edendus pro quinque tantum sacerdotibus dispositus est. Ordo Armenicus septem itidem sacerdotes adhiberi supponit.

§. 5. De subjecto extremae unctionis, ritibusque per modum sacramentalis ex ea deductis.

Ecclesia in sacramentalibus sacramenta imitari vel, ut ita dicamus, quantum in ipsa erat extendere quodammodo solita est, dum sacramentorum materiis fidelibus per modum benedictionis uti concessit. Unde antiquitus in Oriente oleum infirmorum variis ritibus etiam impendit, quibus morbis corporalibus et spiritualibus pro sua facultate mederetur. Unde oleo infirmorum ungi videmus in Oriente sanos etiam, ut a morbis praeserventur, quod jam apud Damascenum occurrit in sermone de defunctis tradentem, eum, qui aegrotum uncturus est, prius se ipsum ungere; videmus etiam, ungi aegrotos a non sacerdotibus, ut preces Ecclesiae eis applicentur, poenitentes in morbi spiritualis remedium; unctionem olei nubentibus applicari in signum et sacramentale poenitentiae, imo mortuos oleo infirmorum in aliquod poenitentiae complementum perliniri, eo modo, quo nos eos aqua benedicta perfundimus, ut suffragiis nostris a peccatorum poenis liberentur. Qui ritus jam apud scriptorem illum, uti videtur Alexandrinae ecclesiae, occurrit, qui Dionysii Areopagitae nomen prae se fert [4]. Unde factum est, ut viatores vel missionarii usuum antiquitatis ignari, in ejusmodi quae apud Orientales deprehendebant, fallerentur, putarentque eos falsas de subjecto extremae unctionis opiniones fovere. Certum videtur, Orientales extremae unctionis oleum per modum sacramenti et cum ritibus officii sacramentalis nonnisi graviter aegrotis impendere, potiusque in eo peccare, quod hoc sacramentum non sufficienter aegrotis praestent, quam quod ejus usum

---

[1] Ap. Legrand diss. 12. p. 387. et ap. Sollerium p. 146. n. 220. — [2] Bibliothecae Mediceae codicum Mss. Orientalium catalogus. Florentiae 1742. p. 87. cod. 51. — [3] N. 3. — [4] De ecclesiastica hierarchia c. 7.

nimium extendant. Hoc igitur sensu intelligenda erunt; quae de subjectis, quibus oleum infirmorum impertiuntur, relaturi sumus.

Coptitas Bernatus [1] et post eum Sollerius [2] testantur, morbos latiori
sensu intelligentes, tria morborum genera distinguere: corporis, animae,
quae sunt peccata, spiritus, quae sunt afflictiones: in his omnibus unctionem prodesse censentes. Unde et poenitentes, saltem ab apostasia,
ungunt. Cum vero extremam unctionem tribuunt, ungunt etiam diaconum et assistentium quemlibet, ne, ut aiunt, spiritus malignus ad eorum
quemdam transeat. Mortuos etiam ungunt, sed eo tantum oleo, quod
ex lampadibus coram Sanctorum imaginibus appensis desumitur. Denique inter codices Vaticanos est quidam Syriacus [3] a Syro Monophysita
conscriptus, sed et arabice habetur, qui continet ordinem lampadis juxta
ritum Syrorum et Aegyptiorum in quinque officia divisum, nempe in officium pro infirmis, pro iter agentibus, pro quacunque necessitate, pro
gratiarum actione, denique pro catechumenis, energumenis et poenitentibus. Ritus isti ob communionem quamdam rituum, quae inter Monophysitas Alexandrinos et Antiochenos ex professionis unitate fluens inter-
cedebat, utrorumque erat, uti a scriptore dicitur, utrorumque moribus
indagandis inservire oportet. Ex rituali Gabrielis patriarchae [4] presbyteri in sacramenti administratione se invicem ungunt et assistentes.
Ordo noster ex Vaticano codice sacerdotes se invicem ungere jubet, et
aegroto injungi, ut seipsum per septem dies ungat, uti et Vanslebius [5]
tradit, aegrotum per septem dies inungi. Idem ordo Vaticanus praecipit,
ut, si infirmus gravius aegrotans ad ecclesiam accedere nequeat, alius
ipsius loco ungatur, ipse vero postea domi ab uno sacerdote.

Sed et peculiaria Syrorum monumenta extensiorem olei infirmorum
apud eos usum indicant. In ecclesia Syrorum, tum Jacobitarum, tum
Maronitarum, presbyteros oleo infirmorum bene valentes et poenitentes,
imo et semetipsos ungere, hanc tamen unctionem non pro sacramento habere testatur Stephanus Evodius Assemanus [6] et synodus
Libanensis [7], quae expresse prohibuit, ne hoc oleum iisdem, quibus oleum infirmorum precibus benediceretur et administraretur. Me-
morari etiam hic debet codex alter Syriacus Vaticanus [8] praeter modo
allegatum, in quo est ordo lampadis pro poenitentibus, tam sanis, quam
infirmis, in officia quinque distributus, quorum unoquoque expleto, ellych-
nium unum accenditur, in fine vero quinti officii sacerdos manum capiti
poenitentis imponens orationem absolutionis recitat. Apud Syros, Maronitas et Jacobitas, post mortem presbyteros oleo ungi, testatur alter
Assemanus [9]. Idque revera habetur in Barhebraei [10] nomocanone, apud
quem in directione haec habentur de sacerdotum sepultura: „Postea
orat sacerdos orationem, quae super unguentum est, et projicit super
pectus ejus cruciformiter tribus vicibus dicens: Ad quietem ex laboribus
et ad liberationem ex afflictionibus et ad suavitatem, quae cum sanctis,
in nomine Patris et Filii et Spiritus Sancti.“ Quoad saeculares ordinatur,

[1] Ap. Legrand diss. 12. p. 337. — [2] P. 146. n. 219. 221. — [3] Bibl. Or. T. I.
p. 301. 624. T. II. p. 503. T. III. P. I. p. 636. — [4] Perpétuité l. 5. c. 2. — [5] Hist.
Part. 4. sect. 3. c. 4. p. 212. — [6] Bibliothecae Mediceae codicum Mss. orientalium
catalogus n. 51. p. 88. — [7] N. 9. — [8] Bibl. Or. T. III. P. I. p. 636. — [9] Bibl. Or.
T. II. Diss. de Monophysitis n. 5. T. III. P. I. p. 575. — [10] Cap. 6. sect. 1. p. 37.

ut pulvis loco unguenti projiciatur super linteamina, super faciem ejus, ac pectus ejus, et pedes ejus. Diversus plane est Nestorianorum usus, uti ex Timotheo II. sequitur, qui in libro de sacramentis Ecclesiae [1] ait: „Plerique ecclesiastici, qui aliena dogmata tenent, defunctos ungunt dicentes, etiam post obitum cum defunctis malas virtutes pugnare. Apud nos vero istius unctionis loco pulverem sacerdos consecrat eoque defunctum aspergit."

Armeni presbyteri, referente Galano [2], feria quinta majoris hebdomadae fideles omnes in ecclesia post lotionem pedum ab episcopo factam in pedibus, absque ulla verborum formula, inungunt, quamvis non oleo, cum maxima sit illis in provinciis olei raritas, sed butyro, quod tamen iisdem fere verbis tunc ab episcopo benedicitur, quibus infirmorum oleum benedicendum est. Animadvertit tamen ipse Galanus, hanc unctionem ab ipsis non per modum sacramenti adhiberi, sed ad excitandam tantum populi devotionem in memoriam unctionis illius, quam Maria Magdalena illo tempore in Domino peregit, uti verba orationis ab illo refertae etiam prae se ferunt, tum ad praeservandos per sacramentale istud fideles a morbis aliisque malis. Unctionem olei etiam ipsi in sacerdotibus defunctis perficiunt, cujus ritum descripsit Serposius [3] et contra Galanum merito defendit, nosque infra edituri sumus. De quo Gregorius Datteviensis apud Galanum [4]: „Porro hujus unctionis sacramentum perficimus supra defunctos sacerdotes. Ungimus enim illos, quasi luctatores, ut cum pravis spiritibus hujus aeris viriliter decertare valeant, ac, dum eos ungimus, dicimus: Benedicatur, ungatur et sanctificetur manus, vel frons, aut vertex hujus sacerdotis, per signum istius sanctae crucis, per hoc evangelium, et hoc sanctum chrisma, in nomine Patris et Filii et Spiritus Sancti, Amen." Unde factum est, ut, cum Armeni aegrotorum vivorum unctionem negligant, quidam [5] dixerint, eos extremam unctionem nonnisi mortuis, solisque personis sacris conferre. Denique unctos etiam olim fuisse poenitentes apud Armenos, eamque unctionem ansam dedisse, ut negligeretur sacramentum poenitentiae, ex Vartano et Gregorio Datteviensi apud Galanum [6] sequitur.

---

[1] C. 3. sect. 2. (Bibl. Orient. T. III. P. I. p. 575) — [2] T. III. p. 647. sq. — [3] T. III. p. 851. sqq. — [4] T. III. p. 633. — [5] Tournefort p. 165. 167. — [6] T. III. p. 632. sq. 633.

RITUS BAPTISMI ET CONFIRMATIONIS.

Monitum praevium.

Ordines catechumenatus, baptismi et confirmationis Assemanus in Codice liturgico Ecclesiae universae sejunctos tradidit. Nos haec tria conjuncta edere maluimus, quia ritus initiandorum catechumenorum a baptismi officio etiam apud Orientales non amplius separantur, ex quo ordinario nonnisi infantes, disciplinae catechumenatus incapaces, baptizantur. Ritus autem confirmationis et baptismi, cum utrumque sacramentum simul adhuc apud Orientales conferri soleat, ita sunt connexi, ut aegre distingui queant et multa ad baptismum pertinentia confirmationem subsequantur. Visum itaque est simplicius, ordinatius et commodius, ista officia conjuncta relinquere, sicuti sunt in Orientalium euchologiis.

Ritus baptismi et confirmationis ecclesiae Alexandrinae Jacobitarum.

I. Ordo baptismi et confirmationis.

(Ordinem hunc Coptice et Latine ex codicibus bibliothecae Vaticanae et monasterii S. Stephani Aethiopum de Urbe edidit Assemanus in Codicis liturgici Ecclesiae universae T. I. p. 141. sqq. T. II. p. 150. sqq. T. III. p. 82. sqq. Codicem a Tukio ex Aegypto allatum, ritus Alexandrinae ecclesiae accuratissime exhibentem, fideliter transscriptum et cum Vaticanis collatum sibi communicasse Tukium, in praefatione ait Assemanus. Tukius autem in approbatione ordinem Assemanianum se cum codice suo contulisse et de verbo ad verbum consonantem fideliterque translatum esse, testatur. Eundem ordinem Renaudotius latine transtulit in opere suo Ms.: officia varia sacramentalia Coptitarum et Syrorum latine versa cum commentariis, T. II. P. II. fol. 2. sqq., ex codice, uti videtur, Seguериano (Montfaucon Bibliotheca bibliothecarum p. 1045.). Contulit etiam cum Abulbircata, qui eum summatim exhibet, orationes primis vocibus designando et Abusebah, auctore Scientiae ecclesiasticae. Ordinem Aethiopum, qui idem est, in eorum linguam translatus, latine edidit Petrus Aethiops, Comos sive archipresbyter, qui alias Tesfa Sion dicebatur, hoc titulo: Modus baptizandi, preces et benedictiones, quibus utitur ecclesia Aethiopum, ex lingua Chaldaea seu Aethiopica in latinam conversae a Petro abbate Aethiope, Romae 1548, tum Bruxellis apud Verhusselt, sed excusus Lovanii apud Cornwels 1550. Ex quo opere illatus est in Bibliothecas Patrum et demum in Cl. Migne Patrologiam latinam T. 138. col. 927. sqq. Nos versionem Assemani recudimus, aliorum collationes superaddentes. Est autem ordo Renaudotii brevior et uti videtur antiquior.)

1. Ordo baptismi et confirmationis Coptitarum ex Assemano.

Officium sancti baptismi.

Oratio super matrem infantis *).

Sacerdos: Dominator [1] Domine, Deus [2] omnipotens Pater Domini, Dei et salvatoris nostri Jesu Christi [3], creator saeculorum, et rector naturae nostrae [4], qui famulum tuum Moysen in lege tua instituisti eumque docuisti institutionem mundam, quae convenit omni feminae, quae parit, et praecepisti eis [5], ne ad sanctuarium tuum [6] acederent, sed quoad libe-

---

[1] AR deest Dominator. — [2] A add. noster. — [3] R deest Pater .... Christi. — [4] R dispensator eorum, quae habemus usque a nativitate. A qui nativitatem nostram fecisti. — [5] R deest et praecepisti eis, add. ut manerent per paucos dies ipsis constitutos separatae. A add. ut scilicet modicum temporis separaretur. — [6] A sancta tua.

*) De iis, quae baptismum praecedunt, haec tradit Vanslebius in sua patriarcharum Alexandrinorum historia. Nomen infanti septimo a nativitate die imponitur, non autem cum baptizatur (p. 81.). Porro haec (p. 206. Part. 4. sect. 3. c. 2. §. 1.), de modo purificandi infantem. Die octavo presbyteri ad domum baptizandi accedunt, bacile aqua replent, septem lampades accendunt et orationes lectionesque peculiares recitant, deinde infantem lavant et benedicunt, et omnes, qui de domo ejus sunt, et si parentes nomen ei imponere velint, presbyteri ad hoc peculiarem orationem recitant. Deinde de purificatione mulieris post partum (p. 207. Part. 4. sect. 3. c. 2. §. 2.). Cum mulier post partum se in ecclesia praesentat, oportet ut ad portam consistat, et dum ibi manet, sacerdos orationes et lectiones huic ritui proprias recitat, deinde matrem ungit et infantem. Tunc in ecclesiam ingreditur et missae assistit, in qua sacram communionem suscipit. Haec purificatio regulariter peragi debet, cum mulier die quadragesimo vel octogesimo a partu cum infante ad baptismum accedit, uti refert Assemanus (Cod. Liturg. T. II. p. 150. not.). Et uti testantur Vanslebius (Hist. p. 208.) et Bernat (ap. Legrand diss. 11. p. 314.) baptismus ab oratione super matrem infantis et tunc super infantem incipit, cum mater decentissime ornata cum infante et ipso decentissime vestito ad portam ecclesiae se sistit, ubi a sacerdote recitatur oratio, quae supra, vel totum officium purificationis, quod infra integrum in ordine Aethiopum habetur, cum unctione a Vanslebio memorata. Haec fiunt media nocte, ut ait Thomas a Jesu (p. 157.), vel ut distinctius habet Vanslebius (Beschreibung p. 82.), post officium mediae noctis. Denique hoc etiam addit Vanslebius (Hist. p. 207. Part. 4. sect. 3. c. 2. §. 2.) de obstetricibus. Obstetrix etiam pro immunda habetur per viginti dies, si puer natus fuerit, et per quadraginta dies, si puella, et hoc tempore non licet ei accedere ad sacra mysteria.

~~rentur, sese~~ continerent. Ita quoque ~~rogamus~~ et obsecramus bonitatem tuam, o ~~amator~~ hominum [1], pro hac ancilla tua [2], quae legem tuam
servavit, ac ~~mandata~~ tua implevit [3], seque dignam reddidit [4], quae sanctuarium tuum ingrederetur, ut adoret coram templo tuo [5], et desideravit
percipere tua [6] vivifica sacramenta. Rogamus et quaesumus te, o bone [7],
o amator hominum, benedic huic ancillae tuae [8], purifica, ac libera eam
ab omni immunditie aliena [9] a tua sancta [10] puritate [11], ut digna sit communione sanctorum tuorum sacramentorum, quin incidat in judicium [12].
Huic etiam infanti, qui natus est ex ea, dominator noster [13], benedic,
sanctifica, protege [14] et confirma eum [15], perduc eum ad metam suae
aetatis, ut [16] adolescat juxta tuam sanctam ac beatam [17] voluntatem; conserva, et [18] corrobora eum in orthodoxa tua fide, in spe, pace [19], et
charitate tua per unigenitum Filium tuum Dominum nostrum Jesum Christum, per quem [20] etc.

Initium sancti baptismi.

Dic. Psalm. 50. Sacerdos dicat orationem gratiarum actionis)
et interrogat nomina baptizandorum.*

Diaconus**): Orate, Kyrie eleison, Dominum precemur.

Sacerdos [21]: Dominator [22] Domine [23] Jesu Christe, qui inclinasti coelos, et descendisti in terram, cujus verbum scidit petras, et penetrabilius
est omni gladio, cujus praesentia commotae sunt aquae et retroconver-
sae sunt, sana hos parvulos, qui ad catechesim ingrediuntur [24], ostende
eis viam convenientem ipsis, per quam incedant, et instrue eos [25] per
gratiam Spiritus tui Sancti, ut sint in [26] donum incorruptibile Spiritus
tui Sancti [27], da eis remissionem peccatorum suorum, et gratia tua concede, ut assequantur medelam peccati mortiferi [28], et fiant digni puro [29]
baptismo, qui est regeneratio [30], et obtineant lavacrum baptismatis imma-

---

[1] R Domine A deest. — [2] A. add. N. deest hac. — [3] A deest ac mandata tua
implevit. — [4] A et optat R desiderat. — [5] A altare tuum sanctum. — [6] A add.
sancta et. — [7] A deest o bone. — [8] A deest huic, add. N in hac hora. — [9] A ma-
ligna. — [10] R deest sancta. — [11] A quae propellit a regia tua sancta. — [12] A deest
quin .... judicium. — [13] RA Domine. — [14] RA deest protege. — [15] A add. da ei
virtutem et protege eum. — [16] A Fiat timens et. — [17] RA deest ac beatam. —
[18] R deest conserva et. — [19] R deest pace. — [20] R cui tecum debetur honor laus
et gloria. A cum quo tibi convenit una cum S. Spiritu gloria et gratiarum actio in
saecula saeculorum. Amen. — [21] R hanc orationem sequenti postponit. — [22] RA
deest Dominator. — [23] A add. noster. — [24] R crescere fac illos catechumenos. —
[25] A deest et instrue eos. — [26] R consequantur. — [27] A deest ut sint in donum
.... Sancti. — [28] A peccatorum suorum, quae coinquinant. — [29] RA sancto. — [30] A
add. incorruptibilis.

*) Hanc apud Coptitas usitatissimam in omnibus ritibus orationem vide
ap. Renaudot Liturg. Orient. Coll. T. I. p. 2., orationem thuris p. 4., orationem
absolutionis ad Filium p. 3., orationem absolutionis ad Patrem p. 21. orationem pro pace p. 9., pro congregatione p. 10., pro Ecclesia p. 11. Sunt etiam
orationes dicendae ad lectionem Apostoli p. 5., ad catholicon ad actus Apostolorum p. 6., ad evangelium p. 6. 8. Quae semel notasse sufficiat.

**) Ex Thoma a Jesu (p. 157.) et ordine Aethiopum, qui lectionem ab
eo legendam indicat, assistit etiam subdiaconus. A ministris autem, teste
Vanslebio (Beschr. p. 82.) deferuntur infantes in ceremoniis baptismi.

culati per Spiritum tuum Sanctum [1], et firmam intelligentiam puro videant oculo [2], teque glorificent, Deus: tibi enim convenit gloria [3] cum
in Patre tuo bono, ac Spiritu Sancto in saecula. Amen.

Oratio dicenda super catechumenos.

Diaconus: Orate.

Sacerdos: Dominator [4] Domine Deus [5] omnipotens, Pater Domini Dei
et salvatoris nostri, Jesu Christi, rogamus, et obsecramus bonitatem
tuam, o amator hominum, famulis [6] tuis catechumenis, qui edocti sunt [7],
miserere [8]: confirma eos [9] in fide tua [10], et omnes reliquias idololatriae [11]
propulsa a cordibus eorum, legem tuam, timorem tuum [12], sancta [13] mandata tua, et veritates tuas, ac praecepta tua [14] confirma in cordibus illorum; da eis, ut intelligant, et [15] conservent verba, quae edocti sunt [16],
ut tempore stato regenerationem, remissionemque [17] peccatorum suorum
promereantur, ac praepara eos [18], ut sint templum Spiritus tui Sancti per
gratiam et miserationes etc.

Oratio super oleum catechumenorum *).

Sacerdos accipiat vas olei prae manibus, et Diaconus dicat: Orate.
Dominum precemur.

Sacerdos [19]*:* Dominator Domine omnipotens [20], Pater Domini Dei et
salvatoris Jesu Christi, rogamus et obsecramus bonitatem tuam, o amator
hominum, qui es unus, ac unicus Deus verus cum unico Filio tuo Jesu
Christo, Domino nostro ac Spiritu Sancto [21], ut aspiciens respicias super
plasma tuum hoc olei, fac, ut sit liberum a [22] daemonibus, eorumque
veneficiis, et incantationibus, et ab omni idololatria, transfer autem, et [23]
commuta [24] illud, ac fac oleum unctionis, et [25] catechumenatus [26], quod
animam fidelem [27] faciat in Jesu Christo Domino nostro, per quem etc.

Alia oratio super oleum.

Diaconus: Orate, Dominum precemur.

---

[1] A loco istorum et obtineant etc. habet et obtineant Spiritum S. — [2] A ut
videant magnitudinem ejus et claritatem et virtutem intelligentiae tuae. R ut videant oculo puro, intelligente et firmo. — [3] R deest tibi ... gloria. — [4] RA deest Dominator. A add. Pater bone. — [5] A add. noster. — [6] A pro famulis tuis. — [7] A docentur. — [8] A deest miserere. — [9] A erudi eos. — [10] A deest in fide tua. — [11] A
add. elonga et. — [12] R add. praecepta et. — [13] A deest sancta. — [14] A add. sancta.
— [15] A deest intelligant et. — [16] A virtutem verbi tui, quod docentur. — [17] AR lavacrum regenerationis in remissionem. — [18] A deest praepara eos ut. — [19] A postponit hanc orationem sequenti. — [20] A Domine, o Domine, Pater bone, Deus noster
omnipotens. — [21] R tu qui solus unus es Deus verus et Filius tuus unigenitus et
Spiritus S. A qui solus es Deus justitiae cum etc. — [22] R efficax ad depellendos A
repellat omnes. — [23] AR deest transfer autem et. — [24] R purifica. — [25] AR deest
unctionis et. — [26] A unctionem mundam. — [27] A credere in Jesum.

*) Assemanus, testante Tukio, tria olea a Coptitis in baptismo adhiberi
animadvertit: oleum simplex, quo a sacerdote benedicte hic prima vice ungitur catechumenus; tum oleum catechumenorum, quod et sanctum vocant; denique oleum chrismatis, quorum benedictiones sunt in Pontificali. Quamvis
ignorantes Coptitae primum cum altero confundant, vocantque catecheseos seu
catechumenorum, quod nonnisi largiori sensu valet, in quantum prima vice eo
ungantur catechumeni. Tria autem olea infunduntur in aquam baptismalem,
cum consecratur.

Sacerdos: Dominator [1] Domine Deus [2] omnipotens, Pater Domini Dei et salvatoris nostri Jesu Christi, unigeniti Filii ac [3] Verbi tui, qui crucifixus est pro nobis sub Pontio Pilato, et confessus est confessionem bonam; rogamus [4] et obsecramus bonitatem tuam, o amator hominum, emitte virtutem tuam sanctam super hoc oleum, ut sit oleum catecheseos, et propugnaculum contra omnia opera [5] adversarii, et [6] omne veneficium, et incantationem et idololatriam, et retrovertat [7] omne opus malum, per unigenitum [8] Filium tuum Dominum Deum, et salvatorem nostrum, Jesum Christum, cum quo tibi [9] convenit gloria et decus una cum Spiritu Sancto in saeculum et in saeculum saeculorum. Amen.

Unge frontem, cor et scapulas dicens: Ungimus te in nomine Patris, et Filii et Spiritus Sancti, unius Dei.

Unge frontem: Ungimus te oleo catecheseos, N. in unica, sancta, catholica, et apostolica Dei Ecclesia. Amen.

Unge cor, et manus, eorumque superiorem partem, sic dicens: Hoc oleum destruat omnem vim adversarii. Amen. *Respondet,* Amen.

Postea sacerdos dicat orationem gratiarum actionis et illorum genua incurvet.

Diaconus: Dominum precemur.

Sacerdos: Benedictus es Dominator Domine Deus [10] omnipotens: benedictum Sanctum nomen gloriae tuae [11]. Benedictus est unigenitus tuus Dominus noster Jesus Christus, per quem vocasti omnes gentes a tenebris ad lumen veritatis mirabile et ab errore ac vanitate idolorum ad agnitionem veritatis.

Diaconus: Orate.

Sacerdos: Tu vocasti famulos tuos [12] in [13] nomine tuo sancto, ac benedicto; scribe nomina eorum in libro tuo [14], connumera eos cum populo tuo, et cum omnibus timentibus te [15]. Praesta eis, ut perveniant in aetate adulta [16] ad fidem, et remissionem peccatorum, praepara eos in templum Spiritui tuo Sancto per unigenitum Filium tuum Jesum Christum Dominum nostrum. Per quem etc.

Diaconus: Dominum precemur.

Sacerdos petit nomina baptizandorum et orat super eos dicens: Item rogamus te Deus [17] omnipotens Pater Domini Dei et salvatoris nostri, Jesu Christi, pro his [18] famulis tuis, qui nomina sua dederunt [19], et ad fidem gratia tua accesserunt [20], ut dignos eos facias, qui fruantur gratia, ad quam venerunt, baptismo scilicet regenerationis, remissionis peccatorum [21], ad quem [22] accesserunt [23], et emundentur a peccato mun-

---

[1] AR deest Dominator. — [2] A Domine, o Domina, Pater bone, Deus noster. — [3] R deest Filii ac. — [4] A Filii tui, Verbi incarnati propter nos tempore Pontii Pilati (hoc enim vere credimus) eramus. — [5] R catecheseos destruens omnem operationem. — [6] A et fiat oleum in mundationem et propugnaculum contra omnia, quae adversantur. Amen. — [7] A retrovertatur, deest et. — [8] A per virtutem unigeniti. — [9] RA cui tecum. — [10] R deest Dominator, deest Deus. — [11] R deest benedictum tuae. — [12] RA Famulorum tuorum, quos. — [13] A ad. — [14] A vitae. — [15] A eos inter greges tuos et inter populum tuum, qui timet nomen tuum, o Domine. — [16] R deest in aetate adulta. — [17] A add. Pater bone et. — [18] A miserere. — [19] R quorum nomina scripta sunt. — [20] R deest et ad accesserunt. — [21] A regenerationem scilicet in remissionem peccatorum. — [22] A qui ad te. — [23] R deest baptismo — accesserunt.

danio [1], ac liberentur a servitute corruptionis [2], quia in manu tua est potestas misericordiae, et [3] omnium imperium, omnipotens [4] Domine Deus noster.

Diaconus: Orate pro his, quorum nomina scripta sunt, ut Dominus illos dignos reddat sancto baptismo et remissione peccatorum. Orate [5].

Sacerdos illorum incurvet genua et oret dicens:

Dominator [6], Domine Deus [7] omnipotens, Pater Domini Dei et salvatoris nostri, Jesu Christi, rogamus bonitatem tuam, et quaesumus, o amator hominum, famulorum tuorum, qui dederunt nomina sua [8], miserere; dignos illos effice gratia, ad quam accesserunt, obtineant Spiritum Sanctum tuum; repleantur virtute divina [9], assimilentur, et unum fiant cum unigenito Filio tuo, Domino nostro, Jesu Christo [10]. da eis mentem [11] mundam, cogitationem rectam [12], et sensus pios, propterea genuflexi [13] te rogamus, ut nobis des manum, ac e terra subleves nos, mentesque nostras, cogitationes [14], et intellectus excites atque [15] attollas: da nobis intellectum sapientem, et justum [16], et concede famulis tuis, ut Spiritus tui Sancti gratia [17] custodiantur [18], dirige eos in spem bonorum tuorum aeternorum [19] per unigenitum Filium tuum Dominum nostrum Jesum Christum, per quem etc.

Diaconus: Dominum precemur.

Tum sacerdos inflectat eorum genua, ac orans super eos dicat:

Item [20] rogamus, ac etiam atque etiam obsecramus te, Deus [21] omnipotens, Pater Domini Dei et salvatoris nostri Jesu Christi, pro famulis tuis, qui dederunt nomina sua [22], aperi aures cordium eorum; illumina illos lumine intelligentiae, dispone corda ipsorum ad firmam cogitationem verborum, quae edocti sunt [23], quia tibi est potestas misericordiae [24], omnipotens Domine Deus noster [25].

Diaconus: Orate.

Sacerdos: Dominator [26] Domine Deus omnipotens, Pater Domini Dei et salvatoris nostri, Jesu Christi [27], rogamus, et obsecramus bonitatem tuam, o amator hominum [28], ut per mysterium [29] nominis tui sancti [30] omnes virtutes [31], omnes spiritus adversarios, ac nequam repellas, et

---

[1] A in aeternum. — [2] A ab eorum turpitudine. — [3] A deest potestas misericordiae et. — [4] R deest et omnium .... omnipotens. — [5] A deest orate. — [6] R deest Dominator. — [7] A Domine, o Domine, Pater bone, Deus noster. — [8] R quorum scripta sunt nomina. — [9] R et impleantur Spiritu tuo Sancto et virtute tua divina. A ut inveniant Spiritum Sanctum et repleantur Spiritu tuo. — [10] R deest Domino .... Christo. — [11] A cor. — [12] R deest cogitationem rectam. — [13] A add. supplicamus tibi et. — [14] A deest cogitationes. — [15] A deest excites atque. — [16] R deest propterea genuflexi .... justum. A legit et doctrinam loco et justum. — [17] R add. sint muniti et. — [18] A Fac nos servos tuos et custodi nos gratia Spiritus Sancti. [19] A hos famulos tuos spe bonitatis tuae aeternae. — [20] A deest item. — [21] A Rogamus te, Domine, multiplicibus precibus et gemitibus rogamus bonitatem tuam, Domine. — [22] A add. rogamus ut. — [23] R confirmetque corda illorum, ut intelligant firmam certitudinem verborum, quibus per catechesin instituti sunt. A et des eis desiderium cognoscendi virtutem verbi tui quod docentur. — [24] A quia potestas, quae in te est, potestas est ad misericordiam. — [25] R quia in eo est potestas et magnificentia, omnipotente Deo et salvatore nostro. — [26] R deest Dominator. — [27] A Domine Jesu Christe, Deus et redemptor noster, qui omnia fecisti. — [28] R deest et obsecramus .... hominum. — [29] R invocationem. — [30] A ut latenter et invisibiliter per Spiritum Sanctum. — [31] A deest omnes virtutes.

coërceas[1], quia tu vocasti[2] famulos tuos, qui veniunt[3] a tenebris ad lucem, a morte ad vitam, ab errore ad agnitionem veritatis, et ab idololatria ad tui cognitionem, Deus veritatis[4]. Scrutare latebras cordium eorum, qui scrutaris Jerusalem lucernis[5], neque permittas spiritum malignum latere in eis, sed concede illis munditiem, et salutem, da eis salutem aeternam[6], regenera eos lavacro regenerationis, et remissionis[7] peccatorum, fac eos templum Spiritui tuo Sancto per unigenitum Filium tuum Dominum Deum et salvatorem nostrum Jesum Christum, per quem[8] etc.

Postea sacerdos inflectat genua eorum ac dicat:

Amator hominum misericors, genitor luminis[9], cujus est bonitas, dator dulcedinis[10], omnis puritatis scaturigo, qui ea, quae non erant[11], condidisti, et singulis creaturis mensuram, ac remissionem[12] dedisti; tu omnia commutare potes, eja Domine[13] hanc animam[14] commuta, eique praesta coelestem regenerationem, ut non sit filia carnis, sed filia veritatis in Spiritu Sancto[15] per unigenitum Filium tuum Jesum Christum Dominum nostrum.

Deinde sacerdos incurvet genua eorum et dicat:

Dominator, Domine Deus omnipotens[16], Pater Domini Dei et salvatoris nostri, Jesu Christi, largitor vitae, auctor bonorum animarum nostrarum, director eorum, qui te invocant, rogamus, et obsecramus te[17], o amator hominum, respice de coelo sancto tuo[18], et de sublimi sede gloriae[19] regni tui super hos famulos tuos, quorum tibi oblata sunt nomina in Ecclesia tua sancta[20], ad obsequium, et servitutem sancti nominis tui. Dispone eorum corda, o Domine[21], ut sint tibi vasa utilia[22]; Dominator bone[23], praepara eos ad omne opus bonum, elonga ab eis infidelitatem pristinam, ut sancta verba tua percipiant[24], et portent doctrinam fidei et mandata legis tuae[25]; spolia eos vetustate, innova eos[26] per spem vitae aeternae; dele in eis omnem vim inimici, scrutare latebras cordium[27] eorum ut tempore Jeremiae dixisti: scrutabor[28] Jerusalem lucerna[29]: nec permittas spiritum immundum, aut nequam latere in eis, ne deinceps sint membra carnea per cogitationes et mentis affectus[30]; sed da eis, ut sancto lavacro mundentur, concede eis verbum salutis aeternae; regenera eos lavacro regenerationis in remissionem peccatorum; fac eos templum Spiritui tuo Sancto per gratiam et miserationes[31].

---

[1] R; dissipes, compesce illos et destrue illes. A aboleas, coerceas et castiges eos. — [2] A add. populum tuum et hos. — [3] R ut veniret. — [4] R vere. A noster justissime (haec ad sequentia trahendo). — [5] A quemadmodum dicis: scrutabuntur Jerusalem lucerna sapientiae. — [6] R sanitatem deest aeternam. — [7] R remissionem; A in remissionem. — [8] A quia tibi cum eo et Spiritu Sancto convenit gloria et potestas in saecula saeculorum, Amen. — [9] A add. et vitae. — [10] A deest cujus est bonitas, dator dulcedinis. — [11] A omnia, quae facta sunt add. ab origine. — [12] A deest ac remissionem. — [13] A deest eja Domine. — [14] A retinet pluralem numerum per totum ordinem. — [15] A sed vere filii Spiritus Sancti. — [16] A Domine, o Domine, Pater bonus, Deus noster omnipotens. — [17] A qui dat vitam animabus nostris, dirige, quaesumus eos, qui eam quaerunt. — [18] A et sanctuario tuo. — [19] A deest gloriae. — [20] A qui dederunt nomina sua Ecclesiae tuae, deest sanctae. — [21] A deest o Domine. — [22] A electa. — [23] A Domine. — [24] A amplectantur. — [25] A et accipiant virtutem fidei tuae et mandata tua faciant. — [26] A deest innova eos. — [27] A corda. — [28] A ut dicis per Jeremiam prophetam: scrutabuntur. — [29] A add. sapientiae. — [30] A deest per ... affectus add. et mens mala. — [31] A deest et miserationes.

Postea sacerdos imposita manu super eum dicat:

In nomine Filii unigeniti Jesu Christi emundo, ac praeparo hoc corpus. In nomine Filii unigeniti Jesu Christi liberetur ab omnibus daemoniis, fugiant ab hoc corpore omnes tenebrae, et omnis cogitatio infidelitatis fugiat ab hac anima. In nomine Filii unigeniti Jesu Christi emundetur, et liberetur ab omnibus daemoniis in saeculum Amen.

Deinde denudetur baptizandus[1], et manus erectas in formam crucis teneat, et accedens diaconus manum ejus dexteram attollat, et abrenuntiet diabolo facie ad occidentem conversa, et sinistra pueri manus sit complicata ad pectus suum, et exclamet dicens versus illam partem: detrahantur autem ab illo omnia ornamenta aurea, argentea, vestes quoque et presbyter innuat diacono, qui ita patrino suggerat:

Abrenuntio tibi, Satana, et omnibus operibus tuis immundis[2] et omnibus daemoniis tuis nequam, et ministris tuis malis[3], et omni virtuti tuae et sordido tuo famulatui, et omnibus fraudibus tuis malignis et illecebris[4] et omni militiae tuae et omni potestati tuae, et reliquis omnibus impietatibus tuis.

Postea ter dicit: Abrenuntio tibi.

Et Sacerdos insufflet in faciem ejus ter dicens: Exi Spiritus immunde.

Tum diaconus illum ad orientem pentat et manibus ejus erectis dicat confessionem, quae sequitur:

Confiteor te[5] Christe, Deus noster, et omnes leges tuas salutares, et omnem religionem[6] tuam vivificam et omnia opera tua, quae vitam impertiuntur.

Deinde suggerat illi fidem, et dicat hoc modo[7]: Credo in unum Deum Patrem omnipotentem, et unigenitum Filium ejus Jesum Christum, Dominum nostrum, et Spiritum Sanctum, vivificantem, carnis resurrectionem, et in unam unicam catholicam, apostolicam, sanctam, quae illius est[8], Ecclesiam. Amen*).

Postea ter illum interroget: Credis?

Respondet: Credo.

Diaconus: Dominum precemur.

---

1 R plurilem retinet per totum ordinem. — 2 R deest immundis. — 3 R et angelis tuis malis omnibusque daemonibus tuis pessimis. — 4 R honori. — 5 R adhaereo tibi. — 6 R ministerio. — 7 R deest rubrica. — 8 R deest sanctam quae illius est.

*) In ritu, quem refert Ebnassal, haec renuntiationis formula habetur: „Abrenuntio tibi, Satanas, omnibus operibus tuis, omnibus exercitibus tuis, ministris tuis, omnibus, quae ad te pertinent, et omni impietati tuae." Tunc ad Orientem conversus: „Confiteor te, Jesu Christe Deus meus, et amplector omnes leges tuas. Credo in Deum, Patrem omnipotentem, et in Filium ejus unicum Jesum Christum Dominum nostrum, et in Spiritum Sanctum, carnis resurrectionem, et tuam sanctam Ecclesiam, unam, catholicam et apostolicam. Credo, Credo, Credo in sempiternum, Amen." Symbolum integrum nonnisi post evangelium dicitur (Renaudot, Perpétuité l. 2. c. 10. col. 774.

Sacerdos : Dominator, Domine Deus[1] omnipotens, Pater Domini Dei et salvatoris nostri Jesu Christi, qui creasti omnia[2], Domine coeli et terrae[3], qui dedisti cognitionem tuam[4] omnibus, qui in terra sunt, per unigenitum Filium tuum Dominum nostrum Jesum Christum, qui coelum eis[5] praeparavisti per vocationem istam, ac[6] tua virtute illos confirmasti[7]: confirma obedientiam hujus famuli tui[8], et praesta virtutem ei, ne redeat ad ea, quae dereliquit: confirma fidem ejus, ut nihil ipsum separet a te: confirma illum super fundamentum apostolicae tuae fidei[9], voca eum ad sanctum tuum lumen[10], dignum fac magna hac tua gratia, pelle ab eo vetustatem, renova vitam ejus, reple eum virtute Spiritus Sancti tui, ut unum sit in unigenito Filio tuo, et non sit in posterum filius carnis, sed filius veritatis[11], et fiat servus prudens, et fidelis per Jesum Christum Dominum nostrum, per quem[12] etc.

Diaconus : Humiliate capita vestra Domino.

Tum genua sua flectant et sacerdos orat super eos dicens:

Dominator, redemptor[13], hominum amator bone et[14] bonorum largitor, tu solus es, per quem perficitur hoc sacramentum[15], cui omne genu flectitur coelestium, terrestrium et infernorum, et omnis lingua confitetur tibi dicens, quia Dominus Jesus Christus est in gloria Dei Patris, et servus tuus iste, qui ad te confugit tibique genua flexit sua, idipsum confitetur[16].

Dicit Diaconus : Orate.

Sacerdos[17] : Propterea rogamus et obsecramus te, o amator hominum, pro hoc famulo tuo, custodi eum a malo, et a corruptione, et concede ei remissionem peccatorum suorum, omnem invidiam et omnem tentationem elonga ab eo: omnem infirmitatem et omnem languorem aufer ab eo[18]: scrutare abscondita animae ejus, illumina oculos intelligentiae ipsius[19] lumine agnitionis, omnem magiam et omnem incantationem et omne opus Satanae pelle ab eo: omnes reliquias idololatriae et infidelitatis evelle[20] a corde ejus: dispone animam ipsius ad recipiendum Spiritum Sanctum[21], utque mereatur obtinere lavacrum regenerationis et habitum incorruptibilem[22] ac remissionem peccatorum suorum: fac eum templum sancto Spiritui tuo per voluntatem Patris tui[23] et Spiritus sancti nunc.

Postea accipies sanctum oleum et baptizandum unges*) in corde, brachiis, in stomacho ac dorso et in medio ambarum manuum in formam crucis dicens:

---

[1] A Domine, o Domine, Pater bone, Deus noster. — [2] A deest qui creasti omnia. — [3] A add. factor omnium saeculorum. — [4] A intelligentiam. — [5] A ad coelum eos. — [6] A deest ac. — [7] A confirma. — [8] A confirma eorum mentem, quia servi tui sunt. — [9] A in voluntate fidei, quae est Apostolorum fides recta et sancta. — [10] A deest voca .... lumen. — [11] A justitiae. — [12] A cum quo. — [13] R add. noster. — [14] R deest bone et. — [15] R add. tuum. — [16] R deest idipsum confitetur. — [17] R deest Dicit .... sacerdos. — [18] R deest pro hoc famulo tuo .... ab eo. — [19] R cordium eorum. — [20] R add. ab animabus eorum. — [21] R ut suscipiant Spiritum S. tuum. — [22] R incorruptionis. — [23] R add. boni.

*) Ex Vanslebio (Beschr. p. 82,) ungitur infans in totum triginta septem crucibus. Quoties autem infantes unguntur, mulieres in signum laetitiae conclamant.

Ungo te N. oleo laetitiae, propugnaculo contra omnia opera adversarii maligni, ut inseraris in radice olivae pinguis, quae est sancta Dei catholica et apostolica Ecclesia. Amen.

Diaconus: Amen, Dominum precemur.

Sacerdos manu super eum imposita dicat:

Dominator [1] Domine, Deus [2] omnipotens, clamamus ad nomen tuum sanctum et benedictum, ut discutias, et expellas omnes virtutes adversantes ac rebelles [3]; rogamus [4] te, o Domine [5], per omnes sanctos tuos, scrutare cor famuli tui, qui accessit ad lavacrum gratiae tuae sanctae [6], et si nequitia Satanae delitescat in eo, detege, extrahe et extermina ab anima, et corpore famuli tui fidelis, qui credit [7] nomen [8] tuum sanctum; renova ejus vitam [9], dignum fac, qui pure et absque macula [10] suscipiat lumen et sigillum Christi tui, ac donum Spiritus tui Sancti tibique consubstantialis, et fiat stola lucida [11], ac induat [12] amictum salutis, Amen [13], scutum [14] fidei inexpugnabile [15], quod vinci nequeat ab adversario nostro [16]; efficiatur ovis gregis tui, et filius coelestis tui thalami [17], ac heres regni tui incorruptibilis [18], indefectibilis et aeterni [19] per Dominum nostrum Jesum Christum, per quem etc.

Diaconus: Orate.

Sacerdos: Ens, Dominator [20] Domine, Deus omnipotens [21], qui hominem ad tui imaginem et similitudinem plasmasti eique [22] potestatem vitae aeternae dedisti, et cum cecidisset in peccatum, non deseruisti eum, sed saluti mundi consuluisti per inhumanationem Filii tui unigeniti Domini nostri Jesu Christi [23]. Tu Domine, hoc figmentum tuum salva, et [24] libera a servitute inimici. Suscipe eum in regnum tuum, aperi oculos cordis ejus lumine intelligentiae evangelii regni tui. Angeli lucis vitam ejus custodiant, ut liberetur ab omnibus malis adversarii, ab omni malo [25] occursu a daemone meridiano [26], et a sagitta volante per diem, et ab [27] ambulante in tenebris, a phantasmatis noctis: aufer, et longe fac ab eo omnem spiritum immundum, omnem spiritum malignum, qui conturbat cor ejus, spiritum erroris et omnis nequitiae: spiritum amoris argenti et idololatriae, spiritum mendacii et omnem turpitudinem, quae exercetur ex doctrina Satanae: fac eum ovem sancti [28] gregis Christi tui, electum [29] membrum Ecclesiae catholicae, vas mundum, filium lucis, heredem regni tui, ut certet [30] juxta mandata Christi, et custodiat sigillum immobile, ac conservet indumentum incorruptibile, obtineatque felicitatem electorum tuorum per Jesum Christum Dominum nostrum, per quem etc.

---

[1] R deest Dominator. — [2] A Domine, o Domine, Pater bone, Deus noster. — [3] R apostaticas et inimicas. A deest ac rebelles. — [4] R dum rogamus. — [5] A deest te o Domine. — [6] A ut consumment et perficiant gratiam tuam sanctam. — [7] A eorum, quia servi tui sunt et credunt in. — [8] R per nomen. — [9] R deest renova ejus vitam. — [10] A add. et cum sinceritate. — [11] A quibus compar est tecum, honor et lumen, Amen. — [12] A deest ac induat. — [13] R deest Amen. — [14] R armaturam. — [15] A deest inexpugnabile. — [16] R deest ab adversario nostro. A deest nostro add. Amen. — [17] R nuptiarum. A gloriae. — [18] R deest incorruptibilis. — [19] A deest et aeterni add. Amen. — [20] R deest Dominator. — [21] R deest omnipotens. — [22] R et nobis. — [23] R pro his habet tantum Unigeniti tui. — [24] R deest salva et. — [25] R manifesto. — [26] R maligni Satanae. — [27] R add. negotio. — [28] R deest sancti. — [29] R pura. — [30] R vivant.

Post haec sacerdos ingreditur baptisterium et ait:

Miserere nostri, Deus Pater omnipotens: sanctissima Trias miserere nostri Domine. Deus virtutum esto nobiscum; quoniam alium praeter te auxiliatorem non habemus in nostris angustiis, et tribulationibus. Pater noster qui es in coelis etc.

Et oleum simplex acceptum in crucis formam infundit in illud dicens:

In nomine Patris etc. *usque in finem.*

Deinde sequentem orationem secreto recitet:

Voca, Dominator Domine, famulum tuum ad puram lucem tuam: dignum eum fac magna hac sancti baptismi gratia: fac, ut veterem hominem exutus in vitam aeternam regeneretur: adimple eum gratia Spiritus tui Sancti in agnitionem Christi tui, ne sit filius carnis, sed filius thalami tui nuptialis, et haeres regni tui inamissibilis, atque perennis: per beneplacitum, et gratiam Unigeniti Filii tui Domini nostri Jesu Christi, per quem.

Ad haec sacerdos dicat orationem gratiarum actionis et thus adoleat, ac orationem Apostoli dicat. Hic vero canitur: Thuribulus aureus est Virgo etc.

Postea legitur ex epistola ad Titum cap. 2. vers. 11. Apparuit enim gratia Dei, et salvatoris nostri *usque ad vers. 7. cap. 3.* ut justificati gratia ipsius haeredes simus secundum spem vitae aeternae. *Hic Sacerdos recitat juxta consuetum ordinem:* Domine scientiae, et sapientiae largitor etc. *ut in libro missali.*

Ex catholica epistola Joannis I. cap. 5. v. 5. Quis est, qui vincit mundum: *usque ad vers. 13.* quoniam vitam habetis aeternam, qui creditis in nomine Filii Dei. *Hic dicitur pro more:* Domine Deus noster, qui per sanctos Apostolos tuos etc. *ut in libro missali.*

Tum sacerdos diacono coram ipso sedente dicat absolutionem ad Patrem scilicet: Dominator Domine omnipotens, qui sanas animas, corpora, et spiritus nostros etc. *ut in missa Sancti Basilii.*

Postea Sacerdos thus adolet, et recitat orationem Actuum Apostolorum et populus decantet: Deus quidem peccata populi aufert etc. *ut in missali. Diaconus vero legat ex actibus cap. 8. v. 26.* Angelus autem Domini locutus est ad Philippum dicens: surge etc. *usque ad vers. 39.* cum autem ascendisset de aqua, Spiritus Domini rapuit Philippum, et amplius non vidit eum eunuchus. Ibat autem per viam suam gaudens.

Sacerdos: Pax vobis omnibus.

Diaconus: Et spiritui tuo.

Sacerdos consuetam evangelii orationem dicit et postea diaconus canit ex Ps. 31.

Beati, quorum remissae sunt iniquitates, et quorum tecta sunt peccata. Beatus vir, cui non imputavit Dominus peccatum, nec est in ore ejus dolus. Alleluja.

Evangelium secundum Joannem. cap. 3. vers. 1. Erat autem homo ex Pharisaeis Nicodemus nomine, princeps Judaeorum *usque ad vers. 21.* qui autem facit veritatem, venit ad lucem, ut manifestentur opera ejus, quia in Deo sunt facta.

Respons. In te credimus Dominator noster, Christe, illumina oculos nostros, atque lucem cordibus nostris infunde, ut filii lucis simus.

Ad responsorium. Laeta modulatione ad Dominam Deiparam. Spiritus Paraclitus in Jordanis aquis instar Noëticae columbae descendit super Filium tuam (Maria). Illa enim (columba) nobis Dei pacem, quae hominibus exhibita est, annuntiavit. Tu quoque spes nostra rationalis columba nobis misericordiam attulisti, quam in utero gestasti: Jesus scilicet natus Patris, ex te genitus nostrum liberavit genus.

Et quae sequuntur de more; et in fine dicatur:

Benedictus est Pater, et Filius, et Spiritus sanctus, perfecta Trinitas, quam adoramus, et conglorificamus.

Tum Sacerdos dicet: Longanimis, multae misericordiae, et verax suscipe orationes etc.

Sacerdos: Orate.

Diaconus: Ad orationem state.

Populus: Kyrie eleison.

Sacerdos: Pax omnibus.

Diaconus: Salvatus. Amen. Et spiritui tuo.

Deinde recitabit 8 prolixas orationes*): primam scilicet pro infirmis, 2. pro iter agentibus, 3. pro exundatione aquarum Nili, 4. pro satis, vel pro aëris serenitate, 5. pro Ecclesiae pace, vel incolumitate locorum, 6. pro rege Dei amante, 7. pro defunctis, vel 8. pro oblationibus, et sacrificiis, quibus omnibus dictis, recitatur oratio pro catechumenis. Sacerdos: Dominator Domine Deus omnipotens Pater Domini Dei, et salvatoris nostri Jesu Christi, rogamus, et obsecramus bonitatem tuam, o amator hominum pro famulis tuis catechumenis, miserere eorum, illosque confirma in fide tua.

Diaconus: Orate pro catechumenis populi nostri, ut Dominus illos benedicat, et in fide orthodoxa confirmet ad extremum usque spiritum, et nobis peccata nostra dimittat.

Chorus: Kyrie eleison.

Sacerdos: Reliquias idololatriae omnes propulsa a cordibus eorum. Legem tuam, timorem tuum, veritates tuas, et praecepta tua statue in cordibus illorum. Firmam tribue illis agnitionem verborem, quibus per catechesin instituti sunt, ut tempore stato mereantur regenerationem in remissionem peccatorum suorum; praepara eos, ut sint templum Spiritui tui Sancti. Per gratiam etc.

Chorus: Kyrie eleison.

Oratio supra Jordanem, seu baptisterium.

Diaconus: Dominum precemur.

Sacerdos: Deus prophetarum, et Domine Apostolorum, qui per prophetarum tuorum sanctorum Christi tui adventum a saeculo [1] nunciasti, et Joannem prophetam, ac praecursorem ejusdem misisti, rogamus, et obsecramus te [2], o amator hominum, pro famulo tuo, qui tibi seipsum

---

[1] A deest a saeculo. — [2] R bonitatem tuam.

*) Haec omnia sicut et antecedentia, ac subsequentia repetenda sunt ex missali libro, sunt autem in ordine baptismi Aethiopum in extenso.

obtulit, Domine [1]. Emitte sanctam virtutem tuam super hoc baptisma,
quae famulum tuum corroboret [2], ipsumque disponat, ut sanctum [3] regenerationis baptismum recipere valeat in remissionem peccatorum suorum,
et in spem inamissibilem [4] per Filium tuum unigenitum, J. Ch. D. N,
cum quo.

Oratio impositionis manus super Fideles.

Sacerdos: Famuli tui, Domine, qui tibi ministrant, et sanctum nomen
tuum invocantes tibi sese subjiciunt, esto in [5] illis Domine, et in ipsis
versare [6], adjuva eos in omni opere bono, ab omni mala ac terrena cogitatione corda illorum erige [7]. Praesta [8], ut vivant, et cogitent, quae
sunt ad vitam, intelligantque, quae tua sunt, per Filium tuum unigenitum
Dominum Deum et salvatorem nostrum J. C, per quem.

Hic diaconi canunt: Salvatus. Amen.

*Sacerdos vero interim tacite, ac secreto subter baptisterium se
prosternens hanc orationem dicat:*

Clemens, misericors, et miserator Deus, qui corda et renes scrutaris, secretaque hominum solus nosti. Nihil enim hominum te latet, sed
omnia nuda tibi sunt, omnesque submissis cervicibus coram te sese inclinant. Tu, qui aliena, quae in me sunt, probe nosti, ne me repellas
neque faciem tuam a me avertas, sed longe fac a me in hac hora omnes
iniquitates meas. Tu, qui hominum peccata dimittis, eosque ad poenitentiam adducis: ablue maculas animae meae, et corporis mei, meque
totum invisibili tua virtute, ac spirituali dextera tua perfecte emunda, ne
libertatem promittens aliis a me illam petentibus, ut eam ipsi praebeam,
fidem scilicet, quam magna ac ineffabilis tua benignitas praeparavit, ego
ipse tamquam peccati servus reprobus efficiar. Verum dominator noster,
qui solus es impeccabilis, solus bonus, et hominum amator, ne confusus
recedat servus tuus, sed propitius esto mihi, et de sancta tua celsitudine
mitte virtutem tuam, et corrobora me ad praesentis magni, sancti, ac
caelestis mysterii a te pridem instituti ministerium conficiendum, ut efor-
metur Christus in regenerando isto, qui per me abjectum ac miserum
baptisma regenerationis suscipit. Aedifica eum super fundamentum Apostolorum, et prophetarum, neque destruas eum unquam, sed complanta
et insere ipsum ceu veritatis germen in tua sancta, catholica et apostolica Ecclesia, ut illo in pietate proficiente, glorificetur ubique sanctum
tuum gloriosissimum nomen in coelo et in terra ante omnia saecula, Pater,
et Fili, et Spiritus sancte, nunc et semper etc.

*Postea sacerdos recitabit tres magnas orationes, quae sunt: pro
pace, pro patribus, et pro congregatione, ac symbolum fidei. Deinde
acceptum oleum sanctum infundit in Jordanem seu baptisterium ter in
formam crucis, et aquam ter consignet dicens in unaquaque voce.*

Benedictus Dominus Deus in saecula saeculorum. Amen. Benedictus Deus Pater. Amen. Benedictus Filius ejus unigenitus Jesus Christus Dominus noster. Amen. Benedictus Spiritus sanctus paraclitus.
Amen.

[1] B deest pro Domine. — [2] A ut virtus tua addit huic fonti. Confirma famulos et famulas tuas. — [3] A deest sanctam addit tuum. — [4] B cum spe inderru-
ptionis. — [5] B cum. — [6] B ambula cum illis. — [7] B purga. — [8] B deest praesta.

Diaconus: Dominum precemur.

Tum sacerdos dicat hanc orationem pro consecratione aquae:

Deus coelorum; Deus luminis; Deus angelorum, qui sub tua sunt potestate[1]; Deus archangelorum, qui majestati tuae subsunt; rex gentium et dominationum[2]; Deus gloriae, qui sedes super Cherubim et Seraphim; Pater Domini Dei, regis[3] et salvatoris N. J. C., qui animas peccati vinculo colligatas absolvisti, ac eos, qui in tenebris erant[4], illuminasti per clavos[5], et passiones[6] Unigeniti Filii tui D. N. J. C., qui pas tulit universamque a nobis removit molestiam[7], et omne i nobis secrevit. Tu es, quem omnes creaturae timent et t

Diaconus: Dominum precemur[8].

Sacerdos: Aquarum auctor, omniumque creator, tuam essentialem[10] virtutem invocamus, nomen quod superat scilicet nomen Unigeniti[11] Filii tui D. N. J. C. qui pro nol Pilato cruci affixus fuit. Te rogamus, Dominator noster 1 tuo[13], transfer eum, permuta illum[14], eumque sanctifica[15], ut per hanc aquam, et per hoc oleum deleatur omnis virt Et omnes spiritus malignos aufer, arce et dejice[18]. Omnis ficium, et omnis idololatria atque omnis incantatio destruan

Hic insufflabit Sacerdos in aquam ter in formam Sanctifica hanc aquam, et hoc oleum[20], ut sint in regene crum. Amen. In vitam aeternam. Amen. In vestimentu bile[21]. Amen. In filiorum adoptionem[22]. Amen. In S renovationem. Amen. Quoniam unigenitus[23] Filius tuus I in Jordanem descendens ejus aquas mundavit[24], testatus es quis renatus fuerit ex aqua, et Spiritu Sancto, non pote regnum coelorum. Sanctis[25] etiam[26] discipulis suis, ac pu praecepit dicens: euntes docete omnes gentes, et baptizate

Hic cruce (quam manu teneat) signat aquam ter dice mine Patris, et Filii, et Spiritus sancti. Intra in nos Omni nos[29] o Sancte[30]. Intona, o Deus Pater[31] omnipotens, aquam, ut per eam, et per Spiritum tuum sancta[32] virtu regeneres famulum tuum, qui seipsum tibi obtulit[33]. Prae missionem peccatorum[35], et stolam incorruptibilem. Per e

[1] A qui praesunt judiciis. — [2] A Deus angelorum qui praesunt populorum et principum. — [3] A deest regis. — [4] A add. per poeniten gie. — [6] A passionis. — [7] A et liberavit nos ab omni onere peccato — [8] A deest haec diaconi interpellatio. — [9] R coram tua. — [10] R et essentialem. — [11] A unicum scilicet. — [12] A deest noster. — [13] A famulabus tuis. — [14] R manda eos, praecipita eos. A add. Amen. — [16] A add. eos. Amen. — [17] A add. Amen. — [18] R malignos prohi add. Amen. — [19] R depelle, A haec tantum habet: Omnem adorati et omnem turpitudinem ab eisdem tolle Amen. — [20] RA add. Amen. culatum. — [23] R et gratiam adoptionis filiorum. A et in generationi [22] A in nomine unici. — [24] A quem baptizari fecisti in Jordane et mundavit eum et. — [25] A deest sanctis. — [26] A deinde. — [27] A apostolis. — [28] A deest haec rubrica et sequentia junguntur superiorib — [29] A suscipe, Domine, famulos et famulas tuas quia in te est potest — [30] R deest salva nos, o sancte A nectit haec o Sancte cum sequen deest Pater A deest o Deus Pater omnipotens. — [32] RA sanctum d [34] AR ad te accedunt. — [34] AR sub illos dignos. — [35] RA add. suort humosem unici Filii tui, cum quo tibi et S. Sp. est gloria in saecula saed

Diaconus: Orate pro perfecta pace, et charitate, et pro sancto apostolico osculo.

Chorus: Kyrie eleison.

Diaconus: Osculo sancto alterutrum osculamini.

Postea canitur Aspasmos*). Et quidem tintinnabulum pulsando.

En Joannes Baptista testimonium perhibuit dicens: Ego equidem in
danis aquis meum salvatorem baptizavi, et vocem Patris audivi dicen-
: hic est Filius meus dilectus, in quo mihi complacui.

Sanctus, Sanctus, Sanctus, omnipotens, pleni sunt coeli et terra
ria et majestate tua. Qui in Jordanis fluminis aqua baptizatus fuisti,
cata nostra dimitte. Per intercessionem Deiparae Sanctae Mariae con-
de nobis Domine peccatorum nostrorum veniam. Per intercessionem
am illustrium Sanctorum Michaelis, Gabrielis, et Raphaelis concede etc.
r intercessionem coetuum angelorum et coelestium ordinum concede
. Per intercessionem S. Joannis Baptistae et praecursoris concede etc.
r intercessionem dominorum nostrorum ac patrum Apostolorum et re-
uorum discipulorum concede etc. Per intercessionem omnium agmi-
m martyrum et cruciferorum concede etc. Adoramus te Christe cum
tre tuo bono, ac Spiritu Sancto, quoniam tu venisti nobisque salutem
ttebuisti.

Diaconus ter dicet: Accedite pro more, et state, ad orientem aspi-
e. Attendamus.

Populus: Misericordiam pacis, baptisma laudis.

Sacerdos: Charitas Dei Patris, et gratia unigeniti Filii D. Dei et
N. J. C., et communicatio, ac donum Spiritus Sancti.

Hic Sacerdos aquam cruce signat dicens: Sit vobiscum omnibus.

Populus: Et cum spiritu tuo.

Sacerdos: Sursum corda.

Populus: Habemus ad Dominum.

Sacerdos: Gratias agamus Domino.

Populus: Dignum et justum est.

Sacerdos ter dicet: Dignum et justum est. Ad te Domine, oculos
stros levavimus, et animarum nostrarum oculos in te, Domine Deus[1],
endentes, rogamus te, Domine[2] omnipotens Deus Patrum nostrorum[3],
i coelum et terram et universa eorum ornamenta condidisti, qui aquas,
ae super coelos sunt, creasti, qui terram super aquam fundasti, qui in
um locum aquas congregasti, ac mare coërcuisti, abyssosque obserasti,
sque sancto et gloriosissimo nomine tuo obsignasti[4]. Tu es, quem
mnia timent, et tremunt a conspectu virtutis tuae. Tu Dominator noster
tute tua mare firmasti, tu confregisti capita draconis super aquas.

Diaconus: Qui sedetis, surgite.

Sacerdos: Tu dirupisti fontes et torrentes, et[5] aquis semitas prae-
isti. Viderunt te aquae Deus, et timuerunt, et turbatae sunt abyssi

[1] R add. noster. — [2] R deest Domine. — [3] R deest patrum nostrorum. —
[4] R et abyssos clausisti nomine tuo glorioso et timendo. — [5] R add. in.

*) Id est responsoria osculi pacis chorus modulatur.

a voce aquarum multarum. Tuo intuitu maris rubri aquae steterunt, et Israel eduxisti[1], et omnes per Moysen baptizasti.

Diaconus: Ad orientem aspicite.

Sacerdos: Tu durae petrae mandasti, et protinus in populi tui gratiam aquas dedit; tu amaras aquas in dulces convertisti. Tu etiam per Josue filium Nun fluenta fluminum convertisti retrorsum. Quis enim stare poterit ante faciem tuam, o tremende? Tu pariter holocaustum Eliae aqua madefactum coelesti igne devoratum ad te suscepisti[2]. Tu quoque Dominator noster[3] per Elisaeum prophetam tuum vivificae generationis aquam praesignasti[4], et Naaman Syrum per Jordanis aquam emundasti. Quoniam tu es omnipotens, et nihil apud te est impossibile.

Populus: Cherubim et Seraphim proclamant dicentes: Sanctus, Sanctus, Sanctus Dominus Sabaoth, pleni sunt coeli et terra sancta gloria tua. Hosanna in excelsis. Benedictus, qui venit, et venturus est in nomine Domini, Hosanna in excelsis.

Sacerdos: Sanctus, Sanctus Dominus, et sanctus in omnibus vere Dominus Deus noster.

Nunc etiam[5] Dominator noster[6], Domine virtutum, rex coelestium exercituum, respice, qui sedes super Cherubim, te ipsum manifesta[7], et hanc aquam creaturam tuam intuere, illique gratiam Jordanis, virtutemque et coeleste robur tribue, eique per Spiritum tuum Sanctum illapsum super ipsam, Jordanis benedictionem impertire. Amen. Da illi robur, ut fiat aqua vivifica. Amen. Aqua sanctificans. Amen. Aqua expians peccata. Amen. Aqua lavacri regenerationis. Amen. Aqua adoptionis filiorum. Amen. Concede, ut nec in ea exsistat[8], neque in ipsam descendat cum baptizando[9] spiritus malignus, spiritus immundus, spiritus diurnus, spiritus meridianus, spiritus vespertinus, spiritus nocturnus, nec spiritus aëreus, nec spiritus perturbationis, neque *spectrum* seu spiritus daemonis[10] inferni (scilicet sub terra versantis[11]); sed magna tua virtute illos increpa, et conterantur ante signum crucis tuae per Spiritum tuum Sanctum, et[12] per sanctum nomen tuum, quod invocamus, gloriosissimum, et adversariis nostris tremendum: ut omnes baptizandi in ea deponant veterem hominem, qui secundum desideria erroris corrumpitur, et induant novum hominem, qui ad imaginem creatoris sui innovatur, ac veritatis tuae[13] lux in ipsis per Spiritum Sanctum resplendeat, atque vita aeterna beataque spe fruantur, et coram te in[14] Christi tribunali constituti, coelestem gloriam[15], et peccatorum suorum remissionem obtineant. Sint haec quoque aqua, et hoc oleum benedicta, et gloria ac puritate plena.

Hic ter aquam signat cum cruce, (manu tenta[16]*) dicens.* In nomine Patris, et Filii, et Spiritus sancti. Populi tui universi gratiarum actionem, et eorum etiam, qui famulos tuos, filios scilicet suos in gloriam et ho-

---

[1] R Tu demersisti in aquis maris rubri per timorem tuum (inimicos) et traduxisti filios Israel. — [2] R ex aqua per ignem coelitus demissum suscepisti. — [3] R deest quoque Dominator noster. — [4] R mundasti aquas generationis vitae. — [5] R deest etiam. — [6] R deest noster. — [7] R deest teipsum manifesta. — [8] R remaneat. — [9] R aut in eo, qui in illa baptizabitur. — [10] R deest nec Spiritus perturbationis neque spectrum seu spiritus daemonis. — [11] R aut eorum, qui infra terram sunt. — [12] R deest per Spiritum tuum Sanctum et. — [13] R deest tuae. — [14] R ad. — [15] R coronam. — [16] R deest manu tenta.

norem nominis tui tibi obtulerunt, suscipe [1] super altare tuum sanctum, rationale et coeleste in odorem thymiamatis grati magnitudini tuae coelesti, per ministerium angelorum[2] et sanctorum archangelorum. Salva, Domine, populum tuum, et benedic haereditati tuae; rege eos et extolle illos usque in aeternum. In fide orthodoxa cunctis diebus vitae suae custodi eos, et in charitate, quae superat omnia, ac in pace, quae omnes intellectus excedit[3], constitue illos, per intercessiones, ac deprecationes sanctae gloriosissimae Deiparae Mariae, sanctique praecursoris et[4] Baptistae Joannis et dominorum ac patrum nostrorum Apostolorum[5], caeterorumque[6] Sanctorum, qui tibi placuerunt. Per gratiam etc.

Populus: Pater noster, qui es in coelis.

Sacerdos dicet absolutionem ad Filium: Ita Domine, Domine qui nobis dedisti potestatem etc.*)

Diaconus dicet: Capita vestra Domino inclinate.

Populus: Coram te Domine.

Sacerdos: Tu Domine inclinasti coelos etc.

Uti in missa S. Gregorii.

Diaconus: Cum timore Dei attendamus.

Sacerdos: Pax omnibus.

Populus: Et spiritui tuo.

Sacerdos: (*Absolutionem ad Filium*) Dominator Domine Jesu Christe unigenite ac Dei Patris Verbum etc. *ut ibidem.*

Diaconus: Salvatus. Amen; et spiritui tuo. Cum timore Dei attendamus:

Sacerdos: Unus Pater sanctus, unus Filius sanctus, unus Spiritus sanctus, Amen.

Populus: Amen.

Tunc sacerdos accipit sanctum chrisma. Et illud in baptisterium ter in formam crucis infundit, et signabit aquam primo dicens: Benedictus Deus Pater. Amen. *Secundo* Benedictus ejus Filius unigenitus D. N. J. C. Amen. *Tertio* Benedictus Spiritus Sanctus Paraclitus. Amen.

Tum dicet: Alleluja *et persiculos proprios psalmorum dum movet aquam, ac primo dicat ex Psalm. 28. vers. 3.* Vox Domini super aquas, Deus gloriae intonuit; Dominus super aquas multas. Alleluja; Vox Domini in virtute, vox Domini in magnificentia. Alleluja.

Dicit secundo ex Psalm. 33. vers. 6. Accedite ad eum et illuminamini, et facies vestrae non confundentur. Alleluja. Venite filii audite me, ut Domini timorem doceam vos. Alleluja. *Psalm. 65. vers. 13.* transivimus per ignem et aquam et eduxisti nos in refrigerium. Alleluja.

Dicat 3. Psalm 50. vers. 9. Asperges me hyssopo tuo, et mundabor; lavabis me, et super nivem dealbabor. Alleluja. Averte faciem tuam a peccatis meis, et omnes iniquitates meas dele. Alleluja: Cor mun-

1 R Gratiarum actio tibi referatur ab omni populo tuo et a servis tuis, qui attulerunt ad te filios suos; gloria et laus nomini tuo sancto: suscipe illos. — 2 R add. tuorum sanctorum, deest et sanctorum archangelorum. — 3 R deest ac in pace excedit. — 4 R deest praecursoris et. — 5 R deest et dominorum ... Apostolorum. — 6 R omniumque.

*) Ut in liturgia S. Gregorii.

dum crea in me Deus, et spiritum rectum innova in visceribus meis. Alleluja. *Psalm 131. vers. 13.* Elegit Dominus Sion, elegit eam in habitationem sibi. Alleluja. *Deinde dicet ter:* Benedicite mihi, poenitenti, parcite mihi, patres et fratres mei, orate pro me. Gloria Patri, et Filio, et Spiritui sancto, et nunc, et semper, et in saecula saeculorum. Amen.

Sacerdos, hoc ter dicto, subjungit: Benedictus Dominus, qui illuminat omnem hominem venientem in mundum, et nunc, et semper, et in omnia saecula saeculorum. Amen.

Deinde dicatur. Psalm 150. Laudate Deum in sanctis ejus etc.

Et diaconus baptizandum ab occidente ad orientem Jordanis deducet ad sinistram sacerdotis, qui nomen ejus petit, et illum ter immergit, post singulas immersiones eum erigat, et in faciem ejus insufflet, et dicat in prima immersione: Ego te baptizo N. in nomine Patris. Amen. *In secunda:* Ego te baptizo N. in nomine Filii. Amen. *In tertia:* Ego te baptizo N. in nomine Spiritus sancti. Amen.

Interea temporis populus cantet: Testatus est Joannes in quatuor evangeliis dicens: cum salvatorem meum in Jordanis aquis baptizavi: vidi Spiritum Sanctum de coelo descendentem, et vocem Patris audivi exclamantem, et dicentem: hic est Filius meus dilectus, in quo mihi bene complacui, qui meam adimplevit voluntatem, ipsum audite, quoniam vivificus est. Joannes praecursor ac baptista, ora pro nobis Dominum, ut nobis nostra peccata dimittat.

- *Postea sacerdos asperget manus suas aqua in baptisterio, ac circuitu ejus, et deinde dicet hanc orationem super Jordanem pro dimissione aquarum.*

Dominator Domine Deus [1] omnipotens, qui ex nihilo per veram sapientiam tuam omnia condidisti. Tu ab initio aquas in locum unum congregasti, et omnes creaturas ordinasti [3] secundum immensam virtutis tuae ac intellectus tui magnitudinem. Tu ipse, Dominator noster [4], per gratiam Christi tui, et per illapsum Spiritus tui Sancti [5] hanc aquam consecrasti [6], unde famulo tuo in ea baptizato factum est regenerationis lavacrum, et renovatio post [7] vetustum errorem, qua [8] divinitatis tuae lumine illustratus est [9]; rogamus et obsecramus te, bone et hominum amator, ut transmutes aquam hanc ad pristinam ejus naturam, ut vertatur denuo ad terram, sicut alias erat [10]. (*Hic sacerdos parum aquae simplicis ponet in baptisterium [11].*) Esto quoque nobis adjutor, et liberator, ut tibi semper gloriam extollamus, Pater et Fili, et Spiritus sancte; tibique gloriam [12], honorem et adorationem [13] efferimus [14] nunc et semper et in saecula saeculorum. Amen.

- *Tandem dimittet aquam et caveat, ne quis ea unquam utatur* *).

---

[1] R deest dominator A Domine, o Domine, Pater bone, Deus noster. — [2] A add. ex eo quod non est et. — [3] A add. ab origine mundi. — [4] AR deest noster. — [5] A deest et illapsum Spiritus tui sancti, add. super eam. — [6] R fecisti, ut pura fieret. A fecisti in emundationem. — [7] RA a. — [8] R cum. — [9] A ut ab eo resipiscant et illuminentur lumine tuo. — [10] A ut immutes eam in primum ordinem et in primam naturam supra terram. — [11] A deest rubrica. — [12] A deest gloriam. — [13] A deest et adorationem. — [14] R Sursumque referamus.

*) Notat ad haec Assemanus, referente Tuklo, in urbe Cairo presbyteros

Sacerdos*) tenet sancti Chrismatis vas, et coram altari orat super illud.

Domine [1], qui solus es omnipotens, et omnia mirabilia agens, nihilque tibi, Domine [2], impossibile est, sed beneplacito tuo in omnibus efficax exstat virtus tua [3]; elargire Sanctum Spiritum per sancti chrismatis unctionem; ut fiat [4] vivificum obsignaculum, et famulo tuo robur, seu confirmatio per Filium tuum unigenitum Jesum Christum Dominum nostrum, per quem etc.

Deinde sancto chrismate**) unge frontem baptizati, atque oculos, sic dicens: In nomine Patris, et Filii, et Spiritus Sancti. Unctio gratiae Spiritus Sancti. Amen.

Unge nares, et os dicens: Unctio regni coelorum arrhabonis. Amen.

Deinde aures liniens dic: Unctio participationis aeternae vitae et immortalitatis. Amen.

Unge manus intra et extra, et dicito: Sancta Christi Dei nostri unctio, et inviolatum sigillum. Amen.

Unge cor dicens: Spiritus Sancti gratiae perfectio, atque fidei, et justitiae clypeus. Amen.

Ejus genua, sola pedum, spinam seu dorsum, brachia, ac ejus humeros, et ante cor liniens dic: Linio te NN. oleo sancto: In nomine Patris, et Filii, et Spiritus Sancti. Amen.

Postea impone manum tuam super eum, et dic: Benedicaris benedictione coelitum, angelorumque benedictione, Dominus Jesus Christus tibi in suo nomine benedicat.

Hic in gloriosae crucis figuram insuffla in faciem ejus. Accipe Spiritum Sanctum et vas purum esto; per Jesum Christum Dominum nostrum, cui est gloria, cum ipsius Patre bono et Spiritu Sancto, nunc et semper etc.

Deinde baptizatus albis induatur vestimentis, et dicat Sacerdos: Incorruptibilis, atque immortalis vitae aeternae indumentum. Amen.

Diaconus: Dominum precemur.

Sacerdos: Dominator [5] Domine Deus omnipotens, Pater Domini Dei [6], et salvatoris nostri Jesu Christi [7], qui famulo tuo [8] per regenera-

---

[1] R add. Deus. — [2] R deest Domine. — [3] R sed voluntas tua perficit omnia per potestatem tuam. — [4] R Concede, ut per Spiritum S. chrisma hoc sanctum efficiatur. — [5] R deest Dominator A Domine, Pater bone, Deus noster. — [6] A deest Dei. — [7] RA add. solus aeternus. — [8] A hos famulos tuos et famulas tuas.

aquam dimittentes aliquantulum reservare ad baptismum in casu necessitatis. Tunc enim sacerdotem, quem solum baptismi ministrum volunt, ex aqua in sacrario reservata deportare ind omum infantis, illumque ea baptizare, cum alia quam consecrata baptismum conferri nefas credant.

*) Sacerdos velo benedicto tenet vas chrismatis, ut Tukius retulit. (Assemanus.)

**) Universim triginta sex unctiones peraguntur in ecclesia Alexandrina in crucis formam. (Assemanus.)

tionis lavacrum renasci largitus es[1], eique peccatorum suorum expiationem[2], ac incorruptibile[3] indumentum[4], et filiationis (seu filiorum adoptionis) gratiam donasti[5], tu quoque, Dominator noster[6], super ipsum Spiritum Sanctum tuum[7] nunc emitte[8]. Fac eum aeternae vitae, et immortalitatis[9] participem, ut quemadmodum Filius tuus unigenitus, Dominus, Deus et salvator noster Jesus Christus promisit ei, qui renatus est[10] ex aqua, et Spiritu Sancto, in regnum coelorum introire valeat per nomen, virtutem et gratiam ejusdem[11] Filii tui unigeniti Jesu Christi Domini nostri, per quem[12] etc.

Deinde canuntur subsequentes antiphonae in baptizati honorem.

Jesus Christus Dei Patris Filius te robore, atque gratia implevit, o puer benedicte, qui sanctum baptismum suscepisti. Dignus *ter* talis Christianus.

Accipe Spiritum Paraclitum, et coelestem benedictionem per sancti chrismatis unctionem, o puer benedicte, dignus talis etc.

Accipe misericordiam, spem atque fidem, et gratiam a Christo unigenito, o puer benedicte, dignus *ter* etc.

Accipe coronam exultationis, et inviolatum obsignaculum per Emmanuelem Deum nostrum, o puer benedicte: dignus etc.

Orationem hanc super coronam recitat sacerdos. Domine Deus omnipotens Pater Domini[13] nostri Jesu Christi, qui sanctis[14] Apostolis tuis[15], et prophetis tuis, ac martyribus tuis, qui tibi placuerunt, incorruptibiles coronas praebuisti. Tu etiam nunc coronam paratam ac mox ponendam[16] super[17] famulum tuum[18] per baptismum conjunctum[19] benedic, (*Hic sacerdos administrans una cum omnibus sacerdotibus ecclesiae coronam benedicunt[20]*) ut ipsi corona gloriae sit, ac honoris[21]. Amen.

Benedictionis, et glorificationis[22] corona. Amen.

Corona virtutis, et justitiae[23]. Amen.

Corona sapientiae, et intelligentiae[24]. Amen[25].

Corrobora eum, ut praecepta tua[26] perficiat, bonisque regni coelorum potiatur. Per Christum Jesum Dominum nostrum, per quem[27] etc.

Subsequentia dicit Sacerdos, cum fuerit puer indutus et zona in formam crucis ejus lumbi praecincti, in ponenda corona super illius caput: In nomine Patris, et Filii, et Spiritus Sancti, unius Dei, gloria et honore coronasti eum: Pater benedicit, Filius coronat, Spiritus Sanctus eum sanctificat, ac perficit. Dignus *ter* talis Christianus, (vel digna talis Christiana).

[1] R qui praecepit nativitatem servorum suorum per lavacrum regenerationis. — [2] A add. Amen. — [3] A immaculabile. — [4] A add. Amen. — [5] A deest et filiationis ... donasti. — [6] AR deest noster. — [7] AR add. Paraclitum. — [8] A add. Amen. — [9] A deest et immortalitatis. — [10] R quandoquidem renati sunt. A ut in spe unici ... regenerentur ex aqua et Spiritu S. et ... — [11] R deest ejusdem. — [12] A in nomine ejusdem unici Filii tui, per gratiam scilicet Jesu Christi, Domini et Redemptoris nostri, cum quo etc. — [13] A add. Dei et Redemptoris nostri. — [14] A add. et. — [15] A add. mundos. — [16] R deest ac mox ponendam — [17] R pro. — [18] A ut imponeremus capitibus famulorum famularumque tuarum. — [19] R qui ad baptismum pervenerunt. A qui participes facti sunt baptismi tui sancti. — [20] RA deest rubrica. — [21] A et sinceritatis. — [22] A salutis. — [23] A magnitudinis et fortitudinis. — [24] A simplicitatis. — [25] A add. coronae decoris, Amen. — [26] AR add. et mandata tua. — [27] A per voluntatem tuam Pater, Fili et Spiritus Sancte, cui est gloria in saecula saeculorum. Amen.

Antiphonas subsequentes recitat sacerdos, et populus eis respondet: Dignus etc.

Accipe Spiritum Sanctum, baptizate sancto baptismate. Dignus for etc. Jesus Christus Dei Patris Filius robore, et gratia te cinxit, o benedicte puer, qui sanctum recepisti baptismum. Dignus etc. Accipe Spiritum Paraclitum, atque coelestem benedictionem, o puer benedicte. Dignus etc. Accipe Spiritum Dei, qui te bona voluntate implevit. Dignus etc. Accipe spiritum laetitiae a rege dominante. Dignus etc. Accipe spiritum exultationis ab Emanuele Deo nostro. Dignus etc. Accipe spiritum gloria plenum a Christo gloriae rege. Dignus etc. Gratiam, et benedictionem per D. N. Jesum Christum percepisti. Dignus etc.

Factus es mansio Spiritus Sancti, corona aurea, corona argentea, corona ex margaritae petra.

Tum finita coronae positione respondebit populus dicens:

Incorruptibilem coronam tribuit Dominus sanctum Jesu Christi percipientibus baptismum. Vere benedictus es, Domine mi Jesu, cum Patre tuo bono, et Sancto Spiritu, quia tu es baptizatus, et salvos effecisti nos.

Interim sacerdos orationes recitat subsequentes.

Pone, Dominator [1] Domine Deus, super famulum tuum coelestem coronam; coronam gloriae: Amen. [2] Coronam invictae fidei, et quae impugnari non potest: Amen. Coronam roboris: Amen. [3] Coronam justitiae [4] famulo tuo concede, ut Spiritus tui Sancti gratia impleatur; per miserationes, et clementiam Filii tui unigeniti Domini nostri [5] Jesu Christi. Per quem etc.

Sacramentorum *) *communionem ei da, et impoitens manum super eum dic:* Benedictus es [6] Dominator [7] Domine Deus omnipotens, Pater Domini nostri, Dei, et salvatoris nostri Jesu Christi, qui famulum tuum regenerationis lavacro, et peccatorum remissione, incorruptibili vestimento, et pretiosa regni tui gloria praediti arrha, et Spiritus Sancti tui munere dignum effecisti. Te rogamus, et precamur, hominum amator, ut ipsum sancti corporis, et venerabilis Christi tui sanguinis participatione dignum efficias, eique firmam elargiaris hanc gratiam [8], ut agonem [9] suum secundum praecepta tua perficiat, sanctaque tua observet mandata, et Sanctorum beatitudinem, ac coelorum regnum promereatur; per gratiam etc.

Benedic illi dicens: Augeatur famulus tuus, Deus, in sapientia tua. Timorem tuum intelligere illum effice: ad provectam aetatem [10] advenire illi concede, veritatis agnitionem ipsi elargire; sine macula in fide eum conserva; per intercessiones Dominae omnium nostrum Dei Genitricis intemeratae [11] Sanctae Mariae, et praecursoris Joannis Baptistae, ac cete-

---

[1] R deest Dominator. — [2] R deest Amen et alia porro. — [3] R add. et. — [4] R add. et. — [5] R add. Dei et Salvatoris. — [6] R sit. — [7] R deest Dominator. — [8] R et illis concede per illam, ut obtineant firmitatem et robur. — [9] R vitam suam instituant. — [10] R justam mensuram. — [11] R deest intemeratae.

*) Hic ex Vanslebio (Beschreibung p. 93) et Thoma a Jesu (p. 157) celebratur liturgia, in qua communio infanti datur sub specie vini, sacerdote digitum in calicem immittente et tunc in os infantis inserente.

rerum Sanctorum omnium, prophetarum, apostolorum, ac martyrum, et cruciferorum[1]. Amen.

Praeconizationes, seu aencomia in baptizati processione *) *tono Adam modulatione Dominicae Palmarum dicenda:* Magnificate Dominum mecum et exaltemus nomen ejus simul propter gratiam, quam in se suscepit hic puer N. N.

Laeta quidem voce proclamemus dicentes: Gaude, et laetare in Domino, o puer benedicte. Jesus Christus tibi firmitatem, ac profectum praebeat, paxque sit tecum, o puer N. N. Intercede pro nobis, o praecursor Joannes Baptista, ut nostra remittantur peccata.

Deinde recitantur subsequentia. Congregemur spiritales patres, ac dilectissimi fratres illustres, orthodoxique Christi sectatores, ut praeconizationes, hymnosque ac spiritalia cantica cum jubilo canamus, in orthodoxa, catholica, et apostolica Ecclesia propter divinum gaudium praestitutum huic puero benedicto N. N., qui puram christianam originem habet. Hic est ille, qui supernam habuit gratiae sancti baptismatis coronam, per Jesum Christum, cui est gloria, qui baptizatus fuerat a Joanne in Jordanis flumine.

Postea subsequentia aencomia de S. Joanne Baptista dicuntur. Ave igitur Praecursor, ac Baptista Joannes sacerdos, et sacerdotis fili, Emmanuelisque Dei nostri cognate. Ave Joannes, Zachariae fili, qui promeruisti tuam imponere manum super boni salvatoris nostri caput. Ave Joannes praestantior patriarchis, atque prophetis; quoniam tu ipse caeteros omnes eminenter superasti. Salvator enim noster te suo sancto praeconizavit ore sic dicens: Nemo inter natos mulierum tibi similis est, neque te major. Salve, qui vidisti coelos apertos, et audivisti vocem Patris dicentis: Hic est Filius meus dilectus, in quo mihi complacui. Aspexisti et Filium in Jordane stantem, et Spiritum Sanctum, sicut columbam super ipsius caput. Et de illo dixisti tu, Joannes: ecce Agnus Dei, qui tollit peccata mundi. De ipso quoque testimonium perhibuisti dicens: Hic est, de quo dixi, post me veniet vir, qui ante me erat, quia prior me est. De baptismate vero Christus Dominus, cui est gloria, sancto dixit ore suo: Oportet nos implere omnes justitiam. Sanctis pariter discipulis suis inquit: Ite ad omnes gentes: et evangelium eis praedicate baptizantes eos in nomine Patris, et Filii, et Spiritus Sancti. Quique crediderit, et baptizatus fuerit, salvus erit. Unde hic baptizandi modus a Christo Domino, et a dominis nostris Apostolis ejusdem successoribus provenit, per sanctum lavacrum, quia per ipsum peccatorum expiatio fit, et in coelorum regnum ingressus; quoniam et per ipsum claves paradisi coelestis sunt. Hunc igitur puerum congratulationis voce praeconizemus sic dicentes: Dignus *ter* N. N.

---

[1] B deest prophetarum . . . cruciferorum.

*) Corona imposita, et communione tributa processio instituitur, in qua etiam canuntur antiphonae. In nomine Patris etc. p. 210. et subseq. p. 211. (Assemanus.) Ex Vanslebio (Beschreibung p. 83) post missam multi cerei accenduntur. Ministri infantem deferunt. Sequuntur sacerdotes et viri et sic ter ecclesiam circumeunt, mulieribus clamantibus et jubilantibus (nimirum: Dignus etc.).

Gaudete, fratres Christi fideles, et laetamini de divina gratia, quam filii vestri promeruerunt, gratiam scilicet sancti baptismatis, et perceptionis divinorum Sacramentorum, corporis nimirum, ac sanguinis Filii unigeniti, creaturarum conditoris, quae pro Adamitico plasmate effudit; unde constitutae sunt hae baptismatis, et vivificorum, ac divinorum Sacramentorum gratiae, et perennes remanebunt usque ad finem saeculorum in peccatorum propitiationem; christianum quoque, ac divinum obsignaculum factum est arrhabo perennitatis in splendidis habitaculis. Hunc ergo filium benedictum encomiis prosequamur dicentes: Dignus ter N. N. Christianus.

Canamus quidem cum Moyse propheta dicentes: Cantemus Domino: gloriose enim magnificatus est: Dicamus quoque cum David psalte, ut in psalmo: Propterea unxit te Deus, Deus tuus oleo laetitiae prae consociis tuis. Linivit scilicet te unctionis pinguedine, exultationis oleo, divini obsignaculi oleo. Accipite igitur Spiritum Sanctum vos omnes, qui sancti baptismi beneficium percepistis. Suscipite coronas gloria praeditas, ab Jesu Christo rege regum, et Domino dominantium. Accipite gratiam Spiritus Sancti consolatoris purissimi. Accipite angelicam coronam spiritalemque arrham. Percepisti quidem, o fili benedicte, verum regni coelorum arrhabonem, Spiritusque Sancti vas evasisti. Hunc ergo nos puerum encomiis extollamus dicentes: Dignus ter N. N. etc.

Adoremus tandem Sanctissimam Triadem Deum unum, rogemusque ingentem ejus bonitatem, ut perfecta aetate hunc benedictum filium procedere efficiat, et illi vivendi modum proficuum, atque prosperum conferat, eique longaevam vitam tribuat ac progressum in bonis operibus ipsi elargiatur, ut ad gradum sacerdotalem is evehatur, ac orthodoxae Ecclesiae filios per concordiam, et spiritalem charitatem ad unionem adducat; ut bono, et perfecto profectu proficiant, sintque tamquam ligna fructum ferentia, prosperi, ac splendore fulgentes. Et propitiabilia nobis corda eorum, qui praesunt, reddat, dissipetque consilium nostrorum adversariorum, et omnium, qui in nos pravas cogitationes praemeditantur. Per intercessiones Dominae nostrae Dominatricis purissimae Virginis Sanctae immaculatae, et intemeratae Mariae, omniumque angelorum, et per deprecationem Joannis, qui in Jordanis flumine Baptista exstitit, dominorumque nostrorum Apostolorum, martyrum, ac Sanctorum, omniumque qui bona opera Deo placita egerunt; nunc et semper, et in saecula saeculorum. Amen. *)

Laus, ac gratiarum actio Deo semper. Amen.

*Item ordo solutionis cinguli apud Coptitas**).*
(Habetur apud Assemanum ex iisdem codicibus in Cod. liturg. T. III. p. 105 sqq.)

Ordo solutionis cinguli.

Ponitur vas, et in eo aqua dulcis, atque circa illud sint candelae accensae, ac signum crucis super ipsum positum: tum sacerdos dicit

---

*) Hic explicit Ordo Confirmationis ac legitur quaedam Homilia S. Joanni Chrysostomo tributa.

**) Fit octavo post baptismum die et est quodammodo solemnitatum baptismalium absolutio.

orationem gratiarum actionis, ac thus adolet, recitando orationem thuris, quae praemittitur lectioni Paulinae, ac postea dicunt Gloria etc. orationem Dominicam, et Psal. 50. juxta morem. Deinde legitur ex Epistola Pauli ad Corinth. 1.: Nolo vos ignorare, fratres, quod omnes patres nostri sub nube fuerunt usque et petra erat Christus.

Dicitur Trisagion, et oratio evangelii, ac sequentes psalmi versiculi. Mare vidit, et fugit, et Jordanis conversus est retrorsum. Quid est tibi mare, quod fugisti, et tu, Jordanis, quia conversus es retrorsum? Alleluja.

Evangelium secundum Matthaeum.

Tunc venit Jesus ex Galilaea ad Jordanem ad Joannem, ut baptizaretur ab eo, usque: hic est Filius meus dilectus, in quo mihi complacui.

Hic respondetur: Hic est Filius meus dilectus etc.

Ad haec sacerdos recitet tres orationes minores, ac fidem et hanc supplicationem. Dominator Dominus Deus noster, pacis ac benedictionis largitor, qui solus est bonus, et hominum amator, qui nobis benedixit, nos sanctificavit, et gratiae suae luce illuminavit, qui famulos suos dignos fecit ad participationem coelestis luminis ineffabilis, quod est salvatoris nostri Jesu Christi: illumina eos benedicto tuo lumine, emunda eos, benedic, et renova per gratiam tuam, ac per baptismum, quem receperunt per virtutem Spiritus tui Sancti ac vivifici. Ita, Domine sancte, qui eos ab omni macula corporis, et animae mundasti, benedic eis benedictionibus tuis, in tua sancta fide serva eos: perduc eos ad metam staturae suae, ac a bonis angelis usque ad finem defendi jube: adimple eos omni scientia, ac tui cognitione vitam illorum juxta tuum beneplacitum dirige: beatis tuis benedictionibus illis benedicito: aufer a cordibus eorum spiritum turbationis, ac spiritum erroris, ut magnitudinis tuae luce eorum corda illustrentur: dignos illos fac vitae aeternae ac regni coelestis per Jesum Christum Dominum nostrum, cui convenit omnis gloria, omnis honor, et omnis adoratio, nunc, et semper, et in saecula saeculorum. Amen.

Populus recitat orationem Dominicam.

Tum dicit sacerdos: Ita Domine, Domine, qui nobis dedisti potestatem etc.

Et absolutionem ad Filium.

Diaconus: Salvatus. Amen.

Sacerdos aquam ter signat in formam crucis dicens: Unus Pater sanctus, unus Filius sanctus, unus Spiritus sanctus.

Et canunt Psalm. 50.

Postea lavat pueros, et omnes illorum vestes abluit et laeta modulatione ita canunt: Testatus est Joannes etc.)

2. Ordo baptismi et confirmationis Coptitarum ex Renaudotio.

Primo sacerdos recitat orationem gratiarum actionis, adolet incensum, dicitque orationem incensi. Deus cujus est potentia etc. **Diaconi dicunt hymnum. Salve Ecclesia. Salve Joannes magne praecursor

Salve sacerdos cognate Emmanuelis per Mariam etc. Kyrie eleison. Gloria Patri etc.

Interea sacerdos recitabit orationem sequentem super matrem infantis. Domine Deus omnipotens, etc. p. 192.

Cum ingreditur puerpera in ecclesia canitur Psalmus 50, *tum dicit Sacerdos hanc orationem super catechumenos* *). Dominum precemur. Kyrie eleison.

Sacerdos: Domine Deus omnipotens, Pater Domini Dei et salvatoris nostri Jesu Christi, miserere servorum tuorum, catechumenorum, quos in fide instituimus.

Diaconus: Orate pro catechumenis populi nostri, ut Christus Deus noster dignos illos efficiat baptismate sancto, et dimittat nobis peccata nostra.

Sacerdos prosequitur. Confirma eos in fide tua: reliquias cultus idolorum aufer a cordibus eorum: legem tuam, timorem tuum, praecepta et mandata tua sancta firmiter imprime cordibus eorum. Concede illis ut intelligant certitudinem verborum, quibus per catechesin imbuti sunt, ut tempore constituto digni fiant lavacro regenerationis, in remissionem peccatorum suorum. Praepara eos, ita ut efficiantur templum Spiritus Sancti tui, per gratiam, misericordiam et amorem erga homines unigeniti Filii tui, per quem etc.

Diaconus: Orate.

Sacerdos: Domine Jesu Christe etc. p. 193.

Sacerdos collocat coram se vas olei, tenensque illud orat super illud.

Diaconus: Orate.

Sacerdos: Domine Deus omnipotens etc. p. 194.

Diaconus: Orate.

Sacerdos: Domine Deus omnipotens etc. p. 195.

Offertur infans sacerdoti, qui diligenter excutit, num habeat ornamenti causa quidquam suspensum in auribus aut annulum aut monile: quod si reperitur auferri jubet: tum accipit vas olei, et prius cruce signat dicens: In nomine Patris et Filii et Spiritus Sancti unius Dei.

*Signat deinde infantem oleo catechumenorum, in fronte et in regione cordis dicens.***) Ungo te N. oleo catecheseos, sanctae, unius solius catholicae et apostolicae Ecclesiae Dei. Amen.

Signat volas et superiores partes manuum dicens. Hoc oleum comprimat omnes oppugnationes inimici. Amen.

Infantes masculos signat prius quam feminas, quod cum perfecerit, reponit vas olei in locum suum. Diaconus dicit: Dominum precemur.

---

*) Refert Renaudotius in nota ad hunc locum (fol. 14 verso), eas orationes tam super matrem, quam super infantem dici ad ostium baptisterii, quod magna cura asservari praecipiunt constitutiones variae et notat Abulbircat.

**) Renaudot (Perpétuité l. 2. c. 10. col. 775) ait Ebnassalum, ritum Coptitarum describentem, nonnisi unicam olei in fronte unctionem memorare, quae his verbis graecis fiat: Ἐχρίσαμέν σε ἐλαίων κατηχήσεως, quae forma antiquior videtur, utpote simplicior et graeci idiomatis.

Sacerdos: Benedictus sis, ut p. 195.

Diaconus: Orate.

Sacerdos: Servorum tuorum Domine, ut p. 195.

Diaconus: Dominum precemur.

Sacerdos: Iterum rogamus Deum, p. 195.

Diaconus: Orate.

Sacerdos: Domine Deus omnipotens, p. 196.

Diaconus: Dominum precemur.

Sacerdos: Iterum rogemus p. 196.

Diaconus: Orate.

Sacerdos: Domine Deus omnipotens p. 196.

Sacerdos praecipit illis ut convertantur ad occidentem, et suggerit eis verba abrenuntiationis.

Abrenuntio tibi p. 198.

Tum convertentur catechumeni ad orientem, dicens unusquisque nomine suo:

Adhaereo tibi etc. Credo etc. p. 198. (absque rubrica intermedia.)

Postea unumquemque seorsim interrogabit de fide, et singuli respondebunt, Credo: *Si baptizandus infans est, respondebit ejus loco patrinus.*

Diaconus: Dominum precemur.

Sacerdos: Domine Deus omnipotens, qui creasti omnia et confirmasti per potentiam tuam, confirma submissionem servorum tuorum, stabiliens illos super fundamentum fidei tuae apostolicae, et voca eos ad lucem tuam sanctam. Fac illos dignos gratia tua magna, spolia eos a vetustate eorum, et renova vitam illorum: imple illos virtute spiritus tui sancti, in unitate et beneplacito Filii tui unigeniti, ut non jam sint filii corporum, sed filii veritatis in Christo Jesu Domino nostro etc.

Diaconus: Genua flectite. Capita vestra Domino inclinate.

Sacerdos: Domine Salvator noster. p. 199. etc. Idcirco oramus (absque interpellatione diaconi.)

Accipit sacerdos eas olei catechumenorum, aut si desit, adhibebit aliud oleum, ungetque infantem unumquemque viginti sex locis: et ad singulos dicet:

In nomine Patris et Filii et Spiritus Sancti unius Dei. *Et continuo* *): Ungo te, N. oleo laetitiae, quod purificat ab omni operatione inimici inserendo te super olivam fructiferam Ecclesiae sanctae catholicae et apostolicae Dei. Amen. *Quae verba repetet ad libitum ad singulas unctiones, quibus finitis, vas reponet in locum suum, et manus absterget.*

Diaconus: Dominum precemur.

Sacerdos: Domine Deus omnipotens, invocamus, p. 200.

Diaconus: Orate.

Sacerdos: Qui es Domine Deus, p. 200.

---

*) Renaudot in notis ad hunc ordinem fol. 14 verso refert, apud Abulbircatum hanc unctionis formulam occurrere: „Ungo N. oleo laetitiae, ad repellendam omnem operationem inimici et ad inserendum illum in arborem olivae pinguis; Ecclesiae sanctae, catholicae et apostolicae Dei, Amen.“

Incipit deinde sacerdos officium baptismi, cantantque diaconi responsoria, Benedictus sis vere, *tono proprio. Accipit sacerdos vas olei, funditque in aquam ter in modum crucis, dicens.* In nomine Patris et Filii et Spiritus Sancti unius Dei. *Ad primam infusionem.* Benedictus Dominus Deus Pater omnipotens. Amen. *Ad secundam.* Benedictus unigenitus Filius Deus Christus Dominus noster. Amen. *Ad tertiam.* Benedictus Spiritus Sanctus Paraclitus. Amen.

Tum reponit vas olei in locum suum: et manus abstergit diligenter. Si Patriarcha praesens fuerit, adducitur ex loco suo, et manet usque ad finem consignationis. Populus canit: Benedictus. *Patriarcha interea et sacerdos, qui oleum effudit in baptisterium, detegunt caput.*

Sacerdos, secreto. Voca servos tuos Domine, ad lumen tuum sanctum: fac illos dignos magna gratia baptismi sancti: exue illos veteri homine, genera illos ad vitam aeternam: imple illos virtute Spiritus tui sancti, ut cognoscant Christum tuum, neque jam sint filii corporis, sed filii regni tui, per benignitatem et gratiam unigeniti Filii tui, qui etc.

Interea continuatur cantus responsorii Benedictus, *quo completo et finita oratione, incipit sacerdos orationem gratiarum actionis.*

Diaconus dicit: Oremus, ut nos dignos efficiat standi coram piscina baptismi sancti, et dimittat peccata nostra.

Finita oratione gratiarum actionis, canitur responsarium. Hoc est thuribulum aureum. Sacerdos adolebit incensum ad lectionem epistolae Pauli et dicit: Deus usque in aeternum. *Si adsit Patriarcha, simul cum sacerdotibus incensum adolebit, et simul congregati; postquam dictus fuerit prologus:* Te adoramus et gratia enim Dei *dabitur incensum Patriarchae et clero secundum consuetudinem et postea circuibit ecclesiam.*

Lectio epistolae B. Pauli Apostoli ad Titum.
Apparuit gratia Dei Salvatoris nostri etc. *usque ad verba* haeredes simus secundum spem vitae aeternae.

Sacerdos dicit lectionem ex catholica epistola B. Joannis Apostoli. Carissimi. Quis est qui vincit mundum *usque ad:* ut sciatis quoniam habetis vitam aeternam, qui creditis in nomine Filii Dei.

Tum dicit sacerdos orationem ad Actus Apostolorum.

Lectio Actuum Apostolorum. Angelus Domini locutus est ad Philippum *usque ad:* donec pervenit Caesaream.

Canuntur a populo quaedam responsoria.

Sacerdos dicit orationem Evangelii, et ante lectionem canitur Psalmus. Beati quorum remissae sunt iniquitates etc. *tum versus ex* Ps. 33. Accedite ad eum et illuminamini etc.

Lectio Evangelii secundum Joannem; Erat autem homo ex Pharisaeis Nicodemus nomine: *usque ad v.* quia a Deo sunt facta.

Postea canuntur responsoria diversa secundum tempora.

Sacerdos dicit orationem quae incipit: Deus longanimis et multae misericordiae etc. *Postea sacerdos et socii ejus dicunt septem orationes: pro infirmis, pro peregre agentibus, pro fructibus aquae, aëre etc. pro regibus, pro defunctis, pro oblationibus propositis et pro catechumenis.*

Diaconus: Dominum precemur.
Sacerdos: Deus prophetarum, p. 202.

Sacerdos dicit orationem impositionis manuum. Pax omnibus. Servi tui p. 209.

Deinde sacerdos dicit hanc orationem secreto, pro se ipso, prostratus coram Jordane sive fonte baptismali.

Miserator, misericors et clemens, scrutans corda et renes, qui solus nosti secreta hominis, coram quo nulla hominum opera abscondita sunt, sed nuda et aperta sunt coram te: tu nosti aliena quae in me sunt: ne aversaris me aut avertas faciem a me. Verum fugiant a me quaecumque commisi, per remissionem peccatorum a me humanitus admissorum adducens ea ad poenitentiam. Dele maculas animae meae et corporis mei, et munda me perfecte per potestatem tuam invisibilem et dexteram tuam spiritualem, ut possim vocare alios ad absolutionem, et tradam illis fidem, quam disposuit magnus tuus erga homines amor inexplicabilis: neque tanquam servus peccati efficiar. Ne Domine Deus, qui solus es absque peccato, et amator hominum, ne me abjectum confusione afficias, sed esto mihi peccatorum remissor. Mitte de excelso sancto tuo virtutem tuam et confirma me, ut perficiam ministerium hoc magnum, hujus mysterii coelitus constituti, ut exprimatur forma Christi in illis, qui accipiunt baptismum regenerationis, a me misero, aedifica illos supra fundamentum Apostolorum et prophetarum neque illos destrue, sed planta illos plantatione vera, in una et unica Ecclesia tua catholica et apostolica, ut proficiant in pietate et glorificetur in quocumque loco nomen tuum sanctum gloria plenum ante omnia saecula, Pater, Fili et Spiritus Sancte nunc etc.

Dicit deinde Sacerdos tres orationes magnas: scilicet pro pace, pro Papa, seu Patriarcha Alexandrino et pro congregatione. Populus dicit symbolum fidei. Interea sacerdos accipit oleum Galilaeon (dictum) infunditque ter in fontem baptismalem in formam crucis. Cum fundit primo, dicit: In nomine Patris et Filii et Spiritus Sancti unius Dei. Benedictus Deus pater omnipotens. Amen. *Fundens secundo:* Benedictus unigenitus Filius Jesus Christus Dominus noster. Amen. *Fundens tertio dicit:* Benedictus Spiritus Sanctus paraclitus. Amen.

Gloria et laus. *Reponit vas in locum suum. Diaconus dicit:* Dominum deprecemur.

Sacerdos: Creator aquarum, p. 204.

Sacerdos ter in formam crucis insufflat in aquam dicens*): Sanctifica p. 204.

Hoc loco sacerdos signat ter cruce baptisterium dicens. In nomine p. 204.

Dicet populus orationem ad osculum pacis, simulque pulsantur campanae. Ecce testimonium Joannis Baptistae. Ego baptizavi Dominum in aqua Jordanis et audivi vocem Patris clamantis: Hic est filius meus dilectus, in quo mihi bene complacui. Sanctus, Sanctus, Sanctus, qui baptizatus est in Jordane, et dimisit nobis peccata nostra**).

---

*) Exsufflationis ad exorcizandam aquam meminit Ebnassalus in sua Collectione canonum c. 3. teste Renaudotio (Varia officia MS. T. III. P. II. fol. 42. verso not. 6.).

**) In hac forma, uti est apud Renaudotium, Trisagion ad modum Monophysitarum dispositum est.

Diaconus: Accedite juxta morem. Προσέρχεσθε κατὰ τρόπον. State Στάθητε. Ad orientem aspicite. Εἰς ἀνατολὰς βλέψατε. Attendamus (Πρόσχωμεν). Pax omnibus. (Εἰρήνη πᾶσι.) Baptisma laudis. (Βάπτισμα αἰνέσεως).

Sacerdos: Charitas Dei Patris, gratia unigeniti Filii Domini Dei et Salvatoris nostri Jesu Christi, communicatio et donum Spiritus Sancti, sint cum omnibus vobis. Amen. *Tum signat aquas cum cruce.*

Sacerdos: Pax vobis omnibus.

Populus: Et cum spiritu tuo.

Sacerdos: Sursum corda.

Populus: Habemus ad Dominum.

Sacerdos: Gratias agamus Domino.

Populus: Dignum et justum est, *et dicitur quater.*

Sacerdos: Levamus oculos nostros etc. *cum proclamationibus diaconi supra p. 205.*

Populus dicit: Gloria, *et pulsantur campanae.* Cherubim, Sanctus, Sanctus, Sanctus: *et ad unumquemque signat aquas cum cruce. Usque ad* Hosanna in excelsis.

Sacerdos: Nunc, Domine, etc. p. 206.

Populus dicit orationem dominicam. Sacerdos: Domine, Domine etc.

Diaconus: Cum timore Deo attendamus. *Populus:* Kyrie eleison. Unus Pater sanctus: unus Filius sanctus, unus Spiritus sanctus. Amen.

Deinde sacerdos affert vas, in quo est chrisma sanctum, oleum unctionis et illud elevans dicit. Benedictus Jesus Christus Filius Dei Sanctificatio Spiritus Sancti. Amen. *et fundit ter in piscinam in modum crucis dicens.* In nomine Patris et Filii et Spiritus Sancti unius Dei. *Effundensque chrisma dicit:* Benedictus Deus Pater omnipotens. Amen. *Effundens secundo:* Benedictus Filius ejus unigenitus, Jesus Christus Dominus noster. Amen. *Effundens tertio:* Benedictus Spiritus Sanctus paraclitus. Amen. Gloria et laus etc. *Abstergit eas chrismatis diligenter.* Alleluja.

Deinde canuntur versus ex psalmis, postquam sacerdos aquam agitavit manu. Ps. 28. Vox Domini super aquas, Deus majestatis intonuit. Dominus super aquas multas. Vox Domini in virtute, vox Domini in magnificentia. Alleluja. Ps. 33. Accedite ad eum et illuminamini, et facies vestrae non confundentur. Venite filii mei, audite me, timorem Domini docebo vos. Ps. 65. Transivimus per ignem et aquam, et eduxisti nos in refrigerium. Alleluja. Ps. 50. Asperges me hyssopo tuo et mundabor, lavabis me et super nivem dealbabor. Averte faciem tuam a peccatis meis et omnes iniquitates meas dele, Deus. Cor mundum crea in me, Deus, et spiritum rectum innova in visceribus meis. Alleluja. Ps. 131. Elegit Dominus Sion, elegit eam in habitationem sibi. Benedicite mihi hanc humiliationem: parcite mihi patres et fratres mei et orate pro me. *Dicit ter.* Gloria Patri. *Respondent:* Nunc et semper et in saecula saeculorum. Amen.

Sacerdos: Benedictus Dominus Deus, qui illuminat omnem hominem venientem in hunc mundum, nunc et semper et in saecula saeculorum. Amen. *Canitur Psalmus 120.*

Tum nudantur baptisandi, et afferuntur ad sacerdotem, diaconus unumquemque suscipiente de manu patrum, qui eum offert sacerdoti.

latus sinistrum. Accipit eum sacerdos et tenet pedem ejus dextrum et crus dextrum manu dextera: humerum sinistrum manu sinistra; quaerit, quod sit nomen ejus, et immergit eum tribus immersionibus ad unamquamque dicens: Baptizo te N. in nomine Patris. Amen. *Educit eum et insufflat ter in faciem ejus, in formam crucis, mergitque secundo dicens:* Baptizo te N. in nomine Filii. Amen. *Iterum educit eum et insufflat in faciem ejus. Mox immergit tertio dicens.* Baptizo te N. in nomine Spiritus Sancti. Amen. *Tunc educit baptizatum, insufflatque in faciem ejus, abstergitque eum ad latus baptisterii, reddit deinde patrino, qui suscipit eum manu dextra. Ita fit erga masculos ante feminas. Si quis infantium fuerit infirmus, constituet illum ad latus baptisterii, ex quo cava manu aquam accipiet, qua illum ter perfundet, dicens eadem quae supra. Deinde aquam, quae supererat, accipit, lavatque circuitum baptisterii, et crucem; deinde manus, quas abstergit velo gossypino, dicitque orationem absolutionis aquae, ut revertatur ad pristinam naturam suam,*

Domine Deus omnipotens p. 208. Sed rubrica intermedia est haec: *Hic sacerdos aufert aquam residuam in fonte baptismali et prosequitur,* ante verba illa: ut transferas hanc aquam.

Sacerdos accipit vas chrismatis, manum velo involutam habens, oratque super illud hunc in modum.

Domine Deus p. 209.

Tum sacerdos incipit ungere infantes chrismate, iisdem in partibus, in quibus unxit illos oleo catechumenorum, et primo dicit. In nomine Patris et Filii et Spiritus Sancti unius Dei. *Signat verticem capitis, nares, os, aurem dextram, oculum dextrum et sinistrum, et aurem sinistram dicens.* Unctio gratiae Spiritus Sancti. Amen. *Ad secundam unctionem.* Unctio arrhabonis regni coelorum. Amen. *Ad tertiam.* Unctio participationis vitae aeternae et immortalis. Amen. *Ad quartam.* Unctio sancta Christi Dei nostri, et sigillum remissionis peccatorum. Amen. *Ad quintam.* Perfectio gratiae Spiritus Sancti, et lorica fidei verae. Amen. *Ad sextam.* Ungo te N. oleo sancto, in nomine Patris et Filii et Spiritus Sancti. Amen.*)

Cum haec omnia perfecerit, imponit manum super baptizatum dicens. Benedictus sis benedictione coelesti et benedictione angelorum: Benedicat tibi Dominus Jesus Christus; et in ejus nomine accipe Spiritum Sanctum, et esto vas sanctum, per eumdem Jesum Christum Do-

─────────

*) Coptitae ex Abulbircat Confirmationem tali modo conferunt. Post quatuor orationes a sacerdote super infantem recitatas „sumit chrisma ungitque frontem in formam crucis, dicens: Unctio gratiae Spiritus Sancti, Amen. Postea in ore, dicens: Unctio pignoris regni coelorum, Amen. Ad aures: Plenitudo gratiae Spiritus Sancti, lorica fidei et justitiae, Amen. Ad genua, pedes et humeros: Ungo talem oleo laetitiae et chrismate sanctificationis, in nomine Patris et Filii et Spiritus Sancti, Trinitatis sanctae et consubstantialis, Amen." Ebnassal in suo de fundamentis fidei tractatu c. 14. peculiares unctiones superaddit in palmis manuum cum his verbis: „Chrisma sanctum"; in corde: „Plenitudo gratiae"; in auribus: „Christus adoptionis". (Renaudot, Perpétuité, l. 2. c. 11. col. 786.)

minum nostrum, cui sit gloria, cum patre ejus bono et spiritu sancto, nunc et semper etc.

Postea induit unumquemque, dicens. Indumentum vitae aeternae et incorruptionis. *Tum dicit super omnes orationem sequentem, postquam diaconus dixerit.* Dominum deprecemur, — Domine Deus omnipotens, p. 209.

Accipit zonas, et coronas et conversus ad orientem dicit super baptizatos hanc orationem.

Domine Deus omnipotens, p. 210, *sed deest rubrica intermedia.*

Sacerdos accingit baptizatum zona, et accipit coronam manu dextra, et illam alligat capiti ejus, dicens.

Gloria et honor te decet. Pater benedicit, Filius coronat, et Spiritus Sanctus advenit et perficit.

Tum dicunt: Dignus est N. Christianus: *quod repetitur a populo et pulsantur campanae. Et canunt.* Accipe Spiritum Sanctum, tu qui baptismum sanctum accepisti; quique accipis Spiritum qui te benevolentia cumulavit. Amen. Accipe spiritum laetitiae per Deum nostrum Emmanuelem. Dignus est. Accipe spiritum gaudii a rege potente. Accipe coronas plenas gloriae a Christo rege gloriae. Dignus est. Accipe coronam magnae dignitatis fortem et immarcessibilem. Dignus est. Accipe coronam puritatis a Christo summe laudando. Dignus est. Accipe coronam virtutum, ornatam unde quaque. Dignus est. Accipe coronam laetitiae et domus Dei. Dignus est. Accepisti gratiam et misericordiam a Christo Filio Dei. Dignus est. Coronam auream, coronam argenteam, coronam lapidibus pretiosis et margaritis ornatam.

Coronam immarcessibilem dedit illis Dominus in baptismo sancto . . . . Christiani in nomine Emmanuelis Filii Dei: laudate Deum in hymnis; ipse custodiat nos a malo, et dimittat nobis iniquitates nostras. Benedictus sit vere etc.

Sacerdos deinde dicit hanc orationem: Impone, Domine Deus, p. 211.

Oratio sequens dicitur, postquam baptizati sacra mysteria susceperunt*). Benedictus p. 211.

Benedictionem dat illis dicens: Proficiant servi tui Domine in sapientia tua: imbue mentem illorum timore tuo: fac ut crescant ad justam mensuram: da illis cognitionem veritatis, conserva illos in fide inculpatos: per intercessionem Dominae omnium nostrum Deiparae Sanctae Mariae: praecursorisque Joannis Baptistae, omnisque chori sanctorum**).

---

*) *In alio codice, cujus excerpta refert Abulbircat. Cum sacerdos praebens baptizatis sacramentum dicit.* Corpus et sanguis etc. *Diaconus dicit.* Lac sine dolo, regenerationis. Amen. Lac sine dolo pro infantibus in Christo Jesu. Amen.

**) Notatur etiam recens baptizatos zonam septem continuis diebus gestare, quibus transactis accedunt ad sacerdotem, qui eam solvit praemissis aliquot orationibus.

nem nostram, cui est gloria, cum patre ejus bono et spiritu sancto.

3. Ordo baptismi et confirmationis Alexandrinus ex rituali Aethiopum.

In nomine Patris, et Filii, et Spiritus sancti. Amen.

Orationes, quas dicit sacerdos cum imponit manus super matrem et infantem, postquam ingressi sunt ecclesiam.

Sacerdos primum hortatur populum ad agendas Deo gratias, dicens: Gratias agamus, etc.

Diaconus dicit: Orate.

Sacerdos autem dicit: Domine, o Domine etc.

Hic diaconus dicit: Petite et rogate etc.

Sacerdos subsequitur: Da nobis ut perducamus hunc diem etc.*).

Postea sacerdos dat thus, et dicit hanc orationem. Domine, Deus noster p. 192.

Sacerdos ungit eorum frontem, feminae scilicet et infantis, unctione sancta, et dicit sequentem orationem impositionis manuum. Domine, o Domine, Pater bone, Deus noster, imposuimus manus nostras super capita famulorum tuorum, in coronam honoris et gloriae, amen; coronam fidei, et decoris, amen; coronam justitiae, quae non expugnatur ab inimico, amen. Fac servos tuos plenos gratiae Spiritus Sancti, per misericordiam et propitiationem amatoris humani generis, Filii tui Jesu Christi, nam tibi et ipsi, cum Sancto Spiritu, est gloria et potestas, in saecula saeculorum. Amen.

Postea mater sumit sacramentum sanctum Eucharistiae.

In nomine Patris, et Filii, et Spiritus sancti. Amen.

Orationes, quae dicuntur in sancto baptismo.

Sacerdos primum dicit psalmum quinquagesimum, scilicet: Miserere mei, Deus, secundum magnam misericordiam tuam, usque in finem. *Thus dat, et interrogat nomina eorum, qui baptizandi sunt, et orat super eos.*

Diaconus dicit: Orate.

Sacerdos autem dicit: Domine noster Jesu Christe, p. 193.

Diaconus dicit: Orate.

Sacerdos autem dicit: Domine, Pater bone, p. 194.

Accipit postmodum sacerdos vas olei in manibus suis, et orat super ipsum in hunc modum, dicens: Domine, o Domine, p. 195.

Diaconus dicit: Orate.

Sacerdos autem dicit: Domine, o Domine p. 194.

Postea ungit sacerdos frontem eorum, qui baptizandi sunt, scapulas eorum, ulnas, et granum pectoris, interiorem et exteriorem partem manuum, et summitates digitorum, dum dicit: Ungo te, N. in no-

procedas in vitam aeternam etc. Corpus et sanguis etc. Dominus
etc. Lac sine dolo. confirmatione, Amen. Lac sine dolo pro infantibus

---

*) Istae sunt oratio gratiarum actionis et sequentes, uti sunt in officio communi Aethiopum, quem edidit Petrus Tesfa Sion (Bibl. PP. maxima Tii XXVII. Suppl. Migne Patrol. lat. T. 138 col. 911 seq.; Renaudot Lit. Orient. T. I. p. 476.).

mine unicae Ecclesiae, quae est concilium seu congregatio apostolorum Domini. *Qui baptizatur dicit:* Amen.

Sacerdos vero dicit: Oleum hoc deleat omne opus inimici, qui adversatur. *Qui baptizatur dicit:* Amen.

Sacerdos autem dicit orationem gratiarum actionis, quae est ut supra, cujus initium est: Gratias agamus benefactori, etc. *Deinde flectit brachia eorum, qui baptizandi sunt, oratque super eos, et dicit:* Benedictus sit Dominus Deus noster omnipotens. Amen. Benedictum sit nomen gloriae ejus. Amen. Benedictus sit unicus Filius ejus Jesus Christus. Amen. Per quem vocatae sunt omnes gentes a tenebris ad lumen verum, et admirandum, et ab errore, qui est idololatria, ad scientiam rectam. Amen.

Diaconus dicit: Orate.

Sacerdos autem dicit: Famulorum p. 195.

Oratio pro iis, qui dederunt nomina sua ad baptismum.

Et dicit sacerdos: Rogamus etiam. p. 195.

Diaconus dicit: Orate pro his p. 196.

Tunc sacerdos flectit genua eorum, qui baptizandi sunt, et dicit hanc orationem super eos: Domine, o Domine, p. 196.

Postea flectit sacerdos pedes eorum, qui baptizandi sunt, et dicit: Rogamus te, Domine, p. 196.

Diaconus dicit: Orate.

Sacerdos vero dicit: Domine, Jesu Christe p. 196.

Deinde sacerdos flectit pedes eorum, qui baptizandi sunt, et dicit hanc orationem: O amator humani generis p. 197.

Iterum flectit sacerdos pedes eorum qui baptizandi sunt, et dicit hanc orationem: Domine, o Domine etc. uti supra p. 197.

Postea imponit sacerdos manum suam super capita eorum, qui baptizandi sunt, et dicit hanc orationem: In nomine Filii unici Jesu Christi, cape, munda et praepara has animas, ut fiant liberae ab omnibus daemoniis et ab omni errore ut culpa. Fugiant ab eis omnes tenebrae et quidquid imminuit fidem, et omnis cogitatio mala. In nomine unici Filii tui Jesu Christi, munda et libera eas ab omnibus fraudibus Satanae, in sempiternum. Amen.

Postea detrahunt vestes eorum, qui baptizandi sunt, et omnia ornamenta, et erigunt manus eorum dexteras, et aspicere faciunt versus occidentem, et abnegat Satanam, qui habet aetatem, ipsemet, si autem infans sit, qui respondent loquuntur pro eo, et dicunt hoc modo.

Abrenuntio tibi, Satana, et omnibus operibus tuis immundis, omnibus ministris, et incantationibus tuis malis, et omni virtuti tuae, omnibus principibus tuis, omnibus fraudibus, et omnibus adulationibus et illecebris tuis malis et tenebrosis, et omni jurisdictioni et infidelitati tuae.

Postea vertunt eorum facies versus Orientem, et erigunt manus eorum dexteras alte, et dicunt: Credo in te, Christe, Deus meus, credo legi tuae salutiferae, et omnibus angelis tuis vivificantibus, et omnibus operibus tuis, quae dant vitam.

Postea sacerdos dicit symbolum fidei, qui baptizandi sunt et cum eo dicunt: Credimus in unum Deum, Dominum Patrem omnipotentem, et unicum Filium ejus, Jesum Christum, Dominum nostrum, et in

Spiritum Sanctum vivificantem, et resurrectionem carnis, et unicam, sanctam, quae super omnes est, Ecclesiam apostolicam; et credimus unum baptismum in remissionem peccatorum, in saecula saeculorum. Amen.

Sacerdos deinde interrogat eos: Annon creditis? *Ipsi autem ter dicunt:* Credimus, credimus, credimus: *qui quidem aetatem habent; at pro infantibus, qui nesciunt loqui, respondent qui vades sunt. Deinde sacerdos dicit hanc orationem:* Domine, o Domine, p. 199.

Postea diaconus dicit: Humiliate capita vestra.

Deinde et sacerdos flectit pedes eorum, qui baptizandi sunt, et orat super eos, dicens: Domine, Redemptor noster, amator humani generis, factor coeli et terrae; quia tu solus es, qui perficis hoc mysterium, quia te adorat omne genu, quod in coelo est, et in terra, et omnis lingua te laudat, juxta illud Pauli, Redemptor et Dominus noster Jesus Christus omnia operatus est in gloriam Dei Patris, hos servos tuos amplectere, qui festinarunt et venerunt, ut adorarent te genu flexi.

Diaconus dicit: Orate.

Sacerdos autem dicit: Propterea precamur et rogamus te, o amator humani generis, omnem invidiam, et omnem tentationem elonga ab eis, omnem infirmitatem, et omnem afflictionem ab eisdem transfer, scrutare interna eorum, et illumina eorum corda et mentes lumine intelligentiae. Omne opus Satanae, et omnem immutationem et defectionem fidei, et omnem adorationem idolorum ab eis arce. Confirma et dirige eorum corda, per assumptionem Spiritus tui Sancti, et per voluntatem Filii tui, quae est sine defectu, nunc, et semper, et in saecula saeculorum. Amen.

Postea sacerdos accipit oleum, et ungit eorum, qui baptizandi sunt, scapulas, granum pectoris, seu os stomachi, et manuum interiores et exteriores partes, genua, et omnes juncturas corporis eorum, in signum crucis, et dicit: Ungo te, N., oleo laetitiae, quod perrumpit omnem vim inimici, quod plantatum est in medio ligni olivae dulcis, quae est Ecclesia sancta Apostolorum Domini.

Diaconus et qui unguntur dicunt: Amen.

Sacerdos autem, postquam unxit eos oleo, dicit hanc orationem: Domine, o Domine, p. 200.

Diaconus dicit: Orate.

Sacerdos autem orat in hunc modum: Ens Domine, Pater bone, Deus noster omnipotens, qui finxisti hominem ad imaginem et similitudinem tui, et dedisti ei potestatem vitae, potestatem, quae manet in aeternum, et cum cecidisset in peccatum, non deseruisti sed correxisti eum salute, incarnatione scilicet Filii tui unigeniti, Jesu Christi, Domini nostri, qui plenus est salute. Haec figmenta tua libera ab operibus inimici, et suscipe ea intra regnum tuum, et aperi oculos cordium eorum, Amen. Clarificentur lumine regni tui, et sit cum eis divinitas tua per spatium vitae eorum. Liberet eos ab omni malitia inimici, et a tentatione mala daemonii meridiani. Amen. A sagitta volante in die. Amen. Et ab opere ambulante in tenebris, et a visione noctis. Amen. Arce ab eis omnes spiritus immundos. Amen. Et spiritum malignum, qui perturbat cor. Amen. Et spiritum erroris, et omnem malignitatem. Amen. Spiritum amoris auri. Amen. Et omnem servitutem idolorum et spiritum mendacii. Amen. Et omnem turpitudinem, quae exercetur ex duo trina Satanae. Amen. Fac eos oves gregis Christi tui. Amen. Et memoria electa Ecclesiae tuae, quae est super omnes. Amen. Filios luminis, et vasa sancta. Amen. Et haeredes regni tui. Amen. Et pugnent in custodiam mandatorum Christi, et ea custodiant signo immobili. Amen. Et indumentum immaculatum, et inveniant constantiam et perseverationem quae est electorum, per Jesum Christum Dominum nostrum, cui tecum, una cum Sancto Spiritu convenit gloria et potestas in saecula saeculorum. Amen.

Postea dicit sacerdos ad fontem baptismi secreto: Domine sancte, et lux, confirma famulos tuos, et fac eos dignos magna hac gratia, Ecclesia scilicet et baptismo sancto. Aufer ab eis vetustatem, et genera eos secunda generatione in vitam sempiternam. Infunde super eos virtutem Spiritus Sancti, et sapientiam Christi tui, ne sint filii carnis, sed filii gloriae tuae, et haeredes regni tui, quod nunquam inveterascit, in voluntate Unigeniti tui, cui tecum, una cum Spiritu Sancto convenit gloria, divinitas et honor, in saecula saeculorum. Amen.

Deinde sacerdos dicit orationem gratiarum actionis, et thus dat; diaconus autem legit ex Epist. Pauli ad Tit. cap. 2.: Apparuit enim gratia Dei Salvatoris nostri omnibus hominibus etc. — haeredes simus, secundum spem vitae aeternae.

Subdiaconus deinde legit ex Epistola Joannis prima, cap. 5.: Quis est qui vincit mundum etc. — qui creditis in nomine Filii Dei.

Sacerdos autem, qui adjuvat sacerdotem baptizantem, legit ex Actis Apostolorum, cap. 8.: Angelus autem Domini locutus est ad Philippum dicens: etc. — ibat autem per viam suam gaudens.

Tum sacerdos, qui baptizat, dicit: Sanctus, sanctus, sanctus Dominus, Deus fortis et immortalis, miserere nostri, Domine. Beati, quorum remissae sunt iniquitates, et quorum tecta sunt peccata. Beatus vir, cui non imputavit Dominus peccatum. Accedite ad eum et illuminabit vos, et facies vestrae non confundentur. Iste pauper clamavit, et Dominus exaudivit eum.

Deinde legit ex Evangelio Joannis, cap. 3.: Erat autem homo ex Pharisaeis, Nicodemus nomine etc. — quia in Deo sunt facta.

Postea dicit orationem pro infirmis — pro peregrinantibus — pro pluvia — pro fructibus terrae — pro aquis fluvialibus — pro pace — pro pontificibus — pro rege — pro congregatione cujusque loci — pro parvis aut novis christianis seu catechumenis — pro offerentibus munera — pro iis, qui dormierunt. — (Quae in ordine Aethiopico in extenso habentur cum proclamationibus. Nos hic prolixas istas orationes omittimus, quod ad baptismum peculiariter nullatenus referantur, excepta illa quae est pro catechumenis, quae apud Aethiopes decimo loco dicitur et sic sonat.)

Sacerdos: Rogemus etiam omnipotentem Deum Patrem Domini, et Redemptoris nostri Jesu Christi, pro famulis novitiis christianis, ut impertiatur eis tempore idoneo ablutionem regenerationis, remissionem peccatorum, quia omnia capit Dominus Deus noster.

Diaconus dicit: Orate pro novis christianis.

Sacerdos: Domine, Deus noster omnipotens, rogamus te, et quales sumus, famulorum tuorum, qui nondum adulti sunt christiani, miserere, omnes reliquias idololatriae ab eis arce, legem tuam, mandata, et justitiam, et constitutiones tuas impone cordibus eorum, et in tempore idoneo ablutionem regenerationis impertire, remissionem scilicet peccatorum eorum, et tabernaculum Sancti Spiritus eos fac, per unicum Filium tuum, cum quo tibi et Sancto Spiritui est gloria et potestas nunc et semper, et in saecula saeculorum. Amen.

Sacerdos postea imponit manus super eos, qui baptizandi sunt, et dicit: Famulos tuos, qui inserviunt, et adhaerent nomini tuo sancto, et inclinant capita sua ante te, protege, o Domine, et cum eis sis. Adjuva eos in omne opus bonum. Excita corda eorum ab omni opere malo, quod in terra fit. Fac eos vivos, ut scilicet cogitent omnia, quae sunt ad vitam, et recordentur omnium operum tuorum, o Domine, per unicum Filium tuum, ut tibi, et ipsi Sancto Spiritui sit gloria in saecula saeculorum. Amen.

Postea dicit sequentem orationem supra fontem: Deus prophetarum, p. 202. |

Sacerdos postea secreto dicit pro se, antequam baptizet. Misericors, miserator et clemens, qui scrutaris cor et jecur, et cognoscis abscondita hominis (nihil enim est, quod a te abscondatur, sed palam tibi sunt omnia): tu cognoscis abscondita mea, ne me deseras, neque avertas faciem tuam a me, sed aufer a me hac hora omnem meam culpam, et absolve horum hominum peccata, qui convertisti eos ad poenitentiam, ablue maculas animae meae et corporis, et munda jecur meum perfecte virtute tua invisibili, et dextera tua vivificante confirma me, ut annuntiem aliis, qui quaerunt liberationem a me, id est, fidem, ut eis eam tradam, quos quidem praeparavit magnitudo tua inenarrabilis, o amator humani generis, praeterea, ne sim ego ut servus peccator qui condemnatur. Absit, Domine, non ita fiat. Tu enim solus es bonus, et amator es humani generis. Non recedam confusus. Absolve me a peccato meo, et mitte super me auxilium tuum de coelo. Da mihi virtutem, ut digne fungar hac magna administratione, mysterio tuo, constitutione coelesti. Et habitet Christus super eos, qui baptizantur, per regenerationem, et baptismum, qui a me administratur, quia pauper sum ego, qui a te peto misericordiam. Aedifica eos in fundamento Apostolorum et prophetarum, nec amplius destrue, sed fac eos plantas veras in Ecclesia tua, quae super omnes est, sancta, quae est Apostolorum, ut ad id se conferant, quod praestat, et glorificetur nomen tuum sanctum in eis, quod in coelo et in terra, ante omne saeculum, plenum est gloria, Patris, et Spiritus Sancti, nunc, et semper, et in saecula saeculorum. Amen.

Postea dicit orationem pro pace, et orationem pro pontificibus, et orationem pro congregatione, et symbolum Apostolorum. Deinde accipit oleum non benedictum, atque id ter in baptismum infundit; unaquaque vice in modum crucis confundens, et dicens:

Benedictus Dominus Deus noster, nunc, et usque in saeculum.

Benedictus Dominus Pater. † Amen.

Benedictus Filius unigenitus, Jesus Christus, Dominus noster. † Amen.

Benedictus Spiritus Sanctus Paracletus. † Amen.

Deinde orat super baptismum hoc modo: Deus coeli, ut p. 204., (absque interpellatione diaconi).

Et sufflet in aquam ter in modum crucis, dicens: Sanctifica hanc aquam, ut p. 204., (absque rubrica intermedia).

Tum dicit diaconus: Orate.

Sacerdos autem dicit sanctificationem Jordanis, id est baptismi.

Amor Dei, gratia Jesu Christi, et donum Spiritus Sancti sit vobiscum.

Populus autem respondet: Cum spiritu tuo.

Sacerdos autem dicit: Sursum sint corda vestra.

Populus respondet: Habemus ad Dominum, Deum nostrum.

Sacerdos autem dicit: Gratias agamus Domino, Patri bono.

Populus respondet: Rectum est, et convenit.

Sacerdos autem dicit: Vere dignum et justum est. Benedictus sit Deus excelsus, qui in aeternum est fortis super omnia, in quo ea est potestas, ut regat et custodiat mundum. Qui omnia vivificat, in eo enim Spiritus est vitae, qui alit omnem animam, qui confirmat omnem spiritum, qui virium totius mundi est capax: qui vocavit omnia ex eo quod non est, et fecit omnia. Ipse, Domine, qui excelsorum es excelsissimus, qui vides et cognoscis finem temporum, et sopitos a somno excitas, qui dedisti vocem omnibus quae moventur, commove hanc aquam, et imple eam Spiritu tuo Sancto, et fiat ablutio in secundam generationem. Amen. Et in vitam aeternam. Amen. Ut regenerentur hi famuli et famulae tuae, quemadmodum constituisti, Domine, intelligentiam et rationem in anima et per eam regere fecisti hominem, et judicem fecisti omnium ornamentorum mundi: quapropter tibi convenit gloria et magnitudo. Benedictus es, Deus, super omnes virtutes; benedictus es, Deus, super omnes principes; benedictus es, Deus, super omnem cogitationem et loquelam; benedictus es, Deus, super omnem intelligentiam et scientiam; benedictus es, Deus, supra omnes thronos et regna. Tu misisti aquam et ignem, frigus et glaciem, tempestatem et turbines super terram, et scaturire fecisti aquam de rupe dura. Tu es, quem vidit mare, et fugit; et Jordanis post te reversus est, et montes exultaverunt sicut hirci, et colles sicut agni ovium. Tu es, de quo, et de benignitate cujus testimonium dedit Joannes, qui missus est ante te, clamans voce praeconis in desertum et dicens: Mundate viam Domini, aequate semitam ejus, vox Domini super aquas, Deus gloriae intonuit. Tona, Domine, super hanc aquam et oleum, utramque praepara; et da eis virtutem, ut fiant baptismus tuus, qui est nova generatio, et vita aeterna, et regenerentur hi famuli tui.

Diaconus dicit: Qui sedent surgant.

Sacerdos autem dicit: Domine, o Domine, pater bone, Deus noster omnipotens, Pater Domini Dei, et Redemptoris nostri Jesu Christi, factor omnium creaturarum, quas ostendunt coelum, terra, et mare, et omnium, quae in eis latent, factor omnium creaturarum, visibilium et invisibilium, qui congregasti aquas in alveos suos, qui creasti, formasti, et obsignasti, et quae super coelos sunt, tu coercuisti mare et flumina virtute tua, confregisti capita draconis in aquas, tu terribilis es (quis enim tibi obstare potest?), aspice, Domine, super hanc, quam fecisti aquam, et da ei gratiam, salutem, et benedictionem Jordanis, ut ab ea fugiant omnia quae malignantur adversus creaturas tuas, quoniam invocavi nomen tuum sanctum et admirandum, quod plenum est gloria et terrore adversus ea, quae nobis adversantur.

Diaconus dicit: In orientem aspicite.

Sacerdos autem subsequitur hoc modo: Et dissipentur coram signo crucis omnes vires eorum, qui nobis adversantur, et ab ea fugiant omnes daemones, qui sunt in aqua et terra, qui non videntur. Nec lateat in hac aqua superbia tenebrosa, nec descendat cum eis qui baptizantur malignus spiritus, qui obtenebret eorum mentem, et perturbet nos. Imo, rogamus te omnes, Domine, ut facias hanc aquam esse aquam quietis: Amen. Aquam puram in mundationem: Amen. Aquam salutis: Amen. Et ut sit in ablutionem turpitudinis animae et corporis: Amen. Aquam in absolutionem et remissionem peccatorum: Amen. Lumen animae et corporis: Amen. Ablutio in regenerationem: Amen. In vestem immaculabilem: Amen. In innovationem Spiritus Sancti et in fontem vitae: Amen.

Qui adsunt, dicunt: Amen.

Sacerdos: Quia autem ipse dicit: Lavamini, purgate, et expellite malitiam a cordibus vestris; qui dedisti nobis generationem de coelo, per aquam et Spiritum Sanctum, appare, Domine, super hanc aquam; et fac eos mundos, qui in ea baptizantur, ut expellant veterem hominem et turpitudinem fallacis voluptatis, et induantur novo homine, et renoventur iterum per similitudinem creatoris sui: Amen. Fiant participes mortis Christi tui, per baptismum ejusdem unici Filii tui Jesu Christi: Amen. Atque cum eo participes sint resurrectionis ejus, et custodiant donum Spiritus Sancti: Amen. Abundet super eos doctrina gratiae tuae: Amen. Et inveniat pignus vocationis de coelo, quod tuum est, o Domine: Amen. Connumerentur in congregatione Primogeniti, in congregatione scilicet eorum, quorum nomina scripta sunt in coelis: Amen. Per Jesum Christum Dominum nostrum, cum quo tibi est gloria cum Sancto Spiritu, nunc et semper, et in saecula saeculorum. Amen.

Deinde dicit: Sanctus, sanctus, sanctus es, Deus exercituum. Perfecte plenum est coelum et terra sanctitate gloriae tuae.

Et dicit populus: Sanctus etc. (idem).

Sacerdos autem dicit: Ad te suspicimus, et intendimus oculos cordis nostri in coelum; rogamus te, Domine, Deus noster, custodi nos omnes. Deus noster, Deus patrum nostrorum, qui creasti coelum et terram, et omnia ornamenta eorum; creator aquarum, quae super coelos sunt; qui fundasti terram super aquas; qui congregasti aquas in alveos suos, qui cinxisti et coercuisti mare, et ejus profunditatem obsignasti magno nomine signi, quod plenum est gloria, et quod omnia timent et expavescunt, aspectu, Domine, fortitudinis et virtutis tuae. Tu fundasti mare virtute tua, tu confregisti capita draconis in aquas, tu scidisti scaturigines et fontes, et dedisti viam aquis. Viderunt te aquae, Domine, et paverunt profunditates prae multitudine aquarum. Tu es, quem mare rubrum vidit, et timore tui constitit. Tu trajecisti Israel, et per Moysen baptizasti eum; tu praecepisti rupi durae, et effudit aquam populo tuo; tu mutasti aquam amaram, et fecisti eam dulcem. Tu Domine, tempore Jesu, filii Nave, abstulisti, et reverti fecisti flumina, quae fluebant terribiliter. Tu (quis enim sustineat aspectum tuum?) sacrificium quoque Eliae in aqua suscepisti per flammam et ignem de coelo. Tu es, Domine, qui ostendisti per Elisaeum aquam generationis vitae, et Naaman Syrum mundari fecisti per aquam Jordanis. Tu omnia potes, et nihil est quod tibi sit impossibile.

Diaconus dicit: Orate

Sacerdos autem dicit: Domine, o Domine, Pater bone, Deus noster, rex ordinum coelestium et terrestrium, aspice, qui sedes super Cherubim, intende oculos, qui habitas in coelo. Aspice, et visita creaturam tuam. Da huic aquae donum Jordanis magnum, potens, et coeleste, et descendat Spiritus Sanctus super eam. Amen. Dona ei benedictionem Jordanis, da ei virtutem, ut sit aqua vitae. Amen. Aqua sanctitatis. Amen. Aqua mundationis peccatorum. Amen. Aqua lotionis ad regenerationem. Amen. Dona ei, ut, si quis est latens extra eam malignus spiritus, non revertatur amplius ad eos, qui baptizantur. Amen. Nec spiritus diei. Amen. Nec spiritus meridiei. Amen. Nec spiritus vesperi. Amen. Nec spiritus noctis. Amen. Nec spiritus aëris. Amen. Nec spiritus superbiae, quae sub terra est. Amen. At arce omnes spiritus malignos virtute, et benignitate tua, et frangantur coram signo crucis Filii tui. Amen. In nomine sancto tuo, quod precamur, quod plenum est gloria, et terribile adversus ea, quae nobis adversantur, ut omnis qui baptizatur in ea, expellat a se hominem veterem, qui coinquinatus est voluptate erroris, et induatur novo homine, qui innovatur in similitudinem creatoris sui. Illumina eos lumine justitiae, qui est Spiritus Sanctus. Amen. Et inveniant vitam aeternam. Amen. Firma eorum spem. Amen. Et stent ante thronum Christi tui. Amen. Inveniant remissionem peccatorum suorum. Amen. Et accipiant coronam coelestem. Amen. Sint aqua haec, et hoc oleum benedicta, et plena gloria, et sint sancta, in nomine Patris, et Filii, et Spiritus Sancti, in gratiarum actionem populi tui, et omnium, qui obtulerunt tibi filios suos famulos tuos, in gloriam et honorem Filii tui Sancti. Suscipe eos in sacrificium tuum sanctum et coeleste, tanquam odorem suavem magnitudini tuae coelesti, precibus angelorum et archangelorum tuorum sanctorum. Domine, libera populum tuum, et benedic haereditati tuae, custodi, et exalta eum usque in saeculum. Amen. Conserva eum in rectitudine fidei, omni tempore vitae suae, et sit in charitate, quae superat omnem pacem, precibus omnium sanctorum, et intercessione plenae gratia Virginis genitricis Dei Mariae, quae in omnibus est sancta, et sancti Joannis martyris, et baptistae, praecursoris et ducis vitae, et omnium sanctorum quos a primordio elegisti, per gratiam unici Filii tui, cum quo tibi una cum Sancto Spiritu, est gloria in saecula saeculorum. Amen.

Deinde sacerdos dicit orationem evangelii, scilicet,

Pater noster, qui es in coelis, sanctificetur nomen tuum: adveniat regnum tuum: fiat voluntas tua sicut in coelo, ita et in terra. Da nobis hodie cibum nostrum quotidianum: dimitte nobis offensiones nostras, et errores nostros, et ut nos quoque dimittamus offensiones, quae in nos sunt: et ne inducas nos, Domine, in tentationem, sed redime, et libera nos ab omni malo. Quoniam hoc est regnum tuum, honor et gloria nunc, et semper, et in saecula saeculorum. Amen.

Postea dicit orationem impositionis manuum super eos, qui baptisandi sunt. Accipit postmodum crucem, et ter ea aquam sulcat in modum crucis ter clamans: Sanctus, sanctus, sanctus, Pater, et Filius, et Spiritus Sanctus, nunc et semper, et in saecula saeculorum. Amen.

Descendit postea in fontem, et infundit balsamum in figuram signi crucis dicens:

Benedictus est Deus Pater: Amen. †

Benedictus est Filius unicus Jesus Christus: Amen. †

Benedictus est Spiritus Sanctus Paracletus: Amen. †

Tum dicit magna voce, Alleluja, dum miscens aquam cum balsamo, manu sua dextera, dicit. Psalm. 131. Quoniam elegit Dominus Sion in habitationem. Et Psalm. 28. Vox Domini super aquas, Deus gloriae intonuit. Et Psalm. 33. Accedite ad eum, et illuminabit vos. Et Psalm. 65. Transmisit nos inter ignem et aquam. Et Psalm. 50. Asperges me, Domine, myrtho, et mundabor, usque ad versiculam: Ne projicias me a facie tua.

Deinde dicit: Gloria Patri, et Filio, et Spiritui Sancto nunc, et semper, et in saecula saeculorum, Amen.

Postmodum dicit: Honor hic omnibus sanctis, benedictus sit Deus qui illuminat in omne saeculum. Amen.

Tum diaconus ducit eos, qui baptisandi sunt, versus occidentem, et ingredi facit versus orientem; sacerdos autem eos suscipit et tergit, dicens:

Ego baptizo te, in nomine Patris, et Filii, et Spiritus Sancti Paracleti, Amen.

Hoc perfecto, dicit sequentem orationem; pro absolutione seu immutatione aquae in primam ejus naturam. Domine, o Domine, p. 208. (absque rubrica intermedia).

Orationes, quas dicit sacerdos, cum imponit manus super eos, qui confirmandi sunt. Sacerdos primum agit Deo gratias.

Gratias agamus tibi, Domine, quod feceris famulos tuos dignos secunda generatione, et indumento immaculabili: Amen. Mitte etiam super eos divitias misericordiae tuae, et Spiritum Sanctum, quem misisti super Apostolos tuos: dic eis, accipite Spiritum Sanctum Paraclitum: et eodem modo da eum famulis, et famulabus tuis.

Diaconus dicit: Humiliate capita vestra coram Domino.

Postea dicit: Orate.

Sacerdos autem dicit sequentem orationem super eos, qui baptizati sunt, priusquam eos ungat balsamo.

Domine, Pater bone, p. 209.

Postea sacerdos accipit balsamum*), et orat super ipsum dicens: Deus, in quo potestas est, qui solus factor es omnium mirabilium (nihil enim tibi est impossibile). Confirma Domine virtute tua omnem gratiam Spiritus Sancti super hoc balsamum: fiat sanctum, Amen: fiat signum vitae, amen: et confirmatio famulis tuis, Amen: per unicum Filium tuum, nunc, et semper, et in saecula saeculorum, Amen**).

---

*) Hoc est myron sive chrisma. Nam Aethiopes illud ab Alexandrino patriarcha accipiunt, quem chrisma ex oleo et balsamo confecto uti constat.

*) Haec oratio non est consecratio chrismatis, sed tantum caeremonialis quaedam extensio sicut celeberrima illa Epiclesis ad consecrationem se habet. Nam in caeremoniis solennitatis ergo extenduntur, quae in momento fiunt.

231

Postea ungit frontem, dorsum, et oculos eorum in figuram crucis et dicit: In unctionem gratiae Spiritus Sancti, Amen.

Ungit nares, et labia, et dicit: Pignus regni coelorum, Amen.

Ungit aures, et dicit: Unctio sancta Dei nostri Christi et signum, quod non aperitur, Amen.

Ungit dorsum, et granum pectoris, seu os stomachi, et dicit: Perfectio gratiae Spiritus Sancti, fidei, et justitiae, Amen.

Ungit tibias, et ulnas, genua, et omnes juncturas eorum, sola pedum, et spinam, et dicit: Ungo te unctione sancta: ungo te in nomine Patris, et Filii, et Spiritus Sancti Paracliti, Amen.

Postea inponit manum suam super eos, et dicit: Benedicti sitis benedictione coelestium angelorum: Benedicat vobis Dominus noster Jesus Christus. Accipite Spiritum Sanctum per virtutem Dei Patris, per virtutem Filii Jesu Christi, et per virtutem Spiritus Sancti. Sitis vasa electa, et munda Domini nostri Jesu Christi, cui est gloria cum Patre, et Spiritu Sancto in saecula saeculorum.

Tum induunt, qui baptizati sunt, vestem albam, et coronam super capita sua ex myrtho, et palma; et rubeam vestem undulatam, et phrygiatam, seu acu pictam.

Sacerdos autem orat in hunc modum: Domine Deus omnipotens, uti supra p. 210. (absque rubrica intermedia).

Postea accipit coronas in manus suas, et orat in hunc modum: Domine, o Domine, Pater bone, et sancte, qui coronasti Sanctos tuos corona, quae non corrumpitur, et conciliasti coelestes cum terrestribus. Tu Domine, qui praeparari fecisti has coronas, benedic eis, qui dignos nos fecisti, qui eas imponeremus capitibus famulorum tuorum, ut sint eis coronae honoris, et gloriae, Amen. Coronae benedictionis, et salutis, Amen. Coronae magnitudinis, et fortitudinis, Amen. Coronae sapientiae, et simplicitatis, Amen. Coronae decoris, et justitiae, Amen. Coronae misericordiae, Amen. Da famulis, et famulabus tuis, qui eas induerunt, angelum pacis, et signum charitatis, et libera eos ab omni cogitatione vana, et a desiderio turpitudinis vanae, et libera eos ab omni onere, et gravedine mala, et ab omni inquinamento inimici, Amen. Et sit super eos tranquillitas, Amen. Audi vocem precum eorum, et impone timorem tuum in mentibus eorum, Amen. Ale eos omni tempore vitae eorum, Amen. Ne priventur adspectu, et progenie filiorum, Amen. Filii eorum, et ii, quos iidem generarint, regenerentur, Amen. Fac eos utiles Ecclesiae tuae sanctae apostolicae, et fortes in fide semper, Amen. Doce eos viam justitiae, Amen. Per voluntatem Filii tui boni et benedicti, et Spiritus Sancti vivificantis in saecula saeculorum, Amen.

Tum imponit manus suas super capita eorum, et dicit: Domine, o Domine, Pater bone, Deus noster; imposuimus manibus nostris super capita famulorum tuorum coronam honoris, et gloriae, Amen. Coronam fidei, et decoris, Amen. Coronam justitiae, quae non impugnatur ab inimico, Amen. Fac eos plenos gratiae Spiritus Sancti per misericordiam, et benignitatem amatoris humani generis Filii tui Jesu Christi, cum quo tibi, et Spiritui Sancto est gloria, et potestas in saecula saeculorum, Amen.

Postea sumunt Sacramentum sanctum, et vivificans, spondente sacerdote pro eis, Corpus scilicet sanctum, et Sanguinem venerandum Domini,

Dei, et redemptoris nostri Jesu Christi. Diaconus deinde dat eis lac, et mel, et dicit: Lac, et mel immaculatum in regenerationem, Amen.

Sacerdos autem dicit: Lac, et mel immaculatum in regenerationem per Jesum Christum, Amen.

Et iterum imponit manus suas super eos, et benedicit eis dicens: Benedictus sit Dominus Deus noster omnipotens, Pater Domini Dei, et Redemptoris nostri Jesu Christi, qui fecisti famulos tuos dignos regeneratione, et remissione peccatorum, et indumento incorruptibili, Amen. Et pignore, quod non repetitur, Amen. Et quod bonum est regno coelorum, Amen. Et dono Spiritus Sancti, Amen. Rogamus te Domine, et quaesumus, o amator humani generis, ut facias famulos, et famulas tuas dignos semper, qui sumant Corpus, et Sanguinem venerandum et sanctum Christi tui, et ipsum eis semper concedas, et pugnent in perfectionem mandatorum, et legum tuarum, et inveniant promissionem sanctitatis tuae ad regnum coelorum per misericordiam, et gratiam amatoris humani generis unici Filii tui Jesu Christi, cum quo tibi, et Spiritui Sancto est gloria in saecula saeculorum, Amen.

Iterum imponit manus suas super eos, et dicit: Crescant famuli tui Domine ad sapientiam tuam, et memores sint timoris tui. Pervenire fac eos ad aetatem suam, Amen. Et da eis cognitionem justitiae, Amen. Et custodi eos in fide tua absque macula precibus Dominae omnium nostrum Genitricis Dei Sanctae, et purae Mariae, et Sancti Joannis Praecursoris, et Beati, Sancti, et puri Michaelis Archangeli, et omnium ordinum coelestium, et Sancti Georgii Martyris, et Beati, et Sancti Patris Salamae manifestatoris luminis: Patris Zzehoma, et Patris Imaata, Patris Argavi, et Armah Regis, Sancti Patris Pantaleonis, et Caleb Regis: Sancti Patris Aftzae, et Deganae Sacerdotis: Sancti Patris Joannis, et Antonii, Marta, et Macarii, et Thecla Haimot in saecula saeculorum, Amen.

Oratio super infantes.

Domine Deus noster, Pater Domini, et Redemptoris nostri Jesu Christi, factor coeli, et terrae, qui venire fecisti hominem in lucem, qui custodisti foetus in utero, qui dedisti eis vitam, et eduxisti in lucem. Auge per misericordiam tuam hos, qui oblati sunt tibi: auge in timore tuo, Amen. Custodi carnem, seu corpus eorum ab afflictione, et mutilatione, et a peccato libera, Amen. Et serva ab omni errore, a fraudibus Satanae, et ab omni arte inimici, Amen. Qui praeparasti ex ore infantium, et lactentium gloriam. Ipse, Domine, benedic his infantibus, qui oblati sunt tibi: auge, custodi, et sanctifica eos per gratiam unici Filii tui Jesu Christi Redemptoris nostri, cum quo tibi, et Spiritui Sancto est gloria, et potestas in saecula saeculorum, Amen.

Oratio pro benedictione.

O Trinitas Sancta, thesaurus benedictionum, benedic nobis, confirma, custodi, et libera nos a die condemnationis, nec confundamur coram iis, et coram angelis tuis, Amen. Da nobis gaudium per resurrectionem tuam. Custodi animam servi tui Claudii Regis nostri, et sit in tempore ejus gratia, pax, charitas, et humilitas per unicum filium tuum Dominum

et Redemptorem nostrum Jesum Christum, cum quo tibi, et Spiritui Sancto
est gloria, et potestas in saecula saeculorum, Amen.

Hymnus novelli Christiani*).

Et Spiritu principali confirma me,

Ut doceam peccatores viam tuam.

Accedite ad eum, et illuminabit vos.

Gustate, et cognoscetis, quam bonus sit Dominus.

Sponsus gloriosus, aquam qui eduxit e rupe;

Apparuit, ut aurora, et stella diluculi.

Exultaverunt foetus dum essent in tenebris,

Viderunt lumen, aquam vitae invenerunt**).

In loco amoeno, ibi me collocavit,

Et apud aquam quietis educavit me.

Viderunt te aquae, Deus, viderunt te aquae, et timuerunt.

Lavabo nitide manus meas, et circumdabo altare tuum, Domine.

Quaesierunt principes, et adoraverunt idola;

Christus per crucem suam expulit ab eis daemones.

Infantes tui, Domine, laetabuntur palam

Acceptione aquae vitalis, in qua nulla est mors.

Ab ortu solis usque ad occasum

Gratiae agantur Domino Patri bono.

Christe, Rex saeculorum, laudemus te,

Qui ante saecula fuisti inter Sanctos.

Quis similis tibi?

4. Ordo baptismi Copticus brevior.

(Hunc ordinem ex codice quodam Thebennensi a se descriptum Assemano communicavit Tukius, qui et asseruit, illo Aegyptios minime uti, et ex
ipsa praefatione privatae auctoritatis tantum esse apparet. Edidit idem Assemanus Cod. liturg. T. II. p. 184.)

Praefatio.

Laus Deo, qui unigeniti Filii sui morte pro nobis, ex gehenna nos
redemit, et per suam erga nos beneficentiam, ad deliciarum (Paradisi)
eminentiam nos transtulit, et baptismum nobis instituit, quo e servitute
Satanae erepti, regnum aeternum obtineremus. Laus illi pro beneficiis
nobis collatis et gratiarum actio propter clementiam suam, et dona quae
nobis praestitit, cum poenis et reprobatione digni essemus. Non
Memento Domine ...

---

*) Hunc hymnum recitant in laudem Neophyti.
**) Hieronymus ... de infantibus jam natis intelligendus est, qui forsan
per ... hyperbolen ad exaggerandam virtutem Christi in baptismo ...
... et sanctificationem infantum in utero, quos in dissertatione de baptismo
§. 10. descripsimus.

egit nobiscum secundum peccata nostra, neque secundum debita nostra
retribuit nobis, sed benigne nobiscum fecit, et sua bona affluenter nobis
contulit, quia misericors et benignus est. Ipsi gloria in saecula saeculorum. Amen. Itaque cum aliqui e praestantissimis nostrae christianae
nationis sacerdotali dignitate insigniti praetextu quodam ordinem, qui in
libro baptismi praescriptus erat, contrahere vellent scilicet ob sermonis
verborumque prolixitatem, quorum quaedam nec sufficienti ratione naturali, neque sacrorum legitimorumque librorum autoritate demonstrarentur,
summam eorum intendentes, quae colligerentur ex evangeliis et Apostolorum probatis actibus. In Evangelio namque sancto legitur, quod, cum
Christus baptizatus fuit a Johanne in flumine Jordanis, ubi ex aquis ascendisset, super eum Spiritus sanctus illapsus est. Et liber Lucae Evangelistae, qui continet Actus patrum nostrorum sanctorum Apostolorum,
testatur, quod laudati patres nostri cum credentes in Christum Dominum
baptizarent, prolixos sermones non facerent, sed praefatus liber narrat,
quod credentes baptizarentur in nomine Jesu Domini nostri solum modo,
et confestim per manus impositionem acciperent Spiritum sanctum, et ita
cum Philippus Apostolus baptizaret procuratorem Candacis, reginae Ethio-
pum, non multa verba fecit, et continuo eum baptizavit, dum ambo irent
per viam, deinde ab invicem sejuncti fuere.

Quae cum ita essent, compositus fuit liber iste per modum com-
pendii, et Deus sit, qui disponat ad rectam viam.

Ordo.

*Si quis in Christum Dominum credens baptizari voluerit, sacerdotem
in sancta ecclesia conveniat, et daemoni abrenunciet dicens:* Abrenuncio
tibi Satana, et omni errori tuo ac insidiis

Deinde Domini Christi fidem confiteatur dicens: Credo in te, Christe
Deus noster, qui cum patre tuo bono et Spiritu sancto unus es Deus,
ac pro nobis hominibus et propter nostram salutem incarnatus es de Spiritu sancto, et ex Domina Maria Virgine. Credo, quaecunque de te scripta
sunt in libris sanctis, legitimis et vivificis. *Et si plures fuerint, omnes
una abrenuncient Satanae, et Christi Domini fidem confiteantur.*

Nota. Abrenunciatio Satanae, et fides in Christum Dominum ejusque legitima mandata est conformis iis, quae beatus Paulus Apostolus
scribit dicens: Gratia Dei Salvatoris nostri apparuit omnibus hominibus
erudiens nos, ut abnegantes impietatem et saecularia desideria, sobrie,
juste, ac pie vivamus in praesenti saeculo expectantes beatam spem etc.
*Et populus dicat fidem. Deinde sacerdos orationem super aquam
baptismi inchoat dicens:* Miserere nostri Deus Pater omnipotens etc. et
Pater noster. *Postea dicat orationem catechumenorum, quae sequitur.*
Memento Domine catechumenorum.

Tum Apostolum, cujus initium: Gratia Dei Salvatoris nostri apparuit
omnibus hominibus.

*Et Catholicum, cujus initium: quis est, qui vicit mundum? Et Actus,
cujus exordium:* Angelus Domini locutus est cum Philippo. *Et ex Psalm.
Beati, quorum remissae sunt iniquitates. Ac Evangelium, quod incipit:*
Erat homo quidam ex Pharisaeis Nicodemus nomine: *ut in praefato ordine baptismi.*

Tum sacerdos dicat hanc orationem: Deus, qui a principio viventia animalia ex aquis condidisti, praesignans novas creaturas spirituali regeneratione efformandas; ac J. C. Filium tuum unigenitum, ut sua morte vivifica mundum salvaret, misisti, qui sanctis Apostolis praecepit dicens, euntes docete omnes gentes et baptizate eas in nomine Patris, et Filii, et Spiritus sancti: Benedic ergo hanc aquam, pro qua propheta tuus, Spiritus sancti inspiratione motus invocavit te dicens: Asperges me hysopo tuo, et mundabor; lavabis me, et super nivem dealbabor. Auditui meo dabis gaudium, et laetitiam, et exsultabunt ossa humiliata. Averte faciem tuam a peccatis meis, et omnes iniquitates meas dele. Concede famulis tuis, ea tingendis vitam aeternam. Per gratiam etc. per quem etc.

Populus dicat: Pater noster, qui es in coelis etc. *Deinde sacerdos recitet orationem absolutionis ad Filium integram:* Dominator Domine Jesu Christe unigenite etc.

Si baptizandi pueri sint, eorum parentes attente perspiciant, si necessitate aliqua, puta, si urinam spargendi aliaque simili laborent, et si quis eorum annulum gestet, detrahant. Postea sacerdos unumquemque eorum separatim immerget in aqua illa dicens: Ego te baptizo, o N. in nomine Patris, et Filii et Spiritus Sancti; *et si puer aliquis ex eis sit infirmus, aquam asperget super totum corpus ejus. Singulis autem ascendentibus ex aqua imponat manus sacerdos in capite, ac benedicat ut scriptum est in libro psalmorum dicens:* Salvum fac populum tuum Domine, et benedic haereditati tuae: *Et continuo super eos hanc orationem leget:* Deus, qui Spiritum tuum sanctum misisti super unigenitum Filium tuum J. C. D. N. sicut in evangelio scriptum est: baptizatus autem Jesus a Johanne in Jordane, confestim ascendit de aqua. Et ecce aperti sunt ei coeli, et vidit Spiritum Dei descendentem ad eum sicut columbam et venientem. Spiritum tuum quoque sanctum super hos famulos tuos misericorditer emitte; eisque regenerationem ex aqua et Spiritu sancto ac peccatorum remissionem elargire. Et praesta illis haereditatem gratiae Spiritus tui sancti ac vivifici, qui insidias daemoniacorum spirituum avertit, de quo spiritu propheta tuus ad te clamavit dicens: Cor mundum crea in me Deus, et spiritum rectum innova in visceribus meis. Ne projicias me a facie tua: et Spiritum sanctum tuum ne auferas a me. Redde mihi laetitiam salutaris tui: et spiritu principali confirma me. Sicut et ego famulus tuus peccator rogo bonitatem tuam Deus, hominum amator ut clementer deprecationem nostram exaudias, per gratiam etc. per quem etc.

Deinde illos vestimentis ipsorum induet sacerdos, eosque in pace dimittet.

II. Benedictio baptisterii.

(In codicibus, ut Segueriano, quo usus est Renaudotius, et Vaticano Cod. Copt. 46, apud Maium Nova Collectio T. V. P. II p. 147, tribuitur hic ordo Petro episcopo Bahensae seu Tabennesiotarum. Quis fuerit iste, ait Renaudotius in notis ad ordinem, certo affirmare non possumus. Occurrit in vita Cyrilli patriarchae LXVII. nomen Petri, episcopi in Banbsa, Coptice Pemdge, in Sahid, sive superiori Aegypto sita, qui cum quadraginta sex aliis episcopis in tertia synodo, quae habita est Misrae, anno Martyrum 552, J. C. 1086, uti videre est in Historia patriarcharum Alexandrinorum p. 458. An is Petrus hujus officii auctor fuerit, compertum non est. Est autem ordinis duplex forma, prolixior et brevior, tertia etiam adest; qua urna baptisterii translata ex uno loco in alium benedicitur, cujus mentio fit apud Maium l. c. p. 146. cod. 45. Benedictionem baptisterii in forma quadam breviori, sub falso titulo ordinis baptismi primus edidit Athanasius Kircher S. J. in rituali Cophtitarum apud Allatium in Symmictis p. 259. Seriem rituum cum formula praecipua tradidit Vansledius in sua Histoire de l'église d'Alexandrie Part. 4. sect. 4. c. 3. p. 221. sq. Ordinem integrum Renaudotius ex Codice Seguetiano translatum in opus Ms. Varia officia sacramentalia T. II. P. II. fol. 15. sqq. inseruit. Quibus hic usi sumus, versionem ex ipso originali Coptico secundum Pontificale Tukianum ex optimis codicibus Vaticanis confectum a Scholzio nostro factam superaddentes.)

1. Consecratio baptisterii ex Tukii Pontificali.

Ordo benedictionis baptisterii novi.

[Ex rubrica Arabica baptisterium versus Orientem ad dexteram altaris exstrui debet. Consecratio die praesertim Dominica fiat. Lavatur lapis novus a Vesperis Sabbathi. Post orationem mediae noctis Dominicae tempore orationis matutinae ponuntur in Oriente colymbethrae tria candelabra et super ea tres lucernae repletae oleo Palaestinensi, quae ad ortum solis accenduntur, et juxta eas tres ollae repletae aqua dulci, aspersorium ex ramis palmae colligatum et fascis betae, spongia nondum adhibita, et cerei super ceroferariis*). Procedit episcopus e loco suo cum cereis, et cantant ante eum:]

Benedictus sis vere (ἀληθῶς)[1]. Per orationes (εὐχή)[2].

[Ex rubrica Arabica episcopus discooperit caput suum; similiter et sacerdotes omnes, (qui tunica super vestes suas sunt vestiti), etiam monachi ministrantes. Tunc dicit episcopus:]

Miserere nostri, Deus Pater   Ἐλέησον ἡμᾶς ὁ θεὸς Πατήρ, ὁ omnipotens, Sanctissima Trinitas,   παντοκράτωρ, παναγία Τριάς ἐλέησον miserere nostri.   ἡμᾶς.

Domine Deus virtutum, sit nobiscum, quia non est nobis auxiliator (βοηθός) in tribulationibus (θλῖψις) et angustiis nostris, praeter te, Pater noster, qui es in coelis.

Deinde (εἶτα) archisacerdos (ἀρχιερεύς) dicit (λέγει) orationem (εὐχή)

---

[1] Arabs add. et caetera. — [2] Arabs add. et caetera.

*) Item ex Vansledio baptisterium collocatum esse debet versus Orientem ex parte sinistra ecclesiae et in eo depictam esse oportet imaginem Johannis Dominum baptizantis. Aqua replent tres ollas recentes, septem candelas recentes accendunt, quarum unamquamque ceroferario recenti imponunt afferuntque herbam, basilicum dictam)

gratiarum actionis, et in fine dicitur: Kyrie eleison. Deinde dicitur hoc modo.

Adoramus Patrem et Filium et Spiritum Sanctum, Trinitatem (τρίας) sanctam consubstantialem (ὁμοούσιος). Ave (χερε = χαῖρε) Ecclesia, domus angelorum; ave (χερε = χαῖρε) virgo (παρθένος), quae peperit nobis Salvatorem (σωτήρ); ave (χαῖρε) Joannes, magne praecursor (πρόδρομος), ave (χαῖρε) Baptista cognate (συγγενής) Emmanuelis.

Deinde (εἶτα) dicuntur orationes de Virgine (παρθένος), Angelis (ἄγγελος), et Apostolis (ἀπόστολος) et Martyribus (μάρτυρος), in fine dicitur:

Ut laudemus te, o (ὦ) Domine noster Jesu, cum Patre tuo bono (ἀγαθός) et Spiritu Sancto, qui venisti ad salvandum nos.

Deinde (εἶτα) archisacerdos (ἀρχιερεύς) imponit incensum secundum (κατά) consuetudinem, facie autem (δέ) conversa ad occidentem, et comitentur eum omnes sacerdotes. Deinde conversus ad orientem et dicit orationem thuris temporis matutini et post finem ejus dicit:

Kyrie eleison. Kyrie eleison. Alleluja. Gloria Patri (δόξα Πατρί). Pater noster.

Psalmus ṿ́ 50. Miserere mei Deus *).

Unus sacerdos (ἱερεύς) [1] autem (δέ) incipit lectionem trium psalmorum. Et post eum legunt sacerdotes et ministri solum (μόνον) secundum (κατά) eorum ordinem (τάξις).

Psalmus 121. David (τῷ Δαυίδ). Laetatus sum . . . propter domum Domini Dei nostri quaesivi bona tibi. Alleluja.

Psalmus 126. Nisi Dominus aedificaverit . . . cum loquetur inimicis suis in porta. Alleluja.

Psalmus 131. Memento Domine David . . . super ipsam autem efflorebit sanctificatio mea. Alleluja.

Psalmus 132. Ecce quam bonum . . . usque in saeculum. Alleluja.

Psalmus 133. Ecce nunc benedicite . . . qui fecit coelum et terram. Alleluja.

Psalmus 134. Laudate nomen Domini, laudate servi Dominum . . . qui habitat in Jerusalem. Alleluja.

Postea legitur hic psalmus in lectione (λέξις) et lectione (λέξις, i. e. alternando), quemadmodum oratio mediae noctis, usque ad ejus finem.

Psalmus 135. Confitemini Domino, quoniam bonus (ἀγαθός). Alleluja *(et sic semper post primum hemistichium versuum): quoniam in aeternum misericordia ejus.*

*Deinde (εἶτα) dicunt in tono Sabbati (σάββατον) gaudii in nuntio congregationis **).*

Laudemus Christum Deum nostrum cum psalmista sancto (Ἱεροψάλτης) David propheta. Creavit coelos et virtutes (δύναμις) eorum, fundavit terram super aquas.

---

[1] Arabs; princeps sacerdotum.

*) Ex Vanslebio etiam dicuntur octo psalmi.

**) Vocabulum arabicum significat crepitaculum ligneum, quo solum modo uti Christianis sub dominatione Islamitarum ad convocandos fideles licet.

Luminaria (φωστήρ) magna, solem et lunam posuit, ut lucerent in firmamento (στερέωμα).

Eduxit ventos ex thesauris suis, flavit [1] in plantas usque dum florescerent.

Pluit pluviam super faciem terrae dum germinaret et daret fructum suum.

Eduxit aquam e petra (πέτρα), satiavit populum suum in deserto.

Creavit hominem secundum (κατά) similitudinem et imaginem (ὕκων = εἰκών) suam, ut laudaret ipsum.

Cantemus ei, exaltemus nomen ejus, laudemus eum, quoniam in aeternum misericordia ejus.

Per orationes (εὐχή) hieropsaltae David, Domine, dona nobis remissionem peccatorum nostrorum.

Per intercessiones (πρεσβυα = πρεσβεία) genitricis Dei (θεοτόχος) sanctae Mariae, Domine, dona nobis remissionem peccatorum nostrorum.

Per orationes (εὐχή) praecursoris (πρόδρομος) Baptistae Joannis, Domine, dona nobis remissionem peccatorum nostrorum. Adoramus te, (ὦ) Christe.

Deinde episcopus sedet super thronum (θρόνος). *Post haec legantur capitula* (κεφάλιον = κεφάλαιον) *in Prophetis* *); *et primum e Genesi* (γένεσις) *Moysis prophetae κη = 28.* (Vulg. Gen. 28, 10—22.)

Ex Esaia propheta. Cap. α' = 1. (Vulg. Esai. 1, 16—25.) *Similiter* (ὁμοίως) *ex Ezechiele propheta:* Cap. μ' = 40. (Vulg. 40, 1—19.)

Post haec **) *dicitur Psalmus 116. in tono suo noto usque ad finem:* Laudate Dominum omnes gentes (ἔθνος): laudate eum omnes populi (λαός), quoniam confirmata est super nos misericordia ejus, et veritas Domini manet in aeternum. Gloria Patri (Δόξα Πατρί).

Deinde (εἶτα) *dicitur:* Alleluja. *Ter.* Gloria tibi, Deus noster (Δόξα σοι, ὁ θεὸς ἡμῶν).

Postea dicitur in tono suo. Hoc thuribulum ex auro mundo (καθαρός) quod sustinuit aromata (ἀρώματα), in manibus Aaron sacerdotis, offerentis thus super altare.

Thuribulum aureum est Virgo (παρθένος), aromata (ἀρώματα) ejus est Salvator (σωτήρ) noster. Genuit eum, redemit nos, ut nobis peccata nostra remitterentur.

Vel dicitur hoc modo: Tu es thuribulum ex auro mundo (καθαρός), quod portat carbonem ignitum (ignis) benedictum.

Et episcopus imponit thus et sacerdotes eum comitantur, secundum consuetudinem (συνήθεια). *Et episcopus convertit se ad orientem et dicit orationem thuris epistolae* (ἐπιστολή) *[sicut* (κατά) *habetur pag. νθ = 59] videlicet* ***): *Deus magne aeterne.*

---

[1] Arabs: flaverunt.

*) Vanslebius quatuor lectiones ex Veteri Testamento legi ait; sed et Renaudotius nonnisi tres habet.

**) Ex Vanslebio post lectiones Veteris Testamenti episcopus dicit orationem gratiarum actionis et incensat altare.

***) Erratum: est p. νθ = 89.

Circa finem ejus episcopus sedet super thronum (θρόνος) *et sacerdotes dant ei thus, secundum* (κατά) *eorum ordinem* (τάξις) *et dicunt:* Per orationes (εὐχή). *Et post eam:* Adoramus te (ὦ) Christe.

Deinde (εἶτα) *circumeat sacerdos socius in ecclesia et incensat. Unus diaconus autem* (δέ) *legat*). Apostolum ad Ephesios Cap.* ϝ = 3. (Vulg. 4, 1—10.)

Tunc unus ex sacerdotibus legit: Domine scientiae (γνῶσις) (*ut habetur* p. ρλα′ = 131.) *Et postea legatur epistola catholica* (καθολικόν). *Interea vero* (δέ) *dum legitur, dicit Sacerdos:* Domine Deus noster, (*quod invenitur pag.* ρλδ′ = 134.) *Epistola catholica á* (καθολικόν) Petri λε′ = 35. (Vulg. I. Petr. 3, 17—22.)

Tunc (τότε) *sedent sacerdotes et ministri. Episcopus pater legit:* Dominator Domine Deus omnipotens, curator (*sicut habetur pag.* ριη = 118.). *Deinde dicit:* Servi tui ministri (*sicut pag.* ρλς′ = 136.).

Populus (λαός) *autem* (δέ) *psallit* (ψάλλειν). Deus auferat peccata populi — (sicut p. ρλζ′ = 137.) *Episcopus imponat thus, — Sacerdos autem* (δέ) *dicit orationem* (εὐχή) *Actuum* (πράξις) *et circuit ecclesiam thurificans. Diaconus autem* (δέ) *legit Actus.* Actus Cap. σοβ′ = 270. (Vulg. 19, 1—10.)

Et in fine (lectionis) Actuum (πράξις), *si occurrerit in diebus quinquaginta post Pascha, tunc* (τότε) *dicitur secundum* (κατά) *consuetudinem:*

Christus surrexit ex mortuis, morte mortem proculcans, et iis, qui in monumentis sunt, vitam largiens.	Χριστὸς ἀνέστη ἐκ νεκρῶν θανάτῳ θάνατον πατήσας, καὶ τοῖς ἐν τοῖς μνήμασι ζωὴν χαρισάμενος.
Gloria Patri et Filio et Spiritui Sancto.	Δόξα Πατρὶ καὶ υἱῷ καὶ ἁγίῳ πνεύματι.
Christus surrexit.	Χριστὸς ἀνέστη.
Et nunc et semper et in saecula saeculorum. Amen.	Καὶ νῦν καὶ ἀεὶ καὶ εἰς τοὺς αἰῶνας τῶν αἰώνων. Ἀμήν.

Christus [1] surrexit a mortuis; mortuus proculcavit super mortem, et iis, qui in monumentis erant, donavit vitam aeternam.

Et dicitur Trisagion (τρισάγιος). *Si in aliis diebus, qui non sunt quinquaginta post Pascha (occurrerit), dicitur cantus Spiritus Sancti, qui est:* Spiritus Paraclitus (πνεῦμα παράκλητον). (*sicut exstat pag.* ρλθ′ = 139.)

Et psallitur (ψάλλειν).

Domine mi Jesu Christe, qui baptizatus es in Jordane, munda animas (ψυχή) nostras a sorde peccati.

Cherubim adorant eum et Seraphim et cetera. (pag. ρμβ = 142.)

Pater episcopus dicit orationem (εὐχή) *evangelii* (εὐαγγέλιον), *et dicitur psalmus secundum* (κατά) *consuetudinem. In diebus autem* (δέ)

---

[1] Coptice.

*) Ex Vanslebio dicuntur quatuor lectiones Novi Testamenti, sed et hic Renaudotius nonnisi tres habet, licet a Tukianis diversas. Videtur Vanslebius Evangelii lectionem addidisse.

quinquaginta circa Pascha dicto psalmo dicitur: Alleluja. Post psalmum autem (δέ) dicitur: Exaltent eum. Et legitur iterum: Juravit
Dominus; secundum (κατά) consuetudinem. Evangelium autem(δέ) legat Pater episcopus. Et primum Psalmus ριγ = 113.

(V. 3.) Mare vidit et fugit. Jordanis conversus est retrorsum.
Quid est tibi mare, quod fugisti, Jordanis, quia conversus es retrorsum.
Evangelium secundum Matthaeum. Cap. λδ = 34. (Vulg. 17, 1—5.)
Evangelium secundum Joannem Cap. 10. (Vulg. 5, 1—18 aequa-
lem se faciens Deo.)

[Rubrica arabica. Tunc dicent Kyrie eleison alta voce decies et
postea dicetur post ulterius evangelium.]
Spiritus Paracletus (παράκλητον) sit benedictus.

[Rubrica arabica. Tunc leget sacerdos septem orationes magnas
et post eas Kyrie eleison parva centies et Crux honorata. Deinde signabit piscinam et ollas signo crucis singulas separatim. Tunc dicet
sacerdos tres orationes magnas et fidem et Kyrie eleison, ter. Tunc
dicet sacerdos*).]

Pax omnibus.   Εἰρήνη πᾶσιν.
Populus dicit: Ὁ λαὸς λέγει·
Et cum Spiritu tuo.   Καὶ κατὰ πνεύματί σου.

Episcopus dicit hanc orationem aspasmi (ἀσπασμός):

Suscipe hanc orationem in contentione[1] servorum tuorum, et miserere nostri secundum (κατά) magnam misericordiam tuam. Emitte
miserationes tuas super nos et super populum tuum adstantem, qui exspectat ante[2] misericordiam tuam uberem, quia tu es misericors.

Et mittimus tibi sursum gloriam et honorem et adorationem[3] (προσκύνησις), Pater et Fili et Spiritu Sancte, nunc et semper.

Populus dicit (Ὁ λαὸς λέγει) aspasmum (ἀσπασμός) qui hic est:
Gaudium et exsultatio, (ὦ) genus (γένος) hominum, quia ita dilexit
Deus mundum, ut (οἷς δὲ = οὕτε) Filium suum dilectum daret, ut qui
credunt in ipsum, viverent in aeternum.

Post haec unus diaconus dicit: Offerre. (προσφέρειν.) Usque ad
ejus finem.

Sacerdos dicit: Ὁ ἱερεὺς λέγει·

Charitas Dei Patris et gratia uni-   Ἡ ἀγάπη τοῦ θεοῦ πατρὸς, καὶ
geniti Filii Domini et Dei et Salva-   ἡ χάρις τοῦ μονογενοῦς υἱοῦ, κυρίου
toris nostri Jesu Christi et commu-   καὶ θεοῦ καὶ σωτῆρος ἡμῶν
nicatio et donum Spiritus Sancti sit   Ἰησοῦ Χριστοῦ, καὶ ἡ κοινωνία καὶ ἡ
cum omnibus vobis.   δωρεὰ τοῦ ἁγίου πνεύματος (εἴη) μετὰ
                                          πάντων ὑμῶν.

dicitur psalmus secundum (κατά) consuetudinem. In diem autem (δέ)

---

[1] R Perveniet ad te haec fervens deprecatio. — [2] R deest ante. — [3] R deest adorationem.

*) Ex Vangelio post lectiones Novi Testamenti dicuntur tres orationes
post evangelium dici solitae, recitatur symbolum fidei et quadraginta vicibus
et una: Kyrie eleison. Sequuntur tunc quatuor orationes hae cum psalteriis.

Populus dicit:	• Ὁ λαὸς λέγει·
Et cum spiritu tuo.	Καὶ μετὰ τοῦ πνεύματός σου.
Episcopus dicit:	Ὁ Ἐπίσκοπος λέγει·
Sursum elevemus corda nostra.	Ἄνω σχῶμεν τὰς καρδίας ἡμῶν.
Populus:	Ὁ λαὸς·
Habemus ad Dominum.	Ἔχομεν πρὸς τὸν κύριον.
Episcopus:	Ὁ Ἐπίσκοπος·
Gratias agamus Domino.	Εὐχαριστῶμεν τῷ κυρίῳ.
Populus:	Ὁ λαὸς·
Dignum et justum.	Ἄξιον καὶ δίκαιον.
Episcopus dicit ter:	Ὁ Ἐπίσκοπος λέγει γ´·
Dignum et justum.	Ἄξιον καὶ δίκαιον.

Dominator [1] Domine Jesu Christe unigenite·Fili vere (ἀληθινός) et [2] Verbum (λόγος) Dei [3] Patris, qui per adventum (παρουσία) tuum in carne [4] (σάρξ) illuminasti sub coelo et liberasti nos a potestate diaboli (διάβολος), et ostendisti nobis ordinem (ἀκολουθία) mysteriorum (μυστήριον) sanctorum, et quamvis non valeamus attingere, nullus hominum, ora exteriora vestimentorum tuorum [5], deduxisti nos ad sancta sanctorum [6], ad quae angeli (ἄγγελος) desiderant (ἐπιθυμεῖν) suspicere, et donasti [7] (χαρίζεσθαι) nobis dignitatem (ἀξίωμα) filiationis regenerationis lavacri [8], ut (ἵνα) vocemur filii Dei, etenim (κε γαρ = καὶ γὰρ) nos sumus.

Diaconus:	Ὁ Διάκων·
Sedentes surgite.	Οἱ καθημένοι ἀνάστητε.
Episcopus dicit:	Ὁ Ἐπίσκοπος λέγει·

Tu enim dixisti: Nisi quis renatus fuerit ex aqua et Spiritu (πνεῦμα), non potest intrare in regnum Dei [9]. Propterea dignatus es (καταξιοῦν) baptizari in Jordane tu, Domine [10], qui non indiges (χρια = χρεία) sanctitate.

Diaconus dicit:	Ὁ Διάκονος λέγει·
Ad orientem spectate.	Εἰς ἀνατολὰς βλέψατε.
Episcopus dicit:	Ὁ Ἐπίσκοπος λέγει·

Tu enim (γάρ) es sanctus in omnibus; sed (ἀλλά) purificasti et sanctificasti (ἁγιάζειν) aquas nobis per descensum tuum super eas, et contrivisti per eum [11] (sc. descensum) caput draconis (δράκων), ut (ἵνα) porro (λοιπόν) nos miseri [12], quique sumus in peccatis, acciperemus remissionem praevaricationum (παράπτωμα) nostrarum per baptismum.

Et populus psallit (ψάλλειν) *aspasmum* (ἀσπασμός).

Cherubim et Seraphim clamant dicentes:

Sanctus, Sanctus, Sanctus Dominus Sabaoth, plenum est coelum et terra gloria sancta tua, Hosanna

Ἅγιος, ἅγιος, ἅγιος κύριος σαβαώθ, πλήρης ὁ οὐρανὸς καὶ ἡ γῆ τῆς ἁγίας σου δόξης, Ὡσαννὰ ἐν τοῖς

---

[1] R deest Dominator. — [2] R et verum. — [3] R deest Dei. — [4] R add. tua. — [5] Arabs: portas exteriores tabernaculorum tuorum. R et cum pervenire non possemus ad ostia clausa ovilis tui. — [6] R deest sanctorum. — [7] R add. per gratiam. — [9] Arabs, R per lavacrum regenerationis. — [9] R coelorum. — [10] R deest tu, Domine. — [11] R in illis. — [12] R qui inimici.

in excelsis, benedictus qui venit et venturus est (in eo est ut veniat) in nomine Domini, Hosanna in excelsis.

ὑψίστοις, εὐλογημένος ὁ ἐλθὼν καὶ ὁ ἐρχόμενος ἐν ὀνόματι κυρίου, ὡσάννα ἐν τοῖς ὑψίστοις.

Lectio secunda.

Gloria tibi, Pater, Gloria tibi Unigenite, cum Sancto Spiritu, unus Deus, unus Dominus sanctus. ter.

Λέξις β'.

Δόξα σοι, ὦ Πάτερ, Δόξα σοι, ὦ μονογενές σὺν ἁγίῳ πνεύματι, εἷς θεός, εἷς κύριος ἅγιος. γ'.

Diaconus dicit:

Sanctus. *Ter.*

Ὁ Διάκων λέγει·

Ἅγιος. γ'.

Episcopus dicit:

Ὁ Ἐπίσκοπος λέγει·

Tu igitur (γὰρ οὖν), Domine noster, dignare (καταξιοῖν) purificare hanc Colymbethram, quam exstruximus in modum similitudinis (τύπος) Jordanis; in quo propter nos et propter nostram salutem voluisti, Domine, baptizari a servo tuo et praecursore (πρόδρομος) Joanne, ut (ὡς δὲ = ὥστε) omnes qui venerint ad te *), liberarentur a praevaricationibus (παράπτωμα), et dignarentur doni (δωρεά) coelestis (ἐπουράνιον), et stolae incorruptibilitatis, et scriberentur in libro **) vitae cum omnibus sanctis, quia est sanctificatum et plenum gloria nomen sanctum tuum, et gloriosum et benedictum in omnibus.

Diaconus dicit:

Orate!

Προσεύξασθε!

Episcopus dicit:

Ὁ Ἐπίσκοπος λέγει·

Domine noster [1] Jesu Christe, unigenite Fili et Verbum [2] (λόγος) Dei Patris, qui illuminasti omnes, qui sub coelo sunt, per adventum [3] (παρουσία) carnis (σάρξ) tuae sanctae, et liberasti eos a potestate (— τύραννος) diaboli (διάβολος), et ostendisti nobis incorruptibile in libertate (ἐλευθερία) [4] mysteriorum (μυστήριον) divinitatis tuae, et deduxisti nos ad sancta, ad quae angeli (ἄγγελος) desiderant (ἐπιθυμεῖν) prospicere, largire [5] (χαρίζεσθαι) nobis adventum (παρουσία) ingressus in regnum tuum per lavacrum regenerationis.

Tu enim (γάρ) dixisti: Nisi quis renatus fuerit ex aqua et Spiritu, non potest intrare in regnum Dei. Propterea [6] dignatus es (καταξιοῖν) baptizari in aquis Jordanis [7], quamvis non indigeres (χρεία) sanctitate, quum tu sis sanctissimus (πανάγιος). Sed (ἀλλά) sanctificasti eas [8] per descensum tuum ad eas, et exstinxisti capita draconis (δράκων) per aquas *), Nos quoque, qui vivimus (πολεύειν = πολεύειν sive πολεύεσθαι versari,

---

[1] K deest noster. — [2] K deest et verbum. — [3] K Sanctificationem. — [4] K deest incorruptibile in. K libertatem. — [5] K concessisti. — [6] R add. nostri causa. — [7] R in Jordane — [8] R aquas. — [9] K supra. R in aquis.

*) In Coptico est „eum“, tertia persona pro secunda posita, uti solent Coptitae. S.

**) Error typographi est hic apud Takium. Vertendum enim esset: scriberentur in „lavacro“ vitae. Verbum, quod significat „lavacrum“ ad litteras, quae significant „liber“ in fine addit litteras εμ, et quum vocabulam sequens his litteris incipiat, per errorem hae litterae duplicatae sunt. S.

degere) cum ipsis[1] in peccatis, accipiamus remissionem peccatorum nostrorum et praevaricationum (παράπτωμα) nostrarum[2] per lavacrum in ipso[3].

Populus dicit:
Secundum misericordiam tuam Domine et non secundum peccata nostra.

Ὁ λαὸς λέγει·
Κατὰ τὸ ἔλεός σου κύριε, καὶ μὴ κατὰ τὰς ἁμαρτίας ἡμῶν.

Diaconus dicit:
Orate!

Ὁ Διάκων λέγει·
Προςεύξασθε!

Episcopus dicit:

Ὁ Ἐπίσκοπος λέγει·

Nunc igitur (οὖν)[4] rogamus et obsecramus te pro hoc baptisterio (κολυμβήθρα), quod est in typum (τύπος) Jordanis, qui propter nostram salutem baptizatus es in eo propter nos[5] per servum tuum Joannem in beneplacito tuo Domine, et sanctificasti (ἁγιάζειν) aquas, ut (ὥστε) omnis qui descenderit ad eas[6] mereretur remissionem peccatorum suorum et incorruptibilitatem, et donum (δωρεά) coeleste (ἐπουράνιον), ut scribas nomen ejus in libro vitae in voluntate Patris tui perfecti, cum quo es benedictus et Spiritu Sancto vivificante et consubstantiali (ὁμοούσιος) tecum, nunc et semper et in saecula saeculorum omnium, Amen.[7]

Populus dicit:
Pater noster, qui es in coelis.

Ὁ λαὸς λέγει·

Episcopus dicit:
Certe, Domine, Domine, qui dedisti nobis potestatem; tu, Domine, qui inclinasti coelos. *Inveniuntur pag. ριε´ == 115. Et dicitur absolutio Filii.*

Diaconus dicit:
Cum timore Dei attendamus.

Ὁ Διάκονος λέγει·
Μετὰ φόβου θεοῦ πρόσχωμεν·

[Ex rubrica Arabica episcopus linteum album super burnus suam adhibet, recitat absolutionem Filii*) et deinde psallit exclamationem:]

Σωθείς[8]. Ἀμήν. Καὶ τῷ πνεύματίσου. Salvatus. Amen. Et spiritui tuo.

Sacerdos dicit:
Unus Pater Sanctus;
Unus Filius Sanctus;
Unus Spiritus Sanctus.

Ὁ ἱερεὺς λέγει·
Εἷς Πατὴρ ἅγιος
Εἷς Υἱὸς ἅγιος
Ἓν Πνεῦμα ἅγιον.

[Rubrica Arabica: Tunc accipiet episcopus lebetem plenum aqua et effundet in colymbethram et dicet:]
Benedictus Dominus Deus in saecula saeculorum.

Εὐλογητὸς κύριος ὁ θεὸς εἰς τοὺς αἰῶνας τῶν αἰώνων.

---

[1] R deest cum ipsis. — [2] K deest et praevaricationum nostrarum; add. deleanturque. — [3] R in illis. K per baptismum, deest in ipso. — [4] R add. Domine. — [4] K deest propter nos. — [6] R ad illam piscinam. — [7] K deest in ... perfecti et loco sequentium habet: in similitudinem Filii tui boni et Spiritus Sancti vivificantis aquas tecum. Amen. R deest cum quo et alia usque ad finem, quorum loco habet: et Spiritus Sancti nunc etc. — [8] Arabs vertit: σώζεις.

*) Ex Vanslebio item post quatuor orationes huic ritui peculiares dicitur Pater noster et episcopus recitat absolutionem Filii.

16*

[Rubrica Arabica: Et frangit lebetem, ne amplius eo utantur. Tunc post lectionem: Unus Pater (Εἰς Πατήρ) *accipiet fascem palmarum et betae et asperget iis totam colymbethram aqua. Et incipiet in anteriore parte primum et inferiore ad posteriorem et superiorem (pergens), et ipse dicet in modo baptismi:* Alleluja (ἀλληλούϊα). *Et respondebunt ei monachi docti, quod dixit, videlicet:* Alleluja (ἀλληλούϊα). *Et accipiet episcopus de aqua lebetis et asperget circum baptisterium et circuit id, et accipit palmas et perfricat interius baptisterium dicens:* Alleluja. *Et populus respondebit ei:* Alleluja (ἀλληλούϊα)*)]*.

Deinde (εἶτα) *dicit has lectiones* (λέξις) *ex Psalmis:*

Psalmus κε′ = 25. Domine dilexi decorem domus tuae, et locum (τόπος) habitationis gloriae tuae. Redime me et miserere mei; pes enim (γάρ) meus stetit in directo, benedicam te Domine in ecclesiis.

Psalmus κϛ′ = 26. Unum petii (αἰτεῖν) a Domino, hoc iterum requiram, ut inhabitem in domo Domini omnibus diebus vitae meae, ut videam voluptatem Domini et visitem templum ejus.

Psalmus μβ′ = 42. Emitte lucem tuam et veritatem tuam, ipsa me deduxerunt et adduxerunt in montem sanctum tuum et in tabernaculum tuum. Introibo ad altare Dei ad conspectum Dei, qui laetificat juventutem meam. *Et dicit usque ad finem ejus:* Benedicite mihi. *Dic iterum:* „Alleluja" *et* „Gloria Patri" (δόξα Πατρί) *ter et* „et nunc et semper (καὶ νῦν καὶ ἀεί.)

Et dicit hoc modo:

Benedictus Dominus Deus, qui illuminat omnem hominem venientem in hunc mundum (κόσμος), nunc et semper et in saecula saeculorum omnium. Amen.

Deinde (εἶτα) *dicitur Psalmus* ρν′ = 150. *in tono laetitiae, videlicet:* Laudate Deum in omnibus sanctis suis. Laudate eum in firmamento virtutis suae. Laudate eum super potentia sua. Laudate eum secundum (κατά) multitudinem magnitudinis ejus. Laudate eum in voce tubae (σάλπιγγος). Laudate eum in psalterio (ψαλτήριον) et cithara (κυθάρα = κιθάρα). Laudate eum in tympanis et choris (χόρος). Laudate eum in chordis et organis (ὄργανον). Laudate eum in cymbalis (κύμβαλον) bene sonantibus. Laudate eum in cymbalis jubilationis: omnes spiritus laudent Dominum.

Postea dicitur in cantu baptismi. Benedictus Pater cum Filio et Spiritu Sancto, Trinitas perfecta: adoramus eam, glorificamus eam.

Deinde (εἶτα) *dicant:*

Testimonium perhibuit Joannes in quarto Evangelio: Baptizavi Salvatorem (σωτήρ) meum in aquis Jordanis. Vidi Spiritum Sanctum descendentem de coelo, et audivi vocem Patris clamantem dicentem: Hic est Filius meus dilectus, in quo anima (ψυχή) mea complacuit, facit voluntatem meam, audite eum, quia ipse est vivificator. Intercede (πρεσβεύειν) pro nobis, (ὦ) Praecursor (πρόδρομος) Baptista Joannes baptizator, ut dimittantur nobis peccata nostra.

---

*) Teste Vanslebio episcopus aqua benedicta baptisterium aspergit et circum perfricat herba basilicum dicta, Alleluja canendo in tono baptismi.

[Ex rubrica Arabica in media hac oratione cessat lavare sacerdos lapidem cavum novum aqua, quae primum infusa est, dimittitque ex eo aquam et spongia nova purgat. Tunc accipiet caput sacerdotum vas unguenti (μύρον) sancti involutum lino complicato et ungit lapidem cavum baptisterii quinquies signo crucis, et ipse accipiet unguentum extremo pollice et ungit in parte orientali primum dicens*):]

Sanctifico (ἁγιάζειν) hoc baptisterium (χολυμβήθρα) baptismi sancti Spiritus (Genitiv.).

Populus: (ὁ λαός·) Amen.

In occidentali parte.

Sanctifico (ἁγιάζειν) hoc baptisterium (χολ.) in nomine Trinitatis sanctae, Patris et Filii et Spiritus Sancti.

Populus (ὁ λαός): Amen.

In septemtrionali parte.

Sanctifico (ἁγ.) hoc baptisterium (χολ.) sicut baptisterium (χολ.) patrum nostrorum Apostolorum.

Populus (ὁ λαός): Amen.

In meridionali parte.

Sanctifico hoc baptisterium (χολ.) sicut baptisterium (χολ.) Joannis Baptistae.

[Rubrica Arabica: Tum unget fundum ejus cruce una ab anteriore ad posteriorem partem et circumducit manum suam super inferiore et superiore parte toto pollice intincto in unguento sancto et dicit**):]

Benedictus Dominus Jesus Christus, Filius Dei, qui sanctificavit in Spiritu suo Sancto. Amen.

Εὐλογητὸς κύριος Ἰησοῦς Χριστὸς υἱὸς θεοῦ ἁγιάσας ἐν πνεύματι ἁγίῳ αὐτοῦ. Ἀμήν.

Et sacerdotes et ministri respondent ei dicentes:

Unus Pater sanctus
Unus Filius sanctus
Unus Spiritus sanctus.
Amen.

Εἷς Πατὴρ ἅγιος
Εἷς Υἱός ἅγιος
Ἓν Πνεῦμα ἅγιον.
Ἀμήν.***)

2. Benedictio in translatione baptisterii ex Tukio.

De benedictione (ἁγιάζειν) Baptisterii (κουλημβηθρα == χολυμβήθρα) baptismi in translatione de loco in alium locum.

Dic gratiarum actionem, et orationem (εὐχή) thuris, et Psalmum v΄. (50) nec non Apostolum ad Ephesios cap. (χεφάλαιον) γ΄. Obsecro

---

*) Teste Vanslebio episcopus purgat baptisterium spongia, ungit in quatuor partibus Chrismate et tunc abstergit dicens quatuor sequentes formulas, quas in extenso affert, ad partem Orientalem, Occidentalem, Septemtrionalem et Meridionalem, et in medio.

**) Ex Vanslebio cum in medio consecrat, dicit: Benedictus sit Deus, nunc et in aeternum. Amen.

***) Ex Vanslebio in fine populo benedictionem impertitur.

igitur (οὖν) vos ego vinctus, — *usque ad finem ut pag. cit.* *(Vulg. Cap. IV. 1—10.)*

Et dicitur *Trisagion* (τρισάγιος) *et oratio Evangelii et de Psalmo* κε´ == (25). Domine dilexi decorem domus tuae, et locum ⟨τόπος⟩ habitationis gloriae tuae. Redime me et miserere mei. Pes meus enim (γάρ) stetit in directo, benedicam te, Domine in ecclesiis (ἐκκλησία). ἀλληλούϊα. *Evangelium secundum* (κατά) *Lucam Cap.* ξε´. (65). *(Vulg. cap. 19. 1—10.)*

Porro *Evangelium secundum Matthaeum cap.* λγ´ == 33. *(Vulg. cap. 16, 13—19.)*

Et dicuntur *tres orationes* (εὐχή) *magnae, videlicet pro pace* (εἰρήνη) *et pro patribus et congregatione, et fides. Deinde* (εἶτα) *dicitur haec oratio.*

Domine noster Jesu Christe, unigenite p. 242.

3. Benedictionis baptisterii forma brevior ex Tukio.

De sanctificatione (ἁγιάζειν) baptisterii (κολυμβήθρα) baptismi sancti in brevitate.

Episcopus dicit hanc orationem (εὐχή):
Domine noster Jesu Christe, unigenite etc. *ut supra* p. 242.

4. Consecratio baptisterii ex Renaudotio.

Canon praescriptus a Patre nostro sancto Abba Petro Episcopo urbis Benhsae, pro consecratione novi baptisterii.

Primo baptisterium rite aedificatum esse oportet ad orientem et ad latus dextrum ecclesiae: depictaque erit in prima facie imago Joannis Dominum nostrum Jesum Christum baptizantis; Spiritusque Sancti super illum descendentis et vox Patris dicentis: Hic est Filius meus dilectus, in quo mihi bene complacui. Accipientur tres ollae novae, quae replebuntur aqua, praeparabunturque aromata, et accendentur lucernae septem, super totidem candelabra. Cumque convenerint clerici, incipient cantando psalmos sequentes 50. 121. 126. 131. 133. 134. 135. *Postea legent hanc prophetiam.* Lectio libri Genesis. Et reversus est Jacob a puteo juramenti cap. 28, v. 10. usque ad v. 22. Lectio Isaiae cap. 1, v. 16. Lavamini, mundi estote; usque ad v. 26. Lectio Ezechielis cap. 40, v. 1. Et factum est anno 25, captivitatis: usque ad v. 20.

Tum accedet episcopus et dicet orationem gratiarum actionis, adolebit incensum, dicetque orationem incensi. Deinde legetur ex Epistola ad Hebreos cap. 9. v. 24. Christus non in manufacta usque ad v. 6. Lectio ex epistola catholica Joannis Apostoli cap. 1, v. 5. Quis est qui vincit mundum, usque ad v. 15. Lectio Actuum Apostolorum. Cap. 16, v. 5, usque ad v. 13.

Dicetur Sanctus, oratio Evangelii et ex Psalmo 83: Altaria tua, Domine virtutum; Rex meus et Deus meus. Beati omnes, qui habitant in domo tua Domine, in saecula saeculorum benedicent tibi. *Et Psalmo 41.* Transibo in locum tabernaculi admirabilis, usque ad montem Dei. In voce exultationis et confessionis, et in voce festivitatis. Propterea memor ero tui de terra Jordanis et Hermoniim a monte modico.

Lectio Evangelii secundum Matthaeum cap. 6. Et post sex dies assumsit Jesus Petrum, Jacobum et Joannem: usque ad v. 6.

Deinde dicit episcopus orationes ad praeparationem, resque alias consuetas. Tum recitatur symbolum. Kyrie eleison, *quadragies et semel.*

Deinde episcopus dicit orationem sequentem: Perveniet ad te (suscipe) p. 240.

Diaconus dicit: προσφέρειν.

Episcopus: Domine Jesu Christe, p. 241.

Diaconus: Qui sedetis surgite.

Sacerdos: Tu enim dixisti, p. 241.

Ad orientem aspicite.

Tu enim purissimus es: p. 241. Sanctus etc.

Tu igitur Domine dignare mundare hanc piscinam, quam fecimus in typum Jordanis, in quo pro nobis et pro salute nostra placuit tibi baptizari a servo et praecursore tuo Joanne, ut quicumque ad eam venient absolvantur a peccatis suis dignique efficiantur dono coelesti et veste incorruptionis divinitatis tuae. Tu qui deduxisti nos ad haec sancta, quae desiderant angeli videre et non viderunt, dignatus es dare nobis fiduciam perveniendi ad regnum tuum per lavacrum regenerationis. Tu enim dixisti p. 242.

Diaconus: Dominum deprecemur.

Episcopus: Nunc igitur p. 243.

Populus dicit orationem dominicam.

Episcopus dicit orationes absolutionis: Domine Domine Unigenite. Tu Domine. *Tum accipiet ollas aqua plenas et eam effundet super piscinam et in ejus circuitu, intus et foris, imponetque aromata et similiter adolebit, intra et extra.* Alleluja. Et ex Psalmo 25. Domine dilexi decorem domus tuae, et locum habitationis gloriae tuae. Salva me et domos istas. Pes meus stetit in directo, in ecclesiis benedicam te Domine. Alleluja.

Ex Psalmo 26. Unam petii a Domino, hanc requiram, ut inhabitem in domo Domini omnibus diebus vitae meae; ut videam voluptatem Domini, et visitem templum ejus sanctum.

Ex Psalmo 42. Emitte lucem tuam et veritatem tuam, ipsae me deduxerunt et adduxerunt in montem sanctum tuum. — Introibo ad altare Dei coram Deo qui laetificat juventutem meam.

Alleluja. Gloria Patri, ter. *Et postea:* Laudate Dominum in sanctis ejus; *usque ad finem: et postea psallitur responsorium quod incipit:* Joannes testimonium perhibuit.

Deinde episcopus accipiet spongiam majorem, et totam piscinam diligenter absterget: tum accipiet chrisma, et fundet super quatuor bases piscinae, quas unget manu sua dicens: Consecro hanc piscinam baptismi sancti regenerationis Spiritus.

Populus: Amen.

Sacerdos: Consecro hanc piscinam in nomine Trinitatis Sanctae Patris et Filii et Spiritus Sancti. *Populus:* Amen.

Sacerdos: Consecro hanc piscinam, sicut piscinam patrum nostrorum sanctorum Apostolorum. *Populus:* Amen.

Sacerdos: Consecro hanc piscinam, sicut piscinam Jordanis Baptistae.
Populus: Amen.

Consignat medium ejusdem piscinae dicens: Benedictus Dominus
Deus in saecula. Amen. *Tum Episcopus dicet benedictionem super populum, et ita completur officium.*

5. Consecratio baptisterii brevior ex rituali Kircheri collata.

*Cum peracta fuerint omnia, dicit episcopus gratiarum actionem et
sumit thymiama, deinde legit epistolam S. Pauli Apostoli ad Ephesios
c. 4, v. 1. sqq.*

Deinde dicitur Trisagion et Psalm. 21. Vox Domini super aquas,
Deus gloriae tonuit, Dominus super aquas multas, vox Domini magni et
gloriosi.

Evangelium ex Matthaeo 16, 13—19.

Episcopus vero dicit hanc orationem: Domine Jesu Christe, *uti
supra, omissis proclamationibus diaconi usque ad illa:* remissionem
peccatorum per baptismum, *hoc est tertiam partem inclusive* uti supra
p. 242.

Dicit diaconus: Orate.

Dicit episcopus: Nunc igitur Domine, uti supra p. 243.

Accipit chrisma et signat eum dicens: Sanctifica hoc lavacrum per
nomen S. Joannis Baptistae in nomine Patris et Filii et Spiritus Sancti.
Amen.

III. Benedictio chrismatis et olei catechumenorum apud Coptitas.

(Descriptionem consecrationis chrismatis et olei catechumenorum apud
Coptitas ex auctoribus Copticis edidit Vanslebius Histoire de l'église d'Alexandrie p. 231 sqq. Quam, cum multa contineat, quae in ritualibus non sunt
expressa, hic recudimus. Ipsam autem consecrationem integram ex codice
Coptico Vaticano 44. nobis transscripsit R. P. Petrus Hamp. O. S. B. Monacensis. Ex Coptico autem vertit Scholzius noster. Ne autem deficeret col-
latio eximii Pontificalis Tukiani, ad optimos codices confecti, eam ab eodem
collaboratore nostro perfici curavimus, qui in omnibus cum codice consonans
apparuit paucis variantibus lectionibus exceptis, quas infra notamus, et aliquibus partibus, quae apud Tukium additae vel potius enucleatius traditae
sunt, quas uncis includimus. Basilio orationis consecrationis myri tribuit
Abd-olla il Esclab auctor libri Miron apud Vansleb. Hist. p. 86 sqq.)

1. Descriptio consecrationis chrismatis et olei catechu-
menorum ex Vanslebio.

Consecratio, nisi impedimentum adsit, in monasterio S. Macarii fieri
oportet. Eriguntur duo altaria lignea in Heikel h. e. Sanctuario Ben-

jamini, alterum ad dexteram summi altaris, alterum ad sinistram, et pannis nigris teguntur. Patriarcha et alii episcopi vestibus nigris induntur. Dextera chrisma assumit, aliquibus diebus antea confectum, et oleum catechumenorum sinistra, eaque ponit in altari S. Marci, quod altare est Sanctuarii Benjamini, et mystagogiam, h. e. symbolum Apostolorum, quale ante Nicaenum concilium in ecclesiis recitabatur, in medio eorum. Omnibus ita dispositis, inchoatur officium; patriarcha altare incensat, tunc sedet in throno, quod est in Heikel, legitur capitulum Isaiae prophetae, alterum Exodi, et lectio epistolae B. Pauli ad Hebraeos, altera lectio ex epistola prima S. Johannis, altera ex Actibus Apostolorum. Tunc dicitur Sanctus, canitur Psalmus 88. Patriarcha in throno sedens Marci 14, 3—9 legit. Postea fit incensatio, patriarcha sumit mystagogiam, fit processio in ecclesia, quatuor diaconis baldachinum ex serico albo super patriarcham deferentibus, duodecim presbyteris ante eum incedentibus, et duodecim aliis clericis cum thuribulis. Ad Heikel Benjamini reversi presbyteri priores ingrediuntur, patriarcha post caeteros, mystagogiamque in throno relinquens, assumit chrisma in sinum proprium ad latus dextrum et oleum catechumenorum ad sinistrum. Tunc fit altera processio ad alterum Heikel et ad latus occidentis se vertentes incedunt ad altare S. Macarii et inde ad Askene sive tabernaculum quod est sanctuarium interius, et ad Heikel Benjamini revertuntur. Hic patriarcha chrisma reponit in altari ligneo ad dexteram summi altaris et oleum catechumenorum in illo, quod est ad sinistram. Tunc patriarcha vestem nigram deponit et vestes sacerdotales ad missam pertinentes assumit, et ad altare S. Macarii profectus, post vero ad altare abbatis Sennodii, benedicit aquam ad lavandos pedes sacerdotum et plebis. Tunc revertitur ad Heikel S. Macarii, pergit ad Askene, Heikel s. sanctuarii Benjamini et consecrat chrisma et post hoc oleum catechumenorum. Quo peracto incipit missam, et dicta oratione evangelii, sedet in throno et mystagogiam tradit episcopo seniori, in suggestu legendam, tunc throno insidens legit evangelium et missam consecrationis porro celebrat. Qua peracta, sacrista chrisma et oleum catechumenorum sumit et sub altari Benjamini reponit, ubi usque ad tertiam diem Paschatis relinquuntur, in qua patriarcha post missam episcopis distribuit, quantum pro hoc anno opus est.

2. Ordo consecrationis chrismatis et olei catechumenorum ex codice Vaticano Copt. 44. et Tukio,

[Ordo[1] (τάξις) benedictionis (ἀγιάζειν) sancti (ἅγιον) unguenti (μύρον) in die quinta Paschatis (πάσχα) i. e. die quinta magnae hebdomadis (ἑβδομάδος). Atque postquam positum fuerit unguentum (μύρον) et oleum laetitiae (ἀγαλλιέλαιον) i. e. oleum catechumenorum (κατηχούμενος) supra altare, tum (εἶτα) archisacerdos (ἀρχιερεύς) incipit benedicere (ἀγιάζειν) unguentum (μύρον) sanctum et dicat gratiarum actionem et imponat thus.

---

[1] Priora haec ex Tukio solo sunt.

Archidiaconus (Ἀρχιδιακων) *dicat:* Τοῦ Κυρίου δεηθῶμεν. Dominum deprecemur.

· *Archiepiscopus dicit* (Ὁ ἀρχιεπίσκοπος λέγει) *hanc orationem* [1] (εὐχή): Dominator Domine Deus virtutum, qui perduxisti nos ad sortem (κλῆρος) ministerii (διακονία) hujus, qui constituisti mentem hominum, et scrutaris corda et renes: exaudi nos per multitudinem misericordiarum tuarum, et munda (καταρίζειν) nos ab omnibus inquinamentis carnis (σάρξ) et spiritus (πνεῦμα), dele nubem peccatorum nostrorum, et iniquitatum (ἀδικία) nostrarum et praevaricationum (ἀνομία) nostrarum sicuti tenebras (γνοφος = δνόφος), imple nos virtute tua divina et gratia unigeniti tui (μονογενής) Filii et virtute (ἐνέργεια) Spiritus (πνεῦμα) tui Sancti; simus sufficientes (ἱκανός) ministerio (διακονία) testamenti (διαθήκη) tui novi, ut (ἵνα) digni simus nomine sancto tuo, adstantes (et) ministrantes sacerdotium mysteriorum (μυστήριον) tuorum divinorum. Da nobis scientiam (γνῶσις) veram, ut dicamus quae digna sunt et accedamus ad altare (θυσιαστήριον) sanctum tuum, et suscipe orationem nostram — utique peccatorum — et da nobis, ut offeramus (προςφέρειν) ante conspectum tuum ministerium rationale (λογικόν) hujus sancti (ἅγιον) unguenti (μύρον), odorem suavitatis, exspectantes donum (δωρεά) tuum coeleste (ἐπουράνιον), quia tu es bonus (χρηστός) et multa misericordia tua omnibus invocantibus te. Et te decet (πρέπει) gloria et honor et virtus, Pater et Fili et Spiritus Sancte, nunc et semper et in saecula saeculorum omnium. Amen.

Deinde (εἶτα) *dic lectionem* (ἀνάγνωσις) *ex Isaia propheta* (προφήτης) *Cap. 61. Vulg. 61, 1—7.* Spiritus Domini super me, eo quod unxit me.

Lege lectionem (ἀνάγνωσις) *ex Moyse propheta* (προφήτης), *ex libro Exodi* (ἔξοδος) *Cap. λ´ = 30. Exod. 30, 22—34.*

Archiepiscopus (ἀρχιεπίσκοπος) *sedeat in throno* (σύνθρονος); *deinde dicat orationem* (εὐχή) *thuris. Archidiaconus* (ἀρχιδιακων) *dicat lectionem* (ἀνάγνωσις) *ex Apostolo* (ἀπόστολος) *ad Hebraeos* (πρὸς ἑβραίους) *Cap. α´ = 1. Vulg. 1, 5—2, 4.*

Dic orationem (εὐχή) *post Apostolum* (ἀπόστολος), *videlicet: Domine scientiae* (γνῶσις), *sicuti in oblatione* (ἀναφορά).

Epistola catholica Joannis α´ = 1. Cap. γ´ = 3. (καθολικὸν Ἰωάννου) *Vulg. 1. Joan. 2, 20—28.*

Actus (πρᾶξις) *Cap. ιθ´ = 19. (Vulg. 10, 34—46). Dicitur trisagion* (τριςάγιος) *et oratio* (εὐχή) *Evangelii* (εὐαγγέλιον).

Psalmus πη´ = 88. *V. 20.* Exaltavi electum de plebe mea — brachium meum confortabit eum.

Evangelium secundum Marcum Cap. μγ´ = 43. (εὐαγγέλιον κατὰ Μάρκον) *(Vulg. 14, 3—9.) Post evangelium* (εὐαγγέλιον) *oratio* (εὐχή) *consolationis i. e. Longaninis; ut* (κατά) *in libro oblationis* (ἀναφορά).

Iterum archidiaconus (πάλιν ἀρχιδιακων) *dicit:*

Μήτις τῶν κατηχουμένων, μήτις τῶν ἀμουτων (ἀμού σ ω ν?) μήτις τῶν μὴ δυναμένων ἡμῖν συνδεηθῆναι, ἀλλήλους ἐπίγνωτε, ὀρθοὶ πάντες.

Ne quis catechumenorum, ne quis rudium, ne quis eorum, qui non possunt nobiscum orare — invicem cognoscite, recti omnes!

---

[1] Recurrit haec oratio paucis mutatis in ordinibus.

Deinde (εἶτα) *ingrediuntur cum unguento* (μύρον) *sancto. Duodecim subdiaconi* (ὑποδιακων) *portant lampadas* (λαμπάς) *accensas, duodecim diaconi* (διάκονος) *portant flabella* (ῥιπιστηριον i. e. ῥιπίδιον), *duodecim presbyteri* (πρεσβύτερος) *portant thuribula in manibus suis offerentes thus, et populus* (λαός) *universus cum ipsis. Episcopus* (ἐπίσκοπος) *autem* (δέ) *in medio cleri* (κλῆρος) *portans vas* (ὑδρία) *unguenti* (μύρον) *magno velo* (καταπέτασμα) *albo coopertum* (σκέπει), *quod portant diaconi* (διάκονος); *reliquus vero* (δέ) *clerus* (κλῆρος) *portat Cherubim* (χερουβίμ) *) *et cruces* (σταυρός) *in manibus suis circum velum* (καταπέτασμα) *hinc et inde. Clerus* (κλῆρος) *et populus* (λαός) *clamant:*
Ἰδοῦ τὸ μύρον Χριστοῦ. Ecce unguentum Christi.

Cum ingressi fuerint, episcopus (ἐπίσκοπος) *ponit unguentum* (μύρον) *super altare.]*

Archidiaconus (ἀρχιδιακων) [1] *clamet:*
Στῶμεν καλῶς ἐν εἰρήνῃ. Stemus bene in pace.
Episcopus (ἐπίσκοπος) [2] *dicat hanc orationem* (εὐχή).

Christe (Domine?) Deus noster, qui praecepisti nobis in lege (νόμος) et prophetis (προφήτης), ut vocarentur sacerdotes per gratiam Christi tui, qui glorificasti populum tuum, et praeparasti eis regna et gentem sanctam: tu igitur (οὖν) Domine, benedic hoc unguentum (μύρον), positum ante conspectum tuum, super quo invocamus nomen tuum. Non enim (οὐ γάρ) erit benedictum per thus multarum specierum, sed (ἀλλά) per tuam virtutem et per gratiam unigeniti (μονογενής) tui Filii et per virtutem (ἐνέργεια) Spiritus (πνεῦμα) tui Sancti sanctifica (ἁγιάζειν) illud. Etsi nos sumus indigni, qui perficiamus hocce magnum mysterium (μυστήριον), sed (ἀλλά) tu iterum Domine noster mitte super illud gratiam Spiritus (πνεῦμα) tui Sancti, imple illud odore spirituali (πνευματικόν).

Exclamatio (ἐκφώνησις) [3] per gratiam et misericordiam et humanitatem unigeniti (μονογενής) tui Filii J. Ch. D. N., per quem . . .

῾Ο Διακων λέγει [4]   *Diaconus dicit:*
Τὰς κεφαλὰς ὑμῶν τῷ Κυρίῳ   Capita vestra Domino inclinate.
κλίνατε. [5]

῾Ο Ἀρχιέπισκοπος λέγει [6]   *Archiepiscopus dicit:*
Inclinamus tibi cervices nostras et flectimus genua cordium nostrorum, elevamus manus nostras sursum ad te, rogamus te benefactor, ut (ἵνα) dignos nos facias, qui perficiamus hanc liturgiam (λειτουργία) hujusce unguenti (μύρον) sancti, ut sit custodia ovium ecclesiae (ἐκκλησία) tuae sanctae. Non enim (οὐ γάρ) sicut unguentum (μύρον) alabastrum (ἀλάβαστρον) [7], quod dedit legis (νομικός) tempus, quod descendit in fimbriam vestimenti Aaron, sed (ἀλλά) sit nunc unguentum (μύρον) divinum (θεικός == θεῖος) amictum Spiritu (πνεῦμα) Sancto Pa-

---

[1] Cod.: ῾Ο ἀρχηδιακων et ita porro. — [2] Cod. ἀρχιεπίσκοπος. — [3] Cod. deest ἐκφώνησις. — [4] Cod. deest λέγει — [5] Cod. deest κλίνατε. — [6] Cod. deest λέγει —
[7] Cod. deest ἀλάβαστρον.

*) Ex Renaudotio Lit. Orient. I. p. 442 sunt imagines sive tabella.

raclito (παράκλητός). Non enim (οὐ γάρ) sicut cornu Samuelis aut sicut alabastrum (ἀλάβαστρον), quod effusum est super pedes tuos sanctos et benedictos; non enim tibi positum erat hoc unguentum (μύρον) inenarrabilis salutis eorum, qui in terra sunt solum, sed (ἀλλά) oleum coeleste, quod est signum timentium coram te. Si enim (γάρ) secundum (κατά) Scripturam (γραφή), et merito (κεμαλλον == καὶ μᾶλλον), unguentum effusum est nomen tuum, sed (ἀλλά) inenarrabilis et infinita ut gratia tua divina, (ὦ) Domine noster, quia perficimus haec sacrificia omnia in Trinitate (τριάς) sancta consubstantiali (ὁμοούσιος) indissolubili. Hanc, Christe, largitus es nobis unctionem sanctam et terribilem ad mysticam (μυστικόν) perfectionem bonorum (ἀγαθόν) omnium; hanc ostendisti in indivisibilitate ad sanitatem omnium credentium in te, propulsationem passionum (πάθος) omnium malarum eorum, qui ungentur in eo. Fac eam Domine unctionem sanctam eorum qui eliguntur (χειροτονεῖν) in eo, purifica (καθαρίζειν) eos, dispergat insurrectionem spirituum (πνεῦμα) malignorum, innovet eos, qui acceperint ex eo, et eos, qui ungentur, ut sit ipsis vestimentum justitiae, quae antiqua et putrida facta est in peccato. Confirma animas (ψυχή) nostras, Domine Deus in fide orthodoxa (ὀρθόδοξος), largire nobis perfectionem nostram christianam (χριστιανός) in justitia (δικαιοσύνη) et sanctitate, in timore tuo. Mittimus tibi sursum gloriam et virtutem et adorationem (προσκύνησις) in saecula saeculorum omnium. Amen.

Deinde (εἶτα) *archiepiscopus* (ἀρχιεπίσκοπος) *dicat: Alleluja* (ἀλληλούϊα.)

Psalmus μδ' = 44.

Sedes (θρόνος) tua in saecula saeculorum, virga directionis virga regni tui. Alleluja. Propter veritatem et mansuetudinem et justitiam (δικαιοσύνη) deducet te mirabiliter dextera tua. Dilexisti justitiam et odisti iniquitatem (ἀνομία), propterea unxit te Deus, Deus tuus oleo laetitiae prae consortibus tuis. Myrrha (σμηρον == σμύρνα) et gutta (στακτή) et casia (κασία) a vestimentis tuis ab eburneis (ἐλεφάντινον) molibus *), in quibus delectaverunt te.

| Δόξα πατρί[1] [καὶ υἱῷ καὶ ἁγίῳ πνεύματι, νῦν καὶ ἀεὶ καὶ εἰς τοὺς αἰῶνας τῶν αἰώνων. Ἀμήν. Ἀλληλούϊα.] | Gloria Patri [et Filio et Spiritui Sancto, nunc et semper et in saecula saeculorum. Amen. Alleluja.] |

[Porro (ἔτι) *dicuntur tres orationes* (εὐχή[2]).]

Deinde (εἶτα) *dicitur symbolum* (σύμβολον) *fidei. Archisacerdos* (ἀρχιερεύς) *dicat hanc orationem* (εὐχή).

Deus patrum nostrorum et Domine misericordiae, qui creasti omnia per verbum tuum et iterum in sapientia (σοφία) tua ornasti hominem, ut (ἵνα) sit Dominus super omnia, quae creasti: elargire mihi, utique servo tuo indigno, tuam sapientiam (σοφία) de throno (θρόνος) beato tuo, ut fiam dignus, qui accedam ad fundamentum (κριπις == κρηπίς) .

---

[1] Cod. breviter haec indicat: Δόξα πατρί. — [2] Cod. deest Porro . . . orationes.

*) LXX. βαρέων.

altaris (θυσιαστήριον) tui sancti, ut perficiam hanc liturgiam (λειτουργία) hujus sancti (ἅγιος) unguenti (μύρον), quod positum est in conspectu tuo nunc, ut sit electum et beneplacens tibi, perficiente illud Spiritu (πνεῦμα) tuo Sancto,[1]

Exlamatio (ἐκφώνησις)

quia benedictum et plenum gloria nomen sanctum tuum in saecula. Amen.

Deinde (εἶτα) *archidiaconus* (ἀρχιδιάκων) *dicat fidem* (πίστις)[2] *catholicam* (καθολική) *sanctam. Episcopus*[3] (ἐπίσκοπος) *oret, usque dum finierit, dicens:*

Domine Deus magne aeterne, mirabilis in gloria tua, qui custodis testamentum (διαθήκη) tuum et misericordiam tuam diligentibus (ἀγαπᾶν) te, qui dedisti nobis redemptionem peccatorum nostrorum per unigenitum (μονογενής) Filium tuum, qui largitus es vitam novam iis, qui inveteraverant in peccato: tu enim (γάρ) es Deus dans sapientiam (σοφία) caecis, solvens vinctos, erigens elisos, diligens (ἀγαπᾶν) justos et custodiens peregrinos, deducens eos omnes ad cognitionem veritatis; tu qui transtulisti nos a vinctis in tenebris et umbra mortis, illumina corda nostra Domine, in lumine cognitionis Christi (χριστός) tui qui apparuit super terram, et educatus est cum hominibus agnoscentibus te, (et) credentibus in te dedisti potestatem, filios Dei fieri (Arabs: et educatus es cum hominibus agnoscentibus te, credentibus in te, et dedisti eis . . .) per lavacrum regenerationis, ut facias nos comparticipes (συμμέτοχος) nominis sancti tui. Tibi igitur Domine universorum non complacuit, in sanguinibus testamenti (διαθήκη) veteris sanctificare contaminatos in peccatis suis, sed (ἀλλά) in oleo sancto: dedisti enim (γάρ) signum timentibus coram te in sigillo (σφραγίς) Spiritus (πνεῦμα) tui Sancti: da etiam nobis Domine gratiam in manifestatione (Arabs: in aperiendo) oris nostri, et conforta nos, ut perficiamus ministerium (διακονία) hoc. Sicut enim (γάρ) dedisti gratiam servis tuis Moysi et Samueli et Joanni, quem elegisti, et omnibus, qui tibi placuerunt ex singulis et generationibus (γενεά): ita iterum nunc Domine conforta nos, ad ministrandum (διακονεῖν) testamentum (διαθήκη) tuum novum, ut ungamus populum (λαός) tuum, quem acquisivisti per sanguinem sanctum unigeniti (μονογενής) tui Filii J. Ch. D. N., ut (ὅπως) exuamus vetustatem et concupiscentiam (ἐπιθυμία) saecularem (κοσμικόν), ne moriamur in peccato, vivamus autem (δέ) in justitia et induamus Christum per sanctitatem membrorum (μέλος) nostrorum ex unctione hujusce sancti unguenti (ἅγιον μύρον). Emitte super illud nunc gratiam et donum (δωρεά) Spiritus (πνεῦμα) Sancti, sit unguentum (μύρον) laetitiae et vestimentum luminis. Amen.

Charisma regale (χάρισμα βασιλικόν). Amen.

Sanctitas animarum (ψυχή) et corporum (σῶμα) nostrorum. Amen.

Gratia spiritualis (πνευματικόν). Amen.

Phylacterium (φυλακτήριον) vitae. Amen.

Sigillum (σφραγίς) incorruptibile. Amen.

---

[1] Cod. addit arabice: *Elevat patriarcha vocem.* — [2] Cod. deest: fidem. [3] Cod. archiepiscopus.

Arma (ὅπλον) fidei. Amen.

Lorica virtutis. Amen.

Contra virtutes (ἐνέργεια) omnes malas diaboli (διάβολος). Amen.

Pignus salutis et redemptionis et vitae aeternae, ut (ἵνα) sit omnibus qui unguentur eo timor et tremor adversariis nostris, ut (ὅπως) stemus in die resurrectionis (ἀνάστασις) lucentes sicut stellae coeli in lumine sanctorum omnium tuorum, ubi non sunt sordes neque (οὐδέ) coenum, ut (ἵνα) inveniamus requiem (ἀνάπαυσις) in tabernaculis (σκηνή) tuis aeternis, et crescamus in donis (δωρεά) Spiritus (πνεῦμα) tui, ut digni simus vocatione coelesti (ἐπουράνιον) superna in gratia [et misericordia et humanitate unigeniti (μονογ.) tui Filii J. Ch. D. N. per quem gloria.][1]

Archidiaconus (ὁ Ἀρχιδιακων):

Στῶμεν καλῶς. Stemus bene.

Episcopus[2] (ἐπίσκοπος) *[clamet dicens:]*[3]

Charitas (ἀγάπη) Dei Patris et gratia unigeniti (μονογ.) ejus Filii Domini et Dei et Salvatoris (σωτήρ) nostri J. Ch. et communicatio (κοινωνία) et donum (δωρεά) Spiritus (πνεῦμα) sui Sancti sit vobiscum. [Μετὰ πάντων ὑμῶν][4] cum omnibus vobis.

Populus (λαός) *clamet:*

Et cum spiritu (πνεῦμα) tuo,

[Καὶ μετὰ τοῦ πνεύματός σου Et cum spiritu tuo.]

Archiepiscopus (ὁ ἀρχιεπίσκοπος):

Elevate sursum corda (νοῦς) vestra.

[Ἄνω ὑμῶν τὰς καρδίας. Sursum corda.]

Populus (λαός) *clamet:*

Est ille (sc, νοῦς) ad Dominum.

[Ἔχωμεν (ἔχομεν?) πρὸς τὸν κύριον. Habeamus (habemus) ad Dominum.]

Episcopus (ἐπίσκοπος)[5] *clamet:*

Gratias agamus tibi Domine Deus.

[Εὐχαριστήσωμεν τῷ κυρίῳ. Gratias agamus Domino.]

Populus (λαός) *clamet:*

Dignum est in justitia.

[Ἄξιον καὶ δίκαιον. Dignum et justum.]

Deinde (εἶτα) *dicat archiepiscopus* (ἀρχιεπίσκοπος) *hanc orationem* (εὐχή):

Deus Patrum nostrorum et Domine misericordiae, qui creasti vitam et incorruptibilitatem, deinde (εἶτα) nos, qui cecidimus qui secuti sumus satanam (σατανᾶς) et transgressi (παραβαίνειν) sumus legem (νόμος) tuam, traditi sumus morti per peccata nostra, iterum (πάλιν) denuo vocasti ad vitam, misertus es operis (πλάσμα) manuum tuarum per beneplacitum unigeniti (μονογ.) tui Filii J. Ch., per quem adduxisti nos ad sacerdotium hoc, eminentiam incomprehensibilem et inenarrabilem, remissionem porro (δέ) turpitudinis peccati, quod mutasti mystagogia (μυσταγωγία) coe-

---

[1] Desunt haec in codice. — [2] Cod. ὁ ἀρχιεπίσκοπος. — [3] Cod, deest clamet dicens. [4] In Cod. deest hic et in sequentibus proxime notatis textus graecus. — [5] Cod. ὁ ἀρχιεπίσκοπος.

Jesu; qui fecisti nos credentes per aquam et spiritum (πνεῦμα), qui
annuntiasti nobis viam salutis et fecisti nos novos donando nobis oleum
laetitiae. . . . .

Archidiaconus dicit: (ὁ Ἀρχιδιακων λέγει) [1]
   Οἱ καθημένοι ἀνάστητε.   Qui sedetis, surgite.

Propterea [2], Domine Deus noster, rogamus et obsecramus te, emitte
Spiritum (πνεῦμα) Sanctum tuum super hoc unguentum (μύρον), quod
positum est ante conspectum tuum, move (Joann. 5, 4) illud, sit unctio
sigilli (σφραγίς) perfecti ad sanctitatem et salutem humanitatis universae,
sit in nobis gratia et virtus (ἐνέργεια) Spiritus (πνεῦμα) tui Sancti, ut
(ἵνα) faciat nos sibi praedicatores et ministros, ut simus digni in corde
sancto, qui glorificemus te, Deum verum.

   Archidiaconus dicit: (Ὁ Ἀρχιδιακων λέγει·)
   Εἰς ἀνατολὰς βλέψατε.   Ad orientem spectate.

   Archiepiscopus dicit: (Ὁ Ἀρχ. λέγει·

Celebrant et laudant, glorificant eum in labiis indeficientibus et vocibus non silentibus chorus (χόρος) angelorum (ἄγγελος) et archangelorum (ἀρχάγγελος), principatus (ἀρχή), potestates (ἐξουσία), throni (θρόνος), dominationes, virtutes, et exercitus (στρατία) omnes coelestes (ἐπουράνιον), ornati in excelsis, Cherubim (χερουβίμ) cum multis oculis et
Seraphim (σεραφίμ) terribiles, sex alae uni et sex alae alteri, duabus
quidem (μέν) ex alis velantes faciem suam propter divinitatem tuam in-
aspectabilem (θεωρεῖν), cogitationem et intellectum superantem, duabus
vero (δέ) tegentes pedes suos, volantes autem (δέ) duabus aliis, clamantes alter ad alterum, celebrantes laudantes, gratias agentes, offerentes
misericordiae tuae etiam hymnum (ὕμνος) victoriae salutis nostrae in
voce non silente clamantes.

   Archidiaconus dicit: (ὁ Ἀρχ. λέγει·)
   Πρόσχωμεν. Attendamus.

   Populus (ὁ λαός) *dicat:*

Ἅγιος, ἅγιος, ἅγιος, κύριος [3]   Sanctus, sanctus, sanctus, Do-
[σαβαωθ, πλήρης ὁ οὐρανος καὶ ἡ γῆ   minus sabaoth, pleni sunt coeli et
τῆς ἁγίας σου δόξης.]   terra gloria sancta tua.

   Archiepiscopus dicit: (ὁ Ἀρχ. λέγει·)

Sanctus es tu in veritate, abundanter tu sanctus Pater omnipotens
(παντοκράτωρ) sanctificans omnes, sanctus est unigenitus (μονογ.) tuus
Filius, Salvator (σωτήρ) noster J. Ch., qui genitus est tibi ante saecula
(αἰών) in indissolubilitate, sanctus est Spiritus (πνεῦμα) tuus, per quem
sanctificati sunt omnes, qui in coelo, et omnes, qui super terram sunt,
sanctus sanctorum, dator sanctorum, sanctificator creationis (κτίσις) omnis, qui unxit in Spiritu (πνεῦμα) suo Sancto eum, qui Christus ejus, eos
qui crediderunt in adventum (παρουσία) ipsius, plenum salutis sanctissimae; atque beata est haec unctio corporalis (σωματικόν), quam donasti
nobis. Concede hoc unguentum (μύρον), symbolum (σύμβολον) unctionis
tuae incorruptibilis, signum verum Spiritus (πνεῦμα) Sancti, communi-

---

[1] Cod. deest λέγει et ita saepius. — [2] Cod. add. Ὁ ἀρχιεπίσκοπος — [3] Cod. initium tantum notat.

cationem (κοινωνία) luminis incomprehensibilis et vestimentum dignitatis
(ἀξίωμα) regalis (βασιλικόν) sanctitatem animarum (ψυχή) et corporum
(σῶμα) nostrorum, faciens illud odorem divinum iis, qui ungentur eo in
fide, ut (ἵνα) sint immaculati in populum (λαός) electum ut divinitas tua
sit in eo, ut (ὧς δε = ὧςτε) invocetur nomen sanctum Christi tui super
eum, ut ministremus etiam nos in beatam[1] vitam venturam, in fruitio-
nem (ἀπόλαυσις) bonorum (ἀγαθόν) aeternorum (αἰώνιον), quae praeparasti Domine diligentibus nomen sanctum tuum.

Exclamatio (ἐκφώνησις):[2]

Populus (λαός) tuus et ecclesia (ἐκκλησία) tua laudant te.

Populus (λαός) *clamet:*

Ἐλέησον ἡμᾶς ὁ Θεός, ὁ Πατὴρ   Miserere nostri Deus Pater
ὁ παντοκράτωρ.   omnipotens.

Archiepiscopus (ἀρχιεπ.)[3] *[inclinato capite oret invocationem (ἐπίκλησις) hanc hoc modo submissa voce (ἐν ἑαυτῷ).]*

Miserere nostri Deus secundum (κατά) magnam misericordiam tuam,
emitte Spiritum (πνεῦμα) Sanctum tuum super hoc unguentum (μύρον) gloriosum et benedictum, ut (ἵνα) sit unctio sancta et sigillum (σφραγίς)
perfectum, oleum laetitiae et misericordiae et salutis, ostensum per legem (νόμος) hoc modo iterum in testamento (διαθήκη) novo, ut ungerentur in eo reges et archisacerdotes (ἀρχιερεύς) et prophetae (προφήτης)
a Moyse usque ad Joannem. Ita, Domine noster, Deus Pater omnipotens (παντοκράτωρ), rogamus te, emitte Spiritum (πνεῦμα) Sanctum tuum
super hoc unguentum (μύρον), ut (ἵνα) sit vestimentum incorruptibilitatis
et unctio sancta ad gloriam et honorem nominis tui sancti benedicti et
unigeniti (μονογ.) tui Filii et Spiritus (πνεῦμα) Sancti. In hoc enim (γάρ)
uncti sunt Apostoli (ἀπόστολος) et sancti omnes infantes, qui nascuntur
super nomen Christi, ut veniant ad unctionem regenerationis. Ex hoc
iterum unguntur episcopi (ἐπίσκοπος) et alii presbyteri (πρεσβύτερος) usque ad hodiernum diem. Rogamus te, Domine noster, sit hoc nunc
vestimentum salutis, vestimentum incorruptibilitatis, unctio gloriosa, sigillum (σφραγίς) firmum eorum, qui offerentur ante conspectum tuum baptizandi in baptismo regenerationis, ut (ἵνα) cognoscant legem (νόμος)
tuam et glorificent nomen sanctum tuum cum unigenito (μονογ.) tuo
Filio J. Ch. D. N. et Spiritu (πνεῦμα) Sancto, ut sint cives (πολίτης)
coeli, servi et servae electi. Sanctificas animas (ψυχή) et corpora (σῶμα)
eorum, aufers ab eis malitias (κακία) omnes et peccata omnia, ut facias
eos dignos gloria tua sancta et incorruptibili, signa eos sigillo (σφραγίς)
tuo glorioso, ut custodiantur ab angelis (ἄγγελος) et archangelis (ἀρχάγγελος) tuis sanctis, ut (ὅπως) conculcent robur omne inimici adversantis
(ἀντικειμένος), ut sint tibi populus (λαός) sanctus per nostram unctionem
eorum ex hoc unguento (μύρον) sancto. Tu es, apud quem est misericordia et sanctitas et salus in Christo Deo nostro; gloria decet (πρέπει)
te Pater et Fili et Spiritu (πνεῦμα) Sancte, nunc [et semper et in saecula saeculorum omnium. Amen.][4]

---

[1] Tuki et codex simul hic erronee ναι legunt pro ναιατ. — [2] Cod. deest ἐκφώνησις. — [3] Cod. deest haec rubrica: non habet nisi: Ὁ ἀρχιεπίσκοπος. Ἐπίκλησις.
— [4] Cod. deest et . . . Amen.

Archidiaconus dicit:
Ἔτι τοῦ κυρίου δεηθῶμεν.

Ὁ Ἀρχιδιάκων λέγει·
Porro Dominum deprecemur.

Archiepiscopus (ὁ ἀρχιεπ.) *dicit:*

Deus magne in consilio tuo et potens in operibus tuis, qui in humanitate et benignitate (— ἀγαθός) tua donasti nobis stare super altare (θυσιαστήριον) tuum sanctum, ut offeramus tibi hanc liturgiam (λειτουργία): tu iterum nunc Domine noster bone (ἀγαθός) exaudi nos secundum (κατά) multam misericordiam et miserationem tuam; respice super nos celeriter, praeveniant nos misericordiae tuae Domine.

Ὁ Ἀρχιδιάκονος λέγει·
Ἔτι ἐκτενῶς ἐν εἰρήνῃ τοῦ κυρίου δεηθῶμεν.

Ὑπὲρ τῆς σωτηρίας καὶ ἀντιλήψεως καὶ μακροαρχιεροσύνης τοῦ ὁσίου πατρὸς ἡμῶν πάπα δδ. (δεῖνα) καὶ τοῦ πατριάρχου δδ. καὶ ἡμῶν τῶν ὁσίων πατέρων ἐπισκόπων, παντὸς τοῦ κλήρου, καὶ τοῦ φιλοχρίστου λαοῦ δεόμεθά σου, κύριε ἐπάκουσον, [κύριε ἐλέησον.] [1]

Ὑπὲρ τοῦ προκειμένου ἁγίου μυστικοῦ καὶ θείου μύρου, καὶ τοῦ προσφέροντος ὁσίου πατρὸς ἡμῶν καὶ ἀρχιερέως δδ. κύριον τῶν (τὸν) ἡμῶν ἱκετεύσωμεν, [κύριε ἐλέησον.]

Ὑπὲρ τοῦ ἁγίου μύρου τούτου, ἐλαίου ἀγαλλιάσεως, ἐνδύματος φωτεινοῦ, καλύμματος πνευματικοῦ, χρίσματος βασιλικοῦ, δεόμεθά σου, κύριε ἐλέησον.

Ὑπὲρ τῶν καλλιεργούντων καὶ καρποφερόντων ἐν τῇ ἁγίᾳ τοῦ θεοῦ ἐκκλησίᾳ μεμνημένων χηρῶν, ὀρφανῶν, ξένων καὶ δεομένων δεόμεθά σου, [κύριε ἐλέησον.]

Ὑπὲρ τῶν εὐσεβεστάτων, θεοσέπτων καὶ ὀρθοδόξων ἡμῶν βασιλέων, παντὸς τοῦ παλατίου καὶ τοῦ στρατοπέδου αὐτῶν, καὶ βοηθείας αὐτῶν δεόμεθά σου, [κύριε ἐλέησον].

Ἱκετεύσωμέν σε εὔσπλαγχνε, μακρόθυμε, πολυέλεε, ἐπάκουσον ἡμῶν τῶν ἁμαρτόλων, δεόμεθά σου, [κύριε ἐλέησον].

Εἴπωμεν πάντες· κύριε ἐλέησον.

[Ὁ λαὸς λέγει· κύριε ἐλέησον]. [2]

Archidiaconus dicit:
Porro enixe in pace Dominum deprecemur.

Pro salute et susceptione et longo archisacerdotio sancti patris nostri papa N. et patriarchae N. et nostris sanctis patribus episcopis, universo clero, et Christiamante populo rogamus te, Domine exaudi, Domine miserere.

Pro praesente sancto mystico et divino unguento, et offerente sancto patre nostro, et archisacerdote N., Domino nostro supplicemus, Domine miserere.

Pro sancto unguento hoc, oleo laetitiae, indumento lucido, velamento spirituali, chrismate regio, rogamus te, Domine miserere.

Pro bene agentibus et fructus ferentibus in sancta Dei Ecclesia, reminiscentibus viduarum, pupillorum, peregrinorum et egentium rogamus te, Domine miserere.

Pro piissimis, a Deo honoratis et orthodoxis nostris regibus, universo palatio et exercitu eorum et auxiliis eorum rogamus te, Domine miserere.

Supplicemus tibi miserator, longanimis, multum misericors, exaudi nos peccatores, rogamus te, Domine miserere.

Dicamus omnes: Domine miserere.

Populus dicit: Domine miserere.

---

[1] In codice deest hoc repetitum Kyrie eleison. — [2] Deest in codice.

'Ο Ἀρχιδιάκονος.   *Archidiaconus:*

Κλίνατε θεοῦ (?) μετὰ φόβου.   Inclinate Deo cum timore.

Archiepiscopus (ἀρχ.) *[inclinato capite dicit quiete]*[1].

Emitte de altitudine tua sancta et de habitaculo tuo praeparato et incomprehensibili sinu tuo, et de throno (θρόνος) gloriae regni tui, Paraclitum (παράκλητος) Spiritum (πνεῦμα) Sanctum, qui habitat in salute[2], super hoc unguentum (μύρον), et qui utuntur (χρᾶσθαι) eo et qui accedunt ad baptismum regenerationis, sit iis unctio sancta.

Clamet archiepiscopus (ἀρχιεπ.)[3] *et fac crucem* (σταυρός) *secundum lectionem* (κατὰ λέξις), *(Arabs sensum reddens: in omni vocabulo).*

Populus (λαός) *respondeat:* Amen.

Unguentum (μύρον) sanctum. Amen.

Oleum laetitiae. Amen.

Chrisma regium (χρίσμα βασιλικόν). Amen.

Indumentum (ἔνδυμα) luminis. Amen.

Vestimentum salutis. Amen.

Philacterium (φυλακτήριον) vitae. Amen.

Gratia spiritualis (πνευματικόν). Amen.

Sanitas animae (ψυχή) et corporis (σῶμα). Amen.

Laetitia gratiarum[4]. Amen.

Gaudium sempiternum. Amen.

Sigillum (σφραγίς) incorruptibile. Amen.

Requies fidei. Amen.

Lorica salutis. Amen.

Contra virtutes (ἐνέργεια) omnes diabolicas (διαβολικόν). Amen — ut (ὅπως) sanctificemur ex eo nos, qui vocati sumus, ut simus lumina irreprehensa contra eos, qui pugnant contra nos, et eos, qui insurgunt adversum nos in die judicii justi, ut simus lumina sicut luminaria (φωστήρ Genes. 1, 14.) in lumine sanctorum tuorum, et ut simus in tabernaculis (σκηνή) aeternis in mansionibus eorum, qui placuerunt tibi, secundum repromissionem (κατ' ἐπαγγελία) tuam veram in Ch. J. D. N. per quem:

'Ο Ἀρχιδιάκονος λέγει·   *Archidiaconus dicit:*

Ἔπι τοῦ κυρίου δεηθῶμεν, κύριε ἐλέησον.   Porro Dominum deprecamur, Domine miserere.

Κύριε παντοκράτωρ, ἐπουράνιε ὁ θεὸς τῶν πατέρων ἡμῶν, δεόμεθά σου, κύριε ἐπάκουσον, κύριε ἐλέησον.   Domine omnipotens, coelestis, Deus patrum nostrorum, rogamus te, Domine exaudi, Domine miserere.

Ὑπερ τῆς ἄνωθεν εἰρήνης, καὶ θεοῦ φιλανθρωπίας, καὶ νυκτέρου ἡμῶν θυσίας, καὶ πνευματικῆς λατρείας δεόμεθά σου, κύριε ἐλέησον.   Pro superna pace et Dei humanitate, et nocturno nostro sacrificio, et spirituali servitio rogamus te, Domine miserere.

Ὑπερ τοῦ ῥυσθῆναι ἡμᾶς ἀπὸ πάσης θλίψεως, ὀργῆς, ἀνάγκης, λι-   Ut eripiamur ab omni tribulatione, ira, necessitate, fame et peste,

---

[1] Deest haec pars in codice. — [2] Cod. in salute et sanitate, et qui utuntur etc. Omittit verba: super hoc unguentum. — [3] Cod. clama, deest archiepiscopus. — [4] Cod. gratiae.

μᾷ καὶ λοιμοῦ, σεισμοῦ, κατακοντισμοῦ, πικροθάνατου καὶ ἰάσεως ἐκ ἀνομιῶν ἡμῶν δεόμεθά σου, κύριε ἐλέησον.

Ὑπὲρ τοῦ συγχωρηθῆναι ἡμῖν πᾶν πλημμέλημα ἑκούσιον καὶ ἀκούσιον, καὶ τοῦ προςδεχθῆναι τὴν δέησιν ἡμῶν καὶ καταπεμφθῆναι τὰ ἐλέη καὶ τοὺς οἰκτιρμοὺς αὐτοῦ ἐπὶ πάντας ἡμᾶς, καὶ ἀξιωθῆναι ἡμᾶς τῆς βασιλείας τῶν οὐράνων, δεόμεθά σου, κύριε ἐλέησον.

Ὑπὲρ τοῦ προςκομισθέντος καὶ ἁγιασθέντος καὶ τελειωθέντος ἁγίου μύρου, καὶ σωτηρίας τοῦ προςενέγκαντος ὁσίου πατρὸς ἡμῶν δδ. καὶ ἀρχιερέως, κυρίου τοῦ θεοῦ ἡμῶν δεόμεθα, κύριε ἐλέησον.

Ὑπὲρ τῆς μακροβιώσεως, διαμονῆς τοῦ ὁσιωτάτου πατρὸς ἡμῶν δδ. τοῦ πατριάρχου σωτηρίας καὶ νίκης ἀντιλέψεως (MS. ἀντιλύμψεως secundum dialectum Alexandrinorum) δεόμεθά σου, κύριε ἐλέησον.

Ὑπὲρ τοῦ ἁγίου μύρου τούτου ἐλαίου ἀγαλλιάσεως, ἐνδύματος φωτεινοῦ, καλύμματος πνευματικοῦ, χρίσματος βασιλικοῦ δεόμεθά σου, κύριε ἐλέησον.

Ἱκετεύσωμέν σε εὔσπλαγχνε, μακρόθυμε, πολυέλεε, ἐπάκουσον ἡμῶν τῶν ἁμαρτώλων, δεόμεθά σου· εἴπωμεν πάντες κύριε ἐλέησον, κύριε ἐλέησον λ´ = 30.

terrae motu, inundatione, amara morte et (pro) sanatione ab iniquitatibus nostris rogamus te, Domine miserere.

Ut indulgeatur nobis omne delictum voluntarium et involuntarium, et ut suscipiatur oratio nostra et descendant misericordiae et miserationes ejus super omnes nos, et dignemur regno coelorum, rogamus te, Domine miserere.

Pro allato et sanctificato et perfecto sancto unguento et salute afferentis sancti patris nostri N. et archisacerdotis Dominum Deum nostrum rogamus, Domine miserere.

Pro longa vita et perseverantia sanctissimi patris nostri N., patriarchae, salute et victoria, susceptione rogamus te, Domine miserere.

Pro sancto unguento hoc, oleo laetitiae, indumento lucito, velamento spirituali, chrismate regio rogamus te, Domine miserere.

Supplicemus tibi miserator longanimis, multum misericors, exaudi nos peccatores, rogamus te; dicamus omnes Domine miserere, Domine miserere. 30.

Iterum (πάλιν) *archidiaconus* (ἀρχιδ.) *dicit:*

In pace (εἰρήνη) rogemus Dominum pro pace superna et salute animarum (ψυχή) nostrarum et pro pace (εἰρήνη) mundi (κόσμος) et ecclesiarum (ἐκκλησία) sanctarum et pro hoc unguento deposito, ut (ὅπως) Dominus Deus noster mittat super illud Spiritum (πνεῦμα) suum sanctum per orationes Dominae nostrorum omnium Deiparae (θεοτόκος) sanctae Mariae et sanctorum suorum omnium, rogamus te Domine, Domine miserere (κύριε ἐλέησον).

Ὁ Ἀρχιδιακων·
Ἔτι τοῦ κυρίου δεηθῶμεν.

Archidiaconus:
Porro Dominum rogemus.

Ὁ Ἀρχιεπίσκοπος·

Archiepiscopus:

Porro (ἔτι) offerimus tibi, rex perennis, perfectum mysterium (μυστήριον) festi sancti (ἅγιον) unguenti (μύρον) honorati hujus, signationem (σφαγίζειν) ecclesiarum (ἐκκλησία), per quam est sanitas sensuum (αἰσθητήριον) animarum (ψυχή) nostrarum in nomine sancto tuo, in quam cre didit ecclesia (ἐκκλησία) temporis, et venit ad typas (τύπος) lavacri Filii tui veri (ἀληθινός), unigeniti (μονογενής) tui pueri, Domini nostri et Dei nostri et Salvatoris (σωτήρ) nostri Jesu Christi, quae est signum regium (βασιλικόν), mysterium propheticum (μυστήριον προφητικόν) et sacerdotale (ἱερατικόν), vere (ἀληθῶς) plena fide et justitia, vere (ἀληθῶς) est sigillum (σφραγίς) forte, per quod dedisti signum timentibus coram te, ut fugiant a facie arcus. Da etiam nobis nunc Domine noster gratiam ad hoc ministerium (διακονία), sicut dedisti Moysi famulo tuo, et famulo tuo Samueli, et Joanni electo tuo; ita nos quoque nunc conforta, ut ungamus populum (λαός) tuum in sanctificatione (ἁγιάζειν) hujus sancti (ἅγιον) unguenti (μύρον), ut sint vinea electa Christi tui, regnum, sacerdotium, gens sancta, populus (λαός) justus, ut (ὅπως) in operibus sanctis crescant in donis (δωρεά) Spiritus (πνεῦμα) Sancti, ut sit retributio vocationis supernae, et conjungas eos cum primogenito in regno coelorum in Ch. J. D. N. per quem . . .

Ὁ λαὸς λέγει·   *Populus dicit:*

Solve, remitte, indulge (συγχωρεῖν) [nobis Deus praevaricationes (παράπτωμα) nostras, quae fecimus voluntarie et quae fecimus involuntarie, quae fecimus scienter et quae fecimus ignoranter: dimitte ea nobis.][1]

Ὁ Ἀρχιεπίσκοπος λέγει·   *Archiepiscopus dicit:*

Iterum (πάλιν) gratias agamus tibi, Domine noster, Deus omnipotens (παντοκράτωρ), sole sancte, potens in omnibus, quod dignos nos fecisti, qui perficeremus hoc tuum ministerium (διακονία) sanctum. Rogamus te Domine Deus noster, suscipe id in odorem suavitatis super altitudinem coelorum, et mitte gratiam tuam, virtutem (ἐνέργεια) Spiritus (πνεῦμα) Sancti super hoc sanctum (ἅγιον) unguentum (μύρον), quod sanctificamus sicut oleum illud sanctum, in quo sanctificasti sacerdotes et archisacerdotes (ἀρχιερεύς) et prophetas (προφήτης) et reges a Moyse usque ad Joannem, et omnes qui nati sunt post eos per nativitatem renovationis melioris, in quo unxisti unigenitum (μονογενής) tuum Filium, non enim (οὐ γάρ) indigebat hoc; sed (ἀλλά) propter nos incarnatus (— σάρξ) est et exinanivit se ex beneplacito suo, coepit initium (ἀρχή) habere, ut esset unus ex genere (γένος) nostro, misitque hoc, ut sanctificaret nos in eo. Rogamus te, Domine noster concede ungendis in eo signum luminis tui et characterem (χαρακτήρ) tuum regium (βασιλικόν), ne inquinent nos passiones (πάθος) diaboli (διάβολος) et virtutes spirituum (πνεῦμα) malorum (πονηρός), pessimorum. Concede in hoc, Domine noster sanctificationem omnium, qui venient super baptismum regenerationis ad sanctificationem, et consecrentur altaria (θυσιαστήριον), ut offeramus tibi in iis ministeria rationabilia (λογικόν) et sacrificium incruentum ad sanctificationem et sanitatem omnium venientium ad te, ad gloriam et honorem regni tui, ut (ἵνα) etiam in hoc sicut (κατά —) praeterea in omnibus, glorificetur et benedicatur et exaltetur nomen tuum sanctum et benedictum et in omnibus gloriosum cum unigenito (μόνος.) tuo Filio Jesu Christo et Spiritu Sancto.

---

[1] Cod. initium tantum habet.

'Ο Ἀρχιεπίσκοπος λέγει·   *Archiepiscopus dicit:*

Porro (ἔτι) iterum offerimus tibi rex coelestis perfectum hoc mysterium, (μυστήριον) hujus festi magni, plenum gloria, sigillum (σφραγίς) consummatum Ecclesiae (ἐκκλησία) tuae, id est unguentum (μύρον) sanctum, in quo signantur (σφραγίζειν) venientes ad fidem sanctam, ut (ἵνα) sanctificentur membra (μέλος) omnia in nomine tuo benedicto; quod descendit in barbam Aaron sacerdotis et super sinum vestimenti ejus, quod iterum attulit ad te meretrix (πόρνη) et effudit super pedes tuos sanctos et tersit capillis capitis sui. Non enim (οὐ γάρ) dedisti hoc mysterium (μυστήριον) coeleste, ut esset in loco profano terrae, quia oleum effusum est nomen tuum, sicut (κατά —) dicit Scriptura (γραφή), propterea dilexerunt te adolescentulae. Hoc mysterium (μυστήριον) et signum regium (βασιλικόν) et propheticum (προφητικόν) et sacerdotale (ἱερατικόν); mysterium (μυστήριον) est plenum timore, per quod dedisti signum timentibus coram te, ut fugiant a facie arcus; etiam dignum (ὦ) Domine, magna gloria hoc, quia datum est in cibum (τροφή) spiritualem (πνευματικόν) parvulis venientibus ad fidem sanctam tuam, quam servus tuus Paulus mandavit venientibus ad se, tradens eis mysterium (μυστήριον) divinum, potans eos lacte rationali (λογικόν) qui vocati sunt, ut renascantur, qui credunt in nomen sanctum tuum. Rogamus et obsecramus te amator hominum Domine, mitte Spiritum (πνεῦμα) tuum Sanctum super hoc unguentum (μύρον), quod positum est ante conspectum tuum, ut (ἵνα) omnes, qui sumpserint de eo, digni efficiantur cibo (τροφή) regni coelorum, ut (ἵνα) per illud valeamus sancti et perfecti esse, ut audeamus (— τολμᾶν) rogare te Pater, qui es in coelis, dicentes:

'Ο λαός λέγει·   *Populus dicit:*

Pater noster, qui es in coelis.

'Ο Ἀρχιδιάκονος λέγει·   *Archidiaconus dicit:*

Τὰς κεφαλὰς ὑμῶν τῷ κυρίῳ   Capita vestra Domino inclinate.
κλίνατε. [1]

Ne nos inducas in tentationem (πειρασμός), sed (ἀλλά) libera nos a malo et populum (λαός) tuum universum, qui circumstat nos, exspectans misericordiam tuam, quia tu es Deus misericors et miserator: te decet (πρέπει) ab omnibus gloria et honor et adoratio (προςκύνησις), Pater et Fili et Spiritus (πνεῦμα) Sancte, nunc ...

'Ο Διάκων λέγει·   *Diaconus dicit:*

Πρόσχωμεν θεοῦ μετὰ φόβου.   Intenti simus ad Deum cum timore.

'Ο Ἀρχιεπίσκοπος λέγει·   *Archiepiscopus dicit:*

Tu es, cui inclinamus capita nostra et corda nostra, Deus sole et rex universi, nos indigni servi tui; rogamus et obsecramus magnam benignitatem (— ἀγαθός) tuam, ut (ὅπως) dignos nos facias, qui ministremus (— διακονεῖν) mysteria (μυστήριον) tua sancta et praedicemus magnam misericordiam tuam, quam effudisti super nos abundanter. Dimitte nobis peccata nostra omnia et suscipe hanc benedictionem (ἁγιασμός) sicut oleum positum super caput, quia oleum effusum est nomen

---

[1] Cod. initium tantum indicat: Τὰς κεφαλ.

tuum. In hoc mundus (κοσμός) universus effundit odorem bonum, qui videtur a te et non videtur.

[Ἐκφώνησις.   *Exclamatio.*][1]

Quia sanctum et plenum gloria et plenum misericordia perfecta hoc mysterium (μυστήριον) unguenti (μύρον) positum eoram nobis in nomine Patris et Filii et Spiritus (πνεῦμα) Sancti in saecula. Amen.

[Portatur unguentum (μύρον) et dicitur:][2]

Τὸ πρὸ ἁγιασθεντα (προαγιασ-   Hoc unguentum praesanctifica-
θέν!) μύρον τοῦτο. Τὰ ἁγία τοῖς ἁγίοις.   tum. Sancta sanctis.

Archidiaconus (ἀρχιδ.) *dicat* (δεήσεις) *i. e. orationes.*

Archiepiscopus (ἀρχιεπ.) *dicit* (λέγει) *hanc orationem* (εὐχή):

Deus sancte et requiescens in sanctis et operans cum sanctis, bene- dic, sanctifica animas (ψυχή) et corpora (σῶμα) nostra per orationes et deprecationes sanctorum omnium tuorum.

[Ὁ Ἀρχιδιακων λέγει·   Archidiaconus dicit:][3]

Μετὰ φόβου τοῦ κυρίου πρό-   Cum timore ad Dominum in-
σχωμεν.   tenti simus.

Constitutio (κατάστασις) *sancti* (ἅγιον) *olei laetitiae* (ἀγαλλιάλαιον).

Archiepiscopus (ἀρχιεπ.) *dicat* δεήσεις *i. e. orationes pro aeg- rotis, peregrinantibus, frugibus* (καρπός), *regibus, dormientibus, sacri- ficiis* (θυσία), *catechumenis* (κατηχούμενος), *pace* (εἰρήνη), *patribus* (πάτα), *congregationibus, salute* (σωτηρία) *orbis terrarum* (οἰκουμένη), *afflictis, principibus* (ἄρχων), *statu* (οἰκονομία) *Ecclesiae* (ἐκκλησία).

[Archiepiscopus dicat hanc orationem (εὐχή) *pro infirmis primum:*

Iterum (πάλιν) igitur deprecemur Deum omnipotentem (παντοκράτωρ) Patrem Domini et Dei et Salvatoris (σωτήρ) nostri Jesu Christi, rogemus et precemur benignitatem tuam (— ἀγαθός) amator hominum, memento Domine aegrotorum populi (λαός) tui.][4]

Archiepiscopus dicat hanc orationem (εὐχή):

Deus sancte et requiescens in sanctis et operans cum sanctis, bene- dic, sanctifica animas (ψυχή) et corpora (σῶμα) nostra per orationes et deprecationes omnium tuorum.

Ὁ Διακων·   *Diaconus:*

Μετὰ φόβου [θεοῦ πρόσχωμεν][5]   Cum timore [ad Deum intenti
                                 simus.]

Ἀρχιεπίσκοπος.   *Archiepiscopus:*

Dominator Domine Deus, qui per legem (νόμος) et prophetas (προ- φήτης) sacerdotes tuos ungi in hoc oleo jussisti, et dedisti eis gratiam per Christum Dominum, qui largitus es (χαρίζεσθαι) populo (λαός) tuo universo, ut ungeretur in oleo sancto, qui praeparasti tibi regnum et sacerdotium et gentem sanctam; benedic iterum nunc hoc oleum, quod proposuimus coram nobis in virtute tua et gratia unigeniti (μονογ.) tui Filii et virtute (ἐνέργεια) Spiritus (πνεῦμα) Sancti vivificantis et consub- stantialis (ὁμοούσιος) tecum, nunc et semper et in saecula.

---

[1] Deest in codice haec rubrica. — [2] Deest haec rubrica in codice. — [3] De- est in codice rubrica. — [4] Tukius hic habet plures communes orationes in extenso, quae in codice plane omittuntur. — [5] Cod. initium tantum habet.

'Ο Ἀρχιδιάκων·

Προσφέρειν κατὰ τρόπον στά-
τητα, εἰς ἀνατολὰς βλέψατε, πρόσ-
σχωμεν ἔλεος εἰρήνης, τὸ μύρον αἰνέσεως.

Archidiaconus:

Offerre secundum modum,
state, versus orientem spectate.
Intendamus misericordiam pacis,
unguentum laudis.

Archiepiscopus (ἀρχιεπ.) *dicit:*

'Ο κύριος μετὰ πάντων ὑμῶν.

Dominus cum omnibus vobis.

'Ο λαός·

Populus:

Καὶ μετὰ τοῦ πνεύματός σου·

Et cum spiritu tuo.

'Ο Ἀρχιεπίσκοπος·

Archiepiscopus:

Ἄνω ὑμῶν τὰς καρδίας·

Sursum corda vestra.

'Ο λαός·

Populus:

Ἔχομεν πρὸς τὸν κύριον.

Habemus ad Dominum.

'Ο Ἀρχιεπίσκοπος·

Archiepiscopus:

Εὐχαριστῶμεν τῷ κυρίῳ.[1]

Gratias agamus Domino.

'Ο λαός·

Populus:

Ἄξιον καὶ δίκαιον.

Dignum et justum.

'Ο Ἀρχιεπίσκοπος·

Archiepiscopus:

Ἄξιον καὶ δίκαιον γ'.

Dignum et justum. Ter.

Rogamus te, Domine, accedentes ante conspectum gloriae tuae oculis nostris spectantibus sursum ad te, et rogamus benignitatem (— ἀγαθός)
tuam, miserator, flectentes animas (ψυχή) nostras infirmi (ἀσθενής) in
corporibus (σῶμα) nostris; misericordiam, Deus noster vere, quae est
a te unusquisque ex nobis exposcit (αἰτεῖν), exspectantes magnum auxilium (βοήθεια) tuum, cognoscentes te tanquam benefactorem et demiurgum
(δημιουργός), gubernatorem (κυβερνήτης), creatorem omnium rerum, ducem (— χορηγεῖν) vitae, potentem super ea, quae constituit, Dominum
supremum, dantem abundanter, Dominum universorum.

'Ο Ἀρχιδιάκων·[2]

Archidiaconus:

Οἱ καθήμενοι ἀνάστητε·

Qui sedetis surgite.

'Ο Ἀρχιεπίσκοπος·

Archiepiscopus:

Tu es, quem rogamus, Domine, respice et vide, illumina oculos
servorum tuorum, esto nobis auxiliator (βοηθός) verus in omnibus tribulationibus nostris, duc nos (χορηγεῖν) in necessitatibus (χρεία) nostris,
esto nobis medicus bonus, sana aegrotos nostros, serva nos ab omni
via mala et perversa, deduc nos ad loca recta et veritatem, imple nos
omni gaudio, et libera nos a morte, et terrae motu et inundatione (κα-
ταποντισμός) et igne et captivitate (αἰχμαλοσία) barbarorum (βαρβάρος),
et ab insurrectione omni inimicorum et ab omni conjuratione falsa. Solve
nos ab omnibus vinculis injustitiae (ἀδικία), et qui sunt in afflictionibus
cordis laetentur, retentos solve, iis qui sunt in miseria (ταλαιπωρία) au-
xiliare (βοηθεῖν) celeriter.

'Ο Ἀρχιδιάκων·[3]

Archidiaconus:

Εἰς ἀνατολὰς βλέψατε.

Versus orientem spectate.

'Ο Ἀρχιεπίσκοπος·

Archiepiscopus:

Da nobis, Domine noster, nunc semper vitam (βίος) placentem tibi,
qui enutriti sumus in lege (νόμος) tua vera, ut meditemur (μελετᾶν) in

[1] Cod. mendose τὸν κύριον. — [2] Cod. mendose 'Ο λ. h. e. ὁ λαός. — [3] Cod.
mendose 'Ο λ. h. e. ὁ λαός.

Scripturis (γραφ$\tilde{y}$) tuis sanctis, aufer a nobis omne malum, desideramus enim (γάρ) ea quae sunt coelorum et non quae sunt terrae, Domine Deus virtutum, salvator (σωτήρ) animarum (ψυχή) et corporum (σῶμα) nostrorum, remissor peccatorum nostrorum, adjutor in tribulationibus nostris omnibus, dator virtutis in infirmitatibus nostris, cui est regnum infinitum in saecula.

['Ο 'Αρχιδιακων·	*Archidiaconus:*
Πρόσχωμεν.	Attendamus.
'Αρχιερεύς.	*Archisacerdos:*]¹

Semper, ubique benedicunt ἁγίαζειν te omnia, sed (ἀλλά) cum omnibus, quae benedicunt (ἁγιάζειν) te, suscipe a nobis, Domine noster, benedictionem (ἁγιασμός) nostram: Domine laudamus te cum illis, dicentes:

'Ο λαός·	*Populus:*
Ἅγιος, ἅγιος, ἅγιος [κύριος σαβαώθ, πλήρης ὁ οὐρανὸς καὶ ἡ γῆ τῆς ἁγίας σου δόξης.]²	Sanctus, sanctus, sanctus [Dominus sabaoth, pleni sunt coeli et terra gloria sancta tua.]
'Ο 'Αρχιεπίσκοπος·	*Archiepiscopus:*

[Elevat manus suas et dicat:]³

Sanctus, sanctus, sanctus es Domine Deus noster, mitte pinguedinem magnae misericordiae super fructum (καρπός) oleae pinguis, super hoc oleum laetitiae (ἀγαλλιέλαιον), quod positum est ante conspectum nostrum, ex quo uncti sunt sacerdotes et martyres (μάρτυρος). Sanctifica illud per descensum super id Spiritus (πνεῦμα) tui Sancti, ut (ἵνα) dissolvat omnem cultum idolorum (εἴδωλον), magias (μαγεία) omnes, vanas observantias (φαρμαγια == φαρμακεία) ad salutem (σωτηρία) et sanationem (θαραπια == θεραπεία) fidelium (πιστός) omnium, ad illuminationem animarum (ψυχή) omnium, qui acceperint ex eo, et redemptionem eorum, qui ungentur eo, ad utilitatem animarum (ψυχή) et corporum (σῶμα) et spirituum (πνεῦμα) eorum, ad remissionem peccatorum eorum. Populus enim (λαὸς γάρ) tuus et ecclesia (ἐκκλησία) tua rogant te.

'Ο λαός·	*Populus:*
Ἐλέησον ἡμᾶς ὁ θεὸς ὁ πατὴρ ὁ παντοκράτωρ.	Miserere nostri, Deus Pater omnipotens.

Archisacerdos (ἀρχιερεύς) *[inclinato capite orat hanc invocationem]* (ἐπίκλησις.)⁴

Rogamus te Domine Deus noster, amator hominum, exaudi nos servos tuos, deprecantes benignitatem (— ἀγαθός) tuam, ut sit hoc oleum in invocatione sancti nominis tui super illud unctio salutis omnium in omni modo, resistens virtutibus (ἐνέργεια) omnibus adversarii (ἀντικειμένος) et cultibus omnibus idolorum (εἴδωλον), suscita nos sursum, Domine, in virtute tua et timore tuo, custodi nos et libera nos ab omni malo, quod insurgit in nos, libera nos a flagellis (μαστιγγος == μάστιξ) externis et ab omnibus tentationibus (πειρασμός) reis, et ab ira ventura, et a tribulationibus omnibus, et ab arcubus et sagittis et gladiis hostilibus (πολεμικόν), et ab omni spiritu (πνεῦμα) malo et potestatibus (ἐξουσία) omnibus tenebrarum, et ab hoc saeculo (αἰών), et fac nos dignos lumine indeficiente⁵ et refrigerio (ἀνάπαυσις) bonorum (ἀγαθόν) aeternorum (αἰώνιον)

---

¹ In cod. deest haec particula. — ² Cod. initium tantum indicat. — ³ Deest in codice. — ⁴ Cod. horum loco non habet nisi. 'Ο ἀρχιεπίσκοπος. Ἐπίκλησις — ⁵ Cod. addit: et spe (ἐλπίς).

in Christo Jesu Domino nostro, per quem omnis gloria et omnis honor et omnis adoratio (προςκύνησις) decet (πρέπει) Patrem cum ipso et Spiritu (πνεῦμα) Sancto vivificante nunc et semper et in saecula, ut (ἵνα) in corde sancto et labiis puris audeamus (τολμᾶν) orare te Patrem; qui es in coelis, et dicamus:

Populus (ὁ λαός) *dicit:* Pater noster qui es in coelis.

[Ὁ Ἀρχιδιάκονος λέγει·   [*Archidiaconus dicit:*
Τὰς κεφαλὰς ὑμῶν τῷ κυρίῳ   Capita vestra Domino incli-
κλίνατε.]   nate.]¹

Ὁ Ἀρχιεπίσκοπος λέγει·   *Archiepiscopus dicit:*

Rogamus te Domine noster, amator hominum, ut mittas Spiritum (πνεῦμα) Sanctum super hoc oleum, ut benedicas illud secundum (κατά) multitudinem misericordiae tuae, largire ei virtutem (ἐνέργεια) tuam supernam sanantem, ut (ἵνα) sit omnibus qui acceperint de eo ex servis tuis fidelibus (πιστός) et orthodoxis (ὀρθόδοξος) phylacterium (φυλακτήριον) animarum (ψυχή), corporum (σῶμα) et spirituum (πνεῦμα) nostrorum, laetitia cordium nostrorum, gloria et honor nominis sancti tui.

[*Archidiaconus* (ἀρχιδ.) *dicat orationes: exclamationem* (ἐκφώνησις) *dicat alta voce sic:*

Ὑπὲρ τοῦ ἁγίου γαλλιελαίου   Pro sancto oleo laetitiae ex-
ἀγαλλιάσεως, ἐνδύματος φωτεινοῦ,   sultationis, indumento lucido, ve-
καλύμματος πνευματικοῦ, χρίσματος lamento spirituali, chrismate regio
βασιλικοῦ ἐκτένως δεόμεθά σου, κύριε enixe rogamus te, Domine miserere.
ἐλεήσον.

Ὁ Ἀρχιερεὺς λέγει   *Archisacerdos dicit*
ἐκφώνησιν·   *exclamationem:*]²

Quia tua est gloria et benedictio et magnitudo decoris et tua est beata adoratio et unigeniti (μονογενής) Filii tui J. Ch. D. N. regis universorum, per quem tecum creaturas (φύσις) omnes rationales (λογικόν) decet, ut mittant tibi sursum digne gratiarum actionem et Spiritui (πνεῦμα) Sancto vivificanti et consubstantiali (ὁμοούσιος) tecum nunc et semper.

Archiepiscopus (ἀρχιεπ.) *dicat alta voce:*
Quae ante sanctificavimus nunc in sanctis sanctorum.

[*Dicitur:*³]

Εἷς πατὴρ ἅγιος, εἷς υἱός ἅγιος,   Unus Pater sanctus, unus Fi-
ἓν πνεῦμα ἅγιον —⁴   lius sanctus, unus Spiritus Sanctus:

Oleum (est) laetitiae, resistens virtutibus omnibus adversarii (ἀντικείμενος), et germinatio (— κεντρίζειν) arboris olivae pinguis in sancta catholica (ἁγία, καθολική) et apostolica Ecclesia (ἀποστολικὴ ἐκκλησία) Dei. Amen.⁵

[Ὁ λαός· Σωθείς.   *Populus:* Salvatus.

Ὥσπερ ἦν καὶ ἐστὶν καὶ ἔσται εἰς Sicut erat et est et erit in
γενεὰς γενεῶν καὶ εἰς τοὺς σύμπαντας generationes generationum et in sae-
αἰῶνας τῶν αἰώνων. Ἀμήν.]   cula saeculorum omnia. Amen.

---

¹ Deest in codice. — ² Desunt haec in codice, et ponitur eorum loco: Archidiaconus dicit orationes. Tunc sequitur: Quia tua est gloria etc. — ³ In codice deest. — ⁴ Cod. add. Ἀμήν. — ⁵ Cod. hic desinit his verbis arabice additis: Finita est benedictio unguenti et Galilaei in nomine tuo Deus. Amen. Reliqua non sunt nisi apud Tukium.

Ritus baptismi et confirmationis ecclesiarum Antiochenae et Hierosolymitanae Syrorum.

I. Ordines baptismi et confirmationis.

De ordinibus Syriacis generatim.

Assemani duo, Josephus Simonius [1] et Stephanus Evodius [2], septem esse baptismi ordines apud Syros testantur. Tres usurpari a Jacobitis: primum adscribunt S. Jacobo, Apostolo et fratri Domini, alter est Severi, patriarchae Alexandrini, ineunte saeculo VI., tertius, brevissimus ad bap-tizandos infantes aegrotos, Xenajae sive Philoxeni, episcopi Mabugensis seu Hierapolitani, saeculo item VI. ineunte. Maronitas vero uti ajunt baptismo S. Jacobi Apostoli, Basilii Magni, Jacobi Sarugensis, ineunte saeculo VI. episcopi [3], cujus initium est: Domine Deus noster, qui secun-dum legem quadragesimi diei ad templum cum Maria matre tua adve-nisti; porro Jacobi Edesseni, qui saeculo VII. floruit, anno vero 710 defunctus est, cujus initium est: Dignos nos effice, Domine Deus, ut spi-ritualem sacri baptismi administrationem perficiamus. Nota tamen, partes Jacobi Edesseni in ordine nostro in id reponi, quod baptismum ex Graeco sermone in syriacum converterit. Denique Maronitae utuntur et novissime baptismo Sanctae Romanae Ecclesiae. Verumtamen, pace tantorum virorum, Jacobi Edesseni ordo non minus Jacobitarum esse nobis videtur, quam Maronitarum. Nam, ut quaestionem de Jacobi Edes-seni orthodoxia praetermittamus, quam hinc inde a praeclarissimis aucto-ribus controverti in prolegomenis diximus, rationes tanti momenti sua-dent etiam a Jacobitis adhiberi hunc ordinem, ut immodestiae accusari non possimus, si illorum auctoritati nos opponamus. Nam istius ordinis series in nomocanonem Barhebraei [4] est recepta, ex quo a nobis infra exhibebitur. Tum in titulis dicitur Gregorius Barhebraeus, celeberrimus Monophysitarum doctor et Maphrianus saeculo XIII. eum approbasse, et forte ipse fuit, uti censet Josephus Aloysius Assemanus [5], qui vel rubri-cas descripsit vel eas in arabicum sermonem transtulit. Nota etiam titulum, qui in codice Jacobitico Florentino [6] est: „Ordo baptismi, a Domino nostro Jesu Christo Apostolis traditus, quem Mar Severus, pa-triarcha Antiochiae ordinavit, et Mar Jacobus, Edessae episcopus, syria-cum fecit." Neque in ordine, qui hoc nomine editus est ab Assemano juniore, forma illa baptismi est, quae apud Maronitas usuvenit: Ego te baptizo etc. Hinc Jacobi Edesseni ordinem inter Jacobiticos reposuimus. Est denique ordo Basilii ad Syrorum Jacobitarum ritus accomodatus, quem infra superaddimus.

---

1. Bibl. Orient. T. I. p. 301. 479. T. II. p. 25. — 2. Bibliothecae Mediceae Lau-rentianae et Palatinae codicum Mss. Orientalium catalogus Florentiae 1742 p. 88. — 3. De cujus orthodoxia et sanctitate Bibl. Orient. T. I. disputatur contra Renaudotium. — 4. Cap. 2. sect. 5. p. 15. — 5. Cod. liturg. T. I. praef. et Ap. Steph. Evod. Asseman. l. c. cod. 44.

Ordines baptismi et confirmationis Jacobitarum.

1. Oratio dicenda super puerum, dum consignatur*).

(Ex codicibus Vaticanis edidit Assemanus Cod. liturg. T. I. p. 202. l, l. cap. 6. sect. 1.)

Oratio super puerum octiduum.

Sacerdos domum adveniens orat super infantem:

Domine Deus noster, supplices te rogamus ac petimus, ut splendere facias lumen vultus tui super hunc famulum tuum N., signetur[1] crux unigeniti Filii tui in ejus mente, ut saeculi hujus vanitatem, et omnem adversarii malignam fraudem effugiat, ac divinis vivificisque tuis praeceptis obsequatur: da, et concede illi[2], Domine, ut sine apostasia nomen sanctum tuum super ipsum maneat, ut congruo tempore ad tuam sanctam, catholicam, et apostolicam Ecclesiam conveniat[3] et Christi tui tremendis[4] perficiatur sacramentis, ac secundum praecepta tua conversetur, et signaculum intemerate conservet[5], et dignus efficiatur beatitudine electorum tuorum per gratiam[6], et amorem erga homines unigeniti Filii tui, cum quo benedictus es una cum Spiritu tuo Sanctissimo, et bono ac vivifico, nunc.

Post hanc orationem sacerdos infanti nomen imponat eumque obsignet.

2. Ordo baptismi et confirmationis Jacobitarum ex eorum rituali.

(Hunc ordinem Assemanus Cod. liturg. l. l. cap. 6. sect. 3. T. I. p. 204 sqq. l. 2. c. 6. ord. 1. T. II. p. 214 sqq. l. 3. c. 6. ord. 1. T. III. p. 146 sqq. edidit ex rituali Syrorum Jacobitarum, quod ad ecclesiam Syrorum de Urbe pertinebat, post vero in bibliothecam Collegii de Propaganda fide est relatum. Auctor non indicatur, sed in titulo tantum habetur, esse juxta novam et accuratam emendationem. In pluribus cum eo concidit ordo Jacobi Edesseni, cujus paucas variantes lectiones in ejusmodi locis subjungimus, non tamen est idem. Forsan ille est, quem Jacobi Apostoli Syri dicunt.)

Ordo baptismi juxta novam, exactam et accuratam emendationem.

Oratio principii **).

Dignos nos effice, Domine Deus omnipotens, ut cum puritate et sanctitate accedamus ad gloriosa, sancta, divinaque mysteria incorrupti-

---

[1] Assemanus in ordine Maronitarum ad baptismum Jacobi Sarugensis pertinente, in cujus mente obsignatur. Renaudot ibid. qui signatus est. — [2] Ren. ibid. nobis. — [3] Ren. ibid. et nunc obediens fiat erga. — [4] Ren. ibid. deest tremendis. — [5] Ren. ibid. conserva illum ad sigillum immutabile. — [6] Ren. add. miserationes.

*) Hoc est benedicitur signo crucis.

**) De partibus officiorum apud Syros haec generatim notamus, et primo quidem ex Assemano Cod. liturg. T. IX. praef. p. 92. sqq. librum sequente

bilis filiorum adoptionis et digni simus laetitia indissolubili et voluptate, quae tecum est, Pater et Fili et Spiritus Sancte in saecula.

Oratio post. Psalmum! Miserere mei.

Domine Deus sanctarum virtutum, benedic famulis tuis, qui catechi-

---

Stephani Aldoënsis, Maronitarum patriarchae, de rythmis et tonis Syrorum, qui manu scriptus asservabatur in bibliotheca collegii Maronitarum de Urbe. Partes officiorum ex ipsis sunt: I. fundamentales seu substantiales, quibus annumerandae sunt: 1. jaculatoriae, 2. praefationes sive prooemia, 3. orationes thuris, 4. lectiones, 5. obsignationes, sive orationes, quibus populi missio fit; II. accessoriae sive integrales: 1. voces s. toni, 2. cantica s. modulationes, 3. sedrae s. ordines, 4. psalmi, 5. cantica s. voces solitariae (de quibus Assemanus ipse se in vertendo errasse ait, cum hoc redderet: tono ad unionem s. ad unionem), 6. precationes, 7. hymni. De aliis quibusdam partibus haec ait. Praedicationes seu proclamationes a diaconis fiunt ad plebem admonendam, sunt autem: simplex, media et praedicatio. Cantuum sunt haec genera: *Cyclion*, h. e. cantus cyclicus; alii *ikos* audiunt h. e. οἶκος, uti a Graecis dicuntur strophae; alii *Stichon*, uti versus Graecorum, qui στίχος dicuntur. *Kuchojo*, cantus Kukeus, vocatur a primis suis auctoribus, quos pios viros concilii Ephesini temporeviventes fuisse, tradit Barhebraeus in Ethica (Part. 1. c. 5. sect. 4.). Censet autem Assemanus sen. (Bibl. Or. T. I. p. 21.) non fuisse istos Cuchitas s. Amphorarios haereticos, sed ejusmodi, qui figuli artem exercerent, quod Cuchojo figulum significet. Tradit autem idem Barhebraeus, sub Jacobo Edesseno Cosmam et Cyrinum, filium Mansur, (h. e. Joannem Damascenum) cantuum illorum inventores factos, quos graeci *canones* vocant. Solent autem Graeci cantus κανόνες dicere, unde et cantores a Concilio Laodiceno κανονικοί vocantur, unde et κανονάρχης et πρωτοκανονάρχης. Metra sunt tria, quae vocantur ab iis, qui primi vel potissimum ipsis usi sunt, sive eorum sit poema sive non. Narsetis est hexasyllabus, S. Ephraem et ejus discipuli Balasi heptasyllabus, Jacobi Sarugensis tetrasyllabus ter repetitus sive dodecasyllabus. Toni sunt 275, *Ad tonum* s. *tonum* significat tonum praecedentis cantus retinendum, *muta* alium assumendum. Nos haec pauca superaddimus undequaque collecta. Inter orationes quaedam dicuntur *inclinationes*, quas sacerdos inclinatus junctis in crucis formam manibus secreto dicit, in fine autem, se erigens et manus in altum protendens seu in crucis formam expandens vocem extollit et finem recitat, qui oratio alta ideo vocatur, quia alta voce dicitur. Aliae dicuntur *ordines*, sive *Sedrae*, quibus praemitti solet *prooemium:* dicuntur autem haec a sacerdote. In prooemiis et ordinibus Syri thus adolere solent. Thus autem ad finem prooemii immitti solet. Oratio generalis sive *catholica* sive *Prodica* est oratio pro ecclesia et singulis ejus ordinibus. *Susceptio thuris* est oratio gratiarum actionis post oblationem thuris. *Litania* est praedicatio diaconi, populo certa quaedam eadem respondente. *Irenica* sive proclamationes pro pace a diacono fiunt, alias a sacerdote inchoantur et a clero continuantur. Psalmi, praesertim Miserere, cum strophis sive antiphonis inter singulos versus canuntur, ita ut post singulas strophas responsorium quoddam idem repetatur. Dicuntur autem versus cum strophis suis alternatim a celebrante et choro. *Cyclion* est psalmorum versus redeunte Alleluja. *Media* est proclamatio diaconi inter sacerdotis orationes interjecta ad excitandum populum, ut preces suas conjungat.

zantur, et da eis verborum cautelam, ut sciant, quamobrem catechizantur. Scribe timorem tuum in cordibus eorum, ut agnoscant mundi hujus vanitatem: ut deponentes a se omnem impietatem et saecularia desideria, digni fiant superna regeneratione per aquam, et spiritum: ad hoc, ut sint oves veri pastoris obsignatae signaculo Spiritus tui Sancti, et honorabilia membra in corpore sanctae tuae Ecclesiae, ut spe beata digni fiant, ortuque magni Dei ac Salvatoris nostri Jesu Christi, quocum tibi congruit gloria, honor, et potestas cum Spiritu tuo Sancto, et bono.

Tum Cyclion.

Afferte Domino filios arietum Alleluja.

Prooemium.

Gloria Patri, et Filio, et Spiritui Sancto, Regi saeculorum incorruptibili, et invisibili soli sapienti Deo; per quem omnis paternitas in coelo, et super terram denominatur: per quem accessum habuimus, in quo obsignati sumus in diem redemptionis: qui in unitate intelligitur, et in Trinitate cognoscitur, creditur, adoratur, et glorificatur. Nunc.

Ordo.

Deus misericors, longanimis, et multae miserationis et veritatis, qui voluntate Divinitatis tuae ex nihilo creasti nos, et ex pulvere et spiritu, prout Deum decet, nos composuisti, et ad opera bona nos effinxisti, ac disposuisti nos ad operationem bonorum, nosque ad custodiam sanctorum mandatorum tuorum constituisti, et invitasti nos ad haereditatem promissorum tuorum coelestium, et effecisti nos super omnia caros tibi et dilectos, atque ratiocinio spiritus nos decorasti, et ad id, quod sublimius est, evexisti, et ut imago ac similitudo tua simus, dedisti nobis atque libertate nostrumque ipsorum potestate nos exornasti. Quumque per libertatem et incuriam nostram tyrannidi criminatoris subditi essemus, tu utpote bonus non neglexisti redemptionem nostram, sed a peccati distractione collegisti nos, et ad caulam tuam nos introduxisti, et in numerum ovium tuarum nos cooptasti, et inimici jugum a nobis fregisti, et vincula ejus dirupisti, descendens et voce tua unicuique inclamans, ac dicens: Tollite jugum meum super vos, et discite a me, quia mitis sum, et humilis corde, et invenietis requiem animabus vestris. Jugum enim meum suave est, et onus meum leve. Quumque ad salutis exuberantiam vitaeque scaturiginem traxisti nos, per quam et nos domesticos ac dilectos tuos reddidisti, dixisti: Lavamini, mundi estote, eluite mala e cordibus vestris. Nunc igitur, Domine, hominum amator, custodi servos tuos, et ancillas tuas istas, qui nunc veritatem tuam perspectam et exploratam habent, et accedunt, ut signaculum adoptionis filiorum accipiant; et memento horum catechumenorum populi tui, quibus spem salutis praedicasti. Libera eos perfecte a servitute criminatoris; connumera eos in gregem tuum; suscipe eos in ovili tuo; imprimatur in eis lumen vultus tui; fac eos daemoniis, omnique adversarii virtuti formidabiles; perfice eos dono sancti baptismatis; quod in Moysen famulum tuum figurate designatum fuit, quando populum in aquis, et nube baptizavit, atque isthaec nostra perfecta et divina mysteriis, et figuris praefiguravit. Tu vero perfice istos aqua et spiritu, et fac eos filios regeneratos in remissionem peccatorum, et in indumentum incorruptibilitatis. Exue ab eis veterem illum hominem, qui concupiscentiis erroris corrumpitur, et indue eos veste nova, quae renovatur in scientia ad imaginem tui, creator, ubi non est Judaeus, neque Aramaeus, non circumcisio, neque praeputium, sed in omnibus, et in quolibet homine inhabitatio tua sit. Tu enim in clara et viva doctrina tua dixisti: nisi quis renatus fuerit ex aqua et spiritu, non potest videre regnum tuum. Eia Domine, dignos fac eos regno tuo coelesti, quod pollicitus es, ac praeparasti diligentibus te, et benedictis illis ac beatis mansionibus, quae sunt in domo patris tui, in quibus habitant patres et patriarchae, prophetae et Apostoli et martyres et confessores: quas istis quoque pollicitus es ac praeparasti: et ad ipsas introducens eos, planta eos in monte haereditatis tuae, in praeparato habitaculo tuo, quod praeparasti, Domine; in sanctuario, quod praepararunt manus tuae. Quoniam Deus misericors et miserator es, patiens, et multum benignus et verax. Et tibi gloriam attollimus cum Patre, et Spiritu Sancto nunc.

Sacerdos: Pax.

Populus: Et Spiritui.

Cantus Kukaei.

Joannes miscuit aquas baptismatis, et Christus sanctificavit eas, et descendens in eis baptizatus est. Quo tempore de aquis ascendit, coelum et terra honorem ei dederunt. Sol inclinavit radios suos, et coram illo adoravit, qui flumina fontesque omnes sanctificavit. Alleluja, Alleluja.

Quis vidit duas pulchras sorores, ut purum[1] baptisma, et sanctam Ecclesiam? mysterium[2] occultum in ipsis est. Unum gignit, et altera alit. Quod baptisma ex aqua parit, id suscipit sancta Ecclesia, et Domino sistit[3]. Alleluja, Alleluja.

Magnum prodigium, dum sacerdos dexteram suam extendit, et aperit baptisma, angelis desuper obstupescentibus. Stat pulvis supra flammam, et invocat Spiritum, ut ex alto adveniat: qui statim exaudit eum, voluntatemque ejus faciens, dat vitam mortalibus, spemque fidelibus. Alleluja, Alleluja.

Mysterium Ecclesiae figurabat illa peccatrix, quae Dei Filium Dominum saeculorum unxit. Purum unguentum effudit super caput ejus, qui dimisit debita ejus, et defectus ejus delevit. En, Ecclesia oleo sancto filios suos ungit, eosque in baptismo sepelit, ut ex eo nascantur. Alleluja, Alleluja.

Oratio thuris.

Multitudini miserationum tuarum, Domine Deus, offerimus hunc aromatum suffitum pro servis tuis istis, qui ad sanctum baptismum praeparati sunt, ut in te obsignentur ad vitam, et generentur ad spiritualitatem, et scribantur in familiaritate promissorum tuorum, longeque discedant a vita eorum omnia adversarii nocumenta: et signaculum tuum mundet et custodiat eos, et per omnia bona renovetur juventus eorum, et vincant

---

[1] Ren. in officio Jac. Sarugen. et Colb. propitiationis. — [2] Ren. ll. cc. add. magnum in Colb. deest occultum. — [3] Ren. ll. cc. addit ad altare.

mala; ac divinis praeceptis tuis adhaereant, tibique gloriam et gratiarum actionem attollant, et Patri tuo, ac Spiritui tuo Sancto, nunc.

Et dicunt Psalmum. Et legunt Lectionem ex Actibus Apostolorum, quae scripta est in benedictione aquae. Et Lectionem hanc de Apostolo ex epistola ad Titum. Fratres: Apparuit gratia Dei, *usque:* et haeredes simus in spe vitae aeternae. Testatur autem nobis, et Spiritus Sanctus, qui dixit; Hoc est testamentum, *usque* non requiritur oblatio pro peccatis. Habemus itaque, fratres, fiduciam in ingressu sanctuarii in sanguine Jesu; *usque* Fidelis enim est, qui nobis promisit: alterum alter intueamur in provocatione charitatis et bonorum operum. *Et dicunt,* Alleluja, *cum Antiphona:* Viderunt te aquae, Deus. *Et legunt Evangelium ex Joanne.* Erat autem homo ex Pharisaeis, Nicodemus nomine, princeps Judaeorum *usque* et testimonium nostrum non accipitis.

Sacerdos inclinatus.

Domine Deus omnipotens, qui mentes hominum nosti, et corda ac renes scrutaris: qui me indignum ad hoc ministerium vocasti: ne taedeat te mei, neque avertas faciem tuam a me, sed dele omnia delicta mea, et ablue maculas corporis mei, et sordes animae meae, ac plene sanctifica me, ne, quum orem, ut aliis remissio peccatorum concedatur, ipse reprobus peccati servus fiam. Ne, Domine, inops, confusus revertatur, sed emitte super me Spiritum tuum sanctum, et adjuva me ad ministerium hujus magni ac coelestis Sacramenti, quod coram positum est. *Extollit vocem.* Et effinge Christum in his, qui per tenuitatem meam regenerandi sunt. Confirma eos super fundamentum prophetarum et Apostolorum. Planta eos, ut veram plantam in sancta catholica Ecclesia: ut quum in timore Dei proficiant, laudetur per ipsos gloriosum ante saecula nomen tuum, Deus Pater, et unigeniti Filii tui, ac Spiritus tui Sancti, nunc.

Populus: Amen.

Sacerdos inclinatus:

Largitor lucis, et animarum corporumque illuminator, qui e tenebris lumen oriri fecisti: exorire in cordibus nostris. Qui beatam emundationem in aquis salutaribus dedisti, et divinam sanctificationem in sancta unctione, et unionem cum Domino nostro Jesu Christo per participationem sacri Corporis, et Sanguinis ipsius: qui etiam nunc servos hosce tuos sancta vocatione a tenebris erroris ad agnitionem veritatis tuae vocasti: connumera eos una cum iis, qui te reverentur. Imprimatur in eis lumen vultus tui; et insculpatur crux Christi tui in cordibus et cogitationibus eorum: ut mundi vanitatem fugiant et omnem adversarii nequitiam, ac in mandatis tuis ambulent. *Extollit vocem.* Da ipsis, Domine, sanctum spiraculum tuum, quod unigenitus Filius tuus in discipulos suos insufflavit: omnesque reliquias cultus idolorum ab eorum mentibus procul expelle; praeparans eos ad receptionem Spiritus tui Sancti, ut regenerationis lavacro digni efficiantur. Tribue eis et remissionem peccatorum per eundem unigenitum Filium tuum, Dominum autem ac Deum nostrum Jesum Christum, cum quo tibi congruit gloria, honor et potestas, cum Spiritu tuo Sanctissimo et bono.

Populus: Amen.

Tunc statuit baptizandos contra orientem, et signat eos absque oleo, in frontibus eorum tribus crucibus dicens: Signatur N. in nomine Patris Amen † et Filii Amen †, et Spiritus vivi et Sancti † in vitam saeculi saeculorum Amen.

Sacerdos inclinatus.

Te invoco, Domine omnipotens, per unigenitum Filium tuum, Dominum autem ac Deum nostrum Jesum Christum, ad expellendum omnem spiritum nequam, et ad ejiciendam omnem adversam et latentem operationem: ut inhabitationem Spiritus tui Sancti pure recipiant animae istae, quae ipsi offeruntur. Revelare Domine, et corrobora verbum fidei nostrae, quod eloquimur in nomine Christi tui, ut non inanibus et vacuis labiis loquamur, sed per gratiam tuam, et per virtutem illam, quae mundum a malo liberat. *Extollit vocem.* Quoniam tu regnas super nos Deus Pater et unigenitus Filius tuus et Spiritus tuus Sanctus nunc.

Populus: Amen.

Et convertit se ad ipsos, quum ipsi ad orientem respiciunt, atque hanc adjurationem dicit; in omni invocatione crucem faciens super vultum eorum.

Te invocamus, Domine, Deus noster, creatorem visibilium omnium et invisibilium, et manum huic figmento tuo imponentes † signamus in nomine tuo, Pater et Fili, et Spiritus Sancte, et increpamus in nomine tuo sanctissimo omne daemonium, et spiritum malum et impurum: ut procul sint et recedant a figmento, et imagine tua et ab opere sanctarum manuum tuarum. † Exaudi nos, Domine, eosque objurga, et tuos purga servos ab adversarii operatione. † Tu vero audi, o perverse et rebellis, qui laedis hoc Dei figmentum. † Adjuro te, justitiae hostis, ac divinarum sanctarumque legum transgressor, per gloriam summi Regis, discede cum timore, et subditus esto Domino terribili, qui jussu suo terram super aquas collocavit, firmavitque, et arenam terminum mari imposuit. † Adjuro te per eum, qui omnem potestatem habet in coelo et in terra: per eum, per quem omnia creata sunt, et conservantur: per eum, per quem coelestia consistunt et ea, quae sunt super terram, roborantur. † Adjuro te per eum, qui legionem daemoniorum in abyssum per porcos immisit; Pharaonem vero gravem corde cum curribus et equitibus suis submersit. † Adjuro te per eum, qui spiritui surdo et muto cum potestate divina dixit: Exi ab hoc homine, et in eum ne amplius ingrediaris. † Time terribile Dei nomen, ex quo omnis angelorum et archangelorum creatura contremiscit: in cujus conspectu omnis administratorius exercitus cum timore adstat: in quem nec Cherubim, nec Seraphim aspicere audent, quem formidant coelestes, et a quo contremiscunt abyssi. † Time terribile Dei nomen, qui daemonem rebellem cum catenis tenebrosis in abyssum detrusit. † Time judicium futurum: perhorresce, ad figmentum Dei ne accedas: figmento Dei ne adhaereas: non enim est habitatio daemoniorum, sed templum Dei. Ipse enim dixit: inhabitabo in eis et ambulabo in eis, et ero ipsis Deus et ipsi erunt mihi populus: te vero posuit deformem et vacuum, et spiritum immundum. † Adjuro te per Deum sanctum et purum, Patrem, et Filium et Spiritum Sanctum: procul esto a famulis Dei, et abi in terram inviam et inaquosam, quoniam ibi est locus tuus. Eradicare, dissipare, et recede, maledicte, a figmento Dei, spiritus impure, spiritus erroris, pabulum ignis. Festina, nec obsistas. Radicitus enim evellet te Deus Pater, et

Filius, et Spiritus Sanctus, ab omni figmento suo te extrudens, et dejiciens te in ignem inextinguibilem: istud autem opus manuum suarum liberans usque in diem redemptionis: quoniam ipsius est virtus, et imperium et potestas, et ipsi gloriam attollimus, nunc

Tunc convertit faciem baptizandorum ad occidentem, suam vero faciem ad orientem; et facit eos Satanae abrenunciare: et dicunt elata voce.

Abrenuncio Satanae ego N. et omnibus operibus ejus, et omni militiae ejus, et omni cultui ejus, et omni pompae ejus, et omni errori ejus mundano, et cuilibet ei consentienti eumque sectanti.

Tum convertit faciem eorum ad orientem, et dicit tribus vicibus:

Consentio tibi, Christe Deus, ego N. et omni doctrinae, quae a te divinitus tradita est per prophetas, Apostolos, et sanctos Patres. Confiteor, et credo, et baptizor in te, et Patre tuo, et in Spiritu tuo vivo et Sancto.

Tum dicunt: Credimus in unum Deum.

Tum orat extensus:

Gratias agimus tibi, Domine Deus, pro eo, quod dignos effecisti servos tuos, ut ad sanctum baptisma accederent, et abrenunciarent quidem malo; crederent vero non carni et sanguini sed gratiae tuae, et amori erga homines unigeniti Filii tui, Domini autem ac Dei nostri Jesu Christi. Dignare Domine, immittere super eos Spiritum tuum Sanctum, et descende, et scrutare omnia eorum membra ac praepurga et sanctifica eos, ut digni fiant sancta unctione et perfecta fide per Christum Jesum Dominum nostrum, cum quo benedictus es cum Spiritu tuo Sanctissimo et bono.

Inclinatus.

Pater Sancte, qui per manus sanctorum Apostolorum tuorum dedisti Spiritum Sanctum illis, qui baptizabantur: nunc etiam [1] umbra manuum mearum utens, mitte Spiritum tuum Sanctum super eos qui baptizandi sunt: ut illo donisque ejus divinis repleti, afferant tibi [2] fructum trigesimum, sexagesimum et centesimum. *Extollit vocem.* A te est [3] omne donum bonum et omne munus perfectum: et tibi gloriam attollimus ac unigenito Filio tuo et Spiritui Sancto.

Sacerdos intingit pollicem suum oleo olivae, et signat eos in frontibus eorum tribus crucibus, dicens hunc in modum:

Signatur N. oleo laetitiae, adversus omnem operationem adversarii, et ut inseratur in bonam olivam in sancta, catholica et apostolica Ecclesia † in nomine Patris, Amen, † et Filii, Amen, † et Spiritus Sancti in vitam, saeculi saeculorum. Amen.

Et ponit Ordinem hunc ante sacrum baptismum.

Prooemium.

Gloria Trinitati gloriosissimae, et purissimae, et supersubstantiali, et aequali in natura, et adorabili ab omnibus, et sanctissimae: quae Deus

---

[1] Severi ordo apostolicus add. Domine. — [2] Sev. apost. deest tibi, add. pro uno. — [3] Sev. apost. add. Pater Tuissime.

est opifex omniumque creator, quae numeris una est et trina: quoniam eadem substantiae identitas personarumque distinctio creditur; eique incurvatur omne genu caelestium, terrestrium, et eorum qui sub terra sunt: et omnis lingua eam confitetur, et exaltat ac laudat, adorat scilicet et glorificat Patrem et Filium et Spiritum Sanctum nunc.

Ordo.

Largitor sanctitatis et Salvator generis humani, qui ad bonam et caelestem constitutionem ea, quae in terra sunt, dedisti[1], et innovasti nobis viam salutis per aquam et Spiritum[2], qui adduxisti nos per charitatem Christi tui ad vitam istam, et statuisti nos viles ac peccatores famulos tuos coram gloria tua. Tu, Domine Dominus noster, veniam humilitati nostrae concedens, suscipe de manibus nostris peccatricibus hunc aromatum suffitum in odorem suavitatis ad placandam Divinitatem tuam, et reple nos virtute Spiritus tui Sancti et gratia unigeniti Filii tui, ac sufficientes nos effice, ut ministri simus tui Novi Testamenti, ut digni efficiamur, qui cum scientia et fide et resipiscentia ministremus, et nunc venerabili in omnibus nomini tuo secundum Christi tui donum, cum quo tibi convenit gloria, et honor, atque potestas cum Spiritu tuo Sancto, nunc.

Et dicunt, tono, Definitionem fidei.

Quam bene Salvator noster ad Joannem dicebat: Impone dexteram tuam super caput meum, et baptiza me. Timuit Joannes, et expavit, videns fluvium flamma ignis in eo manente ardentem: et continuit manum suam trementem, et exclamans dixit: ego indigeo, Domine, a te baptizari. Dixitque ei: Sine modo, et imple omnem justitiam. Veni, impone manum tuam, et ego baptizor. Et cum voce Patris desuper, descendit Spiritus ex alto, Alleluja, et mansit super caput ejus.

Quam bene Joannes ad Christum dicebat: Timeo, Domine, ad te accedere. Pulcis sum, nec audeo flammam manibus meis contrectare. Si accessero, Domine, ardebo. En aquae stant silentque. Pone manum tuam super caput meum, et tace, Alleluja, et ego baptizor[*]. Oleo sancto optimo, quo ungebantur reges, levitae, et sacerdotes Israel, signantur ecclesiae, et baptisma sanctificatur, filiosque novos ac spirituales gignit. Peccatrix etiam eodem unxit Christum, qui vitae principium est, Alleluja. Et dimisit ei debita sua.

Quam bene peccatrix ad unguentarium dicebat: da mihi unguentum, et pro ejus pretio aurum accipe. Unguentum optimum da mihi, ut his oeam ei lacrymas oculorum meorum, et vadam ad ungendum Primogenitum caelestem.

Sacerdos inclinatus.

Dedisti nobis fontem verae purgationis, qui purgat ab omni peccato, aquas scilicet istas, quae per tui invocationem sanctificantur, per quas emundationem suscipimus, quae in sancto sanguine[4] data est nobis. Da[5]

---

[1] Jac. Edess. Sancti tui Spiritus. — [4] Jac. Edess. per baptismum Christi tui. —
[5] Jac. Edess. add. Domine.

[*] De his vide baptismum a Severo compositum, ubi expressius habentur.

virtutem aquis baptismatis [1], qui per passionem Christi [2] tui largiris expiationem ab omni peccato, ad ubertatem [3] receptionis Spiritus tui Sancti. *Extollit vocem.* Quoniam tu es dator et largitor omnium bonorum, et tibi gloriam attollimus, ac unigenito Filio tuo, et Spiritui tuo Sancto nunc.

Populus: Amen.

Sacerdos: Pax.

Populus: Et spiritui.

Inclinatus.

Domine Deus omnipotens, creator omnis creaturae visibilis aeque et invisibilis; qui fecisti coelum, et terram, et maria, et omnia, quae in ipsis sunt: qui congregasti aquas in locum unum: qui conclusisti abyssum, eamque cohibes [4]: qui separasti aquas, quae super coelos sunt. *Extollit vocem.* Tu virtute tua mare confirmasti. Tu contrivisti capita draconum super aquas. Tu terribilis es, et quis resistet tibi? Tu [5] respice in has aquas, creaturam tuam, et da eis gratiam salutis [+6], benedictionem Jordanis +, sanctificationem Spiritus +[7]. Procul recedant ab eis omnes, qui laedunt figmentum manuum tuarum, quoniam nomen tuum, Domine [8], invocatum est super eis, magnum, inquam, illud, et admirabile, et gloriosum, et terribile iis, qui adversantur.

Insufflat in aquas tribus vicibus in crucis formam, et dicit inclinatus.

Conteratur +, Domine, caput draconis illius homicidae sub signaculo et forma crucis tuae. + Et fugiant umbrae invisibiles et aereae, neque delitescat in aquis istis tenebrosus daemon +, neque cum iis, qui baptizantur, descendat. Quaeso, Domine, malus tenebrarum spiritus cum mortiferis cogitationibus mentisque perturbatione fac, ut procul recedat.

Et extollit vocem: singulis quatuor invocationibus unam crucem formans, tres autem universim cruces perficiens.[*]

Sed tu, Domine universorum, ostende aquas istas aquas quietis +, aquas laetitiae et exultationis +, aquas mystice designatas per mortem et resurrectionem unigeniti Filii tui, + aquas expiationis, + emundationem immunditiei carnis et spiritus, + vinculorum solutionem, + lapsuum remissionem, + animarum illuminationem, + regenerationis lavacrum, + donum adoptionis filiorum, + vestimentum incorruptibilitatis, + Sancti tui Spiritus innovationem, + aquas omnem maculam animae et corporis eluentes. Tu enim dixisti: Lavamini, mundi estote, auferte mala de cordibus vestris. Tu dedisti regenerationem per aquam et Spiritum, et tibi gloriam gratiarumque actionem attollimus, nunc.

Populus: Amen.

Diaconus: Cum silentio et timore.

Sacerdos inclinatus. Invocatio Spiritus Sancti.

---

[1] Jac. Ed. in aquis istis. — [2] Jac. Ed. unigeniti Filii. — [3] Jac. Ed. dispositionem. — [4] Jac. Ed. add. arena. — [5] Jac. Ed. add. Domine. — [6] Jac. Ed. add. tuae, desunt signa crucis. — [7] Jac. Ed. add. tui Sancti, ut. — [8] Jac. Ed. deest Domine.

[*] Duplex uncio praescribitur in hoc ordine, prima quidem facienda in ...

[*] Haec rubrica clarius collucet ex ordine Jacobi Edesseni, in quo has invocationes cum forma cruces ducendi dabimus.

Miserere nobis Deus, Pater omnipotens, et mitte super nos, et super aquas istas, quae sanctificantur, de praeparato habitaculo tuo, et de infinito sinu tuo Paraclitum illum Spiritum tuum Sanctum, illum hypostaticum, illum Dominum, illum vivificantem, qui in lege, in prophetis, et in Apostolis loquutus est: qui omnibus prope est, et omnia implet: sanctificat autem ut potestatem habens, non ut minister, eos quos vult, per voluntatem tuam: illum natura simplicem, illum operibus multiformem, illum divinorum donorum fontem, illum tibi consubstantialem, aequalem in throno regni tui, et unigeniti Filii tui, Domini et Salvatoris nostri Jesu Christi.

Et dicit. Exaudi me, Domine, et miserere mei.

Et prosequitur inclinatus.

Revelare, Domine, super aquas istas[1], et da, ut immutentur ii, qui in ipsis baptizantur, ut veterem quidem hominem, qui concupiscentiis erroris corrumpitur, exuant, induant vero illum novum, qui renovatur in[2] scientia secundum imaginem ejus, qui creavit. *Et extollit vocem.* Ut ii, qui simul plantati sunt in similitudinem mortis Christi tui per[3] baptismum, ejusdem quoque resurrectionis participes fiant: et custodientes donum[4], augentesque depositum gratiae, recipiant coronas victoriae supernae vocationis, et connumerentur cum primogenitis illis, qui scripti sunt in caelo, per Christum Jesum Dominum nostrum, cum quo tibi convenit gloria[5] cum Spiritu tuo Sancto, tibique consubstantiali, nunc.

Et accipit cornu chrismatis, et effundit super aquas tribus vicibus in modum crucis, singulis vicibus dicens, Alleluja, *cum antiphona.* Viderunt te aquae, Deus.

Et orat inclinatus.

Qui super unigenitum tuum Filium, Deum ac Verbum, qui in terra oeconomiam baptismi implevit, Spiritum tuum Sanctum in forma columbae misisti, et Jordanis fluenta sanctificasti. Tibi nunc, Domine, complaceat, ut inhabitet Spiritus tuus ille Sanctus super hosce servos tuos, qui baptizantur, eosque perfice, et domesticos Christi tui eos constitue expurgans eos sacro tuo lavacro. *Et extollit vocem.* Ut illustrati, innovati, et gratia ac virtute[6] repleti, depositum salutaris tui custodiant, et ad vitam illam incorruptibilem atque beatam disponantur, ac participes fiant bonorum illorum coelestium, quae pollicitus es diligentibus te: per gratiam, et misericordiam, et amorem erga homines Christi tui sancti, et boni[7].

Et accipit sacerdos de oleo olivae, et ponit *) in vola manus suae.

---

[1] Jac. Ed. et Severi ordo apostolicus add. et sanctifica eas per illapsum Sancti tui Spiritus. — [2] Severi apost. add. forma et. Jac. Ed. deest in scientia. — [3] Jac. Ed. add. sanctum. — [4] Jac. Ed. add. Spiritus tui Sancti. — [5] Jac. Ed. add. et honor atque potestas. — [6] Jac. Ed. add. ejus; Sev. ord. apostolicus add. tua. — [7] In cod. Jac. Ed. additur: unigeniti Filii tui, per quem et cum quo tibi convenit gloria et honor atque imperium cum Sancto tuo Spiritu nunc.

*) Duplex unctio praescribitur in hoc ordine, prima quidem facienda in fronte, quae supra, altera vero heic perficienda, qua totum perungitur corpus ante baptismum.

totumque corpus ejus, qui baptizatur, ungit; deinde dimittit eum in baptisterium: dicens hunc cantum.

Oleo sancto edixit Deus ungi Aaron, tumque sanctificari. Oleo sancto unguntur simplices agni, qui venerunt ad baptisma.

Stat sacerdos juxta baptisterium, et invocat Spiritum, qui descendit ex alto. Illabitur, descenditque Spiritus Sanctus, et inhabitat in aquis, easque sanctificat.

Vocem Joannis audivi dicentis: Hic est vivus Dei Agnus, qui populos in igne et aqua baptizat, et in Spiritu Sancto, et debita dimittit.

In fide Trinitatis, Patris et Filii et Spiritus Sancti, unginini spirituales agni, ut stolam gloriae ex aqua induatis.

Et demittit puerum in baptisterium, conversa ad orientem facie)*: *dextramque suam capiti ejus, qui baptizatur, imponit, et sinistra sua aquas attollit**), dicens.*

† Baptizatur N. in nomine Patris Amen, † et Filii, Amen, † et Spiritus vivi et Sancti, in vitam saeculi saeculorum.

Et educit eum ex aqua, dicens hunc cantum.

Expande alas tuas sancta Ecclesia, et simplices agnos suscipe, quos Spiritus Sanctus ex aquis baptismatis genuit.

De hoc baptismo vaticinatus est filius Zachariae: Ego, inquit, in aquis baptizo. At ille, qui venturus est, in igne et Spiritu.

Et qui adstant dicunt tribus vicibus:

Beati, quorum remissae sunt praevaricationes et quorum tecta sunt peccata.

*Et orat sacerdos extensus super signaculo chrismatis***):*

Hoc quoque signaculum in[1] nomine tuo recipiant famuli tui isti, qui per fidem baptismatis[2] cum militibus tuis cooptati sunt: ut per chrisma istud omni spiritualis suavitatis odore repleti ab adversis virtutibus non comprehendantur, nihil timentes a[3] principatibus, et potestatibus tenebrarum: sed in lumine[4] ambulantes, filii lucis sint: atque ita per te gradiantur[5], et ad te perveniant[6]. Tu enim vera lux es, et in lumine tuo videmus lumen[7], et tua est gloria[8] nunc[9].

---

[1] Sev. ordo II. add. sancto. — [2] Sev. apostolicus ordo deest baptismatis. — [3] Sev. apost. add. malis. — [4] Sev. II. add. mandatorum tuorum. — [5] Jac. Ed. teque confiteantur. — [6] Sev. apost. add. rubricam: et elevet vocem suam; Sev. II. deest atque .... perveniant. — [7] Sev. II. deest et in .... lumen. — [8] In cod. Jac. Ed. add. Pater et Fili et Spiritus S.; Sev. apost. add. atque unigeniti Filii tui et Spiritus tui Sancti. — [9] Sev. II. et tibi gloriam attollimus Pater et Fili et Spiritus Sancti in saecula.

*) Barhebr. c. 2. sect. 3. p. 18. Johannis patriarchae. Sacerdos baptizans faciem ad orientem conversam habere non debet, sed ad occasum, sicut et in reliquis manus impositionibus, quae a sacerdotibus peraguntur. Quocirca locus statuatur medius inter alveum et parietem orientalem; neve huic jungatur. Directio. Plerumque baptisterium ad latus australe altaris construitur.

**) Ter aquam fundunt super caput baptizandi semel praescriptam formulam recitando (Asseman).

***) Signaculum chrismatis Syri vocant, quia per chrismatis unctionem in crucis formam factam baptizatus charactere insignitur (Assemanus).

Tunc convertitur ad baptizatos, et signat eos sacro chrismate in frontibus eorum *), et in arteriis eorum, tribus vicibus, dicens:

Chrismate sancto, suavitate odoris Christi [1], signaculo [2] verae [3] fidei, complemento doni [4] Spiritus Sancti, signatur N. † In nomine Patris, amen, † et Filii, amen, † et Spiritus vivi, et Sancti, in vitam saeculi saeculorum, Amen.

Et orat inclinatus.

Benedictus es, Domine [5] omnipotens, fons vitae, et [6] bonorum [7], parens verae lucis, qui per ortum unigeniti Filii tui, Domini autem [8] nostri Jesu Christi, illuminasti eos, qui in terra sunt, aeque ac eos, qui in coelo, qui dedisti beatam expiationem in salutari baptismate, et divinam sanctificationem in sancta unctione, et [9] unionem cum Christo tuo per Spiritum tuum [10] vivificantem. Qui etiam nunc voluisti per ministerium nostrum famulos tuos per aquam, et Spiritum [11] regenerare in spem vitae aeternae, et remissionem peccatorum, quae, sive voluntarie, sive involuntarie pridem contraxerant, ipsis largitus es, eosque ad tuam dominationem transtulisti [12]. Emitte super eos, Domine [13], gratiam Spiritus tui Sancti, et [14] vivificantis [15], et reple eos ipsius sanctificatione. *Et extollit vocem.* Serva eos in agnitione tua; confirma eos in agnitione tua: confirma eos in fide [16]; custodi eos in timore tuo [17]: funda in animabus eorum semitam [18] mandatorum tuorum vivificantium [19]: ostende eos filios lucis: et [20] ut irreprehensibiliter sub regno Christi tui vivant [21], dignos eos effice. Quoniam tu, Deus, salutaris es, et tibi gloriam attollimus cum unigenito Filio tuo, et Spiritu tuo Sancto, nunc:

Populus: Amen.

Sacerdos. Oratio ad Pater noster, qui es in coelis.

Qui redemptionem per Christum dedisti, et regenerationem per Spiritum famulis tuis hisce, qui modo baptizati sunt, largitus es: Tu Domine hominum amator, adjuva eos, et in sanctitate conserva eos, lumine agnitionis tuae fulgentes, et coram sacra mensa tua adstantes dignos redde beatitudine coelesti per misericordiam unigeniti Filii tui: ut nos, et ipsi audeamus invocare te, Deus coelestis, Pater sancte, et oremus dicentes: Pater noster, qui es in coelis.

[1] Jac. Ed., Sev. II. add. Dei. — [2] Jac. Ed., Sev. apost. add. et sigillo. — [3] Sev. apost. deest verae. — [4] Sev. II. donorum. — [5] Jac. Ed., Sev. II. add. Deus. — [6] Jac. Ed., Sev. II. deest vitae et. — [7] Jac. Ed., Sev. II. add. omnium. — [8] Jac. Ed. add. ac Salvatoris; Sev. II. Dei Salvatoris. — [9] Jac. Ed. veramque. — [10] Sev. II. add. Sanctum et. — [11] Sev. II. deest et Spiritum. — [12] Sev. II. transfer, deest que. — [13] Jac. Ed., Sev. II. deest Domine. — [14] Sev. II. deest Sancti et. — [15] Jac. Ed. deest et vivificantis. — [16] Jac. Ed. add. in te, Sev. apost. tua, Sev. II. quae in te est. — [17] Jac. Ed., Sev. apost. add. firma gressus ejus in veritate tua. — [18] Sev. gressus eorum in semitas. [19] Jac. Ed., Sev. II. deest vivificantium. Sev. apost. deest funda vivificantium. — [20] Jac. Ed. deest et. — [21] Jac. Ed. add. et familiaritate tua.

*) Barhebr. c. 2. sect. 3. p. 13. Ad locum constitutionum apostolicarum, quo jubetur diaconissa ungere baptizandas ante unctionem, a sacerdote in capite faciendam et eas ex aqua suscipere, haec directio additur: Hoc tempore oleum et chrisma in aquam infundunt, in frontem solummodo chrismate presbyter linit, interposito linteolo, inter ipsum, et feminam baptizatam.

Populus. Sanctificetur nomen tuum...

Sacerdos ... Eja Domine, qui non permittis, ut quis supra vires tentetur, ... sed cum ... tentatione et exitum concedis, ut haec tolerari queat: libera nos a tentatione, cujus difficilis est exitus, et ab omni operatione, et insuper ... daemoniorum per Christum Jesum Dominum nostrum, cum quo tibi convenit gloria, et honor cum Spiritu tuo Sancto.

Populus. Amen.

Sacerdos: Pax ... in ...

Diaconus: Domino capita nostra ...

Sacerdos: Coram te nos omnes[1], et famuli tui isti, qui baptizati sunt[2], inclinarunt[3] colla animarum, et corporum suorum[4]. Obsecramus te, Domine[5], respice in nos, et in hanc[6] haereditatem tuam; atque ad perfectam salutem, et ad futuram, aeternamque vitam hos dirige, removens a nobis invidiam, et nocumenta adversarii. Et ut participes simus horum[7] coelestium, ac vivificantium sacramentorum in conscientia pura, dignos nos effice per gratiam, et misericordiam, et in homines amorem Christi[8] unigeniti Filii tui, cum quo benedictus es[9] cum Spiritu tuo vivificante, et consubstantiali tibi[10], nunc.

Populus: Amen.

Sacerdos. Deus magne, et fortis, da intellectum familiis tuis in timore tuo, quumque ad mensuram aetatis eos adduxeris, concede eis agnitionem veritatis, custodiens eos in illibata fide, per gratiam, et misericordiam et erga homines amorem Christi tui, cum quo benedictus es cum Spiritu Sancto, nunc.

3. Ordines baptismi et confirmationis Jacobi Edesseni.

a) Series Ordinis Jacobi Edesseni ex nomocanone Gregorii Barhebraei.

(Habetur cap. 2. Sect. 5. syriace et latine in editione Card. Mai p. 15.)

De perfectione baptismi.

Jacobi Edessae.

... duos ordines ista perfectio dividitur. In primo itaque ordine est oratio super catechumenos, mox orationem pro seipso sacerdos recitat, deinde orationem super eosdem catechumenos, quae cum incenso dicitur. Postea eorum nomina describuntur, et consignantur in fronte in nomine Patris, et Filii, et Spiritus Sancti. Illis vero in suo ordine stantibus sacerdos ad eos occasum versus se convertit, et recitat orationem exorcismo praemittendam; deinde exorcismum adversus diabolum, in terribili nomine Dei dicit: postea abrenunciare eos jubet Satanae, et omnibus ad ipsum pertinentibus. Mox se ad orientem convertunt, et Christum sequuntur, profitentes se credere in illum, in Patrem ejus, et in Spiritum ...

[1] Jac. Ed., Sev. apost. deest omnes. — [2] Jac. Ed., Sev. apost., Sev. II. deest et. — [3] Jac. Ed., Sev. apost., Sev. II. inclinavimus. — [4] Jac. Ed., Sev. apost. Sev. II. add ... Sev. II. add. Deus noster. — [6] Ud. Ed. deest et in hiat. — [7] Jac. Ed., Sev. II. tuorum. — [8] Jac. Ed., Sev. II. deest Christi. — [9] Jac. Ed., Sev. II. tibi convenit gloria et honor atque potestas. — [10] Sev. II. add. Sancto, deest vivificante .... tibi.

Sanctum ejusdem. Deinde oratio recitatus, qua gratiae aguntur, quod christiani fieri digni effecti sunt. Et vero, secundum antiquam consuetudinem longo tempore sic manebant, et interim christiani dicebantur, tum demum baptizabantur. Baptismum autem suscipere volentes baptisterium ingrediuntur, et dicunt: credimus in unum Deum; et reliqua usque ad finem. Deinde sacerdos pacem annunciat et orationem recitat; mox sancto oleo illos consignat, et nudi consistunt, donec alteram orationem absolvat, in qua ter in aquam insufflat in formam crucis dicens: conteratur caput draconis. Postea chrisma ter in figuram crucis fundit, orationem interim dicens. Deinde illos baptizat in nomine Patris, et Filii, et Spiritus Sancti. Mox chrismate eos consignat dicens: et hoc signaculum in nomine tuo accipiant. Deinde gratiarum actionis orationem absolvit. Postremo ad ecclesiam profecti mysteriorum participes fiunt.

Directio.

Instante mortis periculo, posteriorem hunc ordinem, tantummodo peragimus, nec ille prior ordo catechumenorum est necessarius.

b) Ordo baptismi et confirmationis Jacobi Edesseni.

(Edidit ex codicibus Vaticanis Assemanus in Cod. liturg. T. I. c. 6. sect. 4. T. II. ord. 2. T. III. ord. 2.)

Virtute Sanctae Trinitatis, incipimus scribere librum sancti baptismi, quem Dominus noster Jesus Christus tradidit Apostolis suis et per eos probatis doctoribus. Eum vero transtulit e lingua graeca in syriacam religiosus Dominus meus Jacobus, episcopus Edessenus. Hunc autem ordinem approbavit et sanctus Dominus meus Gregorius Barhebraeus felicis memoriae.

Primum sacerdos orat et dicit: Gloria Patri etc.

Diaconus: Pro pace.

Sacerdos ponit incensum, dicens: Dignos effice nos Domine, etc. pag. 267.*).

Ad Miserere, tono. Protegite nos.

Miserere mei. Stupor percullit me apud Jordanem, et vidi prodigium, quum apparuit gloriosus sponsus, ut convivium sponsae faceret eamque sanctificaret.

Amplius. Vidi eum, fratres, prodigiis plenum, et turbas coram eo adstantes, et sponsum Christum, quum revelatus accessit ad filium sterilium, ut ab eo baptizaretur.

Tibi soli. Sponsa ornata est, nec novit, quis sit sponsus, quem exspectat. Paranymphi congregati sunt, desertum plenum est, et Dominus noster inter ipsos latet.

Tu vero. Tunc sponsus patefecit seipsum et ad Joannem ad fluvium accessit. Timuit praeco, atque ad sponsam: Hic est, in quem confidere te jussi.

Satia me. Nate Patris, cur te baptizabo, quum sis in Patre tuo, et

_____

*) In Bibl. tamen Orient. T. I. p. 477. hoc initium aliter quam ibi indicatur, ita nempe: Dignos nos effice, Domine Deus, ut spiritualem sacri baptismi administrationem perficiamus.

Pater, tuus in te? quum sancta pontificibus tu largiris, cum aquas simplices pontulas?

Cor mundum. Filii Adae me exspectant, ut per me novi filii evadant. O fili sterilium baptiza me: ad hoc enim in mundum ingressus sum.

Sed redde. Pontifices a te sanctificantur, sacerdotes per te propitiationem consequuntur: Christos regesque tu facis: Quid igitur tibi baptismus proderit?

Libera me! Sponsa, quam desponsavi, me exspectat, ut descendens baptizer, eamque sanctificem. Amice sponsi, a praeparato lavacro noli refugere.

Benigne fac. Quum vilis sim, nequeo flammam manibus meis apprehendere. En legiones tuae igne ardent. Jube ergo a quopiam vigilum te baptizari Virgo Maria.

Oratio: Domine Deus sanctarum virtutum, etc. pag. 268.

Cyclion.

Afferte Domino filios arietum, Alleluja, afferte Domino gloriam et honorem.

Afferte Domino gloriam nomini ejus, Alleluja. Adorate Dominum in atrio sanctitatis ejus.

Vox Domini super aquas, Alleluja. Deus gloriosus intonuit.

Dominus super aquas multas, Alleluja. Vox Domini in virtute, vox Domini in gloria.

Diaconus.

Stemus recte in oratione et deprecatione coram Deo deorum, et coram Domino dominorum, et coram rege regum et coram sancto baptismate[1]. Thura ponuntur; per miserationes tuas, Domine, oramus.

Prooemium.

Gloria uni naturae aeternae: uni voluntati aequali: uni virtuti infinitae: uni potestati forti: uni operationi divinae: cui convenit gloria.

Ordo.

Lux nata et fons vitae, Verbum Deus, qui de lumine ingenito exortus es, habens tecum lumen procedens et consubstantiale tibi Spiritum Sanctum: qui lumina coelestia ad tuum ministerium constituisti, et lucem materialem creasti, qua et tenebras super faciem abyssi effusas dissipasti: qui imaginem luminis tui hominem ex pulvere et aqua fecisti, quumque ipse sibi tenebras per concupiscentiam obduxisset, miserationibus in ipsum commotus, in Jordane eum fluvio illuminasti. Te igitur, Christe Deus noster, deprecamur, ut cunctos nos dignos efficias, qui pro tua gratia illuminemur, et quemadmodum in baptismo nos sanctificas, sic puros et immaculatos coram te ostende, et memento, quod tanquam reus pro nobis baptizatus es, et justificasti nos. Memento, quod alter Adam fuisti nosque tuos fratres effecisti; memento, quod primitiae nobis factus es, et in filiorum adoptione descripsisti nos; trahe ad nos beneplacitum Patris tui: et sub alis Spiritus tui, qui in specie columbae super te illapsus est, protege nos; reple nos profusis illius muneribus, quae per tuum

---

[1] Renaudot in officio Jac. Sarugensis baptisterio.

baptismum nobis collata sunt: nosque perfectam lucis perfectamque
regenerationis sobolem ostende. Tu enim es agnus Dei, qui tollis peccata
tum mundi, et lux vera, quae illuminat omnem hominem venientem in
mundum, tibique gloriam et confessionem dant. O fili sterilium baptisma

Exultate justi.

Vocem Joannis audivi dicentis ad Jordanem: purga teipsum, et
ablue sordes, quae in te sunt: quoniam Dominus coeli et terrae acces-
sit, ut baptizaretur. Alleluja. Et sanctificaret omnia. Apprehendit
Ecclesia Joannem in Jordane fluvio[1], dixitque ei: Quis est sponsus[2]?
Cui ille: Post me veniet, et prior me est, viamque coram ipso paro,
Alleluja, et ipse salvabit te.

Agnus Dei, qui ad Joannem venisti, tuoque aquas baptismate sanctificasti, fac, ut pax et tranquillitas tua in quatuor mundi partibus[3] inhabitet, et custodi Ecclesiam tuam ejusque filios[4], Alleluja, a noxis.

Tria sacra mysteria posuit Dominus noster in Ecclesia, quam cruce
sua redemit: baptisma, et oblationem purumque sacerdotem, qui gregi
suo veniam implorat, Alleluja, et misericordiam postulat.

Incensum.

Multitudini miserationum tuarum etc. pag. 270.

Diaconus.

Oves tuae Jesu

Viderunt te aquae, Deus. Viderunt te, Domine, aquae, et timuerunt: et abyssi turbatae sunt: et stillaverunt aquas nubes aëris.

Mare vidit eum, et fugit, et Jordanis conversus est retrorsum. Sed
et abyssi turbatae sunt: et nubes aquas stillaverunt.

Oves tuae, Jesu, clamant ad te cum dolore et lacrimis. Libera eas
propter misericordiam ab angustiis, quae eas circumdant.

Apostolus. Ex epistola ad Romanos.

Fratres, quid igitur dicemus? manebimus in peccato, *usque.* Si igitur cum Christo mortui sumus, credamus, quod et cum Christo vivemus.

Versus.

Quid est tibi mare, quod fugisti: et Jordanis, quod conversus est
retrorsum Alleluja.

Evangelium ex Joanne Apostolo.

Erat autem homo quidam ex Pharisaeis, Nicodemus nomine, *usque.*
Sic est omnis, qui natus est ex Spiritu.

Sacerdos dicit hanc secretam pro seipso:

Domine Dominus noster omnipotens etc. pag. 271.

Exclamatio.

Ne extendas manus tuas usque ad secundum officium. Ut is, qui simul
plantatus fuit p. 276.

Hic ponit thus, et dicit secreto: Largitor lucis etc. pag. 271.

Diaconus utraque manu caput pueri apprehendit, dicens: Benedic
Domine.

---

[1] Severi apostolicus ordo: inter turbas. — [2] Sev. ap. Tu es sponsus. —
[3] Sev. ap. in sancta Ecclesia. — [4] Sev. ap. et ....

Sacerdos signat baptizandum in fronte tribus crucibus absque oleo, dicens:
Signatur talis † in nomine Patris. *Populus:* Amen. Et † Filii. *Populus:* Amen. Et Spiritus † vivi et Sancti in vitam saeculi saeculorum. *Populus:* Amen.

Diaconi exuunt baptizandum vestimentis suis et monilibus et inauribus et reliquis omnibus et statuunt eum in ordine suo, conversa ad orientem facie:

Sacerdos orat secreto: Te invoco etc. pag. 272.

Sacerdos convertit faciem suam ad occidentem, quum facies baptizandi respiciat orientem: et dicit super eum istas adjurationes; in singulis adjurationibus signans crucem unam, ipse sacerdos contra faciem baptizandi, et dicit: Te invocamus, Domine Deus noster etc. pag. 272.

Et convertit baptizandus faciem suam ad occidentem, et sacerdos ad orientem, qui et facit eum Satanae abrenunciare tribus vicibus. Sponsor vero sinistra manu manum sinistram pueri retinens, et sic pro eo dicit:
Abrenuncio Satanae ego N., qui baptizor, et omnibus militibus ejus, et omnibus operibus ejus, et omnibus gestis ejus, et omni virtuti ejus, et omni ejus errori mundano; et omnibus, qui eum turpemque ejus sententiam sectantur.

Et convertit baptizandus faciem suam ad orientem, et sacerdos ad occidentem: et sponsor dextera manu manum dexteram pueri apprehendens, dicit pro eo hanc fidei professionem tribus vicibus inquiens:
Credo in te, Christe Deus, ego N., qui baptizor, et omnibus divinis doctrinis tuis, quas inspirasti per prophetas et Apostolos et doctores orthodoxos. Confiteor, et credo, et baptizor in te, et in Patre tuo, et in Spiritu tuo vivo et Sancto.

Sacerdos dicit, illis post ipsum prosequentibus:
Abrenunciamus Satanae, et credidimus in Christum Deum nostrum.

Sacerdos conversa facie ad orientem, facit pro puero hanc orationem gratiarum actionis. Gratias agimus etc. pag. 273.

Explicit officium primum Catechumenorum juxta ordinem Domini Jacobi Edesseni, cujus oratio nobiscum sit. Amen.

Item ejusdem.

Deinde postquam Satanum ejecerint, accedunt ad baptisterium, et dicunt: Credimus in unum Deum, totum.

Sacerdos autem stans apnam baptisterio, aperit craterem vitae: et effundit idem sacerdos aquam in craterem, hieme quidem calidam, aestate vero frigidam. Sive autem calida sit sive frigida, perinde se habet: sed pueri causa id observatur, ne dolore afficiatur. Non enim repraesentat sanguinem et aquam, quae de latere Domini nostri fluxere, ut blaterant Armeni.

Sed quum sacerdos aquam nimis esse calidam viderit senseritque, adeo ut amburat, frigida eam temperet. Item si frigidam nimis viderit, calefaciat.
Deus parcat Gabrieli, qui scripsit.

Postquam vero absolverint Credimus, *incipit sacerdos officium secundum, dicens,* Gloria etc.

— *Oratio super aquas, quum eas miscet.*
Misce, Domine, in aquis istis per supplicationem tenuitatis nostrae

virtutem et operationem Spiritus tui Sancti: ut sint spiritualis uterus et caminus [1] fundens incorruptibilitatem: et servo tuo huic, qui in ipsis baptizatur, concede, ut sint ei vestimentum incorruptibilitatis, et solutio a vinculis [2] peccati per beneplacitum tuum [3], et per amorem erga homines unigeniti Filii tui, et per operationem Spiritus tui Sancti, nunc [4].

Sacerdos tegit aquam velo albo ex velis ecclesiae et ponit crucem, et accendunt duas candelas hinc, et inde, et dicit sacerdos. Pax vobis omnibus.

Populus: Cum.

Inclinatio.

Pater sancte *usque* et centesimum p. 273. A te enim est, o Pater luminum, omne donum bonum et omne munus perfectum.

Elevat vocem suam, et extendit manus suas. Et effinge et forma Christum etc. pag. 271.

Et intingit sacerdos digitum suum oleo unctionis et signat baptizandum in fronte tribus crucibus, dicens:

Signatur N. oleo laetitiae, ut eo muniatur adversus omnem operationem Satanae, et ut inseratur in bonam olivam in Ecclesia sancta, catholica, apostolica † in nomine Patris. *Populus:* Amen. Et † Filii *Diaconus:* Amen. Et Spiritus. † Vivi et Sancti in vitam saeculi saeculorum. *Diaconus:* Amen.

Diaconus dicit: Stemus recte: Kyrie eleison.

Prooemium.

Gloria Trinitati gloriosae, quae supra mentes creaturarum est: Patri, et Filio, et Spiritui Sancto. Patri quidem, qui est causa vitae omnium, Filio vero, a quo et per quem omnia creata sunt, Spiritui demum Sancto, qui vivificat et sanctificat omnia. Trinitas, una essentia: una virtus: una potestas: una voluntas: unus Deus verus, qui in Trinitate creditur, et in unitate agnoscitur et intelligitur: cui convenit.

Hic ponit incensum.

Ordo.

Largitor sanctitatis, etc. ut pag. 274.

Tono, Kukaei. Versus.

Vox Domini super aquas. Alleluja. Joannes miscuit *usque* Alleluja p. 270. Sanctifica baptizandum.

Dedisti dona hominibus. Alleluja. Quis vidit duas pulchras *usque* Alleluja p. 270. Suscipe Domine deprecationem nostram.

Hic tollit velum, et aperit baptisterium.

Gloria. Magnum prodigium, usque Alleluja pag. 270. Parce nobis, Domine noster.

A saeculo. Fons vitae apertus est baptismus: et Pater, et Filius, et Spiritus Sanctus pro sua illum benignitate sanctificavit. Pater exclamando, hic est Filius meus, dilectus meus, Filius inclinando caput, et baptismum in eo suscipiendo, Spiritus Sanctus in specie columbae super

---

[1] Ren. in officio Jac. Sarug. deest et caminus. — [2] Ren. l. c. cogitationum. — [3] Ren. l. c. deest per beneplacitum tuum. — [4] Ren. l. c. per gratiam et misericordiam Christi tui, cum quo tibi sit gloria.

cum descendendo, Trinitas gloriosa, per quam saecula vitam habuere. Alleluja. Munda immunditiem nostram.

Incensum.

Christe Deus noster, ostende puerum hunc famulum tuum per istum aromatum suffitum dignum dono lavacri regenerationis, et dispone eum ad bona et munda opera toto tempore vitae suae, et in die novissimo, quum ad omnium resurrectionem adveneris, dignare sistere eum coram Patre tuo, sicut promisisti, et nos una cum ipso attollamus tibi.

Hic incipit benedictio aquae.

Inclinatio: Dedisti nobis etc. *Elevatio:* Quoniam etc. pag. 274.

Inclinatio.

Domine Deus omnipotens, etc. pag. 275. *Elevatio vocis:* Tu confirmasti etc. pag. 275.

Insufflat in aquam tribus vicibus in modum crucis, ab occidente ad orientem, et a dextra ad sinistram, et dicit hanc secretam.

Conteratur † caput draconis filius homicidae sub signo crucis.

Diaconus: Amen.

Fugiant † itaque umbrae invisibiles et aëreae, quaeso te, Domine, neque delitescat in aquis istis tenebrosus daemon.

Diaconus: Amen.

Neque descendat † cum hoc, qui baptizatur, immundus tenebrarum spiritus, cum mentis cogitationibus introductus. Sed dissipa ab eo operationem accusatoris.

Diaconus: Amen.

Elevatio vocis.

Et concede eis, Domine, divinum spiraculum tuum, quod unigenitus Filius tuus in sanctos discipulos suos inspiravit, cunctasque Idololatriae reliquias amove a mentibus eorum, disponens eos ad receptionem Spiritus tui Sancti, et ad remissionem peccatorum, per eundem unigenitum Filium tuum Dominum ac Deum nostrum, cum quo tibi convenit gloria et honor cum sancto Spiritu, nunc.

Inclinatio, hoc est, invocatio Spiritus Sancti.

Revelare, Domine, p. 276.

Elevat vocem suam, et ad singulas invocationes partem crucis format, dicens: [Hoc est, duodecim invocationibus perficiuntur tres cruces super aquas.] Sade. *Ad hanc literam sit manus tua ad orientem.* Li. *Ad hanc literam sit manus tua ad occidentem.* Beth. *Ad hanc literam sit manus tua ad aquilonem.* Aleph. *Ad hanc literam sit manus tua ad austrum.*)*

Tu, Domine omnipotens, ostende aquas istas. Sade. aquas quietis. Li. aquas laetitiae et exultationis. Beth. aquas mystice designatas per mortem et resurrectionem unigeniti Filii tui. Aleph. aquas expiationis. Amen.

---

*) Sade, Li, Beth, et Aleph formant hanc vocem Silbo, quae crucem significat. (Assemanus.)

vinculorum. Beth. remissionem lapsuum Aleph animarum corporum
que illuminationem. Amen.

Sade. Lavacrum regenerationis. Et donum adoptionis filiorum. Beth.
invocationem Spiritus Sancti. Amen.

Domine dixisti: lavamini, mundi estote, auferte malum de cordibus vestris
Te dedisti regenerationem per aquam et Spiritum tibi gloriam
Patre tuo, atque unigenito Filio tuo, et Spiritui tui Sancto.

*Accipit sacerdos cornu sacri chrismatis, et effundit in aquas, quae
in cratere sunt, tribus vicibus in formam crucis. Si vero timuerit, ne
nimium effundat, ligno utatur bombycinis involuto, eoque signet, faciatque, sicuti coram ipso scriptum est. Et dicit:*

Effundimus chrisma super aquas istas baptismi, ut per eas vetus
homo in novum convertatur. Alleluja. In nomine † Patris. Amen. Alleluja. In nomine † Filii. Amen. Alleluja. In nomine † Spiritus Sancti.
Amen.

Et grat. Inclinatio. Qui super unigenitum etc. p. 275.
Elevatio vocis. Ut illustratus etc. p. 276.

Populus: Amen.
Sacerdos: Pax.
Populus: Et cum.

Sacerdos motat manus super aquas, dicens elata voce:

Sanctificatae sunt aquae, ut sint in divinum lavacrum regenerationis
in nomine † Patris vivi in vitam. Amen. In nomine † Filii vivi in vitam. Amen. In nomine † Spiritus vivi et sancti, in saecula saeculorum. Amen.

*Effundit sacerdos oleum[*] unctionis in palam manuum suarum, et
ungit totum baptizandi corpus, et inter digitos manuum pedumque eius
et lumbos eius, et anteriorem, posterioremque partem.*

Propterea unxit te Deus, Deus tuus Alleluja, oleo laetitiae prae
sociis tuis; myrrha, et casia, et reliqua.

Interim diaconi dicunt hunc cantum. Tono Protector Noëmi.

Oleo sancto edixit Deus ungi Aaronem, ipsumque sanctificari. Oleo
sancto sanctificentur simplices agni, qui venerunt ad baptismum.

Hoc oleo consecrati fuere sacerdotes, prophetae, ac reges, qui claruere, coronatique sunt. Eodem unguntur simplices agni, suntque filii
patris coelestis.

Typum praefiguravit nobis Moyses in deserto, ejusque mysterium rex
David, nobis tradidit. En vero, in Ecclesia eodem signantur simplices
agni, qui venerunt ad baptismum.

Oleo sancto perfecti sunt reges, eodemque sacerdotes regis uncti
fuere. Oleo sancto unguntur simplices agni, qui venerunt hodie ad
baptismum.

Stat sacerdos juxta baptisterium, et invocat Spiritum, qui ex alto
descendit, et manet in aquis, easque sanctificat, filiosque novos Deo facit.

---

[*] Scilicet Catechumenorum, quod et simplex vocatur, ut distinguatur
ab oleo chrismatis. (Assemannus.)

*Tum demittet eum in baptisterium, conversa baptizandi quidem
facie ad orientem, sacerdotis vero ad occidentem. Et imponit sacerdos
dexteram suam capiti baptizandi, et accipit manu sinistra aquam, quae
coram baptizando est, funditque eam super caput ejus. Similiter accipit
aquam, quae retro ipsum est, et fundit super caput ejus. Demum accipit
aquam, quae a dextris et sinistris ejus est, funditque super caput ejus.
Et abluit totum ipsius corpus. Neque mutat sacerdos dexteram suam,
imponitve sinistram capiti baptizandi, ut faciunt sacerdotes imperiti;
sed dextera ejus super caput pueri manente, tres sinistra haustus aquae
perficit: scriptum est enim, Joannem dexteram suam tantum capiti
Domini nostri imposuisse. — Quum autem puer in craterem demissus
fuerit, sacerdos sic dicit.*

Baptizatur talis in sanctitatem, et in salutem et in mores irrepre-
hensibiles, et in benedictam resurrectionem a mortuis, in nomine † Patris. Amen. Et Filii † Amen. Et Spiritus † vivi et sancti in vitam
saeculi saeculorum. Amen.

*Quumque puer in craterem descenderit, dicunt diaconi hanc stro-
pham. Tono Sancti Bulaei.*

Descende, frater noster obsignate: et indue Dominum nostrum:
ejusque generi immiscere: ex magno enim genere est, ut dicitur in
ejus parabola.

*Quumque e cratere ascenderit, dicunt diaconi hunc cantum. Tono,
Protegite nos.*

Expande alas tuas, sancta Ecclesia, et simplicem agnum suscipe,
quem Spiritus Sanctus ex aquis baptismi genuit.

De hoc baptismo vaticinatus est filius Zachariae. Ego, inquit, in
aquis baptizo; at ille, qui venturus est, in Spiritu Sancto.

Exercitus caelestium circum adstat baptisterio, ut ex aquis suscipiant
filios Deo similes.

Ex aquis viros sibi delegit Gedeon, qui ad praelium prodirent. Ex
aquis baptismatis sibi Christus adoratores delegit.

*Accipit in manum sacerdos cornu chrismatis, et dicit hanc oratio-
nem secreto.*

Hoc quoque signaculum etc. p. 277.

Et effundit sacerdos chrisma super pollices suos, et dicit:

Chrismate sancto etc. p. 278.

*Et effundit sacerdos chrisma in medium volae suae, ungitque bap-
tizatum a fronte descendens ad aurem ipsius dexteram, tum brachium
ejus, et humerum, totumque talis dexterum, et inter digitos manus
dexterae pedisque, et inter lumbos ejus: tum inter digitos pedis sini-
stri, et ascendit ad latus sinistrum, et inter digitos manus sinistrae,
et brachium, et humerum, et aurem (sinistram), reditque ad frontem:
et ante, et retro, perfecte; nec ullum relinquit locum absque unctione.*

Tum diaconi et sponsor pueri induunt eum vestimentis albis.

Et sacerdos dicit hanc orationem secreto.

Benedictus es, Domine etc. p. 278.

Et elevat pacem suam.

Serva eum etc. p. 278.

Sacerdos. Pax.

Populus: Et cum

Diaconus: Inclinate.

Sacerdos extensus.

Coram te nos, etc. p. 279.

Et introducit sacerdos baptizatum ad altare, et imponit coronam in capite ejus, et zona lumbos ejus praecingit, dicens:

Corona, Domine, hunc servum tuum decore et gloria: sitque ejus vita in beneplacitum tuum, et in laudem nominis tui, Pater, et Fili, et Spiritus Sancte, nunc, et semper in saeculum saeculorum. Amen.

Deinde participem eum facit divinorum Sacramentorum. Et diaconi dicunt hunc hymnum, tono Expergiscimini, vigilate et canite.

Frater noster, cane gloriam Filio Domini universorum, qui tibi coronam nexuit regibus desiderabilem.

Illustratum est vestimentum tuum, frater noster, instar solis: et splenduit vultus tuus instar angelorum.

Instar angelorum ascendisti, charissime, e baptisterio per virtutem Spiritus Sancti.

Intransitorium thalamum, frater noster, accepisti; et gloriam Adae hodie induisti.

Speciosa sunt vestimenta tua, et pulchrae coronae tuae, quas tibi hodie per sacerdotem Primogenitus nexuit.

Fructus, quem non gustavit Adam in Paradiso, hodie in ore tuo cum gaudio positus est.

Vade in pace, fili baptismatis: adora crucem, quae tuus custos est.

Et osculatur crucem et evangelium, atque ex ecclesia in domum suam cum gaudio procedit.

Complementum.

Deus Pater sit tecum. Filius adorandus custodiat te. Spiritus Sanctus, quem induisti, perficiat te, atque a noxis eripiat te. Baptismus, quo baptizatus es, maneat in te, in saeculum saeculorum. Amen.

Diaconus dicit: Vade in pace.

Sacerdos dicit: Commendamus te gratiae Sanctae Trinitatis cum optimo viatico, quod de baptismo deque propitiatorio Christi Dei nostri altari percepisti, in saeculum saeculorum. Amen.

c) Idem ordo puellis accommodatus.

(Apud Asseman. cod. liturg. T. I. p. 258 sqq. T. II. ord. 2. T. III. p. 159 ex eodem codice.)

Item alter ordo baptismi puellae.

Primum oratio.

Gloria Patri etc. Dignos effice nos etc. p. 267.

Responsorium, ad Miserere mei.

Miserere. Tu, qui Virginem Mariam, quae te virgo genuit, honorasti et magnificasti, ejusdem precum participes nos effice. Deus miserere mei.

Amplius. Tu, qui nobis baptismo baptismum sanctificasti, quo ab omni peccati sorde mundamur. Deus miserere mei.

Tibi. Tu, qui tuo coelum terramque baptismo laetificasti. Laetifica Ecclesiam tuam, ejusque filios cruce tua custodi. Deus.

Tu vero. Tu, qui tuo nobis baptismo baptismum sanctificasti; matrem scilicet, novos filios regno gignentem. Deus.

Satia me. Tu Domine, qui splendor lucis es ex Patre refulgens: fac, ut lux tua in cordibus adoratorum tuorum refulgeat. Deus.

Cor. Tu, quem baptizatum et ex aquis ascendentem videns Ecclesia adoravit, inquiens: Benedictus, qui misit te. Deus.

Sed redde. Tu, quem Joannes praedicabat, inter turbas inquiens: Hic est vivus Dei agnus. Deus.

Libera me. Tu, qui baptizatus de aquis ascendisti, creator omnium creaturarum clamante Patre: Hic est Filius meus, hic est dilectus meus. Deus.

Quoniam noluisti. Tu, qui prae tuo amore descendens, manibus servi tui baptizatus es, nostrumque genus a servitute peccati liberasti. Deus.

Benigne fac. Tu Domine, qui Adamum videns peccati causa vetustate detritum, miseratione ejus motus, a Satana ipsum liberasti. Deus.

Gloria. Ecclesia gloriam concine hodie filio regis, qui descendens, a Joanne in Jordane baptizatus est. Deus.

Oratio.

Domine Deus sanctarum virtutum, benedic ancillae tuae huic, etc. p. 268.

Psalmus.

Eructavit cor meum verba bona, Alleluja: et dicam opera mea regi. Lingua mea calamus scribae sapientis. Alleluja. Speciosus aspectu prae filiis hominum.

Diffusae sunt misericordiae super labia tua. Alleluja. Propterea benedixit te Deus in saeculum.

Accingere gladio in lumbis tuis fortis, Alleluja. Et decor tuus, et gloria tua, et gloria tua triumphat.

Diaconus: Stemus recte in oratione p. 281.

Prooemium.

Illi, qui sanctificat sancta sanctificantia: qui illustrat perfectiones sacramentales, Pontifici, qui in seipso primum nos docuit super Jordanis aquas emundationem, viamque vitae coram nobis direxit in expiationem peccatorum nostrorum. Cui.

Oratio.

Deus, qui prae sua dilectione homo factus, incomprehensibiliter ex sancta Virgine viri nescia in corpore natus est, ut homines ad Genitoris sui adoptionem filiorum admoveret, eosque Patris sui filios per aquam efficeret, formator infantium in uteris, qui sponte sua infans factus est, ut Adamum imaginem suam vetustate peccatique corruptione attritam innovaret, et sana[1] spiritualique baptismi fornace instauraret, non indigus, qui ad baptismum accessit, ut Jordanis aquas clementia sua sancti-

---

[1] Ren. in officio Jac. Sarugensis suavi.

ficaret, Filius [1] majestatis, qui caput suum manui Baptistae sponte et benigne inclinavit, intonante ex altissimis Patre: hic est Filius meus dilectus, in quo mihi complacui; et Spiritu Sancto in similitudine corporis [2] columbae descendente, et supra ipsius caput manente: spiritualibus quoque virtutibus cum timore ac tremore adstantibus. Tu, Domine [3], dexteram misericordiae tuae extende super hanc ancillam tuam, quae ad sanctum baptismum praeparata est: et sanctifica adhuc [4] et [5] purga eam propitiatorio hyssopo tuo: et benedic, et custodi populum et haereditatem tuam: et quemadmodum per baptismum tuum stola gloriae et signaculo Spiritus Sancti et vivificantis nos induisti, nosque disposuisti, ut spirituales filii essemus per regenerationem sancti baptismatis, quo peccatores justificantur; tu, Domine, potenti invictaque tua virtute dignos nos effice, ut revelata facie fiduciaque dilectorum filiorum propria laudemus te Patremque tuum, qui ad nostram salutem misit te, et Spiritum tuum vivum, Sanctum et vivificantem tibique consubstantialem nunc.

Tono, in omnibus matutinis.

Vidit Christum Ecclesia in Jordane fluvio, eumque procidens adoravit, dicens: Benedictus, qui misit te, sponse excelse, qui nos induisti stola gloriae, quam Spiritus in baptismo texuit.

Dixit Ecclesia Joanni: quis est sponsus, cui deponsata sum? Cui ille: Post me, inquit, veniet, et prior me est. At illa: Benedicta igitur annuntiatio tua, qui pacem seminas in quatuor mundi partibus.

Inter turbas stabat Zachariae filius ad Jordanem fluvium, qumque filium Dei ad se accedentem vidit, dixit ad sanctam Ecclesiam: Hic est sponsus, de quo praedicabam.

Benedictus, qui Adamum ejusque filios armatura Spiritus ex aqua induit in eoque recondidit fermentum vitae: suum, scilicet corpus et sanguinem, ut per ipsum remissionem iniquitatis suae acciperet, gloriamque indueret, quam in Eden amiserat.

Thus.

Multitudini miserationum tuarum etc. p. 270.

Psalmus. Gloria Patri.

Gloria vivo, qui in Jordane baptizatus, gloria sua nos induit, et baptismo suo nos sanctificavit.

Vox Domini super aquas, qui in Jordane baptizatus est. Dominus super aquas multas, qui nos baptismo suo sanctificavit.

Benedictus, qui dedit nobis aquas in propitiationem per baptismum, quo poenitentes sanctificantur.

Ex epistola ad Hebraeos.

Fratres: Testatur autem nobis Spiritus Sanctus, qui dixit: Hoc est testamentum, quod dabo eis post dies illos, dicit Dominus etc, *usque.* Sed alter alterum rogate, praesertim quum videatis appropinquare diem illum.

Versus.

Viderunt te aquae Deus, viderunt te, Domine, aquae et timuerunt. Alleluja.

---

[1] Ren. l. c. plenus. — [2] Ren. l. c. corporea. — [3] Ren. add. Deus. — [4] Ren. deest adhuc. — [5] Ren. add. illumina.

i) Evangelium ex Marco.

Initium Evangelii Jesu Christi Filii Dei etc. *usque.* Et vox facta est de coelo: Tu es Filius meus dilectus: in te mihi complacui:

Huc oratio pro sacerdote secreto.

Domine Deus noster omnipotens, etc. p. 271.

Et elevat vocem suam.

Ut, quemadmodum simul plantata est etc. p. 276.

Inclinatio. Hic ponit incensum.

Largitor lucis, etc. p. 271.

Hic manu utraque diaconus caput puellae apprehendit, dicens: Benedic Domine.

Sacerdos signat puellam in fronte tribus crucibus absque oleo, dicens: Signatur talis in nomine Patris etc. p. 283.

Diaconi exuunt puellam vestimentis suis et monilibus et inauribus et ceteris hujusmodi, statuuntque eam in ordine, conversa facie ejus ad orientem.

Sacerdos dicit hanc orationem secreto.

Te invoco, Domine Deus omnipotens etc. p. 272.

Sacerdos convertit faciem suam ad occidentem, quum facies puellae respiciat orientem; et dicit has adjurationes; in singulis adjurationibus formans crucem unam contra faciem ejus, et dicit:

Te invocamus, Domine Deus noster etc. *usque.* Exaudi nos Domine, eosque objurga, et purga hanc famulam tuam ab omni adversarii operatione. p. 272.

† Adjuro te, daemon immunde, et virtus Satanae, per primam vocem, quam locutus est Deus cum Adam in Paradiso, dicens ei: Adam, ubi es? cui Adam: audivi vocem tuam, et timui, eo quod nudus essem, et abscondi me.

† Adjuro te, daemon immunde et spiritus abominabilis, per eum, qui transtulit Henoch, ne mortem gustaret.

† Adjuro te, daemon immunde, per eum, qui misit angelum suum, et locutus est cum humili Noë in arca, quum in ea is quidem liberaretur, omnes vero peccatores in diluvio perirent.

† Adjuro te, daemon immunde, per eum, qui misit angelum suum, et allocutus est Abraham patriarcham, dicens: in nomine tuo benedicentur omnes populi.

† Adjuro te, daemon immunde et spiritus impure, per eum, qui te increpavit, tuasque legiones ex homine ejecit.

† Adjuro te, daemon rebellis, per Deum, qui liberavit Isaac, ne immolaretur in monte Amorrhaeorum.

Adjuro † te, daemon immunde, per eum, qui in scala apparuit Jacob, angelis Dei per eam ascendentibus et descendentibus: et dixit: vere haec est domus Dei, et haec est porta coeli.

† Adjuro te, daemon immunde per virgam, quae divisit mare coram Moyse, et per legis tabulas manibus Dei scriptas.

† Adjuro te per Deum victorem, parum et sanctum, Patrem et Filium et Spiritum Sanctum: procul esto a famula Dei, et abi in terram inviam et inaquosam etc.

Et convertit faciem puellae ad occidentem, suam vero sacerdos ad orientem; eamque facit Satanae abrenuntiare; matrina vero sinistra manu manum ejus sinistram tenens, dicit pro ea tribus vicibus: Abrenuncio Satanae p. 283.

Et convertit faciem baptizandae ad orientem, suam vero sacerdos ad occidentem: et matrina dextera manu manum dexteram puellae tenens, dicit pro ea tribus vicibus. Credo in te, p. 283.

Sacerdos dicit illis post ipsum prosequentibus: Abrenunciamus Satanae, et credimus in Christum.

Sacerdos conversa facie ad orientem, facit pro puella hanc orationem gratiarum actionis. Gratias agimus tibi, Domine, p. 273.

Explicit officium primum juxta ordinem Sancti Jacobi Edesseni, cujus oratio nobiscum sit. Amen.

Item ejusdem.

Deinde postquam Satanam ejecerint, accedunt ad baptisterium et dicunt: Credimus.

Sacerdos vero stans coram baptisterio, aperit craterem vitae, eumque aqua calida simul et frigida implet et incipit secundum officium: quum autem aquas miscet, dicit sacerdos hanc orationem.

Gloria Patri. Misce Domine in aquis istis etc. p. 283.

Cooperit aquam velo albo, et ponit crucem: et accendunt duas candelas hinc et inde. Dicit autem sacerdos: Pax.

Populus: Et cum.

Sacerdos dicit hanc secretam.

Pater Sancte, qui per manus sanctorum Apostolorum etc. p. 273.

Exclamatio. Et effinge et forma Christum p. 271.

Et intingit sacerdos digitum suum oleo sancto, et signat baptizandam in fronte tribus crucibus, dicens: Signatur talis oleo laetitiae p. 284.

Diaconus: Stemus recte. Kyrie eleison.

Prooemium.

Gloria, confessio, decus et magnificentia tribus sanctis personis, tribus nominibus adorandis, Patri et Filio et Spiritui Sancto, qui est unus verus Deus, unum ens aeternum, una potestas aequalis, una natura indivisa, incomprehensibilis et inscrutabilis. Cui convenit.

Ordo.

Deus, qui propter suam dilectionem ad nos accessit, humilitatemque nostram pro sua clementia visitavit, bonus, cujus aeternae divinaeque miserationes in figmentum suum effusae sunt, nec tulit hominem manuum suarum opus omnino perire. Bonus pastor, qui ovem errantem quaesivit, quae dolo perduellis serpentis ex rationalium numero perierat: et accendit lucernam, sanctam nimirum carnem suam, et everrit domum hujus mundi a peccato, et invenit drachmam amissam, regiam videlicet imaginem affectibus coopertam, quae ex peccato aeruginem contraxerat, purgatamque et in fornace sacri baptismatis atque lavacri regenerationis mundatam, in pristinam creationis suae pulchritudinem restituit. Libera nunc etiam, Domine, et salvas fac propter gratiam tuam et propter magnam misericordiam tuam animas omnium nostrum ab omni sorde et aerugine peccati: nostrum neminem segregatum aut ejectum a regno tuo facias, aut privatum dono Spiritus tui Sancti: verum dignos nos effice propter miserationes tuas, ut pura tuo ministerio templa simus, sanctaque habitationi majestatis tuae aedes, ut in sempiterno tuo saeculo in beata et nunquam senescente vita mereamur attollere tibi gloriam gratiarumque actionem, et Patri tuo.

Kukaei. Versus.

Vox Domini super aquas. Alleluja. Baptismum Filii Dei considerans obstupui: quemodo scilicet ad baptismum accessit, quum iniquitatem non fecisset; baptizatus est, quum minime peccasset, et peccatores justificavit; ablutus est, quum non indigeret, debitoresque justos fecit. Laus ipsi, qui omnia propter nos egit, nobisque baptismum in remissionem debitorum sanctificavit.

Dedisti dona hominibus, Alleluja. Sanctus sanctique Filius; mundus et purus, qui in principio erat Deus Verbum, accessit ad baptismum, ut nos mundaret: sanctificavit aquas, ut nos justificaret. Quumque natura Deus esset debitorumque condonator, a Joanne in Jordane baptizatus est. Laus humilitati ejus.

Hic aperit baptisterium, et tollit velum. Gloria. Magnum prodigium, etc. p. 270.

A saeculo. Absque igne, et absque lignis calefactae sunt aquae, quum venisset Filius Dei, ut baptizaretur in Jordane. Accessit Joannes tanquam sacerdos benedictus, et imposuit dexteram suam capiti formatoris sui, et Spiritus Sanctus in similitudine columbae mansit super eum: et Pater ex alto clamavit: Hic est Filius meus, dilectus meus.

Incensum. Christe Deus noster, ostende puellam hanc famulam tuam etc. p. 285.

Hinc incipit benedictio aquae.

Dicit hanc secretam: Dedisti nobis fontem purgationis etc. p. 274.

Et elevat vocem suam. Quoniam tu es dator etc. p. 275.

Inclinatio. Domine Deus omnipotens, creator etc. p. 275.

Exclamatio. Tu confirmasti etc. p. 275.

Insufflat in aquam tribus vicibus in modum crucis ab occidente ad orientem et a dextra ad sinistram et dicit hanc secretam. Conteratur caput draconis etc. p. 285.

Exclamatio. Et concede eis Domine divinum spiraculum tuum etc. p. 285.

Inclinatio. Revelare Domine p. 276.

Exclamatio.

In singulis invocationibus partem crucis format, dicens: Sade, ad hanc literam etc. p. 285. Tu Domine omnipotens, ostende aquas istas etc. p. 285.

Tollit Sacerdos cornu chrismatis*) ponitque in aquam: hoc est, et cornu chrismatis effundit in craterem tribus vicibus in formam crucis; et dicit: Effundimus S. chrisma etc. p. 286.

Inclinatio. Qui super unigenitum Filium tuum etc. p. 276.

Elevatio vocis. Ut illustrata, etc. p. 276.

Populus: Amen.

---

*) Syri in fontem chrismatis oleum infundunt, minime vero oleum catechumenorum. (Assemannus.)

Sacerdos: Pax.

Populus: Et cum.

Sacerdos motat manus super aquas, dicens elata voce. Sanctificatae sunt aquae istae etc. p. 286.

Item sacerdos effundit sanctum oleum in volam manus suae, et ungit totum baptizandae corpus, et inter digitos manuum pedumque ejus, et anteriorem posterioremque partem.

Interim diaconi dicunt hunc cantum. Tono, Unctio.

Christo et oleo communis quaedam res est. Abditum cum manifesto conjungitur. Oleum palam ungit: Christus clam signat agnos novos spiritualesque: gregem videlicet, cujus duplex est decus: conceptio enim ejus ex oleo est, et nativitas ex aquis.

Quam sublimis est vester ordo! Nam peccatrix quidem velut ancilla pedes Domini sui unxit: vestra vero corpora Christus ipse tanquam minister per oves suas ungit signatque. Decet enim gregis Dominum oves suas per seipsum signare.

Ex gentibus populum per primum circumcisionis signaculum secreverat. Gentes vero a populo per signum unctionis segregavit. Nam quum gentes errarent, a gentibus populum separavit: nunc vero, quum populus erravit, ab eo gentes divisit.

Quum leprosus mundabatur, sacerdos oleo ipsum signans, in fontem demittebat. Abiit figura, et veritas advenit. En vos oleo signamini, et in filios perficimini: gregique adscripti, Corpore vescimini.

Tum demittit eam in baptisterium, conversa baptizandae quidem facie ad orientem, sacerdotis vero ad occidentem. Et imponit sacerdos dexteram suam capiti ejus, et accipit sinistra manu aquam, quae coram baptizanda est, funditque eam super caput ejus. Similiter accipit aquam, quae retro ipsam est, funditque super caput ejus. Demum accipit aquam, quae a dextris et sinistris ipsius est, funditque super caput ejus: et abluit totum ipsius corpus. Neque removet sacerdos manum suam dexteram a capite baptizandae: Scriptum est enim, Joannem dextram suam, non sinistram capiti Domini nostri imposuisse. — Quum autem baptizandam in baptisterium demittit, dicit:

Baptizatur talis in etc. p. 287.

Et dicunt diaconi: Qui peccatoribus misereris.

Descende, filia obsignata et indue Dominum nostrum, ejusque generi immiscere; ex magno enim genere est, sicut in ejus parabola dicitur.

Quumque e cratere baptizata ascenderit, dicunt hunc cantum: Protegite nos.

Expande alas tuas, sancta Ecclesia et simplicem ovem etc. De hoc baptismo etc. Exercitus coelestium etc. Ex aquis delegit sibi Gedeon etc. p. 287.

Accipit in manum sacerdos vas chrismatis, et dicit hunc secretam: Hoc quoque signaculum in nomine tuo recipiat ancilla tua ista. p. 277.

Et effundit chrisma super digitum suum, inquiens. Chrismate sancto etc. signatur talis in nomine Patris etc. p. 278.

Et effundit chrisma in volam suam, ungitque eam fronte, et descendit usque ad pedes. Similiter retro ex opposita parte, et descen-

dit ad aurem ejus dextram, et ad humerum, latusque dextrum et si-
nistrum: et inter digitos ejus: nec ullum relinquit in ea locum, quem
non ungat.

Tum induit eam vestimentis albis et sacerdos dicit hanc secretam:
Benedictus es p. 278.

Exclamatio, Serva eam p. 278.

Sacerdos: Pax.

Populus: Et cum.

Diaconus: Domino capita nostra inclinemus.

Sacerdos extensis manibus dicit: Coram te nos et ancilla tua, p. 279.

Et coronat eam sacerdos extra portam cancellorum dicens*): Corona, Domine, hanc tuam ancillam etc. p. 288.

Item participem eam facit sanctorum Sacramentorum ad portam
chori.

Et diaconi dicunt hunc hymnum, tono. Expergiscimini vigilantes
et canite.

Soror nostra, cane gloriam Filio Domini universorum etc. Illustra
vestimentum tuum, soror nostra, instar nivis etc. Instar angelorum etc.

Intransitorium thalamum, soror nostra, accepisti etc. Speciosa sunt
vestimenta tua et decorae tuae etc. Fructus, quem non gustavit etc.

Vade in pace etc. p. 288.

Complementum. Deus Pater sit tecum etc. p. 288.

Diaconus: Vade in pace.

Sacerdos dicit: Commendamus te gratiae etc. p. 288.

d) Item alius ordo pro pluribus pueris vel puellis.

(Ex eodem codice Vaticano Tomo II. Cod. liturg. et T. III. p. 162.)

Cave, o Pater, ne baptizes puellam cum puero: est enim grande
peccatum.

Primum oratio principii. Gloria Patri etc.

Diaconus: Pro pace.

Sacerdos:

Ens ab ente, qui ad salutarem baptismum advenisti, ut nobis adoptionem filiorum conferres, in qua clamamus, Abba, Pater noster, quaeque nos ad paternam haereditatem evexit, ex qua velut exules excidimus per cibum praevaricationis. Illumina et nunc nos Domine sanctis
divini baptismatis radiis, et munda nos propter gratiam tuam ab omnibus
peccati affectibus: ut confiteamur, et glorificemus te, Patremque tuum.

Cantus ad Miserere mei.

Miserere. Tu, qui Virginem Mariam etc. p. 288.

Amplius. Vigiles superni timore ac stupore perculsi sunt, quum
Dominus accessit, ut a servo suo baptizaretur. Deus.

---

*) Feminis vetitum est portam cancellorum ingredi, neque possunt in
sanctuarium ullatenus introire, hinc extra portam cancellorum coronantur.
Masculi vero ad altare coronantur. (Assemanus.)

Tibi. Dixit servus ad Dominum suum: ego opus habeo, Salvator noster, ut a te baptizer, quoniam tu es, qui peccatoribus veniam largiris. Deus.

Tu. Dixit Dominus ad servum suum: sine modo, Joannes; sic enim decet implere omnem justitiam. Deus.

Satia me. Baptizatus est, ascenditque ex aquis creator omnium creaturarum: et exclamavit Pater: Hic est Filius meus, hic est dilectus meus. Deus.

Cor. Spiritus Sanctus in specie columbae advolans mansit super caput ejus: et cognoverunt turbae Unigenitum, cujusnam filius esset. Deus.

Sed. Vidit Dominus Adam peccato corruptum, et miseratione motus, descendit, eumque a morte liberavit. Deus.

Libera me. Benedictus, qui propter dilectionem suam demisit se, servique sui manibus baptizatus est, et genus nostrum liberans, ipsum secum in caelum evexit. Deus.

Quoniam. Caeli superni vocem dederunt, quum Dominus noster baptizatus est, et Seraphim alas suas concussere. Deus.

Benigne fac. Ecquis non obstupuerit, videns a vili pulvere ignem contrectari, et in fluvii fluentis baptizari? Deus.

Gloria. Laus tibi, Domine noster, qui baptizatus, tuo ecclesiam ejusque filios baptismo redemisti, eamque ab errore liberasti. Deus.

Oratio.

In baptismo puerorum omitte verba, quae rubro colore signantur. Noveris, Pater, quum pueros mares baptizas, signata nigra colore verba pronuncianda tibi esse: quum vero puellas foeminas baptizas, rubra verba coram te posita.

Domine Deus sanctarum virtutum, benedic famulis tuis istis, etc. p. 268.

Domine Deus sanctarum virtutum, benedic ancillis tuis istis, etc. p. 268.

Psalmus pro pueris.

Afferte Domino filios arietum. Alleluja etc. p. 281.

Pro puellis.

Eructavit cor meum verba bona. Alleluja etc. p. 289.

Sacerdos. Prooemium. Uni naturae aeternae etc. p. 281.

Ordo. Lux nata, et fons vitae etc. p. 281.

Supra excelsos montes *).

Enarra nobis, Joannes, terribilem visionem, quam supra aquas in Jordane vidisti. Vidi Spiritum Sanctum supra caput ejus stantem, et Patrem exclamantem, hic est Filius meus. Alleluja. Benedictus, qui baptismum consecravit in expiationem filiorum Adae.

Terribilia Seraphim agmina, quae ad tuam Divinitatem Sanctus exclamant, tuo obstupuere baptismo, Domine universorum, qui propter charitatem tuam ad baptismum descendisti, ut aquas in remissionem debitorum consecrares. Alleluja. Laus tibi, et Patri qui misit te, Jesu Salvator mundi.

*) Est initium toni.

Beatum dixere superni vigiles Joannem, qui tanta virtute praeditus fuit. Nam terribile fulgur baptismum ab ipso accepit, et ipse manum suam flammae imposuit, vim ejus nequaquam formidans. Laus virtuti, quae ipsum confortavit. Alleluja. Benedictus, qui suo nos baptismo sanctificavit, Jesus, Salvator mundi.

Benedictus, qui majestatem suam inclinans, manibus servi sui baptizatus est, suoque nobis baptismo mysterium mortis ac resurrectionis suae praefiguravit, nosque dignos baptismo effecit, quo in filios a Patre adoptati sumus. Alleluja. Benedictus, qui suo nos baptismo emundavit Jesus, Salvator mundi.

Incensum. Multitudini miserationum tuarum, etc. p. 270.

Oves tuae, Jesu.

Viderunt te aquae Deus etc. p. 282.

Mare vidit eum, et fugit etc. p. 282.

Oves tuae Jesu etc. p. 262.

Apostolus. Ex epistola ad Galatas.

Fratres: Antequam adveniret fides, lex custodiebat nos etc. *usque,* itaque semen Abrahae estis, et haeredes in promissionibus.

Versus. Quid est tibi mare, quod fugisti? et Jordanis, quod conversus es retrorsum? Alleluja.

Evangelium. Ex Joanne Apostolo.

Post haec venit Jesus et discipuli ejus in terram Judaeae: et ibi morabatur cum eis, et baptizabat etc. *usque:* non potest homo sumere quidquam a seipso, nisi datum sit ei de coelo.

Sacerdos dicit hanc orationem secreto pro seipso.

Domine Deus omnipotens, qui mentes hominum nosti, etc. p. 271.

Exclamatio. Ut quemadmodum simul plantati sunt etc. p. 276.

Hic ponit thus, et dicit sacerdos hanc secretam: Largitor lucis etc. p. 271.

Diaconus caput pueri utraque manu apprehendit, dicens: Benedic, Domine.

Sacerdos signat eum in fronte tribus crucibus absque oleo, dicens: Signatur talis in nomine Patris etc. p. 283.

Diaconi exuunt eos vestimentis suis, et monilibus, et inauribus, et aliis hujusmodi: et statuunt baptizandos unumquemque in ordine suo conversa facie ad orientem.

Sacerdos dicit hanc orationem secreto. Te invoco, Domine Deus etc. p. 272.

Sacerdos convertit faciem suam ad occidentem, faciem vero baptizandorum ad orientem: et dicit super eos hanc orationem, et adjurationes, in singulis adjurationibus formans crucem contra faciem eorum, et dicit: Te invocamus, Domine Deus noster, creatorem etc. p. 272. *ut in baptismo pueri.*

Convertit faciem baptizandorum ad occidentem, suam vero sacerdos ad orientem: facitque eos abrenunciare Satanae tribus vicibus. Sponsor autem sinistra manu manum sinistram baptizandi tenens, dicit pro eo: Abrenuncio Satanae etc. p. 283.

*Convertit baptizandos ad orientem, se vero ipsum sacerdos ad oc-
cidentem. Sponsor autem dextera manu manum dexteram pueri tenens,
dicit pro eo tribus vicibus:* Credo in te; Christe etc. p. 283.

Sacerdos dicit, illis post ipsum prosequentibus: Abrenunciavimus
Satanae, et credidimus in Christum.

*Sacerdos conversa facie ad orientem, facit pro eis hanc ora-
tionem gratiarum actionis, dicens:* Gratias agimus tibi Domine, pro eo,
quod dignos effecisti famulos tuos, *vel:* quod dignas effecisti ancillas
tuas p. 273.

Finis primi officii.

Item ejusdem.

*Deinde postquam Satanam ejecerint, procedunt ad baptisterium, et
dicunt:* Credimus totum.

*Sacerdos autem stans ante baptisterium, aperit craterem pitae, quem
hyeme quidem aqua calida replebit, aestate vero frigida. Sive autem
frigida sit, sive calida, nihil refert. Verum quum sacerdos aquam plus
nimio calidam viderit, frigidam parumper misceat, ne adurat: idque
temperate fiat: manusque contactu experiatur, ne calida nimium aut frigida sit; sed temperata.*

Et incipit secundum officium.

Primum dicit sacerdos hanc precationem, quum aquam miscet.
Gloria Patri.

Misce Domine in aquis istis etc. p. 283.

*Cooperit aquam velo albo, et ponit crucem in medio et accendit
duas candelas hinc, et inde:*

Et dicit sacerdos: Pax vobis omnibus.

Populus: Et cum.

Dicit hanc secretam: Pater Sancte etc. p. 273.

Elevat vocem suam. Et effinge et forma p. 271.

*Effundit sanctum oleum super digitum suum, et signat baptizan-
dos in fronte tribus crucibus, dicens.*

Signatur talis etc. p. 284.

Diaconus dicit: Stemus recte. Kyrie eleison.

Sacerdos. Prooemium.

Pastori bono gregis sui, qui pro sua nos quaesitum gratia exiit: et
pro sua nos dispersos cura congregavit, suaque tristitiam nostram revelatione laetificavit. Cui convenit.

Ordo.

Deus Verbum, qui impassibiliter, et ineffabiliter ex Patre absque
principio natus es: cujus nomen est unguentum effusum et benedictum:
qui pro tua inenarrabili benignitate principes, et potestates, mundique
tenebrosi rectores per tuum in carne adventum compescuisti, hominem-
que, qui libero voluntatis suae arbitrio seipsum servituti Satanae sub-
jecerat, pretioso sanguine tuo redemisti: et per vivificam tuam oeco-
miam antiquae inimicitiae spem solvens, hominum generi regenerationem
ex aqua et Spiritu, lucidam sancti baptismatis stolam, sublime adoptionis
donum, affinitatemque cum Patre et Spiritu contulisti: perque hanc terri-
genas cum caelestibus copulasti, populum populosque reconciliasti, nobisque viam ascensumque in caelos complanasti. Respice nunc igitur in nos

propter suavitatem tuam, Domine, et de manibus nostris servorum tuorum vilium ac peccatorum suscipe hunc aromatum suffitum, qui tibi offertur in odorem suavitatis ad placandum tuam dominationem, et ad reconciliandum tuam misericordiam: largire nobis, ut cum timore ac tremore coram te puri firmique usque ad extremum spiritum adstemus, regia sacri baptismatis stola induti, quam divina tua nobis gratia texuit, quaeque cum vera fide indissolubilis conservatur. Concede nobis cor, quod te in veritate agnoscat; animam, quae te cum puritate colat: labia, quae laudes tibi cum sanctitate canant: et linguam, quae semper tibi cum fide confiteatur. Et attollamus tibi gloriam, et gratiarum actionem, Patrique tuo, et Sancto tuo Spiritui, nunc.

Simplex. Versus.

Vox Domini super aquas, Alleluja. Accessit Dominus noster ad Joannem, baptismum ab eo petens, ut peccatoribus poenitentiam agentibus baptismum sanctificaret: quem videns Joannes, ita alloquutus est: Ego opus habeo a te baptizari; tu vero, quum summus pontifex sis, quomodo ad baptismum accedis? At ille: sine, inquit, modo justitiam impleri. Alleluja. Sanctifica baptizandos.

Dedisti dona hominibus, Alleluja. Postquam tinctus est, de aquis ascendit Filius Dei, ejusque in honorem coeli coelorum aperti sunt. Exclamavit Pater: Hic est Filius meus dilectus. Spiritus illapsus est, mansitque super caput ejus. Descenderunt sancti angeli luce amicti, dicentes: Sanctus, Sanctus, Sanctus es Domine. Alleluja. Suscipe deprecationem nostram.

Hic tollit velum, et aperit baptisterium.

Gloria. Magnum prodigium, dum dexteram suam sacerdos extendit. etc. p. 270.

A Saeculo. Invitata a Joanne sancta Ecclesia, poenitentiae habitu exornata ad Jordanem stetit. Audivit Patrem clamantem, hic est Filius meus. Vidit Filium a proprio famulo baptizatum: et Spiritum Sanctum in specie columbae super caput ejus manentem. Et credidit in trinum sacramentum, per quod mundus consistit. Alleluja. Dimitte debita nostra.

Incensum. Christe Deus noster, ostende pueros istos famulos tuos, *vel* puellas istas ancillas tuas per hunc aromatum etc. p. 285.

Inclinatio. Dedisti nobis etc. p. 274.

Elevatio vocis. Quoniam tu es donator etc. p. 275.

Inclinatio. Domine Deus omnipotens, creator etc. p. 275.

Elevatio vocis. Tu confirmasti virtute tua mare etc. p. 275.

Insufflat in aquam ter in modum crucis, ab occidente ad orientem, et a dextra ad sinistram: et dicit hanc secretam. Conteratur + caput draconis etc. p. 285.

Elevatio vocis. Et concede eis, Domine, divinum spiraculum tuum etc. p. 285.

Inclinatio, hoc est, Invocatio Spiritus Sancti. Revelare, Domine, super aquas istas etc. p. 276.

Elevat vocem, et ad singulas invocationes partem crucis format, dicens: Sade, etc. p. 285.

Tu, Domine omnipotens, ostende aquas istas etc. p. 285.

Accipit sacerdos cornu chrismatis, et effundit in aquas in craterem tribus vicibus, aut ligno utatur in modum crucis, dicens: Effundimus S. chrisma etc. p. 286.

Et dicit hanc secretam: Qui super unigenitum Filium tuum etc. p. 276. *Elevat vocem suam.* Ut illustrati, innovati et repleti etc. *Seu:* Ut illustratae, innovatae, ac repletae etc. p. 276.

Populus. Amen.

Sacerdos. Pax.

Populus. Et cum.

Sacerdos motat manus super aquas elata voce dicens: Sanctificatae sunt aquae istae etc. p. 286.

Et effundit chrisma, sacrum scilicet oleum, in volam suam, et ungit totum corpus baptizandorum, et inter digitos manuum pedumque eorum, et anteriorem posterioremque partem, nec ullum relinquit in eis locum, quin ungatur.

Interea dicunt diaconi hunc cantum. Praetector Noëmi. Oleo sancto edixit Deus etc. p. 286. Hoc oleo consecrati fuere sacerdotes etc. p. 286. Typum praefiguravit nobis etc. p. 286. Oleo sancto initiati sunt reges etc. p. 286. Stat Sacerdos etc. p. 286.

Tum demittit puerum in craterem, conversa baptizandi facie ad orientem etc. Ut in baptismo puellae p. 294.

Quum autem puer in craterem demissus fuerit, dicit sacerdos sic: Baptizatur talis (mas, vel foemina) in sanctitatem etc. p. 287.

Quumque puerum in craterem demittit, dicunt diaconi hanc stropham. Tono Sancti Balaei. Descendite, fratres mei, p. 287.

Quumque eum e cratere exegerit, dicunt diaconi hunc cantum. Utrumque saeculum. Expande alas tuas sancta Ecclesia, et suscipe simplices agnos etc. p. 287. De hoc baptismo etc. p. 287. Exercitus coelestium etc. p. 287. Ex aquis elegit sibi etc. p. 287.

Accipit in manum cornu chrismatis, et dicit hanc orationem secreto: Hoc quoque signaculum in nomine tuo sancto recipiant famuli tui isti etc. vel ancillae tuae istae etc. p. 277.

Et effundit ex chrismate in digitum suum, et signat puerum in fronte tribus crucibus, dicens: Chrismate sancto etc. Signatur talis etc. vel signatur talis femina etc. p. 278.

Et fundit chrisma in volam suam, ungitque eum in fronte, et descendit ad aurem dexteram, et manum, et humerum ejus, totumque latus dexterum: et inter digitos manuum pedumque, et lumbos ipsius. Deinde ungit sinistrum ipsius latus, et humerum, et aurem; reditque ad frontem, unde inceperat, et anteriorem posterioremque partem, nec ullum relinquit locum absque unctione. Tum diaconi et sponsor induunt eos vestimentis albis.

Sacerdos vero dicit hanc orationem secreto: Benedictus es, Domine Deus etc. p. 278.

Elevatio vocis. Serva eos in agnitione tua etc. vel serva eas etc. p. 278.

Sacerdos. Pax.

Populus. Et cum.

Diaconus. Inclinate.

Sacerdos extensus.

Coram te nos, et famuli tui, qui modo baptizati sunt etc. *vel:* Et ancillae tuae, quae modo baptizatae sunt etc. p. 279.

Sacerdos introducit baptisatos ad altare, et imponit coronas in capitibus eorum, ac lumbos ipsorum zonis praecingit, dicens: Corona, Domine, hos servos tuos etc. vel has ancillas tuas etc. p. 288.

Postea participes eos facit sanctorum Sacramentorum. Et dicunt diaconi hunc hymnum:

Fratres mei, canite gloriam Filio Domini universorum, qui coronam vobis nexuit de Jordane fluvio.

Illustrata sunt etc. p. 288.

Instar angelorum p. 288.

Intransitorium thalamum p. 288.

Judicium e fructu Adam promeruit, hodie vero vobis victoria conlata.

Speciosa sunt vestimenta vestra, p. 288.

Vae in Paradiso Adam suscepit, et vobis hodie victoria concessa est.

Arma justitiae induistis hodie in Jordane flumine per virtutem Spiritus Sancti.

Gaudent superi, et exultant inferi in vestro contivio, fratres mei, in quo nullae sunt sordes.

Coelestem beatitudinem suscepistis: attendite, ne malignus illam vobis eripiat.

Hodie exortus est sponsus coelestis, qui aperit vobis januam suam, vosque in Eden induxit.

Coronae immarcescibiles capitibus vestris impositae sunt. Voces gloriae praedicent ora vestra.

Adamum propter fructum eduxit cum maestitia. Vobis per aquas thalamus laetitiae concessus.

Quis non gaudeat, fratres mei, in vestro thalamo, nam Pater, Filius, et Spiritus gaudent de vobis.

Vigiles, et angeli gaudent super peccatoribus, laetentur et in vobis, qui similes illis effecti estis.

Fructus, quem non gustavit Adam in Paradiso, hodie in ore vestro, atque in corde vestro positus est.

Corpus suum Salvator noster praefiguravit in ligno, quod non gustavit Adam, quia peccavit. Certamen instituit malignus, et Adae filios debellavit, in vestra autem pugna, fratres mei, ille hodie devictus est.

Magna est victoria, quam hodie retulistis, si non deficiatis, nunquam peribitis, fratres mei.

Gloria illi, qui filios Adae gloriam induit, ut hujus proles laetetur, et benedicatur.

Regni participes fac per miserationes tuas, universorum Domine, adoratores tuos cum iis, qui dilexerunt te.

Ite in pace filii baptismi, adorate crucem, quae vos custodiat.

Complementum. Deus Pater sit vobiscum etc. p. 288.

Diaconus dicit: Ite in pace.

Sacerdos: Commendamus vos etc. p. 288.

Et illos circumducunt, atque a cruce et evangelio benedictione accepta, eunt laeti ad suas habitationes.

4. Ordines baptismi et confirmationis Severi Antiocheni.

(Duplex, imo triplex est ordo, qui Severo Antiocheno patriarchae, Monophysitarum haeresiarchae, tribuitur. Antiquum enim Apostolicum baptismi officium ordinavit. Quod Assemanus ex codice Vaticano Syriaco 31. primus edidit. Praeterea et alium composuit, qui in usu est apud Syros et manuscriptus exstat in ritualibus Syrorum, necnon in Vaticanis codicibus, tum Ecchellensibus, tum Guidonis Fabricii Boderiani (Lefevre de la Boderie) manu exarato. Prodiit hic ordo, quem Assemanus Severianum vocans ab altero, quem apostolicum Severi dicit, distinguit, syriace et latine eodem Guidone Fabricio interprete Antverpiae 1572. Qui tamen in eo erravit, quod Severo Alexandrino absque codicis auctoritate, qui auctorem tantum dicit Dominum Severum, sanctum patriarcham, tribuerit. Quem errorem jam carpsit Richardus Simonius (in notis ad Gabrielis Philadelph. opusc. p. 290) allegans codicem MS. Bibliothecae Claudii Hardii Parisiensis a se inspectum, in quo ordo Severi patriarchae Antiocheni nomen diserte praefert; tum Renaudotius (Liturg. Orient. T. I. Praef. et p. 282; T. II. p. XX, 380); denique Stephanus Evodius Assemanus in bibliothecae Mediceae codicum Mss. Orientalium catalogo p. 83. ad cod. 44, in quo auctor baptismi expresse Mar Severus, patriarcha Antiochiae, dicitur. Sed haec per superabundantiam: nam ex ipso ordine, eum non ritus Alexandrinos, sed Antiochenos repraesentare, apparet, neque ullus unquam fuit illius nominis patriarcha Alexandriae. Sed et multa mendose reddidit Faber, quae pluries castigavit Renaudotius et Rich. Simonius (T. 4. epist. select. ep. 4. p. 37 sqq.) ignoscenda sane viro, qui tum scripsit, cum in cunabulis adhuc haec studia essent. Emendatiorem ex illis codicibus, notatis etiam Boderiani erroribus, edidit Assemanus in codice liturgico Ecclesiae universae. Praeter hos duos ordines ampliores tertius est Severi brevior in casu infirmitatis adhibendus.)

a) Ordo apostolicus a Severo Antiocheno ordinatus.

(Edidit ex codice Syriaco Vaticano 31. Assemanus Cod. liturg. T. II. p. 261 sqq.)

Ordo sancti baptismi, quem Dominus noster Jesus Christus Apostolis suis tradidit et per eos probatis doctoribus. Sanctus vero Severus ordinavit eum in sancta Ecclesia.

Primum oratio principii.

Gloria Patri, et Filio, et Spiritui Sancto, nunc.

Dignos nos effice, Domine p. 267.

Ad Miserere mei, *tono: Qui Virginem Mariam.*

Qui suo baptismo sanctificavit nobis baptismum, qui nos a sordibus peccatorum emundat. Deus.

Per sanctum tuum baptismum, per tuum ad aquas descensum, revocasti populos ab errore idolorum. Deus.

Pater in excelsis clamat, et Joannes in terra praedicat: Hic est agnus vivusque Dei Filius.

Qui in Jordanis flavio a Joanne baptizatus es, elue a nobis maculam peccatorum nostrorum. Deus.

Tibi, Domine, aperti sunt coeli, et Spiritus Sanctus in specie columbae advolans descendit, et illapsus mansit super caput tuum. Deus.

Tu es, Christe, Dominus noster, qui in forma egeni baptizatus es pro nobis. Libera nos, Domine, ab errore idolorum. Deus.

Gloria. Adamum, qui corruptus fuerat, in fluentis Jordanis fluvii iterum formavit, (collis a capite dolosi draconis, qui in aquis insidiabatur) qui ex Virgine incarnatus est. Quoniam gloriosus est.

Oratio.

Domine Deus sanctarum virtutum, p. 268.

Cyclion, tono secundo.

Afferte Domino filios arietum, Alleluja. Afferte gloriam et honorem. Afferte Domino honorem nomini ejus, Alleluja etc.

Sequentia. Sordes debitorum nostrorum, et maculas, quas ab inimicis nostris etc.

Proœmium. Gloria Regi Regum, et Domino saeculorum, incorruptibili etc. p. 269.

Ordo.

Deus, qui prae sua dilectione homo factus est incomprehensibiliter, ex sancta Virgine corpus assumens, et absque copula natus est, ut homines ad Patris sui adoptionem filiorum admoveret, eosque Dei filios per aquam et Spiritum efficeret. Formator infantium in uteris, qui sponte sua infans factus est, ut Adamum majestatis suae imaginem innovaret, qui inveteraverat, corruptioneque attritus fuerat: ut eum scilicet abluerel, et sana spiritalique sacri baptismatis fornace instauraret. Non indigus, qui ad baptismum accessit, ut nos baptismo suo ex aquis Jordanis fluminis sanctificaret. Filius majestatis, qui caput suum dexterae Johannis, sterilium filii, inclinavit, quum ad baptismum accessit, eique testimonium dedit Pater, inquiens: Hic est Filius meus dilectus, in quo mihi complacui: et Spiritus Sanctus in similitudine corporis columbae visus est, virtutibus coelestibus cum timore ac tremore adstantibus. Tu, Domine, dexteram misericordiae tuae extende super hunc famulum tuum, qui ad sanctum baptisma praeparatus est: et sanctifica, munda, ablue eum sacro hyssopo tuo, connumera eum tuis spiritualibus sanctisque ovibus: et benedic populo tuo, et custodi haereditatem tuam. Et quemadmodum per gratiam tuam induisti nos stola gloriae et donis Spiritus Sancti, nobisque dedisti, ut spirituales filii essemus sancto Patri per mersionem hujus baptismatis, quod peccatores justificat: nunc etiam Domine Deus misericors, dignos nos effice, ut revelata facie et absque confusione ministremus, coram te cunctis diebus vitae nostrae: et attollamus tibi gloriam et gratiarum actionem, Patrique tuo, et Sancto tuo Spiritui, nunc. —

Tono. Non in judicium, neque in vindictam. Vocem Joannis etc. p. 282.

Apprehendit Ecclesia p. 282.

Agnus Dei p. 282.

Tria sacra mysteria p. 282.

Incensum. Multitudini miserationum tuarum p. 270.

Psalmus. Quid tibi, mare, quod fugisti? et Jordanis.

Paulus ex epistola ad Romanos. Fratres: Quid igitur dicemus? manebimus in peccato etc. *usque* si igitur cum Christo mortui sumus, credamus, quod et cum Christo vivemus. Alleluja.

Asperges me hyssopo tuo, et mundabor.

Evangelium ex Joanne. Erat autem ibi vir quidam, ex Pharisaeis, Nicodemus nomine, etc. *usque:* Sic est omnis homo, qui natus est ex Spiritu.

Et precatur precationem istam pro se ipso secreto. Deus miserator et clemens: misericors, et benignus: qui scrutaris cor et renes, et nosti abscondita hominum: nulla enim est actio, quae te lateat, sed omnia coram oculis tuis aperta et nuda sunt, qui mea isthaec nosti. Ne taedeat te mei etc. p. 271.

Et extollit vocem suam. Ne extendas manus tuas, donec aquas in baptisterio miscueris. Et effinge et forma p. 271.

Inclinatio. Largitor lucis p. 271.

Et extollit vocem suam. Hic insufflat in faciem ejus. Da ei, Domine, divinum spiraculum etc. p. 271.

Et conversus ad baptizandum sacerdos signat eum in fronte tribus crucibus absque oleo dicens: Signatur N. etc. p. 272.

Et diaconus exuit eum vestimentis suis et reliquis et statuit eum conversa ad orientem facie.

Sacerdos orat inclinatus: Te invoco, Domine, etc. p. 272.

Et elevat vocem suam: Quoniam tu regnas super nos etc.

Et convertitur sacerdos ad occidentem et baptizandus ad orientem, et dicit super eum adjurationem hanc, in omni invocatione faciens crucem unam contra faciem ejus.

Te invocamus, Domine Deus p. 272.

Et revertitur baptizandus ad occidentem, et sacerdos ad orientem: sinistra autem sponsoris manus sit in manu sinistra baptizandi: et abrenunciat Satanae pro eo tribus vicibus.

Abrenuncio Satanae ego N. qui baptizor, et omnibus angelis ejus, et omnibus operibus ejus, et omni militiae ejus, et omni cultui ejus, et omni errori mundano, et cuilibet ei consentienti, eumque sectanti.

Idem subjungitur arabice, literis tamen syriacis, videlicet: Abrenuncio Satanae ego N., qui baptizor, et omnibus militibus, et omnibus operibus ejus, et omni timori ejus, et omni errori ejus mundano, et omnibus, qui eum turpemque ejus sententiam sequuntur.

Et revertitur sacerdos ad occidentem, et baptizandus ad orientem, Et sponsor dextera manu manum dexteram baptizandi apprehendens, dicit pro eo hanc confessionem tribus vicibus.

Consentio tibi, Christe Deus, ego N. qui baptizor, et omni doctrinae a te traditae per prophetas, et Apostolos et sanctos Patres, doctoresque orthodoxos. Confiteor et credo et baptizor in te, et in Patre tuo, et in vivo tuo et Sancto Spiritu.

Idem arabice literis syriacis: Credo in te, Christe, ego N. qui baptizor, et omnibus divinis doctrinis tuis, quas inspirasti per prophetas et Apostolos, et sanctos Patres, et doctores orthodoxos. Confiteor, et credo, et baptizor in te, et in Patre tuo; et in Spiritu tuo vivo et Sancto.

Item dicunt: Abrenunciavimus Satanae, et credidimus in Christum.

Sacerdos dicit pro eo hanc orationem gratiarum actionis. Gratias agimus tibi, Domine pag. 273.

Explicit officium catechumenorum.

Orate, quaeso, pro vili Abibo, reo et misericordiarum indigente, qui pro tenuibus viribus suis descripsit.

Item officium secundum baptismi.

Ingrediuntur ante baptisterium, et dicunt. Credimus in unum Deum. *Sacerdos orat orationem hanc.*

Gloria Patri, et Filio, et Spiritui Sancto etc.

Domine Deus, qui sacrum et spirituale hoc sancti baptismi ministerium divinis Apostolis tradidisti: perfice nunc etiam per nos peccatores famulos tuos animam istam, quae ad sanctum baptisma praeparata est: ut ornetur donis Spiritus Sancti, qui a te ipsi traditur, ut ipso obsignetur ad vitam, et adscribatur filiis gratiae, et attollat tibi congruas laudes, et Patri tuo et Spiritui tuo Sancto.

Et mittit aquas in baptisterium, et calidas quidem manu dextera tenet, frigidas vero sinistra, miscetque in modum crucis, dextera sinistrae superposita, et dicit hanc orationem: Misce, Domine p. 283.

Et ponit crucem super aquas, easque velo albo tegit et dicit: Pax vobis omnibus.

Populus: Et spiritui.

Sacerdos orat inclinatus: Pater sancte, qui per manus sanctorum Apostolorum pag. 273. *Et elevat vocem suam:* A te enim est pag. 273.

Et intingit pollicem suum oleo unctionis, et signat baptizandum tribus crucibus in fronte, dicens.

Signatur N. oleo laetitiae, ut eo muniatur adversus omnem adversam operationem, et ut inseratur in bonam olivam in apostolica et catholica Ecclesia: in nomine Patris, Amen, et Filii, Amen, et Spiritus Sancti in vitam saeculi saeculorum, Amen.

Prooemium.

Gloria. Coram matre vitae et fonte mystico, qui generat alitque plantas spirituales ac caelestes: supplicamus tibi, Domine, ut largiaris nobis donum unigeniti Filii tui sancti: et offeramus tibi munera laudis, fructus labiorum confitentium nomini tuo sancto, in hac hora. *Ad marginem* *). Coram matre vitae, et fonte mystico, manibus hujus sacerdotis aromata imponuntur, oremus omnes.

Ordo.

Largitor sanctitatis pag. 274.

Tono Kukaei, Versus.

Vox Domini super aquas Alleluja. Joannes miscuit pag. 270.
Dedisti dona hominibus, Alleluja.
Quis vidit duas pulchras sorores, etc. pag. 270.
Gloria. Magnum prodigium etc. pag. 270.
A saeculo. Fons vitae apertus est etc. pag. 284.

---

*) Dicitur, cum incensum in thuribulum mittitur, quod fere semper fit, cum prooemium explicit.

Incensum.

Christe Deus, Pater futuri saeculi. Tu itaque Domine propter ineffabilem tuum erga homines amorem, ostende puerum hunc per istum aromatum suffitum, filium tuum dignum dono isto lavacro regenerationis, et dispone eum ad bona et munda opera usque ad extremum spiritum toto tempore vitae suae: et in die novissimo quum ad resurrectionem omnis carnis adveneris, dignare praesentare eum Patri tuo cum operum puritate, dicens quemadmodum per prophetam pollicitus es: Ecce ego, et filii, quos dedisti mihi, Deus Pater mi. Ut propter haec divina munera attollat tibi gloriam et confessionem, Patrique tuo, et Sancto tuo Spiritui, nunc. *Exclamatio.* Dimitte Domine debita nostra propter gratiam tuam et condona insipientiam nostram propter misericordiam tuam, et concede nobis, ut tui simus, tibique placeamus secundum voluntatem tuam, et miserationes inveniamus coram te, Pater, et Fili, et Spiritus Sancte in saeculum saeculorum.

Hinc incipit benedictio aquae.

Sacerdos. Inclinatio.

Dedisti nobis fontem pag. 274. *Et elevat vocem suam.* Quoniam tu es dator pag. 275.

Populus: Amen.

Sacerdos: Pax.

Populus: Et spiritui.

Sacerdos inclinatus: Domine Deus omnipotens, creator pag. 275. *Et elevat vocem suam.* Tu confirmasti virtute tua mare pag. 275.

Insufflat sacerdos in aquas ter in modum crucis ab occidente ad orientem, et a dextera ad sinistram.

Inclinatio.

Crux prima. Eja, Domine, contundatur caput draconis illius homicidae sub signo crucis tuae. *Crux secunda.* Fugiant itaque umbrae invisibiles et aëreae: quaeso te Domine; neque delitescat in aquis istis tenebrosus daemon. *Crux tertia.* Neque cum hoc, qui baptizatur, descendat immundus tenebrarum spiritus, qui una secum cogitationis et mentis turbationem inducit. Concede, ut dissipetur ex eo operatio accusatoris.

Et elevat vocem suam singulis quatuor invocationibus crucem unam formans.

Tu, Domine Deus omnipotens, ostende etc. ut pag. 275.

Invocatio Spiritus Sancti.

Diaconus.

Quam terribilis est hora ista, et quam tremendum hoc momentum, charissimi, quo Spiritus vivus et Sanctus e summitate coelorum descendens, circumfertur, illabitur, et manet super aquas, easque sanctificat, quemadmodum fluenta Jordanis fluvii sanctificata sunt.

Sacerdos. Inclinatio.

Miserere nobis, pag. 276. *Et extollit vocem suam.* Exaudi me, pag. 276.

Populus: Kyrie eleison.

Et prosequitur sacerdos inclinatus.

Tu, Domine, revelare pag. 276.

Et dicit. Revelare Domine super nos et super aquas istas, et sanctifica eas.

Et annuit manu super aquas, tresque facit cruces dicens.

Benedictae et sanctificatae sunt aquae istae in nomine Patris vivi in vitam. Amen. In nomine Filii vivi in vitam. Amen. In nomine Spiritus vivi et Sancti in vitam saeculi saeculorum.

Et prosequitur elata voce.

Ut hic, qui simul plantatus est pag. 276.

Et effundit sacerdos chrisma super aquas tribus vicibus in modum crucis: et dicit prima vice.

Ecce effundimus sanctum chrisma super aquas istas baptismi, ut per eas vetus homo in novum evadat. Alleluja in nomine † Patris. Amen. Vox Domini super aquas, Alleluja. Viderunt te aquae Deus. In nomine † Filii. Amen. Propterea unxit te Deus, Deus tuus. All. In nomine † Spiritus S. in vitam saeculi saeculorum.

Sacerdos inclinatus:

Qui super unigenitum p. 276. *Et elevat vocem suam.* Ut illustratus, pag. 276.

Et accipit sacerdos in manus suas oleum unctionis, dextramque suam super faciem ejus proferens, totum ipsius corpus ungit. Diaconi vero dicunt hunc cantum.

Oleo sancto edixit Deus, ut ungeret Aaronem, tumque sanctificaretur. Oleo sancto ecce ungitur hic simplex agnus, qui ad baptismum accessit.

Hoc oleo sanctificati sunt sacerdotes, prophetae, et reges, qui claruere, et coronati fuere. Eodem ungitur iste simplex agnus, et connumeratur inter filios Patris caelestis.

Gloria. Hoc oleum est, quod palam ungit rationalem ovem, quae ad baptismum accessit. At Spiritus Sanctus clam obsignat, et divinitus illabitur atque sanctificat.

A saeculo. In fide Trinitatis, Patris et Filii et Spiritus Sancti ungeris nunc spiritualis agnus, ut stolam gloriae induas ex alto.

Et demittit eum in craterem, conversa ad orientem quidem baptizandi facie, sacerdotis vero ad occidentem, et dexteram suam capiti ejus imponens, sinistra ex aquis, quae coram baptizando sunt, attollit et fundit super caput ejus, dicens. Baptizatur N., ut sit agnus in grege Christi in nomine Patris. *Et ex iis, quae sunt a tergo ejus, et fundit super caput ejus, dicens.* Et Filii. *Et accipit ex aqua, quae est ad dexteram et sinistram ipsius, funditque super caput ejus dicens.* Et Spiritus vivi et Sancti in vitam saeculi saeculorum.

Et educit baptizatum: diaconi vero canunt hunc hymnum.

Descendite, fratres obsignati, induite Dominum nostrum, et commiscemini inclyto ipsius generi, ut ait in sua parabola.

De summo natura ejus est; vestimentum vero ex imis. Mistum est vestimentum vestrum cum vestimento Domini nostri.

Gloria Patri, et gratiarum actio Filio, et Spiritui Sancto adoratio et exaltatio in saeculum saeculorum.

Et elevat eum, et dicunt.

Expande alas tuas sancta Ecclesia, et simplicem agnum suscipe, quem Spiritus Sanctus genuit ex aquis baptismatis. Salve nobis agnus filius ex baptismo genitus, quem ex aquis genui in nomine Trinitatis.

Sacerdos orat inclinatus: Hoc quoque signaculum pag. 277.

Et accipit sacerdos cornu chrismatis, et declinat super pollicem suum, et signat frontem baptizati tribus crucibus a capite usque ad os ejus, et ab aure ad aurem, quum interim puer sit super manus susceptoris sui.

Chrismate sancto p. 278.

Et accipit sacerdos chrisma super manum suam, ungitque baptizatum, a fronte ducens ad latus dextrum, et inter femora, et in latere sinistro, et revertitur ad frontem, sicut in principio: et cor ejus, oppositamque partem, et nares, et os, et manus, et pedes, totumque corpus. Tunc induunt baptizatum vestimentis albis.

Et orat sacerdos inclinatus.

Benedictus es, Domine p. 278. *Et elevat vocem suam.* Serva eum p. 278.

Oratio ad Pater noster, qui es in coelis.

Deus et Pater, genitor lucis, et principium vitae, largitor scientiae, factor gratiae, auxiliator animarum, thesaurus sapientiae, doctor sanctitatis, fundamentum saeculorum, susceptor purarum orationum, qui dedisti nobis de morte vitam; qui largitus es nobis de servitute libertatem, qui tenebras erroris, quae in nobis erant, per adventum unigeniti Filii tui illuminasti. Nunc etiam, Domine, illumina oculos mentium nostrarum, nosque anima et corpore sanctifica. Ut mundo corde purisque labiis vultuque minime confuso audeamus invocare te, Deus coelestis, omnipotens, sancte; et oremus dicentes. Pater noster, qui es in coelis.

Extensus.

Domine Deus omnipotens, qui redemptionem per Christum dedisti nobis, et regenerationem, quam per aquam et Spiritum Sanctum dedisti servo tuo huic, qui modo baptizatus est. Tu Domine, hominum amator, adjuva eum, et in sanctitate conserva eum, et lumine agnitionis tuae fulgentem, atque coram sacra mensa tua adstantem, dignum effice et beatitudine coelesti per misericordiam unigeniti Filii tui, per quem, et cum quo tibi convenit gloria, et honor cum Sancto tuo Spiritu, nunc.

Sacerdos: Pax.

Populus: Et spiritui.

Diaconus: Domino capita nostra.

Populus: Coram te.

Sacerdos extensus.

Coram te nos, p. 279.

Quumque eum coronat, dicit:

Corona, Domine Deus, hunc servum tuum decore et gloria: sitque ejus vita in beneplacitum et laudem nominis tui, Pater et Fili et Spiritus Sancte, nunc.

Et facit eum participem Sacramentorum, dicens:

Deus sanctus, largitor totius sanctitatis, cujus sancto signaculo obsignatus es, et cujus sigillum sancti chrismatis odore suavis atque vivi-

Sci tibi impressum est; ipse dignum te efficiat, ut assidue corpus suum cum puritate percipias, et sanguinem suum cum sanctitate bibas: gregique suo divino commiscearis, et in regno suo aeterno haeres fias: victrice demum cruce sua custodiaris, nunc.

Et dicunt hunc hymnum.

Frater noster, p. 288.

Coronam haud marcescibilem capiti tuo imposuit Dominus tuus, voces laudis attollit ei os tuum.

Fructus, quem p. 288.

Vade in pace, p. 288.

Complementum.

Deus Pater sit tecum. Filius adorandus custodiat te. Spiritus Sanctus, quem induisti, perficiat te, baptismus, quo baptizatus es, maneat in te, et a noxis eripiat te. Nunc.

Diaconus: Vade in pace.

Sacerdos:

Commendamus te gratiae et misericordiae Sanctae Trinitatis cum sacro chrismate, quod de propitiatorio Christi baptismo percepisti in saeculum saeculorum. Amen.

b) Ordo a Severo Antiocheno compositus.

(Edidit syriace et latine Guido Fabricius Boderianus Antverpiae 1572. Ex codicibus Vaticanis emendatius edidit Assemanus Cod. liturg. T. II. p. 261. sqq. in notis ad ordinem apostolicum a Severo ordinatum, et T. III. p. 174. integrum ordinem confirmationis separatim.)

Item virtute Trinitatis innixi scribimus ordinem sancti baptismi, quem ordinavit Dominus meus Sanctus Severus patriarcha.

Primum oratio principii*): Dignos nos effice etc. p. 267.

Responsorium ad Miserere mei, tono, qui memoriam. Deus, qui in Jordane ut homo a Joanne baptizatus, naturam aquarum sanctificasti: ad te praeveni, miserere mei. Amplius lava me**). Deus, qui tamquam indigens a Joanne in fluvio Jordane baptizatus, baptisma nobis sanctificasti. Ad te ***). Tibi. Deus, qui ut homo baptizatus es, et sanctificasti nos ut Deus in spiritu et veritate. Ad te. Tu enim veritatem. Christe Deus, qui baptismo tuo sanctificasti nobis baptisma, quod mater est spirituales filios gignens. Ad te praeveni, miserere mei. Satia me. Viderunt te aquae, Deus, et timuerunt, et exundavit fluvius a conspectu tuo, quum vidit te ad baptisma venientem. Ad te. Cor mundum. Joannes inter caetus exclamavit: Hic est agnus Dei, qui tollit peccatum

---

*) Deest hoc in ordine hic doxologia, quia nimirum ex memoria est recitanda (Assemanus).

**) Singuli versus psalmi Miserere ex memoria integri dicuntur ante strophas. A

***) Post strophas singulas integra repetitur illa finalis: Ad te praeveni, miserere mei. A.

mundi. Ad te praeveni, miserere mei. Sed redde mihi. Deus, qui dixisti Joanni: manum tuam tantum impone capiti meo, et ego ipse baptizor. Ad te. Libera me de sanguine. Christe Deus, qui per tuum baptismum naturam aquae sanctificasti: sanctifica servos tuos, ut baptizentur. Ad te. Quoniam noluisti. Rex Christe, qui arrhabonem nobis in spirituali baptismate dedisti, ut filii patris tui simus. Ad te praeveni. Gloria. Trinitas hodie patefacta est. Filius baptizatus est: Pater clamavit: et Spiritus Sanctus incubavit. Ad te praeveni, miserere mei.

Oratio:

Lux lucida et illuminans, cujus splendore conturbantur ignei, cujus aspectu commoventur spirituales, quam superi scrutari verentur: qui tamquam simplex in Jordane fluvio per servum tuum baptizatus es: da nobis Domine, ut jugiter admiremur tuam humilitatem, et obstupescentes consideremus tuam exinanitionem, et suscipiamus tuam charitatem, et laudemus tuam dilectionem, et gratias agamus tuae beneficentiae, et adoremus beatissimum Patrem tuum, et celebremus Sanctum tuum Spiritum, nunc et semper in saeculum saeculorum. *Et dicit psalmum, tono secundo.* Afferte Domino filios arietum, Alleluja, Alleluja. Afferte Domino gloriam et honorem. Afferte Domino gloriam nomini ejus, Allel. Allel. Adorate Dominum in atrio sanctuarii ejus. Vox Domini super aquas. Allel. Allel. Deus gloriosus intonuit. Dominus super aquas multas. Allel. Allel. Vox Domini in virtute, vox Domini in gloria.

Si vero sint faeminae, dicat: Eructavit cor meum verba bona, etc. Gloria.

Sordes debitorum nostrorum, et maculas, quas ab inimicis nostris contraximus, hodie per lavacrum, quod fit ex aqua et Spiritu, eluimus: in viam scilicet deducti novam, quae minime veterascit, spiritualem, quae nec fallit nec anticipatur, sed in mente ejus est, quem diligit Deus.

Sacerdos ponit ordinem et primo quidem prooemium: Gloria. Regi regum et Domino saeculorum etc. p. 269.

Ordo: Deus misericors etc. p. 269.

Populus: Amen.

Sacerdos: Pax.

Populus: Et cum spiritu.

Oratio, cum sacerdos miscet aquas: Misce, Domine [*]), aquas istas per supplicationem tenuitatis meae, et virtutem operationis Sancti Spiritus tui in ipsis infunde: ut sint spiritualis uterus generans filios incorruptibiles: et famulis hisce tuis, qui in eis baptizantur, concede, ut sint indumentum incorruptibilitatis, et solutio vinculorum peccati per gratiam tuam, et per beneplacitum Patris tui, ac per efficaciam Spiritus tui, nunc.

Cantus Kukaei.

Joannes miscuit aquas baptismatis, et Christus sanctificavit eas, et descendens in eis baptizatus est. Superi, et imi honorem ei dederunt, quo tempore de aquis ascendit. Sol inclinavit radios suos, et sidera eum adorarunt, qui flumina fontesque omnes sanctificavit. Alleluja, Alle-

---

[*]) Cf. p. 283.

luja. Absque igne et absque lignis calefactae sunt aquae, quum venisset
Filius Dei, ut baptizaretur in Jordane. Accessit Joannes tanquam sacerdos benedictus, et imposuit dexteram suam capiti Domini sui. Et Spiritus Sanctus in similitudine columbae volans descendit, mansitque super
caput Filii, et super aquas incubavit. Alleluja, Alleluja. Gloria Patri,
et Filio, et Spiritui Sancto. Dixit Dominus noster Joanni: accede, baptiza me. At ille respondit: fieri non potest, ut flammam apprehendam.
Cui ille: Dexteram tuam tantum impone capiti meo, et ego baptizor: et
tu vocem de sublimi audies; et Spiritus incubabit, et Pater ex alto
clamabit: Hic est Filius meus dilectus. Alleluja, Alleluja. A saeculo et
usque in saeculum saeculorum Amen. Fons vitae apertus est baptismus;
et Pater, et Filius, et Spiritus Sanctus pro sua benignitate eum sanctificavit. Pater exclamavit, hic est Filius meus dilectus: Filius inclinavit
caput suum, et in eo baptizatus est: Spiritus Sanctus in specie columbae
volans descendit, et fluvii fontesque omnes sanctificati sunt*). Alleluja,
Alleluja.

Susceptio thuris**).

Multitudini miserationum tuarum etc. uti supra p. 270.

Et dicunt psalmum. Quid tibi mare, quod fugisti? Et Jordanis,
quod conversus es retrorsum? A conspectu Domini mota est terra, et
a conspectu Dei Jacob.

Ex Actibus Sanctorum Apostolorum. Charissimi: Angelus autem
Domini loquutus est ad Philippum, dicens: surge *usque* et amplius non
vidit eum Eunuchus ille, sed pergebat in itinere suo gaudens. *Paulus
ex epistola ad Hebraeos.* Fratres: testatur autem nobis et Spiritus
Sanctus, qui dixit: Hoc est testamentum, etc. *usque ad,* Fidelis enim est,
qui promisit nobis.

Et dicunt, Alleluja, tono secundo, et antiphonam, Viderunt te
aquae, Deus.

Et evangelium ex Joanne. Erat autem homo quidam ex Pharisaeis, Nicodemus nomine, *usque ad* Sic est omnis, qui natus est ex
Spiritu.

*Diaconus dicit litaniam***).* Stemus recte omnes cum diligentia,
et vocibus, quae Deum conciliant, clamemus dicentes. Christe Deus noster,
qui mysteriorum ineffabilium abyssus es, et propter tuum erga homines
amorem super terram visus es, et cum hominibus conversatus. Rogamus
te. Qui per vocem Patris, et per adventum Spiritus et per impositionem

---

*) Ut haec apocrypha intelligantur, nota, apud Syros sacerdotem bapti-
zantem dexteram capiti baptizandi imponere et sinistra aquas ad eum movere.
Ita et hic dextera Joannis Christo fuisset imposita. Porro calidam aquam
miscent frigidae, hic vero aquas miraculo calefactas narrant.

**) Id est gratiarum actio post oblationem thuris (Assemanus).

***) Est haec diaconi praedicatio, in sex strophas divisa, quorum singulae
incipiunt per haec verba: Christe Deus noster, et desinunt sic: Rogamus te,
Domine Deus, exaudi nos, respondente populo: Domine noster, miserere nostri.
(Assemanus.)

manus Joannis haereses opinionesque circa tuam Incarnationem repulisti. Supplicamus. Qui caput tuum in aquas immersisti, et universum mundum a peccati profunditate extraxisti et duxisti. Obsecramus. Qui a Joanne ut homo baptizatus es, et a Patre tuo testimonium accepisti, et a Spiritu Sancto demonstratus es. Rogamus. Qui per sanctum baptismum tuum coelos, qui prius erant propter peccata nostra clausi, aperuisti. Rogamus.

Sacerdos inclinatus*): Qui Deus es miserator, et misericors, qui probas cogitationes et renes, et humanorum abscondita cordium nosti, non enim te ne una quidem actio latet: sed omnia coram oculis tuis nuda et aperta sunt. Qui omnia isthaec mea nosti: ne taedeat te mei, neque avertas faciem tuam ab infirmitate mea, sed aufer delicta mea in hac hora, qui dissimulas peccata hominum, qui ad poenitentiam convertuntur. Elue sordes corporis mei, et maculas animae meae, ac plene sanctifica me virtute tua invisibili, et spirituali dextera tua: ne quum aliis libertatem pollicitus fuero, eamque concessero cum fide tuoque erga homines amore conjunctam; ipse tanquam servus peccati reprobus fiam. Ne, Domine mi, qui solus absque peccato es, ne humilis et confusus revertar: sed propitius mihi quum sis, emitte virtutem tuam ex alto, et adjuva me ad hoc ministerium magni hujus ac caelestis sacramenti, quod propositum est.

Exclamatio: Et effinge Christum tuum in his**) p. 271.

Inclinatio: Largitor lucis p. 271.

Et insufflat in aquas tribus vicibus. Exclamatio: Da ipsis, Domine, sanctum spiraculum p. 271.

Hic signat eos, qui baptizantur, in fronte absque oleo tribus crucibus, et dicit: Signatur etc. p. 272.

Et orat inclinatus: Te invoco, Domine p. 272.

Et convertitur sacerdos ad occidentem et baptizandi ad orientem et dicit super eos adjurationem hanc, in omni invocatione faciens crucem contra faciem eorum: Te invocamus, Domine Deus noster, p. 272.

Tunc convertit eos sacerdos ad occidentem, et profert ipse sacerdos pro baptizandis hanc abrenunciationem tribus vicibus, sponsoribus ter eadem respondentibus: Abrenuncio Satanae etc. p. 304. *Postquam autem abrenunciarunt, convertit eos ad orientem, et dicit tribus vicibus:* Consentio tibi etc. p. 304.

Tum dicit: Credimus in unum Deum.

Sacerdos orat inclinatus: Gratias agimus p. 273.

Sacerdos inclinatus: Pater sancte, qui per manus sanctorum Apostolorum p. 273.

Exclamatio: A te enim est p. 273.

Et signat sacerdos baptizandum tribus crucibus in fronte ejus, oleo olivae, dicens hunc in modum: Signatur N. oleo laetitiae p. 305.

---

*) Haec oratio una cum exclamatióne ad verbum consonat cum ea, quae habetur in baptismo Coptitarum p. 203., sed et analoga, quae habetur in aliis Syrorum ordinibus p. 271. multa consonantia retinuit.

**) Ordo iste Severi plures baptizandos in orationibus et rubricis supponit.

Sacerdos incipit proöemium: Gloria Trinitati gloriosissimae p. 284.
Ordo: Dator sanctitatis etc. p. 274.

Populus: Amen.

Et dicunt, tono Te Domine invocamus: Oculo prophetiae vidit David Christum venientem, ut baptizaretur in Jordane. Extulit vocem suam in cithara, coepitque clamare: viderunt te aquae, Deus, viderunt te Domine, et timuerunt. Abyssi quoque commotae sunt a conspectu tuo, et nubes stillarunt tibi rorem, et dederunt vocem coeli coelorum. Gloria gratiae tuae. Christus reseravit baptisma in remissionem debitorum, et baptismo suo sanctificavit aquas, deditque typum Ecclesiae suae. Tres testes ibi fuere super Jordanem: tria proinde nomina invocabit sacerdos in sanctuario*). Joannes manum suam imposuit, Spiritus Sanctus super Filium descendit et Pater ex alto clamavit: Hic est Filius meus dilectus. Vidit Joannes Filium, et clamavit dicens: Hic est agnus Dei, in quo sibi complacuit Pater. Vidit coelos apertos et Spiritum Sanctum descendentem in specie columbae et super caput ejus manentem et Seraphim clamantes ad eum: Sanctus, Sanctus es Filius**) Altissimi, qui descendisti, et corpus induisti, ut creaturis vitam praeberes. Joannes super aquas stabat, et Christus venit ad baptismum, ut baptizaretur in Jordane. Vidit eum a longe venientem, et clamare coepit: Hic est, cujus non sum dignus corrigias calceamentorum solvere. Ego siquidem in aquis baptizo: at ille, qui venturus est, in igne et Spiritu. Benedictus, qui mundum universum per baptismum expiavit.

Sacerdos inclinatus: Domine, qui dedisti nobis p. 274. *Exclamatio:* Quoniam tu es dator p. 275.

Inclinatio: Domine Deus omnipotens, creator p. 275. *Exclamatio:* Tu confirmasti virtute tua mare p. 275.

Hic insufflat sacerdos in aquas tribus vicibus in crucis formam, et dicit inclinatus: Contundatur, o Domine, caput draconis sub signo crucis tuae, et fugiant umbrae invisibiles: neque descendat cum iis, qui baptizantur, immundus tenebrarum spiritus, rogo te, Domine Deus, quoniam turpes cogitationes loquutus est cum mentis perturbatione. *Et extollit vocem, et qualibet invocatione facit quatuor cruces super aquas, digitumque suum demittit ab oriente primum, deinde ab occidente, et aquilone, et austro aquarum:* Sed tu Domine omnipotens, ostende aquas istas. *Ad orientem:* aquas quietis. *Ad occidentem:* aquas laetitiae. *Ad aquilonem:* aquas mystice designatas per mortem unigeniti Filii tui. *Ad austrum:* aquas expiationis: aquas expiantes omnem labem et immunditiem carnis et spiritus: vinculorum solutionem. *Ad orientem:* Remissionem lapsuum. *Ad occidentem:* Illuminationem animarum et corporum. *Ad aquilonem,* Lavacrum regenerationis. *Ad austrum.* Donum adoptionis filiorum. *Ad orientem.* Vestimentum incorruptibilitatis. *Ad occidentem.* Innovationem Spiritus Sancti. *Ad aquilonem.* Aquas omnem maculam carnis, et spiritus eluentes. *Ad austrum. Extollit vocem.*

---

*) Nota, quomodo hic alludatur ad comma Johanneum de tribus testibus.

**) Haec in Bibliotheca Maxima Patrum notantur ut haeresis Petri Graphei de Trisagio.

Tu enim dixisti: Lavamini, mundi estote: auferte mala de cordibus vestris. Tu supernam generationem per aquam, et Spiritum dedisti.

Diaconus: Cum silentio et timore.

Sacerdos inclinatus. Invocatio Spiritus Sancti. Miserere nostri,
Deus p. 276. *Et dicit:* Domine exaudi me, exaudi me.

Populus: Kyrie eleison.

Sacerdos inclinatus: Revelare, Domine p. 276. *Extollit vocem.*
Ut ii, qui simul plantati sunt p. 276.

*Et accipit cornu chrismatis ipse sacerdos, et effundit super aquas
tribus vicibus in modum crucis; prima quidem vice dicens,* Alleluja,
et antiphonam, eademque prima vice dicens: In nomine Patris. *Secundâ
vero vice dicit:* In nomine Filii. *Et tertia vice dicit:* In nomine Spiritus
Sancti. Viderunt te aquae Deus. *Rursus secunda vice subjungit dicens,*
Alleluja, *et antiphonam:* Viderunt te Domine aquae, et timuerunt. *Et
iterum prosequitur tertia vice dicens:* Chrisma sanctum effundo super
aquas istas. Alleluja.

Et inclinatus orat hanc orationem: Qui super unigenitum p. 276.
Extollit vocem: Ut illustrati, p. 276.

*Et accipit sacerdos de oleo olivae et ponit in vola manus suae,
totumque corpus ejus, qui baptizatur, ungit; deinde demittit eum in baptisterium, dicens hunc cantum tono: Domine vesperarum, prius tamen
ungens quam dimittat eum:*

Oleo sancto edixit Deus ungi Aaron, tumque sanctificari. Oleo
sancto unctus est Aaron: rex autem David mysterium ejus nobis praedicavit. Et ecce in Ecclesia unguntur simplices agni, qui ad baptisma
venerunt. Carbo ignis e sublimi descendens sanctificavit oleum pro sacerdotibus filii Aaron.

Oleo sancto condonentur debita. Et ecce deducitur in sancta Ecclesia. Obdormivit Moyses et Aaron levita, et cessavit oleum, quod ad
populum per traditionem ducebatur. Nunc autem Ecclesia gentium sanctificatur oleo in nomine Patris et Filii et Spiritus Sancti.

*Et demittit eum in baptisterium, conversa ad orientem facie, dex-
tramque suam capiti ejus, qui baptizatur, imponit, et sinistra sua ter
attollit ex aquis, quae sunt coram eo, et a tergo, et ad alterum la-
terum ejus, dicens hunc in modum:* Baptizatur N. in nomine Patris,
Amen. Et Filii, Amen. Et Spiritus Sancti in vitam saeculi saeculorum.

*Et educit eum e medio aquarum et tradit eum susceptori ejus et
dicit hunc cantum, tono: Utrumque saeculum tuum est Domine:* Expande etc. p. 287. De hoc baptismo etc. p. 287. Spiritus ex alto in
specie columbae descendit super caput ejus. Ipse vero baptizatus est,
et ascendit ex aquis, et exortum est lumen ejus super terram. Ex aquis
viros etc. p. 287. *Et dicunt adstantes versus istos tribus vicibus.*
Beati illi, quorum remissa sunt delicta, et quorum tecta sunt peccata.

Et orat extensus: Hoc quoque signaculum p. 277.

*Et signat omnia eorum membra, eorumque frontem tribus vicibus,
dicens:* Chrismate sancto, p. 278.

*Et ungit omnia eorum membra, et manus, et pedes, et nares eorum.
Tum induunt eos suis vestimentis.*

Et dicit orationem hanc inclinatus: Benedictus es, Domine p. 278.
Et extollit vocem: Serva eos p. 278.

Populus: Amen!
Sacerdos: Pax.
Populus: Et cum spiritu.

Sacerdos extensus.

Domine Deus omnipotens, qui redemptionem per Christum dedisti nobis, et famulis tuis hisce regenerationem per aquam et Spiritum Sanctum largitus es. Tu, Domine, hominum amator adjuva eos: et in sanctitate conserva eos: et lumine agnitionis tuae fulgentes, et coram sacra mensa tua adstantes, dignos redde beatitudine tua coelesti per misericordiam unigeniti Filii tui. Ut nos, et ipsi uno consensu audeamus invocare te, Deus coelestis, Pater omnipotens sancte, et oremus dicentes: Pater noster, qui es in coelis.

Populus: Sanctificetur.

Sacerdos inclinatus.

Eja Domine Deus, cujus per magnum et ineffabile domum, Spiritus Sancti adventu, istae sanctificatae sunt aquae, ut essent spiritalis uterus hominem novum e vetere generans: qui hosce servos tuos lavacro, quod per aquam et Spiritum fit, dignos effecisti. Tu igitur, Domine, propter multas miserationes tuas coelesti regno tuo dignos eos redde: ut nos, et ipsi laudem tibi et gratiarum actionem extollamus, et unigenito Filio tuo, et Spiritui tuo Sancto, nunc.

Populus: Amen.
Sacerdos: Pax.
Populus: Et cum spiritu.
Diaconus: Domino capita nostra.
Populus: Coram te.

Sacerdos extensus.

Coram te p. 279.

Et elevant baptizatos ad altare, eisque dant mysteria. Et sertis coronat eos atque hanc orationem dicit.

Deus magne, abditorum cognitor, solus sanctus, et in sanctis requiescens: Salvator hominum, maxime fidelium: qui agnitionem veritatis nobis largitus es: qui potestatem nobis dedisti, ut filii Dei simus per regenerationem ex aqua et Spiritu. Tu, Domine, servos tuos hosce, qui nunc lavacro regenerationis baptizati sunt, sanctifica in veritate tua: reple eos gratia Spiritus tui Sancti: nutri eos: instrue eos tua sapientia, tuoque timore: quumque ad mensuram aetatis eos adduxeris, concede eis, Domine, verum agnitionem, custodiens eos in recta tua et illibata fide, ut in omni via justitiae ambulantes, stare possint cum fiducia coram tribunali Christi tui, cum quo tibi convenit gloria et honor et potestas cum Spiritu tuo.

Et dicunt hymnum hunc.

Fratres, canite gloriam Filio Domini universorum, qui coronam vobis nexuit, quam reges desiderarunt.

Illustrate vestimenta vestra, et candidi estote, ut nix: et splendores vestri instar angelorum luceant.

Instar angelorum ascendistis, charissimi, e Jordane fluvio per virtutem Spiritus Sancti.

Coronas haud · marcescentes, fratres, accepistis: et gloriam Adae hodie induistis.

Fructus, quem Adam in Paradiso non gustavit, hodie in oribus vestris positus est.

Bona coelestia, fratres, accepistis, cavete a malo, ne vos diripiat.

Ite in pace, filii baptismatis, adorate crucem, quae vos custodiat.

Gloria Patri, gratiarum actio Filio, adoratio et exaltatio Spiritui Sancto.

Diaconus dicit: Ite in pace.

Sacerdos dicit. Oratio.

Deus Sanctus et sanctitatis largitor, cujus signo signati estis, cujus chrismatis annulo in suavitatem odoris impressi estis, cujus sacro baptismate baptizati estis: ipse dignos vos efficiat regno suo coelesti: et pro hac dissolubili corona, coronet vos coronis justitiae, et operibus bonis, et revelata facie digni semper efficiamini sanctorum et vivificantium Sacramentorum suorum, nunc et semper in saecula.

Obsignati estis, et commendamini gratiae Sanctae Trinitatis per divinum baptisma, quod induistis. Amen.

c) Ordo brevis Severi.

(Edidit ex cod. Vat. Ecchellensi 4. Assemanus Cod. liturg. T. II.)

Item alter brevis ordo sacri baptismatis, auctore Sancto Severo.

Quum necessitas propinquae mortis urget, etsi jejunus presbyter non adsit, etiam post captum cibum baptiset hunc in modum.

Primum signat, dicens: Signatur N. † ad gloriam Dei Patris † in agnitionem unigeniti Filii † ad cultum Sanctissimi Spiritus.

Et statim miscet aquas, et breviter facit orationem sanctificationis aquae, abrenunciationem, inquam, adjurationem, confessionem; et eam, quae fit ante et post cruce signationem: totumque consequenter ordinem, qui supra descriptus est,

Et statim orat: Deus hominum amator, expelle ab hac anima, quae venit, ut ad tuum sanctum baptisma accederet, omnes spiritus nequitiae, per signum crucis unigeniti Filii tui.

Et facit crucem in fronte ejus, qui baptizatur, dicens sic: Et concede ei per misericordiam tuam regenerationem per aquam et Spiritum, et dignum effice bonis tuis per gratiam et misericordiam Christi tui, cum quo tibi convenit gloria et honor cum Spiritu tuo Sancto tibique consubstantiali, nunc.

Tum signat eum oleo unctionis in fronte dicens: Signatur N. oleo laetitiae, ut dignus fiat adoptione filiorum per regenerationem † in nomine Patris, Amen; † et Filii, Amen, † et Spiritus Sancti in vitam saeculi saeculorum Amen.

Et statim ponit thus sacerdos et incipit dicens: Gloria Patri et Filio et Spiritui Sancto, nunc.

Et inclinatus dicit: Deus bone, hominum amator, Domine misericors, et multae misericordiae et clementiae; qui descensu tuo aquas Jordanis sanctificasti, et adventu Spiritus tui Sancti: Tu Domine increpa omnes spiritus malos.

*Et insufflat sacerdos in aquas coram et ad dextram et ad sini-
stram formans crucem super eis et dicit inclinatus:* Expellat ab aquis
istis et ab iis, qui in ipsis baptizantur, omnem malam adversae virtutis
operationem.

Et subjungit dicens: Domine miserere nostri et emitte super eas
Spiritum tuum Sanctum et benedic et sanctifica eas: ut sint iis, qui baptizantur, aquae salutares, aquae quietis. *Et extollit vocem.* Gloria et
adoratio attollatur tibi, et Patri tuo, qui te pro salute nostra misit, et
Spiritui tuo Sancto ac vivificanti, nunc.

*Et tollens cornu chrismatis effundit super aquam ter in crucis for-
mam dicens,* Alleluja.

Et orat inclinatus: Benedicuntur et sanctificantur aquae istae in
nomine Patris et Filii et Spiritus Sancti, ut sint in regenerationem adoptionis filiorum in saeculum saeculorum.

*Tunc facit sacerdos crucem super caput ejus, qui baptizatur, to-
tumque oleo unctionis ungit dicens:*

Ungitur N. oleo laetitiae, quo adversus omnem accusatoris virtutem
muniatur, † in nomine Patris Amen, † et Filii Amen, † et Spiritus Sancti
in saecula Amen.

*Et postquam totum corpus unctum fuerit, demittit eum in bapti-
sterium conversa ad orientem facie, et demergit eum in aquas tribus
vicibus imponens dexteram suam sacerdos super caput ejus, qui baptizatur, dicens:*

Baptizatur N. in remissionem peccatorum et in opera irreprehensi-
bilia et in benedictam resurrectionem a mortuis et in vitam aeternam
† in nomine Patris, Amen, † et Filii, Amen, et Spiritus Sancti †, Amen.
Quumque baptizatus fuerit, orat sacerdos.

Deus, qui redemptionem per Christum tuum tribuisti nobis, et dedisti huic famulo tuo, qui baptizatus est, regenerationem per Spiritum
tuum Sanctum. Tu Domine, hominum amator, adjuva et conserva eum
in sanctitate, fulgentem lumine tuo, et coram sacro altari tuo adstantem:
dignum effice eum beatitudine tua caelesti; quoniam gloriosum est nomen tuum semperque benedictum nunc.

Populus: Amen.

Et signat eum chrismate dicens.

Sacro chrismate, suavi Christi Dei odore, signaculo verae fidei, et
complemento doni Spiritus Sancti signatur N. † in nomine Patris Amen,
† et Filii Amen, † et Spiritus Sancti. Amen.

*Et faciens tres cruces in fronte ejus, tunc signat nares ejus, et
mentum, et aures, et pollices manuum pedumque, et cor: deinde dicit.*

Deus bone et misericors, qui vere salutem hominum vis, qui sanctus es, et in sanctis requiescis: confirma hunc famulum tuum in sanctificatione Spiritus Sancti, ut dignus sit voluptate adoptionis filiorum per
misericordiam Christi tui, cum quo tibi convenit gloria, honor et potestas
cum Spiritu tuo Sancto et vivificante tibique consubstantiali, nunc.

Tum participem facit eum Sacramentorum, et orat:

Deus, qui sacramentis suis immortalibus et impollutis dignos nos
effecit; ipse nos dignos reddat regno suo caelesti, cui gloria, honor, et
potestas in saeculum saeculorum. Amen.

Explicit et hic ordo.

5. Ordo brevissimus Philoxeni Mabugensis.

(Edidit ex cod. Vaticano Ecchellensi 4. Assemanus Cod. liturg. T. II. p. 307.)

Item brevissimus ordo pro iis, qui morti proximi sunt, ordinatus a Sancto Philoxeno.

Oportet, ut sacerdos loco abrenunciationis daemonum, et confessionis Christi, et adjurationis, aliorumque hujusmodi accipiat sanctum oleum, et signet frontem ejus, qui baptizatur, signo crucis tribus vicibus, dicens: Signatur N. agnus spiritualis in grege Christi, in nomine Patris, et Filii, et Spiritus Sancti in saecula. Amen.

Deinde, si adhuc vitae locus est, dicit orationem thuris, et, Credimus in unum Deum; sin autem morti proximus est, dicat hanc tantum orationem inclinatus.

Viderunt te aquae Deus. Viderunt te, Domine, aquae, et timuerunt: commota est potentia tua de summo, et descendens inhabitavit virtus ejus in imis: et baptismum populis dedisti, ut esset uterus spirituales producens.

Et insufflat in aquas dicens.

Benedictus adventus tuus, quo genus egenorum ditasti.

Invocatio Spiritus Sancti.

Dicit inclinatus:

Illucesce Domine Deus in aquis istis, et commoveat eas Spiritus tuus Sanctus fortitudine virtutis suae. Miscere autem, et misceatur eis Trinitas ab omnibus adoranda, quae spirituales gignit et filios novos producit. *Et extollit vocem.* Pater, et Fili, et Spiritus Sancte in saecula.

Deinde effundit oleum super aquas dicens, Alleluja. *Si vero in vivis esse desiit, effundit simpliciter.*

Deinde orat.

Qui invocant te, Domine, ore ab iniquitatibus mundo, per regenerationem illuminentur in laudibus tuis, Pater, et Fili, et Spiritus Sancte.

Tum baptizat, et signat chrismate, et stillat Sanguinem in os ejus. Explicit et hic ordo.

6. Ordo baptismi et confirmationis S. Basilii Magni syriacus.

(Est apud Syros triplex baptismus S. Basilii. Primo quidem est ordo Basilii graecus in syriacam linguam translatus, qui Graecorum officio consonat et ab Assemano editus est Cod. liturg. T. I. p. 130. sqq. T. II. p. 139. sqq. T. III. p. 226. sqq. in notis. Alter ordo brevis est adhibendus, cum infantes in mortis periculo versantur, qui usuvenit apud Maronitas, et quem inter eorum officia edituri sumus. Est autem et hic ordo tertius ab Assemano T. III. p. 199. ex codice Vaticano syriace et latine editus, qui et ipse ex graecis exemplaribus antiquis conversus et expressus est, et in quo graecae formulae multae retentae sunt syriacis characteribus in eo expressae. Monet autem Assemanus, hunc ordinem ad Melchitas pertinere, non ad Syros; quorum tamen quidam, uti ait, hoc ordine utuntur pro lubitu suo. Multa tamen in eo sunt, quae ex Syrorum ordinibus deprompta sunt. Unde hic addimus cum solutione coronae ex eodem codice).

Item scribimus Orationes baptismi S. Basilii Magni episcopi.

Primo baptizandos exuant omni vestitu ac ornatu ex metallo, auro, aliove, et solis linteis illos induant.

Diaconus thus adolet, et dicit: Dominum precemur.

Et ponunt aquas frigidas in craterem: sacerdos dicit orationem thuris.

Gratias tibi agimus, Domine Deus, propter multitudinem miserationum tuarum, quas affluenter super nos effudisti; coram te offerimus hunc aromatum suffitum pro famulis tuis istis, qui parati sunt ad tuum sanctum baptismum, ut in te obsignentur in vitam, renascantur ad spiritualitatem, et domesticitate promissorum tuorum cooptentur, atque a vita eorum noxae, et omnis adversaria virtus elongentur, ut sancto tuo signaculo emundati, ac custoditi in virtutibus adolescant, mala odio habeant, bona sectentur, et haeredes fiant regni coelestis. Pater, et Fili, et Spiritus Sancte. Nunc.

Diaconus dicit: Item Dominum precemur.

Sacerdos orat ad orientem.

Sanctitatis largitor*) et humani generis redemptor, qui ad mores, et dispositionem beatitudinis coelestium ministerium terrenum adjunxisti, et innovasti nobis viam salutis per aquam, et Spiritum Sanctum, et per charitatem Christi tui ad hanc vitam pridem nos adduxisti, nosque humiles, ac peccatores servos tuos in ministerio clementiae tuae constituisti. Tu etiam nunc, o Domine, da remissionem transgressionis humilitatis nostrae, reple nos virtute Spiritus tui Sancti, et gratia unigeniti Filii tui Domini nostri Jesu Christi, et aptos nos redde ministros Novi Testamenti tui, ut cum scientia, et animae poenitentia mereamur famulari etiam modo nomini tuo gloriosissimo juxta donum Christi tui, cum quo benedictus es cum Spiritu tuo sanctissimo, bono, adorando, et vivificante nunc.

Diaconus dicit: Item Dominum precemur.

Sacerdos orat.

Domine Deus**), Pater omnipotens, sanctum nomen tuum per unigenitum Filium tuum Dominum nostrum Jesum Christum invoco ad expulsionem omnium spirituum nequam, et immundorum, et scrutationem omnium virtutum adversariarum, ut animae istae, spiritus gratia susceptae, purae accedant ad te. Convertere, Domine, et corrobora verbum fidei, quod loquimur in nomine Christi tui, ut non loquamur vacuis labiis, sed tu Domine, gratia et virtute tua custodi mundum, quem creasti, a malo. Quia tu solus fortis et potens es virtute, tibique convenit gloria, honor, et imperium cum unigenito Filio tuo, et Spiritu tuo Sancto ac vivo. Nunc.

Sacerdos conversus ad baptizandos pollice sua illos obsignat in fronte, auribus, et omnibus arteriis, ac corde, et membris dicens:

---

*) Cf. p. 274.
**) Cf. p. 272.

Signatur talis, ut sit agnus novus in grege Christi, in nomine Patris, Amen. In nomine Filii, Amen. In nomine Spiritus Sancti in vitam aeternam, Amen.

Postea diaconus dicit.
Etiam atque etiam Dominum.

Sacerdos manum suam imponit super capita eorum et orat.

Invocamus te*), Domine Deus, creator omnium visibilium et invisibilium, manum imponentes super figmentum tuum istud et opus manuum tuarum, et illud obsignamus in nomine tuo, Pater et Fili, et Spiritus Sancte, ac imperamus omnibus diabolis et spiritibus nequam, et immundis, ut recedant et fugiant ab isto tuo plasmate, et manuum tuarum opere. Exaudi nos, Domine, et increpa eos, ac famulos tuos hos ab omni operatione adversarii emunda.

Et cruciformiter in faciem baptizandorum exsufflat.

Audi, rebellis et superbe quisquis es, qui hoc plasma conturbas, adjuro te per nomen magnum sanctum et impollutum Patris et Filii et Spiritus Sancti, recede ab his servis Dei, et abi in terram aridam, et desertam, quia ibi est locus tuus, festina, et ne maneas inobediens: quod si persistas, accidat te Dominus Deus, factor omnis carnis, et famulos suos mundet utpote tremendus, et fortis ille, a cujus virtutis conspectu omnia commoventur, et contremiscunt: illi enim uni convenit gloria cum Filio suo unigenito et Spiritu vivo, et Sancto nunc. Vide, spiritus nequam et immunde, per quod te adjurem nomen. Adjuro te per nomen magnum ac terribile Domini Dei et Salvatoris nostri Jesu Christi Nazareni, qui illum liberavit, in quo erat legio, qui leprosum sanavit, qui transfert montes, et commovet terram a fundamentis ejus, et habitatores illius a conspectu ipsius commoventur: qui fecit magna, tremenda, stupenda et gloriosa sine numero: abi, et fuge, spiritus nequam, et immunde, non enim in justitia, vel innocentia mea confisus adjuro te, sed in nomine Jesu Christi Nazareni, quia ipse solus est excelsus, et terribilis, ipsique flectitur omne genu coelestium, terrestrium, et infernorum, et omnis lingua confitetur, quia Dominus est Jesus Christus in gloria Dei Patris cum vivo et Sancto Spiritu in saeculum saeculorum, Amen.

Diaconus: Etiam Dominum.

Sacerdos orat.

Domine, Domine, qui solus es verus Deus, et condidisti hominem in imagine et similitudine tua, eique potestatem vitae aeternae dedisti, et ubi is cecidit per peccatum, illum non deseruisti, sed per incarnationem Christi tui salutem universo mundo disposuisti. Tu etiam modo, salvans hoc tuum plasma a servitute adversarii, ipsum suscipe in regno tuo: aperi oculos mentis ejus, ut illustretur lumine evangelii regni tui, vitae ejus socium angelum lucis concede, qui ipsum liberet ab omnibus animae noxiis, ab incursibus malis, a daemonibus, a spiritu diaboli meridiano, a phantasmatis, et illusionibus: pelle ab eo omnes spiritus, et

---

*) Cf. p. 272.

operationem erroris, quae latet, et manet in ejus corde, spiritum deceptionis, spiritum idololatriae, avaritiae, et mendacii, et totius impuritatis, quae perficitur ex doctrina calumniatoris, et fac eos oves in grege Christi tui, membra honorabilia in Ecclesia tua, filios lucis, et haeredes in regno tuo, ut secundum praecepta Christi tui conversati, et sigillum tuum sanctum sine corruptione, ac stolam gloriae immaculatam custodientes, mereantur beatitudinem Sanctorum tuorum per J. C. D. N., cum quo benedictus es, et gloriosus cum Spiritu tuo vivo, Sancto, bono, adorando et vivificante nunc.

Sacerdos et baptizandi convertuntur ad occidentem, illisque praecipit abrenunciare Satanae, ipse ante eos dicens, et illi respondeant post eum. Praepara calidas*).

Abrenunciamus tibi Satana, et omnibus angelis tuis, et omnibus operibus tuis, et omni cultui tuo, et omni pompae tuae, et omni errori tuo in hoc mundo. *Ita ter. Postea dicit illis.* Abrenunciastis Satanae. *Illi respondent.* Abrenunciavimus Satanae. *Ter.*

Deinde convertuntur ad orientem, et sacerdos dicit illis subsequentibus.

Confitemur Christum, et credimus, et baptizamur, ac recipimus vitam aeternam. *Ita ter.*

Postea dicit illis.

Adorate illum cum timore, et recitate doctrinam fidei.

Ac dicunt.

Credimus in unum Deum. *Ter.*

Illis dicentibus, sacerdos aquas calidas immittit in craterem, ac recitata fide, dicit illis. Conjuncti estis Christo. *Respondent.* Conjuncti sumus Christo. *Ita ter:*

Diaconus.
Etiam Dominum.

Sacerdos orat.

Domine Deus salutis nostrae, qui gratiam baptismi, et regenerationem perditis per peccatum concessisti, et miram nativitatem generi humano mercatus fuisti; concede his servis tuis scientiam veritatis, illucescere fac in eorum mente lumen scientiae Christi tui, ut sigillo nominis tui sancti custoditi et corroborati ab omni sorde peccati fugiant, sintque vasa optima; quae in omnibus utilia et sancta tibi sint conditori vitae eorum ad laudem nominis tui honorandi et sancti, Pater, et Fili, et Spiritus Sancte, nunc.

Sacerdos: Pax omnibus.

Diaconus: Et spiritui tuo.

Diaconus: Benedic Domine.

Sacerdos super baptizandos manum imponit, illosque obsignat, et orat**):

---

*) Scilicet aquas, quibus frigidae temperentur.
**) Cf. p. 273.

Qui per impositionem manus sanctorum Apostolorum Spiritum tuum Sanctum dedisti illis, qui lumine sancti baptismi tui fuerant illustrati, etiam nunc, Domine, hac manus meae impositione utor, quemadmodum in concessione: mitte Spiritum tuum vivum et Sanctum super eos, qui illuminandi sunt gratia tui sancti baptismi, ut Sancto tuo Spiritu repleti, dent fructus regno tuo pro uno trigesimum, sexagesimum et centesimum, quia tu es Deus, qui solus mirabilia facis, tibique convenit gloria, honor, laus et exaltatio cum Patre tuo benedicto, et Spiritu tuo vivo, et Sancto nunc.

Et accipit oleum in manu sua, ac orat super illud hanc orationem. Et insufflat in ipsum ter.

Domine omnitenens, et Deus virtutum, invocamus nomen tuum magnum, terribile, et sanctissimum, te deprecantes, ut super hoc oleum demittas Spiritum tuum timendum, illudque perficias, ut sit terribilis munitio contra omnem calumniatoris operationem omnium virtutum adversariarum, ac flagellationis, incendii, et dissipationem omnium spirituum nequam. Ad exclusionem omnium cacodaemonum, ad emundationem totius reliquiae idololatriae, et omnis diabolicae superstitionis: sit, o Domine, his servis tuis ad salutem, protectionem, et locum refugii, quia ad sanctam unctionem confugerunt, ad aedificationem pietatis erga te, et ad gloriam et participationem fidei tuae per J. C. D. N., cum quo benedictus etc.

Et intingit sacerdos oleo pollicem suum, ac baptizandum signat in fronte, naribus et omnes arterias, aures, cor, humeros, manus, pedes, genua, pectus, et ventrem dicens. Tres tamen cruces ducito, in fronte, naribus, et arteriis.

Oleo laetitiae, et salutis signatur N. in nomine Patris, Amen. In nomine Filii, Amen. In nomine Spiritus Sancti in vitam aeternam, Amen.

Diaconus: Etiam Dominum precemur, Kyrie eleison.

Sacerdos orat aromata ponens.

Deus Verbum, qui vere es virtus, brachium et dextera Patris, qui nos regeneras per aquas, et baptizas nos in Spiritu Sancto, et vestes nostras odibiles dealbas mari tuae pietatis; qui novum statuisti testamentum redemptionem aeternam; qui sanctis sortem distribuis, et corripis correctione, ac sanas in veritate. Inclinare ad supplicationes nostras, quas, licet peccatores, absconditae tuae magnitudini offerre audemus per hunc aromatum suffitum, eo quod confisi sumus, super benignitate tua, et rogamus te, tibique supplicamus. Suscipe incensum istud, quod offertur tibi a nostra vilitate in sacrificium acceptabile pro tuis adjutoriis impetrandis: et omnes, qui ad hanc unctionem accedunt, dignos fac, ut electis tuis annumerentur, in regno tuo laetentur, et sanctis tuis commisceantur nunc et semper.

Diaconus praedicat.

Etiam atque etiam pro hoc baptismate, quod commixtum et sanctificatum est, et pro illis, propter quos sanctificatum est, Dominum precemur.

Patrem supernum adoramus, et Filium vivum glorificamus, ac Spiritum Sanctum suppliciter exoramus, ut sanctificet nostrum baptisma.

Oremus, obsecremus, et deprecemur Dominum Patrem misericordem, ut vivo, ac Sancto suo Spiritu sanctificet has aquas.

Ut suscipiant donum gratiae Spiritus Sancti, et benedictionem fluminis Jordanis, Unigenitum deprecemur.

Oremus, obsecremus, et deprecemur Deum Patrem omnitenentem, ut fratrem hunc nostrum suscipiat, et stola gloriae induat.

Oremus et deprecemur Deum Patrum, ut eum suscipiat per Filium suum dilectum, et illi tribuat donum Spiritus sui vivi, ac Sancti.

Oremus, ac petamus a Domino nostro, ut per multas suas miserationes scribat nomen ejus in libro vitae una cum primogenitis descriptis in coelo.

Gloriam, et adorationem attollamus Patri, et Filio, et Spiritui Sancto amodo, et usque in finem Dominum universorum Dominum oremus.

Kyrie eleison, *ter.*

Sacerdos orat.

Voca, Domine, servum tuum ad sancti baptismi tui illuminationem, illumque dignum effice hac magna, et coelesti gratia, et aufer, ac expelle ab eo omnem operationem veteris hominis, illumque regenera in vitam novam, et reple virtute Spiritus tui vivi, et Sancti, nunc.

Diaconus: Etiam Dominum.

Adjunge aliam super aquam.

Dedisti nobis*), Domine Deus, fontem vere purgantem, et emundantem, in quo omnis peccati macula eluatur: aquas istas, quae per sanctam tui invocationem sanctificantur, et per eas accipimus illam puritatem, quae per pretiosum Unigeniti tui sanguinem data est nobis, et modo deprecamur te, Domine, da virtutem in aqua ista baptismatis, et eas fac purgantes, ac eluentes omnes sordes, et emundantes maculam peccati ad praeparationem, ac dispositionem susceptionis Spiritus tui vivi, et Sancti, quoniam virtus tua, et regnum tuum semper manent, Pater, Fili, et Spiritus Sancte, nunc.

Diaconus: Etiam Dominum precemur.

Sacerdos orat**).

Domine Deus Pater omnitenens, creator omnis creaturae visibilis, et invisibilis, qui fecisti coelum et terram, maria et omnia, quae sunt in eis, et congregasti aquas, quae sub coelo sunt, in congregationem unam, qui conclusisti abyssum, eamque cohibuisti, qui separasti aquas, quae super coelos sunt. Tu virtute tua confirmasti mare. Tu terribilis es, et quis poterit stare contra faciem tuam? Tu convertere in creaturam hujus aquae, et da illi gratiam salutis tuae, benedictionem Jordanis fluminis, sanctitatem Spiritus tui Sancti.

*Et inclinatus insufflat in aquas in crucis formam ter eundem repetens sermonem***).*

---

*) Cf. p. 274.
**) Cf. p. 275.
***) Cf. p. 275.

Procul recedant ab eis, et confundantur omnes, qui laedunt figmentum hoc. *Ter*. Quoniam nomen tuum Domine invocavi super eas, magnum illud, et admirabile, et gloriosum et terribile omnibus iis, qui adversantur. Pater, Fili, et Spiritus Sancte nunc.

Et dextera sua typum crucis signat in aquis ter eundem sermonem repetens*).

Conteratur caput draconis homicidae sub signaculo typi crucis Christi tui. Amen. *Ter*.

Et orat.

Transferantur, et dent locum omnes species phantasmatum spirituum invisibilium, neque delitescat in aquis istis daemon tenebrosus, quaesumus, Domine Deus, neque descendat cum his, qui baptizantur in eis, spiritus nequam rebellionis, qui cogitationes excaecat et mentes conturbat. Sed tu, Domine Deus universorum, fac aquas istas aquas quietis, † aquas spiritualis emundationis, eluentes maculas carnis et spiritus: solutionem vinculorum, remissionem debitorum, et peccatorum, animarum corporumque illuminationem, regenerationis lavacrum; donum adoptionis filiorum; vestimentum incorruptibilitatis, innovationem in Spiritu Sancto. Tu enim Domine dixisti: lavamini, mundi estote, et auferte mala de animabus vestris. Tu supernam regenerationem nobis dedisti per aquam, et Spiritum Sanctum. Convertere, Domine, super aquas istas, et da illis, qui in eis baptizantur, ut renoventur, ac deponant a se veterem hominem, qui concupiscentiis erroris corrumpitur, et induant hominem novum, qui innovatur in imaginem tui, qui creasti illum, ut complantentur in similitudinem mortis Christi tui per baptismum, sintque participes resurrectionis ejus, et custodientes dona Spiritus tui, augentesque depositum gratiae tuae recipiant supernae vocationis chrismata, et connumerentur cum primogenitis illis, qui scripti sunt in coelo per Jesum Christum Dominum nostrum, cum quo tibi convenit gloria etc.

Tunc accipit sacerdos cornu olei in manu sua, et cantat laudationem tono secundo, ac populus post eum respondet, et cum dicit responsoria haec, effundit oleum in aquas triplicis crucis ductu, in quovis responsorio semel.

Vox Domini super aquas, Alleluja. Deus, *usque* multi, Alleluja.

Alia.

Dominus dabit virtutem populo suo. Alleluja. Dominus, *usque in* pace. Alleluja.

Et dicit sacerdos, et effundit tertiam crucem formans.

Diaconus dicit: Etiam atque etiam.

Sacerdos orat.

Largitor omnis illuminationis animarum et corporum, et creator omnis creaturae, qui illis, qui in arca Noe a diluvio protecti erant, columbam misisti, quae in ore suo ramum olivae ferebat, symbolum recon-

---

*) Cf. p. 275. sqq.

ciliationis, et reparationis a diluvio, et per eos, qui ibi erant, mysterium gratiae hùjus absconditae praesignasti nobis, ac mysterium unctionis corporis et Sanguinis sanctissimi Unigeniti tui abdite perfecisti, et invisibilem emundationem ex aqua, et Spiritu Sancto credentibus in te dedisti, ac fluenta Jordanis sanctificasti. Tu modo etiam, Domine Deus, mitte super aquas istas per sanctum hoc verae unctionis oleum columbam tuam illam, quae est super omnia saecula, nimirum ipsum Spiritum tuum vivum Sanctum, et benedic, sanctifica ac perfice eas: illos vero *), qui in eis baptizantur, fac domesticos Christi tui per hanc salutarem unctionem. Ut illustrati, et innovati ad vitam beatam, et incorruptibilem, atque gratia, et virtute Christi tui repleti, custodiant depositum salutis, ac aeternorum bonorum participes fiant, quae promisisti diligentibus te per J. C. D. N., cum quo tibi convenit gloria etc.

Sacerdos: Pax omnibus.

Populus: Et cum spiritu.

Diaconus: Domine benedic.

Sacerdos dicit.

Benedictus est Deus, qui illuminat omnem hominem venientem in mundum, nunc.

Tunc baptizandos diaconi ungunt oleo orationis dicentes hos cantus tono 5.

Oleo sancto **) edixit Deus, ungi Aaron et postea sanctificari: eodem oleo unguntur agni simplices, qui venerunt ad baptismum.

In ramo olivae mysterium olei annunciavit columba justo. Eodem oleo unguntur. Gloria.

Ubi singuli peruncti fuerint, unumquemque acceptum sacerdos immergit ter in aquis dicens:

Baptizatur Dei servus N. in nomine Patris, Amen. In nomine Filii, Amen. In nomine Spiritus Sancti in vitam aeternam. Amen.

Et tradit illum patrino suo.

Cum autem ascenderint ex aquis, et abstersi fuerint, orat: Deus, cujus magna sunt dona ***).

Postea chrismate illum signat sacerdos in fronte, auribus, manibus, pedibus, pectore, humeris, naribus et palma manuum, genibus, et crucibus, ac dorso dicens:

Chrismate sancto, suavi Christi odore signatur talis in nomine Patris, Amen. In nomine Filii, Amen, In nomine Spiritus Sancti, in vitam aeternam, Amen.

Et albis illos induunt.

---

*) Cf. p. 276.

**) Cf. p. 277.

***) Haec oratio mox sequitur: translata enim est in codice post confirmationis formam.

Sacerdos orat.

Ora super illos, antequam chrismate obsignentur. Deus, cujus
magna sunt dona, et effusae miserationes, ac uberrima clementia, Pater
Domini Dei et Salvatoris nostri Jesu Christi, qui in adoptionem filiorum
evehis homines, qui sancti hujus chrismatis suavi odore replentur: qui
signum ejus dedisti nobis, quod invisibili tua virtute ad sanctificandum
corroboratur. Concede, Domine, per sigillum hoc tuum unionem Spiritus tui Sancti, honorem sacerdotii, et regni coelorum illis, qui uncti
sunt, et ungentur in adventu Christi tui, decus gloriosum, sacerdotales
proventus, stolam laudabilem, vestimentum incorruptibile, quia omnia tua
sunt, tibique facilia, et dignos illos fac, ut una insimul attollant gloriam
ipsi, et nos miserationibus tuis erga nos, Pater, et Fili, et Spiritus.

Hic obsignat eos chrismate.

Alia.

Adorant te, Domini, filii novi, et spirituales, quos produxit baptismus
e sinu spirituali. Confitentur tibi fratres obsignati, quos charitati tuae
per regenerationem fecisti. Gloriam tuam extollunt veteres, qui innovati sunt, immundi, qui mundati, perditi, qui inventi sunt, peccatores,
qui justificati sunt, inopes, qui ditati sunt, lapsi, qui surrexerunt, mortui,
qui revixerunt. Perfice eos, Domine, gratia tua, cohibe ab eis malignum,
conserva puram stolam, qua illos induisti, fac eos filios Patri tuo coelesti, ut invocent Patrem, Patrem nostrum revelata facie; ditescant voces
eorum gloria tua, canant linguae eorum confessionem tuam, tibi adoratores veri sint, et fideles servi, populus, qui aemulatur opera bona,
sint tibi vera templa per opera, quibus colatur Trinitas gloriosa, nunc.

Et ponit coronas super capita eorum.

Quoniam praevenisti eum benedictione bona, et posuisti in capite
ejus coronam, *usque* saeculum.

Et orat*).

Domine Deus, Pater omnitenens, qui dedisti nobis beatam emundationem per istas aquas et divinam sanctificationem, per unctionem unionem cum Christo tuo, et commistionem cum ipso per ejusdem Corpus,
et Sanguinem sanctum. Custodi famulos tuos istos per sanctitatem tuam,
et per sumtionem Corporis et Sanguinis unigeniti Filii tui: fac ut adolescant, et a parva ad perfectam staturam veniant. Protege eos a malo,
ab invidia, et noxis, et ab adversario, et conserva eos in perfecta libertate filiorum Deitatis tuae, et in retributiones futuras aeternas per gratiam unigeniti Filii tui, et Spiritus tui Sancti, boni, ac vivifici, nunc.

Alia, si velit.

Domine Deus omnitenens, qui super omnium sanctorum sanctitatem solus sanctus es, et in sanctis habitaculum tuum, et sanctos sanctificas, nos omnes benedic, sanctifica, custodi, protege sub pennis dilecti
Filii tui Domini Dei et Salvatoris nostri Jesu Christi, cum quo benedictus
es una cum Spiritu tuo Sanctissimo, bono, et vivifico nunc.

*) Cf. p. 278.

Et procedunt ad altare dicentes tono 5.

Vos, qui in Christo baptizati estis, Christum induistis, Alleluja.

Et oblationem (Eucharistiam) illis dat, ac circa mensam illos circumducit.

Explicit.

7. Ordo solutionis coronae et cinguli Jacobitarum.

a) Ordo primus.

(Ex eodem Vatic. cod. Ms., ex quo baptismus S. Basilii, edidit Assemanus T. III. p. 234.)

Oratio solutionis coronae baptizati post septimum diem.

Adducunt eum ad sacerdotem.

Dominator *) Domine Deus noster, coelestis illuminationis largitor iis, qui divino baptismate tincti sunt, qui famulos tuos recens illuminatos per aquam, et Spiritum regenerasti, eisque remissionem omnium peccatorum voluntarie et involuntarie admissorum concessisti. Tu funda in eis omnipotentem gratiam tuam, confirma eos virtutis tuae dono, custodi in eis pignus Spiritus Sancti inauferibile, dirige vitam eorum, ut tibi recte placeant.

Extollit vocem suam.

Quia tu es sanctificatio, illuminatio, salvator, et custos animarum nostrarum et corporum, tibique gloriam attollimus.

Populus: Amen.

Diaconus: Dominum precemur.

Populus: Kyrie.

Sacerdos orat**).

Qui servis tuis per sanctum baptisma peccatorum redemptionem et regenerationem vitae largitus es, ipse, Dominator Domine, vultus tui illuminationem in eorum cordibus semper splendere concede; clypeum fidei eorum ab inimicorum insidiis immunem conserva, incorruptionis indumentum ab eis assumptum mundum et impollutum et spirituale gratia tua signaculum intactum et intemeratum in eo, propitius ipsi nobisque factus, secundum multitudinem misericordiarum tuarum custodi. Quia benedictum est et glorificatum, venerandum et magnificum nomen tuum, Patris et Filii et Sancti Spiritus, nunc et semper et in saecula saeculorum. Amen.

Sacerdos autem detegit illorum capita, et amiculum solvit, et si

---

*) Cf. orationem Graeci officii ap. Asseman. T. III. p. 69.

**) Haec oratio consonat ei, quae habetur in officio Graecorum ap. Asseman. T. III. p. 69.

fuerint aetate parvuli, aquā illorum pedes et manus abluit in loco mundo,
ac dicit:

Baptizatus est, illuminatus, et sanctificatus servus Dei N. in nomine
Patris etc.

Sacerdos: Pax omnibus.
Populus: Et spiritui.
Diaconus: Capita.

Sacerdos obsignat.

Deus Pater D. N. J. C., qui Spiritum tuum Sanctum misisti super
baptizatos per manus Apostolorum tuorum sanctorum. Tu etiam modo
mitte et super hos, qui recens illuminati sunt, Spiritum tuum vivum et
Sanctum, et sanctifica eos plene, et omnibus sanctis tuis illos adnumera,
quia tibi inclinarunt capita sua expectantes a te auxilium, quia benedictum et gloriosum est nomen tuum sanctum, bonum, et vivificum, nunc.

Et si usum rationis habuerint, illis praecipiet dicens.

Etsi indumentum exterius exuistis, illud tamen quod interius est,
non abstulistis vos, qui illuminati estis: quod si hoc semper indueritis,
hiems tentationum vos non apprehendet. Vide, quae accepistis verba.
Intuemini, quem agnum accepistis. Cavete, ne adversarius vos spoliet,
ut Adamum; vosque extorres coelorum regni faciat sicut illum Paradisi.
Confirmamini itaque virtute Spiritus Sancti amodo, et usque in saeculum
saeculorum, Amen.

b) Ordo secundus.

(Ab Assemano editus Cod. liturg. T. III. p. 191. ex Syrorum Jacobitarum
rituali, quod asservatur in Collegio de Propaganda fide, in quo baptismo [supra
N. II.] subnectitur.)

Et post septem dies fit solutio coronae et adducunt baptizatos in
ecclesiam, ac sacerdos orat super eos hanc orationem, atque coronas,
et zonas illorum solvit.

Dirige, Domine, per intelligentiam tuam vivificam ad evangelicos
mores hunc famulum tuum, quem e spirituali matre adoptionis filiorum
tuorum, fratrem unigeniti Filii tui perfecisti; et in laudabili adolescentia
promoveatur, ac in regno tuo coelesti hanc coronam recipiat, et quod
servatum est illis, qui recte praecincti fuere, neque cum ablatione hujus
coronae adjutorio dexterae tuae privetur, sed illo protegatur, corrobo-
retur, et adulescat, ac supernae vocationis coronam accipiat, teque glorificet, et unigenitum Filium tuum, ac Spiritum tuum Sanctum, nunc.*)

---

*) In Vatican. cod. 22. eadem oratio praescribitur recitanda super puerum
cum haec rubrica praevia: *Oratio solutionis, quae post dies septem fit; veniat*
baptizatus ad ecclesiam, et super ipsum haec oratio compleatur: eadem oratio
accommodata legitur in hoc Vaticano cod. pro solutione coronae puerorum,
et puellarum; pro puella vero oratio exstat, Domine Deus magnus etc. (quae
in officio solutionis Maronitarum est).

Ordines baptismi et confirmationis Maronitarum.

1. Ordo ingressus pueri et matris in templum.

(Pertinet ad baptismum Jacobi Sarugensis, uti ex hac oratione: Domine Deus noster, qui secundum legem quadraginta dierum etc. liquet, quam Bibl. Or. T. I. p. 301 initium esse baptismi Sarugensis indicat. Edidit Assemanus Cod. liturg. T. I. c. 6. sect. 2. p. 203 sqq. ex codice Collegii Maronitarum. Idem est apud Renaudotium in opere MS. Varia officia T. III. P. II. fol. 53. ex codice Segueriano, cujus collationem addimus.)

Ordo ingressus pueri, et matris in templum.

Primum[1] *adveniens mulier ac deferens infantem in ulnis suis ad portam ecclesiae consistet. Tunc sacerdos sua amictus stola accedit, et thuribulum deferens, crucemque manu tenens, incensum adolet, et inchoat dicens:*

Gloria Patri, etc.

Diaconus: Pro tranquillitate.

Sacerdos dicit: Domine Deus noster, qui secundum legem quadraginta dierum, cum Maria matre tua templum adiisti, et ulnis justi senis Simeonis portatus fuisti; dignum effice, quaesumus, hunc servum tuum, ut in circumscriptae virtutis tuae praesidio ad baptismum incorruptibilitatis perveniat, et Corporis, Sanguinisque tui communione electorum tuorum consors efficiatur, quia te decet gloria et honor cum Patre tuo, ac Spiritu tuo.

Et dicunt Psalm. Miserere mei etc.

Sacerdos puerum cruce obsignat, dicens: Domine Deus omnium nostrum, supplices te rogamus, ac petimus, fac ut splendeat lumen vultus tui super hunc famulum tuum etc. p. 267.

Prooemium. Illi excelso, ac sublimi, qui ad nos descendit propter suum erga homines amorem, et mortem in carne gustavit pro Adamo, quem in Eden possessionem reduxit, et aperuit[2] nobis magnum clementiae suae thesaurum, et sordes nostras sua gratia abstersit, cui[3] convenit.

Ordo.

Christe Deus noster, rerum creatarum Domine, qui te ipsum Deo Patri hostiam reconciliationis obtulisti: atque temetipsum omnibus exinanitionibus irreprehensibilibus tua voluntate susceptis[4] subjiciens, factus es nobis odor suavissimus, qui animae sensus recreat[5], purificat mentem, quae in te condita est[6], eamque excitat ad cogitationes sanctas, quae placent Domino sedenti super thronum excelsum, et elevatum, qui prop-

---

1. Ren. add. dicitur oratio, postea. — 2. Ren. qui aperuit. — 3. Ren. ipsi. — Ren. voluntarias quidem sed immeritas. — 5. Ren. motus compescit. — 6. Ren. quae ab illis infestatur.

ter charitatem tuam [1] efficis, ut odor a te profluens, cum fragrantia
horum thymiamatum erumpat, ipsaque sanctificet, et praestet [2], ut sint
ad remissionem et veniam [3] per orationem, quam nos humiles super illa
fundimus. Etiam, Domine, complaceat tibi in nobis, et in hoc [4] thymia-
mate, quod nostra tenuitas [5] adolet, et per ipsum concede tam nobis,
quam omnibus postulantibus miserationes tuas, quia tu es non factus, ineffabilis, inexplicabilis, nec tempori subjaces, nec vicissitudo ulla apud
te est; tu es chrisma [6] suavissimum incorruptibilitatis; tu servator omnium, tu solus sapiens, tu omnium altor, tu super omnia existens, omnia
tenes, et regis, omnia potes, et omnia contines [7], tu aeternus, et ineffabilis [8], indivisibilis, et finis nescius; tu invisibilis es, et omnia vides.
Nos quoque, Domine, infirmi, et peccatores una cum illis [9] te collauda-
mus, ad incensum sacri [10] hujus thymiamatis, quod per te tuo Patri offerimus labiis, quae tuus commovet nutus in hac hora, et in hoc momento,
quum [11] Patrem tuum propitium reddis nostris delictis [12]. Ita, Domine,
ne reputes nobis peccata nostra, neque amoveas a nobis misericordiam
tuam; ne auferas Spiritum Sanctum tuum a plasmate manuum tuarum [13]
propter delicta, et immunditias nostras, sed praesta, ut ad extremum
usque spiritum cognoscamus miserationes, quae a te ad nos mittuntur,
semper enim a te visitamur per Spiritum, qui a te ad nos mittitur, et
sanctificat, emundat, et abstergit nostrum interiorem hominem, et expellit a nobis omne desiderium malum ac turpe, et foedas sordes. Et
gloriam, honorem ac adorationem tibi attollimus, ac per te, et tecum
Patri tuo, et Spiritui tuo vivo ac Sancto, nunc et semper in saecula.

*Sacerdos susceptum puerum introducit in ecclesiam, deponitque
pronum super pavimento, si masculus est. Sin vero femina, supinam
versaque in coelum facie, et dicit metro sancti Ephraem.*

Dominus, qui Isaaci, fructus benedictionum, infantiam aluit, ejusque
parentes moribus, et educatione ipsius laetitia affecit. Christus, qui factus
est infans, et pueri adinstar adolevit, lac sicut infans suxit, et per com-
pita Sion reptavit. Deus, qui gratia sua custodit parvulos, sicut scriptum
est, eosque misericordia sua nutrit, et [14] auget, et ad staturam virilem
perducit. Misericors, qui infantes in ventre matrum suarum efformat
atque [15] a carcere tenebrisque in lucem educit. Filius, cujus nutu pueri
in sinu matrum suarum [16] crescunt, et vitam illorum a noxiis protegit.
Ipse, inquam, crescere te [17] faciat, et ad plenitudinem aetatis perducat;
laetentur in te parentes tui, et senectutis ipsorum baculus sis: conso-
lentur in te sicut Jacob in filio suo Joseph, et videant ex te gloriam
cunctis diebus vitae suae: levamen accipiant pro [18] doloribus, et suspi-
riis, quae in tua pueritia pertulerunt. Per te obliviscantur [19] dolorum,

<hr />

[1] Ren. deest propter charitatem tuam. — [2] Ren. qui per odorem tuum perficis
odorem, qui ex istis aromatibus spirat, eaque sanctificas et praestas. — [3] Ren.
deest et veniam. — [4] Ren. benignus esto nobis et huic. — [5] Ren. manus nostrae
imbecilles. — [6] Ren. et da nobis chrisma. — [7] Ren. et illi omnia possibilia sunt.
— [8] Ren. deest et ineffabilis. — [9] Ren. propter ista. — [10] Ren. deest sacri. —
[11] Ren. ut. — [12] Ren. erga ea, quae a nobis geruntur. — [13] Ren. deest a plasmate
manuum tuarum. — [14] Ren. deest nutrit et. — [15] Ren. add. illorum vitam. —
[16] Ren. earum. — [17] Ren. add. cito. — [18] Ren. careant. — [19] Ren. add. malorum,
quae passi sunt.

angustiarum, et omnium aerumnarum, et tribulationum suarum [1]: evadas
vas honoris utile regi coelesti, vivas in saeculo sine doloribus, peccatis,
et sordibus: tuam Dominus pueritiam gubernet [2], et repleat te sapientia,
et intellectu: confluant populi de longe ad audienda suavissima eloquia
tua: et quemadmodum collata fuit sapientia regi Salomoni, filio David,
ut similis ei in terra non surrexerit illi, qui sapientia et intellectu praestaret [3]; ejusque fama per orbem vulgata est, et rex Israel constitutus,
populum Dei gubernavit, et omnes populi illi se subjecerunt: ita Dominus gratia sua, et ope doni sui, te fontem benedictionum efficiat, et
omni sapientia repleat. Fiat os tuum Deo thymiama propitiatione plenum,
et lingua tua cithara laudem Deo personans omni tempore: floreat cito
adolescentia tua et ad longitudinem annorum pervenias, et videas tempus
laetitiae, et annos ubertatis: et in fine dierum tuorum in senectute bona
obdormiscas, et ad requiem transeas [4] in Paradiso [5] voluptatis: Exaudiat
orationem nostram, quam pro te fundimus, Christus, qui te in utero formavit, et collocet te a dextris suis in magno die adventus sui: per orationem justorum, qui eum dilexerunt, et piorum, qui illum confessi sunt,
ac precibus benedictae Mariae Matris, quae eum genuit, et per orationem
benedictorum martyrum, qui propter ipsum occisi occubuere [6]. Pater, Fili,
et Spiritus Sancte, qui unus verus Deus [7], tibi gloria, et super nos miserationes tuae omni momento. Amen, amen.

Aliud pro puella.

Deus, qui ornavit saecula, quae et condidit [8]: et homines, ac ani-
mantia, mares et feminas fecit. Dominus, qui adolescentiam Rachelis et
Liae, sororis ejus, educavit [9]; atque pueritiam Rebeccae futurae uxoris
dilecti sui Isaac ornavit [10]. Christus, qui purissimam Virginem Mariam,
filiam David, elegit, fecitque sibi novam [11] matrem, in qua et habitavit
juxta beneplacitum voluntatis suae: et ex ea exortus, ut voluit, omnes
creaturas liberavit a servitute peccati, et a rebelli seductore [12]. Ipse,
inquam, Dominus dexteram suam plenam clementia et gratia porrigat
tibi, tuamque pueritiam benedictionibus repleat, teque quasi vitem gloriosam efficiat; et plantam [13] electam, et uberem omnes ferentem benedictiones, arboremque benedictam proferentem omni tempore fructus
benedictionum [14]: ipse fiat tibi rector, et sapiens gubernator, eique
placeas in operibus justitiae cunctis diebus vitae tuae: exaudiat orationes, etc. ut supra.

Et dicunt: Sanctus es tu, Deus.

Sacerdos orat [15]:

---

[1] Ren. deest et omnium . . . suarum. — [2] Ren. crescere faciat. — [3] Ren.
aeque sapiens aut intelligens. — [4] Ren. add. cum justis. — [5] Ren. add. Eden. —
[6] Ren. certaverunt, deest occisi. — [7] Ren. deest unus verus Deus. — [8] Ren.,
qui voluntate tua mundum, ut esset, produxisti. — [9] Ren, qui educationis Rachel
. . . auctor fuit. — [10] Ren. qui Rebeccam praeparavit, ut esset conjux. — [11] Ren.
mitissim . . . [12] Ren. deest peccati et., l. a servitute dolosi rebellis, qui genus nostrum deceperat. — [13] Ren. add. eximiam et. — [14] Ren. gaudii. Ren. his add.
Ipse custos tibi sit a malo et potestatibus ejus: per illum benedicatur educatio tua
et per eum mundae fiant cogitationes tuae. — [15] Ren. deest haec rubrica et ita
jungit: Sanctus Deus vivus et potens etc.

Dominus Deus vivus, et fortis, qui gratia sua omnia creavit: ipse benedicat tibi, fiatque tibi murus et custos die, ac nocte, et orationem nostram pro te suscipiat nunc et semper.

Et dicunt: Credimus.

Sacerdos: Fide tua Domine, qua confirmata est Ecclesia tua, confirma hunc famulum tuum, et in ea voluntatem tuam expleat cunctis vitae suae, nunc et semper in saecula.

Et dicunt: Pater noster, qui es in coelis.

Sacerdos orat: Deus, qui virtute sua custodit, sicut scriptum est, parvulos, et factus est [1] custos eorum diebus et noctibus, ipse etiam per misericordiam suam fiat tibi murus miserationum, nunc.

Sacerdos tollens (in ulnis suis) infantem adorat cum eo in modum crucis dicens tono: Protector Noe.

Versus. Afferte Domino filios arietum. Portavit Maria filium suum in ulnis suis, secum ferens par turturum et praesentavit eum in templo secundum legem Israelitico populo impositam.

Versus: Afferte Domino gloriam et honorem [2]. Cum completi fuissent dies quadraginta, ascendit, ut offerret hostias Patri suo, portavitque sacerdos [3] super ulnas suas illum, qui Moysi sacerdotium tradidit.

Gloria Patri [4].

Oratio Genitricis tuae cum nostra misceatur, ut [5] diabolum, et omnem virtutem ejus superemus, et in conspectu nostro cadat, sicut muri Jerichuntini corruerunt in conspectu Josue.

Requies defunctis [6].

Magnifica Domine memoriam Genitricis tuae, atque prophetarum, Apostolorum et martyrum. Et cum ipsis partem habere jube defunctos [7], qui corpus tuum manducaverunt, et in spe tua dormierunt.

Tum tradit puerum matri ejus stanti ad valvas Ecclesiae, et imponit super caput matris manum dicens:

Domine Deus noster Jesu Christe, absconditi Patris abscondite Fili, qui propter humile et abjectum genus nostrum de coelo in terram, misericordia tua intercedente, delapsus, humanum corpus e Virgine Maria assumpsisti, et legem Moysis servi tui implesti, ac octavo die circumcisionem suscepturus, hostiam [8] pro purificatione obtulisti, tu qui es hostia acceptabilis, et odor suavis, per quem Pater tuus infirmo, despectoque generi nostro reconciliatus est. Tu, Domine Deus fortis, nunc quoque ancillae tuae esto propitius, quae hodie venit ad sanctum templum tuum, et ad me, famulum tuum humilem et peccatorem, accedens orationem cum benedictione [9] obtulit coelestia charismata deposcens gratiae tuae, quae per sacerdotium a tua misericordia, o creator omnium, nobis collata est. Ita, Domine Deus omnipotens, convertere, quaeso, super hanc ancillam tuam in hac hora, et super eam gratiam Spiritus Sancti infunde, ut expietur, et eluatur, peracto quadraginta dierum suorum spatio [10], ab omni immunditia carnis et spiritus, puritate autem, et

---

[1] Ren. sit nunc, etiam. — [2] Ren. Afferte Domino gloriam nomini ejus, adorate Dominum in atrio sancto ejus. — [3] Ren. Simeon. — [4] Ren. deest Gloria Patri. — [5] Ren. vincatque. — [6] Ren. deest Requies defunctis. — [7] Ren. Memento etiam defunctorum. — [8] Ren. add. corpoream, ut praescriptum erat. — [9] Ren. deprecatione. — [10] Ren. per suos quadraginta dies.

sanctitate ornata, efficiatur vas mundum in gloriam divinae majestatis tuae, et digna appareat, quae praesentetur templo sancto tuo. Domine Deus noster[1].

Alia super puerum, cum manu imposita super caput ejus orat:

Domine omnipotens, Deus deorum, et dominus dominantium, rogo te, et obsecro te pro hoc parvulo infante, qui est plasma, et opus manuum tuarum[2], et ad templum sanctum tuum accessit, ut consumet mysterium, quod tu praedixisti nobis, et praemonstrasti[3] per corpus, quod ex natura nostra induisti, quando in ulnas senis Simeonis acceptus fuisti: et nunc, Domine[4] Jesu Christe, extende manum divinae majestatis tuae cum dextera infirmi sacerdotis servi tui, et benedic huic infanti, ut abscondita tua virtute obsignetur venerando sanctissimae crucis tuae signaculo illumque comitetur gratia tua omnibus diebus vitae suae, ut perveniat ad templum tuum sanctum et ad signaculum venerabile chrismatis purissimi, et odoris suavissimi, per quod operante Spiritu Sancto efficimur filii Dei, et haeredes regni tui secundum verissimam promissionem tuam, nobis factam, quia tu es Deus noster, tibique etc.[5]

Oratio super oleum.

Pater noster, qui es in coelis. Dominus saeculi[6], in nomine tuo, et in nomine Christi tui, et in nomine Spiritus tui Sancti consignamus hoc oleum, ut illud induat virtus tua[7], et cum illo immisceatur divinitatis tuae praesidium, ut quicumque meruerit illo liniri, induat arma spiritus super membris suis, ut valeat resistere diabolo, et virtutibus ejus, omnes ejus dolos eludat, et attollemus tibi gloriam.

Et obsignat signo crucis pueri frontem, pectus et aures ambas[8] dicens: In nomine Patris, et Filii, et Spiritus Sancti in saecula, amen.

Et orat super utrumque.

Deus, qui omnia creavit sua misericordia, ipse vos benedicat sua gratia, et miserationis muro vos circumvallet. Deus, qui bonitate sua custodit parvulos, sicut scriptum est, vobis sit custos diebus ac noctibus, et mittat vobis auxilia sua, et miserationes, ac clementiam gratiae suae, et exaudiat sua benignitate[9] orationem nostram pro vobis, vosque dirigat secundum beneplacitum suum, ac vos sub alis crucis[10] suae a noxis protegat, fiatque vobis murus, et custos, ac propugnaculum inexpugnabile adversus flagella, et tribulationes, et peccata vestra suo hyssopo emundet, abigat procul a vobis noxia, et custodiat vitam vestram a damnis, doloribus, et angustiis[11], fiatque vobis portus, et quies a laboribus, et aerumnis, ut cunctis diebus vitae vestrae hymnos laudis ipsi attollatis, et Patri ejus ac Spiritui vivo et[12] Sancto nunc.

---

[1] Ren. add. Tibi etc. — [2] Ren. add. qui promissus est. — [3] Ren. praesignasti nobis; deest et praemonstrasti. — [4] Ren. add. Deus. — [5] Ren. hic add. orationem. Benedictus es, Domine Deus, Pater Domini nostri Jesu Christi, qui eum misisti, qui ex omnibus gentibus elegit tibi populum fidelem, amatorem bonorum operum virtutis. Tu servum tuum istum, qui oblatus est Ecclesiae tuae sanctae, benedic et conserva, revelaque oculos ejus ad intelligentiam mirabilium tuorum et aperi aures ejus ad auditionem mandatorum tuorum divinorum. Fac illum ovem ex numero gregis populi tui, ut hoc tempore dignus fiat lavacro regenerationis et indumento incorruptionis Christi Jesu Domini nostri, cum quo te decet gloria, honor et adoratio cum Spiritu tuo vivo et Sancto nunc etc. — [6] Ren. mundi. — [7] Ren. accipiat virtutem tuam. — [8] Ren. manus. — [9] Ren. deest sua benignitate. — [10] Ren. add. victricis. — [11] Ren. tribulationibus, deest doloribus et. — [12] Ren. deest vivo et.

2. Ordo baptismi et confirmationis Jacobi Sarugensis.

(Ex rituali MS. Maronitarum edidit Assemanus Cod. liturg. T. II. p. 309. T. III. p. 184. Cum vero hunc ordinem Stephanus Aldoensis, Maronitarum Antiochenus patriarcha, qui initio saeculi XVIII. decessit, nova recensione disposuerit et emendaverit, nonnulla etiam ex Latinorum ritibus ingerendo, ejus variationes in notis addidit Assemanus. Eundem Sarugensis ordinem ex codice Segueriano admodum vetusto operi MS. Varia officia T. III. P. II. fol. 45 sqq. inseruit Renaudotius, cujus collationem addimus, hoc signo Ren. indicatam. Alium etiam ordinem Maroniticum Jacobi Sarugensis similem in multis ex codice Colbertino ibid. fol. 19, inseruit, cujus etiam variantes suis locis, orationes vero proprias seorsim edimus.)

Ordo sancti baptismi institutus a S. Jacobo Batnarum Sarugi.

Primum sacerdos suo ordine indutus, inchoat dicens[1]: Gloria Patri[2] etc.

Diaconus. Pro pace[3].

Sacerdos incensum adolet, et dicit hanc orationem.

Deus propitius esto humilitati nostrae, et miserere depressionis nostrae, precibusque nostris aurem tuam inclina, et suscipe fructus labiorum nostrorum, dextramque miserationum tuarum nobis extende, ut in te nos laetemur, tuque in nobis in magno die adventus tui, Domine Deus noster, tibi gloria in saecula.

Et dicunt: Miserere mei Deus.

Sacerdos dicit[4]:

Miserere nobis, Deus[5] Domine misericors, quum misereberis justorum et sanctorum, et parce, solve, condona debita, peccata et ignorantias[6] nostras propter[7] multitudinem misericordiae tuae: Domine Deus noster, tibi gloria in saecula.

Diaconus. Stemus recte etc. p. 281.

Sacerdos dicit: Prooemium. Auctori sanctitatum etc. *Ut in baptismo puellae* p. 289.

---

[1] Ordo emendatus ac dispositus a Stephano Aldoensi hanc rubricam praemittit. *Primum. Ordo ingressus pueri in ecclesiam. Primum. Quum infantem baptismo initiare constituerint, illum matrina deferet, comitante patrino ad ecclesiam: ad cujus valvas consistent, donec sacerdos suo amictu ornatu, crucemque manu tenens, accedat cum diacono thuribulum et vasculum aquae benedictae deferente: amboque ad fores ecclesiae progrediuntur. Tum sacerdos illos signo crucis benedicit, et aqua benedicta aspergit: incensum adolet, et inchoat dicens. etc. Tum infantem susceptrici stanti ad valvas ecclesiae tradit, et imposita super caput infantis manu, dicit:* Domine Deus omnipotens, Deus deorum etc. p. 325. *Tum revertitur sacerdos ad portam cancellorum cum puero, et cum patrino, et susceptrice. Diaconus autem baptisterii craterem extergit.* — [2] Ren. add. et Filio et Spiritui Sancto de eo, quod incipimus, et super nos, infirmos peccatores miserationes et clementia effundantur, nunc etc. — [3] Ren. deest diaconi proclamatio. — [4] Deest apud Aldoensem, ejus loco exstat anterior, cujus vice est illa relata supra in baptismo puellae hoc loco. — [5] Ren. deest Deus. — [6] Ren. incipientias, deest debita, peccata et. — [7] Ren. per.

Ordo.

Deus, qui propter charitatem suam homo factus est etc. p. 289.

Et dicunt: Sanctus Deus. [1]

Sacerdos dicit orationem hanc.

Domine Deus noster vivus et fortis, et poenitentium susceptor, suscipe, Domine, propter miserationes tuas, hunc famulum tuum vel hanc famulam tuam ejusque debita dimitte, Pater et Fili et Spiritus Sancte, nunc et semper in saecula.

Psalmus.

Oves tuae Jesu.

Viderunt te aquae, Deus etc.

Mare vidit eum et timuit etc.

Oves tuae Jesu etc. p. 282.

Diaconus legit Paulum.

Ex epistola Pauli Apostoli Domini nostri Jesu Christi lego super hoc sanctum baptisma coram Patre nostro sacerdote. Benedic Domine.

Fratres: obsecro itaque vos ego vinctus in Domino nostro, ut ambuletis, sicut decet vocationem etc. *usque* Et unum baptisma, et unus Deus Pater omnium, et super omnes, et in omnibus nobis [2].

Laudatio.

Vox [3] Domini super aquas: Deus gloriosus intonuit: Dominus super aquas multas, Alleluja.

Evangelium Lucae.

Quum autem populus existimaret de Joanne, et omnes cogitarent in corde suo, num ipse est Christus: respondens Joannes dixit eis: Ecce ego baptizo vos etc. *usque.* Tu es Filius meus dilectus, in te mihi complacui.

Diaconus praedicat:

Stemus omnes in oratione coram Deo misericorde: et vocibus ipsi gratis Domino simul clamemus [4].

Rogemus [5] Patrem absconditum, et Filium gloriosum sanctumque, et Spiritum Sanctum Paraclitum, ut baptismum sanctificet.

---

[1] Aldoensis ordo subjungit Trisagio hymno orationem dominicam. — [2] Ren. usque ad mensuram plenitudinis Christi. — [3] Ren. praemittit: Ipsi Domino. Alleluja, Alleluja. Vox etc. — [4] Ren. habet tantum: Stemus praeclare, sequentia ut Aldoensis. — [5] Aldoensis ordo aliam diaconi proclamationem exhibet; quam et Renaudotius in baptismo Jacobi Sarugensis habet, nec minus in Colbertino, cujus tamen formam cum magis discedat, infra integram damus: Christe, Deus omnium nostrum, qui baptismi aquam in mundo instituisti, matrem generantem spirituales filios in vitam aeternam. Rogamus. (Ren. in Jac. Sar. et Colb. add. te, Domine, exaudi nos). Christe, Deus omnium nostrum (Ren. in Colb. Ille, et sic porro), quem Joannes ad Jordanem fluvium intuitus, exclamavit ad turbas: Hic est agnus Dei (Ren. in Jac. Sar. deest agnus Dei), qui tollit peccatum mundi. Adoramus. Christe Deus omnium nostrum, rogamus et deprecamur te dicentes: Propitius esto, Deus, populo tuo, et miserere ovium pascuae tuae, et agnorum simplicium (Ren. in Jac. Sar. electorum), quos dextera tua liberavit. Clamemus et oremus, ter pro eis dicentes: Domine miserere nobis. Christe Deus noster, cui accedenti ad suscipiendum baptismum a Joanne praecone tuo, patefacti sunt caeli, et Spiritus Sanctus in specie corporis columbae super te descendit. Rogamus. (Ren. in Jac. Sar. et Colb. stropham hanc tertiam melius ei, quae hic secunda est, praeponit).

Tu es, qui ex Patre exortus, baptismum nobis reserasti. Tu es altissimus, qui descendisti, tuoque aquas baptismo consecrasti.

In coelo tua laus intonat ex ore angelorum filiorum ignis. Super terram vero in die baptismi tui homines laetantur.

Suscipe, Domine, pro tua pietate agnos, qui ad baptismum accessere: eosque in grege tuo cum agnis filiis dexterae conjunge.

Aperi portas tuas, sancta Ecclesia, et suscipe simplices agnos, qui hodie ad baptismum advenerunt, et stolam gloriae induunt.

Propitius esto, Deus, populo tuo, et miserere gregi tuo; ternasque laudis voces Trinitati attollamus.

Sacerdos dicit:

Deus, qui te gratia sua vocavit, et misericordia sua te adduxit, ut accipias sanctum ipsius signaculum: ipse te dignum efficiat indumento salutis ex aquis baptismi, ut stolam gloriae[1] induas per illapsum Spiritus Sancti, et adoptionem filiorum merearis per sanctum baptisma in saecula.

Tum conversa baptizandi facie ad orientem, sacerdos pollice dextro frontem ejus ter cruce signat, dicens[2]:

Signatur talis agnus in grege Christi, qui accessit ad sanctum baptisma, in nomine † Patris, Amen; et † Filii, Amen; et † Spiritus Sancti in saecula. Amen.

Diaconus. Ite in pace, auditores.

Sacerdos. Dominus regnavit, et decorem induit. Alleluja.

Simplex. Quis vidit geminas sorores pulcherrimas etc. p. 270.[3]

Diaconus. Induit Dominus fortitudinem, et roboratus est: et firmavit orbem terrae, ne commoveatur[4]. Alleluja.

Quae est ista[5], quae ex aquis parit servos[6], qui ad eam descendunt senes, et denuo infantes fiunt[7]? Debita dimittit, et peccata condonat, hominesque Dei filios efficit. Baptisma est veritatis, quod Joannes praedicavit, et Christus descendens in eo baptizatus est in expiationem mundi. Alleluja. Parce nobis Domine[8].

---

[1] Ren. gratiae. — [2] Aldoensis ordo loco trinae consignationis trinam insufflationem in frontem pueri in modum crucis faciendam praescribit. — [3] Ren. in Jac. Sar. in fine habet: Alleluja. Suscipe, Domine, deprecationem nostram. — [4] Ren. in Jac. Sar. deest et roboratus . . . commoveatur. — [5] Ren. in Jac. Sar. Quis est iste. — [6] Ren. in Jac. Sar. et Colb. nativitatem praestat. — [7] Ren. add. Is, qui. — [8] Aldoensis ordo rubricam sic emendat: Primo addit orationem, quam et Renaudotius hoc loco inserit in utroque officio Sarug. et Colb. ante aquae infusionem. *Sacerdos.* Benedictus es, Domine Deus, hominum amator, qui infirmos et (Ren. ll. cc. deest infirmos et) male habentes ad te vocasti, dicens: venite ad me, qui laboratis, et angustiis pressi estis, portantes onera gravia, et ego reficiam vos. Tu, Domine, voca (Ren. Sar. vocasti) hunc servum tuum (Ren. Colb. servos tuos istos; et sic porro pluralem numerum retinet) ad sanctum baptisma eumque dignum effice (Ren. add. in Colb. ut delectati recreentur) gratia tua magna, innovans in eo Spiritum Sanctum: et attollat tibi (Ren. Sar. referemus. Ren. Colb. Trinitati tuae sanctae) gloriam. *His sacerdos, nisi habuerit aquam benedictam in die Epiphaniae, aquam calidam dextera sua accipit, et frigidam sinistra, et utramque simul effundit in craterem baptisterii, ita ut frigida sit in minori quantitate, quam calida, et dicit:* In nomine Sanctae Trinitatis fundimus istas aquas in hoc sanctum baptisterium; in nomine Patris et Filii et Spiritus Sancti, Amen. *Et dicunt tono, Profusa.* Alleluja. Joannes miscuit aquas baptismatis, et Christus sanctificavit eas etc. *usque,* Alleluja, suscipe deprecationem nostram. *Sacerdos orat.* Misce Domine Deus, aquas istas etc. *Diaconus.* Amen.

Sacerdos aquam calidam dextera sua accipit, et frigidam sinistra, et utramque simul miscet in baptisterio, dicens.

Misce, Domine Deus, aquas istas p. 283.

Tum sacerdos [1] conversa [2] facie sua ad occidentem, facie vero baptizandi ad orientem, insufflat in crucis modum in faciem ejus [3]; et in unaquaque invocatione crucem facit contra faciem ejus [4].

Exorcizo † vos, et alligo vos [5] daemones immundi, et spiritus mali [6], et omnis virtus inimici, in nomine Dei fortis et potentis [7], qui res creatas omnes condidit [8].

Exorcizo † vos, daemones immundi, et spiritus mali, et omnis virtus inimici, per eum, qui extendit caelum sicut pellem, et firmavit terram super abyssos [9].

Exorcizo † vos, et alligo vos, daemones immundi [10], per eum, qui sedet super currum [11] crystallinum, cujus rotae igneae [12], quique ab animalibus trahitur [13].

---

[1] Huic rubricae Aldoensis ordo sicuti et Renaudotius, in officio Sarug. et Colb. praemittit: *Sacerdos orat.* (Ren. Sar. *Alia.*) Rogamus te, Domine Deus, et profusas miserationes tuas (Ren. Colb. te) deprecamur, ne avertas faciem tuam ab hoc servo tuo (Ren. Colb. ut non desinat providentiae tuae cura ergo nos servos tuos), et a plasmate, quod plasmaverunt manus tuae. Memento (Ren. Sar add. etiam, Domine) quod caro et sanguis sumus, tibique placuit fieri similis nobis. (Ren. Colb. quod carne imbecilla vestiti sumus: voluntatem igitur bonam ita habeas, ut talis sit erga nos, ut tui similes esse possimus). Tradidisti praeterea nobis potestatem super malos spiritus, ut (Ren. Colb. add. ut per virtutem tuam eos coerceamus) in nomine (Ren. ll. cc. add. sancto) tuo illos increpemus (Ren. Colb. dispellantur et ejiciantur), sicut fumus, qui a facie venti dissipatur (Ren. Colb. Spiritus tui, decat dissipatur). Propterea obsecro te Domine Deus fortis, Domine universorum, (Ren. Colb. deest Domine universorum) convertere super servos tuos filios sanctae catholicae et apostolicae (Ren. Colb. deest catholicae et apostolicae) Ecclesiae: et benedictionem tuam illis impertiri digneris, sicut Apostolis discipulis tuis Spiritu Sancto perfectis (Ren. Sar. discipulis tuis, qui fecerunt voluntatem tuam, et Apostolos perfectos per Spiritum Sanctum; Colb. discipulis tuis, qui perfecerunt voluntatem tuam et ministri fuerunt majestatis tuae) benedixisti: mihique tribue virtutem tuam, ut per potestatem tuam oves gregis tui a diabolo (Ren. ll. cc. add. calumniatore) emundem, atque velut tuo nomine per te perque tuum Sanctum Spiritum (Ren. Sar. et tanquam auctoritate tua et tuo nomine in Spiritu Sancto; Colb. et tanquam tuo nomine loquens in Spiritu tuo Sancto increpem) loquar et eosdem immundos spiritus (Ren. Colb. potestates illas inimicas creaturae, quam finxisti) increpem in tremendo et potenti nomine tuo, ipsis imperans, ut abscedant de membris simplicis agni tui (Ren. Colb. ab agnis illis perfectis tuis) ut ad lavacrum baptismatis ignei (Ren. Colb. succensi igne et spiritu) accedens (Ren. ll. cc. qui . . . . accedit, ut) divinitati tuae habitaculum fiat, teque in ipso commorante, daemones et nequissimi spiritus ab eo diffugiant. Ergo potenti verbo tuo, a quo terra contremiscit (Ren. Colb. deest a . . . contremiscit, add. et Spiritu oris tui Sancti), alligo daemones et malignos spiritus, ut discedant (Ren. Colb. depellas eos, deest ut discedant) ab hoc servo, qui ad sanctum baptismum praeparatus est, amodo et usque in saeculum (Ren. Colb. ad suscipiendum hodie, deest amodo . . . saeculum). — [2] Ren. Tunc descendit sacerdos et vertitur. — [3] Ren. deest insufflat . . . ejus. — [4] Ren. baptizandorum, etiamsi plures sint. — [5] Ren. Adjuro vos et praecipio vobis; et ita porro. Colb. Adjuro vos, deest et alligo vos, et ita porro. — [6] Ren. obscoeni; et ita porro. — [7] Colb. potentissimum, deest fortis. — [8] Colb. per quem creata et ordinata sunt omnia. — [9] Colb. aquas. — [10] Colb. add. et spiritus mali. — [11] Colb. add. terribilem. — [12] Colb. ignis et spiritus. — [13] Ren. et animalia, quae ad jugum sunt, flammea. Colb. cum animalibus ignitis, quae illum circumdant.

Exorcizo † vos, daemones immundi, per eum, cui assistunt millia millium, et myriades myriadum ministrant ei [1].

Exorcizo † vos, et increpo vos, daemones immundi et spiritus mali [2], per eum, qui respicit in terram et facit eam tremere, et increpat montes et fumigant, et sicut cera fluunt a facie ejus: atque maris potentiam et sonitum fluctuum ejus compescit et sedat [4].

Exorcizo † vos, daemones immundi, per illud nomen, ego sum qui sum, Deus [5] fortis, Dominus Sabaoth, qui locutus est ad Moysem de rubo [6].

Exorcizo † vos [7], daemones immundi et spiritus mali [8], et omnis virtus inimici, per eum, qui descendit super montem Sinai in voce tubae [9], quum ignis arderet in rubo, nec eum incenderet, et filii Israel excusarent se, timerentque [10] ne perirent [11].

Exorcizo † vos, daemones immundi, per eum, cujus potenti virtute periere primogeniti Aegypti [12].

Exorcizo † vos, daemones impuri, per eum, qui divisit mare rubrum in manu sua forti, et in brachio suo excelso [13].

Exorcizo † vos, daemones, et spiritus mali [14], per eum, qui demersit exercitus in profundas maris abyssos [15].

Exorcizo † vos, daemones immundi, per eum, quem vidit Isaias in sanctuario super thronum excelsum, et Daniel quasi antiquum dierum.

Exorcizo † vos, daemones impuri, per illum [16] admirabilem et sapientem, et Deum fortem [17] saeculorum, qui homo factus est, vestrumque imperium dejecit.

Adjuro † vos, daemones immundi, et spiritus inquinati [18], per eum, quem sua inclinavit voluntas, et ad lignum crucis mortemque adduxit, ut Adam ejusque filios a servitute mortis et [19] peccati liberaret.

---

[1] Aldoensis quatuor priores exorcismos ita exhibet. In nomine † Patris † et Filii † et Spiritus Sancti, insufflo in vos, maligni et immundi spiritus, et in totum Satanae exercitum, et in omnia mala ejus opera. Ipsumque increpo, ejicio, atque dissipo in potenti virtute Patris et Filii et Spiritus Sancti, mysterii Trinitatis indivisae, quod est a saeculo et usque in saeculum. Exorcizo † vos et alligo vos, o daemones immundi, et spiritus maligni, omnisque virtus adversarii, in nomine potenti Dei, per quem omnia vocata et condita fuerunt: et per eum, qui tetendit caelum sicut pellem, terramque super abyssum firmavit. Exorcizo † et alligo vos, daemones immundi et maligni spiritus, per eum, qui sedet super thronum gloriae suae, et super currum chrystallinum, cujus rotae igneae, trahiturque ab animalibus igneis, et mille millium adstant in conspectu ejus, et myriades myriadum ministrant ei: et per illum, qui mortificat et vivificat. — [2] Ren. in Sarugen. et Colb. deest et spiritus mali. — [3] Colb. tangit. — [4] Ren. in Sarug. et Colb. deest et sedat. — [5] Ren. Dei . . . Domini. — [6] Colb. per nomen illud magnum et timendum Patris et F. et Sp. S. opificis et Domini omnium, quae sunt et fuerunt in coelo et in terra. — [7] Hunc exorcismum Aldoensis conjungit cum antecedenti, sicut et ex sequentibus duobus unum efficit. — [8] Colb. daemones impuri et spiritus immundi. — [9] Colb. deest tubae. — [10] Ren. recesserunt. — [11] Colb. deest et filii . . . perirent. — [12] Colb. add. et cujus praecepto operatus est Moyses signa et prodigia in terra Aegypti. — [13] Colb. add. salvavitque filios Israel. — [14] Ren. deest et spiritus mali. — [15] Hunc et sequentes duos exorcismos Aldoensis conjungit. — [16] Ren. consiliarium, Colb. deest et sapientem. — [17] Ren. add. patrem, in Sarug. et Colb. — [18] Ren. in Sarug. et Colb. deest et spiritus inquinati. — [19] Colb. deest mortis et.

Exorcizo vos [1], daemones immundi et spiritus inquinati [2], per virtutem Dei fortis [3], ut exeatis ex hoc plasmate, quod Deo viventi desponsum est; ab eoque recedentes, migrantes [4], exterminatique non amplius sedeatis ad commorandum [5] in hoc puero, qui venit, ut fiat Spiritus Sancti habitaculum, ut hic in ipso maneat. Vos autem [6], maligni spiritus, ex illo fugite [7], et quemadmodum spiritus malus a rege [8] Saul recedebat, quum David citharam pulsaret; † ita fugiat Satanas ejusque virtus ex hoc famulo tuo, Domine, quum tua majestas in nube descendens [9], super aquas baptismatis illabetur. Ita, Domine, ne maneat spiritus malus in ulla parte animae, corporis, aut spiritus: non in ossibus, neque in nervis, non in venis, neque in arteriis [10], neque in medullis, neque in ullo ex his parvis aut magnis membris hujus servi tui, qui ad sacramentum istud baptismi vocatus est.

Vobis † edico, daemones et immundi spiritus [11], ecce sponsus gaudet, et sponsa parata est, et convivae ministrant [12], fluenta [13] exsiliunt, caeli patefacti sunt, tremunt angeli, Sanctus clamant Seraphim, virtutes psallunt, agmina angelorum [14] clamant, spiritales [15] glorificant, ignei jubilant; Pater laetatur, Filius gaudet, Spiritus Sanctus illabitur. Baptisma igne et Spiritu ardet [16]: mysteria implentur [17]: grex adstat: Ecclesia tremit [18]: Sion derelicta, sterilis et moesta est. Cave, improbe, ne audeas, ne pereas in illa hora, in qua rex in throno sedebit, ut vestram audaciam rebellionemque [19] judicet. Ne accedas ad hunc servum, qui vocatus est ad convivium unigeniti Filii Dei: neve quidquam in ipso laedas, quum ex eo recedis.

Quodsi audaciam nequaquam deponis, nec vis recedere a sancta Ecclesia [20], sancto scilicet sanctorum [21], in quo Dominus commoratur: † [22] alligo te, et anathematizo te in nomine Patris, et Filii, et Spiritus Sancti [23].

Alligatus † esto [24], et anathematizatus esto a Sancta Trinitate, si accesseris cum illo ad hoc sanctum baptisma, quod igne et Spiritu ardet. Verum apage ad profundum infernum, ubi tuum supplicium in saeculum est.

Alligo † te, et anathematizo te, Satana [25], per illam horam, in qua Dominus noster patibulo suspensus, manus pedesque clavis affigendos extendit [26], et latus lanceae exposuit [27], usque suum aceto et felli pro Adam ejusque filiis admovit [28].

---

1 Hic officium Colbertinum discedit a Sarugensi, quaedam retinens, in pluribus discedens; — 2 Ren. deest et spiritus inquinati. — 3 Ren. fortem in Sarug. — 4 Ren. deest migrantes. — 5 Ren. neque possitis habitare. — 6 Ren. et. — 7 Ren. fugiant. — 8 Ren. deest rege. — 9 Ren. per nubem, qua fertur majestas tua ut descendat et. — 10 Ren. deest in arteriis. — 11 Ren. daemones immundi et spiritus obscoeni. — 12 Ren. adstant invitati paranymphi. — 13 Ren. infimae valles. — 14 Ren. vigilum. — 15 Ren. add. substantiae. — 16 Ren. Patri uno, Filio et Spiritui Sancto, qui baptismali fonti superfertur, qui ignis et spiritus ardens est. — 17 Ren. obsignata sunt. — 18 Ren. intonat. — 19 Ren. deest rebellionemque. — 20 Ren. deest sancta Ecclesia. — 21 Ren. sanctuario. — 22 Hic Aldoensis quatuor alias cruces praescribit faciendas. — 23 Ren. per nomen Filii et per nomen Sp. S. ut sis alligatus etc. — 24 Aldoensis aliam etiam crucem praescribit. — 25 Ren. immunde daemon. — 26 Ren. est extenditque manus funibus et pedes suos clavis. — 27 Ren. deest exposuit. — 28 Ren. deest admovit.

Exorcizo † te, et alligo te, Satana maligne [1], per horam istam, in qua adstamus nos sacerdotes, qui a Patre thesauris suis praefecti sumus, ex ore Patris, qui baptizat, et Filii, qui suscipit, et Spiritus Sancti, qui illabitur. Si accesseris ad hoc corpus, quod ad convivium Unigeniti vocatum est. Ecce enim pastor ad oves [2] suas descendit: et si viderit lupum rapacem, disperdet eum a conspectu suo, sicut fumum a facie venti.

Nunc autem [3] † obsigno eum, et protego eum ab [4] omni daemonum virtute in nomine Patris, et Filii, et Spiritus Sancti [5], nunc et semper in saecula. Amen.

Tum conversa facie baptizandi ad occidentem, abrenunciare eum docet Satanae. Quodsi baptizandus sit infans, pro ipso sponsor dicet; sacerdos vero singula ei verba suggeret: quum interim sponsor manum sinistram baptizandi Satanam abnegantis teneat [6], dicens ter:

Abrenunciamus tibi, Satana [7], etc.

Deinde conversa facie ejus ad orientem, sponsor dexteram ipsius manum tenet, et [8] profitetur fidem [9], ter dicens:

Confitemur te, Deus Pater omnipotens, et Filium tuum Dominum nostrum [10] Jesum Christum, et Spiritum tuum vivum, Sanctum, Paraclitum: et omnes angelos tuos, et omnes virtutes tuas, et universam doctrinam sanctae [11] catholicae et apostolicae Ecclesiae, et omnia, quae ex te sunt. Credidimus [12], et credimus in [13] Christum.

Et dicunt: Credimus in unum Deum.

Sacerdos elevat vocem:

Gloria tibi, Domine noster [14], qui factus es pastor, et congregasti nos: baptismum suscepisti, et expiasti nos: doctor fuisti, et edocuisti nos; egenus dictus fuisti, et locupletasti nos, et ad dexteram Patris tui nos collocasti [15]. Te miserationes tuae, Domine, inclinarunt, clementia tua te coëgit [16], ut nostro corpore indutus, in Jordane a Joanne [17] baptismum susciperes, nobisque hunc sanctum [18] baptismum tuo sancto baptismo consecrares. Nunc et semper in saecula.

Diaconus dicit Mediam [19].

Stemus recte orantes. Oremus [20] in fide, rogemus in conscientia munda, Dominumque supplices deprecemur, qui ab altissimis descendit, ut peccatum filiorum Adae sacro baptismate glorificandae deitatis [21] expiaret.

---

[1] Ren. daemon immunde. — [2] Ren. servos. — [3] Tres alias cruces praescribit Aldoensis. — [4] Ren. contra, deest et protego eum. — [5] Ren. et in nomine F. et in nomine Sp.; et tria signa crucis habet. — [6] Ren. deest Quodsi . . . teneat. — [7] Ren. in Sarugen. et Colb. add. et omnibus angelis tuis, omnibusque potestatibus tuis et omnibus phantasiis tuis mundanis, omnique doctrinae tuae impurae et detestandae, et omnibus tandem, quae ex te sunt. — [8] Ren. deest sponsor . . . et. — [9] Ren. Trinitatem Sanctam. — [10] Colb. deest Dominum nostrum. — [11] Ren. deest sanctae. — [12] Ren. confitemur, nectitque cum praecedentibus. — [13] Ren. confitemur quoque Colb. desunt haec: credidimus et credimus in Christum. — [14] Ren. deest noster. Colb. Deus. — [15] Colb. sedisti ad dexteram Patris tui cum gloria, et considere fecisti nos. — [16] Colb. o Domine noster, misericordia et clementia tua inclinaverunt te. — [17] Colb. praecone tuo. — [18] Ren. in Sarug. et Colb. deest sanctum. — [19] Ren. deest dicit mediam. — [20] Ren. deest oremus. — [21] Ren. Trinitatis.

Deprecemur eum, qui est hyssopus maculas detergens et dealbans [1], ut dispellat [2] et procul abjiciat a nobis veterem hominem, qui veterascit et corrumpitur, et novo vos [3] vestimento [4] induat, quod innovatur sitque praestans et sanctum per mundum baptismum. Clamemus cum propheta David: Viderunt te aquae, Deus, viderunt te aquae [5], et timuerunt, et abyssi contremuere, nubesque aquas distillarunt. Clamemus etiam cum Patre ab excelsis altissimis detonante [6]: Hic est Filius meus, in quo mihi complacui, et dilectus meus, quem concupivit anima mea. Gloriam perennem [7].

Sacerdos accipit oleum simplex, et dicit super illud hanc precationem [8].

Sancte et gloriose, qui tuorum sacramentorum unctione prophetas tibi pontificesque unxisti [9], ut id in signaculum agnis gregis tui esset. Adveniat [10], Domine, ab excelsis altissimis [11] virtus tua, et in isto oleo [12] inhabitet, in quo mysteria Christi tui figurentur [13], sitque signaculum agnis gregis tui, hyssopus dealbans, sanctitatisque pignus corporibus fidelium tuorum [14]. Perficiantur in eo sacramenta tua: figuretur in eo divinitas tua [15]: adoptionem filiorum [16] consequatur quicunque dignus efficitur, ut eo ungatur: eoque ditescant oves gregis tui, quae coeleste donum tuum meruere: Pater [17].

Diaconus: Iterum atque iterum pro hoc unctionis oleo, quod consecratum est: et pro [18] sacerdote, qui ipsum consecravit, et pro iis, qui ipso unguntur, oremus, ut Dominus Deus decoram, fulgidam abditamque lucem suam in eo inhabitare faciat [19], idemque ab iis [20] dispellat dolores languoresque, tum abditos tum manifestos, eosque induat sacro [21] scuto, protegente [22] ab ardentibus improbi inimici [23] sagittis. Procul removeat ab eis malos immundosque [24] spiritus: faciat eos pura templa habitationi Spiritus sui Sancti: introducat eos in gloriosum Paradisum, suam scilicet fidelem Ecclesiam: protegat eos sub umbra sancti altaris sui: dignosque efficiat suo corpore et propitiatorio sanguine, ut commedant et bibant, ut vivant et perfruantur [25] in caelesti suo thalamo [26] amodo et usque in saeculum. Et iterum Dominum deprecamur [27].

Signat oleo puerum in fronte.

Signatur talis agnus [28] in grege Christi, oleo vivo divinae unctionis, in nomine Patris vivi ad vitam. Amen. In nomine Filii unigeniti vivi ad vitam. Amen. In nomine Spiritus Sancti ad vitam saeculi saeculorum [29].

---

[1] Ren. deest qui . . . dealbans. — [2] Ren. detergat. — [3] Ren. nos. — [4] Ren. deest vestimento. — [5] Ren. add. Domine. — [6] Ren. Pater voce forti clamavit de excelsis sublimibus. — [7] Ren. deest gloriam perennem. — [8] Hanc benedictionem olei sustulit Aldoensis sicuti et consignationem sequentem: immediate enim benedictionem baptisterii subjicit, ut infra. — [9] Colb. add. constituistique reges et sacerdotes, miscuistique virtutem tuam unctionis oleo. — [10] Ren. et ut sit . . . veniat. — [11] Colb. ex sublimi sancto tuo. — [12] Ren. add. unctionis. — [13] Ren. figurantur. — [14] Colb. qui eo ungentur. — [15] Colb. add. rubricam: *Tangit adhuc oleum et dicit.* — [16] Colb. add. Domine. — [17] Colb. donum tuum vitae, Domine et Deus noster. — [18] Colb. add. patre nostro. — [19] Colb. oremus Dominum Deum. Habitet in eo lumen ejus, splendor ejus nitidus et virtus ejus secreta. — [20] Colb. add. qui eo ungentur. — [21] Colb. salutis valido. — [22] Colb. add. corpora eorum. — [23] Colb. malignorum. — [24] Colb. deest immundosque. — [25] Ren. gaudeant. — [26] Colb. vitam novam in regno ejus consequantur. — [27] Ren. Sarug. et Colb. deprecamur. — [28] Ren. deest agnus. — [29] Ren. add. Amen.

Sacerdos[1]. Laus tibi, qui bona nobis semper facis, opemque nobis continuam praestas: exaudi preces nostras de excelso sanctuario tuo, et de sede majestatis tuae, Domine noster[2].

Diaconus[3]: Stemus recte orantes. Quam terribilis ac tremenda est hora ista, in qua superi in silentio stant super aquas baptismi. Mille millium angelorum et myriades myriadum Seraphim tremulo se agunt motu super[4] sanctum baptisma novam matrem, spiritualem matrem generantem spirituales filios, qui ingrediantur thalamum vitae gaudiis plenum. Angeli enim suis ordinibus, et Cherubim suis alis, ac Seraphim sua sanctitate, vigilesque sua specie, omnes ex igne geniti, et in igne commorantes, et[5] ignem miscent cum aquis istis, ut per eas expientur filii Adae terreni; et gestantes vela[6] ignea stant super Jordanis fluvium Dei, qui ad perfectum[7] baptismum venit; Spiritus vero Sanctus e sublimi coelo descendit super ipsum, non ut eum sanctificet, sed ut testimonium illi perhibeat. Joannes autem praeco veritatis exclamavit dicens: hic est agnus Dei, qui tollit peccatum mundi. Venite procidamus[8], et adoremus eum populi, gentes, et tribus omnes, qui verbo suo condidit coelum, terram, maria, et flumina, ac omnia, quae in eis sunt.

Gloriam perennem cum adoratione, honorem, et decorem attollamus aequaliter Patri, qui nobis Unigenitum suum misit, et Filio, qui nobis aperuit baptisma in expiationem debitorum, et remissionem peccatorum, atque onus peccati a nobis deposuit per Spiritum suum Sanctum, nosque dignos reddidit, qui accederemus ad suum sanctum corpus, et sanguinem amodo et usque in saeculum. Iterum Dominum precemur.

Extollit vocem suam.

Adveniat, Domine, Spiritus tuus vivus et Sanctus, et habitet, et requiescat super caput hujus famuli tui, et obsignetur in nomine tuo, Pater vive[9]; in nomine Filii tui unigeniti, et Spiritus tui Paracliti, qui nostra dimittit debita[10], nunc.

Inclinatus[11]. Et sanctificetur corpus famuli tui[12], ac anima obsignati tui[13]. Confirmetur mens ejus in veritate tua, ac fide tua intellectus ejus impleatur et attollemus[14].

Extollit vocem ter dicens[15].

Gloria Patri, et Filio, et Spiritui Sancto, mysterio adorando, et glorioso, in qua non est divisio[16]. Nunc.

Et subjungit[17].

Tranquillitas[18] Dei Patris omnipotentis et pax Filii omnia gubernantis, cum pace[19] et communicatione Spiritus Sancti omnia sanctificantis et expiantis, sit nobiscum et inter nos[20] atque cum sancto hoc baptismo. Amen[21].

---

1 Ren. *Et dicunt.* — 2 Ren. deest Domine noster. — 3 Ren. add. Benedic Domine. — 4 Ren. Seraphim obumbrant. — 5 Ren. deest et. — 6 Ren. amictus. — 7 Ren. illum perfecturus. — 8 Ren. benedicamus. — 9 Ren. vivo, deest Pater. — 10 Colb. qui signati sunt in nomine Trinitatis gloriosae. — 11 Ren. *Secreto.* — 12 Colb. servorum ancillarumque tuarum. — 13 Colb. animae illorum illuminentur. — 14 Colb. et referant tibi gloriam et gratiarum actionem et unigenito Filio tuo et Spiritui tuo. — 15 Aldoensis. *Sacerdos baptisterium ter signat, unaquaque vice dicens.* — 16 Ren. de quo dubium non est. — 17 Ren. *Sacerdos.* Deest apud Aldoensem haec oratio. — 18 Ren. Gratia, Colb. Pax. — 19 Ren. gratia, deest cum. — 20 Colb. add. omnibus diebus vitae nostrae. — 21 Colb. amen etc.

Sacerdos inclinatus [1].

Memoriam D. N. J. C. ejusque nativitatis, baptismi, passionis, crucifixionis, mortis, resurrectionis, et suscitationis [2], et ascensionis ad Patrem suum gloriosum [3], sessionis ejusdem ad dexteram illius, qui ipsum misit, gloriosi [4] ejusdem adventus secundi [5], atque D. Mariae, quae eum genuit, et Ecclesiae sanctae, quae ipsum suscepit, peragimus in sacramento [6] baptismi ad vitam aeternam.

Et extollit vocem suam [7].

Sursum in excelsis [8] ad illum, qui novit occulta [9], sint mentes, cogitationes, intellectus et corda omnium nostrum [10] in puritate.

Populus. Ad te Deus Abraham, Deus Isaac, Deus Jacob, Rex gloriosus, et sanctus in saeculum [11].

Sacerdos. Ad te [12] sursum sunt oculi nostri et cor nostrum [13], et expansae sunt manus, cogitationesque nostrae, et sicut cervus clamat [14] ad fontem aquarum, ita et animae nostrae clamant [15] ad te, Domine Deus, ut ex fonte vitae nobis decurrant aquae vivae et spirituales, quibus extinguatur sitis nostra ab ardore peccati, et sicut distat oriens ob occidente, ita elongetur a nobis iniquitas nostra, Domine Deus fortis [16], clemens et misericors [17], et confitebimur, adorabimus, ac glorificabimus.

Populus. Patrem et Filium, et Spiritum Sanctum.

Sacerdos obsignat aquas ter [18] *signo crucis et dicit:*

Gloria Patri et Filio et Spiritui Sancto, qui sanctificat aquas istas in Sanctissimae [19] Trinitatis mysterio nunc et semper in saecula [20].

Populus. Amen [21].

Et ponit thus ac dicit:

Multitudini miserationum tuarum etc. p. 270. [22]

Inclinatio. Gloria tibi, ens aeternum, cujus absconditus nutus portat mundum, quem gloriosa sapientia tua condidit [23], et terribilis nutus tuus

---

[1] Ren. Sarug. et Colb. deest: Sacerdos inclinatus. — [2] Ren. Sarug. et Colb. deest et suscitationis. — [3] Ren. Sarug. et Colb. gloriosae; Colb. ad Patrem suum benedictum. — [4] Colb. deest gloriosi. — [5] Colb. add. cum angelis suis sanctis. — [6] Ren. Sarug. et Colb. mysteriis praeclaris. — [7] Ren. Sarug. *Sacerdos.* Colb. deest rubrica. — [8] Ren. Sarug. et Colb. add. sublimibus. — [9] Colb. add. et manifesta. — [10] Colb. eleventur animi, mentes et cogitationes omnium nostrum. — [11] Ren. deest Deus Isaac . . . in saeculum. — [12] Colb. add. Domine Deus Abraham. — [13] Colb. oculi cordis nostri. — [14] Ren. desiderat. — [15] Ren. desiderant. — [16] Ren. deest Deus fortis. — [17] Colb. deest et sicut distat . . . misericors. — [18] Ren. Sarug. et Colb. deest ter. — [19] Ren. Sarug. et Colb. gloriosae. — [20] Ren. add. *Quas verba iterum et tertio repetit.* — [21] Ren. Sar. et Colb. deest. *Populus:* Amen. — [22] Ren. Sar. et Colb. Magnae misericordiae tuae, Domine Deus (Colb. deest Deus), offerimus incensum istud aromatum pro servo tuo, qui praeparatus venit ad baptismum sanctum, ut per te obsignetur ad vitam et nascatur apud te spiritualiter, adscribatur quoque inter domesticos, ad (Colb. accipiant) haereditatem promissionum tuarum (Colb. add. divinarum). Procul sint ab ejus vita damna perniciosa (Colb. a dolis suis malis), et signaculum tuum sanctum sit illi ad custodiam et conservationem (Colb. ornamentum et custodiam); per virtutem erudiatur et nequitias vincat. Nunc etiam, Domine Deus, suscipe ex manibus nostris incensum istud aromatum, fiatque ad expiationem delictorum, remissionemque peccatorum nostrorum et servi tui hujus, qui accedit ad signaculum tuum sanctum et ad baptismum tuum propitiatorium, et a nobis ut ab eo referatur laus et gratiarum actio majestati tuae absconditae, Pater, Fili, etc. (Colb. tibi et Patri tuo nunc etc.). — [23] Aldoensis subdit: tuumque metuendum imperium gubernat. Tu, Domine, benedic huic servo tuo, qui ad sanctum baptismum paratus est.

naturam gubernat, quam perspicax tuus intellectus constituit. Et admiranda tuae operationis occulta virtus innotescit servis tuis.[1] per multiplicationem specierum, quae sine te consistere nequeunt; neque stare potuere[2], sed omnes oribus[3] et linguis a te sibi concessis te glorificant.

Extollit vocem suam[4].

Oribus incessantibus, et vocibus non interruptis cum omnibus virtutibus coelestium sanctificant, glorificant, clamant[5] et dicunt[6]. Nos etiam, Domine, per gratiam tuam et per miserationes tuas[7] mereamur dicere[8] ter super aquas has sancti baptismi[9].

Populus. Sanctus, Sanctus[10].

Inclinatio. Tibi, Deus, qui in decore tuo[11] gloriosus es, et in divitiis[12] essentiae tuae abditus es, et in tuis portentis manifestus, et in operum tuorum fortitudine metuendus, preces, supplicationesque offerimus in hac hora[13], qua[14] poenitentes suscipis, et humiles[15] ad te adducis et clementia tua stupenda efficis tua erga nos benignitate. Magnitudo enim tua[16], Domine, voluit nos vivificare per summam tuam charitatem[17]; et[18] Filium tuum unigenitum, ac[19] aeternum, qui absque initio ex te genitus est, misisti[20] ad salutem nostram, qui minime recedens[21] e loco majestatis tuae abdito, descendit, et habitavit in utero virgineo, ut corporali nativitate generaretur. Totus apud te mansit, ac totus ad nos venit. Et cum esset indefectibilis[22], nec egeret, in Jordane fluvio baptizatus est, nobisque sanctificavit ventrem hunc baptismi; ut esset sinus fortis et integer[23]. Ille igitur voluntate sua, tua, ac Spiritus Sancti[24] habitavit in tribus mansionibus, in ventre carnis, et in sinu baptismi, atque in mansionibus inferni moerore plenis[25].

Extollit vocem suam:

Nos autem dignos fac[26] per haec, ut e profunda abysso ad sublimes[27] habitationes gloriosae Trinitatis elevemur, Pater, Fili, et Spiritus Sancte[28].

---

[1] Ren. Sarug. qui intelligentia tua prospicaci ordinasti miracula abscondita operationis erga servos tuos, multiplicitate sua non minus pulchra. Colb. quam condidit prudentia et intelligentia tua operationis suae efficacia admirabili, in operibus tuis, praesertim vero in praeclaro illarum ordine duplici, quae. — [2] Ren. Sarug. deest neque potuerunt; Colb. ut etiam absque te consistere aut ad existentiam venire non poterunt. — [3] Ren. Sarug. uno ore; Sarug. et Colb. add. quae dedisti illis. — [4] Aldoensis hanc aliam habet: Da mihi, Domine, pro gratia tua et propter misericordiam tuam, ut cum omnibus caelestibus virtutibus quae te collaudant, clamantes et dicentes: Sanctus, ipsi etiam labiis nunquam cessantibus et vocibus non interruptis super istas sancti baptismatis mereamur ter dicere. — [5] Colb. canent — [6] Ren. add. Sanctus. — [7] Colb. deest per gratiam . . . tuas. — [8] Colb. add. hodie. — [9] Ren. Sarug. deest sancti; Colb. ad hunc baptismum; Sarug. et Colb. add. Sanctus etc. — [10] Colb. deest haec populi exclamatio. — [11] Colb. deest in decore tuo. — [12] Colb. loco. — [13] Sequentia in Aldoensi desunt, qui subdit: Ut sanctifices hunc servum tuum, qui ad sanctum baptisma paratus est. — [14] Ren. Sarug. et Colb. quia. — [15] Colb. errantes. — [16] Ren. Tu, Domine, voluisti, deest magnitudo enim tua. — [17] Colb. dedisti, ut viveremus per charitatem tuam absque impedimento. — [18] Colb. per. — [19] Colb. add. natum tuum. — [20] Colb. praeparasti. — [21] Ren. Sarug. et Colb. processit; deest minime — [22] Ren. deest esset indefectibilis. — [23] Ren. Sarug. mitem et potentem. Colb. sanum et potentem. — [24] Ren. add. hoc in mundo. — [25] Colb. tenebrosis. — [26] Ren. Sarug. Colb. fecit. — [27] Ren. tres. — [28] Ren. Sarug. Patris et F. et Sp. S.; Colb. nunc etc. deest P. et F. et Sp. S.

Et insufflat in aquas in crucis formam ter, dicens inclinatus[1].

Conteratur †, o Domine, caput draconis intellectualis homicidae sub signo, et typo[2] crucis tuae.

[3] Et fugiant † ac transferantur umbrae invisibiles et aëreae ab aquis istis, et non delitescat in eis daemon tenebrosus;

[4] Neque † descendat in aquas istas cum hoc, qui baptizatur in eis, rogamus te, Domine Deus, spiritus malus, et tenebrosus cum iniquis cogitationibus, et conturbatione mentis. Convertere, Domine, super aquas istas, quae in cratere hoc parvo positae sunt coram te.

Extollit vocem suam.

Laudem, Domine noster[5], honorem, adorationem, exaltationem[6] et magnitudinem decoris[7] attollemus Trinitati tuae gloriosae[8] super hunc aromatum suffitum. Nunc[9].

Inclinatus. Abige[10] ab eo omnem virtutem inimici, ab illo, qui descendit, et baptizatur in eis[11], et ab hoc loco[12], et da, ut in eo sit virtus Spiritus tui Sancti et[13] loco ventris Hevae matris nostrae, qui germinavit filios mortales et corruptibiles[14], et sicuti Spiritus Sanctus in creatione mundi accubuit super aquas, et protulerunt animalia ac serpentia omnigena, ita, Domine Deus[15], feratur Spiritus Sanctus super hoc baptisma, quod est spiritualis venter, et inhabitet in eo, illudque sanctificet, ut proferat Adam coelestem loco Adami terrestris[16], et per ipsum[17] accipiat, qui descendit ac in eo baptizatur[18], commutationem permanentem[19], loco corporeitatis spiritualitatem; loco visibilium participationem invisibilium, et pro anima infirma Spiritus Sanctus habitet in eo.

Et procidit in genua ac invocat Spiritum.

Inclinatio[20]. Exaudi me, Domine; exaudi me, Domine; exaudi me, Domine, in hoc momento, et adveniat, Domine, Spiritus[21] Sanctus, et habitet in aquis istis, ac ab eis coërceat omnem virtutem inimici, easque insuperabili sua[22] virtute muniat[23], illasque sanctificet, benedicat, faciatque similes illis, quae ex latere Unigeniti in cruce fluxerunt, ut, qui descendunt[24] et baptizantur, in eis[25] dealbentur, mundentur et induant stolam justitiae, et circumdentur[26] casula[27], ac stola coelesti, et[28] scuto fidei contra omnia tela maligni.

— [1] Ren. et ad primam inspirationem dicit, deest inclinatus. In Colb. desunt haec usque ad Convertere. — [2] Ren. sub consignatione typi. — [3] Ren. add. *Ad secundam.* — [4] Ren. add. *Ad tertiam.* — [5] Ren. deest noster. — [6] Ren. deest exaltationem. — [7] Ren. magnificationem. — [8] Ren. deest gloriosae. — [9] Ren. deest nunc. — [10] Colb. add. Domine. — [11] Ren. per eum, qui descendit in aquas et baptizatus est. Colb. in hac aqua. — [12] Colb. deest et ab hoc loco. — [13] Ren. deest et. — [14] Colb. add. pariat hic uterus filios spirituales et incorruptibiles. — [15] Ren. Sarug. et Colb. deest Deus. — [16] Colb. spirituales pro terrenis. — [17] Ren. Sarug. et Colb. per te. — [18] Ren. Sarug. deest descendit ac; Colb. accipiant, deest qui descendit . . . baptizatur. — [19] Ren. Sarug. quae vires augeat et; Colb. integram add. efficiantur sani et confortati in spiritu, qui descendunt et baptizantur in eo, et consequantur. — [20] Ren. deest Inclinatio. — [21] Colb. add. tuus. — [22] Ren. Sar. et Colb. incomprehensibili tua. — [23] Ren. Sar. et Colb. inflammet. — [24] Ren. Sarug. add. in eas; Colb. add. nunc. — [25] Ren. Sar. et Colb. accipit in eis, cum praecedentibus et add. pergantur. — [26] Ren. deest et circumdentur. — [27] Ren. Sarug. velo add. tunica; Colb. phillio gloriae add. tegantur que. — [28] Ren. add. armentur.

Extollit vocem suam.

Ut mundati, sanctificati [1], et armis salutis amicti, ascendant ex eis [2], et attollant gloriam confessionemque Trinitati gloriosae. Pater [3].

Et accipit cornu chrismatis, et ex eo effundit in aquas ter in crucis figuram, ac sacerdos inchoat [4]: Oves tuae, Jesu [5].

Diaconus: Alleluja, Alleluja, Alleluja [6].

Sacerdos [7]: Sacerdos ministerium exhibet huic ventri in ejus generatione. Unctio delabitur coram ipso [8], et Spiritus Sanctus circumfertur ad ejus oram [9].

Diaconus: Alleluja, Alleluja, Alleluja.

Sacerdos effundit chrisma secunda vice ac dicit [10]:

Corona speciosa [11] illum circumdat, et summus sacerdos factus est ejus minister. Vigiles in coelo, en gaudent super orantes [12], qui per eum [13] inveniuntur.

Diaconus: Alleluja, Alleluja [14].

Sacerdos effundit chrisma tertia vice et dicit:

O uterus, cujus partus statim [15] ab altari lacte, ac nutrimento alitur. O pueri, qui continuo manducant pro lacte panem [16] perfectum [17].

Et extollit vocem suam.

Benedictus es, Domine Deus, qui mundasti et sanctificasti has aquas per virtutem [18] Trinitatis [19] gloriosae, ut fierent venter novus generans filios spirituales [20], nunc.

Inclinatio. Quaesumus, Domine Deus fortis, fac, ut illi, qui descendit, et baptizatur in eis [21], sint ad remissionem debitorum [22], veniam peccatorum, et benedictam resurrectionem ex mortuis ac in vitam novam in regno coelorum.

Extollit vocem suam.

Benedictae sunt et sanctificatae aquae istae, ut renovetur in eis noster vetus homo in nomine Patris vivi in vitam. † Amen. Et Filii † unigeniti, qui genitus ab eo, vivus est pariter, in vitam. Amen. Et Spiritus † Sancti, qui est principium et perfectio omnium, quae sunt et fuerunt in coelo et in terra, in vitam aeternam.

---

[1] Ren. deest ut mundati, sanctificati. — [2] Ren. Sar. mittantur, deest ex eis. Colb. deest ascendant . . . et. add. simul in unum. — [3] Colb. tuae nunc etc. — [4] Aldoensis rubricam ita habet: *Hic sacerdos de cornu chrismatis quatuor guttas in modum crucis effundit in aquam. Diaconus:* Alleluja, Alleluja. *Sacerdos inclinatus:* Adveniat Spiritus Sanctus. *Diaconus:* Alleluja, Alleluja. *Sacerdos:* Et maneat super aquas istas per mundum chrisma. *Diaconus:* Alleluja, Alleluja. *Sacerdos:* Chrisma palam descendit, et Spiritus Sanctus clam illabitur. — [5] Ren. deest ac sacerdos . . . Jesu. — [6] Ren. unum habet Alleluja. — [7] Ren. add. *incipit hunc versum dicens.* — [8] Ren. Sarug. et Colb. Sacerdos administrat uterum hunc ad nativitatem christianam et ministrat coram eo. — [9] Ren. Sarug. Spiritus vero Sanctus incubat super plenitudinem ejus. Colb. Spiritus quoque fertur et incubat super aquas ejus. — [10] Ren. deest effundit . . . dicit. — [11] Ren. Sarug. et Colb. coloris. — [12] Colb. de baptizatis. — [13] Ren. Sarug. et Colb. in eo. — [14] Ren. Sarug. et Colb. add. Alleluja. — [15] Colb. Quos uterus hic gignit. — [16] Colb. carnem. — [17] Ren. deest Sacerdos . . . perfectum. — [18] Colb. add. magnam. — [19] Colb. add. magnae et. — [20] Colb. add. eapropter magnificamus nomen tuum et advocamus gloriam tuam. — [21] Colb. in hac aqua sancta. — [22] Colb. add. ad veniam eorum, quae insipienter egerunt, ad abstersionem et mundationem macularum suarum.

Diaconus concionem [1].

Benedic, Domine [2]. Etiam atque etiam pro hoc baptismi fonte, qui per Spiritum Sanctum sanctificatus est, et [3] perfectus est per illapsum Spiritus Sancti vivi [4]; et pro sacerdote, qui illum sanctificavit: et pro benedictis [5] populis, qui descendunt et [6] baptizantur in eo, etiam impensius oremus.

Jussus fuit Moyses propheta, ut suavibus, odoriferisque unguentis efficeret oleum [7] principale pro sacerdotibus, ac regibus, et prophetis. Non enim patiebatur Deus regem inunctum regnare: neque recipit regnum coeleste, qui non sit baptizatus, et expiatus. Venite, dilectissimi mei, estote filii Ecclesiae et baptismi, qui vestram renovat vetustatem, ac vulnera sanat vestra. Exuite vetustatem per aquas baptismi [8] et induite stolam gloriae [9] in Spiritu Sancto ex aquis. Beati estis, quod ad regis [10] sponsi convivium invitati estis. Venite, descendite, lavamini, ac mundamini [11], et ascendite, suscipite ejus Corpus, et Sanguinem [12].

Oratio ante Pater noster, qui es in coelis.

Ita [13], Domine, sanctifica animas et corpora nostra, ut sancto [14] corde, anima lucida, et vultu inconfuso adstemus tibi, et dicamus puram [15] illam orationem, quam benedictos [16] discipulos tuos docuisti, cum eis dixisti; quotiescunque orabitis, hoc pacto estote orantes, confitentes, glorificantes, et dicentes: Pater noster, qui es in coelis.

Populus [17]. Sanctificetur nomen tuum.

Sacerdos inclinatus.

Pastor bone, et perditorum inventor, qui Trinitatis signaculo oves tuas obsignasti, ut a lupis rapacibus custodirentur [18], glorioso [19] tuo nomine eas conserva [20]:

---

1 Ren. alta voce dicit Catholicam. — 2 Ren. deest Benedic, Domine. — 3 Colb. deest sanctificatus est et. — 4 Colb. deest vivi, add. ejusdem. — 5 Colb. deest benedictis. — 6 Colb. deest descendunt et. — 7 Ren. Sarug. et Colb. ex odoribus et aromatibus praepararet unguentum. — 8 Colb. deest per aquas baptismi. — 9 Colb. add. et accipite virtutem ex alto. — 10 Colb. Christi. — 11 Colb. deest ac mundamini, add. in baptismo. — 12 Ren. Colb. Spiritum Sanctum; Sarug. et ascendite coram corpore ejus et sanguine; Sarug. et Colb. add. Gloria perpetua etc. Aldoensis post descriptam concionem hanc aliam subjicit .... Benedic Domine. Etiam atque etiam pro hoc baptismo, qui per Spiritum Sanctum missus est et per gratiam caelestis regis mundatus et sanctificatus est; et pro iis, qui in fide veritatis descendunt, et in eo baptizantur; praecipue oramus. Oremus, ut portae caeli aperiantur, et Spiritus Sanctus de excelsis supernis descendens sanctificet aquas istas, quemadmodum sanctificatae sunt aquae Jordanis in baptismate Salvatoris nostri. Oremus, ut qui in eis baptizantur, exuant veterem hominem, qui in concupiscentiis erroris corruptus fuit Satanae consilio per transgressionem primi patris nostri Adae. Oremus, ut hic baptismus e sinu suo procreet novos et spirituales filios, qui stolam gloriae in luce pulcherrima ex aquis propitiationis induant. Oremus, ut homines isti, qui ad baptismum accessere, in adoptione filiorum sanctificentur, et oleo laetitiae ungantur, et spirituali chrismate signentur. Oremus, ut Dominus ipsis stolam gloriae ex aquis baptismi largiatur, eosque arrha novae vitae induat, ut ad convivium caelestis sponsi invitentur, et cum ipso ad thalamum introducantur. Oremus, ut cum electis Apostolis, et cum veris prophetis, atque benedictis martyribus haeredes in caelesti regno instituantur: nosque omnes simul glorificemus Patrem et Filium et Spiritum Sanctum. — 13 Ren. Sarug. et Colb. deest ita. — 14 Colb. bene. — 15 Colb. addit et sanctam. — 16 Ren. deest benedictos. — 17 Ren. Diaconus. — 18 Ren. in Sar. Colb. custodi per; deest ut. — 19 Colb. inicto. — 20 Ren. Sarug. et Colb. deest conserva.

Et elevat vocem suam.

Corrobora, Domine, infirmitatem nostram in praelio cum ipso [1] et da nobis, ut semper ejus tentationem [2] vincamus; indue nos arma, quibus omnis error [3] dispellatur, et forti manu tua daemon confusus a nostro conspectu recedat, ac nobis concede in caelesti regno portionem, hereditatemque cum Sanctis tuis, quoniam tuum est regnum, virtus et gloria [4], nunc.

Sacerdos. Pax.

Populus. Et cum.

Diaconus. Inclinate [5].

Sacerdos se inclinat. Signetur [6] agnus simplex [7] gregis tui, et per signaculum [8] tuum connumeretur cum spirituali grege tuo, ingrediatur tuum ovile, commisceatur cum tuis ovibus tuusque sit, et custodiatur ab omnibus malis [9], ac illum sanctifica [10] sigillo [11] Trinitatis gloriosae, veniatque ad regenerationem [12], gloriam canens et gratiarum actionem attollens.

Elata voce. Ita [13], Domine, in nomine tuo benedic eam, et per crucem tuam custodi illum a malo et virtutibus ejus, nunc.

Tunc sacerdos stans ab oriente baptisterii facie ad occidentem versa, pueri autem facie ad orientem respiciente [14], baptisandi caput oleo sancto ungat in typum crucis dicens:

Obsignatur N. agnus in grege christiano, oleo vivo divinae unctionis in nomine Patris, Amen. † Et Filii. Amen. Et Spiritus Sancti. Amen.

Et diaconus totum corpus baptisandi perungat [15]. Et [16] dicunt cantu:

Protector Noë.

Accipe oleum ex nardo [17] principali, dixit Dominus electo Samueli, et vade, ac unge filium Jesse, ut sit rex super populum Israel. Oleo sancto edixit Deus etc. . . . ad baptismum p. 286.

Sacerdos baptisandum in craterem baptisterii demittit, et illius quidem ad orientem, sua autem facie ad occidentem versa, dexteram suam ejus capiti imponat, ac sinistra ex orientali parte aquas hauriat, et super caput baptisandi effundat. Item ex occidentali, et effundat super caput ejus, tum ex septentrionali, et ex australi et projiciat super ejusdem caput dicens [18]:

---

[1] Colb. maligno. — [2] Colb. tentationes dolosas. — [3] Colb. ejus errores. — [4] Ren. Sarug. deest quoniam . . . gloria; Colb. in regno tuo coelesti. — [5] Ren. add. cerda (Colb. capita) vestra coram Domino misericorde, coram altari ejus propitiatorio (Colb. deest coram . . . propitiatorio) et coram mysteriis praeclaris et divinis (Colb. deest et divinis) baptismi sancti, et suscipite benedictionem a Domino. — [6] Ren. Sar. Colb. Et signetur. — [7] Colb. puri. — [8] Colb. add. hoc vitae. — [9] Colb. a nequitiis. — [10] Colb. deest ac . . . sanctifica. — [11] Colb. per nomen. — [12] Colb. promissionem secundam. — [13] Ren. Sar. et Colb. deest ita. — [14] Ren. add. e regione sacerdotis, qui accipiens oleum consecratum. — [15] Deest haec rubrica in Aldoensis ordine, in quo post unctionem in capite haec leguntur: *Quodsi oleum sanctum unctionis non habeat, accipit oleum simplex, et super illud orat dicens.* Sancte et gloriose Domine, qui mysteriorum tuorum unctione prophetas tibi et pontifices unxisti, ut id signaculum fieret agnis gregis tui etc. *Diaconus.* Etiam atque etiam pro obse isto unctionis, quod sanctificatum est etc. *Et ex ipso oleo sacerdos signat baptisandum in capite dicens.* — [16] Ren. Interea. — [17] Ren. Sarug. oleum nardinum Colb. nardum. — [18] Aldoensis: *Hic diaconus adducit baptisandum ad sacerdotem, facie ad orientem conversa. Sacerdos autem impositam tenens manum, sinistram super*

Ego te [1] baptizo N. regnum in grege Christi in nomine Patris. Amen,
et Filii. Amen, et Spiritus Sancti in saecula. Amen [2].

*Et eum tradat patrino ipsius [3]. Et accipit sanctum chrisma ac
baptizatum in fronte consignat [4] dicens:*

Chrismate Christi Dei, suavi verae fidei odore, sigillo et complemento [5] gratiae Spiritus Sancti obsignatur N. servus Dei [6], in nomine †
Patris, Amen. Et Filii, Amen. Et Spiritus Sancti in saecula [7], Amen.

*Et ungit totum ejus corpus. Tunc albis vestimentis [8] baptizatum
induunt, et orat sacerdos.*

Benedictus es, Domine Deus, cujus magna et ineffabili gratia [9] sanctificatae sunt aquae istae per adventum Spiritus Sancti [10], ut essent uterus
spiritualis hominem novum e vetere generans; et famulum tuum hunc
lavacro, quod per aquam et Spiritum fit, dignum effecisti. Tu, Domine,
propter multas miserationes tuas dignum illum redde, qui coeleste tuum
regnum penetret [11], ut nos, et ipse una attolamus gloriam, honorem et
adorationem tibi Pater vive, et Christo Filio [12] tuo unico [13] ac Spiritui
tuo [14] Sancto. Nunc [15].

*Et lumbos ejus praecingit et dicunt tono: Qui peccatorum mise-
reris [16].*

Fratres mei, gloriam canite Filio Domini universorum, qui fratri
nostro carissimo coronam nexuit [17].

Illustratum est vestimentum tuum, frater noster [18], instar solis [19], et
decor tuus splenduit prae fluvio Jordane.

Instar angeli ascendisti, frater [20] noster, e fluentis Jordanis per
virtutem Spiritus Sancti.

Speciosum est vestimentum tuum, fili mi, et pulchra est corona
tua, quam per manus meas hodie tibi sacerdos nexuit [21].

---

coepit baptizandi, aquam manu dextra aut cochleari hauerit ter, effunditque super caput
ejus, vel mergit trina mersione, prout fert consuetudo loci, dicens. Ren. Tunc diaconus
affert infantem ad fontem baptismalem, infantis facie ad orientem versa, sacerdotis ad
occidentem. Sacerdos imponit manum dexteram super caput ejus et fundit aquam sinistra. Prima effusio ad orientem fit super caput infantis, secunda ad occidentem, tertia
ad austrum et septentrionem, imponens simul manum super caput ejus et dicit. —
[1] Ren. deest te. — [2] Ren. add. quae verba iterum et tertio repetit. — [3] Ren. deest
huic rubrica. — [4] Ren. et ungit totum corpus baptisati, quod postea deest. —
[5] Ren. plenitudine. — [6] Ren. tuas. — [7] Ren. deest in saecula. — [8] Ren. deest
vestimentis albis. — [9] Ren. Sarug. Colb. dono. — [10] Ren. Sarug. vivi; Colb. tui
vivi et Sancti. — [11] Ren. Sarug. Colb. regno coelesti. — [12] Ren. deest Filio. —
[13] Ren. deest unico. — [14] Ren. add. vivo et. — [15] Ren. Sarug. et Colb. hic addit:
Alia oratio. Deus, cujus magna et multiplicia sunt munera, Pater Domini nostri Jesu
Christi, quique illum misisti, qui etiam ad adoptionem filiorum tuorum extollis homines, plenos odore suavi Christi tui, qui etiam chrisma hoc, quod nobis promiseras,
per virtutem tuam, invisibilem sanctificas ad auxilium infirmitatis nostrae: da nobis
per hoc sigillum, unionem Spiritus tui Sancti et gloriam regni tui veri, illis, qui
sanctificati sunt, et da in adventu Christi tui gloriam praeclaram et fructus uberes,
quia omnia facilia tibi et plana sunt, ut cum unanimitate et concordia mereamur nos
et illi referre tibi gloriam et laudem etc. — [16] Ren. Alligat capiti infantis coronam
et dicit. — [17] Ren. qui cinxit vos corona, quam rex concupiscit. — [18] Ren. mi. —
[19] Ren. nivis. — [20] Ren. dilecte. — [21] Ren. quae tibi per sacerdotis manus hodie
imponitur.

Et participem illam facit SS. Mysteriorum, dicens:

Esto Domine castos hujus agni, qui factus est de grege tuo et baptismo tuo[1] tinctus est, ac in mysterio Sanctae[2] Trinitatis[3] obsignatus, ut educetur, et[4] adolescat in vera[5] tui fide, et charitatis tuae[6] particeps fiat, sitque vas utile honori tuo, et gloriae magnitudinis tuae. Pater, et Fili, et Spiritus Sancte[7], tibi gloria[8] in saecula, Amen.

Et dimittit populum, ac dicit Complementum.

Ite in pace, commendamus vos miserationibus, et gratiae Trinitatis altissimae, et ipsa custodiat vitam vestram a corruptione peccati, et nos vobiscum, Amen.

Idem ordo confirmationis a Stephano Aldoensi, Maronitarum patriarcha recensitus.

Deinde sacerdos intincto pollice dextro sacro chrismate signat baptizatum in vertice capitis*) in modum crucis.

Quodsi, baptizans est episcopus, signat baptizatum in fronte, dicens: Chrismate Christi Dei**) etc. p. 349.

Deinde chrisma abstergit bombacio, quod in cratere baptisterii comburit; caputque baptizati linteo cingit, ipsumque linteum lavat, et aquam in craterem baptisterii projicit. Baptizatum vero, si masculus est, patrino; si femina, maternae tradit. Ambo postea ipsum matri in ejus domo tradunt.

Dicitque sacerdos:

Suscipe a me Christianum Nazarenum baptizatum in signo Sanctae Trinitatis.

Sacerdoti respondet patrinus, aut matrina: Suscepi, et testis sum de hoc, o Pater.

Tum sacerdos baptizatum albis nitidisque vestimentis induit, dicens: Benedictus es, Domine Deus p. 349.

Deinde praecingit lumbos ejus, dicens tono: Qui peccatorum misereris.

Fratres, gloriam canite etc. Nitidum factum est vestimentum tuum etc.

---

[1] Colb. add. sancto. — [2] Ren. gloriosae. — [3] Colb. sacramentis sanctis majestatis tuae. — [4] Ren. Sarug. et Colb. deest educetur et. — [5] Ren. Sarug. et Colb. deest vera. — [6] Colb. nominis tui. — [7] Colb. vasa utilia et congrua ad gloriam et honorem tuum, Domine et Deus noster. — [8] Ren. Sarug. deest tibi gloria. Colb. deest tibi . . . Amen.

*) Verticalem unctionem loco confirmatoriae, seu frontalis Maronitae induxerunt, cum simplici presbytero conferendi chrismatis sacramenti facultatem sustulerunt, unde et baptizati a simplici presbytero parvuli confirmantur, cum ad annos discretionis perveniunt, pro more Ecclesiae Romanae, idque in novissima Libanensi synodo part. 2. cap. 3. can. 2. 4. 6. et 7. de Confirmatione sancitum fuit.

**) In citata synodo can. 4. unctionis formula Latinae Ecclesiae praecipitur, at cum talis ritualis liber nondum lucem viderit, Syri Maronitae antiquam adhibent formulam, hanc scilicet, quam ritualis liber iste praescribit.

Instar Angeli etc.

Splendidum est etc. p. 349 sqq.

Et tradit baptizato candelam accensam ante altare, dicens: Accipe lucernam Domini tui, et expecta corpus ejus in vitam sempiternam.

Populus. Amen.

Complementum *) *super populum.* Ite in pace, fratres etc.

Postremo sacerdos manus suas abstergit a chrismate in ipso baptisterii cratere, dicens:

Ita, Domine noster Jesu Christe, qui advenisti, et Jordanis aquas verbe et baptismo tuo, tuoque dono, quod super omnes fontes populosque profluxit, consecrasti: nos quoque, Domine, etiam nunc verbo tuo tuaque virtute Spiritum Sanctum tuum invocavimus; qui aquas istas sanctificavit, ipsisque servi tui atque ancillae tuae ablati sunt.

Nunc igitur, Domine noster Jesu Christe, nomen tuum glorificetur, divinitas tua exaltetur, tuaeque miserationes et clementia tua sint super nos omnes: Domine Deus noster, tibi gloria in saecula. Amen.

3. Ordo baptismi et confirmationis Syrorum Maronitarum anonymus.

(Hunc ordinem ex codice Syriaco Colbertino 6058 transtulit Renaudotius, qui falsus Jacobitarum censebat esse, in opere MS. Varia officia, T. III. P. II. fol. 19 sqq. Cumque ipse auctorem ignoraret, notat in multis convenire cum Jacobi Sarugensis baptismo.)

In nomine Dei omnipotentis scribimus officium baptismi sancti.

Primo diaconi baptismalem fontem abstergunt, tum aquam infundunt. Sacerdos induit vestes omnes ordinis sui, accendunt cereos, quanto numero licet, et iidem diaconi circa baptisterium se collocant. Tum sacerdos incipit et dicit: Gloria Patri etc.

Diaconus. Pro pace.

Sacerdos dicit hanc orationem. Aspice nos Domine et oriri fac super nos gratiam tuam; per virtutem quoque tuam confirma me ad canendas laudes tuas, ut hymnos tibi canam diebus ac noctibus, et toto vitae nostrae tempore, nunc et semper etc.

Et dicunt: Miserere nostri.

Sacerdos. Miserere nostri, Deus, secundum gratiam tuam, et parce peccatis meis.

Diaconus. Stemus praeclare in oratione et deprecatione.

Sacerdos dicit prooemium. Gratias agimus tibi, o incensum expiationis nostrae, adoramus te, qui es agnus sacrificii nostri, qui nos ad te adjunxisti per caritatem tuam, divitesque effecisti per nativitatem tuam, expiasti vos per baptismum tuum, sanctificasti nos per sanguinem tuum,

---

*) Olim Maronitae Eucharistiam porrigebant confirmatis, et baptizatis ad ceterorum instar. Verum hunc morem multis ab hinc annis sustulerunt, ut Ecclesiae Romanae ritibus sese accommodarent.

liberasti nos per mortem tuam, et reconciliasti nos patri tuo, et arctam cum Spiritu tuo societatem habere fecisti, atque ita praestare dignatus es, ut offerremus tibi incensum hoc aromatum, quod ex igne offertur. Da nobis igitur, Deus, ut ore nostro canamus laudes tuas, et labia nostra gratiarum actiones ad te enarrent, et ad Patrem tuum Spiritumque tuum unum et sanctum.

Sedra.

Gloria tibi, Christe Deus, sanctificator filiorum Adam per caritatem tuam sanctam, qui dedisti signaculum vitae animabus nostris, et eorum qui fideles in te credunt, et te adorant. Tu, Domine, per gratiam et misericordiam tuam misisti Unigenitum tuum in mundum, qui quod humanum erat assumpsit, requievitque in utero, cum esset ipse incomprehensibilis, habitavitque in corpore tanquam in palatio creator omnium corporum, induitque carnem nostram, cum esset sibi similis, eamque assumsit absque confusione aut immutatione. Ignis vorax membris involutus est, spiritus subtilis et incomprehensibilis, qui natus est ex Virgine Sancta Maria, adducit filium ad revelationem baptismatis per aquam, quasi eo indigentem, et delevit peccatum Adami tanquam Dominus et Deus. Emisit radios lucis suae eximiae in Jordanem, et stupore affecit praeconem suum, intonuitque Pater voce sua, permansitque Spiritus ejus in eo, qui per nudationem manifestabatur, exclamavitque Joannes et dixit: Ecce Agnus Dei, ipse est qui tollit peccata mundi. Adoramus te, gratias agimus tibi, et glorificamus te, Domine Jesu Christe, qui reduxisti nos ad te, et adjunxisti nos numero sanctorum tuorum, et dignos fecisti, ut coram te consistentes offerremus tibi incensum procurandae reconciliationis, et odoris suavissimi, ex iis quae tua sunt. Orantes te deprecamur, ut incenso nostro placatus fias, et sacrificiis nostris divinitas tua aquiescat. Pacifica Ecclesiam tuam, praesta per gratiam misericordiae tuae sanitatem infirmis, solatium oppressis, medelam iis, qui dolore vexantur, quietem defunctis, spem bonam vivis, qui consistunt coram te, gloriamque perpetuam et adorationem acceptabilem referemus Trinitati etc.

Et dicunt. Sanctus Deus etc.

Sacerdos dicit. Sancte, qui a sanctis obsequium et ministerium praestatur, et qui in sanctis requiescis, Deus, perfice per illapsum Spiritus tui, et operationem efficacem gratiae tuae animas nostras et corpora nostra: purifica etiam corda nostra hyssopo clementiae tuae, et illustra mentes nostras imbelles per effusionem miserationis tuae, et collige animos et cogitationes nostras a vagis et futilibus curis mundi hujus angustiarum, ut gratias agamus tibi, adoremus et glorificemus te.

Psalmus. Benedictus, qui dedit nobis baptismum tanquam matrem, quae filios spirituales generat, et qui efficit nos filios patris sui, et haeredes in regno ejus excelso. Ex summis montibus clament: benedictus, qui dedit nobis baptismum, ut denuncient hymnos Domino haeredes in regno excelso. Per baptismum expiantur filii Adam terrestris, corpusque et sanguis sanctus praestat, ut haereditate percipiant regnum excelsum.

Ex epistola ad Ephesios. Fratres, obsecro vos ego vinctus ... unicuique autem nostrum data est gratia secundum mensuram donationis Christi.

Et dicit hos versus. Vox Domini super aquas, Deus gloriosus intonuit Dominus super aquas multas. Alleluja.

Legit deinde evangelium secundum Marcum. In illo tempore erat Joannes in deserto baptizans .... et vox de coelo facta est: Tu es Filius meus dilectus, in te complacui. Et gloria tibi etc.

Diaconus proclamat. Stemus omnes in oratione.

Christus, Deus omnium nostrum, ipse est, qui baptismum instituit in creatura, ut esset mater, quae gigneret filios spirituales ad vitam aeternam. Rogamus te, Domine, ut exaudias nos.

Iterum. Ipse, quem vidit Joannes super Jordanem fluvium et dixit coram turbis, illum esse Agnum Dei ipsum, qui tollit peccata mundi, adoramus.

Iterum. Illum, qui venit, ut baptizaretur a Joanne praecone suo, et aperti sunt ei coeli, et descendit super eum Spiritus Sanctus in columbae specie, hunc deprecamur.

Iterum. Illum, qui baptismo suo sancto sanctificavit aquam Jordanis et omnium fontium, promisitque regnum et vitam iis, qui descenderent et baptizarentur confitenturque nomen ejus sanctum, ipsum rogamus.

Iterum. Oremus, precemur et dicamus: propitius esto Deus populo tuo et benedic ovibus pascuae tuae. Pasce et rege per misericordiam tuam agnos puros, quos salvavit dextera tua per virtutem magnam crucis tuae et per voces Trinitatis confessionem exprimentes, ut in eis divinitas tua acquiescat, clamemusque et dicamus ter: Kyrie eleison.

Sacerdos dicit: Jesu Christo laudes, gratiarum actiones et benedictiones propter verba vitae sua ad nos, et Patri ejus, qui misit eum ad salutem nostram, et Spiritui ejus vivo et Sancto nunc etc.

Diaconus. Abite in pace.

Sacerdos. Dominus regnavit.

Peschitae. Filia regis cum gloria stat, clamat propheta, et regina a dextris in honore magno. Baptismus est filia regis; regina fidelis est Ecclesia, quae descendit, baptizata est, et exornata baptismo; extenditque ad eam sponsus, qui eam desponsavit, dexteram misericordiae suae.

Diaconus. Induit Dominus etc.

Et dicit. Quis vidit illas duas sorores p. 270. Alleluja. Domine miserere mei.

Sacerdos. Domum tuam decet sanctitudo. Quae est ista p. 336. Alleluja. Domine, miserere mei.

Sacerdos orat. Benedictus es, Domine Deus, p. 336 not. 8. Petimus a te, Domine Deus, p. 337 not. 1.

Et inspirat sacerdos in faciem baptisandorum et dicit. Per timorem magnum a Domino, et per praecautionem erga vos ego exsufflo, daemones mali et spiritus impuri. Nec enim in imaginem Dei exsufflo, neque in plasma manibus ejus formatum, sed in vos, spiritus daemonum foedos et detestandos exsufflo, ut effugiatis coram nomine magno, timendo et admirabili, sancto, forti, potenti Domini Dei, cujus potentissimum nomen est.

Tum conversus ad baptisandos crucem dextera tenens exorcizat; clamat et dicit. Adjuro vos, p. 337 (tredecim exorcismi priores).

Adjuro vos*), daemones impuri et spiritus mali, per virtutem Dei, ut exeatis a plasmate ejus et opere manuum ejus, et procul recedatis

---

*) Cf. baptismum Jacobi Sarugensis p. 339.

ab hac congregatione redempta a Christo Domino nostro, et dicit Lucifer,
malignus spiritus, fugabatur sono citharae David, qui propheta erat Spiritus
Sancti, ita per voces has spirituales, et concentus divinos, exeatis et
demigretis ex hoc grege infantium, super quos nomen Domini invocatum est. Nunc etiam dico vobis *), daemones impuri et spiritus immundi, quod ecce sponsus gaudet, sponsa parata est, adstant invitati paranymphi, infimae valles exultant, caeli laetantur, angeli tremunt, Seraphim sanctificant, potestates supremae jubilant, exercitus vigilum clamant,
spirituales substantiae glorificant igneae, laudant Patrem unum, Filium et
Spiritum Sanctum, qui baptismalibus aquis superfertur, quae igne et Spiritu vivaces sunt; signantur mysteria; ecce, grex stat; Ecclesia ecce
tenet; Dominusque omnium paratus est, ut veniat, et dominetur in servos suos istos, qui praeparati sunt, ut inducantur ad ovile ejus. Rursus
imperamus vobis **), per auctoritatem, quam gerimus tanquam sacerdotes
et dispensatores thesauris ejus praepositi, ut migretis et effugiatis ab
agnis istis spiritualibus, quos Pater elegit, quos Filius suscipit, et super
quos Spiritus Sanctus requiescit. Iterum etiam in nomine vivo Trinitatis
gloriosae praecipimus vobis, spiritus erroris, ut non permaneatis in uno
aliquo ex membris Ecclesiae sanctae, et coram signo hoc crucis Filii Dei
effugiatis, illius, inquam, qui per crucifixionem et passiones suas, clavosque
manuum et pedum suorum redemit eos ***): per illud ipsum nomen Patris et Filii et Spiritus Sancti signamus hos infantes et istam aquam.

*Convertit baptisandorum facies et jubet eos abrenunciare Satanae;
dicitque singulis subsequentibus ter:* Abrenunciamus p. 340 not. 7.

*Et convertit facies eorum ad orientem, dicitque ter, catechumenis
post eum respondentibus:* Confitemur p. 340. *Et dicunt symbolum fidei.
Sacerdos vero deinde elevans, ego, dicit:* Gloria tibi p. 340.

Diaconus proclamat Mediam. Benedic Domine. Stemus praeclare,
oremus, gratias agamus, adoremus, et glorificemus agnum vivum Dei, qui
sanctificavit nobis baptismum. De illo baptismate vaticinatus est Zachariae filius, cum diceret: ego in aqua baptizo, sed qui venit, baptizabit
in igne et Spiritu. Baptismatis fons sanctificatur, beati, qui descendunt
in eum, quia exuunt crimina et peccata et induunt armaturam Spiritus
Sancti. O baptizati, qui salvati estis per crucem ejus et obsignati baptismo, benedictus sit ille, qui dignos vos fecit per clementiam suam munere vivifico. Benedictus sit ille purus et innocens, qui propter nos
baptizatus est et aperuit baptismum ad expiationem filiorum Adam, et
per crucem suam salvavit animas nostras, gloria perpetua et unanimis.

*Hoc loco sacerdos consecrat oleum, quod si consecratum jam re-
periatur, nihil quidquam dicet exiis, quae pertinent ad ejus consecrationem. Si deest oleum consecratum, accipit sacerdos vas, in quo est oleum,
ponetque super baptisterium, dicitque inclinatus.* (Domine Deus, Pater)
Domini nostri Jesu Christi, in quo sanctificati sunt Seraphim et angeli
coeli ignis et spiritus; qui per multitudinem misericordiae tuae infinitae
praestitisti humanitati nostrae, ut haberet similitudinem tuam, dedistique

*) Cf. baptismum Jacobi Sarugensis p. 339.
**) Cf. ibid. p. 340.
***) Cf. ibid. ante praecedentem partem.

Filii hominum potestatem hanc regni tui, et pulverem contemptibilem Deum fecisti, per quem et a quo esset propitiatio in nomine Trinitatis tuae omnia vivificantis. Gloria etiam Adam primi, quae corrupta erat, innovata est, quemadmodum placuit misericordiae tuae. Revelatus est quondam splendor in vultu Moysis, et ipse oleum unctionis sanctae effudit super fratres suos. Sed nunc obsoleverunt sacramenta tua, et figurae illae antiquae, quarum veritas nobis per ortum Filii tui confirmata est. Ecce adorationes et orationes nostras coram te offerimus, cum iis, quae prophetae et Apostoli olim exhibuerunt, ut sis perfector fidei nostrae, et gratiam tuam erga nos adimpleas. Et veniat Spiritus tuus vivus et Sanctus et sanctificet oleum hoc.

Tangit oleum et dicit. Et perficiatur per virtutem tuam, et divinitas tua habitet in eo, ut quicunque credens in te eo signabitur, signum tuum victoriae efficax in eo sit; et qui ungetur ex eo, mundetur, sit purus et absque delictis, sustineat passiones Filii substantiae tuae, Domini et Dei nostri, qui passus est propter nob, fulgeatque crux luminis super membra ejus, et cum perfectionem consecutus fuerit per baptismum tuum, voces eum consistasque ad dexteram tuam, deliciasque assequatur regni tui, pulchritudo ejus. Et referemus tibi gloriam.

Sacerdos inclinatus. Sancte et laudande p. 341.

Tangit adhuc oleum et dicit. Annumeretur, Domine, in adoptione p. 341.

Sacerdos inclinatus. Deus, qui inclinatus ad mortales per caritatem visitasti humilitatem nostram per misericordiam tuam, tu Domine habitare fac benedictionem tuam vitae efficacem super unguentum hoc, quo servi tui et ancillae ungantur, ejusque sacramentum sit tamquam murus sublimis animabus eorum et vita corporibus eorum. *Signat oleum signo crucis, et albanam vocem dicit.* Et sit ipsis armatura vera, quam superare peccatum non possit, et quae iniquitate non maculetur. Per illud ad baptismum sanctum praeparetur anima per justitiam perfecta.

Diaconus proclamat Prodicam sive Catholicam. Benedic Domine. Etiam atque etiam pro oleo hoc p. 341.

Sacerdos inclinatus. Domine Deus omnipotens, tu constituisti olim sacerdotes, levitas, et reges, et praecepisti, ut oleo ungerentur: et quia nunc nomen tuum sanctum invocatum est super nos per gratiam coelestem Dei nostri magni et Salvatoris nostri Jesu Christi Filii tui, in quo creasti universas creaturas, et dedisti iis omnibus, qui tibi noti sunt, vitam aeternam. *Elevans vocem.* Nunc etiam, Domine Deus, in nomine tuo sancto signamus et ungimus servos tuos istos rogamusque et deprecamur te, ut oleo illi uncti, et baptizati efficiantur participes corporis tui sancti, et adjungantur gregi tuo sancto, ut non accedant ad eos machinae adversarii, qui potentissimus et omnipotens tu es, tibique debetur gloria et honor, Patrique tuo benedicto et beato, et Spiritui tuo vivo et Sancto, nunc etc.

Sacerdos accipit ex oleo consecrato, et ungit eos, qui baptisandi sunt, in forma crucis et dicit. Signatur N. oleo hoc unctionis, ut sit agnus in grege Christi Domini nostri, in nomine Patris et Filii et Spiritus Sancti in saecula. Amen.

Et elevat vocem. Veniat, Domine, Spiritus tuus p. 342.
Sacerdos inclinatus. Et sanctificentur p. 342.

Ita perficitur haec olei consecratio; sacerdos elevat vocem. Gloria Patri et Filio et Spiritui Sancto etc. Pax Dei Patris p. 342. Memoria D. N. J. C. p. 343. Sursum p. 343.

Populus. Ad te Deus etc.

Sacerdos dicit. Ad te, p. 343.

Populus. Patrem, Filium et Spiritum Sanctum.

Sacerdos signat aquam in formam crucis et dicit. Gloria Patri et Filio et Spiritui Sancto, qui sanctificat hanc aquam per mysteria Trinitatis gloriosae.

Imponit incensum et dicit lente. Multiplici misericordiae tuae pag. 343 not. 22.

Sacerdos inclinatus. Gloria tibi p. 343. *Elevans vocem.* Oribus, quae loqui non cessant p. 344.

Sacerdos inclinatus. Tibi, Deus, gloriose p. 344. *Elevat vocem.* Qui dignos effecit p. 344.

Inspirat in aquam ter in modum crucis et dicit*): Respice, Domine, ad hanc aquam, quae in hac piscina parva posita est in conspectu tuo nunc etc.

Mittit incensum et dicit: Laudem, honorem et exaltationem, summamque venerationem referemus Trinitati gloriosae cum incenso hoc aromatum nunc etc.

Sacerdos inclinatus dicit invocationem Spiritus Sancti. Depelle, Domine, p. 345.

Mittit incensum et dicit. Exaudi me, Domine p. 345. *Elevans vocem.* Ut mundati p. 346.

Sacerdos accipit chrisma, et signat ex eo aquam in modum crucis et dicit. Alleluja. Grex tuus, Christe etc.

Sacerdos et diaconi prosequuntur hoc responsorium. Tunc sacerdos dicit. Sacerdos administrat p. 346.

Respondent. Alleluja. Alleluja. Alleluja.

Sacerdos secundo aquas signat chrismate et dicit. Coronam coloris p. 346.

Respondent. Alleluja. Alleluja. Alleluja.

Sacerdos tertio aquas signat chrismate et dicit. Ques uteras p. 346.

Respondent. Alleluja. Alleluja. Alleluja.

Sacerdos elevans vocem. Benedictus es, p. 346.

Sacerdos inclinatus. Oramus te, Domine p. 346.

Elevans vocem. Benedicta sane **) et sanctificata aqua illa est, in qua renovatur homo vetus in nomine Patris, Amen, et Filii et Spiritus, Trinitatis Sanctae, cujus est una virtus, una potestas, una voluntas, unus Deus verus, in quo nulla divisio est, et a quo est vita aeterna.

Diaconus proclamat Prodicam sive Catholicam. Benedic Domine. Etiam atque etiam p. 347.

Sacerdos elevat vocem suam. O Domine, sanctifica p. 347.

Sacerdos inclinatus. Pastor bone p. 347.

Elevat vocem. Conforta, Domine, p. 348.

---

*) Cf. p. 345.

**) Cf. p. 346.

Diaconus. Inclinate p. 348 not. 5.

Sacerdos inclinatus. Et consignentur p. 348.

Elevans vocem. O Domine, benedic p. 348.

Sacerdos stabit ad orientem baptismalis fontis, facie conversa ad faciem baptizandi. Tum sacerdos accipit oleum consecratum, et ungit eo caput ejus. Diaconus vero ungit totum ejus corpus. Interea vero, dum ungunt baptizandos, dicent, tono hoc Protector Noe. Dixit Dominus Samueli electo, accipe tibi nardum optimam, vade et unge filium Isai, ut sit rex populi mei Israel. Oleo sancto jussit Deus ungi Aaronem et ita sanctificatum fore. Oleo sancto sanctificantur agni puri, qui venerunt ad baptismum. Hoc oleo sanctificantur eorum, qui hodie eo unguntur; istud autem viae erit indicium et per illud ascendent ad paradisum deliciarum.

Diaconus offert infantes sacerdoti. Ille vero unumquemque eorum demittit in fontem baptismatis; ubi vero exigua est aquarum copia, accipit eam sacerdos in urceolo aut vase alio, tenebit vas aquae manu sinistra, dextram vero imponet capiti ejus, qui baptizatur. Dicet autem, dum fundet aquam super caput infantis, aut quando demittit eum in fontem baptismalem. Ego baptizo N. agnum in grege Christi in nomine Patris et Filii et Spiritus Sancti ad vitam aeternam.

Et quando educet eum ex aqua, accedet, qui eum suscipit*), cum veste nitida et candida, qua induet eum, et dum ascendit ex aqua, dicet sacerdos. Pure ascendisti ex aquis, Dominus custodiat juventutem tuam.

Dicetque aliam hanc orationem: Benedictus es, p. 349.

Quando vestiti erunt, sacerdos orabit in hunc modum**): Deus, cujus munera amplissima sunt, Pater et missor Domini nostri Jesu Christi, qui ad adoptionem filiorum tuorum adducis filios hominum, qui odorem suavissimum hujus chrismatis, quo repleti sunt, dedisti illis per Christum tuum, et secundum promissionem ejus, per clementiam tuam invisibilem infirmitatem nostram sanctificas; da nobis per hoc sigillum unionem Spiritus tui Sancti, et gloriam regni et veri sacerdotii in illis perficiens sanctificatis, et dans eis in adventu Christi tui, honorem praeclarum et fructus benedictos, quia tibi facilia et plana sunt haec omnia, dignique efficiamur, ut unanimi concordia nos quoque referamus tibi gloriam etc.

Et accipiet sacerdos chrisma et pollice signat infantes in fronte, circa tempora, ad pollices manuum et pedum, et ad scapulas dicens interea. Chrismate sancto Christi Dei nostri, odore sanctissimo fidei verae, sigillo, plenitudine et gratia Spiritus Sancti obsignatur servus tuus N. in nomine Patris et Filii et Spiritus Sancti ad vitam aeternam.

Sacerdos obvolvit capita baptizatorum, adducitque eos coram altari, obsignatque eos signo crucis et dicit: Unus Deus, una fides, unum baptisma ad expiationem criminum. Amen.

Orat super eos coram altari, et interea baptizati inclinantur, et dicit. Adorant te ***), Domine, filii novi et spirituales isti, quos peperit uterus

---

*) Ex Dandinio p. 107. patrinus infantem non levat super piscinam, sed sacerdos linteo colligit, postquam ex aqua extraxerit.

**) Cf. p. 349. not. 15. et baptismum S. Basilii p. 326.

***) Cf. baptismum S. Basilii p. 326.

baptismi hodie ex sinu suo spirituali! Gratias agunt tibi fratres dilecti, quos fecisti Unigeniti tui per regenerationem. Exaltant gloriam tuam vetusti, qui sunt jam innovati; immundi, qui jam sunt purificati; peccatores justificati; pauperes, qui sunt ditati; qui stant, cum olim occidissent; qui vivunt, cum essent mortui. Perfice eos, Domine, per donum tuum, et adjunge eos societati tuae. Depelle a nobis omnem inimicum; custodi in munditia stolam gloriae, qua induisti eos, et fac eos filios gratiae tuae, ut invocent te patrem nostrum facie revelata; voces eorum multipliciter gloriam tuam annuntient, linguae eorum canant tibi gratiarum actionem, laetetur cor eorum salute, quam a te habent, satientur gaudio vultus tui, et benignitatis victricis dexterae tuae, referantque tibi gloriam et gratiarum actionem nunc etc.

Et dat illis mysteria. Infantes autem si qui sunt, gestabunt eos clerici, et offerent eos sacerdoti. Sacerdos vero immittet manum in calicem, et eos communicabit, et dicet. Corpus et sanguis Dei sit nobis ad vitam aeternam.

Et cum susceperint sacramentum dicet. Esto, Domine, p. 350.

4. Ordo baptismi et confirmationis brevior S. Basilii Caesariensis, pro infantibus in mortis periculo constitutis.

(Ex Renaudotii opere MS. Varia, officia, T. III, P. II. p. 27, sqq, qui Jacobitarum esse putabat.)

Officium baptismi brevius ordinatum a S. Basilio Caesariensi pro infantibus in mortis periculo constitutis.

Sacerdotem, etiamsi jejunium solverit, oportet baptismum celebrare, si alius sacerdos jejunus non reperiatur.

Primo incipit et dicit. Gloria Patri et Filio etc.

Diaconus. Pro pace.

Et dicunt. Miserere mei.

Sacerdos ungit baptizandos olea consecrata in fronte et dicit. Signatur N. agnus in grege Christi in nomine Patris et Filii et Spiritus Sancti, in saecula saeculorum.

Mittit incensum et dicit. Deus, qui propter multam bonitatem tuam misisti Filium tuum unigenitum in mundum, ut eum liberaret ab erroribus operum malorum, tu, Domine, da huic servo tuo, qui institutus est ad agnitionem tui et ad fidem tuam, munus tuum vitae. Illustra cor ejus verbo tuo vero, praeparans animam et corpus ejus ad susceptionem lavacri regenerationis sacramentorumque tuorum sanctorum et immortalium, conservans etiam eum in timore recto et in pietate omnibus diebus vitae suae, per gratiam et misericordiam unigeniti Filii tui, cui et tecum et Spiritui tuo vivo et Sancto debetur gloria, honor et imperium nunc etc.

Insufflat in aquam in modum crucis, signat eam signo crucis, et inclinatus dicit. Tu, Domine, compesce omnes spiritus malos, et depelle ab hac aqua et ab unoquoque, qui in ea baptizatur, omnem operationem

maligni dolosi et terribilis adversarii. Rogamus etiam te, Domine Deus
bone et amator hominum, Fili unigenite, misericors et veniae largitor,
qui per descensum tuum sanctum in aquam Jordanis et per adventum
et illapsum Spiritus tui Sancti sanctificasti et mundasti eam.

Mittit incensum, invocat Spiritum Sanctum et dicit. Exaudi me Domine. Exaudi me Domine. Exaudi me Domine. Et mitte etiam nunc
Spiritum tuum Sanctum super hanc aquam, benedic et sanctifica eam,
ut sit illis, qui in ea baptizabuntur, aqua salutaris, aqua innovationis
et propitiationis, et ejus beneficio acquirant confidentiam etc. *Elevans
vocem.* Laudem, orationem et gratiarum actionem referemus tibi, et
unigenito Filio tuo, et Spiritui tuo vivo et Sancto, nunc etc.

Ungit infantem et baptizat eum dicens alta voce. Ego baptizo N.
agnum in grege Christi in nomine Patris, et Filii, et Spiritus Sancti, ad
vitam aeternam.

Et cum baptizaverit, orat in hunc modum. Deus magne et aeterne,
qui novisti abscondita, qui es sanctus et in sanctis requiescis, salvator
omnium hominum, praecipue autem fidelium; qui concessisti nobis cognitionem veritatis, et dedisti nobis per potestatem divinitatis tuae, ut
filii tui efficeremur per regenerationem per aquam et Spiritum; qui servum tuum hunc purificasti per lavacrum hoc aquae purae et salutaris;
sanctifica eum in veritate tua, et imple eum donis Spiritus tui Sancti, ut
ambulans per omnem viam justitiae possit cum fiducia stare coram solio
Christi Domini nostri Filii tui dilecti, splendensque per illustrationem
Spiritus Sancti, mereatur adjungi cum agnis ad dexteram collocandis
unigeniti Filii tui, cum quo te decet gloria et honor cum Spiritu tuo vivo
et Sancto, nunc etc.

Sacerdos signat infantem chrismate et dicit. Signatur N. chrismate,
ad sigillum muneris vitae novae in Spiritu Sancto, in nomine Patris et
Filii et Spiritus Sancti, in saecula saeculorum.

Communicat illi sacramenta et dicit. Deus sanctus, qui beneplacito
voluntatis suae elegit te ad ministerium filiorum electorum, et sanctificavit te sanctitate sancta sua, deditque sibi signaculum vitae novae, et
adjunxit te gregi suo spirituali, ipse dignum te faciat vita beata, detque
tibi partem et haereditatem in regno coelorum, in quo habitant omnes
sancti ejus, et ibi gaudeas cum vigilibus, et angelis, qui famulantur ei
nunc et semper in saecula.

5. Ordo solutionis cinguli apud Maronitas.

(Ex rituali MS. Collegii Maronitarum apud Asseman. Cod. liturg. T.
III. p. 190. In sacerdotali Maronitarum, quod asservatur in bibliotheca Collegii de Propaganda fide, ex Assemano, item in codice Segueriano, quo usus
est Renaudotius, subjungitur immediate hoc officium baptismo Jacobi Sarugensis, at nullam aliam rubricam exhibent, nisi hanc: Oratio septimo die
dicenda, nullamque orationem praeter hanc: Domine Deus magnus etc.
Eodem plane modo se habet res in ordine, quem Renaudotius ex codice Colbertino edidit, nisi quod rubrica haec est: Oratio post septem dies dicenda,
quando vestes et tegumenta capitibus eorum imposita detrahuntur.)

*Scito, quod post sacramentum confirmationis et baptismi non ab-
luunt puerum statim, sed is suis vestibus indutus remanet septem dies,*

quin tangatur a suis parentibus propter chrisma. Elapsis autem septem diebus adducitur in ecclesiam, et sacerdos exuit eum vestibus suis, et in baptisterio abluit illum, et dicit.

Ad solutionem cinguli.

Domine Deus patrum nostrorum, qui congregavit aquas in sinum suum, et arenam mari terminum posuit, et aquas super firmamentum suspendit et omnes naturas conservat, qui pueritiam Isaaci crescere fecit, ut ab eo germinaret testamentum vitae, et parentes ejus laetificavit per illius adventum in hunc mundum: ipse laetificet, et exultare faciat patres tuos in tua sapientia, et moribus tuis et protegat dextera gratiae suae te, ac patres tuos a laqueis Satanae in saecula. Amen.

Domine Deus, magnus et terribilis, qui tribuis[1] remissionem peccatorum iis, qui ex aqua et Spiritu Sancto[2] baptismo regenerantur[3]; qui regenerationem iis contulisti, qui peccato intabuerant[4], et eos, qui ad te accedunt[5], elevas[6], illumina, Domine, cor hujus famuli tui, qui baptizatus est, et quemadmodum dignum illum fecisti, qui sit filius gratiae tuae, custodi illum in adoptione filiorum immobili[7] per suavissimam clementiam tuam[8]. Complaceat igitur tibi, Domine, ut quemadmodum emundatus est in sanguine testamenti tui, sit tibi in angelicam similitudinem tribus sancta, et populus redemptus[9]. Nec, quaeso, Domine, deponat cum visibili hoc indumento corporis sui te Christum[10] indumentum[11] invisibile, sed tu sis illi vestis invisibilis, et incorruptibilis, ut terribilis sit concupiscentiis erroris, et a spiritibus adversis inexpugnabilis. Tibi namque convenit misereri[12], salvare et liberare[13] omnes ad te redeuntes, Pater[14].

Et dimittit eum, et dicant. Pater noster, qui es in coelis, et Ave Maria.

6. Ordo tonsurae puerorum Maroniticus.

(Ex sacerdotali MS. Maronitarum, quod asservabatur in bibliotheca Collegii Maronitarum, edidit Assemanus Cod. liturg. T. III. p. 193.)

Ordo pro detonsione capillorum pueri.

Sacerdos. Gloria.
Diaconus. Pro.

Oratio.

Domine Deus noster, qui imagine tua hominem decorasti, et spiritu rationali atque convenienti corpore illum condidisti, ita ut corpus animae rationali deserviret, et caput in vertice corporis posuisti, ubi plures sensus confirmasti. Capillis autem caput obtegisti, ne laederetur ab aëris varietate, et omnia membra illius hominis affabre composuisti, ut

---

[1] Ren. in Jac. Sarug. dedisti. — [2] Ren. Colb. deest Sancto. — [3] Ren. Sarug. nati sunt, Colb. add. spiritualiter. — [4] Ren. Sarug. inveteraverant in peccato, Colb. vetustate peccati tenebantur. — [5] Ren. Sarug. ceciderant. — [6] Ren. Sarug. add. conservasque appropinquantes ad te. — [7] Ren. Colb. ad adoptionem sanctorum tuorum. — [8] Ren. Sarug. benignitatem clementiae tuae, Colb. deest suavissimam. — [9] Ren. Sarug. deest sit tibi usque ad redemptus. Colb. sit tibi exercitus regius, progenies sancta, oves salvatae, populus fidelis, congregatio pura. — [10] Ren. Sarug. tuum, Christe. — [11] Ren. Sarug. et Colb. add. secretum et. — [12] Ren. Sarug. ut vivifices nos. — [13] Ren. Colb. deest et liberare. — [14] Ren. Colb. Domine Deus noster.

pro omnibus tibi confiteretur, o excellentissime opifex. Tu o Domine
noster, qui per Paulum Apostolum tuum vas electum nobis imperasti, ut
omnia in tui gloriam faceremus, ita et famulum tuum hunc, qui accessit,
ut ejus capillos primum attondamus, benedic cum tali ejus susceptore,
et concede illis, ut semper meditentur in lege tua, et quae tibi sunt
placita sectentur, quia tu es Deus misericors, et hominum amator, tibique gloriam attollimus, Pater, Fili, et Spiritus Sancte, nunc.

Tunc tondet capillos ejus in crucis formam dicens:
In nomine Patris, Filii, et Spiritus Sancti in vitam aeternam, Amen.
Sacerdos. Pax.
Populus. Et cum.
Diaconus. Inclinate capita vestra.
Sacerdos manum imponit super caput ejus ac dicit.

Te deprecamur, Domine Salvator noster, qui per sancti crateris
perfectionem multitudine gratiae tuae benedixisti huic puero, etiam nunc
emitte super eum Spiritum Sanctum per primam capillorum ejus deton-
sionem, et da illi, ut crescat, et confirmetur in corpore perfecto, ut veniat ad honorandam senectutem, ut videat bona Jerusalem omnibus diebus vitae suae, et bonis moribus tibi placeat cum illis, qui voluntati
tuae placuerunt: quoniam tibi convenit gloria, honor et magnificentia
Pater, et Fili, et Spiritus Sancte, nunc.

Et illum cruce obsignat, et dicit:
Deus, qui sanctificavit Jeremiam in utero matris suae, et Samuelem
elegit ex ventre, ut serviret in domo Domini, ac David servum suum
unxit cynaram Spiritus Sancti, ipse per gratiam suam ac multitudinem
miserationum suarum benedicat pueritiam tuam, ut Isaaci, adaugeat
staturam tuam, ut Jacob, et adolescentiam tuam, ut Joseph, tibique det
sapientiam, ut Salomoni, teque ad bonum finem, et honorandum senium
adducat, ac te induat virtute, ac robore, et amore ministerii domus Domini, constituens te cynaram dulcem in Ecclesia sua sancta, ut canas
gloriam Patri, et Filio, et Spiritui Sancto, nunc.

Et si puella fuerit, loco dictae hanc dicit orationem.
Deus, qui benedixit Annam, et concepit ac peperit Samuelem; Dominus, qui benedixit Elisabeth, et concepit ac genuit Johannem; Deus,
qui illapsus habitavit in utero benedictae, et corpus induit de ejus ventre
eamque fecit templum majestati suae. Ipse † in te demittat benedictiones suas, et producas ex ventre tuo fructus, qui placeant Deitati suae,
et habitet in te longitudine dierum per opera justitiae; orationibus Deiparae Mariae, et omnium Sanctorum, qui eum dilexerunt, ejusque voluntatem fecerunt, nunc.

II. Consecratio chrismatis et olei catechumenorum ecclesiae Syriacae.

1. Series consecrationis chrismatis apud Syros Jacobitas.

(Ex Nomocanone Barhebraei cap. 3. sect. 4. ed. Mai p. 17.)

De perfectione consecrationis myri.

Dionysii Athenarum.

Postquam dimissi fuerint ordines imperfectorum, procedunt circum-
gestationes suaveolentes pontificis per totum templum, et doxologia psal-

morum, ac lectio librorum divinorum. Deinde ponit episcopus myron super altare contectum duodecim sanctis aliis. Et vociferantur psalmodiam hymni flabelli prophetarum. Et post perfectionem eorum, quae ab ipso sacerdotali ministerio peraguntur, illo utitur erga unumquemque ex perfectionibus summi sacerdotii.

Directio *).

Hora tertia feria quinta mysteriorum ordinentur tres chori psallentium in altari et in choris, et in bemate. Et cum episcopus ordinem album induit, ac sedet ad orientem altaris super sedem altam, incipiunt, ac dicunt canonem. Et cum unus ex episcopis ponit ordinem, circumducunt thuribulum cum pedo illius, qui consecrat; et flabella, ac luminaria per totum templum: et dicunt canticum peccatricis, ac redeunt ad altare, et legunt lectiones Veteris Testamenti. Deinde praedicat archidiaconus litaniam: et intrat episcopus solus, ac conjungit balsamum cum unguento suaviter condito, dicens hymnum: Misit Deus. Deinde fert amphoram super pectus suum subtus phainam (cucullum), et elevant arcam supra caput ejus, duodecim vero subdiaconi gestant luminaria, et duodecim diaconi flabella, ac duodecim sacerdotes thuribula cum cruce, et evangelio: et exclamat archidiaconus: Eant illi, qui dimissi sunt. Et dum foras mittuntur alieni, et catechumeni, et energumeni, exclamat episcopus ter Alleluja; post ipsum autem respondent: Gloria in excelsis. Deinde dicunt cyclion: Ipse tamquam sponsus, qui procedit de domo thalami. Et exeunt per portam septentrionalem, ac circumeunt totum templum, dicentes hymnum consecrationis myri, et in omni plaga, ad quam perveniunt, exclamat archidiaconus: Sophia, ter, et flabella abscondunt. Et cum perveniunt ad portam altaris, dicunt: Aperi mihi portas justitiae; et intrant ad altare, ac ponunt amphoram super tabulam, quae super mensa vitae est, eamque cooperiunt anaphora. Et incipiunt secundum ministerium.

Stant diaconi cum flabellis circum altare, et presbyteri cum thuribulis, e lateribus, et luminaria coram altari: et incipit episcopus orationem initii, ac psallunt: Eructavit cor meum, ac dicunt: Sanctus es, sanctus es, Domine, et ponunt ordinem, ac dicunt: Credimus, et legunt lectiones Novi (Testamenti), et evangelium, et praedicat archidiaconus litaniam, et incipit episcopus in signo oblationis (missae): Gloria Patri. Deinde inclinationem, (dicit) pro se ipso, et attollit vocem suam: Quoniam suavis. Deinde orationem anaphorae recitat inclinatus, et attollit vocem suam: Concede nobis Domine. Et dicit diaconus: Stemus recte, et circumfert anaphoram, a cruce signat ad τὸ: Charitas Dei Patris. Inclinatio: Deus patrum nostrorum, et extollit vocem suam: Illum, quem collaudant. Inclinatio: Vere sanctus. Et extollit vocem suam ac facit tres cruces, et dicit archidiaconus: Cum silentio et timore. Et inclinatio: Deus ille magnus, et extollit vocem suam, in singulis quatuor invocationibus faciens crucem unam. Deinde inclinatio: Rursus offerimus

---

*) Jacobus Edessenus de antiqua Syrorum liturgia ap. Asseman. Bibl. Orient. T. I. p. 479—486: „Etiam in consecratione chrismatis tres olim duntaxat orationes recitabantur".

tibi, et attollit vocem suam: Ut sint oves. Deinde inclinatio susceptionis gratiae. Et extollit vocem suam: Concede illis, et crucem ducit ad: sint miserationes. Deinde collaudat, digitum suum circumferens supra anaphoram, et facit crucem primam in duobus Alleluja, et crucem secundam in: Propheta unxit te, et duobus Alleluja; et crucem tertiam in: Gloria, et a secundo, et duobus Alleluja. Deinde praedicat diaconus: Item, ac item. Deinde oratio τό: Pater noster, qui es in coelis. Deinde: Ita, Pater bone. Et dat pacem. Deinde orat: Caput magnum, et crucem facit in: Sit gratia, tum orationem orat, et fert anaphoram manifeste, et procedit cum clericis: tum dicunt hymnum, et cum flabellis thuribulis, ac luminaribus ascendunt in bema, et circumferunt myron in quatuor plagas. Deinde exponit mysteria myri, et orat pro populo, ac descendunt cum canticis, et ponunt myron super altare, et dicit diaconus litaniam, ac obsignat.

2. Series consecrationis olei catechumenorum apud Syros Jacobitas.

(Ex Nomocanone Barhebraei c. 3. sect. 5. ed. Mai p. 18.)

De perfectione unguenti unctionis.

Georgii.

Feria quarta dimidii jejunii congregantur clerici, episcopus ponit lagenam plenam unguento puro olivae super mensam coram mensa vitae, et psallunt: Miserere mei, et ordinem dicit, ac orat inclinationem: Christe Deus ille, qui sanitatem, et extollit vocem suam: Veni ergo, et orat inclinationem: Ita rogo, extollit vocem suam: Tu etiam nunc, et dat pacem, ac crucem facit in: Sit gratia, et signat unguentum in nomine Patris, et Filii, et Spiritus Sancti, cum tribus crucibus; deinde dicunt: Sanctus es, Deus, et: Pater noster, qui es in coelis, et obsignat.

Johannis patriarchae.

Quotiescunque consecrat episcopus myron, consideret attente cornu unctionis: et si nihil in eo fuerit, repleat ipsum per orationes, et consignationes dictas, et hoc opus quoque est unius episcopi.

Directio.

Hoc unguentum est, quo unguntur baptizati ante myron, eo quod sine eo baptisma non perficiatur: fit rursus ad curationem infirmorum: quemadmodum dixit Apostolus Jacobus: Si quis vestrum fuerit in angustia, oret: et si laetatur, psallat: et si infirmus, vocet presbyteros Ecclesiae, et orent super eum, ac ungant eum unguento in nomine Domini: et oratio fidei sanat illum, qui infirmus est: et si peccata commiserit, ei dimittuntur. Et in Actibus rursus scriptum est, quod infirmos multos ungebant Apostoli unguento, et sanabantur.

Ritus baptismi et confirmationis apud Nestorianos.

I. Ordo baptismi et confirmationis Nestorianorum.

(Nestoriani ordinem baptismi adhibent, quem Sanctorum Apostolorum appellant (Bibl. Or. T. I. p. 301.), hoc est Adaei et Maris, discipulorum, qui illarum gentium fuerant apostoli. Quem ordinem saeculo VII. mediante recensuit Jesujabus Adjabenus patriarcha, uti testantur Ebedjesu Sobensis in catalogo (c. 74. Bibl. Or. T. III. P. I. p. 140.) et Georgius Arbelensis (Tract. 5. de bapt. c. 1.), quae tamen recensio et ipsa mutationibus subjecta fuit (Bibl. Or. T. III. P. II. p. 252.). Quem ordinem Josephus Simon Assemanus Bibl. Or. T. III. P. II. p. CCXLI. ex codice Vaticano Syr. 16., in Malabaria circa annum 1557, ante Menezii igitur tempora, a Josepho Indo metropolita, scripto evulgavit quoad rubricas et initia orationum, ordinem vero confirmationis integrum ex eodem codice (Ibid. p. 272.). Post quem ex eodem codice aliisque edidit Josephus Aloysius Assemanus Cod. liturg. eccl. universae T. I. p. 174. T. II. p. 211. T. III. p. 136. Denique anglice ex modernis Nestorianorum codicibus versum G. Percy Badger in suo opere the Nestorians and their rituals London 1852. T. II. p. 195. sqq. Nos igitur textum baptismi ex Codice liturgico exhibebimus additis Assemani senioris variantibus lectionibus item et Badgeri pro iis orationibus, in quibus Assemanis consonat, addita tamen totius ritus, uti apud ipsum est, collatione.)

1. Ordo baptismi et confirmationis Nestorianorum ex Assemano.

Ordo sancti baptismi *).

Primum incipiunt: Pater noster, qui es in coelis**).

*Oratio ***).*

Corrobora, Domine, Deus noster, humilitatem [1] nostram clementia

---

[1] B debilitatem.

*) Cum adhuc catechumenatus disciplina vigeret, Jesujabus patriarcha, teste Georgio Arbelensi in suae officiorum ecclesiasticorum declarationis tract. 5. de baptismo, praeceperat, ut feria 2. hebdomadae mediae jejunii baptizandi accederent, et nomina sua describerent, dimidia autem Quadragesimae die procedens presbyter cum duobus diaconis, habitu splendido, cum luminaribus et thuribulo, pro illis precaretur vespere et mane usque ad baptismum. Tum, ut initio postremae hebdomadae ingrederentur baptisterium, et ut iis diebus semel vespere sacerdos ad baptizandos procederet. Vespere denique resurrectionis baptismum celebrari voluit (Bibl. Or. T. III. P. I. p. 536.).

**) Oratio Dominica tam missae, quam horis canonicis et ordinationibus praemittitur et subjungitur ex Timothei patriarchae constitutione, ut Georgius Arbelensis scribit in libro de officiis ecclesiasticis Part. 2. c. 7. et 18. (Bibl. Or. T. III. P. II. p. 815.)

***) Apud Nestorianos sacerdos baptizans linteo caput tegit, ut patet ex

tua, ut administremus sancta mysteria propitiatorii baptismi, qui in salutem naturae nostrae traditus est per misericordiam gratiae tuae [1], Domine universorum [2].

Et incipiunt: Quam dilecta, *cantu*, Diligam te, Domine *). Quam dilecta, tabernacula tua, Domine, etc.

Oratio.

Extende, Domine Deus noster, dexteram tuam de sublimi sanctuario tuo, et benedic et custodi pro tua clementia animas istas, quae exspectant recipere donum gratiae tuae, Domine universorum.

Et repetit [3] sacerdos impositionem manus, imponens manum suam super capita eorum, et dicens:

Impletum est, Domine, promissum miserationum tuarum, qui dixisti [4] nobis [5]: quaerite et invenietis [6], pulsate et aperietur vobis. Superabundavit opus magis quam verbum, et factum plus quam promissum. Non enim sapientibus et prudentibus tantum donum tuum participatur, et janua misericordiae tuae aperta est; sed etiam aliis [7], quos in mensura pueritiae constitutos, in partem carentium ratione natura collocavit: gratia vero tua eos in vivifico reti captos, in sanctum propitiatorii baptismatis vas projecit, ut inde nova ac spirituali generatione regenerentur in fidei suae incrementum: quumque ipsorum corpora labe peccati careant **),

---

[1] B per gratiam miserationem tuarum superabundantium. — [2] B integram habet conclusionem Pater, Fili et Spiritus Sancte, Amen. — [3] A recitat, et ita porro. — [4] B quod promisisti. — [5] B add. *(repetatur)*. — [6] B petite et accipietis. — [7] B huic tuo famulo.

Georgio Arbelensi uti supra c. 9. (Bibl. Or. T. III. P. I. p. 537. P. II. p. 309.). Rationem eam esse docet Assemanus, quod baptismus extra cancellos et sanctuarium celebratur in baptisterio, officia autem, quae intra cancellos peraguntur, fiunt ab ipsis aperto capite.

*) Hac occasione, qua tonus psalmi cantandi indicatur, pauca quaedam de partibus officiorum apud Nestorianos saepius occurrentibus notamus. *Canones* sunt cantus, quibus praemitti solent antiphonae ex psalmis, et in fine inscritur doxologia. Dividuntur autem in plures strophas, quae ita indicantur: Eodem, scilicet tono. *Sessiones*, Mautbe, καθίσματα, sunt officii nocturni partes, sectiones nempe psalmorum, vel etiam cantica, quae sedendo recitari solent. *Canticum Cancellorum* s. Canche h. e. conchae, ad portam conchae dicendum, cani solet, cum ad altare cancellis ab ecclesia segregatum ingrediantur. *Canticum basilicon*, de quo in libro declarationis officiorum ecclesiasticorum l. 2. c. 17. inquirit Georgius Arbelensis, cur absoluto officio dicatur canticum basilicon, et quid sibi velit hoc nomen. Respondet, postquam imperatores christianam fidem receperunt, coeptum fuisse canticum pro eis in ecclesia cani, quod βασιλικόν h. e. regium vocatur. Hanc Romanorum consuetudinem Jesujabum patriarcham in Nestorianorum officium transtulisse; sed, cum imperantes infideles essent, Arabum nimirum Persarumque reges, pro imperatore Christum statuisse, ejusque crucem, dum canticum basilicon intonatur, e bemate ad cancellos deferri jussisse. *Inclinationes* uti apud Syros Jacobitas sunt orationes a sacerdote inclinato secreto dicendae.

**) Haec verba Pelagianae haereseos suspecta sunt, cum et Theodorum immutabilem, expiationem recipiant, et fiant membra Christi, et ad mensam sacramentorum ejus alantur: simulque in eis et statura corporis floreat et spiritus incrementum; notificet quoque eis gratia tua virtutem futuri saeculi[1], cujus modo figuram ipsis minime petentibus dedisti, neque vocantibus januam tuam[1] aperuisti, ut cum omnibus fidelibus symmistis tuis[2] gratiarum actionem pro dono tuo, quod ipsis[3] contulisti, persolvant, tibique attollant gloriam et honorem et confessionem, et adorationem[4], nunc[5].

Et signat eos[6] digito suo, qui est juxta pollicem, ab infra sursum, et a dextera ad sinistram**), dicens: Signatur N. in nomine Patris et Filii et Spiritus Sancti.

Quumque omnes signaverit, ingrediuntur baptisterium***).

Oratio.

Effunde super nos, Domine, gratias tuas: et multiplica erga nos auxilia tua: et adjuva nos, ut soles, ut placeamus tibi secundum voluntatem tuam, et vivamus secundum mandata tua, et grati simus divinitati tuae verbis, et bonis justitiae operibus, cunctis diebus vitae nostrae, Domine universorum.

Et incipiunt: Eructavit cor meum verba bona, *totum tono suo:* Eructavit cor meum etc.

Et praedicat diaconus: Oremus, pax nobiscum[7]. Cum supplicatione et deprecatione[8] offerimus[9] preces naturae divinae, Patris et Filii et Spiritus Sancti, qui est causa et factor omnium creaturarum[10] visibilium et invisibilium: qui ab initio fecit genus humanum mortale et corruptibile, ad probandam ipsius libertatem: et nunc in novissimis temporibus pollicitus est ei resurrectionem a mortuis per apparitionem Dei Verbi[11] Salvatoris omnium, qui formam servi accepit, quum ipse esset imago Dei, et explanavit nobis viam vitae novae[12] per figuras spirituales. Sanctas[13] autem primitias, quas de genere nostro assumpsit, admovit ad baptismum in Jordanis fluvio per Joannem praeconem: et veluti in im-

---

1, B januam ad eam (sc. virtutem). — 2 B filiis, sacramentorum tuorum. — 3 B nobis. — 4 B honorem, dominationem et adorationem. — 5 B add. et semper Amen. — A add. gratia baptismi. — 7 B haec omittit. — 8 B de profundis contritionis et humiliationis. — 9 B add. has. — 10 B rerum. — 11 B deest Dei Verbi. — 12 B vitam novam. — 13 B deest sanctas.

Mopsvestenum, Nestorianorum patriarcham, peccatum originale negasse constet, nisi forsan haec benignius de actuali peccato velis interpretari, respectu habito ad ea, quae sequuntur.

*) Cf. Hebr. 6. 5.

**) Timotheus II. patriarcha l. de sacramentis Eccl. c. 8. sect. 16. (Bibl. Or. T. III. P. I. p. 576.) hanc primam consignationem, quae oleo fit ex uno eodemque cornu cum duabus sequentibus, fieri in fronte ab inferiori ad superiorem partem et a dextra ad sinistram digito, quem indicem vocant, testatur.

***) Jesujabus, teste Georgio Arbelensi (tr. 5. de bapt. c. 6. Bibl. Or. T. III. P. I. p. 536.) praecepit, ut cum baptizandi obsignantur, fidejussores novo eos linteo contegunt, et ut hic ingrediantur in baptisterium. ||

agine depinxit [1] ostenditque nobis in suo sancto baptismo veram resurrectionem et innovationem [2], quae reipsa dabitur nobis in consummatione hujus saeculi. Tradidit autem hoc [3] sacri baptismatis sacramentum
sanctis Apostolis, quum eos misit ad vocationem populorum, et ad conversionem hominum; praecepitque eis, ut ipsum facerent initium fidei,
et magistrum timoris Dei, et signum eorum, qui ab errore ad agnitionem veritatis convertuntur. Ipsi vero Apostoli tradiderunt hunc typum
sacerdotibus, et rectoribus [4] gregis Christi; ut esset eis in signaculum,
et in disciplinam [5] in omni generatione. Nunc vero, ecce praeparati
sunt multi [6] ad suscipiendum donum baptismi pro confessione [7] pretiosae
passionis Salvatoris nostri, consentiente anima eorum [8] in fide et charitate ei, qui per regenerationem innovavit [9] figmentum nostrum, et dimisit peccatum nostrum, et erexit lapsum nostrum; et expectant per sanctum signaculum et per propitiatorium baptisma [10] fieri membra, et participes ejusdem formae cum eo, qui est caput Ecclesiae, et primogenitus
mortuorum. Nos quoque igitur una cum ipsis supplicemus, et pro ipsis
deprecemur Deum clementem, ut dignos illos efficiat dispositione incorruptibili, quam Christus ostendit [11], qui est primogenitus resurrectionis
vivorum [12]: mittens eis donum Spiritus, ad corroborandam imbecillitatem
naturae ipsorum, ne dubitent de visibilibus sacramentis, per quae recipiunt futura et intransitoria bona, et effundens virtutem doni sui etiam
super oleum et aquam, per quae impletur typus mortis et resurrectionis
cum pignore regni coelestis [13] per gratiam Christi.

Oratio.

Abundantibus, beatis, et ineffabilibus miserationibus [14] gloriosae Trinitatis tuae et gratiae tuae erga genus nostrum, debemus gratias agere,
easque adorare et glorificare omni tempore, Domine universorum.

Et incipiunt: Dixit Dominus Domino meo, *totum tono suo:* Dixit
Dominus Domino meo, etc.

Quumque absolutus fuerit, praedicat diaconus praedicationem.

Oremus. Pax nobiscum [15].

Flectite genua. Gratias agamus cum deprecatione [16] et rogemus
cum supplicatione [17], et supplicemus cum fide Deo Patri, qui prae multa
erga nos sua dilectione misit Filium suum unigenitum in mundum, et
lumine apparitionis suae redemit nos ab errore [18], in quem offenderamus
per operationem Satanae praedatoris nostri. Toto corde nostro tota-
que anima nostra confiteamur Filio veritatis, connaturali Patri [19], qui
sponte inclinavit se, et misericorditer induit corpus nostrum, per quod
et nos ad seipsum adduxit: qui in veritate doctrinae suae innovavit nos,
et ostendit nobis viam lucis et semitam vitae. In lacrymis itaque poeni-

---

[1] B figurans. — [2] B deest et innovationem. — [3] B deest hoc. — [4] B pastoribus.
— [5] B in signum, quo discipulos facerent. — [6] B famuli tui. — [7] B pro signo confessionis suae. — [8] B et ut spiritus eorum amplectantur. — [9] B innovat; et sic porro.
— [10] B per sanctum signum propitiatorii baptismatis. — [11] B ut fiant creaturae incorruptibiles ad similitudinem Christi. — [12] B vitae. — [13] B et pignoris coelestis.
— [14] A deest beatis et ineffabilibus. — [15] B deest Pax nobiscum. — [16] B humilitate. — [17] B submissione. — [18] B ab erroribus tenebrarum. — [19] B Filio vero essentiae Patris.

tentiae, et in clamore mundarum cogitationum deprecemur Jesum Christum [1], qui non sprevit fractionem nostram, nec abhorruit ulcera nostra [2], sed patientiam habuit [3] prae sua clementia, et tulit duritiem nostram propter misericordiam gratiae suae: et pharmacis sermonum suorum alligavit vulnera nostra, curavit infirmitatem nostram et erexit lapsum nostrum. Flexis in oratione genibus gratias agamus ei, qui inclinavit se, et a Joanne baptizatus est, a voce, inquam, quae ad poenitentiam vocabat: non quidem ideo, quod mundities et puritas ejus baptismo aquarum indigeret, sed ut nobis immundis et peccato inquinatis aquas sancto baptismo suo consecraret [4]: ut per absconditam virtutem, et per armaturam spiritus, quam ex iis induunt, profligaretur Satanas adversarius noster ab iis, qui in fide in eis baptizantur [5]. Gratias igitur agamus regi nostro optimo, qui non vult mortem peccatoris, sed ut convertatur ab iniquitate sua et vivat: et clamat in evangelio suo ad poenitentes: petite et dabitur vobis; quaerite, et invenietis; pulsate et aperietur vobis [6] thesaurus misericordiae. Cuncti itaque, dilecta sancti baptismi proles, oremus pro istis filiis et filiabus nostris [7], qui suscepturi sunt signaculum vitae, abnegantes Satanam, et omnia opera ejus; et perfecti consummatique in vera fide [8] Patris, et Filii et Spiritus Sancti digni fiant, recipere hoc magnum et admirabile gratiae donum; et exuant in propitiatorio baptismate veterem hominem, qui concupiscentiis erroris corruptus est; induant vero in lavacro sanctarum aquarum novum hominem, qui per Deum creatus est in justitia et vera sanctitate: et sumant [9] de sancto altari Corpus et Sanguinem Christi [10]: sitque per eos gaudium in coelo sanctis angelis, et universae sanctae Ecclesiae, quod in gregem Christi connumerati sunt; custodientes in justitia et sanctitate [11] et in bonis ac praeclaris operibus [12] donum abundantium miserationum [13], quod per Spiritum recipiunt: ut ipse deducat eos ex hoc saeculo ad regionem vitae et lucis, et fiant cohaeredes Christi. Oremus et pro Sanctis Patribus nostris, Domino N. Catholico [14] Patriarcha et Domino N. episcopo metropolita, qui mediatores facti sunt hujus magni et admirabilis [15] doni, cui impares sunt creaturae [16]. Ut qui [17] dignatus est tradere eis fontem istum [18], qui hominibus in remissionem peccatorum misericorditer collatus est, ut per ipsos aperiatur [19]; ipse tribuat eis [20], ut in uberrima [21] Ecclesiae tranquillitate et in pace totius terrae praesint cunctis [22] gregibus suis, et oves [23] pretioso sanguine redemptas, quae ipsorum regimini commissae sunt, in dies augeant [24] incremento poenitentium et salvas incolumesque custodiant aspiciantque, et cum fiducia [25] mereantur Do-

---

[1] B add. medicum animarum. — [2] B add. putrescentia. — [3] B add. erga nos. — [4] B sed ut nos peccato pollutos sanctificaret sancto baptismo suo et sanctificaret aquam. — [5] B qua induuntur, qui baptizantur in fide, Satanas adversarius noster profligaretur. — [6] B deest: quaerite et invenietis, pulsate et aperietur vobis. — [7] B pro hoc filio nostro. — [8] B ut perficiatur in fide .... et ut. — [9] B fiant digni qui sumant. — [10] B add. pignus resurrectionis ad novam vitam. — [11] B add. vitae. — [12] B deest et in bonis ac praeclaris operibus. — [13] B ineffabilis miserationis. — [14] B add. et. — [15] B et incomprehensibilis. — [16] B deest cui impares sunt creaturae. — [17] B quibus Deus. — [18] B vitae. — [19] B et per quos aperitur. — [20] B quod donum datum est eis ab eo. — [21] B deest uberrima. — [22] B deest cunctis. — [23] B et ovibus. — [24] B ut nutriantur et augeantur. — [25] B ita ut servantes eos integre et inspicientes eas, ut convenit vultu hilari.

mino nostro dicere: ecce nos, et filii, quos dedisti nobis, pro tua clementia incolumes sumus; et audiant vocem Domini nostri dicentis: Euge servi boni et fideles, quia super pauca fuistis fideles, multa commendabuntur vobis: et [1] cuncti simul attollamus gloriam Patri et Filio et Spiritui Sancto, et [2] digni efficiamur nova vita, quae non deficiet [3], per gratiam Christi. Surgite virtute Dei [4].

Oratio.

Tibi, bone et suavis, clemens et plene miserationibus, magne rex gloriae, ens existens ab aeterno, debemus gratias agere, teque adorare et glorificare semper, Domine universorum.

Canon.

Memento, Domine, David, et omnis mansuetudinis ejus: quoniam juravit Domino, et votum vovit Deo [5] Jacob.

Benedictus, qui ad formam coelestium constituit Ecclesiam suam, eamque gloria sua cumulavit, deditque in ea baptismum, quo peccatores propitiationem consequuntur.

Propitius esto, et parce, Salvator noster: et confirma Ecclesiam tuam, et custodi filios ejus precibus omnium Sanctorum tuorum.

Non ingrediar in umbraculum domus meae, et non ascendam etc.

Et dicit diaconus: Pax nobiscum.

Oratio.

Et pro omnibus beneficiis et gratiis tuis erga nos, quibus retribui non potest, gratias agamus tibi et laudemus te incessanter in coronata [6] Ecclesia tua, quae omnibus beneficiis et felicitatibus omnibus [7] plena est: quoniam tu Dominus et creator omnium es, Pater et Fili et Spiritus Sancte in saecula [8].

Et dicunt: Tibi Domine.

Vox Domini super aquas. *Bis.*

Et mittunt aquam in craterem.

Oratio.

Tu vere es, Domine, corporum nostrorum suscitator [9], tuque optimus animarum nostrarum redemptor, et perpetuae vitae nostrae custos; tibique gratias agere debemus, teque adorare et laudare semper, Domine universorum [10].

Et dicunt: Sanctus Deus.

Oratio.

Illumina, Domine Deus noster, motus cogitationum nostrarum, ut intendamus et intelligamus suavem vivificantium divinorumque mandatorum tuorum auditum: et tribue nobis per gratiam et misericordiam tuam, ut decerpamus ex iis utilitatem et salutem [11], quae animae prosit et corpori, et incessanter tibi assiduam [12] laudem canamus semper, Domine universorum [13].

---

[1] B add. nunc. — [2] B ut. — [3] B add. in regno coelorum. — [4] A add. nostri. — [5] B add. omnipotenti. — [6] B sancta. — [7] B omni auxilio, et benedictione. — [8] B deest in saecula, add. Amen. — [9] B refrigerator. — [10] B add. Pater et Fili et Spiritus Sancte. Amen. — [11] B fructus amoris, spem et salutem. — [12] B deest assiduam. — [13] B add. Pater, Fili et Spiritus Sancte, Amen, et sic porro.

Et legunt Apostolum: Pauli Apostolus. Epistola ad Corinthios. Fratres. Volo autem vos scire, fratres, quod: omnes patres nostri sub nube fuerant, etc.

Statio.

Gratias agant nobiscum summa et illa Deo, qui creavit et innovat nos.

Strophae.

Inter turbas videns paranymphus (Johannes) agnum vivum venientem, ut baptizaretur, exclamavit cum [3] tremore, dicens: ego indigeo baptizari a te. Turbae autem cum timore contemplabantur vivum baptismatis sacramentum. Prodigium magnum vidit Joannes in Jordane fluvio, quum baptizaret [2]. Cherubim laudantes [3], Seraphim sanctificantes, Spiritum descendentem, Filium qui baptizatur, et Patrem exclamantem atque dicentem: Hic est dilectus [4] meus, in quo mihi complacui.

Et dicit diaconus: Cum silentio state, et silete.

Et legit sacerdos: Sanctum evangelium *) D. N. Jesu Christi, praedicationem Joannis. Quum autem esset Jesus in Jerusalem in Paschale in die festo, multi crediderunt in eum, etc. usque ad qui natus est ex Spiritu (Joh. 2, 23. — 3, 8.).

Et praedicat diaconus: Pater misericordiarum, et sanias ejus (hoc est, sequentes similes strophas).

Oratio.

Te, Domine Deus fortis, deprecamur et obsecramus, perfice nobiscum gratiam tuam, et effunde per manus nostras donum tuum et operationes tuae, et clementia divinitatis tuae sint in indulgentiam debitorum [5], et in remissionem peccatorum [6] cunctis ovibus [7] gregis tui, quem eligisti tibi per gratiam et misericordiam tuam, Domine universorum.

Diaconus dicit: Inclinate capita vestra.

Sacerdos repetit hanc manus impositionem:

Thesaurus [8] ditans accipientes [9] se; Deus [10], cujus dona ab indigentibus minime prohibentur; bonus, qui non opprimit operarios suos: dominus, qui non negligit servos suos: exaudi, Domine, orationem servorum tuorum [11] propter tuam clementiam, suscipe deprecationem adoratorum tuorum pro tua misericordia, et redde nobis pro tuis miserationibus postulata nostra de divite tuo effusoque thesauro [12]. Custodi pro gratia tua dilectum pascuae tuae gregem [13] ab omnibus noxis, et inhabitare fac inter eos tranquillitatem et pacem tuam cunctis diebus saeculi [14]. *Elevat vocem suam:* Quumque animae nostrae perfectae in gloriosam Trinitatem tuam fidei [15] consentiant, cuncti unanimi charitatis consensu mereantur ...

---

[1] B add. timore et ... — [2] B cum baptizaretur in Jordane. — [3] B cantantes Alleluja. — [4] B add. Filius. — [5] B deest debitorum. — [6] B add. populi tui ... — [7] B cunctarum ovium. — [8] B Thesaurarius. — [9] B possidentes. — [10] B dives. — [11] B servi tui. — [12] B gazophylacio. — [13] B gregem dilecti populi tui ... — [14] B semper. — [15] B in unam et perfectam fidem gloriosae Trinitatis.

*) Teste Georgio Arbelensi (tr. 5. de bapt. c. 7. Bibl. Or. T. III P. I, p. 537.) nonnulli evangelium hoc in baptismo legendum infra baptisterium legunt, alii extra.

amor attollere tibi gloriam et honorem et confessionem et adorationem semper, Domine universorum.

Dicit diaconus: Ite, auditores, et videte portas.

Et incipiunt cantare: Sanctum est et terribile nomen ejus.

Dedisti timentibus se [1].

Baptismus tuus in aqua sanctificavit animas nostras, et annunciavit resurrectionem nostram. Spiritales cum Joanne stabant cum ingenti stupore. Qui [2] populus suo baptismo sanctificat, ipse baptismum a servo tuo accepit [3], ut mortalium genus redimeret.

Repete.

Gloria. In Jordane fluvio Joannes agnum Dei baptizavit: quumque de aquis ascenderet, Sanctus veritatis Spiritus in specie corporis [4] columbae descendit mansitque [5] super caput Salvatoris nostri, postquam baptizatus est.

Quumque cantum dicunt, mittunt oleum in patinam, eamque super altare ponunt, et velo cooperiunt.

Et dicunt: Credimus.

Diaconus dicit: Oremus, pax nobiscum.

Sacerdos repetit: Deus noster bone, praesignato a tua sapientia tempore optimum finem creaturae tuae cogitans eam a morte per voluntatem miserationum tuarum redemisti. Me autem, Domine, quem mediatorem constituisti, ut donum tuum administrarem, non quidem propter immaculatam viam meam, neque propter opera mea, quae legatione tua digna sint, segregasti, ut offerrem tibi figmentum tuum. Sed per immensas divitias tuas et per incomprehensibilem misericordiam tuam ordinasti, ut per manus meas, opes tuae traderentur iis, qui indigent dono gratiae tuae, o largitor vitae nostrae [6]. Dignum effice me, Domine, ut sim mediator hujus ministerii, ut suscipias [7] perfectionem doni tui.

Canon.

Et attollimus tibi gloriam et honorem et confessionem et adorationem nunc et semper [8].

Et elevat vocem suam: Et in saeculum saeculorum.

Et signat seipsum, et tollit velum, quod super patinam est, dicens: Gratia Domini nostri Jesu Christi.

Et signat super oleum, dicens: Sursum sint mentes vestrae.

Et respondent: Ad te, Deus.

Et prosequitur: Gratias agamus, et adoremus et laudemus Deum, universorum Dominum.

Respondent: Amen [10].

Diaconus dicit: Pax nobiscum.

Sacerdos repetit secreto: Te, dives in dilectione sua, et liberalis in clementia sua, et suavis in bonitate sua, ineffabilis in gloria sua, Do-

---

[1] A add. signum. — [2] B qui cum Joanne erant, aspiciebant cum admiratione, cum ipse videret eum, qui. — [3] B suo accipientem. — [4] B deest corporis. — [5] B deest mansitque. — [6] B deest o largitor vitae nostrae. — [7] B suscipiant. — [8] B add. ad finem usque mundi. — [9] A add. *Deinde dicit:* Pax vobiscum. *Respondent:* Tecum et cum spiritu tuo. — [10] A Dignum et justum est.

mine noster, creator noster, et honorum nostrorum factor; [illetrecaimus]
et deprecamur, ut per voluntatem tuam, Deus Pater, et per voluntatem
Sancti Filii tui Domini nostri Jesu Christi, adveniat gratia ex dono Spiritus Sancti[2], qui ex te est in sua perfecta persona et particeps est
essentiae tuae et creativae virtutis tuae[3]: admisceaturque oleo huic, et
tribuat omnibus iis, qui eo unguntur, arrhabonem resurrectionis ex mortuis, quae datur in[4] perfectionem adoptionis filiorum, et in liberationem
ab effectibus[5] peccati, et in voluptatem quietis caelestis. Tu enim sapienti dilectione[6] tua evexisti hunc mundum[7] in adventu Christi tui ad
intellectum dignum Trinitate tua, et immutasti ei dona spiritualia[8], quae
apta sunt ad agnitionem fidei tuae. Oleum enim sanctum, quod antiquis[9]
dedisti in signaculum et facultatem[10] sacerdotii temporalis, et regni tran-
sitorii, illud, inquam, nunc sacerdotibus Ecclesiae commisisti, ut esset in
signum et figuram eorum, qui a terrenis ad coelestia in corpore immortali et in anima immutabili migrant; eoque circumciduntur circumcisione
non manufacta, exuentes carnem peccati in circumcisione Christi: et mereantur[11] cum coelestibus sanctisque virtutibus cum timore ac tremore
Dominum fortem, regem universorum sanctificare[12].

Canon.

Clamantes, et incessanter laudantes et alterutrum vocantes, atque
dicentes:

Respondent: Sanctus, Sanctus.

Sacerdos repetit submissa voce:

Perficiatur itaque nunc quoque, Domine, per gratiam tuam magnum
istud divinumque sacramentum, et adveniat gratia ex dono Spiritus Sancti,
et inhabitet maneatque[13] super oleum istud, et benedicat ipsum, et signet
ipsum, et sanctificet ipsum in nomine Patris, et Filii, et Spiritus Sancti:
sitque virtute gratiae tuae hoc unctionis oleum tale, ut tribuat eis, qui
ipso unguntur in vivifico signaculo, quod fit in nomine Patris, et Filii,
et Spiritus Sancti, perfectam veramque sanctitatem et excelsam participationem regni coelorum, per baptismum istum, qui perficitur in figura
passionis, mortis ac resurrectionis Domini ac Salvatoris nostri Jesu Christi,

Canon.

Ut tibi[14], et ipsi, et Spiritui Sancto gloriam, et honorem et confessionem et adorationem attollamus nunc[15].

*Et signat super oleum. Deinde tollit cornu chrismatis de manibus
presbyteri, qui ipsum tenet: et signat cum oleo, quod in ipso est, oleum,
quod in lagena*), dicens:*

Signatur[1] et commisoetur hoc oleum cum sancto oleo, ut sit in typum incorruptibilitatis per[2] propitiatorium baptisma, in nomine Patris et Filii, et Spiritus Sancti in saecula[3].

Respondeant: Amen.

Sacerdos dicit:

Dignos effice nos[4], Domine Deus noster, ut assidue[5] coram te absque macula adstemus in corde puro et revelata facie, et cum fiducia[6], quae a te nobis misericorditer concessa est, ut simul te cuncti invocemus, et hic[7] dicamus.

Respondent: Pater noster, qui es in coelis.

Et vadunt ad Jordanem.

Et dicit diaconus: Oremus, pax nobiscum.

Sacerdos dicit: Gratia Domini nostri Jesu Christi.

Et signat super aquas.

Diaconus dicit: In mentibus vestris.

Sacerdos repetit cum pausa dicens:

Ex gratia tua, factor noster, quae aquae vivae fons est, suppletur[8] indigentia creaturae tuae: et tibi offeruntur[9] petitiones discretionis, quas subsequuntur dona invidiae expertia. Ex magna misericordiae tuae opulentia retribuitur[10] auxilium ad quietem et constitutionem[11] naturae nostrae. Tu enim incomprehensibili scientia tua in hunc mundum induxisti nos in principio[12] corruptibili: tempore vero quo voluisti, nuncium nobis dedisti de innovatione et instauratione nostra per Dominum nostrum Jesum Christum, qui in typo sui baptismi[13] praesignavit resurrectionem nostram a mortuis, praecepitque nobis, ut in sacramento baptismi novam spiritualemque generationem[14] iis faceremus, qui credunt. Spiritus vero Sanctus, qui est de gloriosa divinitatis tuae[15] essentia, per visibiles aquas pro sua voluntate renovat figmenti nostri vetustatem nobisque ex gratia sua pignus incorruptibilitatis immittit, is, inquam, qui etiam super Salvatorem nostrum descendit mansitque, typum hujus baptismi praefigurans. Adveniat[16] ipsemet Spiritus et super aquas istas, ut virtutem accipiant ad auxilium salutemque eorum, qui in iis baptizantur.

Canon.

Ut corpore et anima perfecti, attollant gloriam, honorem, confessionem, et adorationem, nunc[17].

Et signat super aquas. Quumque ad illa verba pervenit: Adveniat Domine, *diaconus dicit:* Cum silentio et timore.

Tum vero sacerdos tollit cornu chrismatis, et signat super aquas oleo, quod in ipso cornu est, dicens:

---

[1] AB add. et consecratur B signetur etc. — [2] B in propitiatorio. — [3] B deest in saecula. — [4] B add. jugiter. — [5] B deest assidue. — [6] B in favore. — [7] B deest hic. — [8] B suppleatur. — [9] B offerantur. — [10] B obtineamus. — [11] B confirmationem. — [12] B origine. — [13] B in suo baptismo. — [14] B vitam. — [15] B gloriosa tua. — [16] A add. Domine. — [17] B add. et in saecula saeculorum.

orandi, licet jam consecratum in cornu asservetur, Georgius Arbelensis (tr. 5. de baptismo c. 5. Bibl. Or. T. III. P. I. p. 586.) et Timotheus II., patriarcha, (l. de sacramentis Ecclesiae c. 3. ibid. p. 575. sq.)

Signantur et sanctificantur aquae istae oleo sancto, ut sint novus sinus spiritualiter generans per propitiatorium baptismi, in nomine Patris et Filii, et Spiritus Sancti in saecula.[1]

Respondent: Amen.

Sacerdos subjungit: Dignum et conveniens est hoc sanctum uni divinae naturae.

Respondent: Unus Pater sanctus.

Diaconus dicit: Laudate!

Sacerdos tradit lagenam in manum diaconi et procedunt ambo ad portam cancellorum, quum pueri in manibus propitiatoriorum suorum[2] non aliorum, portentur. Deinde ungit*) eos tribus digitis suis a summo deorsum et a dextera ad sinistram dicens[3]:

Ungitur N. in nomine Patris etc.

Respondent: Amen.

Et ungit totum corpus ejus caute. Deinde accipit sacerdos puerum de manibus propinqui ejus et procedit ad aquas baptismatis et mergit eum, imponens manum suam et dicens: Baptizatur talis**) in nomine Patris. Respondent: Amen. Et Filii. Respondent: Amen. Et Spiritus Sancti in saecula. Respondent: Amen.

Et elevat eum de aquis educitque eum per portam cancellorum traditque eum propinquo suo, non alteri. Quoniam qui accipit puerum de manibus sacerdotis, ipse est propinquus ejus et patrinus[4]. Si autem puer talis sit, ut ambulet, et grandis natu, ut eum portare nequeant, apprehendit eum manu sacerdos[5] et introducit; quumque baptizatus fuerit, educit eum. Similiter et vir ambulat, ingreditur et egreditur; quumque ungitur, pedibus suis stat super sedem. Quum autem pueri omnes puellaeque baptizati fuerint, induunt eos vestimentis suis adducuntque eos ante portam altaris***).

Deinde egreditur sacerdos ex porta cancellorum habens secum

[1] B deest in saecula. — [2] Haec rubrica sic habetur apud A. Et dicunt novem ex hymnis Epiphaniae, ne sint otiosi. Diaconi introducunt pueros, quos sacerdos ungit tribus digitis suis a summo deorsum et a dextera ad sinistram dicens. — [3] A Diaconi recte praecincti deferunt pueros subjecto velo, ne oleum sanctum tangat eorum vestimenta, eosque afferunt ad sacerdotem, qui stans ad partem occidentalem Jordanis faciem pueri vertit ad orientem, eumque in aquam immergit, imponens manum suam super caput ejus et dicens. — [4] A pro tota hac rubricae parte haec tantum habet: Et tradit eum diacono, qui educit eum per portam cancellorum et tradit propinquo suo. Unde sequitur, errasse Assemanum juniorem, cum dixit, suam rubricam esse in codice Vat. 16. vetustiori, quo usus est senior. — [5] A diaconus.

*) Ex Timotheo II. patriarcha (l. de sacramentis Ecclesiae c. 3. sect. 16. haec unctio fit super pectus a superiori parte ad inferiorem, pollice digito.

**) Assemanus in Codice ltt. formam habet: Ego te baptizo N. serve Christi etc. Nos ex Assemani senioris ordine baptismi ejusque de forma baptismi habitisque hac in materia congregationibus tractatu genuinam formam restituimus, cum illa a recentioribus Chaldaeis, Romanae Ecclesiae unitis sit introducta, uti est in ritualibus libris Josephi I. eorum patriarchae, Cod. Syr. Amiden. 10. et 13. (Cf. Bibl. Or. T. III. P. II p. 251.)

***) Id processionaliter fieri sequitur ex Elia Ambarensi centuria 4. carm. 4.

crucem, evangelium, thuribulum, lampades et cornu chrismatis, et dicit diaconus: Oremus. Pax nobiscum.

Sacerdos orat: Gloria tibi, Altissime, qui descendisti et corpus humilitatis nostrae induisti, ipsumque in omnibus, quae divinitatis tuae sunt, tuum effecisti, et per ipsum promisisti, te universos nos gloriae tuae heredes tuique honoris participes [1] effecturum, Domine universorum.

Et incipiunt canonem: Venite exultemus. Ab errore, a delictis et a morte per suum baptismum liberavit nos Dominus noster. Adoremus eum, et laudemus eum, *usque* Nos autem populus ejus.

Diaconus intonat: Pax [2].

Sacerdos repetit hanc manus impositionem, imponens manum suam unicuique eorum, et dicens:

Magna sunt, Domine, et admiranda dispensationis tuae opera, quibus enarrandis impar est rationalis [3] natura nostra.

Nos enim ex quo primum conditi sumus, corrupimus [4] honorem libertatis nostrae per seductionem Satanae praedatoris nostri, et divinitatis tuae confessionem cum adoratione ejus, qui Deus non est, inique [5] commutavimus [6]. Tua autem gratia minime nos dereliquit in perditione, quam propter mala nostra merebamur: sed per apparitionem in carne [7] unigeniti tui Dei Verbi [8] reduxisti nos ad te, dignosque effecisti, ut te agnosceremus: erexisti humilitatem naturae nostrae per assumptionem primitiarum nostrarum, et constituisti nos heredes futurorum, quae finem non habent, bonorum [9]. Quumque tempus illud, quod exspectabamus, advenisset ad filiorum adoptionem in redemptionem corporum nostrorum, dedisti nobis pignus consolationis gratiam [10] Spiritus Sancti, quae de sacris mysteriis spiritualis baptismatis accipitur [11]: quemadmodum et hodie accessere isti famuli tui et ancillae tuae, et donum istud induerunt [12], per quod a peccati affectibus [13] liberati, facti sunt pura membra in corpore Christi, qui est caput vitae nostrae. Expectamus autem, ut [14] custodiat eos gratia tua in castitate vitae, et puritate operum: ut [15] fide justitiaque pleni occurrant reverendae [16] apparitioni Salvatoris nostri Christi, novaque, et indissolubili vita perfruantur, atque tibi attollant gloriam, et honorem, et confessionem, et adorationem, nunc [17].

Et signat unumquemque eorum in fronte, pollice suo dextero ab imo sursum et a dextera ad sinistram dicens*): Baptizatus est et perfectus est N. in nomine Patris etc.

Si vero unus fuerit, qui baptisatur, dicit sacerdos**): Pignus Spi-

---

[1] B statim honoris imagini conformes. — [3] A add. nobiscum. — [3] B deest rationalis. — [4] B contempsimus. — [5] A deest inique. — [6] B adoratione . . . offendimus. — [7] B deest in carne. — [8] B deest Verbi. — [9] B benedictionum. — [10] B in gratia. — [11] B confertur nobis. — [12] B donum tuum acceperunt. — [13] B tormento. — [14] B et obtinuit spem, fore ut. — [15] B add. in fine. — [16] A pretiosae. — [17] B add. et in saecula saeculorum. Amen.

*) Unctionem hic factam fuisse, in dissertatione praevia ostendimus ex Elia Amherensi, Georgio Arbelensi et Timotheo II., qui eam pollice fieri in fronte praescripsit.

**) Ita Assemanus junior, uti ipse in notis testatur ex recentioribus codicibus exaratis a Josepho I. patriarcha catholico (Vat. Amiden. 10. et 13.)

ritus Sancti, quod accepisti; sacramentum Christi*), quod tulisti [1]; nova
vita, quam possedisti; armatura justitiae, quam induisti: custodiat te a
malo, et virtutibus ejus, et sanctificet membra tua [2] cum puritate, sitque
tibi signaculum istud, quod accepisti, in bona futura et intransitoria, in
revelatione Domini nostri Jesu Christi [3], et in novo sub saeculo statuat
te ad dexteram suam, et attollas gloriam gratiarumque actionem Patri,
et Filio, et Spiritui Sancto, nunc [4].

    Respondent: Amen.

    Et ingrediuntur baptisterium cum processione: et incipiunt: Bene-
dicam Dominum.

    Sanctum et terribile [5]. Benedictus Christus, qui baptismo suo nos
sanctificavit, deditque nobis typum vitae aeternae.

    Lux orta est. Christe, qui baptizatus es, et apparuisti, universum-
que illuminasti: inhabitare fac pacem tuam in populo, quem elegisti.

    Et benedictum nomen. Benedictus, qui baptismo suo in redemptio-
nem nostram sanctificavit propitiatiorium sinum mysterio gloriae suae.

    Gloria. Pater noster, qui es in coelis, sanctificetur nomen tuum,
adveniat regnum tuum, fiat voluntas tua.

    A saeculo. Unus est Dominus, una fides, unum baptisma in re-
missionem peccatorum.

Et orant.

    Clemens, cujus nomen sanctum: bone, et juste, cujus gratia, et
misericordia a saeculo effusa est: effunde, Domine, clementiam suavissi-
mae charitatis tuae super animas cultorum tuorum, qui invocant, et deprecantur te omni tempore, et memento, Domine universorum, Pater.

    Benedictione tua, Domine Deus noster, benedicantur famuli tui: et
providentia voluntatis tuae, custodiantur adoratores tui: et assidua, Domine, divinitatis tuae tranquillitas, atque longa Dominationis tuae pax
regnet in populo tuo, et in Ecclesia tua cunctis diebus vitae nostrae,
Domine universorum.

---

[1] B add. et vivificum ejus signum, quod accepisti. — [2] B te. — [3] B add. de
coelo. — [4] B ubi attollas ei gloriam, honorem, laudem et adorationem in saecula
saeculorum. Amen. — [5] A omittet hanc partem *Sanctum et terribile.*

Melius (ex cod. Vat. Syr. 16.) loco orationis: Magna sunt, hanc manus impositionem: Pignus Spiritus Sancti, habet Assemanus senior.

    *) Post consignationem confirmatoriam vestibus albis induebantur neo-
phyti et Eucharistiae sacramentum percipiebant, ut ex Elia Ambarensi centuria 4. carm. 3. et Georgio Arbelensi q. 2. de bapt. sequitur. Nota etiam
quae (Bibl. Or. T. III. P. I. p. 250.) Johannes Bar-Abgari, patriarcha, in
quaestionibus ecclesiasticis q. 3. habet: „Parvulis masculis seu foeminis convenit, ut baptismum suscepturi ad altare deferantur, eoque peracto communicentur, dummodo ad altaris arcam non accedant, aut illam sive ejusdem tegumenta manibus non contingant. Si vero baptismo initiandus fuerit vir adultus,
illi eodem pacto ad altare procedere fas esto, atque calceamenta ferre et nec
incedere pedibus permittatur. Si vero foemina fuerit, nefas esto hujusmodi
ad altare progredi, sed pro foribus consistens communionem percipiat.“

Et incipiunt ordinem solutionis aquae.

Diaconus dicit: Oremus. Pax nobiscum.

Sacerdos repetit.

Benedictus, et sanctus, et vivus in saecula, qui ab aeterno es, et profundum tuum nemo comprehendit. Tu, Domine, cujus voluntas in creatura tua perficitur[1], qui donum tuum minime cohibuisti a nobis, qui nomen tuum invocavimus[2]; qui misisti nobis Spiritum Sanctum, et sanctificatae sunt aquae istae in Amen. Eodem quoque Amen solvantur a sanctitate sua, et fiant juxta priorem suam naturam. Et pro omnibus tuis erga nos gratiis attollamus tibi gloriam, et honorem, et confessionem[3], nunc[4].

Et non signat; sed manum suam in aquas immittit, easque cum festinatione rapit[5]. Mittunt vero eas in locum mundum*).

2. Collatio ordinis baptismi Nestorianorum apud Badgerum.

Sacerdos: Gloria in excelsis Deo, et in terra pax, bona voluntas erga homines. Pater noster.

Oratio: Corrobora etc. p. 364.

Psalmus 83.

Oratio. In tua misericordia reduc nos ad te et fac nos esse de domo tua, tu, pastor bone, qui profectus es ad quaerendum nos, et invenisti nos in nostris errationibus, et desiderabas in tua gratia et miseratione reditum nostrum, Domine omnium Pater, Fili et Spiritus Sancte. Amen.

Tunc sacerdos pronunciet hanc manuum impositionem super illos, qui baptizandi sunt. Imponens manus suas unicuique, dicat alta voce: Impletum est etc. p. 365.

Tunc signet unumquemque eorum signo crucis inter oculos oleo unctionis, digito indice, signans eos a parte inferiori faciei sursum et a dextra ad sinistram dicens:

AB vel BA signare**) oleo unctionis in nomine Patris et Filii et Spiritus Sancti, Amen.

Et cum eos signaverit, omnes intrent in baptisterium cum thuribulo, luminibus, cruce, evangelio et aliis vasibus omnibus, et incipiant hoc hymno:

Antiphona: Aperite mihi portas justitiae. Portae coeli apertae sunt.

Portae spiritualis thalami Sponsi apertae sunt in remissionem peccatorum hominum; et dono Spiritus ex alto miseratio et pax nunc con-

---

[1] B in voluntate tua tu creasti nos. — [2] B cum invocaremus te. — [3] B add. et adorationem. — [4] B add. et in saecula saeculorum, Amen. — [5] A emittit.

*) Jesujabus, teste Georgio Arbelensi (tr. 5. de baptismo c. 8. Bibl. Or. Tom. II. P. I. p. 536.) jussit, ut antequam sacerdos obsignet baptizatos, aqua e altero fonte dimittatur.

**) Anglice: be thou signed.

ceduntur omnibus ... vos qui vocati
estis, intrate in gaudium, quod paratum est nobis et cordibus patris et
sanctificatis, et vera fide gratias agite Christo Salvatori nostro. Gloria
Patri etc.

O vera porta, aperire ei, qui perit, et voca nos, ut intremus in
gazophylacium tuum in alto.

Tunc dicatur sequens oratio:

Collige nos, Domine, ad te et fac nos intrare in ovile tuum, et
sigilla nos signo tuo, et indue infantiam nostram sapientia per veritatem
tuam, et semper laudemus nomen sanctum tuum, Domine universorum,
Pater, Fili et Spiritus Sancte. Amen.

*Tunc cantent psalmum 44: Eructavit cor meum verbum bonum, post
quem diaconus dicat sequentia: De profundis etc. p. 366.*

Oratio. Elige nos in tua misericordia bona electione, ut operemur
coram te operatione spirituali, tu qui detexisti errationes nostras, collegisti dispersionem nostram et adduxisti ad domum tuam deviationes
nostras, Domine omnium, Pater, Fili et Spiritus Sancte. Amen.

2. *Tunc cantent psalmum 109: Dixit Dominus Domino meo. Comma
illud: propterea exaltabit caput, ter repetatur. Tunc diaconus dicat.
Oremus, flectamus genua etc. p. 367.*

Oratio: Laus sit tibi, qui sanasti morbos corporum nostrorum ...
et aqua, quae fudisti in vulnera nostra, et Spiritu, ... spongia deter-
sisti immunditiam peccati ab animabus nostris, ut nos faceres templa
pura ad gloriam tuam, Domine omnium, Pater, Fili et Spiritus Sancte.
Amen.

Canon.

Antiphona: Memento etc. Benedictus etc. *usque ad consequuntur*
p. 369. Sancte, qui descendisti in montem Sinai et benedixisti eum
modo formidine pleno, fac pacem tuam descendere super Ecclesiam tuam
ad eam sanctificandam.

Diaconus: Pax nobiscum.

Oratio: Et pro omnibus etc. p. 369.

Oratio. Tunc dicant ut sequitur (sacerdos et diaconus). Tibi
Domine omnium, gratias agimus; tibi, o Christe Jesu Domine noster,
offerimus laudem, quia tu es, qui reficis corpora nostra et salvas animas nostras.

*Tunc fundant aquam in fontem, quantum sufficit, ut ascendat supra
caput baptizandi et dicant:*

Vox Domini super aquas, Deus majestatis intonuit.

Oratio: Tu vere es etc. p. 369.

Tunc dicunt: Sanctus Deus, Sanctus potens, Sanctus immortalis,
miserere nobis.

Oratio: Illumina etc. p. 369.

*Tunc legatur epistola (a diacono dicente) Epistola Pauli Apostoli
ad Corinthios I. Cor. 10. 1. usque ad finem.*

Tunc dicatur sequens cantus.

Antiphona: Summa et ima jungantur nobis et simul gratias agamus essentiae, quae creavit nos et renovabit nos. ...
pag. 370.

Diaconus: Silete. *Pax vobiscum.* R Tecum et cum spiritu tuo.

Sacerdos: Sanctum evangelium Domini nostri Jesu Christi ex evangelio Johannis Joh. 3, 23, usque ad finem et 8, 4 — 9. R Laus sit Christo Domino nostro.

Tunc sequuntur benedictiones (quae in aliis officiis adhiberi solent).

Oratio: Te, Domine Deus fortis etc. p. 370.

Diaconus: Inclinate capita vestra pro impositione manuum et suscipite benedictionem.

Tunc sacerdos dicat sequentem manuum impositionem voce submissa: Thesaurarius dicat etc. p. 370.

Diaconus: Qui non est baptizatus, facite eum exire.

Tunc dicatur sequens cantus. Ant.: Sanctum et terribile nomen ejus; magnitudinis ejus non est finis. Baptismus etc. p. 371. *Repetatur:* Gloria Patri etc. In Jordane etc. p. 371.

Tunc presbyteri et diaconi stent, alii ad dexteram, alii ad sinistram, et unus ex illis sumat cornu manu sua, et locum suum ad dexteram altaris, quod in baptisterio constitutum est; sed si non adsit alius quam sacerdos celebrans, tunc protodiaconus sumat cornu manu sua et stet prope altare, in quo sint lumina, et dicat: Credo in unum Deum, Patrem omnipotentem etc.

Tunc sacerdos se accingat ad benedicendum oleum et genu flectat coram altari. Et diaconus repetat orationem commemorationis (sumptam ex liturgia). Postea sacerdos dicat alta voce ut sequitur: Deus noster bone etc. p. 371.

Canon.

Et attollamus etc. p. 371. *Dum haec sacerdos dicit, signet seipsum signo crucis.*

Sacerdos: Pax vobiscum R. Tecum et cum spiritu tuo.

Tunc tollat velum a vase (quod oleum continet) et dicat: Gratia Domini nostri Jesu Christi et charitas Dei et communicatio Spiritus Sancti sit cum omnibus nobis, nunc et in saecula saeculorum. Amen.

Dum haec repetit, faciat signum crucis super vas et dicat: Sursum corda vestra.

R Ad te, Deus Abraham, Isaac et Jacob, rex gloriae.

Sacerdos: Gratias agamus et adoremus et laudemus Deum, universorum Dominum.

R. Dignum et justum est.

Diaconus: Pax nobiscum.

Sacerdos post secreta: Te, dives etc. p. 371.

Canon: Quae clamant alta voce altera ad alteram, dicentes (*Hic populus se conjungit sacerdoti*). Sanctus, Sanctus, Sanctus, Dominus Deus Sabaoth, pleni sunt coeli et terra gloria tua. Hosanna in excelsis. Hosanna filio David. Benedictus, qui venit quondam et venit nunc[*]) in nomine Domini. Hosanna in excelsis.

Tunc sacerdos dicat voce submissa: Perficiatur itaque etc. p. 372.

Canon: Cui tecum etc. p. 372.

---

[*]) Anglice: who came and who cometh.

Hic sacerdos signet oleum signo crucis. Tunc sumat cornu unctionis de manu illius, qui id tenet, et signet oleo, quod in vase continetur, oleum in altari signo crucis ab oriente ad occidentem et a dextra ad sinistram et dicat: Signetur etc. p. 373. R. Amen.

Tunc sacerdos reddat cornu illi, qui antea tenebat, et dicat: Dignos effice nos etc. p. 373. R. Pater noster.

Tunc accedant ad fontem et stent a dextris et sinistris ejus, uno deferente thuribulum, et ponant crucem et evangelium super fontem versus orientem, usque dum aqua benedicta fuerit, et removeant velum, quod fontem operit, et sacerdos genuflectat. Tunc diaconus dicat: Oremus. Pax nobiscum.

(Canon, quem sacerdos dicit.)

Gratia Domini nostri Jesu Christi, et charitas Dei, et communicatio Spiritus Sancti sit nobiscum semper. Amen. (*Hic signet aquam signo crucis.*)

Diaconus: In mentibus vestris precamini, ut pax sit nobiscum.

Sacerdos (voce submissa): Per gratiam tuam etc. p. 373.

Diaconus: In timore et silentio state et orate: Pax nobiscum.

Canon (a sacerdote alta voce dicendus): Ut corpore etc. p. 373.

Hic sacerdos signet aquam et tunc sumat cornu sancti olei unctionis et signet aquam signo crucis oleo, quod eo continetur, et dicat: Signentur etc. p. 374. R. Amen.

Sacerdos: Dignum etc. R. Unus Pater sanctus, unus Filius sanctus, unus Sanctus Spiritus sanctus. Gloria Patri et Filio et Spiritui Sancto, ipsi, qui sanctus est in saecula saeculorum Amen.

Diaconus: Laudate Deum vivum.

Tunc dicatur unus ex hymnis Epiphaniae adscriptis, ne coetus sit otiosus, et sacerdos, qui consecrat, stet prope vas continens oleum, et alter prope fontem, faciebus ad orientem versis. Et diaconi afferant infantes in baptisterium non vestitos, inauribus, annulis et armillis detractis, et inquirant nomina imponenda infantibus, et ea sacerdoti nota faciant. Diaconi praecingant lumbos suos et ponant stolas suas sub vase oleum continente. Et unicuique infanti, qui admittitur, propisum sit de linteo, quo post baptismum involvatur, quod a diacono in humero deferatur. Et cum introducti fuerint infantes, sacerdos signet unumquemque signo crucis in pectore tribus digitis, ab infra sursum et a dextera ad sinistram et dicat:

AB ungere in nomine Patris et Filii et Spiritus Sancti. Amen.

(Ad significandum cognitionem Trinitatis sigillatam esse ad eum ex alto.)

Tunc adstantes diligenter et accurate ungant undequaque personam illius, quem sacerdos unxit, et eum ita vertant, ut totum tergum ejus ungatur et non relinquant ullam partem ejus non unctam. Tunc sumant eum ad sacerdotem prope fontem stantem, in quem eum ponat facie ad orientem versa, et mergat eum tribus vicibus in eo dicens:

Prima vice: AB baptizare *) in nomine Patris. R. Amen.

---

*) Anglice: be thou baptized.

Altera vice: In nomine Filii. R. Amen. ... ...

Et tertia vice: In nomine Spiritus Sancti. R. Amen. ...

Eum mergendo mergat eum usque ad collum, et tunc ponat manum suam super ipsum, ita ut caput ejus submergatur. Tunc sacerdos extrahat eum ex fonte, et tradat diacono, qui eum involvat linteo albo et committat eum patrino suo. Tunc mundae vestes ejus induantur ei, nisi tamen ejus dudum relinquatur oportet, usque dum sacerdos tegumentum capitis ejus nectet post ultimam consignationem. Et idem fiat in omnibus infantibus secundum ordinem. Verum attendite, fratres mei, et sitis bene cauti, ut non introducatis infantes in bema, utpote qui intellectum non habent: nam id minime convenit. Et notate, magnam circumspectionem et castitatem usurpandam esse in tangendis infantibus feminis.

Baptizati cum vestibus induti fuerint, sacerdos egrediatur per majorem portam bematis et cum eo diaconi, crux, evangelium, thuribulum, lumina et cornu unctionis, et faciat baptizatos afferri ad portam bematis et dicat hanc orationem:

Gloria sit tibi, Domine, qui elegisti Ecclesiam tuam in Christo tuo et ornasti eam ornamentis coelestibus, et fecisti in filiis ejus thesauros ad distribuendas divitias tuas iis, qui ipsis indigent, Domine universorum, Pater, Fili et Spiritus Sancte. Amen.

Gloria Altissimo etc.

Canon.

Ant. Venite, exultemus Domino usque ad et oves manus ejus. Dominus per baptismum suum misericorditer liberavit nos ab errore, peccato et morte: ideo adoremus et laudemus eum. Tu qui dixisti in evangelio tuo: pulsate et aperiam, aperi portam precibus nostris.

Oratio: Suscipe, Domine, in tua miseratione oves et agnos, qui signati sunt signo sancto tuo, et scribe nomina eorum inter Ecclesiam primogenitorum in coelis, ut semper laudent et adorent sanctam Trinitatem tuam, Domine universorum, Pater, Fili et Spiritus Sancte. Amen.

Tunc sacerdos dicat hanc confirmationem voce alta, movens interea manum suam ab uno ad alterum. Magna sunt etc. p. 375.

Haec oratio confirmationis dicatur super unum vel super plures. Tunc signet unumquemque signo crucis dicens: Pignus Spiritus Sancti *etc. p. 375. uti supra, nisi quod toties quoties occurrit dicatur: tu vel vos.*

Tunc signet eos inter oculos eorum signo crucis pollice manus dexterae suae a parte superiori ad inferiorem et a dextera ad sinistram dicens:

AB baptizatus est et confirmatus (sive perfectus) in nomine Patris et Filii et Spiritus Sancti. Amen.

Tunc regrediantur in baptisterium et incipiant cantum sequentem:
Ant. Sanctum et terribile nomen ejus.

Pater noster, qui es in coelis, sanctificetur nomen tuum, adveniat regnum tuum, fiat voluntas tua.

Ant. Ipse est Dominus Deus noster.

Unus est Dominus, unus Pater et unum baptisma in remissionem peccatorum.

Ant. Tu es Deus super...

Rex noster...

In Jerusalem superiori, coram throno Christi, ibi scribantur...

Epiphania tua, Domine, gaudium praebuit creationi,...

...projiciat in fontem dicens:

Dignum est, Domine, ut jugiter offeramus laudem, honorem, gloriam et adorationem Trinitati tuae adorandae, pro dono sanctorum sacramentorum tuorum, quae in tua miseratione dedisti nobis, in remissionem peccatorum, Domine universorum, Pater, Fili et Spiritus Sancte. Amen.

Vel hoc. Benedicta est Majestas, quae adoratur in altissimis, tu qui remittis iniquitates nostras et peccata nostra, tu qui detergis transgressiones nostras gloriosis, sanctis, vivificis et divinis sacramentis tuis, o Christe, spes generis nostri nunc et semper. Amen.

Oratio conclusoria.

Offerimus tibi gloriam, honorem, laudem et adorationem, Altissime, qui descendisti et assumsisti corpus humilitatis nostrae et fecisti nos unum tecum in omnibus, et promisisti, quod velles facere nos coheredes gloriae tuae et heredes hereditatis tuae, participes nos faciendo, excellentiae tuae. Fac miserationem et pacem semper manere cum omnibus nobis, et nunc tibi, per te, cum Patre et Spiritu Sancto sit laus in saecula saeculorum. Amen.

Oratio ad solvendam aquam (a praecedente sanctificatione).

Non signet aquam signo crucis, sed inserat et manum suam et lavet vas aqua Jordanis (fontis), lans aquam circumducendo et velociter retrahat manum suam, quasi aliquid inde ... baptismi et illi, qui unxerunt, et omnes, qui aliquam partem ... runt, lavent vas et manus et faciant ... aqua inde emittatur, ne pedibus proteratur, sicuti fit, cum ...

corpus ecclesiae ab illis, qui non habent cognitionem. Et si alia quae-
dam persona veniat, ut baptizetur, eadem aqua adhibenda non est, sed
recens afferenda est. Et notum sit, quod absque consecratione (aquae)
non administrandus est baptismus, nisi in domo alicujus, in arti-
culo mortis.

(exhibet.)

II. Introductio mulieris in ecclesiam post partum.

(Habetur anglice apud G. Percy Badger: The Nestorians and their Ritual.
London 1852. T. II. p. 280. sqq. Hic ritus, qui die quadragesimo peragitur,
quoadusque cum eodem die baptismus peragitur, baptismum praecedebat, modo,
cum octavo die baptismus celebratur, sequitur.)

Benedictio dicenda super infantem et ejus matrem quadragesimo
post partum die, dum mater eum ad templum allatura est.

Domine Deus omnipotens, creator coeli et terrae et omnium, quae
in eis sunt, qui ordinasti legem patribus ab antiquo, jubens ut omnis
masculus quadraginta dierum infans ad sanctum templum tuum afferatur,
ibique offerat oblationem sacerdoti, qui super eum oret ut exaudiatur
tu, Domine, perfecisti hanc rem, agens ut dilectus Filius tuus in templum
sumeretur, quadraginta dies natus, cum Simeon eum in ulnas suas susce-
sit et confessus est, et gratias egit, et postulavit ab eo dissolutionem
dierum suorum; nunc, Domine Deus, benedic et sanctifica hunc infantem
N., qui venit ad sanctam ecclesiam tuam, quae est habitatio justitiae,
ad postulandum a te decenter, ut adaugeas lac nutricis ejus, et ut custodiatur a malo et virtutibus ejus et educetur in sanctitate et in vera
fide omnibus diebus vitae suae. Amen.

Benedictio dicenda super matrem.

Et tu, mater hujus infantis, susciteris secundum interiorem hominem
cordis, bona opera faciendo, ut a lumbis tuis proveniant filii et filiae,
qui probatos se reddant coram Domino in justitia, ut delecteris in benedictionibus Domini, et praeserveris tu et puer tuus ab omni malo, precibus Virginis, quae amicta est lumine, alterius coeli, Sanctae Mariae,
matris Christi Dei nostri, et precibus omnium Sanctorum, nunc et in
saecula saeculorum. Amen.

Hic sacerdos signet super ipsorum capita signo crucis.

Ritus baptismi et confirmationis apud Armenos.

I. Ordo baptismi et confirmationis apud Armenos.

(Ordo baptismi, ut refert Nerses Lampronensis saeculi XII.
auctore, compositus est a Joanne Montacuno eorum catholico saeculo V. mediante, uti refert Serpos T. III. p. 239. Eum Assemanus Cod. liturg. T. I.
p. 168. T. II. p. 194. T. III. p. 118. ex eorum libro Maschdoz doctoris non
semel impressae, armeno-latine edidit. Tum idem Officium baptismi ex Ms.
quodam Collegii de Propaganda fide latine tantum, Trudentianis et ab eo

nimis versum addidit, in quibusdam a priori divergentem, additis notis praesertim ex Ms. quodam bibliothecae S. C. de Propaganda fide ab auctore anonymo, qui missionarius apostolicus fuisse videtur, composito, quod ritualis
Armenorum schismaticorum nomen praefert, continet autem titulorum ritualis
indicem, tum nonnullas rubricas orationesque refert, quas castigat seu illustrat. Rituum seriem praecipuasque latine orationes Serposius, uti supra,
exhibet.)

II. Introductio candidati in ecclesiam p. l. perlata.

1. Ordo baptismi et confirmationis ex Maschdoz impresso.

Ordo baptismi, quum omnes christianorum parvulos volunt baptizare.

Domine Deus noster, Deus benigne faciens, qui privatum, aversum-
que a te genus humanum, lapsum et abjectum e paradiso voluptatis,
non despexisti; sed misericordia motus de tua celsitudine descendisti
ad humilitatem nostram, totam assumendo naturam nostram sine peccato:
passione quoque et morte crucis salutem, atque conversionem nostram
redimens, iterum nobis vitam tribuisti; suscipe clementissime Domine,
bonam voluntatem creaturae hujus tuae accedentis ad sanctam et unam
veram Deitatem tuam, christianum nomen prae se ferendo: et da ei virtutem et auxilium, ut per sanctum lavacrum mereatur puritatem conse-
qui immaculatae vitae, et in adoptione filiorum ad hereditatem pervenire
regni coelorum, et cum gratiarum actione glorificare te cum Patre, et
S. Spiritu, nunc et semper, etc.

*Die autem baptismi ad fores ecclesiae hunc ordinem perficies cum
unanimi clero super parvulum, et adultos*). Dicitur sine cantu psalmus 24. Ad te Domine levavi animam meam: Deus meus, etc. Ps. 25.
Iudica me Domine, quoniam ego in innocentia. Ps. 50. Miserere mei
Deus, secundum.*

Deinde proclamat diaconus:

Atque etiam pro catechumeno isto deprecemur clementissimum
Deum, ut misereatur secundum magnam misericordiam suam, et dignetur
eum divino lavacro regenerationis ac veste incorruptionis, et annumeret
ipsum cum fidelibus nominis sui salvumque faciat gratia misericordiae
suae.

Omnipotens Domine Deus noster salva et miserere.

Suscipe, clementissime Domine, oblatum hunc tibi catechumenum,
et purifica mentem, cogitationesque ejus ab omnibus operibus adversarii:
et dignare eum per sacrum fontem ablui vetustate peccatorum suorum
et renovari lumine gratiae Christi tuae, ut et ipse nobiscum glorificet te
Patrem cum Filio et S. Spiritu, nunc et semper, etc.

Item diaconus praedicat:

Atque etiam pro expiatione et remissione delictorum, ut descendat
misericordia super hunc catechumenum, Dominum precemur.

auctore, compositus est a Josepho Mossriensi nomen Chaldaeorum (. . . .
diacon. sui criteri Suppos. T. III. p. 286. — — — Item Assemani. Cod. — —
p. 164. T. II. p. 150. T. III. p. 126. . . . .

*) Obstetrix, teste Tavernier p. 1951, infantem defert, donec famulus
aquam baptismali facit. Tunc ad baptizandum patrino tradit.

Et dicitur oratio:

Domine Deus, magnus et glorificatus a cunctis creaturis, sub tuum omnipotens et terribile nomen confugiens famulus hic tuus humiliavit caput suum nomini sancto tuo, cui omne genu flectitur coelestium, terrestrium et inferorum: ut omnis lingua confiteatur, quia tu Dominus es, Jesu Christe, in gloria Patris, et Sancti Spiritus. Particeps fiat hic fructus istius tui terribilis nominis, quod repulit insidias diaboli et idololatriae pravitatem omnesque diabolicos laqueos impedivit. Respice in eum, Domine, clementia tua, et per potentissimam tui super eum invocationem ab eo longe repelle occultas ex spiritibus immundis cogitationes, verba et opera, omnemque fraudem, qua solent perfidi daemones decipere ac perdere homines, ita ut tua victrice potestate exterriti comprimantur et invisibilibus torqueantur cruciatibus: adjuratione effugentur ab illo, ne amplius revertantur. Reple ipsum coelesti gratia, et exhilara optimo nomine tuo, et christianus nominetur, et mereatur opportuno tempore in baptismo regenerationis Spiritum Sanctum accipere. Fiat corpus et membrum Ecclesiae tuae sanctae, ut immaculatam tenens christianam religionem in hoc saeculo, futura bona cum omnibus Sanctis tuis assequatur: et cum diligentibus nomen tuum, regnum coelorum possideat semper, et in saecula saeculorum.

Deinde jubet catechumenum verti ad occidentem, ut exorcizet, ter dicens:

Abrenunciamus tibi, Satana, et omnibus fraudibus tuis, et omnibus insidiis tuis, et ministris tuis, et angelis tuis, et gressibus tuis. *Et tribus vicibus interrogat: Abrenuncias?*

Respondet catechumenus: Abrenuncio.

Deinde revertuntur ad orientem ad profitendam unitatem Trinitatis et sic dicendo:

Credo in sanctissimam Trinitatem, in Patrem et in Filium et in Sanctissimum Spiritum.

Et tribus vicibus interrogat: Credis?

Et dicunt symbolum fidei totum (Nicaenum).

Deinde dicunt psalm. 117. Confitemini Domino usque ad versiculum: Aperite mihi portas justitiae.

Et ingressi in ecclesiam, procedunt ante sacrum altare. Sit autem praeparatum sacrum chrisma.

Praeconium.

Ut descendat Spiritus Sanctus in oleum hoc, Dominum deprecemur. *Et dicitur oratio:* Benedictus es, Domine Deus noster, qui elegisti tibi novum populum in sacerdotium, atque in regnum, gentem sanctam, populum acquisitionis; quemadmodum olim unxisti sacerdotes, prophetas, reges simili sanctissimo oleo. Et nunc te rogamus, Domine, benigne faciens, emitte gratiam Spiritus tui Sancti in oleum hoc, ut qui ex eo ungetur, mundetur et muniatur spirituali sapientia in certamine, ut triumphat de adversario, sitque virtute praeditus in mandatorum observantia, in exercitiis perfectissimis probitatis operum et pietatis, adeo et intellectu illuminatus, bonisque vivens moribus in hoc saeculo, in salutem animae suae, in honorem et gloriam sanctissimae Trinitatis, mereatur consortium assequi diligentium nomen tuum in Christo Jesu Domino nostro, quem decet gloria, imperium et honor nunc, et semper, et in saecula saeculorum.

Ac deinde immittit aquam in fontem baptisterii in modum crucis, recitans versiculum psal. 28. Vox Domini super aquas.

Lectio Ezechielis prophetae, cap. 36. num. 25. Haec dicit Dominus: et effundam super vos aquam mundam, et mundabimini (usque ad num. 29.)

Pauli Apostoli ad Galatas epistolae lectio. Cap. 3. num. 24. Itaque lex paedagogus noster fuit in Christo (usque ad finem cap). Alleluja (Psal. 22.) Dominus regit me.

Evangelium secundum Johannem cap. 3. num. 1. Erat autem homo ex Pharisaeis, Nicodemus nomine (usque ad num. 9.)

Subinde diaconus praeconizat.

Pro desuper pace, et salute animarum nostrarum Dominum deprecemur.

Pro pace totius mundi et sanctae Ecclesiae firmamento Dominum deprecemur.

Ut dirigat opera manuum nostrarum, istiusque sacerdotis, qui hunc baptizaturus est, Dominum deprecemur.

Ut sanctificetur praesens aqua, Spiritu Sancto cooperante, Dominum deprecemur.

Ut accipiat benedictiones Jordanis, et fiat in salutem animae et corporis, Dominum deprecemur.

Ut regenerandus hic, qui aqua ista baptizatur, filius lucis fiat et veritatis, Dominum deprecemur.

Commemorantes Dei Genitricem et semper Virginem Mariam, et sanctum Joannem Baptistam, et omnes Sanctos cum ipsis, Dominum deprecemur.

Atque etiam pro concordia in una sancta et vera fide Dominum deprecemur.

Animas nostras et invicem Domino Deo omnipotenti commendemus.

Miserere nostri, Domine Deus noster, secundum magnam misericordiam tuam.

Dicamus omnes unanimiter. Domine miserere.

Tunc statuit catechumenum prope baptisterium*), et dicit orationem.

Tu, Domine, virtute magna tua fecisti mare et aridam et omnes, quae in eis sunt, creaturas. Segregasti et constituisti aquas, quae super coelos sunt, in habitationem lucentium angelorum, in tua glorificatione continua assistentium. Misisti quoque sanctos Apostolos tuos, praecipiens illis, ut praedicarent, et in nomine Patris et Filii et Spiritus Sancti baptizarent omnes gentes. Insuper tuo infallibili sermone decrevisti, non regeneratos ex aqua et Spiritu vitam aeternam non visuros. Ex quo perterritus famulus hic tuus, sempiternam desiderans vitam, sponte venit

---

*) Nota ad haec Johannis Philosophi, Armenorum catholici, capitulum 14. p. 304: „Oportet ac decet manuum impositionem super catechumenos, unctionem atque abrenuntiationem peragere ad januam baptisterii, deinde intrare ad fontem et ibi baptizare."

ad baptismum spiritualem aquae hujus. Emitte, quaesumus Domine, Spiritum tuum Sanctum in aquam istam et sanctifica illam, sicut sanctificasti Jordanem, in illum descendens mundissimus a peccatis, Domine Jesu Christe, ad institutionem hujus fontis baptismatis pro omnibus hominibus. Concede huic, qui baptizatur nunc, ut aqua ista fiat in remissionem peccatorum, gratiam conferens adoptionis filiorum coelestis Patris tui, atque haereditatem coelorum regni. Ita ut mundatus a peccatis, secundum placita voluntatis tuae vivat in hoc saeculo, et futura infinita bona accipiat, et cum gaudio jugiter gratias agens, glorificet te cum Patre et Sancto Spiritu nunc, et semper, etc.

Postea infundit de chrismate in fontem, dicens: Alleluja.

Et jubet exuere infantem, et dicit orationem. Qui vocasti famulum hunc tuum ad sanctificationem et baptismum illuminationis, dignare eum gratia magna tua. Exue illum vetustate peccatorum: et innova ad novam vitam, imple virtute Spiritus Sancti ad renovationem gloriae Christi tui. Quoniam te cum unigenito tuo Filio ac vivificante Spiritu Sancto decet gloria, imperium et honor nunc et semper, et in saecula saeculorum.

Deinde deponit parvulum in fonte, et de ipsa aqua immittit manu supra caput illius dicens ter: N. baptizatur in nomine Patris et Filii et Spiritus Sancti. Redemptus sanguine Christi a servitute peccatorum, consequitur libertatem adoptionis filiorum Patris coelestis, ut fiat cohaeres Christi, et templum Spiritus Sancti nunc et semper et in saecula saeculorum.

Haec autem dicens ter mergit oblatum, ter in aqua sepeliendo peccata vetustatis. Significat quoque triduanam Christi sepulturam et resurrectionem. Abluens vero totum corpus, dicit: Qui in Christo baptizati estis, Christum induistis, Alleluja, qui in Patre illuminati estis, Sanctus Spiritus gaudebit in vobis*). *Subinde recitat antiphonam, et*

---

*) Cum in his plurima sit diversitas, varios testes de Armenorum usu quoad materiam proximam et formam baptismi addimus. Galanus T. II. P. II. p. 367. refert, Armenos ter repetere totam formam baptismi ad unamquamque nempe immersionem, hancque rubricam baptismi ex rituali Armeno tradit: „Sacerdos demittat infantem in sacrum fontem et aquam in caput ejus infundat dicens ter sic: N. servus Jesu Christi, sponte veniens ad baptismum (cf. p. 490.), baptizatur nunc per me in nomine Patris et Filii et Spiritus Sancti: Christi sanguine redemptus, a peccati subjectione liberatus es, in filium Patris coelestis adoptatus, cohaeres Christi factus et templum Spiritus Sancti. Haec ter dicens, ter immergat eum in aquam, sepeliens peccatum originis: quo significatur triduum sepulturae Christi." Ex Serposio (T. III. p. 263.) rubrica euchologii haec est: „Et accipiens sacerdos ex aqua sancta cum vola manus (dexterae) mittit super verticem catechumeni tribus vicibus sic dicens: N. servus Dei, veniens voluntarie in catechumenatum, ex catechumenatu in baptismum, baptizatur nunc per me, in nomine Patris (primo vola manus infundit aquam capiti infantis) et Filii (secundo infundit) et Spiritus Sancti (tertio infundit). Sic ad unumquodque nomen Trinitatis unam volam aquae infundat vertici. Tum dicat: Redemptus sanguine Christi a servitute peccati suscepit adoptionem Patris coelestis, ut sit cohaeres Christi et templum Spiritus Sancti. Hoc tribus vicibus dicens ter immergat eum in aqua sepeliens peccatum ve-

psalmum eundem; et quum dicit: Glória Patri etc. levat infantem de
aqua *). Mox repetita eadem antiphona, legit evangelium secundum
Matthaeum. Cap. 3. n. 13. Tunc venit Jesus a Galilaea usque ad finem
cap. Pater noster, qui es in caelis etc.

Et dicit orationem.

Deus, qui magnus es et sempiternus, atque omnia occulta sciens;
qui sanctus es, et in sanctis inhabitas, salvator omnium hominum[1]; qui
tuis fidelibus scientiam tribuis veritatis[2], et dedisti potestatem filios Dei
fieri per regenerationem ex aqua, et Spiritu, quo famulum hunc tuum
N. suaviter renovasti lavacro tuo[3]: sanctifica eum veritate tua et lumine
gratiarum Sancti Spiritus tui[4], ut fiat templum et habitaculum divinitatis
tuae, valeatque confidenter assistere ante altare[5] Unigeniti tui, Domini
nostri Jesu Christi[6]. Cum quo te Patrem omnipotentem, simul et vivificantem ac liberatorem Sanctum Spiritum[7] decet gloria, imperium, et
honor nunc, et semper etc.

---

[1] Ordo II. deest Salvator omnium hominum. — [2] Ordo II. gratiam scientiae
tuae. — [3] Ordo II. per expiationem baptisterii tui; deest suaviter. — [4] Ordo II.
imple gratia Spiritus tui, deest sanctifica etc. — [5] Ordo II. thronum. — [6] Ordo II.
deest Domini .., Christi. — [7] Ordo II. cum quo te omnitenentem et Spiritum
Sanctum fortissimum.

tustatis, quo significatur etiam triduanae sepulturae Christi participatio.“
Addit deinde Serposius (T. III. p. 264.) Georgii Jezehcensis expositionem in
hanc rubricam. „Cum demittit infantem in baptisterium, vertat ejus faciem ad
orientem, non vero ad occidentem; nam post abrenuntiationem non licet verti
ad occidentem, quo significatur Satanas, tenebrae ac peccatum. Sinistra manu
teneat collum, dextera autem pedes, capite versus occidentem, pedibus vero
versus orientem. Et mittat ex aqua sancta super verticem ejus tribus vicibus
dicens: N. servus Dei, veniens voluntarie in catechumenatum, ex catechumenatu in baptismum, baptizatur nunc per me, in nomine Patris, et Filii, et Spiritus Sancti. Et in hoc consistit essentia baptismi, cui ideo diligentiam adhibeas, ut scilicet unam volam aquae immittas capiti initiati dicens: in nomine
Patris, alteram dicens: et Filii, tertiam autem dicens: et Spiritus Sancti, ita
ut trina aquae immissio et nomen SS. Trinitatis simul terminentur. Sunt enim
quidam, qui in prima immissione aquae super verticem infantis totam nominant Trinitatem, et duae immissiones aquae remanent absque ulla nominatione.
Alii vero ad unamquamque volam aquae iterum replicant: In nomine Patris
et Filii et Spiritus Sancti, proinde novem nominantur personae, non tres: et
hoc omnino est erroneum. Nam ex canonum jussu in excommunicationem
incidunt, qui sic replicant. Christus enim jussit baptizare in nomine Patris, et
Filii, et Spiritus Sancti.“ Sic etiam forma a Verricellio apud Philippum de
Carboneano II. p. 102. refertur, ter dicenda cum appositione aquae ad caput:
„N servus Jesu Christi, qui a sua infantia venit sponte ad baptismum, baptizet
nunc manus mea in nomine P. et F. et Sp. S.“ vel etiam: „baptizet nunc manus mea in nomine P., baptizet nunc manus mea in nomine F., baptizet nunc
manus mea in nomine Sp. S.

*) Tunc teste Tavernier p. 195. traditur infans a baptizante patrino.

Postea vero signat sacro chrismate primo frontem, dicens: Oleum suave effusum in nomine Jesu Christi super te, signaculum coelestium donorum.

Aures, dicens: Unctio sanctificationis sit ad auditionem divinorum mandatorum.

Oculos, dicens: Signaculum hoc in nomine Christi illuminet oculos tuos, ne unquam abdormias in mortem.

Nares, dicens: Signaculum hoc Christi sit tibi odor suavitatis vitae ad vitam.

Os, dicens: Signaculum hoc sit tibi custodia et ostium munitum labiis tuis.

Manus junctas tenens, dicit: Signaculum hoc Christi sit tibi causa bonorum operum atque morum virtute praeditorum.

Pectus, dicens: Signaculum hoc divinum cor mundum confirmet in te et spiritum rectum innovet in visceribus tuis.

Humerum, dicens: Signaculum hoc in nomine Christi sit tibi scutum munimenti, quo possis omnia tela ignita nequissimi extinguere.

Pedes, dicens: Signaculum hoc divinum dirigat pedes tuos et gressus tuos ad vitam aeternam.

Scapulas, dicens: Scapulis suis suscipiet te, sub pennis ejus sperabis *).

Post haec autem dicat: Pax tecum.

Baptizatus respondet: Et cum spiritu tuo.

Mox induit eum, et coronat, ac dicit orationem.

Domine Deus omnipotens [1], Pater Domini nostri Jesu Christi, tibi fideles capita sua humiliant. Extende invisibilem dexteram tuam, et

---

[1] Ordo II. deest omnipotens.

*) Rituale Armenorum apud Galanum p. 521. sq. haec habet de confirmatione, quae in multis ab his differunt: „*Postea consignet chrismate primum frontem dicens:* Unguentum suave in nomine Jesu Christi effusum est super te, signaculum donorum coelestium, in nomine Patris, et Filii, et Spiritus Sancti. *Sciendum est autem, in unctione hujus tantum primi membri invocandam esse divinam Trinitatem. Deinde oculos dicens:* Unctio sanctificationis, quae in nomine Jesu Christi, illuminet oculos tuos, ne unquam obdormias in morte. *Aures dicens:* Unctio sanctificationis fiat tibi ad audiendum divina praecepta. *Nares dicens:* Unctio sanctificationis, quae in nomine Jesu Christi, fiat tibi odor suavitatis vitae in vitam. *Os dicens:* Unctio sanctificationis, quae in nomine Jesu Christi, sit tibi oris custodia et ostium munitum labiorum tuorum. *Manus in vola dicens:* Unctio sanctificationis, quae in nomine Jesu Christi, sit tibi causa bonorum operum. *Pectus dicens:* Unctio divina, quae in nomine Jesu Christi, cor mundum confirmet in te et spiritum rectum innovet in visceribus tuis. *Scapulas dicens:* Unctio divina, quae in nomine Jesu Christi, sit tibi scutum munitionis, in quo possis omnia tela nequissimi ignea extinguere. *Pedes dicens:* Unctio divina, quae in nomine Jesu Christi, dirigat gressus tuos in vitam aeternam.“

benedic hunc. Istorum[1] quoque opera manuum prospera, qui in virginitate sunt. Cursus eorum muni, qui in omni pietate et continentia existunt. Custodi in pace parvulos, nutri[2], et perduc ad aetatis mensuram. Protege omnes et singulos in domiciliis suis cum gaudio et laetitia in Christo Jesu Domino nostro, cum quo te Patrem, et Sanctum Spiritum[3] decet gloria, imperium, et honor, nunc etc.

Item sacram illi communionem ministrat, et perducit usque ad fores ecclesiae recitans psalmum 31. Beati, quorum remissae sunt etc.

Subinde praedicat diaconus. Pro desuper pace, et salute, ac firmitate neophyti hujus nostri Dominum deprecemur.

Ter: Domine miserere.

Et dicit orationem.

Gloria tibi, rex immortalis, qui auges, et imples Ecclesiam tuam sanctam innumeris fidei lumine per Christum tuum notum Deum salvatis[4], quos per spiritualem regenerationem dignatus es adoptione filiorum[5] tibi communicare promerentes per Spiritum Sanctum[6], immaculate obsequentes voluntati tuae, ut ad vitam cum innocentia perveniant[7] sempiternam. Nos quoque omnes et proximos hujus[8] benedic per gratiam, et clementiam[9] Domini nostri atque redemptoris Jesu Christi, cum quo te Patrem omnipotentem, et vivificantem Spiritum Sanctum decet gloria, imperium, et honor nunc, et semper, et in saecula saeculorum[10], Amen.

Et consalutati a populo, dimittuntur in domos suas*). Septem autem diebus in ecclesia maneat, et ubique candida veste induatur: caput quoque pileo albo cooperiatur: instans orationibus Ecclesiae, vacans communioni Corporis et Sanguinis Christi. Die vero octava elevat sacerdos coronam, et dicit orationem.

Qui baptizati atque illuminati sunt, dedisti eis sancta tua[11], Domine[12]. Tribue quoque, istum firmiter vivere in sanctificatione tua. Illustra eum lumine divinitatis tuae[13]. Serva illum cum perseverantia in gratia, quam dedisti. Longe ab eo repelle errores inimici, atque insidias et opera iniquitatum, ut, cum lumine scientiae ambulans in mandatis

---

1 Ordo II. eos, eorum. — 2 Ordo II. et qui sunt in virginitate, fortifica gressus in continentiam, et serva eos pacifice in cultu divino. Educ pueros. — 3 Ordo II. quem; deest te .... Spiritum. — 4 Ordo II. post sanctam ita habet: spe fidelium salvandorum per divinam cognitionem tuam. — 5 Ordo II. Patris tui coelestis. — 6 Ordo II. et per communionem sancti et pretiosi Corporis tui facis, ut. — 7 Ordo II. perveniamus. — 8 Ordo II. add. recenter genitos (geniti?). — 9 Ordo II. et illo amore, quo amas homines. — 10 Ordo II. Domine noster Jesu Christe, quem decet gloria, principatus et honor in saecula saeculorum. — 11 Ordo II. vim. — 12 Ordo II. deest Domine. — 13 Ordo II. deest Illustra .... tuae; add. Domine ad sequentia pertinens.

*) Baptismo peracto patrinus infantem ex ecclesia defert, utraque manu cereum accensum tenens, secundum patris conditionem. Cum e templo egreditur, tympanis, tubis aliisque instrumentis musicis magnum peragunt romorem infantemque ita domum comitantur. In quam cum pervenerit patrinus, infantem matri tradit, quae coram patrino prostrata ejus pedes osculatur, ipse vero verticem capitis ejus. Sequuntur epulae, debita aliorum solvuntur (Tavernier p. 195. Tournefort p. 165.).

tuis et rectis moribus, ad promissam requiem perveniat. Angelus tuus pacis, Domine[1], ipsam custodiat: omnesque simul mereamur expectare[2] manifestationem Domini nostri Jesu Christi: cum quo te Patrem, et Spiritum Sanctum decet gloria, imperium et honor nunc, et semper etc.

2. Idem ordo baptismi et confirmationis ex Ms. Collegii de Propaganda fide.

Canon baptismi.

Primo dicitur: Benedictus tu, Spiritus Sanctus, Deus verus.

Psalmus 50: Miserere mei Deus etc., *usque ad finem.* Gloria Patri, et Filio, et Spiritui Sancto, nunc et in saecula saeculorum.

Diaconus dicit: Et etiam, Domine pacis, rogamus, suscipe, salva et miserere. Benedic Domine.

Sacerdos dicit: Benedictio et gloria Patri et Filio et Spiritui Sancto, nunc.

Psalmus 130: Domine, non est exaltatum etc. *Psalmus 24:* Ad te, Domine, levavi animam meam etc.

Diaconus: Et etiam, Domine pacis etc. *ut supra.*

Sacerdos: Benedictio et gloria etc.

Antiphona: Non est exaltatum. *Psalm. 36.* Dominus illuminatio mea, et salus mea etc.

Deinde accipiunt*) gossipium cum serico rubeo, et faciunt funiculum dicentes.*

Trinitas indivisibilis, et virtus coelestis ortus in mundo, ipsi expandamus benedictionem cum cantu; qui descendens de coelo requievit in Apostolos Spiritus Sanctus, versus ipsi; qui in mysteria redemptiva hodie cum descendisset in Apostolos manifestatus est prophetae, ipsi torquetur funiculus, et dicitur. Per sanctam crucem hanc regemus Dominum, ut per hanc redimat nos a peccatis, et salvet gratia misericordiae suae. Omnitenens custodi funiculum, Christe D. N., sub protectione sanctae et pretiosae crucis tuae; in pace libera apparibili et inapparibili inimico; dignifica gratiarum actione, glorifica te cum Patre etc. Pater noster, qui es in coelis etc.

Et dicat orationem: Domine Deus noster etc. p. 384.

Diaconus dicit: Et etiam etc.

---

[1] Ordo II. deest Domine, add. (angelum) mitte, qui veniens. — [2] Ordo II. add. spem et.

*) Ante officium baptismi, quum baptizandum ad ecclesiam deferunt, tantillum gossipii seu bombacii, et serici rubicundi secum ferunt, quae accipit sacerdos, et simul contexit ex illis funiculum rubei et albi coloris; et ex cera facit crucem parvulam, et eodem funiculo alligat, ac post baptismum et confirmationem per modum coronae imponit neophyto, qui funiculus benedicitur in hoc loco. Ita Assemanus. Sed et Tavernier (p. 195.) et Tournefort (p. 165.) eandem de funiculo referunt, dicuntque, hunc ritum referri ad aquam et sanguinem, quae ex Christi latere fluxerunt.

Sacerdos: Benedictio, et gloria etc.

Diaconus, praeconium: Atque etiam etc. p. 384. usque misericordiae suae. Kyrie eleison, Kyrie eleison, Kyrie eleison.

Et dicat orationem: Suscipe, clementissime etc. p. 384.

Diaconus: Atque etiam pro expiatione etc. p. 384.

Sacerdos: Domine Deus magnus et glorificatus etc. p. 385.

Et deinde susceptor catechumeni ter genuflectit et dicit: In te ejectus sum ab utero, a ventre matris meae. Tu es Deus meus. *Et suscipit catechumenum in ulnas suas, et vertunt se ad occasum, et dicunt:* Abrenunciamus tibi, Satana et omnibus insidiis tuis, et ministris tuis, et angelis tuis, et gressibus tuis abrenunciantes renunciamus, et vertemur ad lucem sectandi Deum.

Et reversi ad orientem dicamus: credimus in sanctissimam Trinitatem: in Patrem, et Filium, et Spiritum Sanctum, in annunciationem Gabrielis, in conceptionem Mariae, in nativitatem Christi, in baptismum, in festivitatem, in passionem voluntariam, in sessionem ad dexteram Patris, in crucifixionem, triduanam sepulturam, beatam resurrectionem, in deiformam ascensionem, in terribilem et gloriosum adventum credimus et confitemur.

Pax omnibus.

R. Et cum spiritu tuo.

Cum timore audite sanctum evangelium secundum Matthaeum.

Gloria tibi Domine Deus noster.

Proschumene (πρόσχωμεν, attendamus).

Dixit Deus.

Post resurrectionem Domini nostri Jesu Christi XI etiam discipuli abierunt in Galilaeam etc. *ex cap. 28. vers. 16. usque* ad consummationem saeculi. Credimus etc.*)

Et etiam pacis, et etiam cum fide deprecabimur et postulabimus a Domino Deo, et a Salvatore nostro Jesu Christo in hac hora cultus et orationis, ut dignos nos faciat, exaudiat vocem deprecationum nostrarum Suscipiat postulationes cordis nostri, dimittat delicta nostra, et misereatur super nos; orationes et petitiones nostras intret semper coram magna dominatione ejus, et ipse det, ut unanimiter et una fide, et justitia fatigemur in opera bona, ut gratiam misericordiae suae faciat super nos Dominus omnitenens, salvet et misereatur horam hanc, et diem praesentem faciat transire cum pace, a Domino cum fide postulemus. Angelum pacis expiationem, et remissionem S. crucis magnam, et etiam unanimiter personas nostras, Domine miserere, Domine miserere, Domine miserere.

Domine noster, et Salvator Jesu Christe, qui magnus es misericordia et abundans donorum beneficentiae tuae, qui voluntate tua in hora ista sustinuisti passionem crucis, et mortis propter peccata nostra, et

---

*) Recitatur symbolum quod peculiaribus modo et formula conceptum est apud Armenos; quam vide apud Gabr. Avedichian liturgia Armena transportata in Italiano Ed. 2. Venezia 1832. p. 53. et infra in ordine communionis infirmorum Armeno.

donasti abunde dona Spiritus Sancti tui beatis Apostolis, communica etiam nobis, Domine, divina dona tua, et susceptionem Sancti Spiritus tui, ita ut digni simus cum gratiarum actione glorificare te cum Patre.

Pax omnibus.

Pace tua, Salvator noster, quae est supra omnem mentem et verba, fortifica nos, et conserva sine timore ab omni malo, et adaequa nos illis, qui anima et veritate adorant te, quia sanctissimam Trinitatem tuam decet gloria, principatus, et honor, nunc, et semper.

Pater noster, qui es in coelis, et *psalmus:* Confitemini Dòmino etc.

Praeconium.

Per hanc sanctam ecclesiam rogamus Dominum, ut per istam salvet, et liberet nos a peccatis, et salvet gratia misericordiae suae omnitenens Dominus Deus. In hoc templum, et coram Deo acceptis, et clarificatis sanctis reliquiis, humiliati nos cum timore adoramus, benedicimus, et glorificamus sanctam mirificam, et victricem dominationem tuam, et tibi cum caelestibus virtutibus offerimus benedictionem, et gloriam.

Et intrant in ecclesiam dicentes hymnum.

Sol justitiae Christus oriens in mundo expulit tenebras ignorantiae et post mortem et resurrectionem ascendit ad Patrem, ex quo ortus est, qui adoratur a coelestibus, et terrestribus, cum Patre, et Spiritu Sancto: propterea etiam nos adoramus Patrem anima, et veritate. Qui pro Verbo nato in sinu Patris, desursum Spiritus veritatis adferens consolationem ad eos, qui erant afflicti per Adamum, et ad urendum electos choros Apostolorum. Propterea hodie sunt dolores tristitiae, et nocturni nativitatis primae matris, quia natos in mortem, et in corruptionem cum corpore, rursus parit Spiritus filios luminis Patris caelestis, propterea, et nos.

Et ibunt prope baptisterium, oleum unctionis in manibus habentes. Et dicentes praeconium.

Ut descendat in hoc oleum gratia hominum amatoris Dei, Dominum deprecamur.

Et dicant tres: Kyrie eleison.

Et dicant hanc orationem: Benedictus es, Domine Deus omnitenens, qui elegisti tibi etc. p. 385.

Et mittit aquam in baptisterium in formam crucis.

Antiphona: Vox Domini. *Psalmus.* Afferte Domino etc.

Lectio Ezechielis prophetae cap. 36. num. 25. Sic dicit Adonai *ut supra p. 386. Lectio Pauli Apostoli ad Galatas. Cap. 3. num. 24.* Itaque lex paedagogus *ut supra* 386. *Evangelium secundum Joan. cap. 3. n. 1.* Erat autem ex *ut supra p. 386. Et diaconus dicit praeconium.*

Et etiam pro pace. Propter habendam pacem supernam, et salvationem personarum nostrarum Dominum precemur. Propter pacem totius mundi, et stabilitatem sanctae Ecclesiae Dominum deprecemur. Propter Patriarcham nostrum, *hoc nomine.* Propter dirigendum opus manuum nostrarum, et hujus sacerdotis, qui facit baptismum, Dominum deprecemur. Propter mundificationem aquae praesentis ad essendum cooperatrix Spiritus Sancti, Dominum deprecemur. Propter hunc, ut recipiat benedictionem Jordanis, gratia Unigeniti, Dominum deprecemur. Ut sit huic dedicatio sanitas animae et corporis, Dominum deprecemur, ut sit

hic filius lucis, et filius Dei Dominum regentis. Recordantes sanctam
Dei Genitricem, et sanctam Virginem Mariam, et Joannem Baptistam, et
Stephanum Protomartyrum, et patriarcham nostrum sanctum Gregorium,
et omnes Sanctos, et per eos deprecemur Dominum et etiam personas
nostras miserere.

*Et faciunt stare novum oblatum prope baptisterium. Et dicit ora-
tionem.* Tu, Domine, virtute tua magna fecisti mare, et terram, p. 386,

Pax omnibus.

R. Adoremus Deum.

Domine Deus terribilis, Deus aeternus, factor omnium facturarum
apparibilium, et inapparibilium, qui magna cum fortitudine tua fecisti
coelum, et terram, et respiciente te turbatae sunt aquae cunctae; qui
terribili praecepto tuo clausisti abyssum, et aperuisti illam verbo oris
tui; fecisti aquam superiorem, quam coelum; tu, Domine, virtute tua
magna fecisti mare, et confregisti caput draconis in aqua; tu es terribilis, et quis poterit stare in conspectu tuo. Deprecamur immensam
pietatem tuam, aspice in facturas tuas, et in aquam hanc, et mitte dona
tua, et benedictionem, sicut misisti super Jordanem magnam, fortem
beneficam salvificationem, et pissimam fortitudinem crucis tuae, ut tre-
mens fugiat et dissolvatur Satanas immundissimus cum maligno dolo suo
ab ista creatura tua; quia invocamus, Domine, nomen tuum sanctum,
magnum, gloriosum et mirificum contra adversarium, ut timore virtutis
tuae dissolvatur, et a signo crucis tuae expulsus fugiat immundus, spiritus maligni conterantur, et efficiatur imbecillis a victorioso nomine tuo
virtus inimici, et cum insidia sua abscondat se in aquis daemon tenebrosus, et non audeat descendere in hanc aquam, in qua baptizatur hic
servus tuus. Deprecamur te, Domine Deus noster, ut dispellas et expellas daemonem deceptionis, ut dissolvatur, et infirmetur a victorioso
nomine tuo, ut per exorcismum sepositus ab isto nunquam appropinquet
ad eum, ut etiam hic nobiscum glorificet Patrem, et Filium, et Spiritum
Sanctum nunc etc.

Deinde accepto sancto chrismate in manu incipit dicere.
Benedicatur, et mundetur aqua haec signo sanctae crucis hujus, et
sancto oleo, et evangelio, et gratia hujus diei, in nomine Patris et Filii,
et Spiritus Sancti nunc etc.

Et ter repetit: Amen. Alleluja.

Et ter repetit: Benedictio, et gloria Patri, et Filio, et Spiritui Sancto,
nunc et semper et in saecula saeculorum Amen.

*Et tres guttas mittit sancti chrismatis, et ponit in aqua, dicens
hymnum hoc.*

Missa columba descendens magno sonitu desuper fulgore luminis
ignificavit incomburibiles discipulos, dum sederent in coenaculo, imma-
terialis columba, et inscrutabilis, quae scrutatur profundum Dei, quod
accipiens a Patre narrat terribilem et altera vice adventum, quem prae-
dicaverunt consubstantialem; benedictio insuetam procedenti a Patre Spiritui Sancto, per quem inebriati sunt discipuli immortali calice, et inti-
tarunt coelos in terram.

Et denudant infantem, et dicunt orationem hanc. Qui vocavit p. 397.

Hic interrogat sacerdos patrinum dicens: Quid quaerit infans iste?

..... *Dicit, patrinus:* Fidem, spem, charitatem, baptismum baptizari, et justificari, liberari a daemoniis, et servire Deo, *et ter repetit.* . . .. ..

— ... *Et deinde quaerit nomen infantis. Et aspergit caput ter, et dicit:* Hoc nomen baptizatur in nomine Patris, et Filii, et Spiritus Sancti, re⌐ demptus sanguine Christi, et recipit libertatem Patris coelestis, ut sit cohaeres Christi, et templum Spiritus Sancti. *Hoc dicet ter, et ter im⌐ mergit sepeliens peccata veterana, et significat triduanam sepulturam Christi.*

Et lavans totum corpus dicit: Qui in Christo baptizati estis, Chri⌐ stum induistis, Alleluja, et qui in Patrem illuminati estis, Spiritus Sanctus laetabitur in vobis, Alleluja *).

Et versus ad versus dicatur psalmus. Multae tribulationes etc. *Et dicit Pater noster.*

Deinde orationem hanc. Qui illuminasti facturas tuas, Christe Deus, faciens oriri lumen scientiae Dei in personas nostras, et liberasti istum atque mundasti, et justificasti, et dedisti honorem adoptionis, concede etiam adaequationem vitae, ut admisceatur in justos tuos, in numerum Sanctorum per Dominum nostrum, et Salvatorem Jesum Christum, cum quo te, Patrem etc. . . . . .

Pax omnibus. . . . .
Deus, qui magnus es, p. 388. . . .

---

*) Immersionis rubricam, ac ritum Armenae ecclesiae nonnihil illustrat Ms. quaedam biblioth. S. Cong. de Propaganda ab anonymo compositum, qui videtur fuisse missionarius apostolicus. In ritu baptismi hanc rubricam repraes sentat: *Postquam igitur effundit chrismam in aquam, accipit baptizandum omnino nudum et quaerit nomen ejus; et ponit in illam aquam, et manu sua dextera accipiens ex eadem aqua, fundit supra verticem ipsius baptizandi di⌐ cendo formam baptismi hoc modo:* Talis v. g. Marcus, servus Jesu Christi, veniens voluntate ex statu catechumenorum in baptismum, baptizatur nunc in manibus meis, in nomine Patris et Filii, et Spiritus Sancti. *Ter repetit hanc formam. Deinde manu sinistra tenet caput illius recenter baptizati, et manu dextera accipit ex eadem aqua, et fundit ter super caput ejusdem. In prima vice dicit:* in nomine Patris; *in secunda vice dicit:* in nomine Filii; *in tertia vice dicit:* in nomine Spiritus Sancti. In hoc loco rubrica dicit, ut tres fusio⌐ nes aquae, et Trinitatis invocatio simul terminentur; dicit etiam: cum bapt⌐ zandus ponitur in baptisterio, facies ejus sit versus orientem, et non versus occidentem. De hac rubrica sciendum est, Armenos versus orientem orare et nunquam versus occidentem, vel aliam partem mundi, quemadmodum Mo⌐ hametani versus austrum orant. Igitur post trinam illam fusionem aquae, et invocationem nominis sanctae Trinitatis immergit ter in eandem aquam bap⌐ tizatum illum, recitando ter, quod sequitur: *redemptus sanguine Christi* etc. Dicit rubrica: *tres hae immersiones significant triduanam sepulturam Christi.* Post tres has immersiones facit sedere baptizatum illum in eadem aqua, et cum eadem aqua lavat totum corpus ejusdem. Dicit rubrica: *bene et diligen⌐ ter lavet totum corpus, ut ne macula quaedam in eo maneat.* . . . . . .

Deinde sacerdos sanctum oleum infundit vultum suum (in volam suam?) et dicit.

Qui in primitiva lege in exemplum Unigeniti tui dedisti, Pater coelestis, virtutem in oleum istud sanctitatis et unctionem ungendi: infunde etiam in oleum istud coelestem gratiam tuam. Qui te humiliasti ad nos, oleum effusum nomen tuum, qui et unctum a Deo, admiscens divinitatem tu unctus humanam accepisti naturam: infunde etiam. Qui descendens in coenaculum sanctum unxisti hac unctione Apostolos, et per ipsos recreasti humefactos in filios Dei. Infunde etiam. Qui decorasti per istud testibus luminosis, et supereminentibus desponsatam Ecclesiam tuam sanctam, cujus pueri cum angelis benedicunt Trinitatem sanctam.

Et deinde signat [*]) *frontem cruce sancta. In primis signat dicens:* Oleum sapiens effusum in nomine Christi super te signum coelestium donorum.

Signat aures dicens: Fiat unctio tibi ad audiendum divina mandata.

Signat oculos, et dicit: Signum hoc in nomine Christi illuminet oculos tuos, ut nunquam dormias in mortem.

Signat nares, et dicit: Signum hoc Christi fiat tibi in odorem suavitatis.

Signat os, et dicit: Signum hoc fiat templum tibi servationis, et janua fortis labiorum tuorum.

Signat ulnas, et dicit: Signum hoc in nomine Christi fiat tibi causa bonarum operationum.

Signat cor, et dicit: Signum hoc divinum cor mundum firmet in te, et spiritum rectum renovet in visceribus tuis.

---

[*]) Anonymus, qui ritualis Armenorum errores adnotat, haec de confirmatione habet: Finita caeremonia baptismi, statim in eodem loco et tempore ante baptisterium sacerdos, qui baptizavit, idem incipit administrare eidem baptizato sacramentum confirmationis hoc modo. Sacerdos levat ex aqua baptizatum, et dat compatri, qui tenet filium nudum, et sacerdos effundit quasdam guttas ex oleo chrismatis in propria sua manu sinistra, et dextero suo pollice incipit ungere baptisatum dicendo: Butyrum seu oleum suave, in nomine Jesu Christi fusum supra te, sigillum coelestium donorum in nomine Patris, et Filii, et Spiritus Sancti. Ungit frontem per modum crucis. Rubrica dicit: in hac prima frontis unctione tantum nominetur sancta Trinitas. Secundo ungit oculos dicendo: unctio sanctitatis, quae in nomine J. C., illuminet oculos tuos, ne unquam dormias in mortem. Tertio ungit aures dicendo: Unctio sanctitatis fiat tibi in audientiam divinorum mandatorum. Quarto ungit nares dicendo: Unctio sanctitatis, quae in nomine J. C., fiat tibi odor suavitatis vitae in vitam. Quinto ungit os dicendo: Unctio sanctitatis, fiat tibi custos oris, et porta munita labiorum tuorum. Sexto ungit duas manus junctas dicendo: Unctio sanctitatis, quae in nomine J. C., fiat tibi causa benefacentiae virtuosorum morum. Septimo ungit cor dicendo: Unctio divina cor sanctum confirmabit in te, et animam rectam renovabit in utero tuo. Octavo, ungit dorsum dicendo: Unctio, quae in nomine Christi, fiat tibi scutum munitionis, quo poteris omnes sagittas et tela mali filius extinguere. Nono ungit pedes dicendo: Unctio, quae in nomine Christi, dirigat gressus tuos in vitam aeternam: deinde dat pacem illi recenter uncto; Pax tibi, o exultans tu Dei. Haec Anonymus.

Signat dorsum, et dicit: Signum hoc in nomine Christi fiat tibi scutum fortitudinis, per quod possis omnia tela inimici extinguere.

Signat pedes, dicens: Signum hoc in nomine Christi dirigat gressus tuos in vitam aeternam.

Et dicit: Pax tecum, redempte a Deo.

Et patrinus dicit: Et cum spiritu tuo.

Et deinde induit, et coronat eum funiculo *) *et dicit orationem.* Benedictus es bene protector Deus, qui induisti servum tuum veste redemptionis, et coronam gratiarum in caput et arma inexpugnabilia contra adversarium, quamobrem et nos gratiarum actione glorificamus Patrem et Filium, et Spiritum Sanctum nunc etc.

Pax omnibus.

Domine Deus etc. p. 389.

Et dicitur psalmus: Beati, quorum etc.

Praeconium.

Et etiam Dominum pacis deprecemur ad habendum auxilium sanctum, salutem, et firmitatem desuper pro recenter signato et dedicato rogemus Dominum dicentes: Kyrie eleison *ter.*

Oratio communionis.

Gloria tibi, rex aeterne, p. 390.

Pax omnibus, adoremus Deum.

Pax, et firmator pacis, Jesu Christe, pontifex aeterne, ecce suscepit iste servus tuus *hoc nomine* unctionem tuae sanctitatis. Rogamus te, Domine, ne deleatur iste a libro vitae, et nos dignificamur gloria tua, cum coronaveris Sanctos tuos, et amatores nominis tui, ut instanter glorificemus Patrem, et Filium etc.

Oratio.

Qui baptizati fuerunt p. 390.

Mittit infantem in altare, et adorat ter **) *dicens.*

─────────

*) Laudatus Anonymus ad hunc locum haec scribit: Ubi rubrica dicit: deinde induunt unctum, et coronam alligant, id est crucem et vittam ligant ad collum, quae significat aquam et sanguinem, qui exierunt e latere Christi, et lavit nos; pro quo sciendum est. Cum seductores eorum inceperunt unam tantum naturam inconfusam dicere in Christo, statim abstulerunt aquam e calice missae, et dixerunt, aquam, quae e latere Christi, significare aquam baptismi, qui de hoc multas scripturas suis sequacibus reliquerunt, et in hoc loco malitiose in rubrica addiderunt, ut supra, ut ne per sanguinem et aquam fateantur duas naturas. Sciendum est etiam: cum ferunt baptizandum ad ecclesiam, ferunt cum illo tantillum gossipium, seu *bombace,* et sericum, seu la seta *non filata;* sed sericum debet esse rubicundum. Quae accipit sacerdos, et antequam functionem baptismatis incipiat, filat simul illa duo, et facit funiculum ex duobus rubei et albi coloris, et ex cera facit crucem parvulam, et eodem funiculo alligat, et ponit in collum recenter baptizati, et confirmati, et uncti, ut supra. Hoc est igitur, quod in rubrica dicitur: et alliget coronam, et ponat in collum. Haec ille.

**) Anonymus rubricam ita exhibet, et exponit. Deinde sacerdos ducit baptizatum et unctum illum ad altare, et facit adorare ante sanctam mensam

Hoc nomine servus Jesu Christi veniens a catechumeno in baptismum, a baptismo in adorationem, adorat sanctum altare hoc, et adorat hoc baptisterium; adorat ad ostium templi hujus, quia exuit se iniquitate, et induit lumine scientiae Dei.

Ter repetit, et dicit hymnum.

Qui invisibilis, et inscrutabilis, et supremus quadriformium rex immortalium, venit ad liberandum nos. Sit benedictio mittenti. Mittitur archangelus ad Seraphim de humo factam, dicens: Dominus, et factor omnium missus a Patre incarnatur in te Salvator: baptizatur in Jordane testimonium perhibentibus Patre, et Spiritu. Hosanna in excelsis, canebant pueri, et benedictionem filio David. Gloria Patri etc. et egredienti ei ab aqua ecce coeli aperti sunt. Spiritus Sanctus stabat forma columbina supra vivificantes. Benedictio sit ei, qui misit eum.

Et dicit diaconus.

Sancta cruce deprecabimur Dominum, ut per istam redimat nos a peccatis, et salvet gratia misericordiae suae. Omnipotens Deus Domine noster, salva, et miserere.

Sacerdos dicit. Custodi nos, Christe Deus noster, sub umbra sanctae et honorabilis crucis tuae in pace, et redime a visibili et invisibili inimico hunc, et dignare nos cum gratiarum actione glorificare te, cum Patre et Spiritu Sancto nunc, et semper, et in saecula saeculorum, Amen. Et Pater noster.

Et absolountur, et communicantur sancto Corpore et Sanguine*) Domini; et ibunt in domum dicentes hymnum.

——————

dicendo: Hoc nomine talis veniens voluntate in adorationem Patris, et Filii, et Spiritus Sancti. Ubi dicit rubrica: si in ecclesia sint tria altaria, semel adorabit medium, et semel dextrum et semel sinistrum. Si autem sit unicum tantum altare, tunc semel osculabitur mediam partem illius, et semel dextram partem, et semel sinistram partem. Dicit quoque: tot, et talis est adoratio, et non aliter, et alibi. De quo notandum est, Armenos non ad aliam partem mundi, sed versus orientem orare, ut superius dixi; ecclesiae, et altaria versus orientem sunt. Unicum tantum altare, vel ad plus tria in ecclesiis habent, et ubique reperiuntur; ad orientalem partem se vertunt ad orationem, et officium, et missam, et alias functiones faciendum. Hinc derident latinos orantes quoquoversum. Ideo in rubrica illa dicitur, alibi non esse orandum.

*) Anonymus ita rubricam hanc dilucidat. Igitur in eadem die, hora, et loco statim post baptismum, et unctiones, et adorationes, illum infantulum paucorum dierum, etiamsi sit in eadem die natus, communicant per Eucharistiam hoc modo. Sacerdos intingit digitum suum in sanguine calicis, et eodem madefacto digito accipit fragmentulum de corpore, et ponit in ore parvuli illius recenter baptizati. Sic quoque continuo faciunt aliis omnibus parvulis. Deinde post quasdam orationes ille sacerdos conducit baptizatum usque ad portam ecclesiae. Ubi dicit rubrica: eant domum, et per octo dies maneant in vestibus albis, et tegant caput velo albo; parentes vero attendant orationi, et frequentent ecclesiam, quotidie communicando Corpori et Sanguini Christi; et post octo dies it sacerdos in domum illius baptizati, et postquam recitaverit quasdam orationes supra illum, tunc aufert a collo illius illum supra dictum

Lumen de lumine missus est a Patre, et incarnatus a sancta Virgine, quia sursum innovasti Adamum corruptum: Tu, Deus, in terra apparuisti, et cum omnibus conversatus es, et redemisti orbem a maledictionibus Adami. Tibi vox Patris de coelo testificans dicit: A te est Filius meus, et Spiritus Sanctus revelavit te forma columbina apparitione. Te, qui spiritu et igne mundasti sordes humanas, tamquam Deum, et redemptorem, apparuit, nos benedicimus. Redemptor apparuit, et mundum vivificavit a fraude inimici, concedens adoptionem per baptismum. Igne exure peccata nostra hodie apparens, vivificans, et refrigerans aqua divina mundum hunc: caput draconis Salvator confregit in Jordane flumine, et auctoritate sua omnes vivificavit, verum hominem renovans. Redemptor venit in baptismum hodie, ut corruptam naturam rursus renovet, et incorruptibilem vestem pro ea dedit nobis. Gloria Patris baptizatur Christus, et mundantur omnes facturae, et dat nobis remissionem peccatorum, aqua et Spiritu redundans nos.

Diaconus dicit:

Sancta cruce deprecabimur Dominum, ut per istam redimat nos a peccatis, et salvet gratia misericordiae suae. Omnipotens Deus Domine noster, salva, et miserere.

Episcopus dicit:

Custodi nos, p. 398. Pater noster*).

II. Ordo praesentandi puerum in templum post XL dies.

(Edidit Assemanus Cod. liturg. T. III. p. 152. ex codice MS. bibliothecae Congregationis de Propaganda fide, qui rituum baptismalium versionem

coronam ex funiculo factam. Et finitur sic baptismi et confirmationis ceremonia. Observandum est, quod in oratione, quam in ablatione supradictae coronae, inter alia manum suam ponendo supra baptizatum dicit sacerdos: Rogamus te, Domine Deus, qui sicut dignum fecisti hunc tuum servum beandae loci et manifestationi gloriae tuae per generationem aquae et Spiritus, sic per hanc impositionem manus concede huic eventum, et dona, et communionem Spiritus tui Sancti, participationem veri luminis, et adnumera hunc congregationi Sanctorum tuorum, qui in coelis etc. Haec Anonymus. Quae desunt ceremoniae in hoc officio, expresse leguntur in antecedenti, oratio vero ablationis coronae, quam Anonymus refert, desideratur in utroque. Quare conjicio varias esse ac plures liturgias apud Armenos, sicut et apud Syros. (Assemanus.)

*) Explicit ordo confirmationis. Porro Anonymus de sacerdote baptismum et confirmationem administrante haec adnotat. Sacerdos, cum baptismum, confirmationem et communionem simul eodem tempore, et continuo eidem personae administret, induit se vestibus sacris eodem modo, quocum missam celebrat. Quasi in nullo alio tempore administrant illa sacramenta, nisi in eo tempore, in quo alius sacerdos missam celebrat, qui in eadem die neque ante missam, neque post administrat alia sacramenta. Sic quoque qui baptizat, in eadem die non celebrat missam.

latinam exhibet. In quo hic ordo ad calcem baptismi est, quod nempe nunc, cum post paucos dies infantes apud Armenos baptizentur, postponi baptisma oporteat. Olim autem baptismo praepositum fuisse, ex ipso ordinis tenore sequitur, qui infanti gratiam baptismi et justificationis adprecatur.)

Et cum fuerint dies 40, afferunt infantem ad januam ecclesiae, et sacerdos confitetur*) matrem infantis et quadragies illa genuflectit, Deinde sacerdos dicit orationem.

Domine Deus noster, qui venisti ad redimendum genus humanum, respice in ancillam tuam hanc, et fac, ut confidenter accedat ad Ecclesiam catholicam et apostolicam, et dignifica hanc ingredi in eam, et recipere pretiosum Corpus et Sanguinem tuum.

Christe, lava inquinamentum corporis et maculam animae istius in consummatione quadraginta dierum, et munda istam per pretiosam votum (votorum?) sacerdotum horam, et dignifica ingredi in sanctam gloriam tuam, et frui bonis inconsumptibilibus, quae a te procedunt, quia te decet gloria, principatus et honor, Patrem et Spiritum Sanctum, nunc et semper, et in saecula etc.

Pax omnibus, Deum adoremus. Nova novitas es inveteratorum, et vita generis hominum mortalium, tu es refugium, et auxilium confidentium in te: firmetur gratia tuae misericordiae supra infantem hunc, qui veniens stat quadraginta dierum ordinandus in christianitate, ut fiat potens, et sine timore in actione inimici per custodiam dexterae tuae sanctae, quia tu es proximus ad omnes, et benefactor omnium, serva hos, et munda in veritate, et dignifica hunc recipere lectionem sanctitatis, et pignus Spiritus Sancti tui. Deprecamur te, Domine, ut veniat in istum Spiritus Sanctus, Spiritus mansuetudinis, Spiritus veritatis, Spiritus adoptionis, ut fiat immaculata, et intemerata, coronatus cruce tua ad dexteram tuam, et coheres diligentibus te in regno coelesti in Christo Jesu Domino nostro, quem decet gloria, principatus et honor nunc etc.

Et ingrediuntur ecclesiam dicentes psalmum. Judica me, Deus etc.
Diaconus dicit.

Per sanctam crucem deprecabimur Dominum, ut per istam redimat nos a peccatis et salvet gratia misericordiae suae. Omnipotens Deus, Domine noster, salva et miserere.

Sacerdos. Custodi nos, p. 398.
Diaconus dicit. Per hanc sanctam ecclesiam. p. 393.
Et dicunt hymnum.

Incarnatum tu ex Virgine, Verbum primaeternum, hodie venisti in templum ad consummandam legem propter redemptionem gentium. Qui sedes super cathedram in arte factam, tu benedictus ab angelis, hodie accedens in ulnas Simeonis, affers nos vitae aeternae. Qui es Salvator vinctorum, et donum (donorum?) donator omnibus, hodie supplicatione senis Simeonis, solve me valde peccatorem a mortis vinculo, et perduc in vitam.

Dicitur haec usque ad tabernaculum et dicit orationem.

---

*) Hoc est confessionem ejus excipit.

.... Domine Deus noster) qui in quadraginta diebus secundum legem
venisti in templum, praesentasti cum Maria Matre tua, et ulnas Simeonis
illectus es: deprecor te, Domine, et servum istum (*hoc nomine*) custo-
dias, et facias eum adaugere gratia nominis tui, et virtute tua, et digni-
fices eum, ut in tempore opportuno per novam regenerationem incor-
ruptam pervenias ad portam haereditatis electorum tuorum, et frui communione pretiosi Corporis et Sanguinis tui, et custodiri gratia indivisibilis
Trinitatis sanctae, quia te decet etc.

Et ponunt infantem super altare, et dicunt hymnum.

Divina, et coelestis gratia, voce divina annuntiabat angelus, laetare
ulceris, Dominus tecum. Qui inflammatis Seraphim circumdatus conser-
vabatur, hodie inter homines in ulna hominis ab humo facti revelatus
est, laetare. In Cherubim sedens incorruptibiliter cum Patre dignatus
est habitare in utero tuo, laetare.

*Deinde sacerdos accipit infantem, et ter adorat altare dicens: Hoc
nomine servus Jesu Christi p. 398.*

Ter repetit. Et deinde dicit diaconus: Sancta cruce p. 398.

Sacerdos dicit: Custodi nos, Christe Deus p. 398. Pater noster.

III. Ordo benedictionis baptisterii.

(Ex rituali Monophysitarum impresso Constantinopoli 1807. p. 189,
vertente R. D. F. X. Richter, vicario apud S. Cajetanum Monachii.)

Ordo benedicendi fontis,

qui habet dispensationem redemptionis et ad gratiam divinam regenerationis, et per quem perficitur sancta Ecclesia, habetur enim ab ea sanctus fons tanquam uterus pariens Christianos.

*Dignum est igitur, ut episcopus primum defigat fontem in loco suo
immobilem, ut dirigat rivulos (decursus aquae) intus ecclesiae securos.
Die autem benedictionis primum lavet eum aqua et vino; non enim idem
est, utrum aqua et vinum separata sint, an mixta. Deinde accipit episcopus sanctum chrisma, quod in dextera fontis parte deponit. Ponit et
dexteram suam et saluliferam sanctam crucem super labia fontis, quem
circumstans sacerdoti cohors cantant hunc psalmum:* Afferte Domino.
(Ps. 28.)

Antiphona: Vox Domini super aquas, Deus majestatis intonuit:
Dominus super aquas multas.

Psalmus: Afferte Domino.

Praeconium:

Petamus cum fide unanimiter a Domino, ut misericordiae gratiam
suam faciat super nos. Dominus omnipotens salvet et misereatur.

Salva Domine. Domine miserere. *Duodecies.*

Et deinde: Benedicatur et sanctificetur fons hujus sanctae ecclesiae
per hoc signum sanctae crucis et per hoc sanctum evangelium et hoc
sanctum chrisma etc.

Praeconium: Per sanctam crucem.

Oratio: Custodi. Pater noster.

Et hunc ordinem ter repetunt (cum psalmo, praeconio et crucis signatione), deinde

Praeconium.

Unanimiter deprecemur et petamus a Redemptore nostro Jesu Christo, ut faciat gratiam Spiritus Sancti in nobis et in praesenti hoc populo, et in hoc fonte et splendide illuminet per gratiam misericordiae suae. Omnipotens Deus noster salvet et misereatur.

Ter: Domine miserere. *Et deinde*

Oratio.

Domine magne et glorificate ab omnibus creaturis, in tuo tremendo et omnipotenti nomine fundatus est hic fons baptismi ad expiationem et remissionem peccatorum nostrorum. Per intercessionem sanctae Dei Genitricis et omnium Sanctorum tuorum, mitte Spiritum tuum Sanctum et benedic hunc (fontem), sicut benedixisti Jordanem, descendendo in eum, purissime a peccatis, in symbolum fontis generationis humanae. Largire eis, qui baptizantur in eo, remissionem peccatorum, receptionem Spiritus tui Sancti, et gratiam adoptionis, Pater coelestis, ad haereditatem regni coelorum. Ut mundi a peccatis vivamus in hoc saeculo, et gloriam aeternam recipiamus cum omnibus Sanctis tuis et gratias agentes glorificemus venerandum omnibus nomen Patris, et Filii et Spiritus tui Sancti, nunc, et semper, et in saecula.

Deinde accipit episcopus sanctum chrisma a loco, ubi positum erat antea, et ponit in medio fontis et incipiunt hymnum;

Qui consubstantialis es Patri et Filio.

Et in fine hymni, accipit chrisma et ungit fontem in quinque partibus (quatuor angulos et medium) dicens;

Benedicatur, ungatur et sanctificetur fons hujus sanctae ecclesiae, per hoc signum etc.

Et deinde accipit episcopus albam tunicam (Schapig) celebrantis, quam prius habeant praeparatam, et ponat Schapig super fontem ex obliquo, et cooperiat fontem, et deinde accipit Porurar celebrantis rubrum, et ponit super Schapig in linea recta. Et dum hic linteum induit et cingulum cingit, sacerdotes dicant hunc psalmum;

Deus noster refugium et virtus etc. Ps. 45.

Deinde accipit episcopus tres aequales ardentes candelas cum candelabris ad mysterium ter lucentis sanctae Trinitatis, et ponat eas in partibus sancti fontis in parte interiore, candelam unam in parte superiore, et duas hic et illic (vide mysterium). Deinde accipit thuribulum thure plenum in manum, et multitudo conventus incipit hymnum: „Hodie elevatus est"*). *Et episcopus incensat sanctum fontem et ter adorat, et osculatur sanctum fontem ipse et omnes cum eo.*

Deinde incipiunt psalmum;

Alleluja. Alleluja.

In exitu Israel de Aegypto, domus Jacob de populo barbaro. Ps. 113.

Lectio e Genesi. Genesis 30, 37—43.

---

*) Verti potest etiam elevata vel elevatum.

Tollens Jacob virgas — camelos et asinos. Et Dominus erat cum eo.

Lectio e quarto libro Regnorum. 4. Reg. 5, 1—14.

Naaman princeps — sicut caro pueri parvuli, et mundatus est.

Lectio Isaiae prophetae. Is. 35, 1—2.

Laetabitur deserta et invia — Carmeli, et populus meus videbit gloriam Domini et decorem Dei nostri.

Lectio epistolae Apostoli Pauli ad Galatas. Gal. 3, 24—29.

Itaque lex paedagogus noster — secundum promissionem haeredes. Alleluja. Alleluja.

Spiritus Sanctus superveniet in te, et virtus Altissimi obumbrabit tibi. Alleluja. Orthi.

Sancti evangelii Jesu Christi secundum Joannem. Joann. 1, 1—17. A Patre lucis.

In principio erat Verbum — gratia et veritas per Jesum Christum facta est.

Ordo communionis Coptitas.

Pro desuper pace et salute animarum nostrarum, Dominum deprecemur.

Pro patriarchae nostri N. vita et salute animae et corporis, Dominum deprecemur.

Pro sacerdotibus, diaconis, cantoribus et omnibus clericis Ecclesiae, Dominum deprecemur.

Pro fonte, qui fundatus est ad renovationem, Dominum deprecemur.

Pro adventu et gratiarum distributione Spiritus Sancti ad perfectionem mysterii catholicae Ecclesiae, Dominum deprecemur.

Ut sit ille (Spiritus Sanctus) fons bonitatis regeneratorum *) ex aqua et Spiritu, Dominum deprecemur.

Atque etiam unanimiter. Animas nostras. Miserere nostri.

Et episcopus dicit ter: Domine miserere.

Deinde hanc orationem:

Deus excelse, timende, Deus imperscrutabilis et mirabilium patrator, Deus misericors et clemens, respice tuo erga homines amore super nos, et comple petitiones nostras secundum voluntatem misericordiae tuae. Tu es Deus, qui mirabiliter egisti a principio cum genere humano variis gratiis. Rogamus Te, Pater coelestis, mitte Spiritum tuum Sanctum et benedic hanc fontem, quem fundavimus in nomine Unigeniti tui, per quem accepimus Spiritum tuum Sanctum et induimus Christum. Fac eum (fontem) fontem gratiarum et donum immortalitatis credentium tuorum, ut qui baptizabantur in eo, scribantur in librum vitae et deliberentur a servitute Satanae. Ut nos omnes simus filii lucis Patris coelestis, ut et gratias agentes glorificemus Patrem et Filium et Spiritum tuum Sanctum, nunc, et semper, et in saecula saeculorum. Amen.

Per sanctam crucem. Custodi. Pater noster.

*) Vel regenerandorum.

RITUS EUCHARISTIAE.

Ordo communionis apud Coptitas.

I. Ordo communionis ex scriptoribus Copticis.

(Edidit Renaudotius Liturgiarum Orientalium T. I. p. 261. sqq. 272.)

Gabriel patriarcha in suo rituali ordinem communionis ita describit: „Sacerdos diacono ministranti communionem impertit, et si provectior aetate fuerit, dat ei calicem, simulque cochlear a latere adjunctum. Tum accipit diaconus calicem, et illud circumfert, incipiendo a latere australi, proceditque coram eo alter diaconus cereum accensum praeferens; pportetque ministros altaris omnes illud adorare, capita inclinantes, donec in latere boreali constiterit. Tunc incipiet sacerdos communionem praebere ministris inferioris ordinis, et intinget ipsis; unusque eorum adstans cum mappula, ora eorum absterget, postquam communicaverint. Majoribus autem seu primi ordinis ministris sacerdos dabit corpus, diaconus praebebit sanguinem cum cochleari . . . . . Si sacerdos alium assistentem sibi sacerdotem habuerit, communionem ei dabit celebrans, postquam ipse eam acceperit. Scilicet celebrans ponet margaritam seu particulam consecratam in manu alterius sacerdotis, aut in cochleari, et assistens illam ab eo ita accipiet. Idem assistens accipiet mappulam desuper calice, ponetque eam super manum celebrantis et praebebit ei calicem, ex quo cum communicaverit, assistenti sacerdoti praebebit illum, et cum eo reliqua perficiet *). . . . . . Postea communionem dabit singulis, qui ad altare

---

*) Hoc est sacerdotum reliquorumque, qui circa altare sunt, clericorum communionem absolvet. Apud Coptitas non tantum praecipitur clericis, ut non accedant ad ministerium altaris absque ornatu, qui singulis convenit juxta ordinis sui dignitatem, sed ne aliter accedant ad preces publicas, aut ad suscipiendam communionem. Epitome ex sententiis Patrum: „Non licet sacerdotem orare, aut communionem accipere, nisi vestitum χιτωνίω. Aliter res indecora esset et contra fidei sanctae canonem." Idem praecipit Cyrillus filius Laklaki, patriarcha Alexandrinus, constitutionum suarum c. 34: „Non accedet

ministraverunt, cumque absolverit, os suum absterget mappula, quam in
manu habet diaconus, lumen coram disco praeferens. Cumque sacerdos
absolverit communionem ministrorum, deferet discum super manum suam
sinistram cum mappula seu velo sericeo, cujus orae intra discum ita
colligatae erunt, ut extra non propendeant." De laicorum communione
idem Gabriel ita praecepit: „Descendet diaconus cum calice sanguinis
Christi et coram eo diaconus senior, judicio pollens, cum cereo; descendetque ante sacerdotem, et post eum respiciet sacerdos, qui discum gestat cum corpore Christi, ad occidentem; descendetque extra altaris am-
bitum benediceteque populo, formans signum crucis cum disco, omnesque
prosternent se adorantes usque ad terram, parvi et magni, incipientque
distribuere communionem ordinatim, uni post alium *). E laicis qui communionem accipiet, metanoeam sive prostrationem faciet versus altare Dei **),

. . . .
. . . .

sacerdos ad communionem suscipiendam super gradus altaris, nisi vestitus
Michario; qui illud non habet, communicabit extra altare" (Renaudot. Liturg.
Orient. T. I. p. 160). Est autem στιχάριον vestis talaris alba, quae omnium
ordinum est prima vestis (Ibid. p. 161). Inter clericos ordo communionis
apud Coptitas ex Vanslebio (Histoire de l'église d'Alexandrie part. 4. sect. 3.
c. 1. §. 5. p. 202) hic est. Si patriarcha ipse missam celebraverit, primus
communicat, post ipsum metropolita, tunc episcopi secundum eorum gradum,
tunc igumeni et denique simplices sacerdotes secundum eorum gradum. Sed si
alius sacerdos celebret, velitque patriarcha ad communionem accedere, tunc
post fractionem ascendit altare, dicit orationem absolutionis et professionem
fidei, et seipsum communicat et quos voluerit, et tunc ex Heikel egreditur, sacerdoti eucharistiam populo ministrandam relinquens. Idem facit unusquisque episcopus in sua dioecesi. (Cf. p. 34. ubi tamen notat, episcopum primum
quidem, sed post celebrantem communicare.) Cum archipresbyter communicat,
ipse cochlear sumit, sed non sumit ipse Korban h. e. oblatam, sed sacerdos celebrans in cochlear ipsi ponit. (Ex constitutione enim Cyrilli filii Laklaki in
synodo 1239 hegumenus sive archipresbyter ante caeteros presbyteros communicat, teste Renaudot Hist. p. 585.) Et cum simplex sacerdos communicat,
Korban minime attigit, sed ex manu celebrantis accipit, quod et caeteri ordines presbytero inferiores agunt. Nullus clericorum a subdiacono deorsum
ingredi debet in Heikel, sed extra constituti communionem ex manu sacerdotis
suscipiunt ante laicos. Sacerdos, qui vult communicare et non affuit priori
orationi absolutionis, communionem debet extra Heikel suscipere, uti laicus,
in mortificationem.

*) Quae ad modum praebendi communionem spectant, recole in iis, quae
dicta fuerunt de particulis intinctis cochleari praebendis et ritu distribuendae
hostiae supra §. 3. Refert autem Ludolfus, apud Aethiopes diaconum a subdiacono stipari, qui aquae nonnihil manui communicantis infundit, quam ad oris
ablutionem hauriat. Ad idem referri videtur aqua, cujus tres guttae infundi
Eucharistiae, dum praebetur, tradit Christodulus patriarcha in constitutionibus
anni 1048 (ap. Renaudot Hist. p. 421) et cujus curam diligentem a fidelibus
haberi praecipit, quod unionis instar pretiosae sint.

**) Nota tamen, quod (post hanc prostrationem), uti tradit Vanslebius in
sua Historia Alexandrina p. 97, sanctissimum Sacramentum semper stantes
accipiant, nunquam genuflexi, eo quod mos non sit eorum sedendi vel genu-

sudumque caput habebit*). Cum quis communionem acceperit, non
dorsum obvertet, sed paulatim retro cedendo se ad locum suum
recipiet. Siquidem Judas, cum a Domino panem accepisset, tergum
obvertit, exiens odio diabolico plenus. Deus vero non sinat, ut simile
quid committamus. Absoluta virorum communione, populum rursus cum
disco facto crucis signo benedicet, et ad locum mulierum procedet sacerdos, celebrans, et coram eo diaconus cereum praeferens accensum ad
communionem mulieribus distribuendam. Oportet autem omnes e populo,
quando sacerdotes transeunt cum corpore Christi procedentes ad locum
mulierum, simulque cum redit sacerdos, capite detegere Deoque se inclinare, ipsi gratias agentes eumque laudantes, qui dignos illos praestitit
dono illo magno, quod angeli aspicere non possunt. Communio autem
mulierum summam diligentiam et curam exigit; nam cum mulier velata
sit, nemo quaenam illa sit agnoscere potest. Magnam igitur circa illas
curam adhibere vos oportet, o sacerdotes, ne detis corpus Christi et
sanguinem ejus indignae, et eapropter judicium sustineatis. Cum sacerdos
ad locum, ubi sunt mulieres, pervenerit, signum faciet super eos, et
superius, cum disco: quod iterum faciet absoluta earum communione,
antequam ad altare revertatur, dicetque: communionem illis impertiendo,
sicut cum viris distribuitur**). Cum ad altare reversus erit, adhuc ad

flectendi in ecclesia, nisi in die Pentecostes. Neque tota illa die genuflectere
vel prosterni, eo quod ista signa humiliationis non deceant eum, qui particeps
factus illius est, qui daemonis victor est et inferni, et non conveniant sanctae
laetitiae, quae post communionem sequi debet. Aethiopes etiam stantes communionem suscipere refert Alvaresius (apud Legrand Diss. II. p. 332).

*) Ita teste Renaudotio (h. l.) etiam statutum est in synodalibus consti-
tutionibus Cyrilli, filii Laklaki, patriarchae: „Nullus saecularium admittatur
ad communionem nisi detecto capite", quae lex etiam reperitur in statutis
Gabrielis, filii Tarich, patriarchae §. 7. et in canone, qui Basilio adscribitur,
quemque refert Echmimensis in sua collectione.

**) Ex P. Sollerio p. 143. n. 205. quod Catholicis in usu est, communi-
caturos praemonere his verbis: Ecce agnus Dei etc., id Copti hac formula
exequuntur: „Ecce panis Sanctorum. Qui purus est a peccato accedat; qui
vero peccato contaminatus est, caveat appropinquare, ne divino fulmine ictus
corruat; ego certe peccato ejus non participo." Habentur etiam ante communionem exhortationes ad plebem, teste Vanslebio, qui Histor. p. 125. refert
ex libro Monile pretiosum in scientia Ecclesiae partem exhortationis, quae plebi
legitur, cum communicanda est: „Et sciatis, o filii Ecclesiae Jesu Christi, quae
super petram fidei orthodoxae fundata est, illum, qui digne de hoc pane comedit, qui caro factus est, per me miserum sacerdotem, et qui digne bibit, ex
hoc calice, qui factus est sanguis, per descensum Spiritus Sancti et mutationem
naturae vini, illum in Jesu Christo mansurum et Jesum Christum in illo mansurum." Exhortationis alterius, quae in solemnibus festis a sacerdote plebi
legitur ante communionem, partem item refert p. 129. „Et oportet, ut sciatis
et ut aperiatis mentes vestras et ut certos vos reddatis in animabus vestris,
hoc Corban (oblationem), quod nunc positum est hic in altari esse corpus Domini nostri ejusque sanguinem et esse idem, quod in ejus nativitate jacebat in

occidentem conversus signabit populum, sicut prius fecerat, omnesque interea capita sua usque ad terram coram Deo inclinabunt, dicentes: Memento nostri, Domine, cum veneris in regnum tuum. Sanctus Pater, sanctus Filius, sanctus Spiritus Sanctus, Trinitas sancta, et quae supra exposuimus circa corpus et sanguinem, hoc est quod corpus et sanguis una sint divinitas, et quod divinitas ejus non destituit ejus humanitatem; quodque tres personae voluntas una sint, arbitrium unum; quodque humanitatem ejus non deseruerit in crucifixione, aut post crucifixionem; quodque hae cruces (h. e. benedictiones cum disco, in quo est Eucharistia) ex ipso et per ipsum fiant: ex corpore Christi et per corpus Christi; quodque Dominus eas expresserit, quando fregit panem et dedit discipulis suis in coenaculo." Quae verba a sacerdote dicenda sint, cum communionem praebet, ita praescribit Gabriel: „Sacerdos, cum ministris altaris et aliis praebebit corpus intinctum, dicet coptice: Corpus et sanguis Emmanuelis Dei nostri, hoc est in rei veritate. Cumque corpus sanctum impertiet absque sanguine, dicet: Corpus Emmanuelis Dei nostri, hoc est in rei veritate, Amen; et qui communicat, dicet: Amen." In canonum Ebnassali cap. 13.: „Sacerdos impertiendo corpus dicet: Hoc est corpus Christi, quod tradidit pro peccatis nostris; et qui recipit dicet: Amen. Ita qui gestit calicem dicet: Hic est sanguis Christi, quem effudit pro nobis; et qui recipit respondebit: Amen."

In collectione Echmimensis cap. 14. de communione ita praecipitur: „Qui communionem accipiet, habebit caput nudatum manusque conformatas in crucis modum, cor humile, oculos demissos, animum prae humilitate dejectum, confitendo se indignum esse accipiendi ignis divini. Qui communionem praebet, dicit: Hoc est corpus Christi, quod tradidit pro peccatis nostris, et qui communicat, dicit: Amen."

Denique apud Abulbircat, capite de liturgiae celebratione, haec de ordine communionis habentur. Post recitatam fidei confessionem de reali praesentia et Incarnatione, causa salutandi et monendi, ut ad communionem se praeparent, „descendit diaconus et prostrationem facit versus populum, conversusque ad eundem populum sacerdos, levem inclinationem facit. Tum communicat ipse et sacerdos assistens, qui cum eo ministravit. Peracta quoque aliorum sacerdotum communione, si sint super altare alter aut plures calices, eos consecrat, accipiendo scilicet ex calice majori in liturgia consecrato et fundendo in alium non consecratum tria cochlearia, dicendo simul orationem, quae incipit: Benedictus etc. Respondet populus: Unus Pater Sanctus etc. Prosequiturque illam consecrationem, fundendo ter ex uno calice in alium. Postea particulas consecratas ex Isbodico immittit in calicem majorem, eas scilicet, quae superfuerant, et eas extrahit partiturque in reliquos calices. Deinde communionem dat diacono, qui cum eo ministravit, et reliquis diaconis, caniturque psalmus 108. tono diverso secundum festorum varietatem, tum aliquot alii hymni et Theotokia. Cumque haec compleverit circa com-

praesepi, idem quod affixum erat cruci, et quod postea positum est in sepulchrum, quod post ejus resurrectionem ascendit in coelum, et modo sedet in throno gloriae."

munionis distributionem, sacerdos curam habebit, ut si forte aliqua particula, quanvis minima, corporis superest, eam colligat et ministrantibus ad altare distribuat. Diaconus quoque auferet calicem, in quo communicavit sacerdos cum Isbodico, atque ita sanguinem, si ex eo aliquid superest."

II. Ordo communionis Coptitarum.

1. Liturgia S. Basilii Coptica.

(Apud Renaudotium in Liturgiarum Orientalium collectione T. I. p. 23. sq. post exclamationem Sancta Sanctis, elevationem, consignationem corporis et sanguinis, fractionem et confessionem de reali praesentia et Incarnatione haec sequuntur.)

Deinde sacerdos osculabitur altare caputque inclinabit fratribus suis sacerdotibus et populo dextrorsum et sinistrorsum, deteget latus disci coram se, canentque ex psalmo et dicet sacerdos secreto.

Dignos fac, Domine, nos omnes, ut corpus tuum sanctum percipiamus et sanguinem tuum pretiosum ad mundationem corporum, animarum, spirituumque, et peccatorum nostrorum remissionem comparandam.

Tum communicabit sacerdos corpusque et sanguinem pretiosum sacerdoti socio distribuet, tum ministris et populo deinceps, tandemque mulieribus ex altari cum disco descendens.

Dicet diaconus: Orate pro omnibus christianis.

Oratio gratiarum actionis post communionem.

Sacerdos: Ora nostra repleta sunt gaudio et lingua nostra exultatatione, quia participes facti sumus sacramentorum tuorum immortalium, Domine: quia, quae oculus non vidit et auris non audivit nec humanum cor comprehendit, illa ipsa praeparasti, Deus, diligentibus nomen tuum sanctum et revelasti ea parvulis Ecclesiae tuae sanctae. Ita, Pater, fuit beneplacitum ante te, quia tu misericors es, et mittimus tibi sursum gloriam, honorem et adorationem Patri, Filio et Spiritui Sancto, nunc et semper etc.

2. Ex liturgia S. Basilii Alexandrina graece.

(Apud Renaudotium Liturg. Orient. T. I. p. 80. sqq. 85.)

Ὁ λαὸς λέγει ψαλμῶν ν΄ καὶ τὸ κοινωνικὸν τῇ ἡμέρα.

Populus dicit psalmum L. et orationem ad communionem diei convenientem.

Ὁ διάκονος λέγει· Συνάχθητε καὶ εἰσέλθετε οἱ διάκονοι μετ᾽ εὐλαβείας.

Diaconus. Congregamini et intrate, diaconi, cum modestia.

Εὐχὴ εὐχαριστίας μετὰ τὴν μετάληψιν τῶν ἁγίων μυστηρίων.

Oratio gratiarum actionis post perceptionem sanctorum mysteriorum.

Ὁ διάκονος λέγει· Ἐπὶ προσευχῇ στάθητε.

Diaconus. Ad orationem state in throno gloriae.

'Ο ἱερεὺς λέγει· Εἰρήνη πᾶσι. Ὁ
λαὸς λέγει· Καὶ τῷ πνεύματί
σου. Ὁ διάκονος λέγει· Προσεύξασθε
ὑπὲρ τῆς ... Ὁ λαὸς λέγει· Κύριε ἐλέησον. Ὁ ἱερεὺς λέγει τὴν εὐχὴν ταύτην·
Ἐπλήσθη χαρᾶς τὸ στόμα
... τῆς μεταλήψεως τῶν ἁγίων μυστηρίων, κύριε. Ἃ ὀφθαλμὸς οὐκ
εἶδε, καὶ οὖς οὐκ ἤκουσε, καὶ ἐπὶ
καρδίαν ἀνθρώπου οὐκ ἀνέβη, ...
... ὁ θεός, ... τὸ ὄνομά
σου, ... καὶ ἀπεκάλυψας αὐτὰ
τοῖς νηπίοις τῆς ἁγίας σου ἐκκλησίας.
Ναί, ὁ πατήρ, ὅτι οὕτως ἐγένετο, εὐ-
δοκία ἔμπροσθέν σου. Εὐλογητὸς εἶ,
ὁ θεός, ὁ πατὴρ τοῦ κυρίου δὲ καὶ
θεοῦ, καὶ σωτῆρος ἡμῶν Ἰησοῦ Χριστοῦ, δι' οὗ, κλ.

Δέον εἰδέναι ὅτι τό, Ἐπλήσθη χαρᾶς τὸ στόμα ἡμῶν, οὐ λέγει ὁ ἱερεὺς
ἐν τῇ ἡμέρᾳ ε΄, τῇ μεγάλῃ, ἀλλ' ἐρεῖ
ἀντὶ τοῦ Ἐπλήσθη ·
Εὐχαριστοῦμέν σοι, δέσποτα φιλάνθρωπε, εὐέργετα τῶν ψυχῶν ...
... ἐν τῇ ... ἡ-
μέρᾳ καταξιώσας ἡμᾶς τῶν ...
τῶν σου καὶ ἀθανάτων μυστηρίων ...
ἃ ὀφθαλμὸς οὐκ εἶδεν ... τέλος.

Sacerdos: Pax omnibus. Populus: Et cum spiritu tuo.
Diaconus: Orate pro etc.
Populus: Kyrie eleison.
Sacerdos dicit hanc orationem:
Impletum est gaudio os nostrum
et lingua nostra exultatione, ob
perceptionem sanctorum mysteriorum, Domine. Quae oculus
non vidit, nec auris audivit, nec in
cor hominis ascenderunt, ea praeparasti, Deus, diligentibus nomen
sanctum tuum et revelasti ea parvulis Ecclesiae sanctae tuae. Ita,
Pater, quia sic fuit beneplacitum
ante te. Benedictus es, o Deus,
Pater Domini, Dei et Salvatoris
nostri, Jesu Christi, per quem etc.

Sciendum est, quod Impletum est
gaudio os nostrum non dicit sacerdos feria quinta majori, sed illius
orationis loco dicit:
Gratias agimus tibi, Domine, hominum amator, benefactor animarum nostrarum, qui die huic hodierno simili dignos fecisti nos
caelestium et immortalium mysteriorum, quae oculus non vidit, usque ad finem.

3. Ex liturgia S. Gregorii Alexandrina graece.

(Apud Renaudotium Liturg. Orient. T. I. p. 112 sqq.)

'Ο λαὸς λέγει ψαλμὸν ρν.
'Ο διάκονος λέγει· Συνάχθητε καὶ
εἰσέλθατε σὺν διάκονοι ... λαβέσας.
Εὐχὴ εὐχαριστίας μετὰ τὴν μετάληψιν τῶν ἁγίων μυστηρίων ...
Ὁ διάκονος λέγει· Ἐπὶ προσευχῆς
στάθητε.
Ὁ ἱερεὺς λέγει· Εἰρήνη πᾶσι. Ὁ
λαὸς λέγει· Καὶ τῷ πνεύματί
σου.
Ὁ διάκονος λέγει· Προσεύξασθε
ὑπὲρ τῆς ...

Populus dicit psalmum CL.
Diaconus: Congregamini et in-
trate diaconi cum reverentia.
Oratio gratiarum actionis post
communionem sanctorum myste-
riorum.
Diaconus. Ad orationem state!
Sacerdos: Pax omnibus.
Populus: Et cum spiritu tuo.
Diaconus: Orate pro digna com-
munione ...

Ὁ λαὸς λέγει· Κύριε ἐλέησον.

Ὁ ἱερεὺς λέγει τὴν εὐχὴν ταύτην. Εὐχαριστοῦμέν σοι, λόγε θεοῦ ἀληθινέ, ὁ ἐκ τῆς οὐσίας τοῦ ἀνάρχου πατρός, ὅτι οὕτως ἠγάπησας ἡμᾶς καὶ ἔδωκας σεαυτὸν ὑπὲρ ἡμῶν, ἐσφαγιάσθης. Κεχάρισαι ἡμῖν, διὰ τοῦ ἀχράντου σου σώματος καὶ τοῦ τιμίου σου αἵματος τὴν ἀπολύτρωσιν, ὡς κατηξίωσας ἡμᾶς νῦν, φιλάνθρωπε, ἵνα λάβωμεν ἐξ αὐτῶν εὐχαριστία. Διὸ ἐξομολογούμέν σοι νῦν, φιλάνθρωπε, ἀγαθέ, καί σοι τὴν δόξαν καὶ τὴν τιμήν καὶ τὴν προσκύνησιν θεηνεκῶς ἀναπέμπομεν, σὺν τῷ ἀνάρχῳ σου πατρὶ καὶ τῷ ἁγίῳ σου πνεύματι, νῦν.

Populus. Kyrie eleison.

Sacerdos dicit hanc orationem. Gratias agimus tibi, Verbum Dei verum, qui es ex substantiâ Patris principium non habentis, quoniam tantopere dilexisti nos et dedisti te ipsum pro nobis immolatus. Concede nobis per immaculatum corpus tuum et pretiosum tuum sanguinem redemtionem, sicut benigne praestitisti nobis nunc, ut ex ipsis Eucharistiam acciperemus. Idcirco confitemur tibi nunc, benigne et bone, et tibi gloriam, honorem et adorationem continue offerimus, cum experte principii Patre tuo et Sancto tuo Spiritu, nunc etc.

4. Ex liturgia S. Gregorii Coptica.

(Apud Renaudotium Liturg. Orient. T. I, p. 36.)

Oratio gratiarum actionis post communionem.

Gratias agimus tibi, Christe Deus, Verbum verum ex substantia pura Patris, quia talem in modum dilexisti nos, et tradidisti te ipsum ad immolationem pro salute nostra, et largitus es nobis vitam per corpus tuum sanctum et sanguinem tuum pretiosum, quorum participatione nos modo dignatus es. Eapropter gratias agimus tibi, amator creaturae tuae, et mittimus tibi sursum gloriam, honorem et adorationem, cum Patre tuo bono et Spiritu Sancto vivificante tibique consubstantiali, nunc etc.

5. Ex liturgia S. Marci Alexandrina graece.

(Edidit primus Joannes a S. Andrea, canonicus Parisiensis, Lutetiae 1583 ex codice S. Mariae ὁδηγητρίας in Calabria, tum Cryptae Ferratae, emendatior autem est apud Renaudotium Liturg. Orient. T. I, p. 145. sqq.)

Καὶ μεταλαμβάνει ὁ ἱερεύς, εὐχή Τῆς, κατὰ φιλανθρωπίας. Ἄλλως. Ὃν τρόπον ἐπιποθεῖ ἡ ἔλαφος ἐπὶ τῆς πηγῆς.

Καὶ ὅταν μεταδίδα τὸν κλῆρον, λέγει. Σῶμα ἅγιον.

Καὶ εἰς τὸ ποτήριόν λέγει. Αἷμα τίμιον τοῦ κυρίου καὶ θεοῦ καὶ σωτῆρος ἡμῶν.

Καὶ μετὰ τὸ πληρῶσαι λέγει ὁ διάκονος. Ἐπὶ προσευχὴν στάθητε.

Et communicat sacerdos. Oratio. Secundum benignitatem. Aut. Quemadmodum desiderat cervus ad fontes aquarum etc.

Et cum communionem dat clero, dicit. Corpus sanctum.

Et ad calicem dicit. Sanguis pretiosus Domini et Dei et Servatoris nostri.

Et postquam completum est, dicit diaconus. Ad orationem state.

Ὁ ἱερεύς. Εἰρήνη πᾶσιν.

Ὁ διάκονος. Προσεύξασθε.

Ὁ ἱερεὺς εὔχεται τὴν εὐχαριστίαν.
Εὐχαριστοῦμέν σοι, δέσποτα κύριε
ὁ θεὸς ἡμῶν, ἐπὶ τῇ μεταλήψει τῶν
ἁγίων, ἀχράντων, ἀθανάτων, καὶ
ἐπουρανίων σου μυστηρίων, ὧν ἔδωκας ἡμῖν εἰς εὐεργεσίαν καὶ ἁγιασμὸν
καὶ σωτηρίαν τῶν ψυχῶν καὶ τῶν σω-
μάτων ἡμῶν, καὶ δεόμεθα καὶ παρα-
καλοῦμέν σε, φιλάνθρωπε, ἀγαθέ,
κύριε, χάρισαι ἡμῖν τὴν κοινωνίαν τοῦ
ἁγίου σώματος καὶ τοῦ τιμίου αἵματος
τοῦ μονογενοῦς σου υἱοῦ, εἰς πίστιν
ἀκαταίσχυντον, εἰς ἀγάπην ἀνυπόκρι-
τον, εἰς πλησμονὴν θεοσεβείας, εἰς
ἀποτροπὴν ἐναντίου, εἰς περιποίησιν
τῶν ἐντολῶν σου, εἰς ἐφόδιον ζωῆς
αἰωνίου, εἰς ἀπολογίαν εὐπρόσδεκτον
τὴν ἐπὶ τοῦ φοβεροῦ βήματος τοῦ
Χριστοῦ σου. Ἐκφώνως, δι᾽ οὗ καὶ
μεθ᾽ οὗ σοι ἡ δόξα καὶ τὸ κράτος σὺν
τῷ παναγίῳ, καὶ ἀγαθῷ, καὶ ζωο-
ποιῷ σου πνεύματι.

Sacerdos. Pax omnibus.

Diaconus. Orate.

Sacerdos dicit orationem gratiarum actionis. Gratias agimus tibi, Dominator Domine Deus noster, pro perceptione sanctorum, intemeratorum, immortalium et coelestium mysteriorum tuorum, quae dedisti nobis in beneficium et sanctificationem, et salutem animarum et corporum nostrorum. Certe precamur et obsecramus te, generis humani amator, bone Domine, largire nobis, ut communio sancti corporis, et pretiosi sanguinis unigeniti Filii tui, sit nobis in fidem inconfusam, in caritatem non fictam, in abundantiam pietatis, in aversionem cujusvis contrarii, in observationem mandatorum tuorum, in viaticum vitae aeternae, in defensionem acceptabilem, ante tremendum tribunal Christi tui, *Elata voce*, per quem et cum quo tibi gloria et imperium cum sanctissimo, et bono, et vivifico Spiritu.

6. Ex liturgia communi sive canone universali Aethiopum.

(Aethiopice edita est cum Novo Testamento Romae 1548 curante Petro Aethiope, Comos seu archimandrita, qui aliter Tesfa Sion appellabatur, anno vero sequente latine, quae versio in Bibliothecam Patrum est admissa. Denuo ex Aethiopico edidit Renaudotius Liturg. Orient. T. I. p. 493., quem hic damus collato altero.)

Et postquam communicaverit sacerdos corpori Christi, populo communionem distribuit dicens: Hic est panis vitae, qui de coelo descendit, vere pretiosum corpus Emanuel Dei nostri. Amen.

Et qui recipit, dicet: Amen.

Diaconus praebebit calicem dicens: Hic est calix vitae, qui descendit de coelo, qui est pretiosus sanguis Christi.

Et qui recipit dicet: Amen, Amen.

Diaconus. Orate pro nobis et pro omni populo christiano, et illorum memoriam facite, qui nobis dixerunt, ut eorum recordemur: laudate et psallite cum pace et amore Jesu Christi*).

*) Initium apud Petrum Aethiopem hoc est. Hic sacerdos sumit corpus et sanguinem et postea communicat ex eadem hostia ministris suorificii dicens: Hoc est corpus etc. Diaconus dicit: Orate pro nobis (vide supra apud N.)

Sacerdos. Quos vocasti, Domine, et sanctificasti, da illis partem in vocatione tua, conforta eos in amore tuo et custodi eos in sanctitate tua, per Christum unigenitum Filium tuum, per quem tibi, et cum eo, et cum Spiritu Sancto est gloria et potestas, nunc et semper et in saecula saeculorum. Amen. Domine, qui aeternum lumen vitae et fortitudinem servis tuis tribuisti et custodivisti illos pluribus diebus ac noctibus praeteritis in pace, benedic etiam illis hac die et postea, per Dominum nostrum Jesum Christum, per quem tibi, et cum eo et Spiritu Sancto, est gloria et potestas, nunc et semper et in saecula saeculorum. Amen.

Diaconus. Gratias agamus Domino, cujus sancta suscepimus, ut ea, quae suscepimus, sint nobis ad vitam animae et ad medelam, rogamus et obsecramus, laudantes Dominum Deum nostrum.

Sacerdos. Exaltabo te, rex meus et Deus meus, et benedicam nomini tuo in saeculum et in saeculum saeculi.

Populus. Pater noster, qui es in coelis, ne nos inducas in tentationem, cum participes facti fuerimus corporis sancti et sanguinis pretiosi; gratiasque agimus, quod nos dignos fecerit communicandi mysterio gloriae et sanctitatis, quod omnem intelligentiam superat. Benedicam tibi et laudabo nomen tuum in saeculum et in saeculum saeculi.

Populus. Pater noster*).

Sacerdos. Laudem Domini loquetur os meum, et omnis caro benedicat nomen sanctum ejus in saeculum et in saeculum saeculi.

Populus. Pater noster.

Sacerdos. Rector animarum, Sanctorum director, Sanctorum gloria: da nobis, Domine, oculos intelligentiae, qui perpetuo te aspiciant, et aures, quae solummodo te audiant, postquam satiata fuit anima nostra gratia tua. Cor mundum crea nobis, Domine, ut perpetuo intelligamus bonitatem et amorem erga homines Dei nostri; benignus esto animae nostrae, mentemque puram et rectam nobis largire, qui corpus tuum et sanguinem percepimus, nos humiles servi tui: quia tuum est regnum, Domine, laus et benedictio, Pater, Fili et Spiritus Sancte, nunc et semper et in saecula saeculorum. Amen.

Hoc loco, dum ministratur sacramentum populo, psallunt docti aliqua carmina, in honorem sacramenti et Sanctorum, quorum festa celebrantur, composita, quae populus reiterat psallendo.

*) Apud Petrum haec ita sunt. *Diaconus dicit:* Gratias agamus Domino. Sanctum ejus sumpsimus; sit, quod sumpsimus, medela ad vivificandam animam. Laudemus Dominum Deum nostrum, sumpsimus sanctum corpus et venerandum sanguinem, hoc est corpus Christi. Et gratias ei agimus, quod digni fuerimus participare de hoc venerando et sancto mysterio. *Sacerdos dicit:* Exaltabo te, rex meus et Deus meus, et benedicam nomini tuo in saeculum et in saeculum saeculi. *Populus dicit alta voce:* Pater noster, qui es in coelis, non inducas nos, Domine, in tentationem. *Sacerdos dicit:* Per singulos dies benedicam tibi, et laudabo nomen tuum in saeculum et in saeculum saeculi. *Populus iterum dicit:* Pater noster, qui es in coelis, non inducas nos in tentationem.

..... Sanctus *), Sanctus, Sanctus, Trinitas inexplicabilis, ...
accipiam. ad vitam et absque condemnatione corpus tuum. Da mihi, ut
faciam fructum, qui tibi placeat, et appaream in gloria tua, et vivam
tibi faciens voluntatem tuam. Cum fide invoco te, Pater, et invoco
regnum tuum. Sanctificetur, Domine, regnum tuum **,) et tibi sit gloria
in saecula saeculorum. ....

III. Benedictio cochlearis.

(Hanc primus edidit Petrus Tesfa Sion Aethiops cum canone universali
Aethiopum. Tum Athanasius Kircher S. J. in rituali Coptitarum apud Leonem
Allatium in Symmictis p. 237. ex codice Coptico-Arabico Romam allato, qui
recensionem ritualis a Gabriele patriarcha institutam exhibebat. Post eum
vero Vanslebius in Historia ecclesiae Alexandrinae p. 226. gallice edidit. Tum
Renaudotius ex variis codicibus Liturg. Orient. T. I. p. 54. ex arabica versione
et altera vice emendatius ex Coptico, collato nimirum rituali Gabrielis patriarchae (Cod. 422. Arab. Parisiensi) ibidem p. 309. et in ordine communi Aethiopum ibid. p. 474. Denique nos ex Pontificali Tukiano T. II. p. 118, illis
plane consono, novam et accuratam ex Coptico versionem a Scholzio nostro
fieri curavimus, quam hic additis variantibus aliorum lectionibus publici
juris facimus.)

Oratio (εὐχή) super cochlear (μυστήρ) [1].

Episcopus dicit (ὁ ἐπίσκοπος λέγει): Deus [2], qui fecisti servum tuum
Jesaiam, (Ἡσαίας) prophetam (προφήτης) [3] dignum, qui videret Seraphim
(σεραφίμ) [4] cum forcipe [5] in manu sua, qua tulit carbonem de super
altari, et quam admovit [6] in os ipsius [7]: nunc igitur [8], Deus Pater omnipotens [9], extende manum tuam super hoc cochlear (μυστήρ) [10], quo accipiunt [11] (τυχεῖν, hoc est τυχεῖν) particulas (λόμψανον hoc est λείψανον
reliquiam) sanctas corporis (σῶμα) [12] unigeniti Filii tui Domini nostri, et
Dei nostri, et Salvatoris, (σωτήρ), nostri Jesu Christi [13]. Benedic illud,

[1] P. add. per quod lancea crucis significatur. R. p. 474. add. crucis. — [2] R. p.
309. Domine Deus. P. Domine Deus noster. R. p. 474. Deus Deus noster. — [3] V. R.
p. 54. deest prophetam. — [4] R. p. 54. ex versione arabica: Cherubim. — [5] K. for-
cipes. — [6] R. injecit p. 474. immisit. — [7] P. habet haec ita: Seraphim carbonem
ignitum de sacrificio suscipientem et labia ejus mundantem. — [8] R. etiam K. deest, V. sic. — [9] P. Pater omnipotens, Dominus noster et Deus noster, continens
omnia R. p. 474. Domine Deus noster, Pater omnipotens in mundo. — [10] P. concede, ut manus tuae sint super hanc lanceam R. p. 474. add. crucis. — [11] P. ut
digne ministrare possit R. p. 474. ad administrandum. — [12] R. p. 54. ex Arabica
versione: membra corporis sancti quod est corpus R. 474. P. corpus et sanguinem
pretiosum. K. corpus sanctum, V. particulae corporis. — [13] V. deest Domini etc.
Christi.

*) Haec oratio apud Petrum Aethiopem habetur praemissa rubrica:
Totus populus dicit comedendo.

**) Haec apud Petrum ita sonant: Sanctificetur nomen tuum super nos,
quoniam tu es fortis ac laudabilis et gloriosus.

sanctifica (ἁγιάζει) illud .... dalis in Virtutem... glorias .... forte ..., quae in dextera Seraphim [3] fuit [4], quoniam tua est virtus, et gloria, ... titulo [5] cum unigenito Filio tuo Jesu Christo, Domino nostro, et Spiritu Sancto, nunc etc [7]. ... Sanctificas (ἁγιάζεις) illud ... Virtus, et gloria, ... et sanctificatio (ἁγιασμός) Trinitatis Sanctae in una sancta (ἁγία) ecclesia civitatis (πόλις) N. Amen [11].

III. Benedictio cochlearis.
Ordo communionis apud Syros.

I. Ex canonibus Syrorum Jacobitarum.

1. Jacobi Edesseni resolutio canonica 8.

(Apud Lamy Dissert. de Syrorum fide et disciplina in re Eucharistica p. 105. sq.)

Adaeus: An propter causam veluti sanationis fas est dare oblatio- nem virginalem iis suscipientibus, qui expetunt sibi ex consecratis dari, antequam communionem acceperit sacerdos offerens? Jacobus: Veracies progenies sunt isti diaboli, qui nos ducere vult in viis pravis, a recta nos avertens; quapropter illi, qui adeo insipiunt, non tantum petitione sua digni non sunt, sed etiam reprehensionem accipiant oportet. Sacer- dotes autem isti, qui non tantum populum Dei in viis rectis ducere ne- sciunt, sed et ipsi tali decipiuntur errore, ut sibi licentiam assumant hujusmodi aliquid tribuendi saecularibus insanientibus, justam accipiant punitionem a canonibus ecclesiasticis.

2. Ex nomocanone Gregorii Barhebraei.
Cap. 4. sect. 5.

(Habetur syriace et latine ex editione Card. Mali in Scriptorum veterum nova collectione T. X. P. II. p. 24, latine cum aliqua lectionis varietate apud Renaudotium, Lit. Or. T. I. p. 263, T. II. p. 119.)

De ordinatione sumptionis.

Nicaeae. Diacono non licet dare oblationem presbytero, neque su- mere ante episcopum, sed post presbyterum sumant diaconi, cum epis- copus, aut presbyter dabit eis.

___

[1] P. add. et purifica eam. Habet etiam signum crucis ad singula haec tria verba. R. p. 474. add. et munda illud. — [2] K. sicut fecisti forcipibus. V. forcipum. — [3] R. p. 54. Cherubim. — [4] R. est. P. pro illi omnibus tantum habet, sicut forcipi illi. — [5] R. p. 54. honor V. tibi omnis potestas, virtus et gloria P. deest quoniam Tibi gloria, deest virtus et fortitudo. — [6] Cum Filio tuo Jesu Christo. — [7] P. cum Filio tuo unico cum Spiritu Sancto, nunc et semper, in saecula saeculorum. Amen. — [8] KR. p. 54. signabit, V. ungit cochlear chrismate ... R. p. 54. ... V. splendor. — [10] K. add. hac, deest una. — [11] P. Virtus † benedictio † sancti- ficatio sanctae Trinitatis, in una ecclesia Sancti N. ... Tibi gloria cum Filio tuo et Spiritu Sancto, nunc et semper ...

Directio. Calicem ipsi bibant, et bibendum porrigant invicem, ac saecularibus. Sacerdos autem non potest sine calice corpore solum communicare; sed si fieri potest, cum ipse corpus dat, diaconus calicem bibendum tradat: hoc justum est, et canonicum, nam dixit Dominus: comedite de corpore meo, et bibite de sanguine meo. Et si fieri non possit, sacerdos intingat corpus in calice, quem ad ipsius dexteram gestat diaconus, et communicet, quemadmodum facimus[1] in occidente. Et si neque hoc fieri possit propter multitudinem populi, sigilla, antequam secernat margaritas, sacerdos intingat[2] in calice tempore fractionis, et postea communicet, quemadmodum faciunt[3] Orientales. Presbyteros autem et diaconos cum patena communicet episcopus et similiter sacerdos. Et quando presbyter offert, et vult communionem accipere episcopus, hic per se ipsum ascendat ad gradum, cum descenderit presbyter, et communionem accipiat, non autem presbyter communicet illum.

Abbates autem monasteriorum, et archipresbyteri a sacerdote, qui offert, communionem accipiant.

II. Ex liturgiis Syrorum.

1. Ex ordine communi Syrorum.

(Ex Renaudotio Liturg. Oriental. T. II. p. 24.)

Ad sacerdotem: Particula propitiatoria corporis et sanguinis Christi Dei nostri datur sacerdoti venerando, oeconomo domus Dei, qui fundit preces, quae exaudiuntur, offertque sacrificia acceptabilia, custoditurque a principe pastorum Christo. Orationes illius sint nobiscum. Amen.

Ad diaconum. Modesto aut monacho Antoniano et oeconomo domus Dei ad propitiationem delictorum ejus et remissionem peccatorum ejus. Orationes ejus sint nobiscum. Amen.

Sacerdos portat discum in dextera sua, calicem in sinistra, vertitque a latere septentrionali ad australe: cum vero convertitur, elevat dextram suam. Cumque egrediuntur mysteria *), dicit:*

Ex altari tuo propitiatorio descendat venia ad servos tuos, Fili Dei, qui venisti ad salutem nostram, venturusque es ad resurrectionem nostram, et ad renovationem generis nostri in saecula saeculorum.

Et cum descendit dicit: Miserationes Dei magni et Salvatoris nostri Jesu Christi sint super eos, qui portant Sancta, et super eos, qui illa distribuunt, aut qui illa suscipiunt, aut quicunque operam dat, ut illa communicet, in utroque saeculo, in saecula saeculorum. Amen.

[1] R. faciunt. — [2] R. antequam separet, margaritam intingat. — [3] R. facimus.

*) Joannes Maro in expositione ministerii oblationis S. Jacobi ap. Assem. Cod. liturg. L. 4. P. 2. p. 393: „Ad populum mysteria per sacerdotem prodeunt. Et calix quidem primus prodit. Tollitur velum et omnibus mysteria manifesta fiunt."

416

Et prosequitur Extendisti Domine dexteram tuam invisibilem et benedic congregationi adorantium te, qui suscipiunt corpus tuum et sanguinem tuum propitiatorium ad expiationem delictorum, remissionem peccatorum et confidentiam coram te, Domine Deus noster, in saecula. Amen. Et dum impertit communionem populo dicit: Ad expiationem delictorum et remissionem peccatorum in utroque saeculo, in saecula saeculorum. Amen.

Qui communionem accipit, dicit: Amen.

Sacerdos cum Deberet est dicit: Gloria tibi Domine Deus noster in saecula. Domine Jesu Christe, corpus tuum sanctum, quod comedimus, et sanguis tuus propitiatorius quem bibimus, non in judicium aut in vindictam sit nobis, sed in vitam et in salutem.

2. Liturgia Syriaca S. Jacobi.

(Ex Renaudotii Liturg. Orient. T. II. p. 41.)

Mox Eucharistiam distribuit sacerdotibus, diaconis, deinde, laicis dicens: Corpus et sanguis Domini nostri Jesu Christi datur tibi in veniam delictorum et remissionem peccatorum in utroque saeculo**).

Interea dum communio administratur cum cochleari, diaconus, reliquis succinentibus, clamat.

Fratres mei, accipite corpus Filii, clamat Ecclesia; bibite sanguinem ejus cum fide et canite gloriam. Hic est calix, quem miscuit Dominus noster super lignum crucis; accedite mortales, bibite ex eo, in remissionem delictorum. Alleluja, et ipsi laus, de quo bibit grex ejus et puritatem consequitur.

Quo versus et multi alii illud communicantium numerum minuuntur vel producuntur; mox sacerdos abstergit vasa diaconorum ministerio et deinde dicitur oratio gratiarum actionis.

Gratias agimus tibi, Deus, et praecipue laudamus te ob immensum et ineffabilem erga homines amorem tuum. O Domine, quos admittere

_____

*) Ex Dandinio p. 193. sq. apud Maronitas, dum sacerdos communicat illi, qui post eum communicaturi sunt, mutuo et osculum pacis sibi praebent et unusquisque ad populum conversus dicit: Remittite mihi, fratres, propter Deum. Tum aliquantulum inclinantur et modeste ad celebrantem in sinistra parte accedunt. Qui tunc particulas ex calice cochleari aereo ad hoc destinato ipsis ministrat. Quodsi laicus adsit, qui communionis particeps esse velit, non ad altare accedit, sed sacerdos cum calice et cochleari ad eum descendit, et ipse stans Eucharistiam suscipit. Quibus peractis sacerdos, quae de hostia et sanguine in calice adhuc reliqua sunt, sumit, et calicem cum cochleari vino purificat.

**) Hanc eandem distributionis formulam ex codice Cypriaco et aliis tradidit Assemanus Cod. liturg. T. V. Nescio vel Daniel. IV. 1, p. 261 dicere potuerit, eam deesse in Syriaca liturgia S. Jacobi, tamquam esse incertae auctoritatis et aetatis.

dignatus es ad participationem mensae tuae coelestis, ne damnes ob susceptionem mysteriorum tuorum sanctorum et immaculatorum. Verum, o bone, custodi nos in justitia et sanctitate, ut digni effecti communicatione Spiritus tui Sancti partem, sortem et haereditatem consequamur cum Sanctis tuis omnibus, qui ex hoc mundo tibi placuerunt, per gratiam etc.

Populus: Amen.

Ordo communionis apud Nestorianos.

1. Ex liturgia Beatorum Apostolorum.

(Apud Renaudotium Liturg. Orient. T. II. p. 590. Liturgia autem Malabarica, quae eadem, edita est ad calcem Actorum synodi Diamperitanae apud Raulin in historia ecclesiae Malabaricae et alibi, tum apud Lebrun in sua Explication de la messe Tom. VI. diss. 11. art. 12. Ex qua aliqua a Renaudotio omissa hic inseremus uncis inclusa, et variantes lectiones notamus. Edidit etiam Badger T. II. p. 287. sqq. liturgiae Nestorii immixtum, cujus variantes hic, collationem infra dabimus. Igitur post Sancta sanctis haec sequuntur.)

[*Accedens diaconus ad altare, sacerdos apprehendit manum ejus dexteram, et infert in patenam dicens:* Gloria Domini nostri.

Sacerdos: Sit tecum et nobiscum, in regno coelesti, gloria Deo vivo.]

Diaconus: Laudate. *Et dicunt responsorium* *).

[*Diaconus:* Glorificate Deum vivum. *Chorus:* Gloria ipsi et Ecclesiae tuae, amores et misericordia ejus. Amen.]

Cumque venit diaconus ad portandum calicem dicit: Precemur pacem nobiscum.

Sacerdos dicit: Gratia Spiritus Sancti sit tecum, nobiscum et cum suscipientibus illum.

Et dat diacono calicem. Diaconus dicit: Benedic Domine.

Sacerdos: Donum gratiae vivificatoris et Domini nostri Jesu Christi compleatur, in miserationibus cum omnibus.

Et signat cruce populum **).

---

*) De his esse videntur, quae sunt apud Georgium Arbelensem in Declaratione officiorum ecclesiasticorum tr. 4. c. 26. p. 535: "Cur in festis dicitur Terribilis es, et in Epiphania Laudatio, et quare haec non dicuntur in omnibus Dominicis, et cur dicit diaconus: Laudate? et cur dicunt responsorium tu beate, et quid mystice significant responsorium et versus: Corpus tuum et sanguis?"

**) Tunc distribuitur communio. Quae quo ordine fiat, exponit Georgius Arbelensis in Declaratione officiorum ecclesiasticorum tract. 4. sect. 25. his verbis: "Accedit sacerdos alius et tradit ei, qui sacrum fecit: mediator enim est et figura Domini, non ipse Dominus. . . . Quum ipse autem sumpserit, tunc comparticipem tibi facit et eum, qui fere par in sacramentis aequa-

Interea, dicuntur responsaria*): Fratres, suscipite corpus Filii, clamat Ecclesia, et bibite calicem ejus cum fide in regni domo.[1]

Diebus fastis. Robora Domine.

[*Diaconus:* Conforta, Domine noster, manus, quae extensae sunt, ut sanctum acciperent, dignas eas effice, ut diebus omnibus divinitati tuae fructus conferant, et omnia, quae decantarunt tibi laudem intra sanctuarium digna per te efficiantur, ut semper laudent te, insuper et aures, quae vocem carminum tuorum audierunt, ne quaeso audiant, Domine mi, vocem clamoris et jurgii; oculi etiam, qui viderunt pietatem tuam magnam, videant quoque tuam benedictam spem; linguae, quae Sanctus clamarunt, composite veritatem loquantur; pedes, qui in ipsa ecclesia ambularunt, in lucis regione fac eos ambulare: corpora, quae corpus tuum vivum degustarunt, vitae novitate reparentur; super congregationem quoque nostram, quae divinitatem tuam adorat, auxilia tua multiplicentur, et nobiscum permaneat charitas tua magna, et per te ad persolvendam gloriam abundemus, et aperi ostium precibus omnium nostrorum: nos omnes igitur, qui per donum gratiae Spiritus Sancti successimus et digni effecti sumus, et socii in sumptione mysteriorum horum praeclarissimorum, sanctorum, divinorum vitamque conferentium laudemus omnes simul et exultemus Deo largitori ipsorum.]

Dominica. Domine Jesu Christe.

---

1 M. *Diaconus:* Fratres mei, suscipite corpus ipsius Filii Dei, dicit Ecclesia, et bibite ipsius calicem.

lis est, eum scilicet, qui evangelium legit, ... Tum vero communicant cum ipso caeteri, unusquisque in ordine suo." (Bibl. Orient. T. III. p. 811. sqq.) De modo communicandi apud Chaldaeos vide quae dicta fuerunt §. 3. Notandum porro ex Bibl. Or. T. III. P. II. p. 309., patriarcham Nestorianorum tecto capite sacrum facere et communionem distribuere et suscipere. Id autem ortum esse videtur ex regula S. Pachomii, ex qua monachi in missa, etiam in consecratione et communionem cum suscipiunt, cucullam monasticam retinent, quod monachi Antoniani Copti, Abyssini et Syri Maronitae etiamnum observant (Ibid. p. 306.) Cum autem patriarchae monachi esse debeant, eum inde ritum suscepisse videntur. Nisi dicas, id dignitatis signum haberi.

*) Orationes illae, quae dicendae sunt, cum distribuitur Eucharistia, in usu erant apud Nestorianos Malabares, ut apud Mesopotamenos, quod testatur missa a Lusitanis latine edita. Verum in utrorumque codicibus paucae exstabant et aliquae non erant integrae, cum proprius illarum locus foret in libris precum quotidianarum, unde peti solebant. Tales in aliquot exemplaribus exstant, tam perspicua de veritate corporis et sanguinis Christi in sacramento testimonia continentes, nihil ut possit esse clarius. Nam descensum seu lapsum Sancti Spiritus in dona proposita, in ipsum altare designant. Angeli illis in orationibus dicuntur altare circumstare cum timore et tremore et aspicere sacerdotem frangentem corpus Christi. In iisdem orationibus dicitur: "Omnes fideles cum laetitia spiritus venite et confiteamur absque dubio, videre nos super altari sancto agnum Dei, qui quotidie ecce sacrificatur sacramentaliter et vivit in saecula: unicuique dividitur et non deficit aut imminuitur." (Renaudot in notis ad liturgiam BB. Apostolorum p. 608, 609.)

Quotidie. Mysteria, quae sumpsimus.

Finitis responsoriis diaconus dicit: Omnes igitur*).

Et respondent[1]: Gloria ipsi propter donum suum ineffabile.

Diaconus: Precemur pacem nobiscum.

Sacerdos in medio altaris dicit hanc orationem.

Dignum est, Domine, justum et aequum, omnibus diebus temporibus[2] et horis[3] confiteri, adorare et laudare nomen timendum majestatis tuae, quia dignos fecisti nos, Domine[4], per[5] gratiam tuam[6], homines mortales imbecillaeque naturae[7], ut cum spiritualibus nomen tuum sanctificaremus et mysteriorum doni tui fieremus[8] participes, et suavitate eloquiorum tuorum[9] delectaremur. Et voces gloriae et confessionis divinitati tuae sublimi semper referimus[10], Domine[11].

Alia. Christus, Deus noster, Dominus, rex, salvator et vivificator[12] noster[13], per gratiam suam dignos fecit nos suscipiendi corpus ejus sanguinemque ejus pretiosum et omnia sanctificantem: ipse det nobis, ut placeamus illi verbis, operibus, cogitationibus et factis[14] nostris, adeo ut pignus[15] istud, quod accepimus[16], sit nobis ad veniam delictorum, remissionem peccatorum[17] et spem[18] magnam resurrectionis a mortuis, vitamque novam[19] et veram[20] in regno coelorum, cum omnibus, qui coram eo placuerunt, per gratiam ejus et miserationes ejus in saecula[21].

Diebus ordinariis. Laudem, Domine, honorem, confessionem et gratiarum actionem debemus referre Trinitati tuae gloriosiae pro dono mysteriorum tuorum sanctorum, quae dedisti nobis ad propitiationem delictorum nostrorum, Domine omnium.

Alia. Benedictus sit honor tuus adorandus ex loco tuo glorioso, Christe, propitiator delictorum nostrorum peccatorumque nostrorum, quique aufers insipientias nostras per mysteria tua praeclara, sancta, vivifica et divina: Christus spes naturae nostrae, semper et in saecula. Amen.

2. Ordinis communis alia recensio cum superiori collata.

(Apud G. Percy Badger. The Nestorians and their rituals. London 1852. T. II. p. 237. sqq. haec anglice habentur, liturgiae Nestorii immixta.)

Tunc diaconus, qui legit litaniam, accedat ad sacerdotem et dicat: Oremus, Pax nobiscum.

---

[1] M. Sacerdos. — [2] M. temporibus et diebus. — [3] B. dignum est, Domine, nos omni die (*repete*), aequum est, nos omni tempore, rectum est, nos omni hora. — [4] M. add. mi. — [5] B. in. — [6] M. add. et amores tuos. — [7] M. naturam imbecillem filiorum hominum mortalium B. fragili et mortali hominis naturae. — [8] M. sanctificent, efficiamur. B. sanctificet, efficiatur. — [9] M. add. vitam conferentium et divinorum. B. add. gratia plenorum. — [10] M. offerant, B. offerat. — [11] MB. add. Pater et Filius et Spiritus Sanctus. — [12] M. suscitator. — [13] MB. add. qui. — [14] MB. deest et factis. — [15] M. sacramentum. — [16] MB. add. et sumemus. — [17] M. sit nobis . . . pignus remissionis debitorum nostrorum et peccatorum. — [18] M. spei. — [19] M. innovationis vitae, B. novitatem vitae. — [20] MB. deest et veram. — [21] M. add. Amen. B. saeculorum. Amen.

*) De hac proclamatione Georgius Arbelensis l. c. c. 27: „Cur iterum proclamat hic diaconus ad portam cancellorum: Nos cuncti itaque?"

Tunc sacerdos sumat manum diaconi et ponat super calicem et dicat: Gratia Spiritus Sancti sit tecum et nobiscum, et cum omnibus, qui istius participes erunt, in regnum coelorum in saecula saeculorum, Amen.

Diaconus: Tecum, nobiscum, et cum omnibus, qui de hoc participabunt, in regnum coelorum.

Tunc diaconus alta voce proclamet:

Laudate Deum vivum.

Post quod sequitur cantus Bematis, qui a diaconis ad ingressum bematis, vario tamen cantu singulis festivitatibus assignato canitur.

Tunc diaconus, qui legit epistolam, ad sacerdotem accedat et dicat:

Oremus, Pax nobiscum.

Et diaconus manutergium circum humeros et brachia jaciat, et sacerdos ponat patenam in manus ejus super manutergium et dicat:

Gratia Dei sit tecum, et nobiscum, et cum omnibus, qui istius participes erunt, in saecula, Amen.

Tunc diaconus, qui dedit salutationem pacis populo, accedat ad sacerdotem et dicat:

Oremus. Pax nobiscum.

Post quae sacerdos calicem in manum ejus det et dicat:

Gratia Spiritus Sancti sit tecum, et nobiscum, et cum omnibus, qui istius participes erunt, in regnum coelorum in saecula saeculorum, Amen.

Diaconus alta voce.

Benedic, Domine.

Tunc sacerdos signum crucis super populum faciat et dicat voce intelligibili.

Donum gratiae illius, qui vivificavit nos, Dominus noster Jesus Christus, sit perfectum in nobis omnibus per misericordiam.

R. In saecula saeculorum, Amen.

Diaconus. Fratres mei, suscipite corpus Filii, dicit Ecclesia, et in fide bibite ex calice in regnum.

Cum sacerdos corpus sacerdotibus impertitur, dicat: Corpus Domini nostri presbytero casto in remissionem peccatorum; *cum diacono, dicat:* Corpus Domini nostri ministro Dei in remissionem peccatorum, *cum laico:* Corpus Domini nostri fideli puro in remissionem peccatorum.

Cum diaconus calicem bibendum porrigit, dicat: Pretiosus sanguis casto presbytero, *vel* ministro Dei, *vel* fideli puro, in remissionem peccatorum, spirituale convivium ad vitam aeternam.

Dum populo communio distribuitur, diaconus canticum cantabit, et post communionem omnium sacerdos reponet tabulam sacramentorum (patenam) in locum proprium, et diaconus dicat:

Nos omnes, qui dono gratiae Spiritus Sancti accessimus et digni facti sumus, ut participes essemus in communione gloriosorum, sanctorum, vivificantium et divinorum istorum mysteriorum, unanimes gratias agamus et laudemus Deum, qui ea dedit.

R. Laus sit ipsi pro inenarrabili ipsius dono.

Sacerdos (voce audibili). Dignum est, Domine etc. *uti supra.*

R. Amen. Benedic, Domine.

Sacerdos, Christus, Deus noster, etc. uti supra.

Ordo communionis apud Armenos.

I. Ordo communionis in liturgia.

(Liturgiam Armenorum edidit Lebrun in sua Explication littérale, historique et dogmatique des prières et des cérémonies de la messe T. V. diss. 10. art. 21. ex versione Pidou de S. Olon, ordinis Theatinorum, episcopi Babylonis, missionarii quondam inter Armenos, addito etiam libro Ministerii. Edidit etiam Joannes de Serpos in sui operis Compendio storico di memorie cronologiche concernenti la religione e morale della nazione Armena suddita dell' impero Ottomano Venezia 1786 T. III. Armenice et italice liturgiam Armenorum catholicorum edidit P. Gabriel Avedichian, Mechitarista, hoc titulo: Liturgia Armena trasportata in Italiano. 2da edizione, Venezia 1832. Germanice etiam F. X. Steck: Die Liturgie der Katholischen Armenier, Tübingen 1845. Ruthenice Princeps Argoutinsky Dolgorouky, Armenorum in Russia archiepiscopus, Petroburgi 1799. Ex quo Nealius Hist. T. I. p. 379. anglice et ex Nealio Daniel Cod. liturg. IV. 2. latine ediderunt. Nos ex Lebrun p. 329. sqq. 348. sqq. et Serpos p. 32. sqq. hic ordinem communionis liturgicae edimus, additis aliorum variantibus lectionibus et translationibus.)

Deinde*) partem hostiae in calice remanentem committat in minutas particulas et conversus ad populum cum calice dicat alta voce: Cum timore et fide appropinquate, et cum sanctitate communicate.

[In libro autem Ministerii: Diaconus alta voce ita dicit: „Cum timore et fide appropinquate, et Sancto communicate. Peccavi contra Deum. Credimus in Patrem, verum Deum, credimus in Filium verum Deum, credimus in Spiritum Sanctum verum Deum; confitemur et credimus, hoc esse verum corpus et sanguinem Jesu Christi.*]*

Et totus populus a primo usque ad minimum elatis manibus et detecto capite dicat alta voce: [Ex libro Ministerii chorus cantat:] Dominus Deus noster apparuit nobis, benedictus, qui venit in nomine Domini.

Et communicant qui digni sunt. Si autem inter communicantes aliquis sacerdos fuerit, ipse accipiat manu sua ex calice corpus et sanguinem Domini; si vero diaconus fuerit, celebrans dat illi in vola manus particulam intinctam in sanguine.

[Additur a Lebrun, sacerdotem, dum communionem porrigit, ter dicere: Credo, hoc esse corpus et sanguinem Filii Dei, qui tollit peccata mundi, qui est salus, non solum nostra sed et omnium hominum.*] **)*

---

*) Post communionem diaconi ex Avedichian et Daniel, si adsit; tunc et ipse calicem sumit et dicit: Cum timore. Ex Smith et Dwigth tollitur hic velum.

**) Testantur idem Tavernier T. I. p. 193. et Tournefort p. 166, sacerdotem nimirum calicem et panem consecratum tenentem ad plebem converti, et communicaturos unum post alterum ad gradus presbyterii accedere. Tum sacerdotem haec verba ter alta voce dicere: Credo, hoc esse etc., quae populus submissa voce de verbo ad verbum repetit.

Dum communicant, qui digni sunt, chorus modulatur hoc canticum:

Mater fidei, sacer coetus sponsorum
Et thalamus sublimis,
Domus sponsi immortalis,
Qui te exornavit in aeternum.

Tu es secundum coelum mirabile,
De gloria in gloriam excelsum[1],
Ad instar lucis[2] nos parturis
Per filiale[3] baptisterium.

Panem istum purificantem distribuis,
Das ad bibendum sanguinem tuum[4] tremendum.
Trahis ad supernum[5] ordinem
Intelligibilium non factum.

Venite, filii novae Sion,
Accedite ad Dominum nostrum cum sanctitate,
Gustate, sed et videte,
Quia suavis est Dominus Deus noster virtutum[6].

Illa[7] divisit[8] Jordanem,
Tu mare peccatorum mundi.
Illa[9] magnum[10] ducem habuit Josue,
Tu Jesum Patri coessentialem[11].

Antiqua figura[12] tibi etiam similis,
Altare supereminens[13].
Illa confregit portas adamantinas,
Tu inferni a fundamentis.

Panis hic est corpus Christi,
Hic calix sanguinis novi testamenti.
Occultum sacramentum nobis manifestatur
Deus in hoc a nobis videtur.

Hic est Christus Verbum Deus,
Qui ad dexteram Patris sedet,
Et hic sacrificatur inter nos,
Tollit peccata mundi.

Ille, qui[14] benedictus est in aeternum
Una cum Patre et Spiritu
Nunc et magis in futurum
Et sine fine semper in saecula.

---

[1] Aved. sublatum. — [2] Aved. add. splendentes filios. — [3] Aved. deest filiale. — [4] Aved. istum. — [5] Aved. supremum. — [6] Av. et potens. — [7] Av. Illud; hos quatuor versus quatuor sequentibus postposuit. Ex Lebrun Illa synagogam significat. — [8] Av. triumphum egit de. — [9] Av. Illud. — [10] Av. deest magnum. — [11] Av. unicum filium Patris aeterni. — [12] Av. Antiquum tabernaculum erat figura. — [13] Av. Tu superni tabernaculi. — [14] Av. deest qui.

In festo Nativitatis et Epiphaniae Domini haec dicuntur:

O quam admirabile est hoc sacramentum nobis manifestum!
Creator Deus veniens ad Jordanem
Volebat baptizari a servo suo.
Officium baptizandi suscipiebat praecursor
Hoc audiens Jordanes, fugiens convertebatur retrorsum,
Stagnum stagno imperabat.
Ne terrearis fluvi, creator tuus ego sum,
Veniens baptizor et lavo peccata.
Jesus prior irruit per divinitatem suam in aquas.
Cum Joanne Jesus intravit in fluvium.
Coeli scissi sunt et vox descendit ex alto.
Vox Patris de excelsis, qui testimonium perhibuit de Filio.
Hic est Filius meus, in quo mihi complacui;
Ipsum audite filii hominum, clamabat.
Spiritus Sanctus descendit in specie columbae,
Manifestans ostendebat Filium gloriae Patris consortem.
Itaque benedictus Pater et consubstantialis Filius,
Spiritui vero gloria in saecula. Amen.

In Resurrectione Domini:

    Clamabat angelus in lapide
    Pro resurrectione Christi:
    Vos mulieres quid timetis
    Quaerentes flendo vivum?

    Entium universorum factor,
    Liberator humani generis,
    Exaltatus es in cruce;
    Immortalis Deus mortalis factus est.

    In monumento dormitavit,
    Vigil natura possedit:
    Deus et homo notificatus est,
    Nobis salus manifestata est.

    Laudato coetui Petri
    Annunciare resurrectionem,
    In Galilaea est definitum,
    Illis Dominus posuit signum.

    Qui in throno Patris sedet,
    In pulverem mortis inclinatus est:
    Hodie cum gloria resurgens
    Nobis vitam inenarrabilem praeparavit.

    Sacrosanctus chorus
    Apostolorum laudatus,
    Confestim profectus in Galilaeam
    Vidit Dominum resuscitatum.

Post communionem sacerdos cruce signat populum vültus voce:
Salva Domine † populum tuum, et benedic haereditati tuae, rege et extolle eos[1] usque in aeternum.

Retrahitur velum. Respondet chorus. Repleti sumus, Domine, bonis tuis gustando[2] corpus tuum et sanguinem. Gloria in excelsis tibi cibanti nos.[3]

Inter cantum chori sacerdos haec orat secreto: Gratias agimus tibi, Pater omnipotens, qui praeparasti nobis portum[4] sanctam Ecclesiam, templum sanctitatis, ubi glorificatur sancta Trinitas, Alleluja. Gratias agimus tibi, Christe rex, qui largitus es nobis vitam per vivificans corpus tuum et sanguinem tuum sanctum[5], Alleluja. Gratias agimus tibi, Spiritus vere, qui renovasti sanctam Ecclesiam, custodi illam immaculatam[6] in fide Trinitatis nunc et semper etc. Alleluja[7].

Diaconus exclamat alta voce. Et etiam[8] Dominum pacis[9] rogemus, et etiam, postquam cum fide recepimus divinum, sanctum, coeleste, immortale et immaculatum[10] Sacramentum, Domino gratias agamus[11].

Chorus: Gratias agimus tibi, Domine, qui cibasti nos ex immortali mensa tua, distribuendo[12] corpus et sanguinem tuum pro salute mundi et vita animarum nostrarum.

Sacerdos secreto: Gratias agimus tibi, Christe Deus noster[13], qui hujusmodi gustationem bonitatis tribuisti nobis in sanctitatem vitae. Per illam custodi nos sanctos et immaculatos, habitans inter nos[14] per divinam protectionem tuam[15]. Dirige nos in beneplacito[16] voluntatis tuae sanctae et beneficae, qua muniti contra omnes diabolicos incursus, digni simus, tuam solam[17] audire vocem, et te solum verum et strenuum[18] pastorem sequi et a te recipere praeparatum locum in regno coelorum, Deus noster et Domine Salvator Jesu Christe, qui es[19] benedictus cum Patre et Sancto Spiritu, nunc et semper etc.

---

[1] Av. add. ex hoc nunc et. — [2] D. Repleti gratia tua sumpsimus. — [3] D. qui provida cura nos semper cibasti. Add. Emitte super nos spiritualem tuam benedictionem. Gloria in altissimis tibi, qui providisti nobis. Av. add. Tu qui semper nutris nos, diffunde super nos benedictionem tuam spiritualem. Gloria in excelsis tibi cibanti nos. — [4] D. quod refugium nobis dedisti, et. — [5] D. quod vivifico et sancto tuo corpore et sanguine. Add. Redemptionem et magnam tuam misericordiam nobis impende. Av. add. Condona et impende nobis magnam misericordiam tuam. — [6] D. stabilem et inconcussam. — [7] D. add. rubricam: Deinde sacerdos sumit Sancta cum timore et devotione, scil. quae remanserunt communione laicorum peracta. — [8] D. iterum et iterum. — [9] D. in pace, Av. pro pace. — [10] Av. add. et purissimum. D. add. purissima atque incorrupta. — [11] D. haec, Domino gratias agamus, separata a praecedentibus habet. — [12] D. dedisti. — [13] Av. deest noster. — [14] D. deest habitans inter nos. — [15] D. sub divino tuo praesidio. — [16] Av. St. via D. Enutrias nos in pascuis. — [17] D. deest solam. — [18] Av. potentissimum, D. unum et verum. — [19] D. sis.

maxima quaeque peccata, nunc est et manet me implacabilis poena.

II. Ordo communionis infirmorum.

1. Ex rituali Armenorum Monophysitarum.

(Vertente ex Maschdoz Constantinopolitano 1807 p. 35. R. D. Richter.)

Ordo dandi communionem.

Sacerdos habens secum Sanctissimum, crucem et rituale [*]) vadit ad infirmum, et perfecta contritione faciat eum confiteri, diligenter (accurate) audiat confessionem, et det, ut faciat testamentum et voluntarie in se recipiat redditionem poenitentiae, et communicet eum cum fide, ut per hoc inveniat infirmus redemptionem animae et salutem corporis. Et primum dicat:*

Benedictus Spiritus Sanctus, Deus verus. Amen.

Miserere mei Deus etc. usque ad finem.

Deinde psalmum „Immaculati“ usque ad finem.

Beati immaculati — non sum oblitus. Ps. 118.

Gloria Patri etc.

Animabus defunctorum, Christe Domine, fac requiem et misericordiam, et nobis peccatoribus largire remissionem transgressionum.

Et etiam Dominum pacis etc.

Pro defunctorum animabus deprecemur Salvatorem nostrum, ut eas cum justis ponat et nos salvet gratia misericordiae suae.

Omnipotens etc.

Domine miserere, Domine miserere, Domine miserere.

Christe, Fili Dei, tolerans malorum (dræstoux) et piissime, habe pietatem per dilectionem tuam creatricem cum animabus defunctorum servorum tuorum. Memento eorum in die magni adventus regni tui. Fac eos dignos misericordiae, indulgentiae et remissionis peccatorum. Glorifica eos positos in parte dextera cum Sanctis tuis. Nam tu es Dominus et creator omnium, judex vivorum et mortuorum, et te decet gloria, potestas et honor, nunc etc.

Benedictus Deus noster etc. Pater noster etc.

Deinde dicit hymnum:

De tribulatione mea clamavi ad datorem vitae, et exaudivit vocem deprecationum mearum, et eduxit vitam meam a perditione.

Quando demersus eram in profundis abyssi, deprehensus eram dentibus draconis, et liberavit me Salvator mundi, et eduxit vitam meam a perditione.

Tu sola benedicta, sancta in mulieribus, habitatio et thalamus creatoris, intercede pro nobis apud Dominum, ut nos liberet a minis inferni.

Perterrita tremuit omnium peccatorum plena anima mea a terribilibus tuis judiciis, ab implacabilibus tormentis, nam voluntaria accessi ad

---

[*]) Ex P. Monier Relation de l'Armenie sacerdos rituale differt praecedente cruce et thuribulo. D.

maxima quaeque peccata, nunc stat et manet 'me implacabilis poena.
Nunc lapsus deprecor, salvator et benefactor, parce mihi peccatori et
miserere mei peccatoris maximi.

Omnipotens, dimitte peccata mea, nam Deus es poenitentium.

Et Spiritum Sanctum tuum ne auferas a me, nam Deus es poenitentium.

Et delibera me ab igne tremendo, nam Deus es poenitentium.

Sanctus Deus, sanctus et fortis, sanctus et immortalis, qui crucifixus es pro nobis*), miserere nostri.

Pro desuper pace et salute animarum nostrarum, Dominum deprecemur.

Ut exaudiat Dominus vocem deprecationum nostrarum, Dominum
deprecemur.

Ut indulgeat et remittat Deus peccata nostra, D. d.

Ut d'mittat nobis omnes transgressiones nostras, voluntarias et in-
voluntarias D. d.

Ut non cum reprobis inveniamur in die judicii, D. d.

Pro animabus defunctorum, qui cum vera et recta fide in Christo
obdormierunt, D. d.

Atque etiam unanimiter etc. Animas nostras etc. Miserere etc.

Domine, miserere, Domine, miserere, Domine, miserere.

Oratio.

Domine Deus omnipotens, miserator omnium, providens omnibus et
sciens omnia, qui scis et scrutaris profundo tuo visu secreta hominum.
Sicut et tu locutus es cum Noe et dixisti: mens hominis in malum prona
est ab adolescentia sua. Et quia laquei diaboli semper nos irretiunt,
ideo Domine, benigne respice super hunc famulum tuum, et gratiam tuam,
vitae fontem, effunde super eum, ut compunctus confiteatur opera sua
intolerabilia, et remissione dignus efficiatur. Nam didicimus a sanctis
praeceptis tuis, quod peccata, quae confitemur, diminuuntur et ad nihilum
rediguntur, quae vero non confitemur, eo magis etiam augentur et manent. Et nunc, Deus misericors, largire ei bene sapientiam, quae in
plateis viarum laudatur, et aperi os ejus ad confessionem, ne ullum occultorum et manifestorum peccatorum ejus celetur. Et deprecationes
nostras suscipe, ut digni efficiamur petere a te remissionem peccatorum
secundum infallibile illud verbum, quod dixisti Petro: Quorum remiseritis
peccata, remittuntur eis, et quorum retinueritis, retenta sunt, quapropter
gratias agentes glorificemus te cum Patre et cum Sancto Spiritu, nunc,
et semper, et in saecula saeculorum. Amen.

*Deinde, facie ad occidentem versa, sacerdos omnium dat abrenun-
tiationem.* Abrenuntiamus Satahae et omni fraudi ejus, dolis ejus, gressibus ejus, malae voluntati ejus, malis angelis ejus, malis ministris ejus,
malis factoribus voluntatis ejus et omni malae virtuti ejus.

Abrenuntiantes abrenuntiamus. *Ter.*

Deinde orientem versus dicit hanc orthodoxam professionem nostram *): Confitemur et credimus omnimode perfecto corde Patrem illum Deum, non factum, non genitum, et initio carentem. Etiam genitorem Filii, et spiratorem Spiritus Sancti. Credimus Verbum illud Deum, non factum; genitum et initium habentem a Patre ante saecula. Non est posterior neque minor, sed sicut Pater ille est Pater, ita et Filius ille est Filius. Credimus Sanctum illum Spiritum, non factum, intemporalem, non genitum, sed procedentem a Patre, coëssentialem Patri et conglorium Filio. Credimus Trinitatem illam sanctam, unam naturam, unam Deitatem. Non tres sunt Dii, sed unus est Deus, una voluntas, unum regnum, unus principatus. Creator visibilium et invisibilium. Credimus in Ecclesiam sanctam, remissionem peccatorum, communionem sanctorum. Credimus unum illum ex tribus personis, Verbum illud Deum, genitum a Patre ante saecula, in tempore descendisse in Deiparam Virginem illam Mariam, accepisse de sanguine illius, et univisse cum illa sua Deitate. Novem menses retentum fuisse in utero immaculatae illius Virginis, et factum esse Deum illum perfectum hominem perfectum, spiritu, mente et corpore: una persona, unus adspectus et unitus una natura. Deus ille homo factus est sine mutatione, sine alteratione. Sine semine fuit conceptio, et sine corruptione generatio. Sicut non est initium Deitatis ejus, ita neque finis humanitatis ejus. Quoniam Jesus Christus heri et hodie, idem et in saecula. Credimus Dominum Jesum Christum, postquam ambulasset super terram triginta annos, venisse ad baptismum. Patrem testatum fuisse: hic est Filius meus dilectus. Et Spiritum Sanctum in forma columbae descendisse. Tentatum a Satana et vicisse eum. Praedicasse hominibus salutem. Laborasse corpore, delassatum fuisse, esuriisse et sitiisse, post haec venisse voluntarie ad passiones, crucifixum et mortuum fuisse corpore, sed vivum Deitate sua. Corpus ejus positum fuisse in sepulchro unitum cum Deitate illa; et spiritu suo descendisse ad inferos indivisa Deitate illa, praedicasse spiritibus, destruxisse inferos et liberasse spiritus illos. Post triduum resuscitatum fuisse e mortuis et apparuisse discipulis suis. Credimus Dominum nostrum Jesum Christum eodem corpore sublatum esse in coelos et sedere ad dextram Patris. Etiam venturum esse eodem illo corpore et gloria Patris, ad judicandum vivos ac mortuos. Qui etiam est resurrectio omnium hominum. Credimus etiam retributionem operum: justis illis erit vita aeterna, sed peccatoribus cruciatus aeterni.

(Sequitur hic post praecedentia, quae ad eam jam referuntur, confessionis ritus, quem in suum locum infra reposuimus.)

---

*) Ex hac fidei professione, quae ad ordinationem presbyteri recurrit, videre est, quaenam sit doctrina Armeniorum Monophysitarum. Sicut caeteri Monophysitae Orientales Leonem simul et Eutychen rejiciunt; Christum Deum perfectum et hominem perfectum dicunt, et nihilominus unam in eo naturam dicunt. Quod commentum error est Jacobitarum, quae mitian quaedam species Monophysitarum est, quam Eutychiani et Julianistae sive Phantasiastae, ad quos primitus plerique Armeni pertinebant (Bibl. Or. Tom. II. Diss. de Monophysitis n. 2, 4. tom. II. p. 296). Notandus est etiam hic error qui ab Apollinari ortum ducit, quo in Christo distinguitur anima, totaeque corpus. Illius

Deinde hanc orationem:

Benedictus es, Domine Deus Redemptor noster, qui dignos fecisti omnes fideles communicari corpore et sanguine tuo, dignum fac et hunc famulum tuum, ut dignus efficiatur ultimi viatici, quod conflatur in vitam aeternam. Nam tu ipse dixisti sanctissimo ore tuo: Nisi manducaveritis carnem Filii hominis, et biberitis ejus sanguinem, non habebitis vitam in vobis. Nunc per sanctum corpus tuum et sanguinem libera eum a transgressionibus peccatorum et mortis, et sanctifica eum per gratiam tuam, ut gustando tuo salutifero corpore et sanguine, dignus efficiatur vitae aeternae, glorificans te cum Patre et cum Spiritu Sancto etc. Alleluja. Alleluja.

Miserere mei Deus, secundum magnam misericordiam tuam. Et secundum multitudinem miserationum tuarum, dele iniquitatem meam.

Lectio Isaiae prophetae. 6, 1—7.

In anno, quo mortuus est rex Ozias — peccatum tuum mundabitur.

Lectio Isaiae prophetae. 44, 21.

Memento horum Jacob — quasi nebulam peccata tua. Sed narra tu prius iniquitates tuas et confitere coram me peccata tua, ut justificeris. Ego sum, ego sum idem ipse, qui aufero iniquitates tuas propter me, et peccatorum tuorum non recordabor amplius.

Lectio epistolae Joannis Apostoli inter catholicas primae. 1, 7—22.

Carissimi, corpus et sanguis — et ipse est propitiatio pro peccatis nostris.

Lectio epistolae primae Pauli Apostoli ad Corinthios. 10, 1—4.

Nolo enim vos ignorare — petra autem erat Christus.

Alleluja. Alleluja.

Domine ne in furore tuo etc. Ps. 6.

Sancti evangelii Jesu Christi secundum Joannem, 6, 45—59.

Dominus noster Jesus Christus dicit:

Omnis, qui audivit a Patre — qui manducat hunc panem, vivet in aeternum.

Deinde dicunt Credo ejusque praeconium et orationem, et Pater noster, vide pagina 9.

Et deinde:

Christus sacrificatus distribuitur inter nos. Alleluja.

Corpus suum dat nobis cibum et sanctum sanguinem suum destillat super nos. Alleluja.

Accedite ad Dominum et illuminamini. Alleluja.

Gustate et videte, quoniam dulcis est Dominus. Alleluja.

Laudate Dominum de coelis. Alleluja.

Laudate eum in excelsis. Alleluja.

Laudate eum omnes angeli ejus. Alleluja.

Laudate eum omnes virtutes ejus. Alleluja.

Deinde magna cum reverentia dat sanctum Sacramentum dicens:

Qui praeparasti mensam Sacramenti et potasti de immortali calice sanctos tuos Apostolos hodie in sancto coenaculo, rogamus, Salvator miserere.

Munda mentes et cogitationes nostras, ut et nos communicemus cum sanctitate cum Apostolis tuis

Repleti sumus bonitate tua Domine, gustando corpus tuum et sanguinem; gloria in excelsis tibi, qui cibasti nos.

Qui semper cibas nos, mitte nobis spiritualem tuam potentiam; gloria in excelsis tibi, qui cibasti nos.

Gratias agimus tibi Domine, qui cibasti nos de immortali mensa tua, distribuens corpus et sanguinem tuum ad redemptionem mundi et vitam animarum nostrarum.

Deinde orationem hanc:

Gratias agimus tibi, Pater Domini nostri Jesu Christi, qui nos dignos fecisti coelestium donorum tuorum, communicare corpore et sanguine Unigeniti tui. Deprecamur te, Domine, ne fiat hoc nobis in judicium propter multas transgressiones nostras, sed fiat hoc nobis ad salutem animae et corporis, et ad perfectionem operum virtutis. Nunc nominetur hic „templum sanctae Trinitatis" et inveniat misericordiam coram tremendo tribunali Unigeniti tui, Domini nostri, Jesu Christi, quocum te Patrem et Spiritum etc.

Per sanctam crucem. Custos. Pater noster.

Si vis, dic et haec:

Praeconium:

Pro infirmis et omnibus aegrotis deprecemur Salvatorem nostrum Christum, ut misereatur secundum magnam misericordiam suam et curet infirmitates et morbos animae et corporis servorum suorum, et perfecta salute perducat omnes ad sempiternam et sine morbis vitam; qui missus est a Patre ad medelam generis humani unigenitus Dei Filius. Domine noster et redemptor Jesu Christe. Salva et miserere.

Oratio.

Dissipa dolores et cura morbos in populo tuo, Domine Deus noster, et largire perfectam salutem omnibus per signum potentissimae crucis tuae, per quam exaltavisti debilitatem generis humani et condemnasti inimicum vitae et redemptionis nostrae. Tu es vita nostra et redemptio, benefice et multum misericors Deus, qui solus potes remittere peccata et repellere infirmitates et morbos a nobis. Cui cognitae sunt necessitates nostrae debilitatis, tu bonorum largitor, largire copiosam tuam misericordiam creaturis tuis secundum uniuscujusque necessitatem, a quibus semper glorificata laudatur sanctissima Trinitas, nunc et semper etc. Pater noster.

2. Ex rituali Armenorum Catholicorum impresso Venetiis 1839, vertente R. D. Richter Monacensi.

Ordo communionis infirmorum.

Euntes ad infirmum dicunt psalmum Beati immaculati *usque ad finem.* Psalmus 118. Beati immaculati etc.

Deinde benedictionem Jonae. Jonas 2, 3—10: Clamavi de tribulatione mea — reddam pro salute.

Deinde hymnum:

De tribulatione mea clamavi ad datorem vitae, et audivit vocem deprecationum mearum et eduxit vitam meam a perditione. Quando de-

mergebar in profundis abyssi, comprehensus sum a dentibus draconis, et
liberavit me Salvator mundi et eduxit vitam meam a perditione.
Sola benedicta, sancta in mulieribus, habitatio et thalamus creatoris,
intercede apud Dominum pro animabus nostris, ut nos liberet a communicatione inferni.

Deinde cantant trisagion:

Sanctus Deus, sanctus et fortis, sanctus et immortalis, miserere
nostri. *Ter.*

Et deinde proclamat diaconus:

Pro desuper pace et salute animarum nostrarum, Dominum deprecemur. Domine miserere.

Ut exaudiat Dominus Deus vocem deprecationum nostrarum, Dominum.

Ut dimittat nobis omnes transgressiones nostras voluntarias et in-
voluntarias, Dominum.

Ut non cum reprobis inveniamur in die judicii, Dominum.

Pro animis defunctorum, qui vera et recta fide in Christo obdormierunt, Dominum.

Memento. Atque etiam unanimiter. Animas nostras. Miserere.

Sacerdos: Domine miserere.

Oratio.

Sacerdos: Benedictus es Domine Deus omnipotens, creator omnium
creaturarum, qui omnes credentes in te dignos effecisti, ut sumant corpus
et sanguinem tuum. Dignum fac hunc famulum tuum N., ut dignus fiat
ultimi viatici, quo perducatur ad vitam aeternam. Nam tu dixisti sanctissimo
ore tuo: Si quis non manducaverit corpus Filii hominis, et biberit sanguinem ejus, non habebit vitam in se. Libera igitur eum per vivificans corpus tuum, et per sanctum sanguinem tuum a transgressionibus peccatorum et mortis. Sanctifica languidum corpus ejus, et purifica sordidum
ventrem ejus, ut gustato corpore et sanguine tuo, sanctificatus et puri-
ficatus a peccatis, dignus efficiatur lumine regni coelorum et referat potentiam et gloriam Patri et Filio et Spiritui Sancto, nunc et semper et
in saecula saeculorum. Amen.

Deinde dicit psalmum 50. Tono lugubri.

Antiphona: Asperges me hyssopo et mundabor: lavabis me, et
super nivem dealbabor.

Psalmus: Miserere mei Deus etc. Ps. 50.

Lectio Isaiae prophetae. Is. 44, 21—22. Memento horum Jacob
— redemi te. Sed narra tu prius iniquitates tuas, ut justificeris. Ego
sum, ego sum ipse, qui deleo iniquitates tuas propter me, et peccatorum
tuorum non recordabor amplius. (Is. 43, 25.)

Lectio epistolae primae Joannis Apostoli. I, Jann. 1, 7—2, 2.

Carissimi, corpus et sanguis Jesu Christi, Filii Dei, emundat nos —
pro totius mundi.

Lectio epistolae Pauli Apostoli primae ad Corinthios. I. Cor. 10, 1—4.

Nolo enim vos ignorare, fratres — petra autem erat Christus.

Alleluja, Alleluja, Alleluja.

Benedicam Dominum in omni tempore, semper laus ejus in ore meo.

Evangelium secundum Joannem. Joann. 6, 45—50.
Dominus noster Jesus Christus dixit: Omnis, qui audivit a Patre
— vivet in aeternum.

Gloria tibi, Domine Deus noster.

Deinde dicunt Credo, ejusque praeventum et orationem.

Credimus in unum Deum Patrem omnipotentem, factorem coeli et
terrae, visibilium omnium et invisibilium. Et in unum Dominum Jesum
Christum Filium Dei, genitum a Deo Patre unigenitum, id est de essentia
Patris, Deum de Deo, lumen de lumine, Deum verum de Deo vero,
generationem non factum; eundem ipsum a natura Patris; per quem
omnia facta sunt in coelo et in terra, visibilia et invisibilia; qui propter
nos homines et propter nostram salutem descendens de coelis incarnatus
est, homo factus est, natus perfecte ex Maria Virgine per Spiritum Sanctum, per quem corpus assumpsit, animam et mentem, et quidquid est in
homine, vere et non imaginative passus, crucifixus, sepultus, tertia die
resurrexit, ascendit in coelum cum eodem corpore, sedet ad dexteram
Patris, venturus est cum eodem corpore et gloria Patris judicare vivos
et mortuos, cujus regni non est finis. Credimus et in Spiritum Sanctum,
non factum, et perfectum, qui locutus est in Lege, in Prophetis et in
Evangelio; qui descendit in Jordanem, praedicavit Apostolis, et inhabitavit
in Sanctis.

Credimus in unam solam universalem et apostolicam Ecclesiam. Et
in unum baptisma, in poenitentiam, in expiationem et in remissionem
peccatorum; in resurrectionem mortuorum, in judicium aeternum, in
regnum coelorum et in vitam aeternam.

Sed qui dicunt: Erat aliquando, quando non erat Filius; vel erat
aliquando, quando non erat Spiritus Sanctus; vel quod ex non Esse facti
sunt; vel ex alia essentia et substantia dicunt esse Filium Dei vel Spiritum Sanctum; vel quod sunt mutabiles, vel alterabiles; hoc dicentes
anathematizat catholica et apostolica sancta Ecclesia.

At nos glorificemus eum, qui est ante saecula, adorantes sanctam
Trinitatem, et unam Deitatem, Patris et Filii et Spiritus Sancti, nunc, et
semper, et in saecula.

Et diaconus proclamat:

Et etiam Dominum pacis oremus.

Domine miserere.

Atque etiam, cum fide deprecemur et petamus a Domino Deo, et a
Salvatore nostro Jesu Christo in hoc tempore cultus et precum, ut ac-
ceptabiles nos faciat, exaudiat vocem deprecationum nostrarum, accipiat
vota cordium nostrorum, remittat peccata nostra et misereatur nostri;
orationes et deprecationes nostrae omni tempore perveniant ad magnam
dominationem ejus. Et ille concedat nobis unanimiter una fide et justitia proficere in bonis operibus, ut gratiam suam misericordiae faciat
super nos.

Dominus omnipotens salvet et misereatur. Salva Domine.

Ut hanc horam et praesentem diem in pace transigamus, cum fide
deprecemur Dominum. Largire Domine.

Angelum pacis custodem animarum nostrarum petamus a Domino.
Largire Domine. Indulgentiam et remissionem peccatorum nostrorum

petamus a Domino. Largire Domine. Sanctae crucis magnam et validam potentiam in adjutorium animarum nostrarum petamus a Domino. Largire Domine.

Atque etiam unanimiter. Animas nostras. Miserere.

Sacerdos: Domine miserere.

Et sacerdos dicit orationem:

Domine noster et Salvator Jesu Christe, qui magnus es misericordia et dives donis bonitatis tuae, qui tua voluntate in illo tempore perpulisti passionem crucis et mortis pro peccatis nostris, et copiose donasti dona Spiritus Sancti beatis Apostolis, te rogamus, fac et nos participes divinorum donorum, remissionis peccatorum et Sancti Spiritus acceptionis, ut digni efficiamur animo grato glorificare te cum Patre et Sancto Spiritu nunc et semper et in saecula saeculorum. Amen.

Pax omnibus. Deum adoremus.

Muni nos tua pace, Christe redemptor noster, quae exsuperat omnem mentem et omne verbum, et intrepidos custodi nos ab omni malo. Aequipara nos veris adoratoribus tuis, qui in spiritu et in veritate te adorant. Nam sanctissimam Trinitatem decet gloria, principatus et honor, nunc et semper, et in saecula saeculorum. Amen.

Et dicunt: Pater noster, qui es in coelis.

Deinde orat sacerdos:

Sancte Spiritus, qui fons es vitae et scaturigo misericordiae, miserere hujus populi, qui inclinatus adorat tuam Deitatem, serva illos incolumes animisque eorum imprime figuram corporis mystici, ut haereditatem bonorum futurorum sortiri valeant per Christum Jesum Dominum nostrum, cum quo te, Sanctum Spiritum, et Patrem omnipotentem decet gloria, principatus et honor nunc et semper et in saecula saeculorum.

Credo in Patrem Deum verum.

Credo in Filium Deum verum.

Credo in Spiritum Sanctum Deum verum.

Confiteor et credo, quod hoc est verum corpus et sanguis Filii Dei, quod fiat nobis in propitiationem et remissionem peccatorum.

Deinde dicunt simul:

Christus immolatus distribuitur inter nos. Alleluja.

Corpus suum dat nobis in cibum, et sanctum sanguinem nobis rorat. Alleluja.

Accedite ad Dominum et illuminamini. Alleluja.

Gustate et videte, quoniam suavis est Dominus. Alleluja.

Et sacerdos dat salutiferum sanctum Sacramentum infirmo sumendum et dicit:

Os meum aperui et attraxi spiritum: quia mandata tua desiderabam.

Calicem salutaris accipiam: et nomen Domini invocabo.

Et dicunt hymnum:

Qui praeparasti mensam Sacramenti, et potasti de calice immortali sanctos tuos Apostolos in sancto coenaculo. Rogamus, Salvator, miserere.

Et dum communicat, gloriam dant et dicunt:

Repleti sumus bonitate tua, Domine, gustando corpus tuum et sanguinem.

Gloria in excelsis tibi, qui cibasti nos, qui et semper cibas nos. Mitte nobis spiritualem tuam potentiam. Gloria tibi, qui cibasti nos!

Praeconium.

Diaconus: Et etiam Dominum pacis rogemus.

Et etiam, postquam cum fide recepimus divinum, sanctum, tremendum, immortale, immaculatum, et incorruptibile Sacramentum, Domino gratias agamus.

Gratias agimus tibi, Domine, qui cibasti nos ex immortali mensa tua, distribuendo nobis Corpus et Sanguinem tuum pro salute mundi et vita animarum nostrarum.

Deinde dicit sacerdos gratiarum actionem:

Gratias agimus tibi, Pater Domini nostri Jesu Christi, qui dignos fecisti nos servos tuos horum divinorum et tremendorum donorum, recipere verum corpus et sanguinem unigeniti Filii tui, Domini nostri Jesu Christi. Deprecamur te, Domine, ne fiat hoc nobis in judicium propter multa peccata nostra, sed largire hoc nobis ad salutem animi et corporis nostri, et ad vigilantiam cogitationum, et ad operationem bonorum operum et omnis justitiae, ut per hoc emundes nostram animam, mentem et corpus, et facias nos templum sanctae Trinitatis, ut inveniamus misericordiam coram terribili tribunali unigeniti Filii tui, Domini nostri et Salvatoris Jesu Christi, cum omnibus Sanctis, et gratias agentes glorificemus consubstantialem Trinitatem, Patrem et Filium et Sanctum Spiritum, nunc, et semper, et in saecula saeculorum. Amen.

Diaconus: Per sanctam crucem rogemus Dominum, ut per eam deliberet nos a peccatis, et salvet gratia misericordiae ejus. Omnipotens Domine Deus noster, salva et miserere.

Sacerdos: Custos, et spes credentium, Christe Deus noster, custodi nos servos tuos sub umbra sanctae et honorabilis crucis tuae in pace, et redime nos a visibili et invisibili inimico, et dignare nos gratiarum actione glorificare te cum Patre et Sancto Spiritu, nunc, et semper, et in saecula saeculorum. Amen.

Benedictus Dominus.

Pater noster, qui es in coelis.

Sed si infirmus sit morti vicinus, sacerdos, data absolutione, dicat: Credo in Patrem Deum verum, *et det salutiferum sanctum Sacramentum, et gratiarum actionem persolvat.*

RITUS POENITENTIAE.

Ritus poenitentiae apud Coptitas.

I. Ordo poenitentiae Coptitarum.

1. Ordo poenitentiae Copticus ex Renaudotio.

(Hunc ordinem ex codice arabico Colbertino, Tripoli anno Graecorum 1721, Christi 1409 scripto, quem ipse ex Syriaco traductum putabat, vertit in opere suo MS. de poenitentia fol. 14. sqq., praecipuamque ejus ac finalem orationem gallice edidit in Perpétuité l. 4. c. 8. col. 871. In notis ad hunc ordinem eum ecclesiae Syriacae Jacobiticae tribuit. Nos vero, cum jam ritum poenitentiae Copticum detegere desperabamus, qui in nullo codice Vaticano, neque apud Assemanum, neque apud Maium occurrit, ex certissimis rationibus hunc ordinem Coptorum esse deprehendimus. Nam praeter allegatos S. Athanasii canones, quos ex Vanslebio, eos in Historia patriarcharum Alexandrinorum edente, et ipso Renaudotio (Perpétuité l. 9. c. 8. col. 1172) Alexandrinae ecclesiae esse constat, oratio praecipua ac finalis: Domine Jesu Christe, Fili unigenite, Verbum Dei Patris, est celeberrima illa oratio absolutionis ad Filium, quae est in liturgia Coptica (Lit. Orient. T. I. p. 3.) et in ordine communi Aethiopum (Ibid. p. 478. sq.) et quae absolutionis formula apud Aegyptios S. Sedi Apostolicae unitos remansit. Occurrit etiam altera oratio absolutionis ad Patrem: Domine Deus omnipotens, qui sanas corpora nostra et spiritus nostros, quae dicitur in liturgia Coptica ante communionem (Ibid. p. 21) et in ordine communi Aethiopum (Ibid. p. 491). Quae orationes ita Coptitis sunt propriae, ut ordinis originem certissime ad eos referant. Occurrunt etiam, vel huc referri possunt, quae a missionariis de ritu poenitentiae apud Coptitas traduntur, ut est benedictio illa, quae a Bernato memoratur. Quod arabice versus hic occurrat ritus Aegyptiacus, mirari non debemus, cum codices liturgici Coptorum semper arabica versione sint muniti. Nec minus mirum videri debet, si in Tripoli, Syriaca sane, descriptus fuerit, cum quaedam rituum communio Jacobitas inter et Coptitas occurrat, quod nempe Jacobitae ritus quosdam Alexandrinorum amplexi sunt, uti in prolegomenis notavimus.)

De illis, quae medicum (spiritualem) scire opus est.

Primo absolutionem ei dare non oportet, cui veniam dare non convenit, ne ab ipso sacerdote ratio exigatur peccatorum alterius. Verum si sciat peccatorem, nisi venia ipsi concedatur et remissius cum eo agatur, ab obedientia recessurum, neque poenitentiam subiturum, tunc moderari erga eum sacerdotem oportet, et levissimam quantum canones permittunt poenitentiam ipsi injungere. Suscipiet igitur illum sacerdos sicut susceptus est filius prodigus, et sicut sanctus Joannes evangelista suscepit latronem, qui fugerat in montem et se latronum ducem constituerat, cujus manus humano sanguine pollutae erant. Eodem modo poenitentiarius, cum agnovit poenitentis peccata esse multa, dolorem de illis levem esse et mediocrem, suscipiat illum, seque illi facilem praebeat, fiduciam habens in Dei erga homines benignitate, qui amat, ut poenitentiam agant et ad se redeant. Sequatur illa Joannis Chrysostomi verba, qui ita loquebatur: Moneo et hortor unumquemque vestrum, quod si convertatur a pristina sua nequitia, et convertatur ad Deum per puram sinceramque poenitentiam, nihil ab eo Deus requiret amplius. Non igitur oportet, gravius quidpiam sacerdotem poenitenti imponere, maxime cum scit, illum, quod imperatur, humiliter suscepturum. Ita de quodam pastore memorat Sanctus Joannes Climacus, qui latronem dispensavit, ne coram monachorum, qui in monasterio erant, multitudine confessionem faceret, testatus se illam coram quibusdam illorum fecisse: canones etiam erga illos mitigavit; poenitentiarioque suo dixit, illos poenitentiae modum a se jam accepturos. Scribit etiam, quosdam ita apud se confessos fuisse, quibus moderationem adhibuit, ut sponte venirent ad poenitentiam. Dicit quoque Sanctus Athanasius in canone LXXXVIII.: Tu o sacerdos, qui ordinis dignitatem super terram a Deo accepisti, perpende et discute diligenter quorum retinebis peccata, et quibus ea remittes. Si enim quibusdam gravius quidquam imponas, quod sustinere non possint, nec obedierint, peccatum sacerdoti imputabitur, illudque audiet a Domino: alligatis onera gravia et imponitis illa super colla discipuli, neque illa vel digito attingitis. D. etiam Basilius ita loquitur. Sacerdotum nullus gravius quidquam poenis canonicis adjiciet, et plebi imponet, ultra canones patrum nostrorum apostolorum. Scire quoque illum oportet, peccata illa, quibus in lege veteri mortis poenam Deus constituit erga illos, qui illa perpetraverunt, secundum patrum sententiam arcere ab Eucharistiae communione. In veteri lege mors erga homicidam constituta erat: in nostra prohibetur ab Eucharistia, prohibenturque simul causae homicidium inducentes, ut ira et odium. Vetus lex interfici jubebat fornicatorem, adulterum, masculorum concubitorem, qui cum bestiis coinquinantur, et similium criminum reos: nova prohibet eos ab Eucharistiae communione prohibetque simul causas ad eadem ducentes, ut aspectum et concupiscentiam. Vetus lex morte puniebat, qui praeterquam Deo religiosum cultum deferret, magos, divinos et hariolos: nova illos a communione repellit, ut eos etiam, qui talium participes sunt, aut qui illis familiariter utuntur. Uno verbo omne quodcumque peccatum ex Dei praecepto poenae capitali reum illius subjiciebat, apud nos prohibet ab Eucharistiae communione, ut prohibentur etiam causae ad peccatum ducentes. Ministro poenitentiae auctoritas nulla est, ut quem in aliqua ejusmodi peccata cecidisse sciat, non arceat ab Eucharistiae communione,

saltem modico temporis spatio. Causa haec est; quod mortis poena
vitae privatio est, quam amittere hominem necessarium omnino est, sive
occidatur, sive naturali morte diem obeat. Oportet igitur graviorum
peccatorum reos spirituali vita privari, nempe corpore sancto Domini
Jesu vivo et vivificante. Ideo enim scriptum est: ejecit Adam, ne comederet ex arbore vitae et viveret. Peccata vero, quibus in veteri lege
poena mortis constituta non erat, illis nova lege praecipit jejunium, abs-
tinentiam, prostrationes et orationem: in quo sacerdoti poenitentiae
magistro arcendi a communione et eam permittendi potestas est. Et
Joannes evangelista in epistola sua dicit: qui commisit peccatum non ad
mortem, de eo nihil quod vobis dicam habeo, nisi quod, ut praecepi
vobis, cito illi veniam detis.

*Absolutio super eum, qui confessionem facit, postquam ipse et
confessor simul oraverint.* Pater noster, qui es in coelis. *Quinquaginta.*
Peccavi Domine. Christe parce mihi propter nomen tuum sanctum, *quod
dicitur centies.* Kyrie eleison *centies. Tum poenitens flectet genua, caputque inclinabit, manifestabitque sacerdoti, quidquid in animo habet*).
Sacerdos dicit super eum orationem sequentem.*

Deprecamur te, Pater sancte, amator bonitatis, ne inducas nos in
tentationes, neque unquam praevaleant adversus nos: sed libera nos ab
omnibus operibus immundis, et cogitationibus illorum, complacentia, sensu
et moribus illorum. Inimicum, qui nos tentat, compesce a nobis, depelle et rejice illum: comprime motus et fraudes ejus quae nobis do-
minantur. Depelle a nobis cogitationes omnes, quae nos impellunt ad
peccatum, perniciem animarum nostrarum et corporum nostrorum. Procul
fac a nobis consilium malignorum, et conserva nos omni tempore per
dexteram tuam fortem et vivificantem, quia tu es auxiliator, et defensor
noster, atque in te exultabunt corda nostra: per gratiam et benignitatem
Filii tui unigeniti, Domini Dei, doctoris et salvatoris nostri Jesu Christi,
cui debetur gloria, tecum et cum Spiritu tuo Sancto, nunc et semper in
saecula. Amen.

Alia oratio.

Domine Deus omnipotens, pater Domini Dei salvatoris et regis
nostri Jesu Christi, qui dilexit nos et benigne largitus est nobis dignitatem filiorum, ut filii Dei vocaremur et essemus, atque ita efficeremur
pars et sors tua, Deus Pater, et participes haereditatis unigeniti Filii et
Christi tui. Rogamus et deprecamur te, ut inclines aurem tuam ad pe-
titionem nostram, et audias nos servos tuos prostratos coram te. Munda
hominem interiorem nostrum ad formam unigeniti Filii tui sanctificans,
et procul fac a nobis desiderium fornicationis et omnem cogitationem
impuram, propter Deum, qui natus est. Superbiam et malum primarium,
cordis nempe elationem, procul fac a nobis, propter eum, qui nostri solum causa se humiliavit: timorem, propter eum, qui passus est in corpore
pro nobis, et resurrexit per victoriam crucis; propter eum, qui colaphos
et verbera sustinuit pro nobis, nec avertit faciem suam ab ignominia

---

*) Alvaresius ap. Legrand diss. 11. p. 332. refert, Aethiopes stantes con-
fiteri.

sputorum. Invidiam, homicidium, malitiam, odium depelle a nobis propter agnum Dei, qui tollit peccata mundi. Jam et cogitationes iniquas depelle a nobis, propter illum, qui scripturam peccatorum nostrorum manibus suis affixit ligno crucis. Diabolum et satellites ejus depelle, propter eum, qui contrivit capita maligni, et potestates tenebrarum spoliavit. Cogitationes malas et terrestres omnes depelle a nobis propter eum, qui ascendit ad coelos, ut postquam mundati fuerimus, tunc participes simus mysteriorum tuorum purificantium, per quae perficiatur integra nostra mundatio in animabus, corporibus spiritibusque nostris, et participes efficiamur corporis, figurae, et sortis, cum Christo tuo, cui debetur gloria, honor et adoratio tecum et cum Spiritu tuo Sancto, nunc et semper, et in saecula, Amen.

Alia oratio.

Domine Deus omnipotens, qui sanas corpora nostra et spiritus nostros, qui dixisti patri nostro Petro, ex ore unigeniti Filii tui Domini et Dei nostri Jesu Christi: tu es petra et super hanc petram aedificabo Ecclesiam meam, et portae inferi non praevalebunt adversus eam, et tibi dabo claves regni coelorum, et quod ligaveris super terram erit ligatum in coelis, et quod solveris super terram erit solutum in coelis; nunc, Domine, servus tuus iste N. cum ministerio infirmitatis meae absolvatur ore meo et ore Spiritus Sancti, o bone et amator hominum Deus, per Filium tuum, qui tollit peccata mundi. Incipe suscipere poenitentiam servi tui N. concedens illi lumen, cognitionem et remissionem culparum, quia tu es clemens, misericors, longanimis, multae misericordiae et justus. Et quamvis peccaverimus contra te, verbis, cogitatione et opere, dimitte et parce nobis, o bone et amator hominum. Praesta, ut absolvamur, et iste servus tuus N. absolvatur ab omni peccato, ab omni maledictione, blasphemia, falso judicio, et societate cum haereticis et apostatis. Concede etiam nobis, Domine, intelligentiam, fortitudinem et prudentiam, ut usque in finem fugiamus ab omni opere maligni, adversarii nostri. Da nobis, ut faciamus voluntatem tuam omni tempore: et scribe nomina nostra cum coetu Sanctorum tuorum in regno coelorum, per gratiam et clementiam Filii tui unigeniti, Domini Dei regis et salvatoris nostri Jesu Christi, cui sit gloria in aeternum. Amen.

Tunc benedicet illi sacerdos, dicens: Benedic, Deus, servo tuo N. et conserva illum et transfer illum ab iniquitatibus suis; confirma illum in vestigiis virtutis, et dimitte illi omnia quaecunque peccavit contra te et contra plebem tuam; quaecunque commisit, sciens vel nesciens. Muni illum potentia crucis tuae vivificantis, ne ad eum accedat inimicus boni: praefice custodiae illius angelos tuos sanctos, ut a dextris et sinistris illum circumdent, neque sinant, ut iterum labatur, neque valeat inimicus ejicere illum ex ovili gregis tui. Sit vas electum Filio tuo unigenito Domino et Deo nostro Jesu Christo: idque obtineat per intercessionem Dominae omnium nostrum, quae intercedit pro salute nostra, Virginis Sanctae Mariae, Sancti et gloriosi Joannis praecursoris et Baptistae, Mathaei, Marci, Lucae et Joannis evangelistarum, omniumque martyrum et sanctorum. Amen.

Ab initio usque ad hunc locum poenitens tres inclinationes prostra-tus faciet coram altari, et aliam ad pedes sacerdotis poenitentiarii, quos *osculabitur, rogans ut oret pro eo*). Tum ibit ad locum suum et incipiet canonicam poenitentiam sibi impositam, diligenter, cum animi fervore et cordis ardore. Cum vero ea perfecerit, quae sibi a poenitentiario praecepta fuerunt, canonemque suum compleverit, quotidie illi narrabit quaecunque sibi accidunt, sive bona sive mala, neque celabit illi quidquam, quod ad se pertineat, si in virtute profecerit, cum pietatis augmento. Nam impellet eum inimicus, ut opera bona plura suscipiat, quam praescripserit magister poenitentiae, ut in taedium et scandalum injiciat illum, sensimque illum eo ducat, ut magistro non obediat in exercendis bonis operibus. Verum doctor poenitentiae Joannes dicebat illis, qui ipsi confitebantur: ne plus faciatis, quam vobis praeceptum fuit. Et Apostolus Paulus, non sufficientes sumus ex nobis, cogitare quidquam, tanquam ex nobis. Cum igitur poenitens perfecerit, quae magister illi injunxit, et labore suo defunctus fuerit, tempusque est, ut admittatur ad mysteriorum sanctorum participationem, non communicabit, donec ad magistrum venerit, qui pronuntiabit super eum hanc orationem.*

Domine Jesu Christe, Fili unigenite, Verbum Dei Patris, qui dirupisti omnia vincula peccati per passionem tuam vivificantem, qui inspirasti in faciem discipulorum tuorum sanctorum, Apostolorum tuorum piorum, dixistique illis: accipite Spiritum Sanctum: cuicunque remiseritis peccata sua, remissa erunt, et quae retinueritis ei, erunt retenta: tu, Domine, per Apostolos tuos sanctos concessisti illis, qui sacerdotio fungerentur semper in Ecclesia tua sancta, ut remitterent peccata super terram, ligarentque et solverent omnia delictorum vincula. Nunc igitur obsecramus et rogamus benignitatem tuam, amator hominum, pro servo tuo isto N. et me misero, qui inclinamus capita nostra coram gloria tua sancta, ut exhibeas misericordiam tuam. Dirumpe a nobis vincula peccatorum nostrorum: et quamvis peccaverimus contra te, scienter vel ignoranter, per cordis duritiem, opere, verbo, cogitatione aut . . . . tu, qui nosti infirmitatem humanam tanquam Deus bonus et hominum amator, concede nobis remissionem peccatorum nostrorum; benedic nobis, munda nos, fac nos absolutos: imple nos timore tuo; dirige nos ad voluntatem tuam bonam: quia tu es Deus noster; et tibi debetur gloria et magnificentia, cum Patre tuo bono, et Spiritu Sancto tuo nunc et semper et in saecula. Amen**).

---

*) Ad hunc locum videntur pertinere, quae a P. Bernato referuntur, post benedictionem datam poenitentem iterato dicere se peccasse, absolutionemque petere, quam sacerdos his verbis impertitur: Sis absolutus ab omnibus peccatis tuis. Forsan petitio illa fit illis verbis, quae apud PP. Mendez et Tellez habentur: peccavi, peto, ut mihi absolutionem impertiaris.

**) Testantur P. Tellez (ap. Legrand diss. 11. p. 332) et Harris (Part. II. p. 179) sacerdotes Aethiopes post absolutionem poenitentem leviter ramo oleastri percutere. Ridiculas narratiunculas, quas inde Ludolfus (l. 3. c. 6. n. 52) effinxit, nos transmittimus. Fuit autem iste mos quondam in ecclesia etiam Latina praesertim in absolutione a censuris, sed et Romae adhuc viget in basilicis majoribus.

2. Ordo poenitentiae Coptorum unitorum ex Tukio.

(Utile visum est hic superaddere ordinem poenitentiae Coptitarum unitorum, qui est sola oratio absolutionis ad Filium, ex Coptico originali versum,
cum vocibus graecis, qualis habetur in Euchologio Tukiano pag. ρλς΄, additis
variantibus ex Renaudotio Liturg. Oriental. T. I. p. 4. et 478, quae ad missionariorum de absolutionis forma Aethiopica relationes intelligendas proderunt.)

Ordo (ἀκολουθία) mysterii (μυστήριον i. s.) manifestationis (= confessionis), i. e. mysterii Poenitentiae (μετάνοια).

*Post manifestationem (= confessionem) peccatorum, sacerdos dicat
hanc absolutionem super conversum (= μετανοεῖν).*

Dominator Domine Jesu Christe, unigenite Fili et Verbum (λόγος)
Dei Patris, qui dirupisti omnia vincula peccatorum nostrorum per passiones tuas salvantes vivificantes, qui insufflasti in faciem sanctorum (ἅγιος)
tuorum discipulorum (μαθητής) et Apostolorum (ἀπόστολος) sanctorum
dicens eis: Accipite Spiritum (πνεῦμα) Sanctum: quorum remiseritis peccata, remittuntur eis, et quorum retinueritis, retinebuntur eis: tu nunc,
Domine noster, per Apostolos tuos sanctos donasti operantibus in sacerdotio secundum (κατά) tempus (= omni insequenti tempore) in Ecclesia
tua sancta, remittere peccata, ligare et solvere omnia vincula iniquitatis
(ἀδικία).

Nunc igitur rogamus et obsecramus benignitatem (ἀγαθός) tuam,
amator hominum, super servum tuum hunc, qui inclinat caput suum ante
conspectum gloriae sanctae tuae: largire ei misericordiam tuam, et dirumpe omnia vincula peccatorum ejus, si peccavit tibi, sive scienter, sive
ignoranter, sive in anxietate[1] cordis, sive in verbo sive in opere, sive
ex pusillanimitate. Tu, Domine, cognoscens infirmitatem (ἀσθενής)
hominum, utpote [ὡς] bonus (ἀγαθός) et hominum amans Deus, dona
(χαρίζεσθαι) ei remissionem peccatorum suorum[2], liberabitur (= absol-
vetur = absolvatur) a sanctissima (παναγία) Trinitate (Τριάς), Patre et
Filio et Spiritu Sancto, et per os humilitatis (ἐλάχιστος) meae[3], quoniam benedictum et plenum gloria nomen sanctum tuum, Pater et Fili
et Spiritus Sancte, nunc et semper et in saecula saeculorum. Amen.

---

[1] R. duritia. — [2] R. add. benedic nos et purifica nos, absolveque nos et omnem populum tuum; imple nos timore tuo et dirige nos ad voluntatem tuam sanctam, quia tu es Deus noster et tibi debetur gloria, honor et potestas cum Patre tuo
bono et Spiritu tuo Sancto nunc etc. — [3] R. Servi tui . . . . absoluti sint ex ore
sanctae Trinitatis, Patris, Filii et Spiritus Sancti, et ex ore unicae, solius, sanctae,
catholicae et apostolicae Ecclesiae; ex ore duodecim Apostolorum, et ex ore con-
templativi evangelistae Marci, apostoli et martyris, ut etiam patriarchae Sancti Severi et doctoris nostri Sancti Dioscori, Sancti Joannis Chrysostomi, Sancti Cyrilli,
Sancti Basilii et Sancti Gregorii, necnon ex ore trecentorum decem et octo Nicaeae
congregatorum et centum quinquaginta qui Constantinopoli, centum qui Ephesi, ut
etiam ex ore venerandi Patris nostri Archiepiscopi Anba N., ejusque in ministerio
apostolico consortis venerandique Patris episcopi Anba N. et ex ore humilitatis meae,
qui peccator sum, quoniam etc. In ordine communi Aethiopum additur adhuc B. V.
Maria, prophetae eorumque filii, discipuli septuaginta et quingenti socii eorum, S.
Athanasius.

II. Modus recipiendi apostatae vel fornicatoris.

(Habetur gallice apud Vansleb Histoire de l'église d'Alexandrie part. 4. sect. 2. c. 12. p. 189. et quoad ablutionis ritum et formam apud Renaudot Perpétuité l. 4. c. 4. col. 873. qui eam in collectione canonum Abulbircati esse testatur.)

Cum recipitur apostata vel fornicator ad communionem, sacerdos benedicit bacile aqua plenum, ter oleum*) immittit in crucis forma, in nomine sanctissimae Trinitatis, legitur I. Tim. 1, 3—16, Psalmus 24, Lucae 15, 9—10. Deinde recitat orationem et legit super ipsum orationem absolutionis, benedicit aquam, signum crucis super ipsam faciens dicensque: unus Pater sanctus etc. Tunc recitatur psalmus 150, vestibus eum omnino exuit, ter aquam super eum fundit dicens: Ego te lavo in nomine Dei Patris, et Filii et Spiritus Sancti. Amen. Vestibus eum indui jubet et caput inclinare, dum ipse orationem super eum recitat: legit super ipsum orationem absolutionis Filii Dei, tunc dicit: Sanatus es, noli amplius peccare; communionem ei praebet et ei dat benedictionem.

Ritus poenitentiae apud Syros Jacobitas.

I. Ordo poenitentiae Dionysii Barsalibi, metropolitae Amidensis.

(Hujus ordinis partem priorem, hoc est usque ad orationes, edidit syriace et latine Abrahamus Eechellensis in epistola ad Leonem Allatium, in hujus opere de octava synodo Photiana Romae 1662 c. 15. p. 650. ex Jacobitarum rituali, uti ait. Edidit etiam ex codice Syr. Vaticano 27 J. S. Assemanus Bibliothecae Orientalis Tom. II. p. 172—174. Partes aliquas praecipuas et totam ritus seriem gallice tradidit Renaudotius in Perpétuité l. 4. c. 2. col. 866; c. 3. col. 870; c. 4. col. 879. Binam versionem latinam reperire datum fuit in ejus opere MS. de poenitentia folio 1. sqq. fol. 93. sqq. quae in eo praestant, quod orationes et responsoria integre exhibeant. Quae cum non differant nisi in paucissimis et altera minus correcta videatur, meliorem infra inseremus, additis alterius varietatibus.)

1. Ordo poenitentiae Dionysii Barsalibi ex Assemano.

Quum quis peccata sua vult confiteri, sive inimicitiae sint, seu ebrietas, aut quaelibet alia legis praevaricatio, oportet episcopum, aut archimandritam, aut presbyterum exactam diligentiam adhibere, primum, ne ex iis, quae audit, detrimentum aliquod in ipsum derivetur; deinde ne confessionem ullo modo revelet; neve eum ullatenus apud seipsum parvipendat, qui peccata sua confitetur, sed eodem ipsum loco habeat, quo ante confessionem; denique ut nullam poenitentis rationem habeat seu

---

*) Ex Renaudotio chrismate benedicitur aqua.

propter amicitiam, aut propter ~~manus~~ medicus etiam ~~~~~~ ~~~~~~
congruum morbis remedium porrigere debet. Sic autem confessionem
excipiet.

Debent ad ecclesiam procedere. Is autem, qui confessionem excipit, sedeat ad fores ecclesiae: poenitens vero aperto capite, dextrum
genu flectat, manibus ad pectus complicatis, oculisque in terram defixis,
confiteatur absque rubore, et nihil omnino abscondat ab eo, sed aperiat
cogitationes suas, et quidquid ab ipso gestum fuerit, sive dextrum, sive
sinistrum, sive bonum, sive malum. Sacerdos similiter oculos in eum ne
conjiciat. Postquam autem ille confessus fuerit, et peccatum suum ape-
ruerit, contestabitur eum, inquiens: Vide ne amplius ad opera tua re-
vertaris, ego tibi hic dimitto, et Deus in coelo. Et quoniam hanc mihi
rem hic revelasti, non amplius ea revelabitur in judicio, nec sententiam
ejus causa, subibis.

Poenitente igitur utrumque genu flectente, manusque ad pectus com-
plicante, incipit episcopus, aut sacerdos, cui hoc munus commissum est,
et dicit, Gloria, et responsoria, et cantus. Mox pergit ad preces pro
singulis peccatis: et imposita capiti ejus dextera, recitat orationem illius
peccati propriam. Deinde congruum peccatis ejus canonem ipsi injungit.

Oratio principii. Gloria Patri etc. *Poenitens.* Amen. *Sacerdos.*
Averte, Domine, oculos tuos a pravis nostris operibus propter misericordiam tuam etc. *et dicunt responsorium ad psalmum,* Miserere mei Deus.
Peccavi tibi, qui peccatorum misereris etc. *(tot autem sunt responsoria
quot versus ipsius psalmi.) Sacerdos orat.* Propitius esto, Domine, peccatoribus te invocantibus etc. *Responsorium ad psalmum,* Deus, Deus
meus. Terram bonam et pulchram fac me propter tuam gratiam etc.
Oratio. Extende, Domine, manum misericordiae tuae etc. *Prooemium.*
Laus etc. Et Domino optimo, qui gaudet de peccatoribus etc.

Oratio, quae sedra, hoc est, series dicitur: Deus, qui es pius et
sanctus etc. *Cantus.* Vocibus confessione plenis etc. Epistola Pauli
Apostoli ad Ephesios. Fratres: hoc enim dico, et contestor in Domino.
Amodo nolite ambulare, sicut coeterae gentes etc, Alleluja. *Versus.* Sed
redde mihi laetitiam et salutare tuum, et Spiritum Sanctum tuum ne auferas a me. Evangelium Matthaei Apostoli. Quid vobis videtur? Si quis
habueri centum oves, et una ex iis perierit etc. *Atque hic imponit
manum suam sacerdos super caput poenitentis, et dicit hanc orationem.*
Domine Jesu Christe misericors et clemens etc.

Oratio communis pro quolibet peccato: Misericordiam tuam, Domine,
mitte etc.*)

Et insufflat in faciem ejus, tribus vicibus, inquiens: Dissipetur hoc
peccatum ab anima et a corpore tuo in nomine Patris, Amen. Sanctificatus et mundatus esto ab eo in nomine Filii, Amen. Dimittatur et
condonetur tibi in nomine Spiritus Sancti, Amen. *Et post orationem*

---

*) Sequuntur, ait Assemanus, in eodem codice orationes variae pro di-
versis peccatis, et pro adulteris et fornicatoribus, pro muliere, quae conceptum
ex fornicatione foetum interficit, quae etiam habentur in rituali Jacobitarum
ad calcem codicis Ecchellensis b

canant hunc hymnum S. Jacobi, cantu flebili et voce lamentabili. Veni in-
felix, et affer lacrymas poenitentiae etc. Quo hymno persoluto, dicunt,
Sanctus Deus, et Pater noster qui es in coelis.

2. Ordinis poenitentiae Syrorum pars prior ex Abrahamo Ecchellensi

Ordo universalis de omnibus iis, qui confessionem emittunt, prout praeceptum est.

Quoties accedit homo ad confitenda et aperienda sua errata, adulterium scilicet, sive fornicationem, sive homicidium, sive furtum, sive fraudem, sive criminationem, sive quidquid ejusmodi est operum malorum peccati, oportet, ut episcopus, sive presbyter, sive quisquis mediator est et confessioni praefectus magnopere caveat: primo, ne unquam manifestum faciat id, quod audivit, sed ut Deus misericordia moveatur erga peccatores, nec temnat omnino, aut aspernetur eum, qui peccavit; secundo, ne diminuatur prorsus in oculis ejus homo ille, eo quod percepit peccatum ejus; et quantumcunque durum et amarum sit ejus peccatum, ne dejiciat eum spe, neque despiciat, sed quemadmodum aspiciebat illum ante confessionem, sic aspiciat illum; verum etiam nec accipiat faciem ejus sive propter amicitiam aliquam, sive propter spem lucrorum immundorum, seu donorum et munerum. Quippe qui medicus spiritualis est, adeoque oportet, ut juxta mensuram morbi dimetiatur ipsi medicamenta sanitatis, prout satis est peccatori ad ferendum. Fiat autem confessio ita. Ad portam ecclesiae sedeat ille, qui excipit, nempe sustinet confessionem, sive ante januam altaris, poenitens vero aperto capite et genu dextero super terra flexo, et inclinatus oculis in terram defixis et complicatis ante pectus manibus *), confiteatur tanquam coram Deo confessionem perfectam ac sine verecundia, nec aspiciat illum, cui confitetur et aperit; neque is in eum aspiciat, quoniam ipsi Deo, qui omnia videt ante esse, offertur confessio. Tunc respondebit sacerdos et dicet poenitenti omni tranquillitate et suavitate: Vide, mi dilectissime et scito, quod si ex toto corde tuo confiteris et caves, ne iterum et in aeternum facies, quod modo revelasti, nec reverteris ad peccatum, ecce ex nunc Deus per me tibi dicit: remissa sunt peccata tua et opera ista peccatorum, quae voluntarie revelasti ac te fecisse confessus es, nequaquam iterum revelabuntur, neque in die magni judicii, neque ratio pro illis a te exigetur a judice justo. Tunc vero imponit illi canonem prout ipsi videtur, jejunium scilicet ad tempus determinatam et genuflexiones temporibus orationum, et misericordiam, scilicet eleemosynas pauperibus elargiendas, secundum ejus facultatem.

---

*) Ex eodem Abrahamo Ecchellensi in epistola ad Morinum (Antiquitates ecclesiae Orientalis clarissimorum virorum dissertationibus epistolicis enucleatae, Londini 1682 epist. 66. p. 331.) Maronitae stantes, vel sedentes, vel genuflexi confitentur, prout locus et tempus postulant.

3. Ordo Barsalibaei ex Renaudotio.

Ordo observandus circa eos, qui confessionem faciunt, quae graece vocatur ἐξαγγελία.

Quandocumque aliquis quaerit confiteri peccata sua adulterii, fornicationis, homicidii [1], injuriae, ebrietatis, aut cujuscumque diversi generis iniquitatis, oportet episcopum vel sacerdotem confessionibus praepositum [2] attentionem magnam habere, primo ne apud se eos, qui confitentur, despiciat [3] propter illa quae audit, tum ne ullatenus revelet confessionem; neque eum, qui confitetur peccata sua, publice [4] videatur despicere, sed ut prius ita illos aspiciat, et de illis existimet. Tum ne personarum acceptor sit, propter amicitiam aut munus aliquod: medicus enim est animarum, et juxta morbi rationem medicamenta debet adhibere. Sic autem suscipiet confessionem.

Oportet ire illos ad ecclesiam, ad cujus ostium sedebit qui suscipit confessionem; poenitensque caput deteget, flectetque genu dextrum super terram, manibus super pectus junctis, vultu in terram dejecto [5], confitebitur nihil dissimulans, sacerdosque interea illum non aspiciet [6]. Postquam vero confessus fuerit peccata sua, contestabitur sacerdos illi dicens: Vide ne [7] illud crimen iterum committas: et ego hic remitto illud tibi, et Deus in coelo: crimen quoque quod hic mihi revelasti, non revelabitur in die judicii, neque propter illud poenam incurres. Tum poenitens genua flectet, manusque junctas habebit super pectus suum: episcopus aut sacerdos [8] canet doxologiam, responsoria et versus dicentur. Postea dicet orationes pro singularibus peccatis imponens dexteram super caput poenitentis et propriam orationem [9]. Deinde imponet illi canonem sive poenitentiam convenientem peccatis suis: quod si vere credat, veniam illi Deus concedet.

Oratio principii. Domine, per gratiam tuam ne attendas ad mores nostros perversos, neque respiciat justitia tua ad opera nostra mala. Verum arma nos perpetuo fortitudine tua misericordi. Dirige gressus nostros in semitis tuis rectis, deduc nos per miserationes tuas ad portum vitae, laetifica nos per promissiones tuas desiderabiles, ut illic in choris angelicis cum jubilo [10] canamus tibi gloriam et laudes, Pater, Fili et Spiritus Sancte; tibi gloria in saecula [11].

Responsorium (tono) Miserere mei. Peccavi tibi, tu qui misereris peccatorum: gloria miserationibus tuis, Deus; et sicut illae inclinaverunt te, ut descenderes pro salute nostra, Domine, Domine, bone et mitis, suscipe precem meam, qua deprecor te. Domine, miserere mei secundum clementiam tuam, Domine bone, et parce mihi delicta mea. Peccata mea [12] circumdederunt me, et angustia mihi est propter multitudinem criminum meorum. Ad te [13], Domine mitis, ecce peto veniam delictorum

---

[1] Add. furti. — [2] Deest confessionibus praepositum. — [3] Ne animo deficiat. — [4] Deest publice. — [5] Oculos dejiciens. — [6] Deest sacerdosque aspiciet. — [7] Quod si non amplius — ego. — [8] Deest aut sacerdos. — [9] Et imposita manu dextera super caput poenitentis dicet aliam orationem pro eo, qui in peccato est. — [10] Deest cum jubilo. — [11] Add. saeculorum, Amen. — [12] Add. et manus meae — [13] A te.

meorum. Mare miserationum et clementiae, parce delictis meis et dimitte defectus meos: cum dolore, lacrymis, et gemitu te deprecor, ut parcas delictis meis, Domine. Gloriamque et laudes[1] offeremus[2] Patri, adorabimus Filium, et gratias agemus Spiritui Sancto, Domine.

Oratio post Miserere mei. Miserere, Domine, peccatorum, qui invocant te, et placatus esto errantibus, qui ecce nunc deprecantur te. Quaere perditos, qui expetunt te, neque negligas eos, qui in semitis tuis rectis currere volunt, et stant ad limen clementiae tuae, misericordiam a te postulantes[3], ad auxilium vitae suae laborantes et conflictati in viis confragosis, et fatigati sub onere gravium curarum saeculi: quia tu es recreator laborantium, confirmator afflictorum, qui vis salutem poenitentiam; et idcirco ad ostium tuum pulsamus[4], Pater, Fili et Spiritus Sancte, tibi gloria in saecula saeculorum.

Responsorium (tono) Deus meus, Deus meus[5]. Benedictus, qui laetificavit coelestes etc. Terra bona et praeclara etc. Miserere mei per clementiam tuam, et semen benedictum mandatorum tuorum germinare fac in animabus nostris. Munda me et libera me per clementiam tuam, ab iniquitate, impietate, et criminibus, quae mihi commissa sunt, vivifica me per gratiam tuam, Domine omnium: da mihi per miserationes tuas, ut sim in medio vineae tuae operarius bonus et utilis, simul cum piis, qui dilexerunt te. Ne Domine illudat mihi malignus, per seminata zizania. Tu, qui es agricola coelestis, munda me per gratiam tuam. Domine omnium, da mihi per miserationes tuas poenitentiam animae[6] puram, et per lacrymas purifica me, amator omnium[7]. Tu, Domine, qui mundasti per clementiam tuam peccata peccatricis, munda servum tuum a delictis suis et a multitudine insipienter commissorum. In medio gurgitis peccatorum dejecti sumus, nisi educas[8] animas nostras Christe miserationis plene.

Oratio. Extende, Domine, manum commiserationis tuae ad nos: tange per miserationes tuas mentes nostras: robora per sapientiam tuam animas nostras, auferque ex cordibus nostris dolum: ex mentibus nostris iniquitatem, et ex cogitationibus nostris peccatum: ut per intelligentiam illuminati, et innovati per gratiam tuam, referamus tibi gloriam et laudem nunc etc.

Responsorium (tono) Coeli enarrant. Fili, qui in utero habitasti, o judex, cujus judicium aequum est, et occulta omnia illi aperta sunt: in judicio tuo aequo ne condemnes me, quando occulta revelabuntur. Benedictus es tu[9]. Decepit me malignus blanditiis suis et illecebris mentem meam captivam fecit, libera me, Domine, ab ejus dolo, et eripe me ab illo, ne me disperdat. Esto adjutor infirmitatis meae, quia auxiliator alius mihi nullus est: neque decipiat me inimicus, eodem modo quo matrem nostram primam[10]. Ne palam facias maculas singulares meas, quando occulta revelabuntur, ubi excusatio rearum rejicietur ne audietur[11]. Gratia tua te induxit, ut creares genus nostrum ex pulvere:

---

[1] A. L. h. [2] D. — [3] ...

[4] Deest et laudes. — [5] Offeramus, adoremus, agamus. — [6] Deest misericordiam a te postulantes. — [7] Qui ... pulsabit. — [8] (tono) Coeli enarrant. — [9] Animam deest poenitentiam. — [10] Hominum. — [11] Sed tu educ. — [12] Deest benedictus es tu. — [13] Juxta antiquam consuetudinem. — [14] Ubi excusatio exigua est, neque a reis accipitur.

eadem gratia, Domine, te moveat erga servum tuum, ut mereatur accipere remissionem delictorum. Jesu, qui omnes salvasti per sanguinem tuum, et per mortem tuam fortem alligasti, abscinde a me vincula maligni et confringe funes ejus et ferreos compedes. Domine, adjuva me, quoniam infirmus sum, et parce delictis meis, quia multum peccavi; contine sensus meos, ut subjecti sint ad currendum in via regia. Crimina mea hyssopo tuo dealbentur, maculae meae sanguine tuo deleantur, et per corpus tuum sanctificentur motus occulti cogitationum mearum. Benedictus es tu.

Prooemium. Laus etc. Illi Domino bono, qui gaudet, cum peccatores pulsant ejus ostium, et exultat de poenitentibus qui illud[1] expetunt, suscipitque errabundes, qui ad illum revertuntur; qui amplectitur dispersos, qui ad ejus asylum congregantur. Potenti illi, qui robur dat imbellibus, qui per ejus spem confortantur: qui dejectos excitat, cum ad ejus potentiam confugiunt; qui elevat humiles, qui gloriam ejus desiderant; qui sanat afflictos et contritos corde, et alligat vulnera et ulcera eorum, per multitudinem clementiae suae, bono, cui[2] debetur gloria etc.

Sedra. Deus, qui es pius et sanctus, propitiator omnium praevaricationum nostrarum; qui vocas peccatores ad poenitentiam, nec excludens miserationes tuas ab adorantibus te, scrutans perspicaciter occulta et manifesta[3] hominum, quorum occulta peccata manifesta sunt et aperta coram eo; quem nihil praeterit eorum, quae peccavimus, graviora vel leviora; sed coram solio suo terribili manifestat illa potestatibus in theatro congregationis angelorum et hominum, cujus multae misericordiae non est finis, sed miserationes ejus multae sunt, ut thesaurus clementiae ejus amplior omnibus peccatis filiorum Adam. Precamur te, Domine Deus noster, expectatio patrum et patriarcharum omnium, ut concedas veniam delictorum, et remissionem peccatorum omnibus peccatoribus, qui pulsant ostium magnum commiserationis tuae. Dudum enim nobis significasti, clementem te esse et multae misericordiae, neque velle perditionem figmenti tui. Si peccata, insipienter acta crimina, et transgressiones nostras observaveris, Domine, et occulta atque manifesta producens, nudeque cum summa confusione nostra coram nobis statuens[4], judicio absque misericordia nos judicaveris et ad ignem inextinguibilem nos damnaveris, quo fugiemus a te, Domine, aut quo in loco abscondemur a conspectu tuo. Ne, Domine, agas nobiscum secundum peccata nostra, neque tractes nos[5] secundum ea, quae insipienter egimus. Ne in perpetuum irascaris contra nos, Domine, neque serves iram tuam in generationem et generationem. Nos autem[6] salutem a te expectantes et desiderantes, miserationesque abundantes clementiae tuae: capite demisso, cum adoratione prostrati, corde puro, quod clamat cum[7] dolore et fletu amaro, te, Domine, plene miserationum deprecamur et obsecramus, ut demittas super nos dexteram tuam plenam miserationibus, ut eripias nos a reatu peccati et a confusione aeterna. Quem enim rogabimus, ut intercedat pro nobis, nisi miserationes aeternas tuas tibi ingenitas[8], et quacunque hora effusas super

---

[1] Eum. — [2] Illi bono. — [3] Secreta et occulta. — [4] Nudosque et cum pudore constituis. — [5] Deest tractes nos. — [6] Enim. — [7] Add. gemitu. — [8] Deest tibi ingenitas.

creaturas tuas? Unde nobis accipiemus remissionem peccatorum ?, nisi ex thesauro pleno et divite? Quis expiabit omnes iniquitates nostras, aut quis delebit chirographum delictorum nostrorum, nisi misericordia tua, quae tanquam mater misericors dolet super peccatoribus? Quis nos servabit ab omnibus angustiis nisi vis occulta fortitudinis tuae? Quis curabit et sanabit aegritudines perniciosas [2] peccatorum, quae in corporibus nostris latent [3], nisi tu coelestis medicus, ad quem confugiunt omnes afflicti et angustiati spiritu [4]? Quis pascet gregem tuum spiritualem, et depellet ab eo leonem nocentem [5] lupumque vastatorem, nisi tu, pastor Israel, qui non dormit neque dormitat, neque permittit perire gregem suum? Ne, Domine, pereamus a grege tuo, neque alieni efficiamur ab ovili tuo. Ne recorderis nobis iniquitates et impietates, quae in diebus fervidae juventutis a nobis commissae sunt [6]. Ne condemnes nos, Domine, in die judicii: ne extinguatur, Domine, coram te lumen lampadum nostrarum, quando justi in lumine tuo [7] delectabuntur. Ne avertas, Domine, faciem tuam a nobis, neque dedigneris nos, amator hominum; neque repellas nos ab haereditate tua; neque corripias nos in ira tua. Neque dejicias capita nostra in loco judicii [8], aut pudefacias nos ea hora, qua sententiae pronuntiantur: neque relinquas nos in aeterna desperatione [9]: neve condemnes nos ad tenebras exteriores, quo tandem perveniunt, qui operantur [10] nequitias. Ne audiatur, Domine, a nobis, loco canticorum Spiritus Sancti, vox fletus et stridoris dentium: ne projicias nos in ignem inextinguibilem, cujus non est finis, sed propter miserationes tuas, Domine, voca et adjunge nos ad te: dele et aufer omnia peccata, insipientias et iniquitates, quas commisimus coram te. Dissipa ex facie nostra omnem caliginem peccati: aufer a nobis tenebras, quae propter peccata nostra super nos circumfusae sunt. Suscipe a nobis poenitentiam, quam coram te offerimus. Placare per orationes et preces gregis tui: exaudi deprecationes adorantium te: fac nos filios haereditatis tuae: conjunge nos coetui Sanctorum tuorum: adnumera nos gregi tuo: et fac nos dignos vita aeterna [11]; quia tu es Deus bonus et amator hominum; tibique laudem referimus; et per te et tecum Patri tuo, qui misit te ad salutem nostram, et Spiritui tuo vivo et Sancto nunc et semper etc.

Et dicunt hunc versum. In voce et sermonibus laudis etc. Delicta et peccata mea etc. Parce delictis meis per gratiam tuam. Domine misericors: miserere mei sicut latronis.

Oratio incensi. Erue nos, Domine, ab abysso tenebroso peccati, et ex terrenis, et a malis moribus et terrenis, quibus immersi sumus [12], educque nos ad gradum divinum operariorum [13] bonorum, ut nobis ad ostium tuum poenitentibus apertum continuo persistentibus fiat propitiatio animabus nostris, et remissionem eorum, quae insipienter egimus, abundanter obtineamus: vocesque gratiarum actionis et laudis laetanter concinemus tibi, Domine et Deus noster in saecula.

---

1 Add. nostrorum. — 2 Deest perniciosas. — 3 Vulnera — infixa sunt. — 4 Afflicti spiritu et oppressi. — 5 Rugientem. — 6 Add. perverse, — 7 Vultus tui. — 8 Judicio. — 9 Destituas nos amissa spe aeterna. — 10 Qui portus est operantium. — 11 Add. cum omnibus, qui placuerunt divinae voluntati tuae. — 12 Et ab immersione terrena consuetudinum malarum. — 13 Servorum.

Postea dicunt [1] . . . . . *Legitur lectio Actuum Apostolorum. Tum ex epistola Jacobi initium.* Exemplum accipite prophetas. *Finis.* Operiet multitudinem peccatorum. *Ex epistola ad Ephesios initium.* Igitur, fratres, confortamini in Domino. *Finis.* Sicut oportet me loqui.

Dixi confessurum me, Domine, insipientias meas, et tu remittes omnia peccata mea.

Statim sacerdos imponit manum dextram suam super caput poenitentis, et dicit orationem sequentem.

Domine Deus [2], misericors et clemens, longanimis, et multae gratiae; qui vis omnes homines vivere et ad agnitionem veritatis venire, miserere mei peccatoris secundum multitudinem misericordiae tuae, quae supra omnes homines diffusa est, quia multiplicata sunt peccata mea super arenam maris, et insipientiae meae erectae sunt super numerum, neque dignus sum levare oculos meos, in coelumque aspicere [3] propter multitudinem nequitiarum mearum. Et nunc, Domine Deus, ecce flecto genua cordis mei coram te, petens misericordiam a genitore tuo [4], confidens et dicens: peccavi, Domine, peccavi coram te, omnesque insipientias et nequitias meas tu solus novisti. Miserere mei, Domine, miserere mei, Domine, neque perdas me pro [5] peccatis meis; neque serves adversus me odium insipientiarum mearum, quia tu es Dominus misericors, visque vitam hominum. Et nunc, Domine Deus, obsecro te, ne avertas faciem tuam a me in tempore tribulationis, nec projicias me a vultu tuo in tempore afflictionis, neque abhorreas me propter multitudinem peccatorum meorum; sed praesta mihi, Domine, per misericordiam tuam, veniam delictorum et remissionem peccatorum, quae commisi coram te a juventute mea ad hanc usque diem. Obsigna me et custodi me per crucem tuam [6] a maligno, omnibusque ejus potestatibus. Praesta, Domine, salutem huic animae abjectae et peccatrici [7]: praesta etiam mihi per gratiam benignitatis tuae, ut consequar sapientiam et agnitionem veritatis, spem quoque et fiduciam in te, gaudium vultus tui gloriosi, illamque libertatem, quam dedit gratia tua generi humano, quae passionibus subjecta non est [8]; spem etiam de benignitate tua, in nulla alia spe fundatam [9]. Da mihi quoque virtutem per gratiam tuam, ut offeram tibi poenitentiam veram pro peccatis meis: cessentque procul a me motus omnes peccati, cum depulsi et extincti fuerint per timorem verum et dilectionem tui [10]. Regnet quoque voluntas tua, caritas tua, doctrina tua in anima servi tui, dimittanturque illi, quaecunque per insipientiam commisit. Praesta illi, Domine, per gratiam tuam puritatem animae, bonam mentis dispositionem [11]; sanctitatem conscientiae, revelationem mysteriorum tuorum sanctorum, fidem veram cum admiratione et stupore tibi debito. Fac illum pervenire ad finem bonum, et ad consummationem justitiae; consistamusque [12] coram te velut amici tui [13]; convertamur juxta voluntatem tuam et acquiramus patientiam, tranquillitatem et man-

---

[1] Deest Postea dicunt. — [2] Deest Domine Deus. — [3] Neque dignus sum oculos in coelum attollere. — [4] Filio tuo. — [5] In. — [6] Add. sanctam. — [7] Add. quae te invocat pro omnibus passionibus peccati. — [8] Ut non servituti passionum sit obnoxium. — [9] Ut non deficiat in spe novissima. — [10] Et per misericordiam tuam. — [11] Disciplinam. — [12] Stetque, et ita porro. — [13] Juxta beneplacitum tuum.

metudinem, in quibus acquiescit voluntas tua in rebus omnibus, ut sano
mentis oculo pure contemplemur pulchritudinem mirabilium tuorum, quia
tu es fons vitae, largiterque bonorum omnium, Domine Christe, restau-
rator ruinae nostrae, spes et refugium peccatorum, qui te invocant, liberator et salvator perditorum, curam habens eorum, qui confracti sunt
corde, consolator angustiatorum spiritu; et medicus bonus et verus omnium morborum occultorum et manifestorum, animae et corporis. Et
propter bonitatem tuam erga genus nostrum infirmum et insipiens, gloriam et honorem [1] tibi referimus et Patri tuo et Spiritui Sancto nunc et
semper etc.

*Completa hac oratione considerat sacerdos speciem peccatorum, ut
scripta sunt per ordinem, simulque oratio ad quodcumque peccatum, iniquitatem et impietatem, inventaque dat illi poenitentiam, imponensque
dexteram super caput poenitentis [2], qui expleto tempore canonis sive poenitentiae canonicae accedit iterum ad sacerdotem, ut communicet mysteriis sanctis. Tunc sacerdos imponit dexteram super caput ejus, spirat-
que ter in ejus faciem dicens:* Ejiciatur peccatum istud ab anima tua et
a corpore tuo in nomine Patris. Amen. Expietur et dimittatur tibi in
nomine Filii. Amen. Sanctificeris et munderis ab illo in nomine Spiritus
Sancti. Amen.

*Deinde injunget illi orationes notas, genuflexiones, jejunia, et prae-
scribet, quamdiu illa observaturus erit; tandemque communionem illi dabit sanctorum mysteriorum, quando illi videbitur, juxta quod praecipiunt
canones Apostolorum et patrum.*

4. Orationes pro singulis peccatis dicendae.

(Ex codice Colbertino, in quo post opusculum Dionysii Barsalibi de
suscipiendis poenitentibus sequuntur, traduxit Renaudotius in opere MS. de
poenitentia.)

Oratio pro eo, qui a daemonio infestatur.

Domine, qui ad veniam peccatorum nobis praestandam vinctus es
et pauper factus, et cujus vestimenta praedae fuerunt, qui dedisti nobis
potestatem ad conciliandos serpentes et scorpiones, omnemque virtutem
inimici: tu, qui latronem homicidam ligasti, eumque nobis tanquam ovem
tondenti tradidisti: tu, ante cujus faciem tremit et pavet quodcumque
est: illum scilicet, quem de coelo tanquam fulgur dejecisti super terram,
non ut ex uno loco in alium transiret, sed quia per malam voluntatem
suam a gloria in ignominiam, ex luce in tenebris cecidit, et depressus
est; tu, Domine, cujus aspectus montes disturbat, et cujus veritas manet
in aeternum; tu, quem glorificant juvenes et lactentes, quem laudant
angeli et adorant; tu, qui aspicis terram et illa tremit: qui tangis montes et fumigant: qui increpas mare et aridam, et omnia flumina arefacis,

---

[1] Deest et honorem. — [2] Expletis orationibus his, expendit sacerdos speciem
peccatorum et orationes pro singulis institutas recitat super caput poenitentis, dextram etiam manum capiti ejus imponens.

cujus pedum amictus nubes sunt, qui ambulas super mare tanquam super aridam: libera, Domine, hunc servum (opus) manuum tuarum ab hac infestatione diabolica maligni spiritus, quia tui solius est potestas, gloria, honor et imperium; et adorationem offerimus tibi, et per te, et tecum Patri tuo, et Spiritui tuo Sancto nunc etc.

Oratio alia super eos, qui vexantur a daemone.

Medice dolorum omnium et sanator omnium plagarum, sana, Domine, servum tuum hunc a plagis Satanae inimici; tu, Domine, qui legionem projecisti in medium mare, et recreasti animam afflictam, quae ab illa torquebatur; tu, Domine, converte aspectum tuum potentem super hunc servum tuum, et praesta quietem animae ejus, qui te confitetur. Libera eam, Domine, ab hoc daemone audaci, qui eam insidet: et purga ab omni immunditia maligni corpus adorantis te . . . . Extende manum tuam et decurrat medicina tua in templum animae tenebris obsitae, et depelle malignum illum spiritum ab hoc servo tuo N., ut semper gratias agendo adoret misericordiam tuam, Pater, Fili et Spiritus Sancte nunc etc.

Oratio alia super eos, qui a diabolo agitantur.

Domine Deus, qui proximus es omnibus omni visitationis genere per opera tua; qui verbo promisisti, et opere subministras auxilia tua; qui legionem daemonum et omnes spiritus rebelles compescuisti: tu, Domine Jesu Christe, etiam nunc compesce spiritus immundos et aëreos, expelle et ejice illos a servo hoc tuo: salvaque illum ab omni vinculo et potestate diaboli, quando quidem revertitur ad gregem tuum sanctum, dignusque fiat sacramentis sanctis et coelestibus, et vita aeterna, quia te decet misereri plasmatis tui, cum Patre tuo, qui est absque principio, et Spiritu tuo Sanctissimo et finis experte nunc.

Oratio alia super eum, qui jusjurandum suum violavit.

Domine Jesu Christe, qui dixisti et ore tuo pollicitus es, dedistique potestatem Simoni Cephae dicens ei: quodcumque ligaveris in terra, ligatum erit in coelo et quodcumque solveris in terra, erit solutum in coelo; ipsum illud os tuum sanctum, quod dimisit Simoni peccata sua, cum te negasset, ipsum quoque veniam concedat huic servo tuo omnium, quae commisit contra jusjurandum sive scienter sive ignoranter, per voluntatem, aut involuntarie: accipiatque a te veniam delictorum, et remissionem peccatorum. Fac, ut dignus sit placere tibi castis moribus et fide sincera, glorificetque te omnibus diebus vitae suae, te, Domine, et Patrem tuum et Spiritum tuum Sanctum nunc etc.

Alia pro eo, qui se ipsum vel alium execrationibus devovet.

Rogamus te, Domine, magne et admirande, servans foedus et misericordias erga timentes te, exaudi infirmitatem nostram hoc tempore, quo te invocat pro homine isto infirmo, qui per errorem suum, modum non tenens, propriamque naturam ignorans, sprevit virtutem mandatorum tuorum dirisque execrationibus devovit se ipsum, aut proximum suum, verbo anathematis perniciosi, quod animam occidit, spiritumque elidit, corpusque cruciatibus addicit in perditionem, quae gravitate omnes omnium peccatorum cruciatus longe superant; qui voluntate mala se ipsum aut proximum suum irretivit iniquitate, duroque vinculo anathematis audacis et impudentis. Verum tu, Domine omnipotens, cui facile obediunt praecepto universa, qui etiam dedisti nobis sacerdotibus per Apostolos tuos sanctos, ut quodcumque ligaremus super terram, esset ligatum in coelo, et quodcumque solveremus in terra, esset solutum in coelo: et per illud quodcumque, nullum quorumlibet peccatorum genus, aut ullam criminum speciem reliquisti, cujus in manus nostras non datum sit a te remedium. Attamen tui solius est, Domine, potestas omnis, venia omnis et remissio, quamvis ministros verbi hujus nos effeceris, mediatoresque veniae et sanationis. Igitur, Domine, secundum divitias benignitatis tuae parce, aufer et dele peccatum ejus: et solve vinculum quodcumque, quo se colligavit mens ejus mala, labia quoque ejus infraenata et lingua temeraria, quibus se vel alium execrando devovit aut alios; effice etiam, Domine, purum et innocentem hunc hominem N., quandoquidem conversus et poenitens ecce petit a te remissionem, confitens peccata sua: sit fructus labiorum ejus in gratiarum actionem: glorificetque te et gratias agat tibi, Pater, Fili, et Spiritus Sancte.

Alia super eum, qui transgressus est verbum Dei et anathema.

Domine Deus omnipotens, lux mentium nostrarum, qui abluis peccata nostra, et dealbas maculas nostras, emundasque foeditates nostras, exaudi, Domine, per misericordiam tuam orationes nostras et suscipe deprecationem nostram sicut pollicitus es, secundum abundantiam gratiae tuae. Ne etiam velis intrare in judicium nobiscum, quia nos omnes rei sumus, dignique poenis et suppliciis aeternis addicendi, propter malam voluntatem nostram, superbiam nostram et in ea pertinaciam. Iste autem pauper N. admisit crimen mortale, voluntarie aut praeter voluntatem, aut tandem ex amaritudine animae humanae, atque ita contempsit et transgressus est verbum legitimum, ore sacerdotis ipsi impositum. Tibi soli, Domine, potestas est, ut misericordiam et veniam illi impertias, et per orationes et deprecationes poterit purgari a transgressione legis, cujus est reus. Per misericordiam tuam, Domine, suscipe deprecationes nostras pro eo, et emitte super eum robur misericordiae tuae, secundum quam per potestatem quam dedisti nobis, quotiescumque obsecramus te per misericordiam tuam, nobis (quod postulamus) conceditur, et nobiscum laudabit et glorificabit nomen tuum nunc etc.

Alia pro juramentis et mendacio, aut falsa accusatione, quae facta fuerunt maligno animo.

Ad te, Domine, accedit anima haec aegra, per mediationem mei peccatoris, petens a te misericordiam et veniam propter maculas istas criminum, quae perpetravit, aut in quae lapsa est, juramenta nempe falsa, mendacia, et falsam accusationem, et quae per dissimulationem animi, aut negligentiam commissa sunt. Verum siquidem confidit haec anima poenitens super promissiones veras, quas dedisti nobis per Apostolos tuos sanctos, nempe quodcumque solveritis in terra, erit solutum in coelo, idcirco deprecatur, clamat et petit, ut veniam et remissionem obtineat praevaricationis suae. Domine, ignosce per misericordiam tuam defectibus ejus, et da illi remissionem per gratiam tuam. Exaudi me, Domine, et miserere ejus, ut laudet glorificetque te et Patrem tuum, et Spiritum tuum Sanctum, nunc et semper et in saecula saeculorum. Amen.

Alia dicenda super eum, qui anathema a sacerdote denuntiatum transgressus est.

Domine Jesu Christe, largitor donorum divinorum, qui amanter et misericorditer suscipis conversionem omnium eorum, qui confitentur crimina sua ad te ab omni sua impietate conversi, atque idcirco per gratiam tuam auctoritatem dedisti episcopis ligandi et solvendi, praesertim vero, ut peccantibus prohibitiones secundum regulam et jus constituere possent, tanquam ad custodiam animarum illorum, a maculis praevaricationibus contra leges, et aliis accusatione dignis. Tu, Domine, etiamnum per misericordiam tuam aeternam aspice servum tuum hunc, qui instigationibus hostis maligni et notissimi generis nostri temere praevaricatus et transgressus est prohibitionem et sententiam juridicam episcoporum aut sacerdotum: parce, remitte et condona illi totum illud peccatum, quod commisit, voluntarie aut involuntarie, scienter aut ignoranter, publice vel secreto, quia tu, Deus, clemens erga homines es, et per hanc tuam clementiam, Domine, dedisti nobis potestatem hanc. Itaque confidentes in misericordia tua deprecamur clementiam tuam, Domine, ut perfecte liberes et purifices animam hanc aegram ab omni iniquitate et macula praevaricationis hujus. Et nos infirmos, quibus hanc auctoritatem dedisti per gratiam tuam, salva et libera ab omni accusatione sententiae durioris: neque sinas, ut decernamus aut sententiam feramus absque inspiratione divinitatis tuae, ut glorificetur in nobis et honoretur misericordia tua, Domine et Deus noster in saecula.

Alia super eum dicenda, qui contra juramenta sua praevaricatus est.

Domine Deus, veniae largitor et sanctificator omnium, qui per misericordiam tuam magnam misisti nobis salvatorem et liberatorem Filium tuum dilectum, qui abstulit peccatum mundi et adfixit illud cruci suae, tulitque dolores nostros et infirmitates, expiavit delicta nostra; justificavit peccatores, ignovit Zachaeo, sanavit socrum Simonis, et dedit potestatem discipulis, ut ipsi in nomine ejus sancto remitterent omnes culpas servorum tuorum peccatorum, qui poenitentiam agerent. Rogamus te, Domine, parce huic servo tuo, qui ecce prostratus est coram te, et remitte illi praevaricationem juramentorum suorum, quae violavit per instigationem diabolicam. Suscipe, Domine, poenitentiam ejus et conversionem ad misericordiam tuam, neque imputetur illi quod insipienter commisit, quia tu es Deus misericors et clemens, abundansque est gratia tua erga illos omnes, qui invocant te, et tibi debetur laus et honor nunc.

Alia pro eo, qui adulterium commisit aut fornicatus est, et ad poenitentiam convertitur.

Deus omnium Dominusque potestatum sanctarum, qui antequam creares nos, omnia, quae a nobis commissa sunt, noveras et ignoscebas, quod divinitus omne quodcunque est, tua voluntate et jussu tuo perficitur. Per eam igitur praescientiam tuam medelam salutarem et absolutionem praevaricationibus nostris praeparavisti, et constituisti poenitentiam et conversionem veram, cum qua nunc etiam accedimus, ut postulemus et petamus a misericordia tua veniam pro multitudine peccatorum nostrorum. Exaudi nos, Domine, et infirmum hunc N., qui per adulterium fornicationemque obscoenam, quam perpetravit; per dissolutionem et carnales illecebras corruptelae et lasciviae plenas, tam in anima quam in corpore inquinatus est. Ignosce illi, Domine, qui ecce nunc postulat veniam, quia tu solus Deus es, spes vivorum et mortuorum, et tibi gloria etc.

Oratio alia super eum dicenda, qui, cum brutis animantibus inquinatus, poenitentiam agit, et accepit ejus adimplendae modum et juravit, se omnino talem impiam et execrandam turpitudinem non amplius perpetraturum.

Deus misericors et bone, qui bonitate et veritate abundas, respice per misericordiam tuam hunc hominem N., ignosce illi atque etiam nobis, qui pro eo intercedimus, quia peccata maxime mala commisit talemque impietatem, quae auditu etiam detestanda, enarrari absque molestia nequeunt. Sed, quid dicet aut quid faciet? Te ergo, Domine, qui potens es ad sanandum, et ad reparandos omnes nequitias, deprecamur, parce Domine et ne elongeris a nobis, aut immunditiis nostris ne irriteris. Tu, Domine, qui ovem perditam quaesivisti, invenisti et sustulisti, hunc etiam perditum et errantem ad te collige: voca per benignam vocem tuam: extende manum tuam, ut fugiat lepra ejus: quia si velis potes eum mundare. Velis et jubeas, et aegra ejus anima expiabitur. Ecce enim a planta pedis usque ad verticem nulla pars sana in eo superest, quia per voluntatem ejus malam percussit eum Satanas plaga mortali, et nemo est, cui magnopere difficilis non sit et ardua hujus morbi curatio. At vero tibi soli, Domine, nequaquam difficile est. Jube, et mundata erit immunditia illius; velis ita, et purgabitur putredo ejus; miserere, et dimissa erunt ei multiplicia peccata ejus; parce, et transibunt quasi nubes delicta ejus, et tanquam caligo discutientur iniquitates ejus. Ne, Domine, rejicias aegritudinem ejus; ne repellas, Domine, poenitentiam ejus; ne convertas pauperem in confusionem suam, sed propitiator esto ei, ut vivat coram te, et referemus tibi gloriam propter abundantiam gratiae tuae, Pater, Fili et Spiritus Sancte, nunc etc.

Alia pro eo, qui ex ordine sacerdotali, et lapsus est in aliquod ejus generis peccatum.

Filios fecisti nos, Domine, per baptismum sanctum, praeterea etiam vocasti et adduxisti nos, ut sacerdotio fungeremur ad similitudinem angelorum sanctorum: Satanas autem per remissionem et indiligentiam nostram seduxit nos et praecipitavit nos in foveam peccati. Nos quoque per malam voluntatem habitare fecimus in nobis peccatum, et dominari fecimus iniquitatem in membris nostris, et turpiter laboravimus ad confusionem nostram: excidimus a gloria nostra magna et membra nostra, quae jussi eramus exhibere arma adversus peccatum, ut per illa serviremus tibi tanquam Domino et factori nostro: ecce, per eadem perpetravimus impietatem et iniquitatem secundum desideria detestanda per fornicationem immundam: sicut et iste N., qui talia commisit, et contristavit Spiritum Sanctum, in quo obsignatus erat ad diem redemptionis. Qui loco Spiritus Sancti, quem susceperat, spiritus maligni, quem in se admisit, habitaculum factus est. Tamen jam ex profundo, quo immersus erat, emergens, ecce coram te prostratus jacet pro omni peccato suo. Domine, amator hominum, ignosce illi per misericordiam tuam; renova in eo dona tua, et Spiritus tuus . . . . . . ad eum revertatur; Spiritus tuus benignus deducat illum in viam vitae, cum tu remiseris iniquitatem ejus, abstulerisque impietatem ejus, purificans hyssopo tuo, et super nivem illum dealbans: munda eum a maculis suis, abstergens omnes sordes ejus, lavans eum ab immunditia sua, et expians eum ab omni abominatione sua. Et sicut suscepisti principem discipulorum tuorum, suscipe illum per indulgentiam tuam. Sit adnumeratus inter sacerdotes tuos, et veniam perfectam illi concede. Nosque propter clementiam tuam gloriam et laudem referemus tibi, Pater aeterne, et Filio et Spiritui Sancto nunc etc.

Oratio generalis pro eo, qui aliquod ejusmodi peccatum commisit, et ab eo conversus poenitentiam agit.

Domine Deus omnipotens, Pater Domini nostri Jesu Christi, qui vis hominum vitam, qui auxilium praestitisti pro salute humani generis, qui vere nosti imbecillitatem humanam omnium, et quantum bellum et certamen illis sustinendum sit a spiritu nequitiae, qui sub coelo est, quanta etiam et facilis propensio sit generis nostri ad committenda peccata. Tu, Domine, per clementiam tuam suscipiens omnem hominem, qui peccavit, et conversus venit deprecaturus clementiam tuam; tu, Domine, servo tuo isti N., qui captus decidit in tale peccatum N. seductus a Satana, et commisit crimen praevaricationis et confusionis, et nunc venit confugiens ad misericordiam tuam: nuncque deprecatur, ut dimittas illi peccatum suum per me infirmum et peccatorem. Concede illi, Domine, veniam et remissionem per virtutem Spiritus Sancti et placare erga illum per benignitatem tuam. Deduc illum reliquo vitae ejus tempore ad ea, quae bonae tuae voluntati placita sunt, per gratiam tuam et unigeniti Filii tui et Spiritus tui Sancti nunc etc.

Oratio alia generalis pro quocunque peccato fornicationis, mendacii, maledicentiae.

Misericordiam tuam, Domine, mitte ad deprecationem meam et suscipe obsecrationem meam. Te nunc deprecor pro servo tuo isto N. peccatore, qui peccavit et irritavit Spiritum tuum Sanctum, transgressusque est verba praeceptorum tuorum. Attamen per confidentiam promissionum tuarum divinarum infirmitas mea confirmata, illas scilicet, quas Apostolis sanctis fecisti dicens: quodcunque solveritis in terra, erit solutum in coelo, te etiam nunc, Domine, deprecamur, ut solvas, deleas et auferas magna debita et reatus servi tui hujus ea, quae peccavit voluntarie aut involuntarie, scienter et ignoranter; omne fornicationis et adulterii genus, furtum, mendacium, perjurium, sacramentum temere pronuntiatum cum anathematibus, et violatio eorumdem, calumniam, maledictum, falsam accusationem, convicia et injurias blasphemas, peccata etiam intemperantiae, ebrietatis, lasciviae, fraudis, imposturae, odii, homicidii, omnes denique actiones abominandas et foedas, quas commisit, aut animo designavit: dele illas, Domine, et depelle ab eo, et libera eum a condemnatione, quam illorum causa meretur. Ejice ab anima et corpore et mente ejus omnia eorumdem peccatorum vincula; veniamque consequatur per adventum Spiritus tui Sancti super eum; reconcilieturque tibi, Domine, quia convertitur ad miserationem tuam; et ecce promittit poenitentiam ex toto corde suo. Ne, Domine, intres in judicium cum eo propter crimina et praevaricationes ejus, ut nos cum eo glorificemus te, corde, ore et lingua, Pater, Fili, et Spiritus Sancte nunc etc.

Alia generalis pro illis, qui reconciliationem postulant, pro omni et quocunque praevaricationum genere.

Omnipotens et omnium Domine, Deus aeterne et vivificator omnium, qui primum hominem ad imaginem tuam condidisti, et legem libertatis dedisti ei, ut viveret regulariter vitam inculpatam, et postquam libertate sua abusus peccavit, misericorditer dedisti ei poenitentiam per gratiam tuam. In illa igitur fiduciam habentes, clementiam tuam obsecramus, et misericordiam tuam rogamus, ut adspicias ad istos, qui ecce inclinaverunt colla animae et corporis coram te per poenitentiam, dolorem et conversionem. Suscipe illos per tuam erga humanum genus benignitatem ineffabilem, quia non vis mortem peccatoris, sed ut per poenitentiam convertatur a via sua mala et vivat. Tu, Domine, qui suscepisti poenitentiam Ninives, lacrymas peccatricis, conversionem Zachaei publicani, preces latronis in cruce, et qui vis, ut omnes homines convertantur, atque ad agnitionem veritatis veniant: tu nunc aspice nos misericorditer et suscipe poenitentiam et conversionem servorum tuorum istorum N. et N. Da illis, ut ad extremum vitae spiritum secundum hoc veram poenitentiam agant, remittens illis crimina sua, delens peccata eorum, dansque illis veniam culparum suarum occultarum et manifestarum: atque ita illis adhaereat gratia tua, ut confortentur virtute tua et resistant adversus fortitudinem adversarii. Fac illos dignos habitaculo illo felici cum illis, qui per poenitentiam veram, dolorem et lacrymas pro peccatis suis a te suscepti sunt et profecti sunt ex hoc mundo in vera conversione, ut cum eis nos quoque referamus tibi gloriam et gratiarum actionem.

Alia pro eo, qui cum masculis peccavit, aut cum brutis inquinatus, convertiturque ad veram poenitentiam.

Domine, qui ab omnibus adoraris et glorificaris, ne quemadmodum meremur averte faciem tuam a nobis, neque prohibeas clementiam tuam ab hoc aegro N., quia ecce convertitur, venitque perfugium quaesiturus in misericordia tua, veniamque postulaturus a benignitate tua. Peccatum ejus, Domine, majus est quam remissionem mereatur, at apud te, Deus omnipotens, facilis ejus sanatio est. Quamvis enim iste N. peccator irritavit justitiam tuam, transgressusque est per obscoenitatem morum suorum ordinationem castam, contristavit Spiritum tuum Sanctum per fornicationem abominandam cum animalibus et bestiis irrationabilibus, aut per immundum cum masculis concubitum pollutus et inquinatus est, jamjamque perierat et corruptus erat passionum malarum turpitudine, quibus Satanas et diaboli eum infecerant et occiderant: at nunc, Domine, confessus est peccatum suum, excitatusque velut a somno, agnovit impietatem suam, majorem in modum malam et amaram, venitque ad januam tuam, non amissa omnino spe sanitatis consequendae. Domine, Domine, parce illi, et doleat tibi ejus infirmitas, demonstra in eo fortitudinem magnam misericordiae tuae: dele peccatum ejus, et munda animam ejus ab impuris cogitationibus, corpusque ejus a turpitudine abominanda et foetida: ablue, Domine, et lava eam per virtutem hujus orationis, quae nunc offertur coram te in Ecclesia tua sancta, veniam illi concedens, et suscipiens ejus poenitentiam, ut reconciliatus et sanctificatus dignus efficiatur occurrendi tibi absque confusione in die illo postremo et primo, concedens illi, ut revelata facie possit apparere coram te in saeculo, quod non praeterit: et propterea gloriam referemus tibi etc.

Alia super eum dicenda, qui fornicatus est cum propinqua sua, aut muliere, quae secum aliqua affinitate conjuncta est.

Legem dedisti prophetis et confirmasti eam per Apostolos, tu, Domine, qui noster et legis Dominus es, justique effector, ut servaret illam Adam, et filii ejus vincerent per eam: ita ut quicunque per liberum suum arbitrium pravamque voluntatem suam illam transgrederetur, morte moreretur. Porro iste homo, factus filius rebellis et servus refractarius, regulam praescriptam violavit praeceptumque conculcavit, traditusque est in reprobum sensum, et ad opera peccati: et scelus commisit tale, ut ad hoc crimen per summam impudentiam prorumperet, scilicet oppugnatus a Satana, qui talem ipsi, quo strangulatur, laqueum injecit. Verum ecce convertitur ad misericordiam tuam, Domine, promittitque conversionem et regressum ab omnibus, quae inique commisit; quodque servaturus est et adimpleturus praecepta et leges sanctas reliquo vitae suae tempore. Tu igitur, Domine, per misericordiam tuam munda impietates ejus, dele peccatum ejus, aufer insipientiam ejus per virtutem magnam auctoritatis, quam dedit unigenitus Filius tuus Apostolis suis sanctis, et per eos nobis peccatoribus, ut omnes pariter inveniamus misericordiam coram te, laudemusque te et Patrem tuum etc.

Alia pro sacerdote, diacono, aut monacho, qui sit in aliquo Ecclesiae ordine constitutus; qui in peccatum lapsus, exercet ministerium, ad quod vocatus est, aut sacramentis communicat; ut etiam pro saeculari seu laico, qui post commissum peccatum communicat sacramentis sanctis.

Domine Dominus noster, plene misericordia et clemens erga homines, qui non in aeternum irasceris, neque iram servas, aspice hunc infirmum servum tuum, qui, sal cum esset, per negligentiam et morum relaxationem infatuatus, ad nihilum valet ultra; qui nulla adhibita discretione abjecit timorem et impudenter, quamvis maculatus luto foetido peccati, accessit ad Sanctum sanctorum tuum, membraque Christi tui fecit membra fornicationis; sed ab illo tempore dolorem sibi magnum produxit, et incidit in talem calamitatem, ut status mentis ejus eversus sit. Nam per luctuosum illum errorem suum procul a te factus est. Verum nunc confessus est peccatum suum, agnoscitque magnitudinem impietatis suae: jamque clamat cum dolore et fletu, ululansque dicit: Pater misericors, peccavi in coelum et coram te: unde indignus sum vocari filius tuus, quia cum publicanis et meretricibus dissipavi divitias tuas, et in lascivia dies vitae meae consumpsi: miserere mei, Pater misericors: parce mihi, o clemens, ignosce mihi peccata mea et dimitte, quae insipienter a me commissa sunt. Majus est peccatum meum quam ut dimittatur, eo quod ad sacramenta tua sancta impudenter accessi. Sed unde, unde inquam, veniam obtinere possum, nisi a te, Domine. Ecce ille talem in modum deprecatur, ego etiam nosque omnes petimus veniam pro illo. Parce, Domine, parce errabundo, qui ad te revertitur: neque intres in judicium cum illo, quia non est pura coram te omnis quaecunque caro. Remitte illi, parce illi, miserere ejus, nosque omnes glorificabimus clementiam tuam, Pater, Fili, et Spiritus Sancte, nunc etc.

Alia pro illis dicenda, qui mollitie peccantes, confitentur turpitudinem a se commissam, factaque confessione promittunt se acturos poenitentiam.

466

Mare misericordiae et clementiae, qui misisti Filium tuum ad salutem mundi, quá sanavit vulnera creaturarum, et peccatoribus remissionem dedit, mortuis quoque resurrectionem praestitit; qui mulierem haemorrhoissam per contactum fimbriae pallii sui sanavit a fluxu sanguinis quo affligebatur. Ita etiam per gratiam tuam et misericordiam tuam magnam, sana servum tuum hunc N. ab immunditia peccati; et a maligno morbo fluxus, quo per voluntatem obscoenam polluitur, a perversa consuetudine, et libidinosis desideriis, quae fornax carnis, igne fornicationis succensa, incendit membra ejus, adeo ut stratum suum terramque ipsam conspurcaverit et contaminaverit. Tu, Domine, solus creator cum Filio tuo et Spiritu tuo Sancto posuisti in creatura tua semen ad fructificandum et ferendum fructum, non ad lasciviam et corruptionem: parce isti qui erravit et sordidatus se ipsum corrupit voluntarie, aut involuntarie, scienter aut ignoranter, per somnum aut vigilans: parce, Domine, munda, sanctifica, purga et ablue manus, quae, cum factae fuissent ad ministerium justitiae, exstiterunt instrumenta corruptionis. Ablue hunc a maculis, tum in corpore quam in anima contractis, et propitius esto nobis et illi per gratiam et misericordiam tuam. Gloriam, honorem et adorationem offeremus tibi, Pater misericors, Filio, qui purificat, et Spiritui, qui sanctificat, nunc etc.

Alia pro ea, qui cum hypocritis, hoc est Muhamedanis, in peccatum lapsus est, et convertitur ad poenitentiam.

Pater bone, misericors et longanimis, qui non recordaris malitias peccatorum insipientium, quando poenitentiam agentes convertuntur veraciter et perfecte ab illis, quae insipienter peccaverunt; qui clementer eos suscipis, quando petunt veniam et liberationem a maculis suis occultis et manifestis: tu, Domine, qui in quacunque occasione et quocunque tempore vocas nos, ut convertamur et haeredes efficiamur promissionum tuarum vitae plenarum. Domine Dominus noster, qui peccatrici propter unguentum, quo unxit pedes tuos, et per lacrymas et suspiria, quae obtulit, remisisti ei omnia crimina et multitudinem magnam peccatorum ejus: te obsecramus et a te petimus, ut etiam servo tuo isti N., qui per seductionem diaboli ad illegitimum et sceleratum cum impiis concubitum prolapsus est, immundaque fornicatione cum illis commistus, membra sanctificata fecit membra peccati. Jam vero peccatum suum confessus, et impietatem a se perpetratam agnoscens, per mediationem nostram, licet peccatorum, ecce confugit ad misericordiam tuam, petitque remissionem ex mari magno et infinito clementiae tuae ad expiationem et emundationem praevaricationum suarum. Tu vero sana eum a vitiis animae et corporis, et effundens super eum misericordiam, quae tibi naturaliter inest, et auferens iniquitates ejus, quibus secundum infirmitatem naturalem constrictus est: et referemus tibi gloriam et gratiarum actionem, Pater, Fili et Spiritus Sancte, nunc etc.

Alia oratio pro muliere, quae fornicata est et foetum suum occidit, postea vero poenitentiam agit.

Domine, pure et sancte, qui longe remotus es ab omni cogitatione carnali; Domine misericors, qui non elongasti te aut subtraxisti ab illa muliere fornicaria, quae ad misericordiam tuam accessit, quae postulavit et obtinuit veniam et remissionem praevaricationum suarum: tu, Domine, et hanc quoque N., miseram mulierem, quae peccavit, pudendam committens et obscoenam fornicationem, oblita timorem magnum judicii tui justi, et adjiciens peccatum super peccatum, voluit occultare confusionem suam, occiditque foetum suum, non reformidans aspectum divinitatis tuae, cui nihil quidquam celari potest: tandem excitata nunc quasi a somno diabolico erroris sui agnovit magnitudinem peccati sui enormitatemque impietatis suae, et ad misericordiam tuam recurrit, ut petat remissionem, non destituta spe obtinendae gratiae tuae, verum per nos petit a misericordia tua remedium doloris sui maximi. Igitur obsecramus te, Domine, propitius esto nobis ne secundum peccata nostra arguas nos, sed secundum praeparatam misericordiam tuam suscipe precem et deprecationem hujus peccatricis, et nostram pro illa, et parce iniquitati ejus, dimitteque peccatum ejus, ut per illius acceptationem veniaeque concessionem confundatur malignus, qui eam seduxit: et propter veniam, quam a te obtinebit, laudem et gratiarum actionem offeremus tibi, nunc etc.

Alia pro muliere, quae vim passa est.

Domine, qui non reliquisti inultam Abrahae injuriam, quando deducta est Sara uxor ejus a Pharaone, quique filiis Jacob victoriam dedisti contra Sichemitas, qui Dinam filiam Jacob injuria affecerunt, etiam nunc, Domine, ne sileat zelus tuus pro hac ancilla tua, quia servi peccati eam violenter spoliantes inique contaminaverunt corpus, quod signatum et sanctificatum fuit per baptisma tuum salutare. Deprecamur ergo, Domine, benignitatem tuam, ut quodcunque in ea ab impiis contra ejus voluntatem perpetratum est, illi non reputetur ad crimen, aut illius causa condemnetur et judicetur. Verum tu, Deus miserator, qui valde ad remissionem propensus es, purga illam, munda et dimitte quidquid immunditiae ex violento illorum furore contrahere potuit, et sanctifica eam, Domine, per clementiam tuam, ut per gratiam tuam habeat confidentiam apud te, quia benignus es erga homines, et tibi gloriam referemus.

Alia pro fure, qui pollicetur se amplius non furaturum.

Obsecramus te, Domine Deus noster, qui per gratiam tuam factus es nobis similis, nostrique causa tanquam unus ex nobis, ut liberares omnes homines a labe et corruptela peccati; fecistique, ut ne una quidem species peccati superesset absque remedio, sed per poenitentiam sanaretur. Tu, Domine, et hunc hominem infirmum N., qui per peccatum furti criminis erubescendi reus factus est, nuncque ad poenitentiam convertitur, maledicensque sibi ipsi et clamans amare, pollicetur, se tale quid nunquam commissurum, tu, inquam, illum suscipe, sicut latronem in cruce suscepisti, et veniam concede illi, ut alteri concessa est., qui etiam meruit in paradisum introire. O Domine, non ei reputetur tale crimen, sed adjiciens ad misericordiae tuae abundantiam, ignosce illi omnia peccata ejus, occulta et manifesta, quia ad te venit, et propter omnia beneficia tua gloriam referemus tibi, qui propitiator es omnium delictorum nostrorum, remissor peccatorum nostrorum, deletor praevaricationum nostrarum, et eorum, quae insipienter commisimus, purgatorque macularum nostrarum, Pater, et Fili, et Spiritus Sancte, nunc etc.

Alia pro homicidii reo, qui postulat remissionem, quique suscepit et perfecit poenitentialem canonem.

— Christe Deus, qui per clementiam tuam pepercisti latroni in cruce pendenti, mortis reo propter homicidium a se perpetratum et sanguinem quem effuderat, attamen per confessionem veram divinitatis tuae obtinuit, ut ei parceres, efficeresque illum haeredem paradisi: qua ratione ostendisti, quod omnia possis divinitus, quodque non praevaleant omnes turpitudines nostrae et omnia nostra cujuscunque generis peccata super abundantiam magnam clementiae tuae. Per eam scilicet olim Davidi, regi justo et prophetae magno, qui tanquam homo debilis in adulterium et homicidium lapsus fuerat, remissionem integram peccati sui per Nathanem prophetam concessisti, eo quod ille confessus fuerat scelus suum coram te clamaveratque dicens: peccavi. Ita etiam nunc, Domine, qui nobis fiduciam sacerdotalem tradidisti et auctoritatem ligandi et solvendi in coelo et in terra, rogamus te, parce, remitte et ignosce peccatum hujus hominis N., qui maculatus est et foedatus sanguine innocenti, et nunc petit remissionem per mediationem meam. Rogo te, Domine, dele crimen ejus hyssopo misericordiae tuae, ita ut in die magna justi judicii non occurrat ille sibi pollutus sanguine homicidii, quod perpetravit, propter misericordiam tuam magnam et benignitatem erga figmentum tuum: ut gratias agamus tibi, et glorificemus te, puras manus habentes, et labia sanctificata, et per veniam, quae a te illi concedenda est, nunc etc.

Alia pro eo, qui eo usque audaciae processit, ut blasphemaret creatorem: et poenitentiam agit.

Domine Deus, thesaurus sapientiae, refugiumque et spes omnium, salvatorque omnium creaturarum: ad te clamo, in quem sperant homines universi: parce huic homini N., qui magnum crimen ausus blasphemavit contra te, et contristavit Spiritum gratiae tuae, quia contemptui habuit nomen tuum magnum, blasphemavitque divinitatem tuam: neque creaturas factas, sed te blasphemavit omnium rerum Dominum, linguam temerariam per blasphemiam contra te exercens. Jam vero resipuit et impietatem suam confessus est. Domine longanimis et multae gratiae, ignosce illi et solve hoc peccati vinculum, quo alligavit et evertit animam suam per voluntatem malam suam: parce iniquitati ejus et dele vocem labiorum ejus, quia ex malis moribus et prava conversatione reversus est ad meliorem mentem, detestantem omnes praevaricationes suas. Solve et aufer, Domine, per misericordiam tuam omnes iniquitates ejus, et dimitte illi, quia non desperat, sed convertitur, ut ad te redeat. Praesta igitur, ut pro blasphemia ex ore ejus egressa gloria in perpetuum offeratur ab eo tibi, Pater, Fili, et Spiritus Sancte, nunc etc.

Alia pro illis, qui convertuntur ab errore quarumcunque haereseon: ac primo pro illo, qui baptisatus est ab haereticis et revertitur ad fidem orthodoxam.

Domine Dominus noster, Deus miserator et misericors, qui es porta aperta peccatoribus; mensa praeparata esurientibus; qui reperis perditos, reducis errantes, congregas dispersos, erigis prostratos; qui justificas peccatores, qui sanctificas immundos et emundas sordidos; qui hyssopo tuo dealbas coinquinatos; pastor bone, qui egrederis ad conquirendos perditos, et eos cum inveneris, dignos efficis vita vera et aeterna: suscipe per misericordiam tuam animam istam, quam coram te offerimus, et adimple erga illam per Spiritum tuum Sanctum omnem justiliam: signa eam nota gregis tui et admisce eam ovili tuo; pone illam inter oves tuas, et habitare fac illam in medio templi tui coelestis, et praesta illi munus magnum adoptionis. Quaecunque vero illi deficiunt ex parte populi imperfecti haereticorum, tu in illa perfice nunc, Domine, per orationem orthodoxorum: omne etiam quodcunque peccatum, quo implicata erat propter haeresin, depelle et purga: et propter multa erga nos beneficia tua referemus tibi gloriam et magnificabimus misericordiam tuam, qui omnia sanctificas: et verbo tuo omnibus veniam praestas, Pater, Fili, et Spiritus Sancte, nunc etc.

Alia pro eo, qui poenitens convertitur ab haeresibus Chalcedonensium, aut Julianistarum.

Domine Deus Jesu Christe, qui vis omnes homines salvos fieri et ad veritatis agnitionem venire, converte ad te ex toto corde suo servum tuum istum et evelle ab eo omnes haereses: praecipue vero perversam fidem Juliani Phantastici, Leonis et Chalcedonensium, concedens illi simul remissionem peccatorum, per adventum Spiritus Sancti, ut glorificet te et per te et tecum Patrem tuum adorandum et Spiritum tuum vivum et Sanctum nunc etc.

Alia pro eo, qui convertitur ab haeresi Nestorianorum.

Domine Deus fortis et potens in aeternum, ad odorem suavem divinitatis tuae oblatum est sacrificium patriarcharum tibi placentium, oblationes etiam purae et incensa Moysis, Aaronis, Phinees, Eleazari et Samuelis, et per illa pepercisti delictis Israelitarum: suscipe, Domine, per misericordiam tuam deprecationem, quam modo tibi offerimus, pro servis tuis istis N. et N., qui contaminati sunt per communicationem non consentientem veritati orthodoxae in te fidei: parce defectibus eorum per misericordiam tuam multam, ut scilicet, quae scienter et ignoranter incurrerunt; dimitte quae insipientes egerunt, voluntarie aut praeter voluntatem; sanctifica animas et corpora eorum ab omnibus maculis haereticis; exoririque fac lumen tuum in mentibus eorum; depelle etiam ab illis tenebras erroris, ut adjungantur gregi pascuae tuae et annumerentur cum ovibus gregis tui; nosque omnes in aeternum confortemur misericordia tua.

Alia generalis pro illis, qui convertuntur a quacumque haeresi.

Deus deorum et Dominus dominantium, miserator et misericors, longanimis, multaeque gratiae et veritatis, parce creaturae tuae, et veniam concede figmento manuum tuarum, atque huic servo tuo N. qui antea captus errore haereseum N. percussusque est sententia anathematum potentium, quae sunt gladius Spiritus, corpus et animam perimens. Nunc vero deduxit illum gratia tua convertiturque ad te. Domine, parce peccatis ejus per gratiam tuam et dimitte, quae insipienter egit, per misericordiam tuam, libera eum integre ab omni impietate hujus haeresis tenebrosae et seductricis. Veniatque Spiritus tuus Sanctus, abluatque eum a cunctis sordibus erroris. Adimple erga illum, quaecunque illi deficiunt, verbo tuo divino, daque illi voluntatem rectam, ut apprehendat fidem rectam, quam docuisti discipulos tuos veros, adeo ut tibi tam in occultis suis quam in rebus manifestis placeat omnibus diebus vitae suae. Concede etiam nobis omnibus, ut animo recte laudemus adoremus et glorificemus nomen adorandum et sanctum majestatis tuae, Pater, Fili et Spiritus Sancte in saecula.

Alia oratio generalis pro quocunque peccato et genere transgressionis.

Spes vera et fiducia eorum, qui ad te confugiunt, aspice, Domine, misericorditer, etiam si venia digni non sumus, extende, Domine, manum tuam, et educ illos, qui mersi sunt in pelago iniquitatis: educ de profundo perditionis eos, qui olim ceciderant omni spe destituti. Ne relinquas illos, Domine, in abysso inferiori sub potestate dura Satanae. Sed nunc, Domine, quandoquidem conversi sunt ad rogandum te, oculique eorum sursum levati sunt et investigant salutem, convertere, Domine, propitius esto et suscipe illos. Ad quem enim ibimus aut ad quem confugiemus nisi ad misericordiam tuam? Quis autem potest praestare nobis veniam, nisi tu solus amator hominum, qui conversionem laetanter aspicis, et poenitentiam exspectas? Tu, Domine, per gratiam tuam parce nobis omnibus et dimitte peccata nostra, aufer iniquitates, quas commisimus, munda et ablue nos ab omnibus, quae scimus et confitemur in quocunque genere sordium peccatorum inquinati, quia tu bonus es et clemens, tibique gloria et gratiarum actio, Pater, Fili et Spiritus Sancte nunc etc.

Alia pro eo, qui aliquid immundum comedit.

Virtus potens et sancta, quae mente comprehendi, aut ore explicari non potest, aut lingua definiri: te invocamus, Christe, Patris Unigenite, ut per hanc virtutem potentem et veniae efficacem, quae per Simeonem Cepham expiavit et ejecit omnes noxas omnemque immunditiam a domo Cornelii, ipsa per misericordiam tuam expiet et purificet omnem immunditiam, quae in cibo et potu contaminavit animam et corpus hominis hujus N., scienter aut ignoranter contractam, voluntarie aut involuntarie, ut omnem veniam consequamur, et glorificemus te perpetuo. Amen.

Alia singularis, quam recitat sacerdos pro se ipso occasione cujuscumque cogitationis malae, quae in eo excitatur, et recitat eam cum dolore etiam super eum, qui ab eo, ut illam pro se recitet, postulat.

Christe Deus potestatum sanctarum, qui pro salute et mundatione nostra incarnatus et homo factus es, qui per passiones tuas impassibilitatem generi humano praeparasti: peto a te, Domine, ut liberes me a laqueis daemonum rebellium et a tali passione, quae me vehementer exercet et per quam majorem in modum insidiantur. Adveni super caput meum in hoc tempore certaminis, neque tradas me juxta desideria mea iniquitati, aut calumniatori illi antiquo ita ut peccato succumbam: verum dignum me effice quiete cum Sanctis tuis et regno coelorum, quia te decet gloria et honor, cum Patre et Spiritu Sancto nunc etc.

Alia pro illis, qui ad concordiam, positis inimicitiis, redeunt.

Christus Deus, pax omnium creaturarum, qui homines omnes vult in pace vivere, ipse depellat a vobis omnem inimicitiam, malignitatem, acerbitatem, odium et iram, impleatque corda vestra benignitate cum omnibus bonis. Det vobis etiam mentem pacis amantem, omnibusque odiis purgatam cunctis diebus itae vestrae, per gratiam ejus, Patrisque ejus et Spiritus ejus Sancti, nunc etc.

Alia ad eorum reconciliationem, qui inter se dissidium aut inimicitias habuerunt.

Tu, qui vere bonus es et benignus, quique iram tuam non servas in aeternum: tu, Domine, qui promisisti in Evangelio tuo per haec verba: si dimiseritis inter vos offensas, etiam illae vobis dimittentur; ut etiam illud: dimittite et dimittetur vobis; jam nunc, o Domine, hanc remissionem invicem faciunt isti servi tui, affectusque odii, et querelarum, quae inter eos erant, abstulerunt prorsus et depulerunt, roganteque misericordiam tuam per nostrum ministerium, ut concedas illis veniam et remissionem peccatorum suorum; da illis etiam cor purum, nec odio infectum, alienumque ab omni perturbatione diabolica, et ab omnibus inimicitiis. Per te, Christe, spes nostra, tecumque Patri tuo, et Spiritui Sancto, tuo gloria, honor et adoratio, nunc etc.

Alia pro eo, qui passus est phantasiam seu illusionem nocturnam.

Domine Deus noster, qui es omnium Dominus solusque absque peccatis, dives in misericordia, benignusque in clementia praestanda; qui non vis mortem peccatoris, sed ut poenitentiam agat, convertatur et vivat: tu, Domine, Deus misericors, dignare etiam nunc suscipere poenitentiam hujus servi tui N., qui lapsus est in nocturnam illusionem, et sana contritionem cordis ejus; adjunge illum in Christo servis bonis, qui placent tibi faciendo voluntatem tuam, ut dignus efficiatur vita beata et bonis aeternis per gratiam unigeniti Filii tui Domini nostri Jesu Christi, cum quo et Spiritu tuo vivo et Sancto benedictus es nunc etc.

Alia pro christiano, qui crucem abnegavit et Muhamedanus factus, postea conversus confitetur peccatum suum et poenitentiam agit.

Domine Jesu Christe, Verbum Dei Patris, qui a principio creasti hominem ad imaginem tuam vivam et sanctam: at vero cum per transgressionem praecepti excidisset a gloria et decore, quo illum indueras, per misericordiam tuam magnam et inexplicabilem pro salute nostra homo factus es, sustinuistique dolores, crucem et mortem, atque per sanguinem tuum pretiosum, liberasti eum a servitute Satanae, mortis et peccati, restituistique illum in auctoritatem gradumque suum pristinum: tu etiam nunc, Domine noster Jesu Christe, Deus vere, praedice sapientissime, et servum tuum N., opus manuum tuarum, qui, per malignam praevaricationem, voluntatem et ignorantiam suam captus, decidit in haereses erroris eorum, qui abnegant crucem tuam sanctam, et cum illis in omne genus peccati prorupit, ex animique sui sententia revertitur ad te et pulsat fores misericordiae tuae: tu, Domine Deus, exaudi illum per tuam erga humanum genus benignitatem, et aperi illi ostium misericordiae tuae. Suscipe illum velut filium prodigum, et parce illi delicta ejus sicut peccatrici; converte quoque illum ad te tanquam Simeonem, qui abnegaverat te; purifica eum, emunda et sanctifica illum hyssopo tuo propitiatorio, vestem baptismi, quam ex aqua et Spiritu suscepit, novam splendidam, et magis gloria fulgentem fac esse super eum, et sigillo crucis sanctae tuae consignetur, confirmetur et sanctificetur, et glorificetur in eo nomen tuum sanctum, gratias agamus tibi et adoremus te, glorificemusque te et Patrem tuum et Spiritum tuum Sanctum, vivificantem, tibique consubstantialem nunc etc.

Alia oratio generalis pro quacunque transgressione aut praevarcatione, quae dicitur super infirmos aut male habentes cujuscunque generis.

Tu, qui solus misericors es, propitius et longanimis, qui per benignitatem tuam erga homines et gratiam vitam nostram gubernas; tu, Domine, inclinans te ad preces nostras, qui te deprecamur, suscipe poenitentiam et confessionem servorum tuorum istorum, et mitte illis consolationem et confortationem, quae a te est. Tu enim es Deus noster, potens omnia et cuncta per sapientiam et bonitatem gubernans ad salutem nostram, qui demonstras benignitatem tuam infinitam erga figmentum tuum, qui per Apostolos tuos sanctos potestatem efficacem contulisti, auctoritatem scilicet ligandi et solvendi in coelo et in terra. Tu igitur, Domine, qui salutem hanc nobis terrae filiis promisisti, per clementiam tuam incomprehensibilem et longanimitatem tuam ineffabilem, praestitistique nobis accessum facilem, quo orationem et deprecationem coram te offerremus, exaudi nos, Domine, et dexteram tuam omnipotentem extende ad servos tuos istos, qui ecce postulant veniam et auxilium, sanationemque omnium cujuscunque generis dolorum et infirmitatum, quibus laborant, tam in animabus, quam in corporibus suis, remissionemque omnium criminum, quibus irritaverunt justitiam tuam. Parce, Domine, ea, quae humanitus peccando commiserunt in verbo, opere aut cogitatione, voluntarie aut involuntarie, scienter aut ignoranter, quia nullus est perfecte purus a sordibus coram te inter filios hominum. Quod si iniquitates nostras observaveris, Domine, quis poterit consistere. O Deus, amator hominum, quique expectas conversionem nostram, qui vis emendationem et salutem nostram, dimitte iniquitates nostras, parce peccatis nostris, sana morbos et dolores nostros, occultos et manifestos, tam animae quam corporis: ne elongaveris misericordiam tuam a nobis; ne in aeternum repellas nos; ne aspernetis et negligas infirmitatem et egestatem nostram, qui catenis peccatorum impediti digni non sumus solicitudine tua. Cogita de nobis, quia nulla spes in altero nobis est, nullusque alius potest procurare sanitatem nostram. Tu enim solus sanator noster es, et Dominus, pater, salvator, spes et fiducia, et tibi sit gloria etd.

Alia, quae dicitur ad finem et complementum omnium absolutionum.

Domine, qui dedisti scientiam et intelligentiam servis tuis, ut manifestent et agnoscant crimina sua, convertanturque et procidant coram te; tu, Domine, suscipe benigne et misericorditer poenitentiam et confessionem eorum, propitiusque esto illis. Da etiam illis gratiam, intelligentiam, et fortitudinem, ut perfecte recedant a peccato, et a potestate aut dominatione virtutis, ut omnem virtutem operentur, numerenturque in coetibus illis divinis Sanctorum tuorum, dignique fiant bonis aeternis et incorruptibilibus: per sacerdotum et pastorum principem et suscitatorem animarum nostrarum, Dominum Deum et Salvatorem nostrum Jesum Christum, cum quo te decet gloria et honor, cum Spiritu tuo Sancto nunc etc.

Alia oratio generalis pro quocunque homine, aut rebus quibuscunque, praesertim pro eo, qui accedit ad poenitentiam, et confitens peccata sua et suscipit canonem poenitentialem, quam etiam pro innocentibus peccato recitat sacerdos super poenitentem, qui interea genuflexus est et detecto capite.

Christe Deus noster, qui dedisti veniam delictorum latronis in cruce, per confessionem veram vitam praestans, qui ex templo absconditae majestatis tuae egressus es ad quaerendos eos qui perierant, eosque congregans adduxisti ad ovile vitae aeternae; Domine regni coelestis, qui commendasti claves thesaurorum tuorum coelestium sacerdotio fungentibus, dedistique potestatem offerendi preces ad veniam peccatoribus obtinendam: Domine, cujus est talentum cum foenore reddendum, qui supplesti deficientiam necessitatis nostrae per passionem tuam voluntariam: Domine, qui aperis volumina clementiae tuae, ad dirigendos peccatores ad asylum poenitentiae: in te Domine, per te et a te procedat venia delictorum, et remissio peccatorum servis tuis istis, qui nunc inclinant capita sua coram gloria tua, postulantes a te veniam praevaricationum suarum, deprecantes et obsecrantes misericordiam tuam magnam, ut dimittas, auferas, deleas, condones, aboleas et rescindas chirographum delictorum et peccatorum, quae commiserunt voluntarie et involuntarie, scienter aut ignoranter, et omne adulterium, fornicationem, lasciviam, libidinem, immunditiam, aut ejusmodi turpitudinem: imaginationem odibilem: illusionem immundam, fluxum foedum et abominandum, quamcumque foeditatem, furtum, juramentum falsum, mendacium, oppressionem, calumniam, convitium, contumeliam, aut blasphemiam, aut fidei negationem, transgressionemve praeceptorum, aut prohibitionum quae sunt verbum Dei, contemptum excommunicationum, canonum contemptum, tum etiam anathematum neglectum et transgressionem, homicidium, veneficium, ebrietatem, otiosam fabulationem aut odiosam vanamque locutionem, desiderium odiosum et obscoenum, lasciviam aut intemperantiam, superbiam, tumorem, gloriationem, jactantiam, arrogantiam, inflationem, vanam et inanem gloriam, acediam, mentis evagationem aut conturbationem incompositam, dolum malum, insidias iniquas, vafras et callidas astutias, aut fraudes, inimicitias, cogitationem peccati, meditationem malam, aut superbam de se existimationem, mores obscoenos, aspectus lascivos et intemperantes, odium, livorem, invidiam, injuriam vi, fraude aut calumnia illatam, rapinam, depraedationem, iracundiam cum inimicitiis vel dolo conjunctam, eversionem, iram, jurgationem, jactantiam in verbis, contentionem cum perturbatione animi, aut falsum testimonium, quae per stoliditatem aut stultitiam commissa sunt, rebellionem, impudentiam, defectionem, apostasiam, rituum fraudes, adulationem, acceptationem personarum, dubitationem animi, errorem aut dementiam, hostilem animum, contumelias, veneficium, schisma, avaritiam, voracitatem, delicias, amorem mundi, murmurationem, oculi malignitatem, contumaciam, et quaecunque alia, quae jam odit et respuit, quae etiam abscondita sunt et occulta, quae oblitus est nec manifestavit, quia illi ignota sunt: dele, Domine, et ejice ex animabus eorum, per illapsum Spiritus tui Sancti. Domine Deus, qui per misericordiam tuam multam incarnatus es de Spiritu Sancto et ex Maria Virgine pura, ut salvum faceres genus humanum ab omni servitute peccati: etiam nunc petimus a te et deprecamur te, ut parcas omnibus servis et ancillis tuis per clementiam tuam: tu enim, Deus, promisisti et dixisti sacerdotibus tuis veris in quacunque regione: quod-

cunque ligaveritis in terra, erit ligatum in coelo, et quodcunque solveritis in terra, erit solutum in coelo: o Domine, secundum verbum tuum
verum parce praevaricationibus omnium nostrum per mediationem sacerdotii, cui dedisti auctoritatem in excelso et in profundo ad solvendum
et remittendum omnia peccata et delicta, crimina, lapsus, defectus et
offensas, quia tu Deus es omnipotens: benignus erga homines, et vis
salutem omnium: atque ita digni efficiemur ad te laudandum et extol-
lendum, cum Patre tuo et Spiritu tuo Sancto nunc etc.

*Alia oratio, quam dicit sacerdos imponens manum super caput poe-
nitentis, qui interea sedet detecto capite.*

Domine Jesu Christe, misericors, clemens, longanimis et verae
gratiae abundans, qui vis omnes homines vivere, et ad agnitionem veritatis pervenire, miserere mei, mei, inquam, peccatoris, secundum multitudinem miserationis tuae, quae effusa est super omnes homines, quia
multiplicata sunt peccata mea valde super arenam maris, et praevalue-
runt iniquitates meae super numerum: neque dignus sum levare oculos
meos, aut sursum in coelum aspicere propter multitudinem malefactorum
meorum, incurvatus usque in terram vinculis peccatorum meorum: quaesivi, ut me liberarem, sed fortitudinem non reperi, propter magnitudinem
irae tuae et malitiarum mearum coram te. Siquidem in anima mea passionibus malis locum dedi et excitavi concupiscentias perversas in omnibus membris meis. Et nunc, Domine Deus, flecto genua cordis mei
coram te, et postulo misericordiam a genitore tuo, confitens et dicens:
peccavi, Domine, peccavi coram te: omnes offensas meas et nequitias
meas tu nosti: parce mihi, Domine, parce mihi et ne disperdas me in
peccatis meis; ne conserves adversus me odium criminum meorum, quia
tu, Domine, misericors es, et vis hominum vitam. Et nunc, Domine
Deus, rogo te, ne avertas faciem tuam a me in tempore tribulationis,
neque te abscondas a me, propter multitudinem peccatorum meorum, sed
per clementiam tuam dignare, Domine, concedere mihi veniam delictorum et remissionem criminum, quae commisi coram te a juventute mea,
usque hodie. Obsigna me et custodi me per crucem tuam sanctam, a
maligno et omnibus copiis ejus, et a servitute ejus. Effice redemptionem huic animae infirmae et peccatrici, quae invocat te pro omnibus
affectionibus peccati (quibus laborat). Dignum me fac, Domine, per
clementiam benignitatis tuae, sapientia et cognitione veritatis, spe etiam
et confidentia erga te, gaudio etiam vultus tui gloriosi, et ea libertate,
quam confert hominibus gratia tua, ut non serviant passionibus: ea etiam
spe benignitatis tuae, quae ab altera spe nullatenus dependet. Da mihi
virtutem per gratiam tuam, ut offeram tibi poenitentiam veram pro peccatis meis: exstirpentur a me omnia semina peccati, depulsa et exstincta
per timorem tuum verum et per misericordiam tuam. Regnet pax tua,
voluntas, caritas et doctrina tua in anima servi tui, et remittantur ei
crimina ejus. Fac eum, Domine, dignum per gratiam tuam puritate animae, bonoque mentis profectu, sanctitate conscientiae, et revelatione
sacramentorum tuorum sanctorum; fide etiam vera, admiratione tui, et
summa veneratione, quae debetur tibi. Fac me pervenire ad finem beatum et exitum christianum justitiae, ita ut stem coram te secundum
clementiam tuam, et mores instituam secundum voluntatem tuam, acqui-

ramque patientiam, mansuetudinem et benignitatem, quae voluntati tuae in omnibus placita est: ut oculo mentis nitido pure intuear pulchritudinem tuam admirandam; quia tu es fons vitae, et largitor omnium bonorum, Domine Jesu Christe, excitator ruinae nostrae, spes et refugium peccatorum, liberator et salvator perditorum, curator eorum, qui fracto sunt corde, et consolator eorum, qui sunt in angustia spiritus: medicus bonus et verus omnium infirmitatum secretarum et occultarum animae et corporis, cui propter beneficia tua erga genus nostrum imbelle et egenum gloriam et honorem offerimus, et Patri tuo et Spiritui tuo Sancto nunc etc.

Oratio pro patre et matre, quibus filius absque baptismo mortuus est.

Gloria Patri, et Filio, et Spiritui Sancto: super nos autem infirmos et peccatores misericordia et gratia abundanter effundatur in utroque saeculo. Domine Deus, qui per misericordiam tuam magnam elegisti Apostolos tuos sanctos et fecisti eos mediatores inter te et figmentum tuum, opus manuum tuarum, qui dedisti illis potestatem super thesaurum tuum, et dixisti eis: quodcunque solveritis super terram erit solutum in coelo: ab iis autem (instituti sunt) sacerdotes, episcopi et patres, ut curam haberent hominum quorumcunque. Unusquisque illorum vero ad illud destinatus fuit, ut unicuique illorum, quos plasmasti, vita praestaretur statim; cura tua, providentia et auxiliis tuis factum est, ut praesto essent ad auxilium ferendum sacerdotes, ad relevandum eum qui ceciderat, et renovandam in creatura tua imaginem tuam. Quod si in vivis est, aut si mortua ex hac vita migraverit, invenit auctoritatem sacerdotii, a quo suscitatur per misericordiam tuam, Domine Deus. Idcirco deprecor gratiam, bonitatem, et benignitatem tuam, misericordiamque tuam magnam pro illo N. et illa N., quibus mortuus est filius absque baptismate, ut solvas, auferas et deleas chirographum criminum servorum istorum tuorum N. et N. fidelium, qui negligentes erga filium suum curam non habuerunt, ut viveret. Ne peccatum hoc damnosum illis sit in die judicii, ut semper et in omni tempore laudemus clementiam tuam, Pater, Fili et Spiritus Sancte nunc etc.

II. Ordo observandus erga eum, qui convertitur ab haeresibus Nestorianorum aut Chalcedonensium aut Julianistarum, vel a quacumque illarum haereseon, quae inter Christianos vigent.

(Ex Renaudotii opere Ms. de poenitentia.)

Dicunt primo responsoria et sedram poenitentiae, tum versus et lectiones praescriptas in ordine poenitentis suscipiendi. Tum sacerdos adducit poenitentem coram altari praecipitque illi, ut anathematizet omnem haeresim, illam praecipue, quam reliquit, cuique consenserat et quam publice professus fuerat. Sequitur deinde, ut confiteatur fidem orthodoxam Trinitatis sanctae, quae est unius substantiae, unius potestatis, voluntatis et operationis: Personae vel nomina tria sunt, unus vero Deus, singula quaeque persona. Filius et Verbum Deus factus est homo, permanens Deus absque mutatione: ex divinitate et humanitate, una natura incarnata, una persona benedicta, unus Dominus, unus Christus, non divisus in duas naturas aut personas post unionem indissolubilem. Tum profitetur, se de illis omnibus poenitere. Signo crucis confessionem fidei suam confirmat, si fuerit sacerdos, diaconus, episcopus aut monachus, relinquet ordinem suum sed seorsim extra ordinem inclinabitur cum dolore. Episcopus dicet orationem sequentem facie ad orientem conversa.

Deus Pater omnipotens, qui probas corda et nosti occulta hominum, qui ab initio per misericordiam tuam creasti nos, et per incarnationem unigeniti Filii tui Jesu Christi Domini nostri ab errore liberasti nos, et ab evagatione post res vanas collegisti nos, et ad ostium divinum tuum adduxisti nos, et per descensum tuum sanctum vocasti et applicasti nos ad ministerium hoc sacerdotale; tu nunc etiam, Domine, amator hominum, placitos habe nos in ministerio nostro, et suscipe servum tuum istum, qui convertitur ad te et agnovit veritatem tuam post errorem primum haereseon, quibus tenebatur, et confessus est coram infirmitate nostra veritatem tuam. Praesta illi, Domine, remissionem peccatorum. *Elevans vocem.* Ut adnumeratus gregi agnorum tuorum, suscipiat a te retributiones aequas, in die manifestationis tuae gloriosae: et cum agnis ad dextram constitutis referemus tibi gloriam et laudem, et unigenito Filio tuo, et Spiritui Sancto tuo, nunc etc.

Tunc conversus episcopus ad poenitentem, versus accidentem, imponit dexteram capiti ejus et dicit inclinatus orationem sequentem.

Domine, Domine Deus omnipotens, Pater Domini Dei et Salvatoris nostri Jesu Christi ab eo missi, qui vis, ut omnes homines convertantur, et ad agnitionem veritatis perveniant, tibi inclinavit caput suum et collum mentis suae servus tuus iste, confugitque ad misericordiam tuam, fugitque ab operibus odiosis et versutia calumniatoris (diaboli) et ab haeresibus impiis N. N. Petimus a te, et deprecamur te, Domine, ut mittas super eum Spiritum tuum Sanctum. Procul fac ab eo cogitationes omnes abominandas, et concede illi, ut recte ambulet in via mandatorum tuorum dominicorum, dimittens et auferens cunctas iniquitates ejus, quas commisit scienter et ignoranter. Numera illum in populo tuo, et da illi consortium in haereditate tua; benedic et sanctifica illum, et reple illum virtute tua, atque illum dirige ad voluntatem tuam bonam per Dominum Deum et Salvatorem nostrum Jesum Christum, qui pollicitus est in hunc modum peccatoribus: clamate et respondebo; pulsate, et ego aperiam: per quem et cum quo te decet gloria, honor et potestas, cum Spiritu tuo Sancto.

Inspirat in faciem poenitentis ter in formam crucis dicens: Redde mihi laetitiam tuam salutemque tuam, et Spiritum tuum Sanctum ne auferas a me. Spiritu tuo laudando confirma me.

Convertitur ad orientem et inclinatus secreto dicit: Deus, qui a Cherubim benediceris, et a Seraphim sanctificaris, et ab angelis laudaris, quamvis gloria nullius indigeas, qui perpetuam salutis generis nostri curam habes, quique vis nostram ad te poenitentiam, et conversionem: tu, Domine, per miserationes tuas multas exaudi preces infirmitatis nostrae, et suscipe deprecationes humilitatis, et demitte dexteram tuam plenam miserationibus omnibusque auxiliis super servum tuum istum. Benedic illum omnibus benedictionibus tuis; absterge et munda illum ab omni errore haeretico, parce delictis ejus, dimitte culpas ejus, sanctifica animam ejus, et munda corpus ejus. *Elevans vocem.* Et funda firmiter in mente ejus fidem veram et orthodoxam: conforta illum ad custodienda mandata tua, et ad faciendam voluntatem tuam: numera illum in ordine electorum tuorum, et praesta illi fiduciam coram te in die adventus tui secundi, ut cum omnibus Sanctis tuis referamus tibi gloriam et laudem, Pater, Fili et Spiritus Sancte etc.

Signat eum ter in fronte signo crucis dicens: Signatur N. ut sit agnus in ovili sancto et ovis gregis Christiani numeratus inter filios Ecclesiae sanctae, et haeres fidei orthodoxae, in nomine Patris, Amen, et Filii, Amen, et Spiritus Sancti, ad vitam aeternam in saecula saeculorum, Amen.

Si sit poenitens ex ordine sacerdotum, accipit sacerdos Maphorium manu sua, imponitque humeris illius dicens ter. Ad laudem et honorem Trinitatis sanctae et ejusdem substantiae et ad tranquillitatem atque aedificationem Ecclesiae sanctae Dei.

Postea manum ejus tenens ascendere facit ad altare, et praecipit illi, quae agere convenit. Si diaconici ordinis sunt, qui reconciliantur, eodem modo imponit illis Orarium.

Ritus poenitentiae apud Nestorianos.

(Ordinem poenitentiae Nestorianorum ex Ebedjesu Catalog. c. 74. (Bibl. Or. T. III. P. I. p. 140.) ordinavit Jesujabus Adjabenus patriarcha (650—660). Ordo Jesujabi videtur autem primitus reconciliationi apostatarum tantum inserviisse, cum titulus apud Ebedjesu sit: Ordo absolutionis apostatarum. Postmodum autem extensus ad haereticos, imo ad quorum cunque peccatorum reos. Partes autem praecipuas esse antiquum ipsum poenitentiae ritum non dubitamus. Refert autem Badger, plures esse apud Nestorianos absolutionis formas, quae in libro dicto Kthawa d'Husaja continentur, orationes nimirum pro singulis peccatis. Dolendum est, Assemanum commentarium in hunc ordinem tantum edidisse (Bibl. Or. T. III. P. II. p. 287), Timothei II. nempe patriarchae, in lib. de Sacramentis cap. 7. sect. 6. Gallice seriem ritus et orationem praecipuam edidit Renaudot, Perpétuité l. 4. c. 3. col. 870. sq. Latine autem ex libro precum Eliae, sacerdotis Bagdadensis, qui fuit Claudii Hardy, versum reperimus in ejus opere Ms. de poenitentia fol. 1. sq., ita tamen, ut praeter orationem praecipuam et rubricas plurima tantum per initia designentur. Integrum anglice edidit G. Percy Badger in suo opere: The Nestorians and their rituals London 1852. T. II. ch. 29. p. 155. sqq.)

1. Ordo poenitentiae Jesujabi patriarchae ex Renaudotio.

Ordo reconciliationis poenitentium compositus a Mar Jeschuaiahab Catholico.

Accedit sacerdos simulque diaconi ad portam cancellorum, aut altare: et accedit qui reconciliandus est coram altari: tum incipiunt. Pater noster. Converte me. Imaginem tuam. *Incipiuntque psalmum*

Ad te levavi oculos meos. *Adulterae. **Responsorium.** Peccatoribus et publicanis. Domine cognovisti. Domine super fundamentum petrae. Lauda. Publicanos et meretrices. Mundus. Pater misericors. **Canon.** In multitudine etc. Miscrere mei Deus, tanquam pater filiorum suorum peccatorum, qui non permittis, ut moriantur in iniquitatibus suis: miserere mortalis conditionis nostrae peccatis obnoxiae, Christe Salvator meus, idcirco enim miserunt te (ad nos) miserationes tuae coelestes: miscrere mei secundum misericordias tuas, et ero (tibi) tanquam gloria, Domine. Cum eo qui etc. *alia voce; et* qui aperuit portas poenitentiae. *Oratio.* Affluant, Domine et Deus noster, benedictiones tuae, Domine.

Tunc accedit qui reconciliatur, et imponit sacerdos manum suam super caput ejus: et recitat super eum hanc orationem submissa voce. Deus noster, bone et plene misericordia, cujus gratia et [1] miseratio super omnia effusa [2] est: effunde, Domine [3], clementiam benignitatis tuae super servum tuum istum [4], et transmuta illum per spem integrae [5] renovationis ad vitam gratiae [6]. Innova in illum Spiritum tuum Sanctum, in quo obsignatus est ad diem salutis: et munda illum per clementiam tuam ab omni macula [7]; dirige quoque gressus morum [8] ejus, in semitas justitiae: et cum Sanctis Ecclesiae tuae [9] fac illum participem firmae spei adoptionis majestatis tuae, suavitatisque [10] mysteriorum tuorum vivificantium. Robora illum auxilio miserationum tuarum, ad custodienda praecepta tua; ad perficiendam voluntatem tuam, et [11] ad confitendum, adorandum et laudandum nomen tuum sanctum, semper, omnium Domine.

Si reconciliandus fidem abnegavit, sacerdos ungit eum oleo in fronte dicens: Signatur, sanctificatur et innovatur N. in nomine Patris etc. *Si autem non voluntarie et per ignorantiam, non signatur oleo, sed tantum manu sacerdotis. Deinde accipit communionem, et absolutus est.*

2. Ordo poenitentiae Jesujabi ex Badger.

Sacerdos *): Gloria in excelsis Deo et in terra pax, bona voluntas erga homines. Pater noster.

Oratio.

Adorabile nomen gloriosae tuae Trinitatis semper adoretur, glorificetur, honoretur, laudetur, benedicatur et magnificetur in coelo et in terra, Domine omnium, Pater, Fili et Spiritus Sancte. Amen.

---

[1] B deest gratia et. — [2] B abundans. — [3] B deest Domine. — [4] B add. vel famulos. — [5] B novae. — [6] B deest ad vitam gratiae. — [7] B loco hujus particulae et munda etc. habet: confirma spem fidei ejus auxilio gratiae tuae. — [8] B viae. — [9] B fac ipsum in fine gaudere cum Sanctis in regno tuo. — [10] B stabiliens in ipso fiduciam fidei ejus in suam adoptionem per participationem. — [11] B deest ad custodienda . . . . et.

*) Ex Badgero poenitens et sacerdos ad portam vel atrium ecclesiae accedunt, poenitens genu flectit, vel humili situ sedet. Officium autem hoc communiter perficitur ante preces matutinas diei, in quo ad communionem accedunt.

Sequuntur psalmi 24. et 129.

Oratio.

Ecce, oculi mentium nostrarum fixi sunt in te, Domine Deus noster; nam spes nostra et fiducia est in te, et a te imploramus remissionem peccatorum nostrorum et iniquitatum. Concede hoc in tua gratia et miseratione, sicut tua est consuetudo omni tempore.

Cantus.

Antiphona: Inclina aurem tuam, Domine, et audi me, et peccatores ad te convertentur.

Tu, Domine, non despiciebas publicanos et peccatores, neque ejiciebas eos a praesentia tua; nam ipse dixisti: non necesse habere sanos medico, sed eos qui male habent. Ideo nos, qui malum fecimus coram facie tua, et quorum animae aegrotae sunt, imploramus te, ut misereraris nostri.

Ant. Domine, cognovisti.

Domine, bone medice animarum, tu novisti quod curationis indiget. Tu vocasti et refecisti aegrum et male habentem, priusquam vocares sanum: non quod rectum non respicias, sed quia vis ostendere misericordiam tuam erga peccatores. Propterea ego, qui sum maximus peccatorum, imploro te, amator hominum, ut me facias sicut unum ex illis, quos vocasti in vineam tuam hora undecima, et facias me idoneum ad recipiendum donum tuum.

Ant. Tam insipiens fui et ignorans.

Impius ille laqueum mihi posuit, et cepit me, et ego in mea fragilitate lapsus sum et cecidi in ejus rete; sed nunc, dum hoc adhuc manet fixum in membris meis, exaudi et rumpe vincula mea, ut exsurgere valeam et gratias agere gratiae tuae et voce contritionis animae exclamare et dicere: Gloria sit tibi, Domine omnium.

Ant. Gloria Patri et Filio et Spiritui Sancto.

Domine, super fundamentum petrae fidei Simonis Petri posuisti me, et in baptismo promisisti mihi donum adoptionis: sed vita mea similem me feci illi, qui dissipavit omnem substantiam suam, et nunc sicut ille oro et dico: peccavi in coelum et coram te: jam non sum dignus vocari filius tuus. Misericors Domine, miserere mei.

Ant. Sicut erat in principio et nunc et semper sit, usque ad finem mundi. Amen.

Peccatores, quos poenitet, et qui ad te veniunt, Domine Deus, tu non vis rejicere a praesentia tua et ab aeternis beneficiis tuis, sed vis ipsis porrigere adjutricem manum tuam et ipsum alloqui in charitate tua, dicens: hic est ille qui mortuus erat et revixit, perierat et inventus est. Propterea, o amator hominum, in misericordia tua ita mei miserere, et sis mihi propitius.

[*Si poenitens sit mulier, sequens cantus adhibeatur:*

Ant. Vulnera mea foetent et corrupta sunt.

Quis medicus mea vulnera abscondita sanare valet, vel visitare et sanare me potest, vel quis ex igne me salvare potest, exclamavit adultera. Exsurgam et projiciam a me vincula peccatorum, et pergam ad Salvatorem, quoniam non rejicit publicanum, et ipse verbis suis mulierem Samaritanam convertit, et verbis suis vitam dedit matri Canaanitidi, et fimbria vestimenti sui dedit sanitatem illi, quae habebat fluxum sanguinis, et verbis suis miseratione plenis solvit adulteram a peccatis suis et inscripsit nomen ejus in libro vitae cum illis virginum. Cum his omnibus anima mea dicit omni tempore: benedictus est Christus Salvator noster.

Ant. Et peccatores ad te convertentur.

Salvator noster, tu fuisti propitius publicanis et peccatoribus, et in misericordia tua tu absolvisti eos a peccatis eorum. Eodem modo miserere mei et in miseratione tua extende miserationem tuam ad me.

Ant. Gloria Patri et Filio et Spiritui Sancto*).

Ant. Sicut erat in principio et nunc et semper sit ad finem usque mundi. Amen.

Cordibus contritis obsecremus et imploremus misericordem in omnes, et remissionem petamus a misericorde Deo, cujus porta semper aperta est omnibus, quos poenitet et qui ad eum redeunt.]

Oratio.

O tu misericors Deus, miserere nostri: o tu, qui plenus es miseratione, respice nos, neque avertas oculos tuos vel curam tuam a nobis; nam spes nostra et fiducia est in te omni tempore, Domine omnium, Pater, Fili et Spiritus Sancte, Amen.

Canon.

Ant. Miserere mei, Deus, secundum magnam misericordiam tuam. Pater noster, qui non sinis filios tuos errantes perire in peccatis suis, suscita me a morte mea in peccato, Christe Salvator meus, ad hunc finem miserationes coelestes te miserunt, Fili Dei, miserere mei.

Amator hominum, impurus sum prae multitudine peccatorum meorum et iniquitatum, et non audeo aspicere ad altitudinem coeli: nihilominus ad te clamo, sicut fecit publicanus, et dico: Miserere mei in misericordia tua, et fac me tuum.

Doxologia.

Laudamus te, gratias agimus tibi, o Christe Salvator noster, quoniam tu solus es refugium nostrum et spes nostra.

Ob misericordiam tuam et pacem precamur et, ne claudas portam miserationis tuae nobis.

Sancte Deus, sancte potens, sancte immortalis, miserere nobis.

Tunc sequitur litania, quae incipit: O tu, qui aperuisti portam poenitentiae omnibus peccatoribus, miserere nobis etc.

Postea sacerdos dicat hanc orationem.

Tu, qui aperis portam tuam pulsantibus, tu, qui exaudis preces eorum, qui te invocant, aperi Domine Deus noster, portam miserationis precibus nostris, et in misericordia tua concede petitiones nostras ex thesauro tuo supereffluente, et suscipe supplicationes nostras, bone

---

*) Badger non potuit versum invenire, qui hic in ordine poenitentiae solis primis verbis allegatur.

Deus, qui non denegas miserationes tuas et dona iis, qui te adorant, et
qui clamant ad te, et implorant te omni tempore.

Aeternas misericordias sanctae tuae Trinitatis fac esse super tuos
adoratores peccaminosos et fragiles, qui omni tempore clamant ad te et
supplicantur tibi, Domine.

Tunc sacerdos dicet hanc orationem super caput illius, qui absolvitur : Deus noster bone etc. p. 468.

Dum, quae supra sunt, recitat presbyter, faciat super caput poenitentis signum crucis.

*Tunc sacerdos inquirat ipsum, utrum voluntarie fidem denegaverit,
et si ita sit, ungat eum oleo et dicat: Signetur.*), innovetur, sigilletur
et sanctificetur N. in nomine Patris, et Filii, et Spiritus Sancti Amen.*

*Quodsi ille fidem denegaverit absque voluntate, oleum non requiritur. Et isti poenitentes admittantur ad sacram communionem vespere
Paschatis.*

9. Commentarius Timothei II. patriarchae (lib. de sacramentis c. 7. sect. 6.) in ordinem poenitentiae Jesujabi.

De consignatione absolutionis. Dicimus absolutionem tres habere
consignationes: primam quidem et secundam, cum dicit laudationem
illam: Miserationes illae, quae heredem miseratae ad paternam domum
revocarunt, reducant me ad te, Salvator noster. Tertia vero, quum orationem impositionis manus super eum recitat: Deus noster, bonus et
miserationum plenus. Si autem sua voluntate fidem deseruit, indiget
consignatione baptismi, atque trina consignatione illum perficit: prima
quidem, quae in praedicta laudatione fit; altera vero, quae in fine orationis manus impositionis peragitur: tertia demum, quum illum sancto
oleo in fronte pollice consignat, dicens: Consignatur talis. Et si Jacobita fuerit, aut ex alia secta, quae Trinitatem atque unitatem Dei perfecti et perfecti hominis confitetur, addat in postrema consignatione haec
verba: Consignatur talis et sanctificatur atque perficitur talis in orthodoxa fide nostra Orientali, in nomine Patris et Filii etc. Praeterea dicimus, si haud sponte fidem negaverit, aut imprudens de mysteriis alicujus haeresis participaverit, non esse consignandum oleo, sed digito
tantum sine oleo eodem ritu.

Ritus poenitentiae apud Armenos.

1. Ordo poenitentiae Armenorum Monophysitarum.

(Ritum poenitentiae Armenorum descripsit, partem praecipuam latine
tradidit Joannes de Serpos in suo Compendio storico di memorie cronologiche
concernenti la religione e la morale della nazione Armena. Venezia 1786.
T. III. p. 289. Anglice tradiderunt Smith et Dwigth, missionarii Americani

---

*) Anglice: Let AB be signed etc.

in suis Missionary researches in Armenia, ex quibus folium, quod dicitur Evangelische Kirchenzeitung 1838. p. 481. sq. et Daniel, Codex liturgicus Ecclesiae universae in epitomen redactus IV. 2. p. 598. not. 1. repetierunt. Nos hic a R. D. Richter ex lingua originali traductum exhibemus ex Maschdoz impresso Constantinopoli 1807, uti ibi habetur insertus ordini dandae infirmis communionis supra tradito, ubi (p. 426.) vide etiam insignem orationem, qua infirmus ad confessionem praeparatur, quae necessitatem confessionis peccatorum etiam occultorum et potestatem sacerdotalem peccata ligandi et solvendi inculcat.)

Compunctio (poenitentia)*).

Peccavi sanctissimae Trinitati, Patri et Filio et Spiritui Sancto. Peccavi coram Deo. Confiteor coram Deo, et coram Sancta Dei Genitrice et coram te, sancte pater, omnia peccata mea, quae feci. Peccavi enim cogitatione, verbo et opere, voluntarie et involuntarie, scienter et nescienter peccavi Deo. Peccavi spiritu meo ejusque viribus, mente mea ejusque motibus, corpore meo ejusque sensibus. Peccavi viribus spiritus mei: calliditate, insipientia, audacia et timiditate, intemperantia et insatiabilitate; libidine et injustitia; praesumptione, desperatione et incredulitate peccavi Deo. Peccavi malis cogitationibus mentis meae: dolo, odio, limis oculis, invidia, fascinatione, mollitie, cogitationibus impuris, quoad mares et feminas, bestias, jumenta et belluas, pollutione in insomniis die ac nocte et in somniis (visionibus) abominabili impuritate peccavi Deo.

Peccavi concupiscentia corporis mei voluptate, pigritia, oscitatione somni, motu corporis et foeda actione in variis passionibus, lascivia aurium, impudentia oculorum, voluptate cordis, effeminatione narium, luxuria oris, intemperantia, crapula, inebriatione peccavi Deo.

Peccavi maliloquio linguae, falsiloquio, falso juramento, perjurio, resistentia, altercatione, obtrectatione, mussitatione, calumnia, otioso sermone, risu, vaniloquio, dissidio et exsecratione, murmurando, conquerendo, maledicendo et blasphemando peccavi Deo.

Peccavi furto manuum mearum, avendo, injuriam faciendo (privando), percutiendo, interficiendo et ad obscoena agendo peccavi Deo.

Peccavi omnibus articulis aedificii**) mei et omnibus membris corporis mei, septem sensibus et sex motibus, sublimi ludibrio et mundana mollitie, ad dextram et ad sinistram declinando, contra superiores peccando et inferioribus malum exemplum dando peccavi Deo.

Sed peccavi etiam septem transgressionibus, mortalibus peccatis:

---

*) Ex Smith et Dwight confessio fit in parte ecclesiae occidentali. Sacerdos in terra sedet Orientalium more, manum capiti poenitentis imponit, qui ad ipsius latus genuflectit. A sacerdote proponitur confessio prolixa, quae supra est, verbatim praeloquendo, vel ut Monier (Cérémonies religieuses T. III. p. 228.) ait, legente sacerdote, post unumquodque peccatum poenitens eo etiam non commisso respondet: peccavi contra Deum. Confessionem istam sive confessionis exemplar aliquibus omissis exhibent etiam iidem Smith et Dwigth anglice. -- **) Id est corporis. R.

superbia et partibus ejus, invidia et partibus ejus, ira et partibus ejus, acedia et partibus ejus, avaritia et partibus ejus, gula et partibus ejus, luxuria et partibus ejus.

Sed peccavi etiam contra omnia Dei mandata, affirmativa et negativa, nam affirmativa non exsecutus sum et a negativis non recessi. Legem accepi et legem neglexi, in Christianorum ordinem receptus sum, et operibus indignus inventus sum.

Sciens malum voluntarie feci, et a bonis operibus mea sponte recessi.

Vae mihi! vae mihi! vae mihi!

Quid dico aut quid confiteor? nam innumerabiles sunt transgressiones meae et ineffabiles iniquitates meae, incurabiles dolores mei, et non curandae plagae meae, peccavi Deo.

Hic poenitens manifestatis singulis peccatis, quae corporis imperio aut Satanae insidiis perpetravit, et poenitentia, quam persolvendam sacerdos injunxerit, accepta, rogat sacerdotem dicens:

Pater sancte, habeo te mediatorem reconciliationis et intercessorem apud unigenitum Dei Filium et rogo, ut, auctoritate, quae data est tibi, absolvas me a vinculis peccatorum meorum.

Confessarius dicit.

Misereatur tui clementissimus Deus, et remissionem tibi concedat omnium peccatorum, quae confessus et quorum oblitus es.

Et ego virtute ordinis sacerdotalis, auctoritate et jussu divino: quod quaecunque solveritis super terram, erunt soluta et in coelis: eodem verbo te absolvo ab omni vinculo peccatorum, a cogitationibus, a verbis et ab operibus, in nomine Patris et Filii et Spiritus Sancti, et restituo te sacramento sanctae Ecclesiae, et quidquid boni feceris, sit tibi in augmentum meritorum et in gloriam futurae vitae. Amen*). Pater noster.

(Cum in rituali Armenorum sint etiam orationes peculiares pro unoquoque peccato, in paradigma hujus ritus unam hic addimus.)

Pro pejeratore.

Venit pejerator et contritus confitetur, et sacerdos dicit hanc orationem:

Domine Deus noster, qui scis naturam nostram esse debilem et fragilem, et peccata nostra, quae occultare studemus, vere cognoscis, eaque tua clementia non respicis. Et nunc, Domine benefice, remissionem largire ei, qui contra sanctissimum mandatum tuum ausus est ju-

*) Allocutio: Pater sancte, et absolutionis forma referuntur eodem modo a Serposio et Smith cum Dwigth. Sed et Galanus et Monier de absolutionis forma eadem ut apud Armenos communi testimonium perhibent. Quam Vartani et Gregorii Datteviensis tempore jam usitatam fuisse ex illius libro de monitis c. 7. et hujus tractatu de Sacramento poenitentiae n. 32. sequitur. Vartani tamen tempore plerosque formam usurpasse hanc: „Deus remittit peccata tua" quam et ille commendat, ex eo tradit Galanus, quem de his vide T. II. P. II. p. 494, 606, 617, 623.

rare, nam tu solus scis secreta cordium nostrorum. Deprecamur et petimus a te, Domine, remitte transgressionem (delictum) pejerationis ejus secundum infinitam misericordiam tuam, nam tu solus es sine peccatis, et expiator peccatorum nostrorum, Domine noster Jesu Christe, et tibi cum Patre et Spiritu Sancto etc.

Per sanctam crucem. Custos etc. Pater noster.

2. Ordo poenitentiae ex rituali Armenorum unitorum.

(Ex Rituali Venet. 1839 p. 94. 95. Vertit R. D. Richter Monacensis.)

Absolutio poenitentis.

Sedet sacerdos in tribunali et poenitens genuflexus dicit:

Peccavi sanctissimae Trinitati, Patri et Filio et Spiritui Sancto. Peccavi coram Deo. Confiteor coram Deo et coram te, sancte Pater, omnia peccata mea, peccavi enim Deo cogitatione, verbo et opere, voluntarie et involuntarie, scienter et nescienter.

Deinde enumeratis singulis peccatis, quae a corpore devictus et a Satana illectus commisit, dicit:

Pater sancte, te habeo mediatorem reconciliationis et intercessorem apud unigenitum Filium, et rogo, ut potestate, quae data est tibi, liberes me a vinculis peccatorum meorum.

Et sacerdos faciat remissionem peccatorum peccatoris, et etiam remedium vulnerum poenitentiam, et praescribat canonem et deinde absolvat a peccatis:

Misereatur tui φιλάνθρωπος Deus, et remissionem tibi concedat omnium peccatorum tuorum, et quorum confessus et quorum oblitus es. Et ego, virtute ordinis sacerdotalis, auctoritate et jussu divino: quod quaecumque solveritis super terram, erunt soluta et in coelis: eodem verbo te absolvo ab omni vinculo peccatorum tuorum, a cogitationibus, a verbis et ab operibus in nomine Patris et Filii et Spiritus Sancti. Et te restituo sacramento sanctae Ecclesiae, et quidquid boni feceris, sit tibi in augmentum meritorum et in gloriam futurae vitae. Amen.

Effusio sanguinis Filii Dei, quem effudit in cruce et liberavit humanas naturas ab inferno, liberet te a peccatis tuis. Amen.

Benedictus Dominus. Pater noster, qui es in coelis.

Appendix canonum poenitentialium.

(Appendicis instar subjicimus quatuor canonum syllogas in schedis Renaudotii repertas, quae vel solas vel plurimas poenitentiales regulas continent. Primo loco posuimus illam, cui titulus: Canones divini sanctorum Patrum et Apostolorum etc. Cujusnam ecclesiae sint, ipse Renaudotius se nescivisse satis prodit, cum indicare nunquam potuerit, licet saepius in opere Perpétuité de la foi (l. 3. c. 7. col. 840, 842; l. 4. c. 1. col. 863, 864) eorum mentionem fecerit. Id unum statuit, ex severiori disciplina antiquiores esse canonibus Dionysii Barsalibi, imo (l. 4. c. 1. col. 859.) non infra saeculum VIII. vel IX.

reponendot esse. Sane ex canone 51. sequitur, post illud tempus fuisse con-
scriptos, cum Muhamedani capitis poena illos mulctare coeperant, qui a sua
religione ad christianam defecissent. Aliqui ex istis canonibus breviores occurrunt inter canones Syrorum collectionis II. Ibi etiam dicitur (can. 52.)
poenitentiam pro incestu intra sextum gradum in alio libro indicari, quod de
canonibus 31, 33, 34. hujus collectionis posset valere. Ex quonam codice de-
sumserit Renaudotius, nullis mediis potuimus detegere. Altera sylloge titulo
canonum Syrorum poenitentialium ab eo est designata. Censet et ipsos Barsalibaeo antiquiores (Perpétuité I. 3. c. 9. col. 853.) sicut ex severiori disciplina sequitur et ex eo, quod prioris quaedam repetat. Tertia collectio titulo
canonum ecclesiae Syrorum Jacobiticae ἀδεσπότων ab ipso appellatur, et ex
codice bibliothecae regiae Syr. 300. arabico, sed syriacis characteribus descripto, et ex codice Colbertino 4684. est desumpta. Antiquior est, judice Renaudotio, Barsilibaei canonibus, utpote rigidior. Junioris est aetatis quam secunda, cum illa confessionem quotannis ternam, haec binam tantum praecipiat.
Quarta denique sylloge sunt canones poenitentiales a Dionysio Barsalibi, metropolita Amidensi saeculo XII. exeunte, ex communi episcoporum consilio
statuti, quos in Perpétuité l. 4. c. 2. et alibi saepius allegavit. Praeter hanc
se caeterorum auctores plane nesciisse, satis prodit Perpétuité l. 9. c. 5.
col. 1178.)

I. Canonum poenitentialium collectio.

Canones divini Sanctorum Patrum et Apostolorum pro illis, qui, postquam
peccaverint, veniunt et confitentur peccata sua apud magistros poenitentiae, sacerdotes Dei.

I. Qui Christianum nullis antea inimicitiis intercedentibus occidit,
haec est illius regula: jejunabit diebus continuis quadraginta a vino et
oleo abstinens, sed pane tantum et aqua vescens. Postea jejunabit jejunium Nativitatis Domini, et jejunium Apostolorum, eadem, quae supra
dicta est ratione, nec oleo nec vino utens, quod per annos duos observabit in aliis jejuniis, tantummodo licebit ei die Paschae et feria quinta
Coenae Domini, et Sabbato luminum jejunium solvere, ut etiam in die
Nativitatis Domini, quibus poterit oleo et vino vesci, etiam piscibus.
Anno primo non licebit ipsi in ecclesiam ingredi, sed humi prostratus,
cum moestitia deflebit peccata sua. Deinde jejunabit pane et aqua ferias
quartam et sextam omnibus diebus vitae suae, quam poenitentiam minuere vetamus sacerdoti, scriptum est enim, homicidam septuplum puniendum.

II. Si quis hominem occiderit, et ex popularibus illius, qui occisus
est, aliquis eum interfecerit, in caedis vindictam; hic canon ejus esto.
Jejunabit quadraginta dies continuos, solo pane et aqua vescens, et
permanebit annis septem agens poenitentiam, quam ei praescripserit
sacerdos.

III. Si quis hominem baptizatum praeter voluntatem interfecerit,
jejunabit dies duos, qua ratione praescribet sacerdos, neque enim ipse
sibi poenitentiam praescribere debet. Eadem est poenitentiae regula ei
observanda, qui sub vexillo principis militans caedem fecerit.

IV. Qui alicujus occidendi consilium init, unde ortae inimicitiae, et
ab alio occisus fuerit iste, apud Deum homicida reputabitur, itaque ca-

nonem primum homicidis voluntariis constitutum in ipsum decernimus, neque ulla ratione illum imminui volumus.

V. Fidelis qui occiderit patrem, aut matrem, aut fratrem, filium fratris, aut patruelem aut avunculum, aut consobrinos ex utraque parte, filium patris aut matris: jejunabit toto vitae suae tempore, nihil pingue edens neque bibens vinum, sed una tantum refectione contentus ex cibis jejuniis convenientibus. Per annum unum non intrabit in ecclesiam, sed tantum ad fores stabit. Die Dominica et festis Dominicis, bis cibum sumet. Post annum licebit ipsi in ecclesiam ingredi, sed per posticum, et semel tantum quotannis Eucharistiam accipiet.

VI. Qui voluntarie hominem baptizatum occiderit, annis sex manebit ad fores ecclesiae dabiturque ei Eucharistia tantum semel in anno.

VII. Qui mulierem in fornicatione occiderit, jejunabit quadraginta diebus, juxta formam sibi a sacerdote praescriptam, et sex annis poenitentiam aget. Quod si occisor fuerit sacerdos, per annum a sacerdotio cessabit, si laicus, non ei licebit in ecclesiam ingredi per annum integrum. Fidelis vero, qui matrem suam in fornicatione deprehensam occiderit, jejunabit quadraginta diebus et annis undecim permanebit in poenitentia; ter Jerosolymitanam peregrinationem suscipiet, et jejunabit quarta et sexta feria omni tempore vitae suae, solo pane et aqua.

VIII. Qui percusserit uxorem suam, ita ut abortum fecerit, jejunabit per quadraginta dies continuos pane et aqua, postea per annos decem in poenitentia permanebit. Quod si mater ipsa foetum necaverit, idem quadraginta dierum jejunium observabit, neque ingredietur in ecclesiam, aut pingue aliquid edet, jejunando a nona ad nonam, Jerosolymam proficiscetur, et peccata sua deflebit: postea permanebit in poenitentia per annos quatuordecim et jejunabit (pane et aqua) feriis quarta et sexta omnibus diebus vitae suae.

IX. Si qua mulier foetum in utero suo occiderit, regula ejus erit jejunium annorum trium: quae vero infantem postquam natus est occiderit, canon miserae illius erit jejunium continuum annorum duodecim pane et aqua, deinde ita jejunabit feriis quarta et sexta per omne tempus vitae suae.

X. Pater aut mater quibuscumque infans absque baptismo moritur, jejunabunt annum integrum pane et aqua, deinde vero feriis quarta et sexta toto vitae suae tempore.

XI. Mulier quaecumque maleficio usa maritum aut alium quempiam, vel odio vel amore impulsa, occiderit, etiam si ex Muslemanis aut ex Judaeis, et tale quidpiam edens mortuus fuerit, ea maledicetur et excommunicabitur ab Ecclesia. Aget poenitentiam per annos viginti sex, orationi vacans et jejunans a nona ad nonam solo pane et aqua. Si haec non fecerit eamque mori contingat, non sepelietur, quasi Judaeus, et cum eo erit, qui latus Christi lancea transfixit, dum esset in cruce: sacerdos vero, qui haec ejus facta sciens, ipsi sacramenta tribuit, cum eo erit, qui defodit pecuniam Domini sui.

XII. Mulierem, quae sibi ipsa maleficium aut sortilegium aliquod praeparaverit, aut ab alio petierit, ut viri vel alterius cujuspiam sibi amorem conciliaret, aut quae ejusmodi maleficia gestaverit, oportet jejunare per annos quinque unum quotannis jejunium: quod si non fecerit, interdicatur ab ingressu in ecclesiam, neque ullus cum ea conversetur.

XIII. Mulier, quae filii sui curam non habet, ita ut cadat in ignem et moriatur, aut in aquam et suffocetur, jejunabit tribus annis, pane et aqua. Quod si ejus pariter negligentia contigit, ut filius ejus pingue aliquid comedat in sancta Quadragesima, jejunabit pro eo per quadraginta dies pane et aqua.

XIV. Mulier sanguinis menstrui fluxum patiens, si ausa fuerit ecclesiam ingredi, et manum sacerdotis osculari, aut sata circuire vel ea custodire, poenitentia ejus erit annorum septem, jejunabit pane et aqua, non ingredietur in ecclesiam per annum integrum, nec accipiet corpus Domini nisi semel in anno omnibus diebus vitae suae.

XV. Qui sacerdotem Dei falso accusat, ab ingressu in ecclesiam prohibebitur per annum integrum, injungeturque ipsi septem annorum poenitentia; neque Eucharistiam accipiet praeterquam semel in anno. Eidem poenitentiae subjicitur, qui patrem aut matrem pariter calumniatus fuerit.

XVI. Vir qui cum muliere, neque desponsata, neque nupta, fornicatus fuerit, aget poenitentiam per annum integrum, mysteriis non communicabit, neque dabitur ipsi benedictio: jejunabit feria quarta et sexta pane et aqua per annum integrum, quo peracto communicabit.

XVII. Ei vero, qui in masculos insanivit, necessaria est duodecim annorum poenitentia. Jejunio, oratione et vigiliis se affliget, prostrationes faciet, prohibebiturque ipsi ingressus in ecclesiam per annum integrum. Non impertiet ei sacerdos benedictionem Eucharistiae, neque suam benedictionem: non bibet vinum, nec oleum edet: Jerosolymam religionis causa proficiscetur, et in Jordanis aquis se abluet. Cum haec fecerit, certum est, Deum ipsi veniam concessisse. Tum orabit super eum sacerdos, docebitque illum, quod lex Christi misericors est, quae praecipit, ut suscepto poenitentiali canone peccata deleantur.

XVIII. Qui cum muliere nupta ipse innuptus fornicatus fuerit, jejunabit sexta feria per annum integrum pane et aqua, semel tantum in die cibum capiens. Quod si uxoratus fuerit, sex annis in severa poenitentia permanere eum oportet, jejunabitque quarta et sexta feria omnibus diebus vitae suae solo pane et aqua vescens.

XIX. Conjugatus, qui cum soluta fornicatur, aut cum scorto, aut alia, si annorum triginta aut viginti quinque aetatem attigerit, quinque annorum ipsi agenda est poenitentia. Anno integro non ingredietur in ecclesiam, post annos quinque sacerdos ipsi sacramenta communicabit.

XX. Quibus contigit, uxorem obire et ita viduos fieri anno quadragesimo aetatis, et deinde in fornicationis peccatum prolapsi sunt, a sacramentis sanctis prohibebuntur per annos quinque, neque ipsis in ecclesiam ingredi licebit, quarta et sexta feriis aliisque jejunii diebus a vino et oleo abstinentes jejunabunt omnibus diebus vitae suae.

XXI. Qui cum matre aut sorore desponsatae sibi puellae peccavit, et eam deinde sibi ducit uxorem, canon poenitentialis huic tam nefario crimini conveniens talis erit. Per annos viginti quinque non ingredietur in ecclesiam: interea non communicabit, deinde toto tempore vitae suae neque oleum neque vinum gustabit.

XXII. Qui cum brutis inquinatus est, prohibebitur a perceptione oblationis sanctae et sanguinis pretiosi, per annos quindecim, quos in durissima poenitentia transiget, ut a tam infami facinore purgetur.

XXIII. Solutus, qui cam muliere conjugata fornicatus est, tenebitur jejunare quadraginta dies, pane et aqua tantum. Deinde sex annis aget poenitentiam jejunans feriis quarta et sexta solo pane et aqua. Quod si fuerit conjugatus, septem annis poenitentiam aget juxta modum praedictum. Licebitque ei accipere corpus et sanguinem Domini, sed semel tantum in anno. Quod si mulier soluta fuerit, poenitentia jejunii per quadraginta dies pane et aqua ei imponetur, et eadem prorsus, quae homini conjugato pro ejusmodi crimine praescripta est.

XXIV. Quicunque dimissa uxore sua aliam assumit, excommunicabitur ab ecclesiae rectore, donec eam ejiciat et priorem reducat, tenebiturque jejunare quadraginta dies solo pane et aqua. Quod si hoc non fecerit et in nequitia sua perseveraverit, arcebitur ab ecclesia toto vitae suae tempore, et si mors ei acciderit, instar Judaei et iniqui sepelietur, neque fiet oratio pro eo, aut ejus nomine liturgia celebrabitur.

XXV. Oportet eum, qui mulieri vitium intulit, jejunare quadraginta dies continuos pane et aqua, sex annorum agere poenitentiam, jejunareque ferias quartam et sextam pane et aqua, toto vitae tempore: mulieri eadem imponitur poenitentia.

XXVI. Qui virginem corrupit, annum unum pane et aqua jejunare eum oportet, et omnibus diebus vitae suae quartam et sextam ferias. Puella si vim facienti consensum praebuerit, eidem poenitentiae subjacebit. Si fecerit hoc conjugatus, jejunare tenebitur per annos sex, neque illo temporis intervallo communicabit corpori Domini: nisi post annum elapsum. Quod si vim contra voluntatem passa fuerit, minuetur ipsi poenitentia, quatenus aequum erit.

XXVII. Si Christianus cum Muhamedana, aut Christiana cum Muhamedano fornicati fuerint, jejunia et poenitentia annorum duodecim ipsis imponentur, interea prohibebuntur ab ingressu in ecclesiam, nec accipient corpus Domini Christi, donec Jerosolymam profecti fuerint, et abluerint se in Jordane. Quod si haec non fecerint, nullum habeant cum baptismi filiis commercium.

XXVIII. Vir, qui cum Judaea fornicatus est, aut femina, quae cum Judaeo fornicata est, regula eorum poenitentiae est, ut quadraginta annis prohibeantur ingredi in ecclesiam, neque interea corpus Christi accipiant: quod si obtemperare noluerint, reputabuntur coram Deo tanquam Judaei.

XXIX. Qui cum uxore sodomiticum scelus committit, jejunabit dies quinque: si id scelus cum alia quam uxore sua committit, quadraginta diebus jejunabit pane et aqua, sexque annorum spatio quartas et sextas ferias solo pane et aqua contentus jejunabit.

XXX. Unumquemque conjugatum non oportet dormire cum uxore sua, quamdiu menstruo fluxu laborat; id enim vetat lex Moysi. Abstinebitque unusquisque ab uxore sua tribus septimanis antequam pariat, et quadraginta diebus post partum. Si secus facere contra praescriptum hunc canonem ausi fuerint, per dies quadraginta pane et aqua jejunabunt.

XXXI. Qui cum filia soceri vel socrus tanquam cum uxore rem habent, peccato subjacebunt, judicabitque ejusmodi homines episcopus et poenam condignam illis imponet. Uxor vero, si ignoraverit virum suum cum sorore ejus rem habuisse, immunis erit. Ipse vero quadraginta dies jejunabit pane et aqua, sex annorum spatio ferias quartam et sextam eadem ratione jejunabit et ad Jerosolymam peregrinabitur, flebitque peccatum suum. Ita et de muliere statuendum est, si facinoris conscia fuerit. Quod si talem poenitentiam agere neglexerint, excommunicabuntur.

XXXII. Qui cum matre sua fornicatus est, per annos quindecim jejunabunt ambo, pane et aqua: quam jejunii rationem pariter observare tenebuntur feriis quarta et sexta jejuniisque ecclesiasticis toto vitae suae tempore.

XXXIII. Qui cum amita sua rem habuerit, jejunabit diebus quinque, ferias item quartam et sextam pane et aqua per annos tredecim. Illa vero eidem poenitentiae subjacebit.

XXXIV. Qui fornicatus est cum sorore ex patre, aut cum filia sororis suae, aut cum filia fratris sui, jejunare tenebitur per annum integrum pane et aqua; poenitentia etiam ipsi agenda est per annos novem, jejunando feriis quarta et sexta pane et aqua; toto etiam vitae tempore a concubitu abstinebit, quod etiam observare tenebuntur miserae illae, si ex earum consensu scelus admissum est: si secus, benignius a sacerdote cum illis agetur.

XXXV. Qui cum masculo coitum foemineum habuit, jejunabit per annum integrum pane et aqua. Tenebitur etiam observare poenitentiam annorum quindecim, feriis quarta et sexta et jejuniis reliquis pane tantum et aqua vescens. Si masculus fuerit pubertatis annos egressus, et pene vir, eodem canone tenebitur. Si impuber, aut si fuerit nepos ex fratre aut sorore, aut privignae filius, ipse quidem secundum aetatis mensuram punietur, alter vero jejunabit per annos quindecim pane et aqua.

XXXVI. Qui cum puero sordidatur, aut si duo invicem libidinose sese polluunt, tanquam fornicatio illud ipsis imputabitur. Vae illis, Quadraginta diebus jejunabunt pane et aqua, et poenitentiam anno uno facient, sextam feriam similiter jejunando.

XXXVII. Qui dormit cum muliere alia quam cum uxore sua, et accidit ut cum ea ludens immundum quid in corpore patiatur, id ipsi fornicatio reputandum est. Jejunare oportet illum decem dies, pane et aqua, atque per annum integrum agere poenitentiam sextam feriam jejunando in pane et aqua; quod si id, quod dictum est, non acciderit, fornicator non reputabitur.

XXXVIII. Qui cum muliere fornicatus est in ecclesia Dei, quadraginta dies jejunare eum oportet et stare ad limen ecclesiae, et pane et aqua jejunare diebus tredecim.

XXXIX. Oportet eum, qui brutis animantibus commistus est, jejunare ferias quartam et sextam omni tempore vitae suae, et praeterea quadraginta dies pane et aqua. Quod si conjugatus tale flagitium perpetravit, jejunabit per annos viginti. Si puer, qui undecimum annum attigerit, quadraginta dies pane et aqua jejunabit. Si vir perfectae aetatis, annorum triginta, tribus annis jejunare eum oportet pane et aqua. Quod si ad rem hujusmodi tentatione diaboli nimia impulsus fuerit, ita ut ante coitum semen emittat, oportet eum sex diebus jejunare.

XL. Qui cum matrina sua fornicatus est, jejunare eum oportet per quadraginta dies pane et aqua, agere etiam poenitentiam per annos septem, ferias quartam et quintam et reliqua totius anni jejunia similiter jejunando.

XLI. Qui libidinoso mulieris osculo polluitur, triginta continuis diebus tenebitur jejunare. Si in ecclesia Dei factum, quadraginta diebus jejunabit pane et aqua.

XLII. Mulierem, quae filiolum corpori suo adpliouerit, maxime in obscoenis partibus, et libidinem expleat, oportet poenitentiam agere per biennium, pane et aqua jejunantem.

XLIII. Virum, qui cum menstruata muliere rem habet, quadraginta dies oportet jejunare. Illa, si antequam purgata fuerit a fluxu menstruo ecclesiam ingreditur, jejunare tenebitur diebus quadraginta. Si postquam peperit vir ejus rem habuerit cum ea, antequam quadraginta purgationis ejus dies transacti fuerint, aut ante elapsum illud tempus in ecclesiam ingressa sit, jejunabit dies quadraginta, sed triginta tantum, si in ecclesiam ingressa non fuerit.

XLIV. Qui peccatum aliquod animo designans opus tamen perficere non potuit, ut si caedem, furtum, aut adulterium meditatus, ne efficeret impeditus est, et poenitentia ductus, confitetur, jejunare eum oportet per annum integrum.

XLV. Qui lotium bibit suum, alicujus infirmitatis causa, sex diebus tenebitur jejunare.

XLVI. Qui aliquid surripuit, qui benedictionem sacerdotis non persolvit, aut aliud quid ecclesiae debitum, pro uno quadruplum reddat: si non fecerit, ulciscetur illum Deus.

XLVII. Qui fidem datam, et juramento confirmatam ad baptizatum aliquem violat et pejerat, triennio jejunabit pane et aqua.

XLVIII. Qui Moslemanum occidit fraudulenter, dum data fide securus in sua domo est, tenebitur jejunare tres quadragenos uno anno: qui cum eo fuit, eadem poena tenebitur.

XLVIIII. Qui de alterius caede cogitavit, aut gloriatus est, quod illi nocuerit, quod in manus principis, aut praefecti aut ducis eum tradiderit; qui etiam gloriatus est, quod fornicatus fuerit, quod alterius cujuspiam aspectu fornicationis cupidinem animo conceperit, quod alium odio habeat, aut denique de quocunque malo gloriatus, testatur velle se illud opere perpetrare, tres dies continuos eum oportet jejunare.

L. Qui attendit ad verba astrologi aut arioli, tenebitur quinque diebus jejunare pane et aqua.

LI. Qui Muhamedanus factus est, sed contra voluntatem, tenebitur annorum trium poenitentiam cum jejuniis explere, sed interea licebit ipsi in ecclesiam ingredi quocunque tempore orandi gratia. Expletis tribus annis, si non fuerit baptizatus, baptizabitur; si baptizatus fuerit, aqua sancta adspergetur, ungeturque oleo precibus consecrato, et deinde Eucharistia sancta ipsi communicabitur. Si vero libere religionem negavit et fidem christianam abjuravit, jejunare eum oportet per annos sex, abstinereque oleo et vino, licebit tamen ipsi in ecclesiam ingredi orationis gratia. Postquam autem ea perfecerit, quae ipsi conveniunt, suscipiet illum Deus. D. autem Basilius judicavit, ut homo ejusmodi religionem Muhamedanam publice abneget in eo ipso loco, ubi christianam religionem ejuravit, si tamen id facere velit; secus observet canonem supra a nobis propositum propter naturae infirmitatem summamque rei difficultatem.

LII. Qui falso juravit, jejunare tenebitur feriis quarta et sexta per annos decem, jejunetque jejunium Nativitatis Domini toto vitae suae tempore.

LIII. Qui maledixerit alicui . . . . jejunabit dies octo, pane et aqua.

LIV. Qui linguae incontinens variis modis peccat, vel turpiloquio, vel alios conviciando, vel ea loquens, quae turpes in animo cogitationes, rixas, odia, caedes excitare possunt, sciat ejusmodi homo, diabolum in corde ejus et lingua atque adeo in omnibus ejus sensibus insidere, seque de tot impuris verbis rationem Deo strictissimam in die judicii redditurum. Quod si poenitere cupit, oportet eum jejunare feriis quarta et sexta per triennium, separatum interim a sanctae oblationis et sanguinis pretiosi participatione.

LV. Qui cum Judaeo ederit vel biberit, poenitentiam agere per biennium tenebitur, et interea, separatus a communione, feriis quarta et sexta pane et aqua jejunabit.

LVI. Qui fratri suo Christiano non reconciliatur, sed odium in corde servans inimicitias exercet, poenitentiam agere tenebitur per quinquennium, quarta et sexta feriis jejunando pane et aqua: quod si non poeniteat, velut homicida reputetur.

LVII. Quicunque Muhamedanum sinit filium suum ex fonte baptismatis levare, aut Muhamedanae idem erga filiam suam permittit: illi, tanquam Muhamedani reputati, pater, mater, infans, sacerdos denique, qui baptismum administravit, poenas ab Ecclesia sustineant.

LVIII. Quicunque carnem morticinam, aut animalis suffocati, aut lacerati a bestia, aut avis strangulatae, aut alio modo quam cultro mactati ausus est edere, jejunabit per dies decem.

LIX. Quicunque fratrem suum Christianum fraudavit sive in pondere aut mensura, aut alia quacunque ratione, jejunare tenebitur viginti diebus.

LX. Quicunque peregrinum aut mendicum relinquit ad ostium domus suae et, ut recipiatur, postulantem non admittit, jejunare tenebitur diebus quinque pane et aqua.

LXI. Quicunque manducat aut bibit cum eo, qui ab episcopo abstentus aut excommunicatus est, aut cum eo sermonem habet, jejunare tenebitur diebus decem. Quod si non fecerit, maledictioni et anathemati Ecclesiae Catholicae subjaceat.

LXII. Cum aliquis testamentum fecerit et res diversas legaverit, alius autem per injuriam legata, aut pecunias, contra defuncti testatoris voluntatem detinuerit, aut celaverit, talem excommunicari oportet ab ecclesiae parocho, ut illa restituat iis, quibus testamento legata sunt, in quadruplum; alioquin quasi latro reputetur.

LXIII. Quicunque furatus fuerit aliquid ab alio intra fines terrae, aut septi, aut vineae, aut horti ejus, aut fraudem ipsi fecerit in pecunia communi aut grege, vel aliquam ipsi injuriam intulerit, abutens aut dignitate sua, aut nobilitate potens, triginta diebus jejunare tenebitur pane et aqua: quod si non fecerit, permanebit ab Ecclesia separatus.

LXIV. Quicunque Dominica die vel festis sanctis ederit aut biberit, deinde ad ecclesiam venit, ut scilicet audiat liturgiam, poenitentiam dierum trium jejunando facere eum oportet. Quicunque vero aut ex laicis, vel si sacerdos, diaconus, monachus, metropolita, vel patriarcha, aut alius quicunque manducabit aut bibet feria sexta, aut die Dominico non aderit in ecclesia, nisi summa necessitate impeditus: a sacerdotio suo hi quidem deponentur, illis vero etiam per annum integrum a communione prohiberi oportet.

LXV. Canon Clementis, discipuli Petri, principis Apostolorum. Quicunque utriusque sexus fidelis ore a quibuscunque cibis non jejuno, accesserit ad communicandum corpori Domini nostri Jesu Christi, ab Ecclesia Dei pellendus judicabitur, quia id fecit per irreverentiam, aut negligentiam erga corpus Domini. Quod si per ignorantiam aut incogitantiam id commiserit, jejunabit integros annos duodecim, tertiam bonorum suorum partem Ecclesiae donabit, et ita salvabitur.

Alius.

LXVI. Non licet laico sacrum chrisma bibere medicinae gratia: qui contra facere ausus fuerit, ejicietur ab ecclesia Dei, nullo pro eo intercedente. Quicunque ex saecularibus illud per ignorantiam tulerit, septem annis ab ecclesia separabitur; si sciens id fecerit, centum quinquaginta tres plagas, seu disciplinas accipiet permanebitque annis duodecim extra ecclesiam. Quod si sacerdos ausus fuerit, praeterquam in baptismate, aliquem a Christiana religione alienum chrismate ungere, aut alicui Christiano dederit infirmitatis causa, gradu suo dejiciatur.

Alius.

LXVII. Quicunque saecularis, atque adeo, qui non sit sacerdos aut diaconus, astare ad altare consecrationis tempore ad intuenda sacramenta praesumpsit, is excommunicetur, et permaneat pulsus ab ecclesia per annos septem, donec poenitentiam palam hominibus fecerit.

II. Canones Syrorum poenitentiales.

I. Si malum quis animo designaverit, jejunabit per tres dies pane et aqua.

II. Si quis per crucem Domini falso juraverit, jejunabit duodecies feria sexta et totidem feria quarta solo pane et aqua vescens, et praeterea diebus quinquaginta ante Nativitatem.

III. Si quis datam fidem Christiano per perjurium violaverit, per annos tres quartis et quintis feriis jejunabit pane et aqua.

IV. Si quis vitium aliquod personale alteri cum injuria exprobrat, jejunabit per unum diem pane et aqua.

V. Qui alteri invidet, jejunabit per dies quinque.

VI. Qui otiosa verba loquitur, jejunabit feriis quarta et quinta secundum peccati mensuram.

VII. Qui Christiano odium habet, jejunabit feriis quarta et sexta, quamdiu in tali odio perseveraverit.

VIII. Qui caedem involuntariam perpetravit, jejunabit feriis quarta et sexta per annos sex.

- IX. Qui vero voluntarie Christianum occidit, jejunabit per annos continuos duodecim solo pane et aqua vescens, non vine, non oleo: neque ingredietur in ecclesiam per annum integrum, jejunabitque feriis quarta et sexta toto vitae suae tempore, neque communicabit prius quam peracta poenitentia, flebitque peccatum suum, et postea suscipietur.

X. Qui occidit, ut alterius caedem ulcisceretur, jejunabit per annos septem pane et aqua.

XI. Qui Musulmanum in se irruentem occiderit, jejunabit tribus annis quadraginta dies praeter jejunia publica.

XII. Qui vero Musulmanum prosecutus eum occidit, jejunabit per annos tres feriis quarta et sexta.

XIII. Qui hominem prosecutus est, ut eum occideret, neque tamen potuit, tanquam caedis reus reputabitur et ita jejunabit.

XIV. Qui consanguineum aliquem suum occidit, jejunabit toto vitae suae decursu, tertiam bonorum suorum partem in eleemosynas impendet, septies Jerosolymam proficiscetur, non utetur veste ordinaria, non matrimonium contrahet, flebitque omnibus diebus suis: neque ingredietur in ecclesiam nisi post annum unum expletum: tunc communicabit, et deinde permanebit sperans misericordiam Dei.

XV. Qui dolore aliquo vexatus urinam propriam bibit, jejunabit diebus sex.

XVI. Qui suffocatum aut morticinum comedit, jejunabit diebus viginti.

XVII. Qui Christiano fraudem fecit in pondere vel mensura, aut qui de aliqua re data accepit usuram, damnum restituet, et jejunabit diebus quadraginta.

XVIII. Qui pauperem venientem ad se et pro Deo hospitium petentem non suscipit, jejunabit diebus quinque.

- XIX. Qui cum eo, qui a sacerdote excommunicatus est, edit aut bibit, aut cum eo habet commercium, per annos septem jejunabit diebus integris duodecim et feriis quarta et sexta.

XX. Si quis Ecclesiae aliquid donavit et alius superveniens eum a persolvenda donatione prohibuerit, jejunabit dies quadraginta, postquam res restituta fuerit.

XXI. Qui res Ecclesiae aut sacerdotis detinuerit, duplum restituet et triduo jejunabit.

XXII. Qui furatus aliquid fuerit, restituet et triduo jejunabit.

- XXIII. Qui manducaverit aut biberit feria sexta aut Dominica, aut festa die ante lectionem, neque ad liturgiam venerit, jejunabit dies tredecim; qui vero liturgiae tempore cum aliquo fabulatur, triduo jejunabit.

XXIV. Qui vero lectioni scripturarum interest, et ante liturgiam comedit, jejunabit diebus decem.

- XXV. Qui opus aliquod mane facit, priusquam veniat ad ecclesiam, triduo jejunabit.

XXVI. Qui ad ecclesiam veniens non expectat finem orationis et liturgiae, jejunabit per triduum.

- XXVII. Qui ad iter proficiscitur, neque prius ad ecclesiam capessendae benedictionis causa venit, triduo jejunabit.

XXVIII. Qui non recitat nocturnas preces diei Dominicae, feriarum quartae et sextae et jejunii quadragesimalis, jejunabit diebus septem.

XXIX. Qui magorum verbis fidem adhibet, aut in iis confidit, jejunabit dies quinque.

XXX. Is, cujus filius absque baptismo moritur, jejunabit anno uno, et feriis quarta et sexta toto vitae suae decursu.

XXXI. Qui exiit, ut furaretur, aut fornicaretur, nec potuit, anno uno jejunabit.

XXXII. Mulier, quae filium negligenter curans, si accidit, ut ille in ignem cadat et adustus moriatur, jejunabit per annos tres.

XXXIII. Similiter ea, per cujus negligentiam filius ejus pingue aliquid in die jejunii comedit, ejus vice jejunabit dies quadraginta post transactum jejunium.

XXXIV. Puer edit aliquid aut bibit, si deinde communicet, mater ejus jejunabit dies quadraginta.

XXXV. Qui fratres suos calumniatur, sit per annum extra ecclesiam: jejunet per annos sex pane et aqua feriis quarta et sexta, et eadem ratione, qui parentes suos calumniatus est.

XXXVI. Qui voluntarie communicat postea quam aliquid ederit, separetur ab Ecclesia Dei. Qui vero id per negligentiam aut ignorantiam fecerit, jejunabit per annos duodecim, dabit Ecclesiae tertiam bonorum suorum partem.

XXXVII. Qui infirmitatis causa chrisma bibit, aut eo unctus est post susceptum baptismum, ejicietur, neque suscipietur. Qui vero illud gestat per ignorantiam, septem annis abstinebitur.

XXXVIII. Si laicus sciens illud gestaverit, centum quinquaginta tres plagas accipiat coram ecclesiae foribus et per annos duodecim abstinebitur.

XXXIX. Laicus, qui ingreditur prope altare, ut quae a sacerdote fiunt curiosius observet, septem annis abstinebitur.

XL. Qui communionem accipit et evomit, jejunabit diebus quadraginta.

XLI. Sacerdos aut diaconus quicumque opera saecularium facit, qui ludum, aut ebrietatem amat, aut armis, cantu, saltatione delectatur, qui tympana vel crotala pulsat, a sacerdotio suo abstineatur.

XLII. Christianus, quicunque ebriosus est, aut libidine corruptus, fur, injuriam faciens, odio plenus, aut qui alios irridet, non liceat ipsi accipere corpus Christi, donec confessus impositam sibi poenitentiam egerit.

XLIII. Oportet Christianum, cum ad mortis tempus venerit, confiteri peccata sua et communionem accipere, sive jejunus sit, sive non.

XLIV. Saeculari, qui sacerdotem sine causa abstinet, lingua praecidatur.

XLV. Sacerdoti non licet viduam uxorem ducere, neque puellam, neque omnino licet ei post susceptam ordinationem matrimonium contrahere.

XLVI. Oportet leges et canones quotannis ter in ecclesia legi.

XLVII. Non licet sacerdoti manu sua aliquid mactare.

XLVIII. Oportet unumquemque Christianum omnia jejunia praescripta observare. Primum est, magnum sive quadragesimale: jejunia

Nativitatis dierum quinquaginta: jejunium Beatae Mariae hebdomadarum duarum. Jejunium Crucis, quod hebdomadis unius est. Jejunium Apostolorum, quod qua ratione celebrabitur ipse observabit. Jejunium Niniviticum, tridui.

XLVIIII. Non licet e fonte baptismali suscipere nisi masculus masculum, foemina foeminam.

L. Nemini licet accipere corpus Christi feria quinta hebdomadis sanctae, donec fuerit confessus.

LI. Sacerdos, qui confessionem alicujus divulgaverit, sacerdotio excidat.

LII. Qui cum proxima sua fornicatus est infra gradum consanguinitatis sextum, jejunabit per annos septem et quarta sextaque feriis jejunabit toto vitae suae tempore. Qui intra sextum gradum, septem pariter annis jejunabit. Singulis vero hujusmodi peccatis poenitentiae regula statuta est, quae in alio libro continetur.

LIII. Non licet confitentem aliter quam secreto confiteri.

LIV. Sacerdoti non licet edere vel bibere in cauponis.

LV. Non licet mulieribus in ecclesias introire gestatas in lecticis.

LVI. Non licet aliquid ex ornamentis mulierum altari imponi, quamvis sit sericeum.

LVII. Non licet laicum in sacerdotis sepulcro sepelire, quamvis esset rex.

LVIII. Sacerdoti non licet induere saecularium vestes, muliebrem vero nusquam: neque laico licet sacerdotalem vestem induere.

LIX. Non licet sacerdoti orare instar laicorum, sed singularem faciat orationem.

LX. Non licet mulieribus fuco aut alia quavis ratione ornare se, et in speculo se contemplari, atque ejusmodi profano ornatu in ecclesias ingredi, ne scandali, et perditionis intuentibus praebeant occasionem.

LXI. Viris non licet thoro indulgere diebus immunditiae menstruae, aut jejuniorum tempore, neque noctibus feriae quartae et sextae, Dominicae aut festorum dierum.

LXII. Non licet ex rapina eleemosynam, aut ex iniquitate oblationem facere.

LXIII. Sacerdoti non licet nisi puro sacram rem facere.

LXIV. Neque si vel ipse, vel diaconus odio alicujus laborant.

LXV. Neque ad convivium alicujus ire nisi pridie invitati sint.

LXVI. Non licet sacerdoti sacrum facere sine diacono, si ejus copia est. Hic vero cum ministrabit χιτωνίῳ induetur, et communicabit.

LXVII. Infantem, mortis instante periculo, sacerdos etiam non jejunus baptizet absque ullo scrupulo.

LXVIII. Non licet cum Judaeo edere vel bibere.

LXIX. Christiano non licet edere sacrificia impiorum aut eorum, qui Christum abnegaverunt, quando sua festa celebrant.

LXX. Non licet Christiano vestes impiorum induere.

LXXI. Non licet Ecclesiae filiis matrimonia cum haereticis contrahere, ita ut neque ex ipsis conjugia quaerant, neque faciant.

LXXII. Laico non licet ambonem conscendere aut ad altare accedere.

LXXIII. Non licet aliquid offerre ad altare nisi quod consecrandum est, neque perficitur oratio sacerdotum nisi psalmorum recitatione.

LXXIV. Diacono non licet sedere coram sacerdote, neque discipulo coram diacono, neque sacerdoti coram episcopo.

LXXV. Non licet Ecclesiae filiis in propinis comessari.

LXXVI. Non licet omnino in ecclesia edere vel bibere.

LXXVIII.*) Sacerdoti non licet absque episcopi sui licentia iter incipere.

LXXIX. Mulieribus non licet prope altare in lecticis deportari.

XXC. Non licet jejunii tempore baptismum celebrare nisi ex necessitate.

XXCI. In jejunio non licet vinum bibere, aut oleum usurpare, aliudve quid, nisi panem et aquam. Neque eo tempore festum aut laetitiam celebrare oportet coram multitudine edendo aut bibendo, nisi die Sabbati aut Dominico: potus vero aqua pura sit.

XXCII. Sacerdoti non licet, neque ulli ex ordine clericali, ludos spectare aut comessationibus interesse; quod si ad nuptias vocatus fuerit, surgat finito convivio, abeatque in domum suam antequam ludi incipiantur.

XXCIII. Sacerdotem aut diaconum non licet tympano, tibia, aut alio quovis instrumento ludere, nec ad modulos saltare.

XXCIV. Non licet diacono ingredi ecclesiam aut ex ea egredi ante sacerdotem, ut neque sacerdoti id licet ante episcopum.

XXCV. Non licet oblationem inferri ad altare, nisi ex pane triticeo et hodierno**).

XXCVI. Non licet Christiano ulli dicere vel dubitare, quod Eucharistia unius sacerdotis melior sit quam Eucharistia alterius, neque eam, quae Hierosolymis aut in monte Sina consecratur, meliorem esse ea, quae in reliquis regionibus consecratur. Spiritus enim Sanctus descendit tempore liturgiae super omnes sacerdotes. Quod si sacerdos fuerit peccator, judicabitur.

XXCVII. Nemini licet accipere corpus Christi, nisi purus sit, nocte oraverit et confessus fuerit.

XXCVIII. Non licet Christiano jejunium solvere feriis quarta et sexta, die Dominica atque jejuniorum diebus ante celebratam liturgiam.

XXCIX. Non licet aliquid accipere ex iis, quae ad ecclesiam pertinent: qui aliquid ejusmodi accepit, quadruplum restituat.

XC. Non licet feria quinta magna jejunium solvere, nisi vino tantum et oleo, non vero piscibus.

XCI. Non licet Sabbato jejunare, neque die Dominica, nisi usque ad meridiem post peractam liturgiam, praeterquam Sabbato luminum.

XCII. Non licet eum, qui a daemone agitatur, baptizare donec sanatus fuerit, nisi tamen mortis periculum immineat.

---

*) Sic., canonem LXXVII. non invenio (Ren.).

**) Ita legendum videtur, nisi potius Renaudotius „novo" scripserit, cum Jacobitae non admittant nisi panem recentem et quotidianum ex Dionysii Barsalibi expositione missae (Bibl. O. T. II. p. 183.)

XCIII. Non licet edere vel bibere Dominica die post mediam noctem.

XCIV. Qui ex ore sanguinem emisit, eo die non licebit ei communionem accipere.

XCV. Non licet laico sacerdotem a communione separare.

XCVI. Nemini licet Christiano desidere domi suae aut in platea tempore liturgiae, sed ad eam ire illum oportet.

XCVII. Non licet Christiano jejunii tempore pecus mactare: qui fecerit, ejusdem erit culpae reus ac si carnem comedisset.

XCVIII. Nemini licet corpus Christi accipere feria quinta magna, aut in Nativitate, aut Pentecoste, nisi prius peccata sua confessus sit.

XCIX. Sacerdoti non licet infundere in calicem.

C. Non licet sacerdoti vestitum bellicum gestare.

CI. Nemini licet orare cum excommunicato.

CII. Neque dignitate fungi, quae temporalem in principatu habeat auctoritatem.

CIII. Nemini licet aliquod negotii genus inchoare priusquam ad ecclesiam venerit.

CIV. Nemini Christiano licet opus ullum aut negotium facere Dominica die, aut festis, neque vigilia passionis aut vigilia magnae solemnitatis Paschalis.

CV. Non licet mulieri, quae sub extremo jejunii quadragesimalis tempore peperit, aliquid pingue comedere, donec mundata sit et communionem acceperit.

CVI. Ei, qui corpus Christi accepit, non licet eodem die spuere, balneo foveri, crines aut pilos radere, nisi ad vesperam.

CVII. Non licet diebus jejunii post coenam alium cibum capere.

CVIII. Non licet in ecclesia sputum aut mucum ejicere, neque tempore orationis confabulari.

CIX. Non licet prope ecclesiam aquam fundere, nisi quadraginta passibus procul.

CX. Discipulo non licet coram diacono tonum sive cantus initium, aut hymnum ad Deiparam, ad martyres, aut de mortuis incipere, neque omnino facere ea, quae diaconici muneris sunt; neque id faciet diaconus praesente sacerdote, neque sacerdos praesente episcopo, ex cujus licentia dabitur benedictio.

CXI. Sacerdos neque jurabit neque ad jurandum compelletur, nec jurabit omnino, sed dicet: excusatum me habe, aut: crede mihi.

CXII. Christiano non licet magorum dictis fidem adhibere, neque fortunam suam per sortes inquirere, aut faciem suam in speculo magico intueri.

CXIII. Non licet magum adire propter aliquam infirmitatem, aut rem furto amissam recuperandam.

CXIV. Non licet libros magorum aut hariolorum legere, neque somniorum interpretationem dare.

CXV. Non licet numismata circumcidere et pro detrimento compensationem exigere, sed nummum quemque suo pretio aestimare oportet.

CXVI. Monacho non licet patrinum esse, neque in confirmatione, neque in matrimonio: si contra faxit, excommunicetur. Neque illi licet in pago extra necessitatem pernoctare, si nempe in itinere peregrinoque loco sit; neque omnino licet ipsi in pago vinum bibere.

CXVII. Sacerdotes et diaconi ne mundati instar hominum saecularium sint.

CXVIII. Jejunium solvere, aut pinguia edere non licet transacto jejunio, nisi post solis ortum.

CXIX. Diaconus nisi communionem accepturus ad altare non ministret.

CXX. Non licet edere vel bibere cum excommunicato.

CXXI. Non licet Christiano habere commercium cum non baptizato vel qui non accipit corpus D. Jesu Christi; neque cum Judaeo amicitiam contrahere, aut cum eo edere, vel bibere, aut ullum omnino habere commercium.

CXXII. Christianum oportet non prius edere, bibere, surgere, sedere, proficisci, aut se quieti dare, quam nomen Christi in memoriam revocaverit et cruce se ipsum ligaverit.

CXXIII. Non oportet episcopum extra dioecesin suam aut ordinationem facere aut judicare.

CXXIV. Neque episcopum oportet munus pro ordinatione, aut pro judicio accipere.

CXXV. Sacerdotem non oportet ministerio suo fungi extra altare suum, neque baptizare extra ecclesiam suam, nisi ex licentia praepositi alicujus ecclesiae.

CXXVI. Neque ulli licet extra pagum proprium ad baptizandum ire.

CXXVII. Nulli licet ordinari nisi apud episcopum suum.

CXXVIII. Christiano non licet contempta, et omissa legum dispositione ad principum auctoritatem recurrere.

CXXIX. Non licet in Quadragesima nubere, aut cum uxore commercium habere.

CXXX. (Desunt reliqua.)

III. Canones ecclesiae Syrorum Jacobiticae ἀδέσποτοι.

(Ex codice Ms. arabico, sed syriacis characteribus [harschunice] descripto Bibliothecae Regiae Syr. 300. et ex Colbertino 4684.)

I. Cum necessitas ex periculo mortis incumbit parvulo, confestim administretur ei baptismus, etiam a sacerdote non jejuno, si qui jejunus sit non reperiatur, ita tamen ut ille mediocrem propterea poenitentiam sustineat, ne Deus ab eo rationem exigat. Neque mulier infantulum, quamdiu ipsa sanguinis fluxum patitur, aut apud se habere aut lactare praesumat, donec impleatur numerus dierum ejus. Quod si, dum infantulus baptismum accipit, matri fluxum sanguinis pati contingat, non ad se afferri sinet neque lactabit eum, donec hebdomada ejus expleta fuerit: id vero observabit ob honorem et reverentiam Spiritus Sancti.

Qui vero ex fidelibus ausus fuerit susceptorem filiis suis eum eligere, qui non sit baptizatus, pars ejus erit cum hypocritis*) et divinae

---

*) Sive impiis et infidelibus, vox enim Syriaca idem significat, et ple-

vindictae subjacebit. Sacerdos vero qui hujusmodi baptismum celebrat, gradu suo excidat et poenis subjiciatur., quia non audivit vocem Pauli dicentis: quae societas est fidelis cum infideli? Nullus ergo susceptorem adsciscat, qui baptizatus non sit, neque stet cum eo in ecclesia, cum baptismus aut sponsalia celebrantur: sed neque liceat non baptizato, ut in ecclesia sit, nec enim descendit Spiritus Sanctus in eo loco, ubi hostis Christi est*).

II. Non licet ulli Christianorum filios suos extra ecclesiam suam baptizare, quando sacerdotis copia ipsis est; neque eos Jerosolymam baptizandos deferre, aut extra civitates suas, sed nec urbanis ad ecclesias rusticanas, aut qui rure sunt ad ecclesias urbis baptizandos infantes deferre. Sed canon poenitentialis imponendus est Christiano, quicunque, ecclesia et sacerdotibus propriis relictis, ad alios sacerdotes adit ut filium baptizari faciat, vel ut ipse communionem accipiat, eo praetextu quod praestantiores illi sint, quam qui sunt in ecclesia propria. Qui faxit, sacerdos aut diaconus, separetur annis tribus a ministerio suo et a communione, ut etiam abstineat ab olei et vini usu. Laicus ab Eucharistia duobus annis separetur, vino quoque et oleo abstineat. Qui vero ejusmodi baptismum celebraverit, chorepiscopus, sacerdos (Bartout) aut coenobiarcha, a ministerio suo segregatus eidem poenitentiae subjaceat**).

III. Canon Apostolorum Sanctorum. Non oportet, ut Ecclesiam Dei Catholicam, quemadmodum in saecularibus usu venit, haereditario jure possideri patiamur, neque etiam sacerdotium viris nobilitate generis praestantibus, tanquam haereditate, conferri. Verum sacerdotium conferatur illi, qui dignus eo est, quemque testimonio publico dignum esse constet: qui scilicet castus sit, justus, bonus, misericors, pius, doctus, neque suspectus. Primum quidem gradum psaltarum obtineat, tum interpretum, tertio eorum, qui scripturas et prophetias legunt: in illis si praeclare se gesserit, tum ad altiorem gradum elevetur, et diaconorum ordinem obtineat, qui circumdant altare: calicem Christi gestabit, et bibendum praebebit gregi Dei spirituali. Cum vero evaserit in virum perfectum et uxorem duxerit ante susceptum diaconatus ordinem, non licebit ipsi aliam ducere, neque deinceps nubere: nam diaconatu suscepto matrimonium contraxit. Si secus fecerit, deponatur a ministerio suo: quapropter eorum consulentes infirmitati, ut prius nubant, injungimus.

IV. Oportet ut unusquisque episcopus, sacerdos, diaconus, vel saecularis, vir et mulier, quando sentiunt se in mortis proximo periculo constitutos et mox ex hoc mundo migraturos, canoni se subjiciant, scribant testamentum ad misericordiam et eleemosynas faciendas, confiteanturque peccata sua coram magistro poenitentiae, et ipse communicet illis corpus et sanguinem Domini nostri.

---

rumque eo nomine Muhamedanos obscuriuscule designare solent Orientales christiani (Ren.).

*) Hinc liquet, sponsalem benedictionem aeque ac baptismum haberi ab Orientalibus ut sacramentum gratiam efficiens (Ren.).

**) Eo loco adjicitur in eodem Cod. traditio de Maria V. baptizata omnium prima a Joanne Evangelista (Ren.).

V. Christianus quicunque est adulter aut fur, fornicator, aut ebriosus, corruptor aut homicida, ecclesiae vel altaris expilator, quive fratribus aut per injuriam aut aliter per calumniam nocet, quicumque est hujusmodi criminum reus, nisi ea coram poenitentiario confessus, impositum sibi canonem poenitentiae susceperit, et ante peractam poenitentiam ad communionem sacramentorum accedere ausus fuerit, ille magno suo malo agit, ignemque et supplicia in suo sibi corpore accersit. Sacerdos vero, qui sacramenta ipsi communicabit, a ministerio suo separatus, gradu etiam suo excidat.

VI. Sacerdos aut diaconus, qui relinquit ecclesiae ministerium, vel institutionem populi, et lectionem sacrae scripturae Dominico die vel caeteris negligit, qui mores saeculi amat, qui vestitu saeculari utitur, qui foedo concupiscentiae amore tenetur, qui ludis inverecundis et motibus corporis indecoris delectatur, qui est ebriosus, qui tympanis, tibiis, cythara, aut ejusmodi instrumentis ludere amat, gradu suo deponatur, neque ad altaris Dei Domini nostri ministerium admittatur; donec confessus et peracta integra poenitentia has omnes turpes nugas relinquat nec ad eas revertatur. Tunc liceat ipsi ad altaris ministerium accedere. Nullus si quidem potest, ut ait Deus, dominis duobus servire.

VII. Sacerdos aut alius ex Ecclesiae filiis, si magistratum aliquem in populum aut imperium saeculare gerat, omisso Ecclesiae ministerio, deponatur et gradu suo sacerdotali excidat: dicit enim evangelium: reddite quae sunt Caesaris Caesari, et quae sunt Dei Deo *).

VIII. Sacerdos, diaconus, metropolita, aut patriarcha, episcopus, aut alius quilibet ecclesiastici ordinis si manum extendat, ut verberet fratres suos, vel si arma gestare soleat, ensem, sicam, arcum, aut alia quaecunque, duorum vel trium hominum, ut evangelium jubet, testimonio convictus, deponatur ab ordine sacerdotali et separetur **).

IX. Si quis sacerdos, aut diaconus, aut quicunque alius, preces et liturgiam cum abstento vel excommunicato faciat, ausus statuta synodi sanctae violare, poenis in ea statutis subjaceat: quae enim, ut ait Apostolus, societas fidelis cum indigno,

X. Sacerdos aut diaconus, a proprio episcopo separatus a communione aut a ministerio depositus, ab alia congregatione in ecclesia alterius provinciae non suscipiatur; neque alterius civitatis episcopo eum absolvere liceat, sed is tantummodo absolvet qui ligavit, ut aequum est.

---

*) Desumptus canon ex vetustissimis ante Constantini imperium factis, cum similes dignitates officia quaedam publica conjuncta haberent; ut ludorum editionem et alia quae absque idolatricis caeremoniis fieri non poterant. Verum eorum causa renovatus videtur, qui sub Muhamedanis principibus aulicis ministeriis se addicebant, quod in aula Bagdadensi apud Califas, in Aegypto et passim alibi, non inter Jacobitas modo, sed etiam inter Melchitas et Nestorianos frequentissimum fuit. Aliquando utilitatem ex illorum hominum auctoritate Christiani ceperunt, sed majorem saepe calamitatem, ut ex variis historiae locis manifestum est (Ren.).

**) Eo nomine accusantur Franci a Petro, Melchitae episcopo, quod arma gestent, quod bello intersint et sanguinem fundant (Ren.).

XI. Oportet omnem utriusque sexus Christianum, cum letali infirmitate detinentur, confiteri peccata sua poenitentiario et deinde sacramenta sancta percipere, sive jejoni sint, sive non. Verum tam sacerdotem quam infirmos, si non jejunus communicaverit, canonem subire oportet, trium nempe dierum jejunium, quod aeger, si convaluerit, perficere tenebitur.

XII. Saecularis aut diaconus sacerdoti calumniam faciens, puniatur quidem ille congrua poenitentia, hic vero gradu excidat: ait enim Scriptura: principi tuo non maledices.

XIII. Sacerdotes et diaconos unam habere uxorem oportet, castam, virginem, bonis moribus praeditam, quae matre non vidua aut fornicaria nata sit. Quicunque vero sacerdos aut diaconus post susceptam ordinationem nupserit, a sacerdotali ministerio obeundo prohibeatur.

XIV. Saecularium nemini licet intra velum altaris ingredi.

XV. Non licet ulli sacerdoti inferre super altare quidquam praeter sacramenta sancta et veneranda; neque quidquam illi imponatur, nisi quod praescriptum et sanctificando destinatum est. Nec licet ipsis etiam, ut scripturas et evangelium legant super altare, sed ex suggesto ad populum, ut in omnibus ecclesiis fieri apostolica auctoritate statutum est. Sed neque licet ad sacra ministeria aut ad sacramenta accedere absque indumentis liturgiae celebrandae destinatis: ne quid ipsis idem quod filiis Corae accidat. Nec etiam sacras illas vestes reliquarum in modum abluere nobis licet.

XVI. Quotannis duas episcoporum synodos fieri oportet, ut quae contra statutam regulam facta sunt, disquirantur, et emendentur, tum ut fideles monitis ad sacramenta suscipienda utilibus instruantur, nec per ignorantiam in errorem decidant. Fiat etiam bis in anno confessio, semel quidem ante Natalem Domini et feria quinta ante magnam Parasceven Crucifixionis.

XVII. Sacerdos aut diaconus, qui voluntarie avem aut feram sua manu occiderit aut pecus mactaverit, prohibeatur a sacerdotali ministerio, donec confessus, et poenitentiam agens canonem a poenitentiario pro peccatis suis susceperit: tunc ministrabit.

XVIII. Qui carnem animalis cum sanguine, aut occisi ab alio animali, aut suffocati, aut aliam quamlibet non mactatam, ita ut sanguis effluat, comederit, canoni subjiciendus est, utpote qui rem immundam comedit.

XIX. Qui tempore quadragesimali pecus mactat, idem est ac si carnem ejus comederet.

XX. Qui fratri suo corporale aliquod vitium ut surditatem, coecitatem, vel simile quid exprobat, sciat ille quod maledictioni se ipsum subjiciet, et uno die jejunet.

XXI. Canon apostolicus. Quicumque Christianus jejunia a nobis apostolis in ecclesiis statuta contempserit aut observare neglexerit, aut illorum tempore pingue aliquid comedendo illa solverit, Dominus illum humiliabit. Jejunia porro observanda haec sunt: primo jejunium Nativitatis. Jejunium Ninivitarum, quod trium dierum est. Tum jejunium magnum et sanctum quadraginta dierum. Jejunium Apostolorum post Pentecostem usque ad vigesimam octavam diem mensis Hôziran. Jejunium migrationis D. Genitricis Dei, dierum quindecim a prima mensis

Ab. Jejunium crucis venerandae dierum octo, tum deinde jejunia cujuslibet quartae et sextae feriae. Haec jejunia ab omnibus baptismo initiatis ita sunt observanda, ut quadragesimali tempore ab esu pinguium abstineant, ut etiam a vini potu, a piscibus, ab omni deliciarum et cupediarum genere, omnibusque cibis, quae validius nutriunt: danda scilicet opera est, ut homo concupiscentiam ita contineat, ut solo, qui ad sustentandum corpus requiritur, contentus, unica tantum in die refectione contentus sit.*).

XXII. Mulier foetum in utero suo necans, homicidarum poenitentiae subjaceat: per annos quindecim sacramentis non communicet; neque ipsi liceat oblatam, quae a sacerdote consecranda ad altare defertur, conficere, aut in oblata alterius habere partem, sed in orationibus, jejunio, vigiliis et fletu pro peccatis suis perseveret, duram agens poenitentiam, quousque quid de ea statuendum sit intelligatur.

XXIII. Christianus, qui voluntarie fratrem suum occidit, duodecim annis a communione sacramentorum separetur, donec veram et sinceram demonstraverit poenitentiam. Interea fideles, qui in ecclesiam intrabunt, interpellabit, ut a Deo veniam pro suis ipsius peccatis postulent: ipse vero vacabit interea jejunio et orationi cum vigiliis et lacrymis.

XXIV. Qui fornicatus est cum sorore sua, cum filia socrus suae, aut vitrici, cum filia vel uxore patrui, cum uxore filii vitrici sui, aut cum filia ejus, cum uxore nepotis ex sorore, aut cum filia fratris sui, aut cum uxore filii patrui sui, aut cum uxore filii vitrici sui, aut cum uxore filii amitae suae, haec omnia quasi incestus cum matre et sorore deputantur, et uni eidemque canoni poenitentiae subjiciuntur, tam erga viros quam erga feminas. Quindecim annis a communione sacramentorum separentur, subjacentes interim perpetuae poenitentiae jejuniorum, orationum, vigiliarum et lacrymarum, donec a tali facinore expurgentur.

XXV. Qui virginem oppressit, tenetur illam uxorem ducere, non aliam: annis quatuordecim a communione separabitur, canoni interea subjacebit, jejuniis, orationibus, vigiliis et deprecationibus assidue intentus juxta praescriptam sibi mensuram, donec a tali sit facinore mundatus.

XXVI. Qui cum bestiis miscetur, per annos quindecim a communione sacramentorum prohibebitur, (jejunans et orans interea Cod. Colb.) donec mundetur.

XXVII. Nemini licet ulla re pingui vesci feria quinta Coenae Domini, licet tantummodo scyphum vini, et nihil amplius, usque ad diem Dominicae Resurrectionis, peracta liturgia.

XXVIII. Sancta synodus ait, mulierem, quae vel menstruis, vel sanguinis fluxu post partum laborat, non repelli a sacramentorum communione, quia post baptismum nulla jam superest in Christianis immunditia, ob reverentiam tamen sacramentorum sanctorum ad ea non accedat nisi in festis praecipuis: neque enim indignatum esse Dominum ani-

---

*) Inter hunc et sequentem canonem translati sunt duo de jejuniis et festorum observatione ex Clementinis in cod. Colbert.

aadvertimus, quod ejusmodi mulier ad eum accesserit, imo eam a fluxu sanguinis puram praestitit.

XXIX. Non licet altaris ministrorum ulli, ut intra sanctuarium aliquid esculentum aut vinum inferat, sed ea tantum, quae ad liturgiae celebrationem sunt necessaria. Nec enim licet sacerdotibus aut diaconis aliquid muneris accipere ab iis, quibus sacramenta distribuunt.

IV. Canones Syrorum Jacobitarum poenitentiales a Dionysio Barsalibi ordinati.

De fornicatione.

I. Qui confitetur se commisisse fornicationem, neque est conjugatus, et vere poenitet, decernitur illi separatio a communione per annum, quo etiam jejunabit, quotidie centum genuflectiones faciet, pauperibus duos aureos in eleemosynam dabit: si infirmus et in aestate, jejunio solvetur, ita tamen ut vino et pinguibus abstineat. Expleto anno suscipietur ad sacramentorum communionem et sacerdos pro eo sacrificium offeret*). Viginti quatuor sedras seu orationes super eo recitabit post confessionem et totidem absoluta poenitentia. Sancti Patres olim septem annos abstentionis a sacramentis, jejunio et orationi impendendos, statuerant: unde patet, quantum ab illorum regula longe absumus.

II. Qui cum uxore proximi fornicatus est, et ejus torum violavit, duobus annis a communione prohibebitur, quotidie centum genuflectiones faciet, quatuor aureos pauperibus erogabit, pro eo sacerdos orabit quotidie, et celebrabit missas 40. His expletis ad communionem admittetur. Sancti Patres quatuordecim annos poenitentiae adulteris injungebant.

III. Sodomiticum scelus detestandum committens jejunabit per annos quatuor, abstinens a vino, piscibus et omni esca pingui. Quotidie genuflectiones faciet centum qinquaginta. Pauperibus dabit aureos sex, sacerdos quinquaginta orationes super eum recitabit. Completa poenitentia celebrabit pro eo missas quinquaginta. Patres viginti septem annos poenitentiae huic crimini statuerant.

IV. Conjugatus si cum alterius uxore fornicatus est, tribus annis similiter poenitebit, dabit pauperibus aureos quinque, et sic suscipietur.

V. Qui cum brutis incestatur, eadem qua sodomitae poenitentia facta suscipietur.

VI. Similiter qui cum religiosa aut castitatem professa rem habuerit.

VII. Ita et mulier, quae cum sacerdote vel monacho peccaverit, pari poenitentiae subjacebit.

VIII. Ut etiam illa, quae cum Judaeis aut infidelibus.

IX. Quae cum Turcis vel Arabibus rem habuit, adulterarum poenam sustinebit dabitque pauperibus aureos 8.

*) Nota in hoc et sequentibus canonibus applicationes missarum particulares, ex antiqua Orientis disciplina, quas rejecerunt Wicleff prop. 191 et synodus Pistoriensis prop. 30.

X. Quae Turcae vel Arabis serva est, si eam herus per vim compresserit, illa suscipietur et mitius habebitur, modo fidem servaverit, dies Dominicos, jejunia et alia Ecclesiae praecepta custodierit neque cum alio rem habuerit. De iis enim non habetur canon, sed ipsi poenitentia oratio et jejunium juxta vires suas imponetur.

XI. Qui fornicatur cum consanguinea, canoni adulterorum subjacebit: si vero illa etiam conjugata est, sodomitarum canonem explere compelletur.

XII. Qui per scelus consanguineam ducit uxorem vel filiam patruelis, aut amitae, aut avunculi, vel materterae filiam, dissolvatur et nullum sit hujusmodi conjugium, ipsi vero adulterorum canoni subjiciantur.

XIII. Qui cum matrina sua fornicatus est, canonem adulterorum perficiat. Si vero ea conjugata est, sodomitarum poenitentiam perficiat.

XIV. Qui desponsatam sibi mulierem ante nuptias celebratas corruperit, aut eam, quae alteri desponsata est, hunc quidem Patres antiqui quindecim annorum spatio jejunare (cum maledictione) statuerunt: nos vero, propter infirmitatem temporis nostri, canonem adulterorum ipsis imponimus.

XV. Eum, qui ab alio derelictam duxerit, adulterum vocat Dominus, unde adversus ejusmodi adulterorum poenitentia statuetur.

XVI. Puer discretionis annos excedens, si voluntarie corpus suum immunditiae corruptoris exponat, adulterorum canonem perficiet. Quod si nondum ad annos discretionis pervenerit, fornicatorum poenitentiam observabit. Jejunabit per annos duos, interea a sacramentis abstinetur, dabitque eleemosynam juxta facultates suas, quotidie centies genua flectet; decem sedrae, totidem liturgiae pro eo recitabuntur.

XVII. Puer autem, cui a domino suo per injuriam stuprum infertur, deinde servitute liberatus confitetur et poenitet, jejunabit per annum dimidium, a communione mysteriorum sanctorum prohibebitur, quotidie quinquaginta metanoeas faciet, dabit eleemosynam juxta facultates suas, et deinde communicabit.

XVIII. Mulier, cui per violentiam stuprum infertur, eadem ratione dimidium annum perficiet, prohibebitur a communione facietque quotidie metanoeas 80 aureosque duos erogabit.

XIX. Qui confitetur se cum uxore rem habuisse die dominico, aut nocte praecedente, aut in festis dominicis, unius mensis separatione punietur, quotidie centum metanoeas faciet.

XX. Qui cum uxore rem habuit in Quadragesima, mille metanoeas faciet, dabitque eleemosynam juxta facultates suas, et tunc sacramentis communicabit. Apostoli et sancti Patres statuerunt scilicet, ut in quadragesimali jejunio ab invicem separentur conjuges, et a conjugio, sicut a carne et vino jejunarent.

XXI. Qui cum uxore rem habuit et eodem die communicavit sacramentis, aut nocte diem quo communicavit consequente cum ea dormivit, parem canonem observet.

XXII. Qui cum uxore sua tanquam cum masculo rem habuit, fornicatorum canonem perficiet, et tunc suscipietur et ad communionem admittetur.

XXIII. Qui libidinose se ipsum corrumpens semen suum ad perditionem effuderit, jejunabit annum unum et per menses tres a commu-

nione arcebitur; quinquaginta quotidie metanoeas faciet, erogabitque in
eleemosynam aureum unum, et juxta aetatem et cognitionem suam
poena ipsi imponetur, et jurabit, se hoc flagitium non esse amplius perpetraturum.

XXIV. Qui tactu vel osculis impudicis puellae vel pueri corruptus
semen effudit, jejunabit per dies quadraginta a vino et pinguibus, et
metanoeas quinquaginta faciet.

XXV. Ita et qui ex equitatione vel aspectu libidinoso masculi aut
feminae voluntarie semen effudit, eumdem canonem observabit.

XXVI. Qui imaginatione per somnium delusus semen effudit, eodem die non communicabit: sed toto die jejunabit, quadraginta metanoeas faciet. Quod si festum sit, et eum communicare oporteat, duarum hebdomadum jejunium sibi imponitur, metanoeae septuaginta, et tunc
communicabit.

Circa sacerdotes.

XXVII. Qui fornicatus est, aut adulterium commisit ante sacerdotium, et deinde confitetur, imponitur ei adulterorum poenitentia. Veteres
quidem non admittebant eos ad sacerdotium, et si deinceps hoc crimen
ipsorum detegebatur, a sacerdotio deponebant.

XXVIII. Qui post susceptum sacerdotium peccat, magnum ille damnum incurrit, magnis se doloribus implicat. Quid erga illum faciendum
sit, multum dubitamus: Verumtamen, duplicandam ipsi censemus poenitentiam, quae laicis imponitur: quanto porro aliquis honore et dignitate
major est, tanto majorem sibi cruciatum, perfectumque interitum prae-
parat. Eum sane, qui post susceptum sacerdotium aut habitum monachalem fornicatus aut furatus foret, qui falsum testimonium dixisset, qui
alterius caedi participasset, antiqui nullo modo sinebant sacerdotio fungi,
et quidam dixerunt, sacerdotem fornicantem ita quodammodo reum esse
ac ille, qui cum propria filia peccasset, cum omnes foeminae et pueri
filii sint spirituales sacerdotis: septem ergo annos jejuniis et orationibus
impendat, aureos decem in eleemosynam eroget.

XXIX. Sacerdos, qui cum uxore dormit eo die, quo sacra facit,
aut nocte sequenti, poenae fornicatorum subjaceat.

XXX. Sacerdos imaginatione aut pollutione illusus, et eodem die
sacra faciens, partem canonis fornicatorum observabit. Quod si solus
in aliquo loco reperiatur, instetque dies festus, et propter fideles offerre
teneatur, neque alius propinquus sacerdos hoc munere defungi possit,
quadraginta metanoeas eo die faciet, mutabit vestimenta sua et offeret:
deinde jejunabit dies quadraginta, totidem quotidie metanoeas faciet et
eleemosynam dabit juxta reditus suos.

XXXI. Quodcumque peccatum sacerdos admiserit sive corporeum
sive spirituale, duplicem canonem, sive duplum poenitentiae, quae laicis
imponitur, observabit.

XXXII. Qui confitetur contulisse sacerdotium et munus accepisse,
adulterorum poenitentiae subjaceat et munus pauperibus distribuat.

XXXIII. Qui sacerdotium ambivit, et illud pecunia vel aliquo fru-
gum munere consecutus est, fornicatorum ipsi poenitentia imponatur.

XXXIV. Sacerdotes, diaconi et monachi, qui convitiandi aut male-
dicendi nefarium morem habent, jejunent per dies quadraginta, neque

tunc altari ministrent, aut ad sacramentorum communionem accedant: quotidie metanoeas quadraginta faciant, dentque in eleemosynam dimidium aureum.

XXXV. Sacerdos, qui linguam exerit ad contumelias et maledicta, jejunabit hebdomadas duas, prohibebitur a sacramentis, a vino abstinebit et quotidie quadraginta metanoeas faciet. Diaconus, qui ita egerit, dimidium canonis observabit. Quod si ex officio in aliquos reprehensione dignos acrius invehitur, dimidia tantum ipsi poenitentia observanda imponitur. Haereticos tantum insectari anathemate nobis praecipitur, sed non nos invicem.

XXXVI. Sacerdos aut diaconus jurans, aut ad juramentum cogens hominem, tribus mensibus jejunabit, et a sacramentis sanctis prohibebitur. Quod si pollicetur, se amplius nihil simile commissurum, suscipietur: alioquin non suscipietur.

XXXVII. Sacerdos, qui manum infert socio suo et plagam imponit, prohibebitur a sacramentis et a ministerio per dies quadraginta, jejunabitque dies viginti. Quod si diaconum pulsaverit, per triginta dies non ministrabit, quindecim jejunabit. Si diaconus ausus fuerit sacerdotem percutere, jejunabit per dies sexaginta prohibebiturque a ministerio per dies triginta, quotidie quadraginta metanoeas faciens; aureum unum dabit vinctis in eleemosynam. Quod si diaconus in diaconum manum extenderit, jejunabit dies quatuordecim nec ministrabit per dies quadraginta. Si laicum sacerdos vel diaconus percusserint, partem mediam canonis observare tenebitur, qui ipsis si se invicem percusserint imponitur.

XXXVIII. Laicus autem, qui ausus fuerit percutere sacerdotem et in eum manum extendere, prohibebitur a sacramentis sanctis per menses tres, jejunabit per dies quadraginta, quotidie quadraginta metanoeas faciens; vinctis aureum unum in eleemosynam tribuet. Si vero laicus diaconum percusserit, dimidiam poenitentiae partem perficiet.

XXXIX. Monachus, qui socium percusserit, prohibebitur a communione per menses duos, cum jejunio; quotidie faciet metanoeas centum.

XL. Qui conviatur sacerdoti, jejunabit per menses tres et tunc prohibebitur a sacramentis: quotidie faciet metanoeas centum dabitque vinctis aureum unum.

XLI. Qui patrem suum inique conviatur, eamdem, quae supra determinata est, poenitentiam explebit. Quod si patres inique etiam filios conviientur, dimidiam eam observabunt.

XLII. Qui patrem suum percutere ausus fuerit, jejunabit menses tres. Patres, qui filios aetate jam adulta absque causa verberaverint, partem dimidiam poenitentiae perficient.

XLIII. Qui facile manum ad percutiendum exerit, per menses tres a sacramentis prohibebitur, jejunabit menses duos. Metanoeas quinquaginta faciet, dabitque in eleemosynam aureum unum.

XLIV. Laicus, qui perjuravit, jejunabit centum dies, et totidem a sanctis sacramentis prohibebitur, quotidie centum metanoeas faciet. Qui juravit vero, dimidiam partem canonis ipsi imponetur.

Canones pro peccatis animae. III.1

XLV. Qui per impietatem fidem abnegat reversusque fidem confitetur, optatque ad donum Spiritus Sancti converti, celebrabunt super eum sacerdotes ordinem poenitentiae. Stabit per dies quadraginta ad fores ecclesiae, deprecans ingredientes et exeuntes, ut pro eo intercedant. Tempore vero officii tenebit cereum accensum. Illis quadraginta diebus non edet pingue neque piscem, non oleum neque vinum gustabit, sed pultem tantum. Sabbato et Dominica jejunabit usque ad vesperum. Post quadraginta dies intrabit in ecclesiam, orabitque, et affliget se fletu et planctu. Tum imponetur ipsi jejunium abstinentiae: et privatio a sacramentis sanctis per annos septem: quotidie centum metanoeas faciet, dabitque in eleemosynas aureos decem, aut captivum redimet, dicenturque pro eo sedrae centum, celebrabunturque liturgiae totidem. Cumque haec omnia perfecerit, omnino suscipietur.

XLVI. Qui homicidium voluntarium perpetravit maligne et injuste, emet animam pro anima quam occidit, et captivum liberabit, prohibebiturque a sacramentis sanctis, jejunabit annos tres: secundum alios, aureum unum: quotidie faciet metanoeas centum: sedrae duodecim dicentur, totidem missae pro eo celebrabuntur.

XLVII. Qui occidit praeter voluntatem aut per ignorantiam, neque magnam in homicidio perpetrato culpam habet, jejunabit menses sex, totidem a communione prohibebitur, metanoeas quinquaginta quotidie faciet dabitque eleemosynam decem aureorum: sex sedrae, totidem missae pro eo recitabuntur.

XLVIII. Mulier, quae prolem peccato susceptam occiderit voluntarie, duorum annorum jejunio poenitentiam explebit, et interea omnino a sacramentis prohibebitur, quotidie centum metanoeas faciet. Quod si ipsa homicidii illius causa fuerit et virum in peccatum induxerit, qui cum ea fornicatus est, annum unum poenitentiae observabit. Quod si vir eam in fornicationem, mox et caedem impulerit, duos ille annos, illa unum observabit. Si ambo aequali crimini tereantur, duorum annorum utrique poenitentiam perficient, et inter se unum captivum rediment.

XLIX. Qui vino gravis aut ira magna percitus aliquid iniquum admiserit, ut si percusserit juraverit, blasphemaverit: vino ipsi per sex menses interdicetur, jejunabitque a pinguibus per menses tres, separabitur a sacramentis, et faciet metanoeas quinquaginta.

L. Qui in furto deprehensus est, duplum restituet, et cui redditur, reliquum dabit pauperibus, jejunabitque dimidium annum a vino et pingui, abstinebitque a sacramentis, et faciet quotidie metanoeas quinquaginta.

LI. Qui socium calumniatur aut falso accusat, annum unum jejunabit a pingui et vino, et prohibebitur a sacramentis per anni dimidium, quotidie faciet metanoeas 50, et aureos quinque in eleemosynas impendet.

LII. Qui damnum infert proximo suo, sive per furtum, seu in aliqua bonorum divisione, emendo aut vendendo, aut alia quacumque ratione, restituet quadruplum, et quod inique suffuratus est, vinctis tributa jejunet et prohibeatur a communione per menses quatuor, quotidie etiam faciat metanoeas quadraginta.

LIII. Qui maledicto aut injuria affecit inique proximum suum, jejunabit dies quinquaginta: interea prohibebitur a sacramentorum communione, quotidie quinquaginta metanoeas faciet, dabitque eleemosynam juxta facultates suas. Quod si cum justa aliqua causa conviciatus est proximo suo, partem dimidiam canonis perficiet.

LIV. Qui vero per iracundiam sibi ipsi maledicit, maxime ob lucrum corporale, eidem poenitentiae subjicietur, ne tandem ad homicidium perveniat.

LV. De jurantibus can. 43. scriptum est.

LVI. Qui contumelia afficit fratrem suum absque causa, et ipsius famae notam aspergit, eumque ignominiose traducit, jejunabit dies viginti, prohibebitur a sacramentis per dies quadraginta, quotidie quadraginta metanoeas faciet, dabitque in eleemosynam dimidium aureum. Si ex justa causa id egerit, dimidium canonem perficiat, pollicebiturque se nunquam ulli contumeliam facturum.

LVII. Poenitentia eadem rixatoribus, jurgatoribus et iis, qui rixandi causas praebent, quae contumeliis imponitur.

LVIII. Viros, mulieres et pueros, qui cum fide ad monasteria communionis accipiendae causa veniunt, non debent monasterii sacerdotes ad communionem admittere, donec ab iis diligenter interrogati professionem fidei ediderint. Quod si digni sint habeantque praeceptum a sacerdotibus suis, communionem accipiant a monasterii sacerdotibus; sin minus, mensa tantum communi eos dignentur et dimittant in pace.

LIX. Non licet offerre liturgiam pro eo, qui e populorum illorum numero est, qui cum orthodoxa nostra fide non consentiunt. Quod si qui ejusmodi sunt, multum deprecantur, et cum fide nos interpellant, primum quidem exactam confessionem edant, qua profiteantur, se nobiscum idem tenere et confiteri, nostramque perpetuo communionem amplexuros, neque reversuros ad religionem pristinam, sed consentientes nobiscum orthodoxae fidei adhaesuros: tunc imponetur ipsis poenitentia, jejunium scilicet per menses quatuor, quotidie metanoeae quadraginta, et eleemosyna juxta suas facultates. Recitabitur super eos oratio instituta pro unaquaque secta, quae ad nos revertitur: mox ad communionem admittentur et offeretur pro illis sacrificium, quae omnia fient, ubi pia eorum studia perspexerim. Qui vero dono aliquo corruptus pro haereticis sacrificium obtulerit, sufficit ipsi poena canonibus ecclesiasticis determinata. Neque etiam pro mortuis haereticis licitum habuerunt Sancti Patres offerri sacrificium, quamvis inculpatos mores habuissent. Idem canon poenitentialis statutus est adversus eos, qui a nobis ad haereticos transeunt et deinde ad nos revertuntur. Qui ergo ausus fuerit ea non perficere, quae huic ordinata sunt, rationem Deo redditurus est pro omni peccatorum genere, quae hoc tempore perpetrari audimus.

LX. S. Apostolus dicit, radicem malorum omnium esse avaritiam, quodque pecuniam appetentes a fide aberraverunt. Igitur ex amore pecuniae peccata in nobis omnia generantur, et quicunque hoc peccato implicatus est, a fide et veritate alienus omnium quodammodo peccatorum reus est, et omnibus imponi solitae poenitentiae esset subjiciendus qui pecuniam amat. Verum id agat, ut ab omni avaritia alienus omnino fiat jejunet menses quinque, a vino et pingui abstineat, a sacramentis pro

hibeatur, ut sanentur sensus ejus; quotidie faciat metanoeas quinquaginta, detque in eleemosynam captivis aureos tres et quantum fieri potest optimam agat poenitentiam.

De usura.

LXI. Qui inventus est usuram accepisse, quandoquidem audiit
scripturam dicentem: Non foenerabis fratri tuo etc.; Qui pecuniam suam
non dedit ad usuram, cesset a tali opere: pecuniam vero ex usura per-
ceptam captivis distribuat, aut si non soluta est, dominis suis relinquat,
jejunet deinde menses tres, quotidie faciat metanoeas quinquaginta.

LXII. Qui incantationibus, aut amuletis usus est, qui ligavit hominem, ne cum muliere rem haberet, aut divinationibus, aut libellis ad
febrem depellendam, qui aliis incantationibus, aut praestigiis usus est,
aut per aereum cymbalum divinare est aggressus, primum polliceatur, se
deinceps nihil simile facturum: tunc imponetur ei poenitentia, jejunium
nempe per annos quatuor, abstinentia ab esu pinguium et vino, quotidie metanoeae quinquaginta; dabit etiam eleemosynam, non tamen ex
mammona iniquitatis, quam ex hoc opere collegit, cujus nihil penes se
penitus reservabit, ut liber fiat ab ejusmodi peccato.

LXIII. Qui veneficiis cujuscunque generis usus est, nefarium scelus admisit, quod apostasiae comparari potest, ut etiam fornicationi et
homicidio, quia haec crimina in primo quodam modo continentur. Attamen propter infirmitatem praesentis temporis benignius cum ejusmodi
criminis reo agentes medelam spiritualem ipsi instituimus. Sacerdos diligenter speciem maleficii investigabit, num ea sit recitando . . . . .; an
daemones invocaverit aut ipsis immolaverit, in sepulchretis et in triviis;
an alicui per eos morbum immiserit, aut malum fecerit; an judicibus
aut sacerdotibus os occluserit: ejusmodi canonem abnegantibus fidem
constitutum perficiet et observabit. Qui vero per praestigias amorem
conciliat, si quidem facit, ut vir mulierem amet, aut mulier virum, canonem fornicatoribus statutum observabit: si vero virum alienum mulier,
alienam mulierem vir, ut ament, efficiat, canonem adulteris impositum
observabit, cum fletu et planctu magno, iniquitatis tantae veniam pos-
tulans.

LXIV. Qui odium, vel inimicitias, aut malum in corde suo adversus fratrem suum conservat, prohibebitur a sacramentis sanctis jejunabitque dies viginti, faciet metanoeas centum, dabitque in eleemosynam
aureos duos.

LXV. Superbo et elato duplam poenitentiam imponimus ejus, quae
odio laborantibus statuitur, ut Deus ejus misereatur et passionem hanc
malam ab eo tollat.

LXVI. Psallens vel saltans in conviviis jejunabit menses duos, separatus a sacramentis et vino abstinens, quotidie metanoeas quadraginta
faciet, dabitque eleemosynam aurei dimidii. Si diaconus, triplicabitur
ipsi poenitentia. Quod si sacerdos ex perpetua consuetudine id fecerit,
ad sacerdotium fungendum non accedat et a ministerio sacro prorsus
prohibeatur; jejunet dies triginta, quotidie ducentas metanoeas faciat,
redimat captivum vel decem aureorum eleemosynam distribuat.

LXVII. Mentiens et falsum affirmans tres menses jejunabit, vino et
pinguibus abstinens, et a sacramentis prohibebitur, quotidie faciet meta-

noras quinquaginta debitque eleemosynam aurei unius: si perjuraverit, triplex ipsi dabitur poenitentia. Hypocrita jejunabit dies triginta, separatus a sacramentis, et dabit in eleemosynam aureum unum.

LXVIII. Qui non confitetur peccata sua bis in anno, prohibebitur a sacramentis, donec confiteatur juxta ordinem Christianis observatum. Si vero, aut itineris necessitate aut negotiationis causa profectus, aut alia legitima causa impeditus, proximum sacerdotem non habet, semel confiteri sufficit.

LXIX. Qui carnem camelorum aut equorum, onagrorum aut luporum comedit, si pubertatis annos transgressus, decimum quintum non attigerit et captivus fuerit, confessus et poenitens, modica jejunii et genuflexionum poenitentia. Qui vero perfecta aetate est, et vi coactus, pari ratione leviorem poenitentiam accipiat. Qui vero libere, nec fame urgente, nec coactus edit, duorum mensium poenitentiam sustineat et a sanctis sacramentis prohibeatur, donec eam perfecerit, quotidie quadraginta metanoeas faciat, detque eleemosynam secundum facultates suas. Ita qui vinum bibit in magno jejunio, absque urgente gravis morbi necessitate, aut nisi sit mulier in puerperio, eumdem canonem perficiet.

LXX. Patres sancti statuerunt, eos, qui in clero constituti sunt, sive episcopos, sacerdotes et diaconos, neque oves negligere, neque gregem contemnere, sed opportune et importune, omni tempore docere, dirigere et praedicare fidelibus, quia ad hoc vocati et segregati a Deo sunt. Quod si id facere negligunt, quamvis nullus eos prosequatur, aut nulla temporalis necessitas compellat, removeantur et segregentur, donec polliciti fuerint, sedulam se operam daturos, docendo et monendo, juxta facultatem et verbum, quod dedit illis Deus, imponaturque ipsis eadem quae odio laborantibus poenitentia, quam ubi observaverint, ministerio fungi sinantur. [texto ilegible] [texto ilegible] [texto ilegible] [texto ilegible] [texto ilegible]

LXXI. Qui animo, vel intimadice, aut malum in corde suo [texto ilegible] [texto ilegible] a sacramentis sanctis jejuni [texto ilegible] [texto ilegible]

LXXII. [texto ilegible]

LXXIII. [texto ilegible]

LXXVII. [texto ilegible]

LIBRI REI CATHOLICAE.

WIRCEBURGI, SUMPTIBUS STAHELIANIS.

Enchiridion symbolorum et definitionum, quae de rebus fidei et morum a conciliis oecumenicis et summis pontificibus emanarunt. In auditorum usum ed. Prof. Dr. **Henricus Denzinger.** Editio tertia aucta et emendata, et ab ordinario approbata. 1856. 12. fl. 1. 48 kr. od. Thlr. 1.

Mit Privilegium gegen den Nachdruck in Frankreich und den Vereinigten Staaten in Nordamerika.

Dem Verfasser wurde von Sr. Heiligkeit Papst Pius IX. ein sehr huldvolles Schreiben für die Zusendung dieses Buches, in welchem dessen Verdienstlichkeit und Nützlichkeit anerkannt wird.

Die dem Buche ferner vorgedruckte Empfehlung des hochwürdigsten Bischofes **Johann Martin in Millwauchee,** sowie der Umstand, dass dasselbe binnen 18 Monaten schon in 3 nicht unbedeutenden Auflagen herausgegeben, welche, ausser in Deutschland, ausgedehnte Verbreitung in Holland, Frankreich, Spanien und Amerika fanden, lassen sicher jede Anpreisung überflüssig erscheinen.

Vier Bücher von der religiösen Erkenntniss. Von **Henr. Denzinger,** Doctor der Philosophie und Theologie, öffentl. Professor der Dogmatik an der Universität Würzburg. 1856. gr. 8. broch. 2 Bde. (77 Bogen). Preis Thlr. 4. 12. ngr, oder fl. 7. 12 kr.

Nachdem die Frage über Glauben und Wissen in neuerer Zeit der Gegenstand der lebhaftesten Debatten geworden ist und den Angelpunkt aller theologischen und religions-philosophischen Controversen bildet, wird gegenwärtige Schrift, welche den Gegenstand in dogmatischer und historischer Beziehung mit grösster Ausführlichkeit behandelt, schon desshalb Anspruch auf die Aufmerksamkeit des gelehrten Publikums erheben können. Die Verlagsbuchhandlung ist ausserdem der Ueberzeugung, dass sie dem Publikum ein Werk vorlegt, das mit Vermeidung der Extreme das Gebiet des Glaubens und der Vernunft auf gleiche Weise wahrt und das Resultat mehrjähriger sorgfältiger Studien darstellt.

Voit, Theologia moralis. Editio VII. originalis et correcta. 1860. XIV et 929 fol. 2 Vol. in 8. fl. 3. 30. = Thlr. 2. = 7½ francs.

Pars prima: De actibus humanis, conscientia, legibus, fide, spe ac charitate, praeceptis dei et ecclesiae.

Pars secunda: De sacramentis in genere et in specie; item de censuris ecclesiasticis et irregularitatibus.

Epitome Theologiae moralis per summaria quaesita et responsa pro recollectione doctrinae moralis in adjumentum memoriae tyronibus et **pro cura examinandis** conscripta a quodam sacerdote regulari. Editio altera. 1859. 6 fol. in 16. (Bequemes Taschenformat.) Preis 24 kr. oder 7 sgr.

Marialogia complectens meditationes quinquaginta de mysteriis vitae et gloriae Deiparae Mariae Virginis, meditationes septem de cantico Salve Regina, meditationes septem in hymnum Ave Maris Stella, exercitia Mariano-Eucharistica et exercitia quaedam singularis devotionis erga Beatissimam Virginem. Editionem curavit

Prof. Dr. **Andreas Josephus Haehnlein.** XVI et 556 pag. in 8. min. 1859. fl. 2. 20 kr. od. Thlr. 1. 10 sgr.

Hac in sylloge editor piissimi doctoris Francisci Costeri S. J. meditationes quinquaginta de mysteriis vitae et gloriae Deiparae Mariae Virginis, septem ejusdem auctoris meditationes de cantico Salve Regina, alteras ejusdem septem in hymnum Ave maris stella, porro P. Druzbikii S. J. Exercitia Mariano-Eucharistica, denique exercitia singularis devotionis erga Beatissimam Virginem complexus est. Quae sicut nihil continent, nisi quod ex divinis Scripturis vel ex constanti Patrum traditione depromptum sit, ita devotionis tenerrimae affectum ubique spirant. Habes igitur in hoc libro, quicumque erga Dei hominumque Matrem filii in corde affectum geris, hoc in libro ditissimum thesaurum, qui devotionis tibi fomenta quotidiana praebeas et si concionatoris officio fungaris, uberrimam materiam, qua et in aliis eosdem pietatis sensus excites et augeas.

Principia Theologiáe Moralis, quae ex optimis auctoribus selecta

exercitationibus moralibus, quibus in Seminarió clericorum Wirceburgensi praeest, accommodavit Prof. Dr. **Andreas Josephus Haehnlein.** 1855. in 8. maj. fl. 3. 12 kr. od. Thlr. 1. 25 sgr.

De Peccato Originali, ejusque natura, ac traduce, et poena: deque multiplici statu

hominis, innocentis, lapsi, reparatique ac de possibili purae naturae statu: **Tractatus theologicus:** in quo haeresum historia diligentius enarratur, vindicantur fidei catholicae dogmata, ac solidiores quae agi solent in scholis, juxta s. Thomae Aquinatis doctrinam dirimuntur quaestiones: auctore **Fr. J. Franc. Bernardo M. de Rubeis.** Ordinis Praedicatorum. Superioribus annuentibus. 1857. XXXII et 468 pag. in gr. 8. fl. 2. 42 kr. od. Thlr. 1. 18 sgr.

Eximium P. Bernardi de Rubeis, Ordinis Praedicatorum, opus de peccato originali, a summis theologis commendatum, et omnibus, qui rei theologicae vacant, non satis commendandum, extra fines Italiae rarissimum, neque in ipsa patria admodum frequens esse constat. Hinc de re publica christiana non parum nos merituros esse confidebamus, si librum praeclarum, multis non satis notum, denuo typis mandaremus atque super modium poneremus. In quo doctissimus auctor Italiae et sui ordinis decus lucidissimum, ita doctrinae Sanctorum Augustini, Anselmi et Thomae adhaeret, ut a falsis Jansenianorum sensibus abhorrens, genuinam catholicae ecclesiae de peccato originis doctrinam accuratissime proferat, felicissime tueatur, et in systemate theologico adornando vix non prae caeteris omnibus, qui hac de materia scripserunt, palmam tulerit.

Regula Fidei Catholicae et collectio dogmatum credendorum a **P. Ph. Nerio**

Chrismann. Editio nova. 316 et X in 8. 1855. fl. 1. od. 18 sgr.

Thesaurus librorum rei catholicae. 60 Fol. in gr. 8.

1850. 3 vol. fl. 5. 51 kr. od. Thlr. 3. 14 sgr.

Festa Nova Breviario Romano a summis pontificibus novissimis temporibus ab anno 1750 usque ad annum 1857

addita. 1858. Ausgabe in **16.**: (Im Format wie das kleinste Mechliner Breviarium.) Preis 27 kr. od. 8 sgr. — Ausgabe in **8.**: Preis 30 kr. od. 10 sgr. — Ausgabe in **4.**: Preis 40 kr. od. 12 sgr. Zu allen **Brevierausgaben** passend.

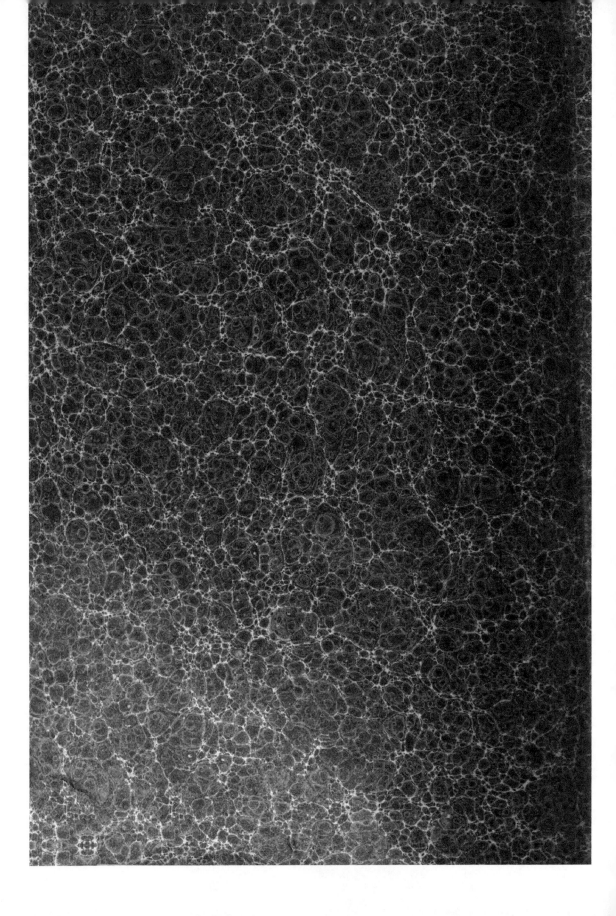

CPSIA information can be obtained
at www.ICGtesting.com
Printed in the USA
LVHW061405180922
728660LV00011B/164